KB209161

영남서원자료선집 I

■ 총괄

조명근(영남대학교 역사학과 부교수, 민족문화연구소 소장)

■ 해제

이수환(영남대학교 명예교수)

■ 편자

감병훈(경남대학교 역사학과 강사)
김순한(영남대학교 민족문화연구소 연구교수)
박소희(육군삼사관학교 군사사학과 강사)
백지국(영남대학교 역사학과 강사)
윤정식(영남대학교 역사학과 객원교수)
이광우(영남대학교 민족문화연구소 연구교수)
이병훈(한국국학진흥원 책임연구위원)
채광수(영남대학교 민족문화연구소 연구교수)

영남서원자료선집 Ⅰ

초판 인쇄 2024년 08월 09일
초판 발행 2024년 08월 20일

편 저 영남대학교 민족문화연구소

펴낸이 신학태
펴낸곳 도서출판 온샘
등 록 제2018-000042호
주 소 서울시 용산구 한강대로62다길 30, 204호
전 화 (02) 6338-1608 팩스 (02) 6455-1601
이메일 book1608@naver.com

ISBN 979-11-92062-41-9 93910
값 60,000원

이 저서는 2019년 대한민국 교육부와 한국연구재단의 지원을 받아 수행된 연구임(NRF-2019S1A5C2A02082813)

영남서원자료선집 Ⅰ

영남대학교 민족문화연구소 편

도서출판 온샘

책을 펴내며

영남대학교 민족문화연구소는 한국연구재단의 2019년 인문사회연구소 지원 사업에 선정되어, 지금까지 〈동아시아 서원 문화와 글로컬리즘〉이란 주제로 연구를 진행해 오고 있다. 본 연구 사업의 목적은 동아시아 각국의 교육 기관으로 존재했던 서원의 변천과 지역적 특성을 규명함으로써, 한국 서원의 특수성과 보편성을 확인하는데 있다. 그 결과 연차별 연구 성과를 종합하여 『동아시아 서원의 기원과 제의례의 완성』(2021), 『동아시아 서원 아카이브와 지식 네트워크』(2022), 『동아시아 서원의 일반성과 다양성』(2023), 『한국 서원의 로컬리즘』(2023), 『근대 이후 동아시아 서원의 변용과 전개』(2024) 등 5편의 민족문화연구총서와 역주서 『역주 옥원사실』(2021)을 민족문화자료총서로 간행하였다. 특히 『동아시아 서원의 기원과 제의례의 완성』은 학술적 가치를 인정받아 '2022년 대한민국학술원 우수학술도서'로 선정되었다.

또한 연구팀에서는 지난 5년 간 동아시아 서원 자료를 수집·정리하였고, 주요 자료에 대해서는 선별을 통해 역주서 간행 및 DB구축 작업을 진행하고 있다. 특히 국내 서원 자료 조사 과정에서 영남지역 서원 자료를 광범위하게 수집 할 수 있었다.

조선 시대 '추로지향鄒魯之鄕'이라 불렸던 영남지역은 일찍이 사대부 문화를 꽃피웠으며, 많은 유교 문화 유적이 현전하고 있다. 서원의 수도 다른 지역을 압도한다. 흥선대원군의 서원훼철령 때 파악된 전국의 서원과 사우가 1,700개소인데, 영남에만 700여 개소가 있었으니, 활발했던 영남 사대부들의 서원 활동을 어느 정도 짐작할 수 있다. 이러한 점을 감안하여 연구팀은 서원지나 자료집으로 소개되지 않은 영남지역 서원 및 사우 관련 자료를 선별 및 정리한 '영남서원자료선집'을 민족문화자료총서로 간행하기로 기획하였다.

이번에 간행하는 『영남서원자료선집』Ⅰ에 수록한 서원·사우는 거창 포충사, 구미 금오서원, 김천 자동서원, 문경 근암서원, 성주 덕암서원, 성주 청천서당, 창원 회원서원, 포항 세덕사, 하양 금호서원, 함양 구천서원 등 모두 10개 서원이다. 민족문화연구소는 영남의 서원 중 소장 자료가 방대한 곳은 자료 선별을 통해 역주서 간행을 기획하였다. 반면 상대적으로 전승 자료는 많지 않지만, 기본적인 서원의 연혁 및 운영을 확인할 수 있는 자료가 남은 곳을 '영남서원자료선집'에 수록할 서원·사우로 선정하였다. 수록 자료는 크게 관찬사료와 문집류, 고문서 및 성책, 현판 자료로 구분하였다. 관찬사료·문집류·현판 자료는 원문을 수록하되, 중요한 자료는 국역하였다. 그리고 고문서·성책 자료는 해제 위주로 소개하였다.

영남은 전국에서 가장 많은 서원이 분포하였지만, 서원별 전승 자료는 편차가 큰 편이다. 흥선대원군 집권기 훼철 및 사액 여부를 비롯해 서원의 정치·사회적 위상은 자료 전승에 큰 영향을 끼쳤다. 그런 관계로 지금까지 서원·사우에 대한 사례 연구도 전승 자료가 많은 곳에 편중되어 있다. 이번 자료집 간행으로 개별 서원에 대한 사례 연구의 폭이 더욱 넓어질 뿐만 아니라, 개별 서원지 편찬 작업이 활기를 띄는데 촉진제가 되기를 기대한다.

이 책이 출판되기까지 여러 연구자들의 노고가 있었다. 배현숙·정순우·정병석·이우진·류준형·황혜진·배다빈 선생님은 본 연구사업의 공동연구원으로서 서원·사우 선정과 원활한 자료 조사를 위한 여러 도움을 주셨다. 이수환 선생님은 그간 진행해 온 영남지역 서원에 관한 방대한 연구 성과를 바탕으로 영남 서원의 건립 양상과 전승 자료의 가치를 정리하였다. 실제 서원별 자료 조사와 정리 및 해제는 본 연구 사업의 전임연구인력으로 참여 중인 김순한·이광우·채광수 세 분 연구교수를 비롯해 이병훈·백지국·박소희·윤정식·감병훈 선생님이 맡아서 진행하였다. 마지막으로 어려운 여건 속에서도 책자 간행에 노고를 아끼지 않으신 신학태 온샘 사장님께 감사드린다.

2024년 8월

영남대학교 민족문화연구소장 조 명 근

차 례

해제 :
영남지역 서원의 건립 양상과 자료의 가치

이 수 환(영남대학교 명예교수)

1. 영남지역 서원의 건립 양상

조선에 있어서 서원제도는 주세붕에 의한 백운동서원白雲洞書院의 설립으로 출현되었지만, 이후 조선 사회에 보급·정착시키고 그 성격을 규정하여 발전의 토대를 마련한 것은 퇴계 이황에 의해서이다. 그는 풍기군수 재임 중 백운동서원의 사액을 청하여 사림의 향촌에서의 기반 확보에 대한 국가의 공식적 승인을 받았고 이후 그의 문인들과 함께 서원보급 운동을 전개하였다. 당시 이황은 서원이라는 학교 형태를 통하여 종래의 과거와 관련한 출세주의, 공리주의가 아닌 참다운 성리학의 토착화를 기대하였으며, 이를 통하여 이 시기 가장 시급한 과제인 사림의 사습士習과 사풍士風을 바로 잡고자 하였다. 결국 이황의 서원창설 운동은 이 시기 사림들의 참다운 공부를 위한 환경조성 운동이었다. 이렇게 본다면 조선에 있어서 서원은 이황에 의해서 사림의 학적學的 기반으로 정착되고 이후 보급·확산될 수 있는 토대가 마련되었던 것이다. 이러한 이황의 서원에 대한 인식은 이후 사림들에 의해 계승되어 나갔는데, 특히 퇴계학파의 문도들은 지방관 재직 시 또는 그들의 거주지를 중심으로 적극적으로 서원 건립에 주력하였다. 따라서 이 시기 서원은 타도에 비해 경상도 열읍列邑에서 가장 많이 건립될 수 있었다.

명종 대 이후부터 서원이 남설되는 숙종 때까지 서원·사우의 건립 상황을 지역별로 통계해 보면 다음과 같다.

〈표 1〉 명종~숙종연간의 연대별·지역별 원院·사祠의 건립 및 사액동향

		경상		충청		전라		경기		황해		함경		강원		평안		합계	
		건립	사액	건립	사액	건립	사액	건립	사액	건립	사액	건립	사액	건립	사액	건립	사액	건립	사액
명종	원	9	3	1		1		1		1	1	2		1		1		17	4
	사																		
선조	원	27	7	6		14	5	6	2	6		1	1			3		63	15
	사	2		2	1	6	2			1		2				3		16	3
광해	원	14	5	7	3	6	1	1	2	1	1	1	1	2			1	32	14
	사	3		1	1	2	2					1						7	3
인조	원	12	2	6	1	7		2	1			1		2	1	1		31	5
	사	7				6				1		1		2		2		19	
효종	원	11	1	1		5	2	5	3	3				2		1		28	6
	사	2		1		3	1		1			1		3	1			10	3
현종	원	19	8	8	7	9	7	5	4	2	1	5			2	4	4	52	33
	사	3	5	3		3	1	2	1			3		3	2	1	1	18	10
숙종	원	72	25	33	15	26	14	18	22	10	12	3	5	5	1	9	10	176	104
	사	46	3	16	2	33	6	5	3	4	3	6	1	5	1	10	5	125	24
합계	원	164	51	62	26	68	29	38	34	23	15	13	7	12	4	19	15	399	181
	사	63	8	23	4	53	12	7	5	6	3	14	1	13	4	16	6	195	43

* '이수환, 『조선후기 서원연구』, 2001, 일조각, 「1장 서원의 건립활동」 20쪽'의 〈표〉 전재

중종 대 이후 명종 대까지 세워진 이황 주도하의 초창기 서원은 집권 훈구파의 견제 속에서도 어디까지나 교육기관임을 강조하면서 계속적인 발전을 해 나갔다. 이후 사림이 정치적 주도권을 장악하게 되는 선조 대에 오면 명종 대에서의 일정한 제약에서 벗어나 서원은 사림의 향촌 내 활동기반으로서 본격적인 발전을 보게 된다. 선조 대에 오면, 서원은 이미 수적으로 60여개를 넘으면서 제향자도 김굉필·정여창·조광조·이언적 등 사화기에 피화된 인물이 집중적으로 나타나고, 또한 그 범위는 이황·이이·조식 등 이 시기 사림 사이에 형성된 학파의 영수 및 성리학 발전에 크게 기여한 인물로까지 확대되었다.

이 시기 서원의 건립활동은 지역적으로 보면 그 지역 재지세력들의 형성시기와 그 활동에 비례하였다. 따라서 서원은 당시 폭넓은 재지세력이 존재

한 하삼도下三道 중에서도 경상도에 단연 많았다. 숙종 대까지 건립된 원사 594개소[원 339, 사 195] 중 경상도는 227개소[원 164, 사 63]로 38.2%의 압도적 다수를 차지하고 있다. 이러한 현상은 이후에도 계속 유지되었는데 이는 경상도가 이른바 사림의 연수淵藪라 하여 사림세력이 강력하였다. 또 그들이 일찍이 붕당정치에 주역으로서 정치활동을 활발히 하였으며, 한편으로는 일찍부터 향촌에 강력한 재지적 기반을 갖고 있었기 때문이었다. 다만 중앙관료의 지원이 필요한 사액의 경우는 경기도가 45개소 중 39개소가 사액을 받아 약 86%을 차지하는 데 비해, 경상도는 227개소 중 59개소가 사액을 받아 약 26%로 그 비율이 현저히 낮다. 이는 인조반정 이후 중앙정계에서 밀려나는 영남의 정치상황과 무관하지 않다.

서원의 설립과 사액을 성사시키기 위해서는 먼저 건립주체인 사림세력이 형성되고 성리학적 문풍이 진작되어야 한다. 사림 출신의 수령이 부임하여 유학교육을 진흥시키거나 지역 출신 유학자가 나와 지방자제 교육에 힘쓴 고을에는 서원이 창건될 수 있었다. 특히 사액의 경우는 지역출신 인사들이 성균관에 재관하면서 관학생을 유소儒疏에 동원하고 또 인근 열읍의 사림과 교유할 수 있어야 한다. 경상도의 경우 재지세력의 형성 시기가 다른 지역에 비해 빠르긴 했지만, 임진왜란 이전까지는 71읍 중 21읍에서만 29개 서원이 건립되었는데, 이중 안동·경주·합천·청도·함양 지역은 2개 이상의 서원이 건립되었다. 나머지 70%에 해당하는 50읍에서는 서원이 건립되지 못하였다. 경상도 대부분의 지역도 사림세력이 확실히 향촌 내 주도권을 장악한 것은 임란 이후였고, '유학에 일대 사표가 될 만한 자'라는 서원에 제향할 만한 자격을 갖춘 인물도 많지 않았던 것이다.

17세기 이후가 되면 서원이 당시 사림들의 강학소 내지 그들의 향촌에서의 사회·경제적 이해를 대변하는 조직으로 자리 잡으면서, 서원을 갖지 못한 고을의 경우 사림의 활동이 부진할 수밖에 없었다. 이러한 당시의 사회적 분위기에 따라 각 읍들은 더 이상 서원의 건립을 미룰 수만은 없었고, 이에 향촌 사림들의 총 역량을 모아 서원 건립에 나서게 되었다. 이러한 서원의 발전은 이 시기 사림의 집권과 함께 시작된 붕당정치와 밀접한 관계를 갖고 있었다. 붕당은 대체로 학연으로 맺어지는 것이 특징이며, 각지의 서원을 중심으로 여론이 결집되고 이것은 중앙에 진출한 자파의 관료를 통해서 반영되고 있었다. 사림은 서원의 제향인물을 통해서 도학적 정통을 천명하고 나아가 그들의 정치적 입장을 일정하게 강화하였던 것이다.

17세기 중반 이후부터 서원이 붕당정치에 있어서 자파세력의 확대와 그들의 정치적 입장의 강화에 이용되기 시작하면서, 점차 남설의 조짐이 나타나기 시작하였다. 이때부터 서원은 설립 초기의 교육기관으로서의 의미가 크게 축소되고, 사현祀賢의 기능이 강조되면서 점차 사우祠宇와의 구별이 모호해져 갔다. 서원 건립이 본격적으로 당파 간의 정치적인 이해관계와 결부되기 시작한 것은 효종 조 이후 산림 세력이 중앙정계에 진출하면서부터이다. 이 시기는 성리학적 명분과 의리가 붕당정치 전개의 쟁점으로 부각되었던 시기이다. 붕당정치의 전개과정에서 자파의 정치적 입장 강화 및 이를 위한 자파 정론에 대한 향촌 사림의 광범한 지지는 필수적이었다. 서원은 이 시기 유생들의 여론을 결집시키는 역할을 수행할 수 있는 중요한 매개체였으며 따라서 각 정파의 입장에서는 서원 문제에 적극적으로 대처하지 않을 수 없었다. 원사의 남설은 이에 연유한 바 크다.

원사의 남설은 남·서인 간의 정쟁이 격화되는 숙종조에 오면 폭발적으로 늘어나는데, 이는 18세기 이후의 향촌내 문중의식의 확대와도 밀접하게 연관되어 있었다. 18세기 이후 향촌 사회에서 동성촌同姓村의 발달과 함께 동성 내부의 상호결속과 사회적 지위 유지의 필요성이 제기되면서, 서원은 족적 기반의 중심기구로서 그 사회적 역할을 증대시켜 나가게 되었다. 이는 향촌사회에 있어서 기존의 사족지배가 점차 위기에 봉착하고 있는 것과 맥을 같이 한다. 특히 이 시기 향안·향약 등 사족간의 결속을 보장하던 자치조직이 쇠퇴하면서 사족들은 문중적 보장의 필요성을 절감하였다. 이러한 문중의식의 확대와 함께 서원은 문중 내 현조顯祖의 제향을 통한 향중에서 벌족으로서의 사회적 지위 유지, 문중자제의 교육과 교화를 통한 문중 내 윤리질서의 유지 등을 도모하는 역할을 하였던 것이다. 따라서 이 시기에 오면 각 문중마다 그들의 이해를 대변할 수 있는 서원의 필요성을 절감하게 되었고 그 결과 서원의 각 가문별 분립현상이 뚜렷하게 나타났다. 여기에 중앙정부의 각 당파 간의 자파세력 확대정책이 결부되면서 이러한 현상은 더욱 확산되었다.

원사의 건립과 운영은 17세기 전반까지만 하더라도 향중 공동의 관심사에서 출발하였으나 이후 점차 자기중심적 이해관계에서 지역·문중별로 개별화 추세를 보이다가, 18세기 이후부터는 문중의 파별로 더욱 세분화되어 갔다. 이러한 서원의 성격변화와 맞물려 나타난 원사의 남설은 경상도가 타도에 비해 가장 심하였다.

경상도에 설립된 서원·사우를 『교남지嶠南誌』와 흥선대원군 원사훼철 시에 작성된 『도내각읍서원훼철사괄성책초道內各邑書院毁撤查括成冊草』를 토대로 정리하면 다음과 같다.

〈표 2〉 경상도 내 서원·사우의 지역별 통계

	A	B	C	합		A	B	C	합		A	B	C	합
경주	27	3	13	43	함양	6	2	1	9	군위	6		1	7
안동	34	6	5	45	김산	5		1	6	영일	1	1	1	3
창원	8		1	9	흥해	3		1	4	비안	6		1	7
상주	20	3	5	28	합천	13	2	2	17	단성	8	1	2	11
진주	14	5	6	25	함안	15	1	3	19	언양	4		4	8
성주	20	4	4	28	永川	12	2	5	19	고령	4		1	5
거창	6	3	3	12	풍기	3		1	4	예안	6	2	3	11
울산	11	1		12	초계	6		2	8	자인	4			4
선산	9	3	2	14	고성	11	1	1	13	함창	3		3	6
칠곡	3		3	6	경산	3		1	4	영산	3		2	5
김해	6	1	1	8	삼가	6	1	6	13	창녕	10	1	1	12
인동	7	2	1	10	남해	1	1	2	4	영양	2	1	1	4
청송	1	1	3	5	영덕	3		1	4	하양	2	1	2	5
순흥	6	1	6	13	의흥	5		5	10	용궁	8		3	11
영해	10		1	11	의성	15	1		16	산청	4	1	2	7
밀양	9	2	4	15	의령	7	1	3	11	현풍	3	2		5
하동	2			2	지례	6		3	9	봉화	3	1	1	5
대구	25	3	1	29	문경	2		3	5	안의	10	2	2	14
거제	1		1	2	장기	4			4	진보		1	1	2

청도	9	1	8	18	진해	1			1	개령		1	1	2
榮川	9	1	7	17	칠원	10	1		11	양산	3	1	2	6
예천	13	1	1	15	신녕	8			8	청하	2			2
*동래·사천은 『도내각읍서원훼철사괄성책초』에 기재되지 않음										합	487	70	151	708

* A: 『교남지』의 미사액 원사 수. B: 『교남지』의 사액 원사 수. C: 『도내각읍서원훼철사괄성책초』의 훼철원사 중 『교남지』에 확인되지 않는 원사 수

원사의 건립에 대한 국가적 통제는 첩설·남설이 큰 사회적 문제로 대두하는 숙종조부터 본격화되어 그 말년에는 일단의 원사가 훼철되기도 하였다. 그러나 이때까지의 서원 정책은 위의 〈표 1〉과 〈표 2〉에 나타난 경상도 내 서원·사우의 규모에서 확인할 수 있듯이 대체로 당파적 차원을 크게 벗어나지 못해 별다른 성과를 거두지는 못하였고, 오히려 원사의 남설은 통제불능의 상태로 더욱 확산되어 나갔다. 즉, 향촌 사회에서의 원사 남설은 이 시기 서원 신설 금지라는 국가적 차원의 제재조치에도 불구하고 계속되고 있었다. 당시 지역 내 서원·사우는 처음 사묘祠廟·정사精舍 등으로 출발하여 중간에 서원으로 승격시키는 사례가 많았으며, 또한 건립 이후에도 서원으로의 승격을 계속 도모하는 것이 일반적이었다. 위 표에 나타난 경상도 내 원사는 이러한 사묘·정사로 건립된 문중 사우들이 많았다.

위의 양 책에서 확인된 경상도 내의 원사는 사액 72개소, 미사액 639개소, 총 711개소로 나타난다. 이러한 서원·사우 규모는 우리가 막연히 남설되었다고 생각하는 이상의 숫자이다. 고종 연간 문신인 김규락金奎洛은 일찍이 『운하견문록雲下見聞錄』을 통해, 당시 전국의 원사 총수가 1,700개소나 된다고 하였다. 이 수치는 위의 표에는 미치지 않으나, 어느 정도 당시의 실상에 근접하는 상황인식이라 할 수 있다. 이렇게 본다면 서원·사우의 건립은 경상도가 8도 중에서 압도적 많았다고 평가할 수 있다.

이러한 경향은 영남지역의 정치·사회적 상황과 무관하지 않다. 영남 남인들은 갑술환국 이후 노론 정권의 정치적 압력과 밑으로부터는 중서中庶로 대표되는 신향新鄉의 심각한 도전을 받고 있었다. 이 시기 영남 남인들은 집권

노론에 대한 정권적 차원의 도전을 포기하고 향촌에서의 기득권 유지 내지 주도권 장악에 주력하고 있었는데, 그 매개체가 지역단위 내지 개별가문의 서원·사우였던 것이다.

영남 사림들의 이와 같은 인식은 흥선대원군의 전면적인 서원·사우 훼철 때에도 나타났다. 경상도를 기반으로 한 영남 남인은 흥선대원군으로부터 상당한 대우를 받고 있었음에도 불구하고, 이 조치가 그들의 향촌 내 생존권을 위협하는 조치로 받아들여지면서 반대 만인소를 강행하는 등 타도에 비해 적극적으로 대처하였다. 흥선대원군의 원사훼철 때에 남은 원사 47개소 중 경상도는 14개소로 전국에서 가장 많이 남았는데, 이를 제시하면 다음과 같다.

〈표 3〉 1871년 사액 서원·사우 훼철 시 경상도 내에 남은 서원·사우

지역	원사명	건립연대	사액연도	주향자
풍기	소수서원紹修書院	1543(중종 38)	1550(명종 5)	안향安珦
함양	남계서원灆溪書院	1552(명종 7)	1566(명종 21)	정여창鄭汝昌
경주	서악서원西岳書院	1561(명종 16)	1623(인조 1)	설총薛聰, 최치원崔致遠 김유신金庾信
경주	옥산서원玉山書院	1573(선조 6)	1574(선조 7)	이언적李彦迪
선산	금오서원金烏書院	1570(선조 3)	1575(선조 8)	길재吉再
예안	도산서원陶山書院	1574(선조 7)	1575(선조 8)	이황李滉
현풍	도동서원道東書院	1605(선조 38)	1607(선조 40)	김굉필金宏弼
동래	충렬사忠烈祠	1605(선조 38)	1624(인조 2)	송상현宋象賢 등
진주	창렬사彰烈祠	-	1607(선조 40)	김천일金千鎰 최경회崔慶會 등
안동	병산서원屛山書院	1613(광해군 5)	1863(철종 14)	류성룡柳成龍
고성	충렬사忠烈祠	1614(광해군 6)	1723(경종 3)	이순신李舜臣
상주	흥암서원興巖書院	1702(숙종 28)	1705(숙종 31)	송준길宋浚吉
상주	옥동서원玉洞書院	1714(숙종 40)	1789(정조 13)	황희黃喜
거창	포충사褒忠祠	1737(영조 13)	1738(영조 14)	이술원李述原

흥선대원군의 서원훼철령에 따라 1868년과 1871년 2차에 걸쳐 경상도 내 대부분의 서원·사우는 훼철되었다. 경상도에 가장 많은 서원·원사가 존재했

던 만큼 훼철 규모도 가장 컸다. 그러나 훼철된 영남지역의 서원·사우는 흥선대원군의 실각과 동시에 곧바로 복설운동이 전개되어 제향인의 후손이 있는 경우는 상당수가 복설되었다. 이러한 복설 움직임은 일제 강점기를 거쳐 현재까지 지속되고 있다.

2. 영남지역 서원 자료의 전승 양상과 가치

경상도는 재지사족·유생·동성촌을 비롯해 원사院祠와 서당 등이 타도에 비해 가장 많았고, 따라서 이와 관련된 문헌자료도 타도에 비해 가장 많이 전승되고 있다. 서원 자료는 전승 양상에 따라 크게 두 가지로 나누어 살펴볼 수 있다.

하나는 관찬사료와 문집류 등에 수록된 서원 관련 기사이다. 『조선왕조실록』, 『승정원일기』, 『일성록』 등의 전자에서는 해당 서원의 사액, 치제致祭, 그 외 정부에 보고된 향중 쟁단 등의 기사를 확인할 수 있다. 이러한 기사는 해당 서원이 가지는 정치·사회적 위상을 보여준다. 한편, 후자류에는 서원의 봉안문·상량문, 연혁을 담고 있는 기문記文 및 기타 서원 운영 과정에서 사림들이 주고받은 편지 등이 있다.

또 하나는 서원의 운영과정에서 생산된 1차 사료이다. 이들 자료는 고문서·성책류成冊類의 형태로 전해지고 있는데, 전승 양상은 서원·사우에 따라 편차가 크다. 영남지역의 경우 그 위치상 왕실·중앙관부·외교관계 문서는 기호지방에 비해 매우 적지만, 사림·향촌·향전 및 재지사족들의 정치·사회적 활동에 관한 자료는 가장 많이 남아 있다. 서원·사우 또한 사림들의 향촌 내 정치·사회적 활동의 중심지였다는 점에서 여타 지방에 비해 많은 자료가 소장되어 있다. 이는 영남지역 사족들의 서원에 대한 관심도가 그만큼 컸던 결과이다.

다만, 전승 자료는 서원별로 차이가 있다. 영남지역의 서원 소장 자료는 흥선대원군의 서원 훼철령 때 존치했던 서원이나 각 지역의 대표적인 서원으로 후손들의 관심이 높았던 일부 서원을 제외하면, 대부분 서원은 훼철과 함께 관계 자료가 유실되었다. 그렇기 때문에 전승되고 있는 자료도 당시 후손들이 중요하다고 생각한 단편적인 자료만이 서원과 관계된 원임院任 또는 후손들에 의해 전승되고 있다.

현재 전승되고 있는 서원·사우 자료를 성격에 따라 분류해 보면 다음과 같다.

① 서원의 역사를 기록한 고왕록류考往錄類
② 창건과정 또는 사액·중건·추향 또는 훼철 등 서원의 중요한 사건을 구체적으로 기술한 사적事蹟 및 일기류日記類
③ 서원을 구성하고 운영하는 실질적인 주체인 원임·원생 및 서원과 이해관계를 같이하는 원유 등 인적구성을 살필 수 있는 원임안院任案·원생안院生案·집사분정록執事分定錄, 알묘록謁廟錄, 심원록尋院錄
④ 토지土地·노비안奴婢案, 추수기秋收記·타작기打作記, 신공안身貢案, 수호군안守護軍案, 원속안院屬案, 전장기傳掌記 등 서원의 경제적 기반에 관한 자료
⑤ 서원을 매개로 한 당파 간, 적서 간, 문중 간에 야기된 향전鄕戰에 관한 자료
⑥ 통문通文·소지所志·상소上疏·패지牌旨·입의立議·완의完議 등 서원 운영 과정에서 그때그때 작성된 각종 고문서

영남지역의 서원자료는 소장량이 많은 개별서원을 중심으로 문중·기관·학술연구소·후손 등에 의해 서원지가 지속적으로 편찬되고 있지만, 대부분의 서원자료는 대원군의 원사훼철 과정에서 유실되어 단편적으로 남아 있다는 데서 이들 자료는 개별적인 '서원지' 편간이 불가능한 상태이다. 일반적으로 이들 개별 서원자료는 서원의 창건과정이나 그 연혁 등 서원연구에 있어서 중요한 내용을 담고 있다. 따라서 앞으로의 서원연구를 위해서도 이에 대한 조사·정리· 편간은 시급한 과제이다. 이상과 같이 영남지역은 다른 지역에 비해 서원 자료가 상대적으로 많이 남아 있어, 향촌사회 및 재지사족의

동향을 파악하는데 중요한 사실들을 제공하고 있다. 이와 관련해 본서에서 제공하는 10개 서원 자료의 가치를 대략적으로 정리하면 다음과 같다.

1) 포충사褒忠祠

포충사는 조선 후기 충신인 이술원李述原이 제향 된 사우로 경남 거창군 웅양면에 있다. 1737년 대동리에 건립되었다가 이듬해인 1738년에 포충사라는 사액을 받았다. 1777년에 현재 위치로 이건 했다. 대원군의 서원 철폐령에도 존립 된 47개의 서원 중 하나이다. 포충사는 관찬사료, 문집류, 고문서, 현판에서 서원의 내력이 확인된다.

먼저 관찬사료는 조선 후기 치제와 치제문, 포충윤음褒忠綸音, 복호 요청에 대한 내용이 기록되어 있다. 문집류에는 역대 왕들의 사제문賜祭文, 사원청액소, 포충사묘정내비문, 봉안고유문, 축문, 상량문, 중수기 등이 전한다. 고문서류에는 심원록 2책과 청금계안靑衿稧案 1책을 소장하고 있다. 심원록은 포충사를 방문했던 사람들의 인적 사항이 기록되어 있는데 대부분 노론 계열 인사들이기 때문에 조선 후기 포충사의 위상과 성격을 확인할 수 있는 중요한 사료이다. 현판은 1879년 당시 거창 부사였던 김계진의 쓴 것이 있고 중수 상량문과 각종 차운次韻 현판이 있다.

2) 금오서원金烏書院

금오서원은 길재吉再를 비롯해 선산 지역 명현들을 제향하는 서원이다. 현재 확인되는 금오서원과 관련된 관찬사료 중 가장 오래된 기록은 1510년 검토관 이자李耔가 길재의 사당을 세우는 것을 건의하는 데서 시작된다. 이후 서원의 사액, 치제, 제향자에 대한 증시贈諡, 서책의 보급 등 다양한 내용이 실록을 포함한 여러 관찬사서에서 확인된다.

문집 등의 사찬사료에서는 보다 더 세부적인 내용이 전하고 있는데 서원의 치제, 봉안, 이건, 중건 등 서원의 운영 등과 관련된 전반적인 내용에서부터 서원과 밀접한 관계를 맺은 인물들의 인적 연결 고리로서의 서원 관련 내용, 차운, 시문 등 상세한 부분들이 기록으로 전하고 있다.

현재 금오서원에는 18여 점의 고문서가 소장되어 있는데 그 형태에 따라 성책류와 고문서로 나눌 수 있으며 이들 자료는 조선 후기부터 근현대 금오서원의 인적구성과 운영을 보여주는 일차적인 자료이다. 대부분 19세기 이후의 것으로 서원의 인적구성 및 조직·운영체제와 서원 건물 중수와 관련된 자료이다. 서원을 운영하였던 임원의 명단을 기록한 『행임록』을 비롯하여 제관을 기록한 집사분정기, 강학과 관련된 강학계안, 중수와 관련된 자료, 길재의 교지, 절목을 담은 완의, 제례와 관련된 홀기 등이다.

문루와 강당, 사당 등에 걸려 있는 현판류도 다수 현전하는데 1607년 선조의 금오서원 사액 현판을 비롯하여 1697년 숙종이 내린 금오서원 어제어필, 상량문, 중수기, 규약, 기문 등이 강당과 동서재, 문루 등에 걸려있다.

3) 자동서원紫東書院

자동서원은 조선 후기 김천지역에 세거한 진주강씨 출신 인사인 강설姜渫·강여호姜汝㦿·강석구姜碩龜·강이화姜履和의 위패를 모신 공간으로 1811년 자양사紫陽祠로 출범을 했다. 여타의 많은 서원처럼 전근대에 생성된 고문헌은 거의 남아 있지 않은 편이다. 다만 제향자의 문집에 수록된 예식문자와 단편적인 고문서만이 세전할 따름이다. 세전하는 자동서원의 자료의 특징을 제시하면 다음과 같다.

강석구와 강여호 문집에서 확인되는 서원과 관련 내용은 봉안문, 상향축문常香祝文, 상량문, 고유문과 대원군 훼철이후 복설 때에 지어진 문자들이다. 특히 복설한 뒤 서원 운용을 위해 조직된 「호의재유계서好懿齋儒稧序」에는 자동서원의 내력이 잘 서술되어 있다.

문집에는 매림·병산·낙봉·동락·사양·도남서원 등 지역을 대표하는 서원에서 자양사 설립을 발의 또는 지지하는 통문이 전한다. 문중서원이라 하더라도 설립 과정에서는 향중유림의 동의 과정을 거쳤음을 증거하고 있는 자료인 셈이다.

4) 근암서원近嵒書院

근암서원은 현재 경상북도 문경시 산북면에 위치해 있지만 조선시대에는 행정구역상 상주목 산양현이었다. 1553~1554년 상주목사를 역임한 신잠申潛이 세운 영빈서당潁濱書堂에서 시작되었다. 이후 근암서당에서 향현사, 근암서원으로 변천하였다. 이처럼 서당에서 서원으로 성장하는 모습은 17~18세기 서원 금령이 시행되던 시기에 이를 피하여 승원陞院했던 서원들의 전형적인 모습을 잘 보여준다. 제향인물은 홍언충을 주향으로 이덕형·김홍민·홍여하·이구·이만부·권상일 등을 병향하고 있다. 1665년 근암서당에서 향현사로 변경될 때 홍언충을 봉안하고, 1669년 근암서원으로 승원할 때에는 이덕형을 병향하였다. 이후 1702년 김홍민·홍여하를 추향하였다. 권상일의 위패는 1783년 수계소에 봉안했다가 1786년 이구·이만부를 추향할 때 권상일의 위패도 옮겨와서 함께 봉안하였다. 이후 흥선대원군의 서원훼철령으로 철폐되었다가, 1974년 복원되었고 2011년 현재의 모습을 갖추었다.

현전하는 근암서원 자료는 『근암서원사적』, 『근암서당창건사적』 등이 대표적이다. 이들 자료는 17~18세기 근암서원의 설립과 변천, 운영 양상을 구체적으로 파악할 수 있는 유일한 자료로서 사료적 가치가 높다. 이외에도 산재해 있는 통문과 제향인의 문집 및 일기, 상주지역 문인들의 문집 등에서도 단편적으로 근암서원의 운영을 파악할 수 있다.

5) 덕암서원德巖書院

덕암서원은 정구鄭逑 문인인 이천배李天培·이천봉李天封 형제와 장현광 문인인 이주李紬를 제향하는 서원이다. 덕암서원의 건립 연혁과 관련된 자료는 제향인의 문집을 통해 확인할 수 있다.

덕암서원은 1672년 덕암사로 처음 건립되었다가, 흥선대원군의 서원훼철령으로 철폐되었다. 그리고 1928년 덕암서당으로 중건하였으며, 1998년 서원으로 승격하였다. 제향인의 문집인 『삼익재집三益齋集』, 『백천집白川集』, 『학가재집學稼齋集』에는 제향인 3인이 각각 처음 덕암사에 제향되고, 다시 덕암서당에서 제의가 재개되었을 때의 상량문과 봉안문, 그리고 축문 등이 수록되어 있다. 또한 이천배의 『삼익재집』에 수록된 덕암서당 기문에는 당시까지의 덕암서원 연혁이 정리되어 있다. 한편 서원 강당에는 1998년 덕암서원 승격 당시의 복원기와 상량문을 현판으로 제작하여 게시해 놓았다. 이들 자료는 조선 후기 사우가 근대 이후 복원 및 서원으로 재구성되는 일반적인 과정을 잘 보여준다.

6) 청천서당晴川書堂

청천서당은 1729년 사림의 공론에 의해 청천서원으로 처음 건립되었으며, 성주를 대표하는 학자 김우옹을 제향하였다. 이후 1868년 대원군의 서원훼철령으로 철폐되었다가 김우옹의 후손 김호림金護林이 종택의 사랑채를 고쳐 청천서당으로 복원하였다. 1910년(순종 4)에는 김호림의 아들 김창숙이 청천서당을 수리하여 인재를 양성하기 위한 성명학교星明學校를 개교하기도 했다.

청천서원의 기록은 관찬사료, 문집류, 고문서에서 확인되며, 그 내용은 그리 많지 않다. 관찬 사료에는 영조 연간에 청천서원이 창건된 내용과 정조대 소두 김복건金復建이 상소한 청액에 대해, 사액 대신 정조가 치제한 내용이 확인된다. 문집류에는 영·정조가 내린 치제문을 정리하여 다시 올린 청액상언請額上言과 성주 회연서원에 제향되어 있던 김우옹의 위패를 청천서원을 건립하여 이안移安하게 된 경위를 기록한 청천서원 분원전말이 상세히 기록되어 있다. 그 외 환안문, 제향봉안문, 상량문, 축문, 시 등이 수록되어 있다.

고문서는 6점이 전하며, 청천서당에서 발급한 통문으로는 둔재遯齋 문집을 간행하기 위한 모임을 요청하는 통문과 그 외 답통 2점 등이 전한다.

7) 회원서원檜原書院

회원서원은 정구鄭逑와 허목許穆을 제향하는 곳으로, 경상남도 창원시 마산합포구 교방동에 있다. 회원서원은 1604년 건립한 관해정觀海亭에서 유래한다. 1634년 관해정 옆에 사우를 짓고 정구를 독향하다가 1708년 허목을 추향하였다. 1868년 서원 훼철령에 따라 철폐되었다. 1870년 관해정, 2001년 회원서원을 복원하였다.

회원서원은 관련 기록이 매우 소략하다. 문집류, 고문서, 현판 등 3종만 전해진다. 먼저 문집류는 정구의 『한강집寒岡集』, 이정李瀞의 『모촌집茅村集』, 이현일의 『갈암집葛庵集』이 대표적이다. 관해정과 회원서원의 건립 및 중수·추향시 작성된 기문과 서간 등이 수록되어 있어 서원의 내력을 확인할 수 있다. 고문서류는 하체下帖 2점이 전한다. 회원서원과 월영서원月影書院 사이에 일어난 분쟁을 중재하는 과정에서 작성되었다. 현판은 기문과 상량문·중수기 등으로 모두 4점이다.

회원서원은 창원지역 최초의 서원이자 17~18세기 유일한 서원으로, 조선후기 창원의 재지사족의 대표적인 향촌자치 기구였다. 하지만 당시 인적구성 및 경제적 기반·운영 양상 등을 파악할 만한 자료는 매우 제한적이다.

8) 세덕사世德祠

세덕사는 이번李番·이언괄李彦适 부자를 제향하는 사우이다. 세덕사가 위치한 덕동마을의 경우 지금은 포항시에 편입되었지만, 조선시대에는 경주부에 속해 있었다. 이곳에 세거한 여주이씨 일문의 세덕사는 1546년 건립된 용계정龍溪亭이 모태이다. 이후 여주이씨 일문이 이곳에 세거하게 되면서, 1779년에 이번과 이언괄을 제향하는 세덕사를 처음 건립하였다. 1868년 흥선대원군의 서원훼철령으로 철폐되었고, 현재는 용계정만 남아 있다.

현재 덕동마을의 덕동민속전시관에는 이 마을에서 생산된 고문서 및 필사본 자료가 함께 전시되어 있는데, 그 중에는 세덕사 관련 자료도 다수 확인된다. 그 중에서도 고왕록考往錄은 세덕사의 주요 연혁을 정리한 것이다. 첨배록瞻拜錄은 사우를 방문한 인사의 명단으로 조선 후기 세덕사의 사회적 기반을 보여준다. 특히 경제적 기반을 확인할 수 있는 등록謄錄 자료와 별소別所 및 덕연소德淵所 관련 치부류置簿類 자료, 노비안奴婢案과 전답안田畓案, 그리고 경주부로부터 특혜를 받는 과정에서 발급 받은 명문明文과 입안立案이 전한다. 그 외 『사의당고적록四宜堂考蹟錄』에는 세덕사의 상량문과 경시록經始錄이 수록되어 있어 건립 당시의 상황을 비교적 상세하게 확인할 수 있다.

9) 금호서원琴湖書院

금호서원은 조선시대 명재상 허조許稠가 제향 된 곳으로 경북 경산시 하양읍에 있다. 1684년 하양현에서 처음으로 허조의 구제舊第에 창건이 되어, 1790년에 사액을 받은 서원이다. 대원군 훼철의 영향 또는 관리 소홀 때문인지 전통시대 본 서원 대한 기록은 많이 남아있지 않은 편이다. 관찬사료, 문집류, 고문서, 현판 크게 4종에서 소수의 내용이 확인이 된다.

먼저 관찬사료에는 정조 연간 청액 상소와 치제 및 치제문, 훼철 후 고종대 복설상소 등이 수록되어 있다. 문집류는 봉안문·상향축문·고유문 등 예식문자가 주종이며, 청액 활동을 주도한 인사의 문집에 사실록과 훼철 후 계를 조직한 서문 등이 전한다. 고문서와 현판류는 서원에서 직접 생산한 것이다. 고문서는 6점으로 인적구성, 경제기반 자료 및 통문 등이다. 이중 「금호증경원임안琴湖曾經院任案」은 초기 서원의 인적구성과 하양현감이 원장을 지낸 사실을 알 수 있어 현전하는 자료에서는 나름 가치가 있어 보인다. 3점의 현판은 상량문과 기문이며, 전자는 당대 영남학파의 종장 류치명이 쓴 것이다.

금호서원은 조선후기 하양현을 대표하던 서원이나 훼철 이전의 운영 양상을 파악할 만한 자료는 매우 제한적이다.

10) 구천서원龜川書院

구천서원은 조선시대 학자인 박맹지朴孟智·양관梁灌·강한姜漢·표연말表沿沫·양희梁喜·하맹보河孟寶·양홍주梁弘澍가 제향된 곳으로 경남 함양군 수동면에 있다. 1701년 양관의 사당 터에 서원을 건립하였으나 1868년 흥선대원군의 훼철령으로 철폐되었다. 현재 구천서원의 역사를 밝혀줄 자료는 그리 많지 않으나 일부 문집류, 고문서, 현판, 비석 등을 통해 그 내력을 복원할 수 있다.

먼저 문집류는 봉안문·상향축문·상량문·제향축문 등 예식문자가 주종이며, 청액 활동과 관련된 상소와 통문, 남원양씨 가문의 양처제梁處濟가 구천서원 유생들에게 보낸 편지 1통 등이 전한다. 고문서는 4종으로 「구천서원 경임안龜川書院經任案」은 서원의 원임 구성을 파악할 수 있는 자료이고, 「구천서원 부보록龜川書院裒寶錄」은 창건 당시 인근 유림들의 기증현황을 확인할 수 있는 자료이다. 「부보록裒寶錄」과 「구천재 부보록龜川齋裒寶錄」은 1936년 구천재의 복원을 전후하여 기증한 사람들의 명부와 내역을 기록한 것이다. 경내에 걸린 현판 중 1794년에 작성된 「구천강당기」와 2008년 구천서원을 중건하고 쓴 기문과 상량문은 현재까지의 구천서원 연혁을 보여주는 자료이다.

【참고문헌】

권시용,「퇴계문인의 서원건립 활동」,『한국서원학보』 8, 한국서원학회, 2019

이수건,『영남학파의 형성과 전개』, 일조각, 1995

정만조,『조선시대 서원연구』, 집문당, 1997

이수환,『조선후기 서원연구』, 일조각, 2001

이수환,「영남서원의 자료현황과 특징」,『대구사학』 65, 대구사학회, 2001

이수환,「영남지역 서원건립 상황과 특징」,『민족문화논총』 78, 영남대학교 민족문화연구소, 2021

褒忠祠
포충사褒忠祠

Ⅰ. 개 요

주　　소	경상남도 거창군 웅양면 원촌3길 25-2(노현리)
제향인물	이술원李述原(1679~1728)
관련사항	경상남도 문화유산자료

Ⅱ. 연 혁

1737년(영조 3)	대동리에 이술원의 사우 건립
1738년(영조 14)	사액
1777년(정조 원년)	웅양면으로 이건

▣ 제향인물

■ 이술원(李述原, 1679~1728)

이술원의 자는 선숙善叔, 호는 화촌和村. 증승정원승지贈承政院承旨 이연웅李延雄과 거창 신씨 사이에서 1677년(숙종 3) 경상도 거창현 웅양리 화동촌[현재의 경상남도 거창군 웅양면 노현리]에서 태어났다. 1727년(영조 3) 이인좌·정희량이 반란을 일으키자 당시 거창현의 좌수였던 이술원은 결사항전을 다짐했다. 얼마 후 정희량이 거창을 침입하여 그를 포박하였다. 반군은 그에게 회유와 협박하면서 동참할 것을 요구했는데 이를 물리치고 순절했다. 아들 이우방李遇芳은 아버지의 순절 소식을 접하고 곧장 군영으로 달려가 종군하여 정희량군을 토벌하는 데 공을 세웠다.

Ⅲ. 자료편

1. 관찬사료

1) 포충사 등의 치제일을 순절한 날로 시행하도록 하다.

『정조실록』 권21, 12년(1788) 3월 6일.

예조가 이술원의 포충사에 치제를 이술원이 순절한 3월 23일을 맞아 제사할 것으로 아뢰니 삼충사 치제도 순절한 날로 행하고 관직에 있는 그 자손들에게는 휴가를 주어 가서 제사에 참여하게 하라고 명하였다.

禮曹以李述原 褒忠祠致祭 三月二十三日殉節日迎祭奏 命三忠祠致祭 亦以殉節日行之 其子孫之有職者 給由往參

2) 이술원 등에게 치제하고, 후손을 등용하라는 어명을 내리다.

『헌종실록』 권15, 14년(1848) 1월 10일.

임금이 성정각誠正閣[1]에 나아가 대신과 비국당상[2]을 인견하였다. 충민공忠愍公 이봉상李鳳祥[3]과 충장공忠壯公 남연년南延年[4]과 증 참판 홍임洪霖[5]의 청주에 있는 표충사와 증 대사헌 이술원의 거창에 있는 포충사에 관원을 보내어 치제하라고 명하고, 이어서 후손을 녹용錄用하라고 명하였으니, 무신년 이후 두 번째 회갑이 되기 때문이다.

上御誠正閣 引見大臣備局堂上 命遣官致祭于忠愍公 李鳳祥 忠壯公 南延年 贈參判洪霖之淸州 表忠祠 贈大司憲李述原之居昌 褒忠祠 仍命錄後 以戊申舊甲再回也

3) 포충사 등 47개 서원을 제외한 서원 훼철령이 반포되다.

『고종실록』 권8, 8년(1871) 3월 10일.

예조에서, '한 사람에 대해 중첩하여 세운 서원을 헐어버리는 문제는 두 차례의 하교에 따라 신 조병창이 대원군 앞에 나아가 품의한 결과, 〈성묘의 동쪽과 서쪽에 배향하는 제현과 충절과 대의를 남달리 뛰어나게 지킨 사람

---

1) 성정각(誠正閣) : 창덕궁(昌德宮) 안에 있는 전각으로 서연(書筵)이 열렸던 곳이다. 동궁(東宮)의 영역이지만 왕이 신하들과 정사를 의논하는 장소로 활용되기도 했다.
2) 비국당상(備局堂上) : 비변사에 속한 당상관을 부르는 별칭.
3) 이봉상(李鳳祥[1676~1728]) : 본관 덕수(德水), 자는 의숙(儀淑)으로 이순신(李舜臣)의 5세손이다. 청주에서 이인좌의 반란군에게 기습을 당해 죽었다. 시호는 충민(忠愍)이다.
4) 남연년(南延年[1653~1728]) : 본관은 의령(宜寧), 자는 수백(壽伯)이다. 이봉상과 함께 이인좌의 반란군에 의해 죽임을 당했다. 시호는 충장(忠壯)이다.
5) 홍임(洪霖[1685~1728]) : 본관은 남양(南陽), 자는 춘경(春卿)이다. 당시 충청도병마절도사 이봉상의 막료(幕僚)로 이인좌의 반란을 꾸짖으며 죽었다. 호조참판에 증직되었다.

으로서 실로 백세토록 높이 받들기에 합당한 47개 서원을 제외하고는 모두 제사를 그만두며 현판을 떼어내도록 하라.〉는 뜻으로 하교를 받들었습니다. 이미 사액하여 계속 남겨두어야 할 47개의 서원을 별단으로 써서 들입니다. 계하한 뒤 각도에 행회[6]하겠습니다.'라고 아뢰었다.【경기의 개성 숭양서원, 용인 심곡서원, 파주 파산서원, 여주 강한사, 강화 충렬사, 광주 현절사, 김포 우저서원, 포천 용연서원, 과천 사충서원, 양성 덕봉서원, 과천 노강서원, 고양 기공사, 충청도의 연산 돈암서원, 홍산 창렬사, 청주 표충사, 노성 노강서원, 충주 충렬사, 전라도의 태인 무성서원, 광주 포충사, 장성 필암서원, 경상도의 경주 서악서원, 선산 금오서원, 함양 남계서원, 예안 도산서원, 상주 옥동서원, 안동 병산서원, 순흥 소수서원, 현풍 도동서원, 경주 옥산서원, 상주 흥암서원, 동래 충렬사, 진주 창렬사, 고성 충렬사, 거창 포충사, 강원도의 영월 창절서원, 철원 포충사, 금화 충렬서원, 황해도의 해주 청성묘, 배천 문회서원, 장연 봉양서원, 함경도의 북청 노덕서원, 평안도의 영유 삼충사, 안주 충민사, 영변 수충사, 평양 무열사, 정주 표절사이다.】

禮曹以 書院疊享毁撤事 謹依兩度下敎 臣秉昌進詣大院君前稟議 則以爲'聖廟東西廡配食諸賢及忠節大義卓然炳烺 實合百歲崇奉之四十七院外 竝爲撤享撤額 之意 奉承敎意 已賜額常存處 四十七院 謹玆別單書入 待啓下 行會各道 啓【京畿 開城 崇陽書院龍仁 深谷書院坡州 坡山書院驪州 江漢祠江華 忠烈祠廣州 顯節祠金浦 牛渚書院抱川 龍淵書院果川 四忠書院陽城 德峰書院果川 鷺江書院高陽 紀功祠 忠淸道 連山遯巖書院鴻山 彰烈祠淸州 表忠祠魯城 魯岡書院忠州 忠烈祠 全羅道 泰仁 武城書院光州 褒忠祠長城筆巖書院慶尙道 慶州 西嶽書院善山 金烏書院咸陽 藍溪書院禮安 陶山書院尙州 玉洞書院安東 屛山書院順興 紹修書院玄風 道東書院慶州玉山書院尙州興巖書院東萊 忠烈祠晉州 彰烈祠固城 忠烈祠居昌 褒忠祠 江原道 寧越 彰節書院鐵

6) 행회(行會) : 조정의 명령을 수행하기 위해 각 관사의 우두머리가 소속 관원에게 전달하고 이를 실행할 방법을 논의하던 회의.

原 褒忠祠金化 忠烈書院 黃海道 海州 淸聖廟白川 文會書院長淵 鳳陽書院 咸鏡道 北青 老德書院 平安道 永柔 三忠祠安州 忠愍祠寧邊 酬忠祠平壤 武烈祠定州 表節祠】

4) 이술원 등 무신년 공신들의 사당에 치제하도록 하는 어명을 내리다.

『고종실록』 권27, 27년(1890) 11월 7일.

의정부에서 아뢰기를, "무신년(1788)에 나라를 위해 목숨을 바친 사람들과 공로 있는 사람으로서 제사를 지내주어야 할 사람들과 벼슬을 추증한 사람의 대를 이은 후손으로서 조용調用[7]할만한 사람들을 묘당에서 기록을 소급하여 상고해 계품하여 시행하라는 명을 내리셨습니다. 정조조의 포록褒祿에 의하면, 무신년의 공신과 충신들에 대한 윤음[8]에서 풍릉부원군 조문명, 풍원부원군 조현명, 고 대사헌 홍경보, 고 참판 오광운, 영성군 박문수는 모두 예랑을 보내 제사를 지내주고, 언성군 김중만, 금성군 박필건, 인평군 이보혁, 한원군 이만유, 함은군 이삼, 완춘군 이수량, 전양군 이익필, 화천군 김협, 화원군 권희학, 충원군 박동형, 고 감사 황선, 증참판 유승현, 증참의 권만, 증승지 신명익, 고 판관 이석인, 고 창의사 박민웅, 고 군수 김정운, 증절충장군 조중관은 모두 지방관을 보내 제사를 지내주었습니다. 증 대사헌 이술원과 고 현감 이우방[9] 부자의 사당 이름을 '포충사'라고 하고, 지방관을 시켜 그 사당에 가서 제사를 지내주며, 이술원의 제사를 맡아 지내는 자손은 해조로 하여금 이름을 물어 녹용하게 하고, 이우방은 특별히 이조 참의를 추증하라고 했습니다. 그 밖에 각 도에서 계문하여 포상했던 사람들에 대해서는 일일이 뜻을 표시하기는 어려우니, 모두 각각 해당 도신으로 하여금 그 자손들을

7) 조용(調用) : 벼슬아치로 등용함.
8) 윤음(綸音) : 국왕이 신하들과 백성들을 타이르는 내용을 담은 문서.
9) 이우방(李遇芳[1702~1762]) : 본관은 연안, 호는 당산(塘山)으로 이술원의 아들이다. 아버지가 정희량에게 죽임을 당하자 진주(晉州)의 병영(兵營)으로 달려간 후 군대에 합류하여 반란군을 진압하는데 협조하였다.

찾아서 특별히 보살펴 주도록 하는 것이 어떻겠습니까?"하니, 윤허하였다.

議政府啓 戊申殉節及勳勞人可以宣侑若貤贈者 嗣孫可以調用者 自廟堂溯考載籍 啓稟施行事 命下矣 謹依正廟朝褒錄 戊申功臣忠臣綸音 豐陵府院君 趙文命豐原府院君 趙顯命故大司憲洪景輔故參判吳光運靈城君 朴文秀 竝遣禮郞賜侑 彦城君 金重萬 錦城君 朴弼健仁平君 李普赫韓原君 李萬囿咸恩君 李森完春君 李遂良全陽君 李益馝 花川君 金浹花原君 權喜學忠原君 朴東亨故監司黃璿贈參判柳升鉉贈參議權萬贈承旨 愼溟翊故判官李錫仁故倡義使朴敏雄故郡守金鼎運贈折衝趙重觀竝遣地方官賜侑 贈大司憲李述原故縣監李遇芳 是父是子 祠名褒忠 遣地方官就其祠賜侑; 李述原嗣孫 令該曹問名錄用; 李遇芳 特贈吏議 其餘各道啓聞褒賞人 有難一一示意 竝令各該道臣 訪問其子孫 另加存恤何如 允之

5) 〈포충사 치제문 褒忠祠致祭文〉

정조正祖, 『홍재전서弘齋全書』 권21, 「제문 3」

대령의 이남에 일흔 주 남짓 있는데 한 사람의 공신을 얻었으니 늠름한 의리 가을 서리와 같았네.

영조께서 탄식하며 말씀하시길 당나라 안고경顔杲卿[10]과 같다 하시고 이에 사당을 세우게 하셨으니 그 이름 포충사라 하였네.

이에 질직秩職을 더해 주니 그 직책이 도어사였는데 충절을 다해 죽음에 영화가 있었으니 항복한 자들은 기시棄市[11]의 법을 받았네.

지난 일을 말하고자 하면 선비들 오히려 격앙하여 모발이 관을 찌르네.

---

10) 안고경(顔杲卿[692~756]) : 자는 흔(昕)으로 당나라의 상산태수(常山太守)였다. 안녹산(安祿山[703~757])이 난을 일으킬 때 대항하다가 잡혔으나 순절했다. 시호는 충절(忠節)이다.

11) 기시(棄市) : 고대 중국의 형벌로, 사형당한 죄인의 시체를 길거리에 내다 버리는 것이다.

흉한 무리가 병기를 잡고 설치니 창졸간에 어지러이 소란스러웠네.

아전들은 신분을 버린 채 적을 맞이하고 수령은 인끈을 버리고서 달아나 숨었네.

적을 꾸짖는 말이 공의 입에서 끊이지 않아 그 기운이 피와 함께 내뿜어 그것이 치달려 자전이 되어 아래로 요망한 기운을 물리쳤네.

공의 아들 이우방이 복수를 하늘에 맹세하고 아버지의 상중에 종군했네.

드디어 적의 우두머리를 베어 죽이니 관군이 전공을 아뢰었네 공이 세상을 버린 해가 돌아와 그 공훈과 충절을 기념하네.

사당에 나아가 제사를 드리게 하고 후예를 찾아 벼슬에 임명하네.

제문을 갖추어 술을 권하노니 강상을 높이 들어 보이네.

贈大司憲李述原褒忠祠致祭文

大嶺以南 餘七十州 得一功曹 義凜如秋 英考曰嗟 在唐杲卿 迺立之祠 褒忠其名 迺增之秩 惟都御史 死有榮時 降夫在市 欲說往事 士猶衝冠 蠢醜操兵 倉卒叫讙 吏投帖迎 官棄綬遁 罵不口絶 氣與血噴 騰爲紫電 頫決妖氛 有子誓天 殯父從軍 遂寢其皮 王師奏功 舊甲云回 紀勳暨忠 卽祠而祀 錄及後裔 文以侑酒 綱常是揭

6) 〈무신년의 공신과 충신을 포록褒錄한 윤음綸音〉

정조正祖, 『홍재전서弘齋全書』 권27, 「윤음 2」

왕은 이르노라. 이해 이달은 바로 우리 선대왕께서 무공을 드날려 난을 평정시킨 해와 달이다. 당시의 일을 생각하면 지금까지도 가슴이 섬뜩해진다. 음모가 영호남으로부터 일어나 다급한 칼날이 기전에까지 이르러, 안으로 뜻을 잃은 무리들과 결탁하고 밖으로 불량한 자들과 연계하였다. 번곤藩閫[12]이 기맥을 통한 곳이 이미 많고 군읍도 간간이 소문을 듣고 쏠리니, 위태

12) 번곤(藩閫) : 관찰사·병사·수사를 아울러 가리키는 말.

로운 형세는 한 가닥 머리카락과도 같았다. 만약 이때 신령스러운 위단威斷과 상대를 죽이지 않는 성무聖武로 연회를 베푸는 자리에서 압승하는 일을 하늘이 돕고 사람이 귀순하지 않았다면, 어떻게 흉악한 무리를 포용하고 사나운 자들을 변화시켜 눈 깜짝할 순간에 국가를 태산 반석과 같은 경지에 올려놓을 수 있었겠는가. 구갑舊甲이 거듭 돌아옴에 산처럼 높고 물처럼 맑은 공덕을 볼 수 있을 뿐이니, 옛날을 회상하며 감회에 젖는 소자의 마음으로 볼 때 어찌 충성과 공로에 보답함으로써 지난날 국가를 안정시킨 아름다운 공덕을 갚지 않을 수 있겠는가.

실낱같은 힘으로 국가를 부지한 자로는 고 봉조하 최규서崔奎瑞가 있고, 한마디 말로 절충한 자로는 고 대사헌 홍경보洪景輔와 고 참판 오광운吳光運이 있으며, 동시에 순절한 자로는 충민공忠愍公 이봉상李鳳祥, 충장공忠壯公 남연년南延年, 증 참판 홍림洪霖이 있다. 이 밖에도 여러 훈신들이 모두 협력해서 계책을 세우고 분발하여 사악한 무리들을 소탕하였는바, 그 공적을 영원히 보전할 것을 맹세한 글이 훈적에 실려 있으니, 나는 그들의 크나큰 공을 잊을 수 없다. 고 봉조하 최규서, 해은부원군海恩府院君 오명항吳命恒, 풍릉부원군豐陵府院君 조문명趙文命의 집에 관원을 보내어 치제하라. 충신을 포상하는 것에 대해서는 일찍이 말씀을 들은 바 있으니, 지난날을 기념하는 거조로 볼 때 어찌 남다른 은전을 아끼겠는가. 영성군靈城君 박문수朴文秀의 집에도 일체 치제하라. 고 대사헌 홍경보, 고 참판 오광운에 대해서는 유사攸司로 하여금 아름다운 시호를 내려 그 충성을 빛내게 하라. 청주 표충사는 바로 세 신하를 아울러 배향한 곳이니, 관원을 사당으로 보내어 치제하고, 그 자손들을 녹용하라. 충장공의 손자인 전 참봉 취오聚五는 그 할아비가 해를 입던 때에 함께 적도의 칼날을 받아 상처 흔적이 아직도 남아 있다. 그런데 부부가 모두 70세의 나이로 다시 이해를 만났으니 매우 희귀한 일이다. 특별히 한 자급을 가자하라. 풍원부원군豐原府院君 조현명趙顯命 집에 불행하게도 제사를 주관하는 사람이 없다고 하니, 대대로 자손의 죄상을 용서해 주는 뜻에 크게 어긋난다. 병신년에 특별히 한 아들을 사면하도록 명하였으나 끝내 조정의 의논에 의해 저지되고 말았다. 그런데 올해를 만났으니 더욱이 어찌 망설이겠는가. 적장파嫡長派의 연좌를 면제하고 그 관직을 회복시키라. 언성군 김만중, 금릉군 박필건, 인평군 이보혁, 한원군 이만유, 함은군 이삼, 완춘군 이수량, 전양군 이익필, 화천군 김협, 화원군 권희학, 충원군 박동형 등의 적장손 집에 음식물을 하사하라. 그리고 그 자손들을 불러서 만나 보겠다.

고 영남 관찰사 황선黃璿은 밤낮으로 힘을 다해 마침내 온 영남 땅을 보전하였는바, 그의 죽음을 나라 안 사람들이 지금까지도 슬퍼하고 있다. 그 후손이 장성하기를 기다려서 우선적으로 조용調用하라. 증 대사헌 이술원은 거창의 좌수로서 적을 꾸짖다가 죽음을 당했는데, 그 사당의 이름이 포충사이다. 그 아들 우방이 아비의 시신을 임시로 안치하고 종군하여 손수 희량[13]등 세 적을 베었으니, 그 아비에 그 아들이라고 할 만하다. 또한 그 사당에 사제하고 그 후손을 녹용하도록 하라. 증 승지 신명익[14]은 적의 기밀을 영곤營閫[15]에 통보하고는 끝내 적에게 죽음을 당했는데, 고을 사람들이 사당을 지어 제사 지낸다고 하니, 향축을 내려 주고 본관이 가서 제사를 지내도록 하라. 부리府吏[16] 신극종[17]도 이술원, 신명익과 더불어 시종 행동을 함께하다가 등창이 나서 죽었는데, 지금까지 포록을 지체하고 있으니, 이 어찌 궐전闕典[18]이 아니겠는가. 특별히 낭서郎署를 증직하라. 진천의 파총 김천장, 청안의 별장 장담은 의병을 일으켰다가 적의 손에 죽었으니, 그 자손을 이조와 병조

13) 정희량(鄭希亮[?~1728]) : 본관은 초계(草溪), 본명은 준유(遵儒)이다. 정온(鄭蘊)의 현손으로 이인좌의 난에 호응하여 안음현에서 반란을 일으키고 안음·거창·합천·함양·삼가를 차례로 점령하였다. 이후 관군에게 진압되어 참수되었다.

14) 신명익(愼溟翊[1676~1728]) : 본관은 거창으로 자는 남거(南擧)이다. 거창 향임으로 있다가 정희량의 반란군이 급습해오자 그들의 정보를 염탐하여 큰 공을 세웠으나 죽임을 당했다. 이후 경충사(景忠祠)에 배향되었다.

15) 영곤(營閫) : 감영(監營)·병영(兵營)·수영(水營) 또는 감사·병사·수사 등을 통칭한다.

16) 부리(府吏) : 지방의 행정구역에 딸린 서리(胥吏).

17) 신극종(愼克終[?~1728]) : 본관은 거창이다. 거창의 아전이며 정희량의 반란 때 순절했다. 사후 공조좌랑으로 증직되고, 창충사(彰忠祠)에 배향되었다.

18) 궐전(闕典) : 규정이나 의식 등이 빠져있거나 온전하지 못한 법전이나 전례(典禮).

로 하여금 찾아서 보고한 후에 녹용하게 하라. 고 전주 판관 이석인은 역적 정사효가 방백으로 있던 당시에 역적 박필현이 군사를 거느리고 전주성에 도착하자 굳게 지키며 받아들이지 않았다. 암행어사의 장계로 인하여 가자하라는 명이 있었는데도 죽은 뒤라 시행하지 못하였다 하니, 한 품계를 가증하라. 고 창의사 박민웅朴敏雄, 고 군수 김정운은 그 공이 뛰어나서 이제 막 증직의 은전을 시행하였다만, 진천의 선비 조중관은 적의 장수를 포획하여 공이 두 사람보다 적지 않으며, 또 듣건대 그는 아직 살아 있어서 나이 90이 넘었다 하니, 특별히 가자를 시행하라. 출정하여 종군한 장사로서 지금까지 생존해 있는 자와 창의하여 순절한 자로서 그 공적이 민멸되어 포상받지 못한 자에 대해서는, 각부와 각도에서 찾아 아뢰도록 하라.

王若曰 是年是月 卽我先大王揚武戡亂之年若月也 當時之事 尙覺心寒 陰謀煽自嶺湖 急鋒直抵畿甸 內結失志之輩 外連不逞之徒 藩閫旣多通氣 郡邑間亦望風 綴旒之形 危如一髮 儻非威斷若神 聖武不殺 制勝樽俎 天人助順 顧何以收鯨鯢化龍蛇 奠磐泰於指眄之頃也 舊甲云回 徒見山高而水淸 則以小子追感之心 曷其不酬忠報勞 以答前寧人攸受休哉 一絲扶鼎則有故奉朝賀崔奎瑞 片言折衝則有故大司憲洪景輔 故參判吳光運 同時殉節則有忠愍公李鳳祥 忠壯公南延年 贈參判洪霖 亦粤諸勳臣 咸能協籌奮膂 亟盪妖氛 盟申帶礪 紀載旂常 予懋乃庸 曰篤不忘 故奉朝賀崔奎瑞 海恩府院君吳命恒 豐陵府院君趙文命家 遣官致祭 藎臣之褒 嘗所承聆 記舊之擧 何靳殊典 靈城君朴文秀家 一體致祭 故大司憲洪景輔 故參判吳光運 令攸司 錫以美諡 以賁其忠 淸州表忠祠 卽三臣竝享之所 遣官卽其祠賜祭 收錄其子孫 忠壯之孫前參奉聚五 其祖遇害時 亦被賊刃 創痕尙存 夫妻之年俱滿七十 復見此歲 事甚稀異 特加一資 豐原府院君趙顯命家 不幸無主祀人 大非世宥之義 丙申特命宥一子 竟爲廷議所閣 逢今年 尤豈持疑 嫡長派免坐 復其官 彥城君金重萬 錦陵君朴弼健 仁平君李普赫 韓原君李萬囿 咸恩君李森 完春君李遂良 全陽君李益馝 花川君金浹 花原君權喜學 忠原君朴東亨等嫡長家 賜食物 其子孫當召見 故嶺伯黃璿夙夜盡瘁 卒保全嶺 其死也 國人至今悲之 其後孫 待年長 先卽調用 贈大司憲李述原 以居昌座首 罵賊而死 祠名褒忠 其子遇芳

殯父從軍 手斬希亮等三賊 可謂是父是子 亦令就其祠賜祭 其後孫錄用 贈承旨愼溟翊以賊機通報營閫 竟死於賊 鄉人建祠祀之云 降香祝 令本官往祭之 府吏愼克終 亦與述原溟翊終始同事 尋因疽背而死 尙稽褒錄 豈非欠典 特贈郞署 鎭川把摠金天章 淸安別將張潭 擧義兵死於賊手 其子孫 令吏兵曹訪問 啓聞後錄用 故全州判官李錫仁 時賊孝爲方伯 賊顯之率兵到城也 拒守不納 因繡啓有加資之命 而身故未施云 加贈一階 故倡義使朴敏雄 故郡守金鼎運 其功卓爾 才施貤贈之典 而鎭川士人趙重觀 捕獲僞帥功讓於兩人 且聞在世 其年已過九十 特施加資 出征從軍將士之至今生存者 倡義殉身之泯未褒揚者 令各部各道 搜訪以聞

7) 이술원 등 무신년 공신들의 사당에 치제하고 후손을 등용할 것을 논의하는 계문.

『비변사등록』 헌종 14년(1848) 1월 10일.

또 아뢰기를 "지난 영묘 무신년 인적의 청주 난리에 고 충민공忠愍公 신 이봉상李鳳祥, 충장공忠壯公 신 남연년南延年, 증 참판 신 홍임洪霖이 난리에 임하여 불굴의 충성으로 목숨을 바쳐 사직을 지켜낸 공은 옛날 장순張巡[19]·허원許遠[20]에 부끄럼이 없어 지금 백년이 지난 후에도 충신 의사가 감개하여 눈물을 흘리지 않는 이가 없습니다. 영묘 신해년에 특별히 순절한 장소에 사당을 건립하라고 명을 내렸으니 청주 표충사가 바로 이것입니다. 증박내겸 이술원은 거창의 한 공조功曺[21]로서 적을 꾸짖고 순국하였으니 그 도도한 절개와 높은 의리는 삼충과 일반이어서 그도 그 땅에 사당을 세웠으니 거창의 포충사가 이것입니다. 정묘 무신년에 두 사당에 특별히 제사를 내렸고 또 윤음을 내려 표창하였으니 열성조에서 충절을 포장한 성의를 어찌 말만 흠앙하지

---

19) 장순(張巡[709~757]) : 당나라 하동 사람으로 755년 안녹산이 반란을 일으키자 군사를 모아 수양성(睢陽城)을 방어하였으나 함락되어 피살되었다.

20) 허원(許遠[709~757]) : 자는 영위(令威)로 당나라의 관리이다. 안록산의 난이 발발하자 장순과 협력하여 수양성을 지켰는데 성이 함락되자 살해당했다.

21) 공조(功曺) : 군현의 사무를 담당하던 직임.

않을 수 있겠습니까. 지금 두 번째의 회갑이 되는 해를 당하여 숭보(崇報)[22]하는 거조가 없을 수 없을 듯합니다. 신의 생각으로는 청주 표충사와 거창 포충사에는 특별히 관원을 보내서 제사를 올려야 한다고 여기옵니다. 근래 들으니 그 사손이 고향에 영락해 있으나 궁핍하여 스스로 유지할 수 없고 혹자는 과거에 급제한 지 몇 년이 지났으나 아직까지 벼슬살이에 젖어보지 못하고 있다 합니다. 이것이 어찌 열성조에서 그 자손을 녹용하라고 신칙한 성의이겠습니까. 아울러 양전(兩銓)[23]에 분부하여 자리가 나기를 기다려 수용하여 조정에서 후하게 생각하는 뜻을 보이는 것이 좋겠기에 감히 이렇게 앙달합니다."하니, 임금이 말하기를 "아뢴 바가 매우 좋다. 그리하라."하였다.

又所啓 昔在英廟戊申 獜賊淸州之亂 故忠愍公臣李鳳祥 忠壯公臣南延年·贈參判臣洪霖臨難不屈之忠 殺身衛社之功 無愧於古之張巡 許遠 而尙今百年之後 忠臣義士無不慷慨而流涕者也 英廟辛亥 特命建祠於殉節之所 卽淸州之表忠祠是也 贈大司憲李述源 以居昌一功曹 罵賊殉國 其卓節高義與三忠一也 亦立祠於其地 卽居昌之褒忠祠是也 正廟戊申 特爲賜祭於其兩祠 又下綸音而表章之 列聖朝旌忠奬節之盛 豈不誠萬萬欽仰哉 今當周甲之再回 恐不可無崇報之擧 臣意則淸州表忠祠·居昌褒忠祠 特竝遣官致侑 近聞其嗣孫 多零落鄕里 窮不能自存 或登科幾年 尙未沾祿仕云 是豈列朝申飭錄孤之聖意哉 分付兩銓 竝待窠收用 以示朝家優恤之意甚好 故敢此仰達矣 上曰 所奏甚好 依爲之

8) 이술원 등 무신년 공신들의 사당에 치제하고 후손을 녹용할 것을 요청하는 계문.

『비변사등록』 고종 27년(1890) 11월 7일.

의정부에서 아뢰기를 "무신년(1728)에 나라를 위해 목숨을 바친 사람과 공

22) 숭보(崇報) : 은덕을 갚음.
23) 양전(兩銓) : 이조(吏曹)와 병조(兵曹)를 뜻함.

훈을 세운 사람으로서 제사를 지내주거나 벼슬을 추증한 만한 사람과 사손嗣孫[24]으로서 조용할 만한 사람들을 묘당에서 기록을 상고한 뒤에 계품하여 시행하라고 명을 내리셨습니다. 삼가 정조조의 포록에 따라 무신년의 공신과 충신들에 대한 윤음에 보이는 풍릉부원군豐陵府院君 조문명趙文命, 풍원부원군豐原府院君 조현명趙顯命, 고故 대사헌大司憲 홍경보洪景輔, 고 참판參判 오광운吳光運, 영성군靈城君 박문수朴文秀에게는 모두 예조낭청禮曹郞廳을 보내어 제사를 지내주고, 언성군彦城君 김중만金重萬, 금성군錦城君 박필건朴弼健, 인평군仁平君 이보혁李普赫, 한원군韓原君 이만유李萬囿, 함은군咸恩君 이삼李森, 완춘군完春君 이수량李遂良, 전양군全陽君 이익필李益馝, 화천군花川君 김협金浹, 화원군花原君 권희학權喜學, 충원군忠原君 박동형朴東亨, 고 감사監司 황선黃璿, 증참판贈參判 유승현柳升鉉, 증참의贈參議 권만權萬, 증승지贈承旨 신명익愼溟翊, 고 전주 판관全州判官 이석인李錫仁, 고 창의사倡義使 박민웅朴敏雄, 고 군수郡守 김정운金鼎運, 증절충장군贈折衝將軍 조중관趙重觀에게는 모두 지방관을 보내어 제사를 지내주었습니다. 증대사헌 이술원과 고 현감 이우방은 부자관계로 사당 이름을 '포충사'라 하고 지방관을 보내어 그 사당에 가서 제사를 지내주었으며, 이술원의 사손은 해조로 하여금 이름을 물어 녹용하게 하였고, 이우방에게는 특별히 이조참의를 추증하였습니다. 그 나머지 각 도에서 계문하여 포상한 사람들에 대해 일일이 뜻을 보여 주기는 어려우니, 모두 각 해당 도신으로 하여금 그 자손들을 방문訪問하여 특별히 더 보살펴 주도록 하는 것이 어떻겠습니까?"하니, 윤허한다고 답하였다.

府啓曰 戊申殉節及勳勞人 可以宣侑若貤贈者 嗣孫可以調用者 自廟堂 溯考載籍 啓稟施行事命下矣 謹依正廟朝褒錄戊申功臣忠臣綸音 豐陵府院君趙文命 豐原府院君 趙顯命 故大司憲洪景輔 故參判吳光運 靈城君朴文秀 竝遣禮郞賜侑 彦城君金萬重 錦

24) 사손(嗣孫) : 가계를 계승하는 자손으로 제사의 상속을 뜻하는 승조(承祧)·봉사(奉祀) 등의 의미와 같다.

城君朴弼健 仁平君李普爀 韓原君李萬囿 咸恩君李森 完春君李遂良 全陽君李益馝 花川君金浹 花原君權喜學 忠原君朴東亭 故監司黃璿 贈參判柳升鉉 贈參議權萬 贈承旨愼溟翊 故全州判官李錫仁 故倡義使朴敏雄 故郡守金鼎運 贈折衝趙重觀 竝遣地方官賜侑 贈大司憲李述原 故縣監李遇芳 是父是子 祠名褒忠 遣地方官 就其祠賜侑 李述原嗣孫 令該曹問名錄用 李遇芳特贈吏議 其餘各道啓聞褒賞人 有難一一示意 竝令各該道臣 訪問其子孫 另加存恤 何如 答曰 允

9) 경기도 유생 이한운李漢運 등이 상소를 올려 포충사와 충렬사를 합사해 주기를 청하다.

『승정원일기』 영조 49년(1773) 6월 5일.

또 한 가지 폐단이 있으니, 무신년의 변란 때 창의사倡義使 인 증 대사헌 이술원李述源, 증 좌승지 신명익愼溟翊은 한 고을의 사람으로서 일시에 순절하였고, 이술원李述源은 기사騎祠를 기리고 신명익愼溟翊과 충렬사忠烈祠는 모두 거창부居昌府에 있었습니다.

이미 한 시대에 목숨을 버렸고 또 일체 기리는 성상의 하교가 있었으니, 사당에 함께 배향하는 것이 사리 상 당연하지만 둘로 나누어서 한 고을과 두 사당에 실로 폐단이 있습니다. 특별히 포충사褒忠祠에 배향하도록 하고 충렬사忠烈祠는 폐지하는 것이 참으로 가할 것 같습니다.

抑又有一弊焉 戊申之變 倡義使贈大司憲臣李述源 贈左承旨臣愼溟翊 以一邑之人 一時殉節 而李述源褒忠祠 愼溟翊忠烈祠 俱在於居昌府 旣是捨命於一時 而又有一體褒揚之聖敎 則一祠竝享 事理當然 而分而二之 一邑兩祠 實爲有弊 特令竝享褒忠祠 而忠烈祠則廢之 固可也

10) 포충사에 『표충윤음表忠綸音』을 내려주다.

『승정원일기』 정조 12년(1788) 4월 16일.

상이 쓰라고 명하고 전교하기를, 표충윤음表忠綸音, 장황저주지粧纊楮注紙 5건件·백지白紙 5건·부장저백지不粧楮注紙 5건·백주지白注紙 15건을 대궐 안의 주합루서고宙合樓西庫·외규장각外奎章閣·내각·외규장각·옥당과 다섯 곳의 사고·예조·충훈부·정원政院·성균관에 각각 장황저주지粧潢楮注紙 1건을, 시원임대신內原任大臣, 각신閣臣, 승지, 한주翰注, 각 백지白紙 1건을, 고 최봉조하崔奉朝賀·충헌忠獻·충재忠宰·문충가文忠家·충민忠愍·충장가忠壯家·증참판 홍림洪霖의 집에, 해은海恩·풍릉豐陵·풍원군豐原·영성靈城·언성彦城·금릉錦陵·인평仁平·한원韓原·척은戚恩[感恩]·완춘完春·전양全陽·화천花川·화원花原·충원忠原 등 적장가嫡長家, 고영백故嶺伯 황선黃璿·증대사헌贈大司憲 이술원李述原·증 증승지贈承旨 신명익愼溟翊·증좌랑 증贈佐郞 신극종愼克終 고파총故把摠 김천장金天章·고별장故別將 장담張潭·고판관故判官 이석인李錫仁· 고창의사故倡義使 박민웅朴敏雄·고군수故郡守 김정운金鼎運의 집과 함께 청주 삼충사三忠祠·거창 포충사褒忠祠에 각각 장황저주지 1건을 내려 주도록 하라.

上命書傳教曰 表忠綸音 粧纊楮注紙五件 白紙五件 不粧楮注紙五件 白紙十五件 內入 宙合樓西庫·外奎章閣·內閣·外閣·玉堂五處史庫 禮曹·忠勳府·政院·成均館 各粧纊楮注紙一件 時原任大臣·閣臣·承旨·翰注 各不粧白紙一件 故崔奉朝賀·忠獻·忠宰[忠章]·文忠家·忠愍·忠壯家·贈參判洪霖家·海恩·豐陵·豐原·靈城·彦城·錦陵·仁平·韓原·戚恩[咸恩]·完春·全陽·花川·花原·忠原等嫡長家 故嶺伯黃璿 贈大司憲李述原 贈承旨愼溟翊 贈佐郞愼克終 故把摠金天章 故別將張潭 故判官李錫仁 故倡義使朴敏雄 故郡守金鼎運家 及淸州三忠祠 居昌褒忠祠 各給粧纊楮注紙一件

11) 포충사에 급복給復을 시행하라고 명하다.

『승정원일기』 순조 8년(1808) 11월 12일.

하나, 거창의 포충사를 급복하는 일은 그 전부터 사액하는 사우에 대해 매번 급복給復 하는 예가 있었으니, 해조로 하여금 전례를 살펴 시행하게 하라.

其一 居昌褒忠祠給復事也 自前賜額之祠 每有給復之例 令該曹照例施行

12) 포충사에 치제하고 그 후손을 서용하라고 명하다.

『승정원일기』 헌종 14년(1848) 1월 10일.

증 대사헌 이술원은 거창에 살았는데, 한 공조로서 적도를 꾸짖으니 국은의 우뚝한 절개와 절의가 삼충三忠과 같았습니다. 또한 그 땅에 사당을 세우니 곧 거창의 포충사입니다. 정묘正廟 무신년[1788년]에 특별히 그 두 사당에 사제하였고, 또 윤음을 내려 표창했으니 열성조께서 충성스런 절개를 표창하고 절의를 장려하는 성대한 뜻을 어찌 참으로 흠양하지 않겠습니까. 이제 주갑周甲을 두 번 회답하는 때를 당하여 존숭하여 보답하는 조치가 없을 수 없으니, 신의 생각에는 청주 표충사와 거창 포충사에도 특별히 관원을 보내어 제사를 올렸습니다. 근래에 듣건대 그 사손이 많기에 마을이 곤궁하여 스스로 보존할 수 없거나 혹 과거에 급제한 몇 년이 지나도록 아직 녹을 받지 못했다고 하니, 이것이 어찌 열조에서 신칙하여 녹용하는 뜻이겠습니까? 양전에 분부하여 자리가 나기를 아울러 기다려 수용하고 조정에서 넉넉히 구휼하는 뜻을 보이도록 하는 것이 좋겠기에 감히 아룁니다. 임금께서 아뢴 바가 매우 좋으니, 아뢴 대로 하라고 하였다.

贈大司憲李述原 以居昌一功曹 罵賊殉國 其卓節高義 與三忠一也 亦立祠於其地 卽居昌之褒忠祠是也正廟戊申 特爲賜祭於其兩祠 又下綸音而表章之 列聖朝旌忠獎節

之盛 豈不誠萬萬欽仰哉 今當周甲之再回 恐不可無崇報之擧臣意則淸州表忠祠 居昌褒忠祠 特竝遣官致侑近聞其嗣孫多零落 鄕里窮不能自存 或登科幾年 尙未沾祿仕云是豈列朝申飭錄孤之聖意哉 分付兩銓 竝待窠收用 以示朝家優恤之意甚好 故敢此仰達矣上曰 所奏甚好 依爲之

13) 포충사의 치제를 해당 지방관에게 거행하라고 명하다.

『승정원일기』 헌종 14년(1848) 1월 28일.

[전략] 또 예조의 말로 아뢰기를, "대신이 연석에서 아뢴, 청주의 표충사[25]와 거창의 포충사에 모두 관원을 보내어 치제하도록 윤허를 내리셨습니다. 어느 관원이 나아갑니까? 감히 여쭙니다." 전교하기를 "각각의 해당 지방관이 나아 가라"고 하였다.

(전략) 又以禮曹言啓曰 因大臣筵奏 淸州表忠祠 居昌褒忠祠 竝遣官致侑事 允下矣 何官進去乎 敢稟 傳曰 各該地方官進去

14) 예관을 보내 포충사를 치제하라고 명하다.

『일성록』 정조 12년(1788) 3월 1일.

[전략] 승지 홍인호가 아뢰기를, "청주의 삼충사에 관원을 보내어 치제하라고 명하셨습니다. 어느 관원이 나아가야겠습니까?"하여, 하교하기를, "감영과의 거리가 멀지 않고 제문을 이미 어제로 지어 내렸으니 향축을 내려보낸 뒤에 도백으로 하여금 나아가서 제사를 설행한 뒤에 상황을 장문하게 하라."하였다. 또 아뢰기를, "고 봉조하 최규서의 집과 해은부원군 오명항의 집

25) 표충사(表忠祠) : 충청북도 청주에 소재한 사당으로 이인좌의 난 때 희생당한 이봉상(李鳳祥), 남연년(南延年), 홍림(洪霖)이 봉향되어 있다.

과 풍릉부원군 조문명의 집과 풍원부원군 조현명의 집과 영성군 박문수의 집과 인평군 이보혁의 집과 증 대사헌 이술원의 집과 포충사에 모두 치제하라고 명하셨습니다. 어느 관원이 나아가야겠습니까?"하여, 하교하기를, "풍릉의 집에는 승지를 보내고 나머지는 예관을 보내라."하였다.

(전략) 承旨 洪仁浩啓言淸州 三忠祠遣官致祭事有命矣何官進去乎教以距營不遠祭文旣以御製製下番祝下送後令道伯就往設祭後形止使之狀聞又啓言故奉朝賀 崔奎瑞家海恩府院君吳命恒家豐陵府院君趙文命家豊原府院君趙顯命家靈城君朴文秀家仁平君李普赫家贈大司憲 李述原家褒忠祠竝致祭事有命矣何官進去乎教以豐陵家遣承旨餘遣禮官

15)《어정규장전운》을 포충사에 내려주다.

『일성록』 정조 20년(1796) 8월 11일.

四都八道鄕校秩水原府 開城府 江華府 廣州府 京畿 三十四官 忠淸道 五十四官 全羅道 五十六官 慶尙道 七十一官 黃海道 二十三官 江原道 二十六官 咸鏡道 二十四官 平安道 四十二官合三百三十四官各白紙大本一件○賜額書院秩水原府 梅谷書院 明皐書院 開城府 崧陽書院 崇節書院 五冠書院 花谷書院 道山書院 表節祠 江華府 忠烈祠 廣州府 龜巖書院 壽谷書院 顯節祠 京畿 楊州 道峯書院 石室書院 淸節祠 旌節祠○驪州 沂川書院 孤山書院 大老祠○坡州 坡山書院紫雲書院豊溪祠○長端 臨江書院○豊德 龜巖書院○仁川 鶴山書院○南陽 龍栢祠 安谷祠○金浦 牛渚書院○安城 道基書院○文河 新谷書院○高陽 文峯書院○麻田 湄江書院○加平 潛谷書院○龍仁 忠烈書院 深谷書院○永平 玉屛書院○砥平 雲溪書院○抱川 花山書院 龍淵書院○始興 忠賢書院○果川 愍節書院 鷺江書院 四忠書院○陽城 德峯書院○漣川 臨漳書院 忠淸道 淸州 莘巷書院 華陽書院 表忠祠○忠州 八峯書院 雲谷書院 樓巖書院 忠烈祠 ○公州 忠賢書院 滄江書院○洪州 魯恩書院 惠學書院○淸風 鳳崗書院 黃江書院○韓山 文獻書院○沃川 表忠祠○丹陽 丹巖書院○舒川 建巖書院○林川 七山書院○瑞山

聖巖書院○文義 魯峯書院 黔潭書院○報恩 象賢書院○懷德 崇賢書院○扶餘 浮山書院 義烈祠○鎭川 百源書院 芝山書院○鴻山 淸逸書院 彰烈書院○保寧 花巖書院○連山 遯巖書院○木川 道東書院○燕歧 鳳巖書院○平澤 褒義祠○尼城 魯岡書院○禮山 德岑書院○黃澗 寒泉書院○牙山 顯忠祠 全羅道 全州 華山書院○羅州 景賢書院 月井書院 潘溪書院 旌烈祠○綾州 竹樹書院 褒忠祠○光州 月峯書院 褒忠祠 義烈祠○濟州 橘林書院 三姓祠○順天 玉川書院 忠愍祠 旌忠祠○南原 寧川書院 露峯書院 忠烈祠 愍忠祠○長城 華巖書院○潭陽 義巖書院○礪山 竹林書院○長興 淵谷書院 江城書院 忠烈祠○實城 龍山書院 大溪書院 旌忠祠○錦山 星谷書院 從容祠○靈巖 鹿洞書院 忠節祠○古阜 旌忠祠○益山 華山書院○臨陂 鳳巖書院○龍潭 三川書院○昌平 松江書院○泰仁 南皐書院 武城書院○興陽 雙忠祠○谷城 陽德祠○茂長 忠賢祠○務安 松林書院○南平 蓬山書院○同福 道源書院○井邑 考巖書院 慶尙道 慶州 西岳書院 玉山書院 崇烈祠○安東 虎溪書院 三溪書院 周溪書院 西礀祠○星州 川谷書院 檜淵書院 忠節祠○晉州 德川書院 新塘書院 殷烈祠 忠愍祠 彰烈祠○尙州 道南書院 興巖書院 白玉洞書院○順興 紹修書院○大邱 研經書院 洛濱書院 表忠祠○密陽 禮林書院 表忠祠○善山金烏書院尙義書院 洛峯書院○仁同 吳山書院 東洛書院○金海 新山書院○東萊 安樂書院○蔚山 鷗江書院○靑松 屛巖書院○咸陽 灆溪書院 滄洲書院○永川 臨皐書院 道岑書院○淸道 紫溪書院○榮川 伊山書院 龜山精舍○咸安 西山書院○陜川 伊淵書院 華巖書院○醴泉 鼎山書院○梁山 松潭書院○義城 氷溪書院○固城 忠烈祠○南海忠烈祠○宜寧 德谷書院○禮安 易東書院 陶山書院○安義 龍門書院 黃巖祠○延日 烏川書院○居昌 道山書院 浣溪書院 褒忠祠(후략)

16) 경상우도암행어사 여동식이 포충사를 급복해 주기를 요청하다.

『일성록』 순조 8년(1808) 8월 2일.

하나. 거창의 포충사는 곧 대사헌에 추증된 이술원의 신주를 모신 곳입니다. 이술원은 본읍의 공조功曹로서 무신년(1728)의 변란을 당하여 적을 꾸짖고 절개를 굽히지 않아 적의 칼에 베여 죽었습니다. 그리하여 이미 사액을 내려

준 적이 있었는데 본원에 아직까지 급복給復[26]해 준 일이 없었으니, 해당 조로 하여금 전례대로 급복하게 하소서.

一居昌 褒忠祠卽贈大司憲 李述原妥靈之所也述原以本邑功曹當戊申之變罵賊不屈被斮而死已有賜額之擧而本院尙無給復之事請令該曹依例給復

17) 비변사가 포충사 급복에 대해 회계하다.

『일성록』 순조 8년(1808) 8월 2일.

열여섯째, '거창 포충사에 대해 급복하는 일입니다.' 하였습니다. 이전부터 사액한 사원마다 급복해 주는 규례가 있으니 예조로 하여금 규례를 살펴 시행하게 하는 것이 어떻겠습니까?

其一居昌 褒忠祠給復事也自前賜額之祠每有給復之例令該曹照例施行

2. 문집류

1) 〈충신 증대사헌 이공술원정려음기 忠臣贈大司憲李公述原旌閭陰記〉

박지원朴趾源, 『연암집燕巖集』 권1, 「연상각선본」

지금 임금 즉위 12년 무신년 3월 초하루에 다음과 같은 전교가 내렸다. "올해 이달은 60년 전 우리 선대왕께서 무위를 떨치며 반란을 평정했던 바로 그해 그달이다. 옛 갑자가 다시 돌아왔으니, 어찌 그 충성과 노고에 보답함으로써 전녕인前寧人[27]이 받으신 아름다운 천명에 답례하지 않겠는가. 증

26) 급복(給復) : 복호(復戶)를 내려 주던 일.
27) 전녕인(前寧人) : 중국 주나라 무왕(武王)의 신하들을 일컫는 말로서 세상과 백성을 편안하게 한 신하들이라는 의미.

대사헌 이술원은 역적을 꾸짖고서 죽었으니 그 사당의 이름을 포충사라 하였고, 그 아들 우방은 아비를 초빈草殯[28]하고서 종군하여 손수 세 역적을 베었으니 그 아비에 그 아들이라 이를 만하다. 그에 대해서는 그 사당에 제사를 내리고 후손을 녹용하게 하라." 이에 임금께서 제문을 손수 짓고 포충사에 제사를 지내 주었다. 그 제문은 다음과 같다.

문경 새재 남쪽이
칠십 고을 넘건마는
겨우 얻은 공조 한 사람
추상 같은 의기로세
우리 선왕 찬탄하사
안고경顔杲卿 같다 이르시고
이에 사당 세우시니
그 이름 포충사요
이에 증직 내리시니
그 직품 대사헌이라
절사한 이 영예를 누릴 때
항복한 놈 기시棄市를 당하였네
지난 일을 말하려면
선비들 지금도 의분義憤 치솟누나
무지한 놈들 무기 들고
창졸간에 악을 쓰니
아전들 체지帖紙[29] 사령장 던지고 맞이하고
수령들 관인 버리고 도망쳤으나

28) 초빈(草殯) : 장사를 지낼 때 어떠한 사정으로 시체를 방안에 둘 수 없는 경우에 관을 바깥에 놓고 이엉 같은 걸로 덮어 임시로 조치한 것.
29) 체지(帖紙) : 관아에서 구실아치를 고용할 때 주던 임명장.

그만은 끊임없이 역적 꾸짖으며
혈기를 내뿜었네
그 혈기 솟구쳐 번개 되어
요사스러운 기운 내리쓸었도다
그 아들 굳은 다짐
아비 묻고 종군하여
마침내 원수를 손수 갚고
우리 군사 승전보를 아뢰었네
지난 갑자 돌아오니
공훈과 충성 기록하여
그 사당에 제사하고
후손에게 벼슬 주었네
제문 내려 술 권하니
강상 높이 드러났도다

선왕 때인 기유년(1729) 초에 공에게 사헌부 집의를 증직하고, 그 집의 문에 '충신의 문'이라 정표하였으며, 정묘년(1747)에 여러 번 증직하여 대사헌에 이르렀다. 그리고 지금 임금 18년 계축년(1793)에 공의 아들 개령 현감 이우방의 문에 '효자의 문'이라 정표하도록 명하였다. 그래서 그 문을 더욱 넓히고 작설을 고쳐 연이어 세우게 되었다. 아! 부자 양 대에 한 분은 충신이요 한 분은 효자다. 충과 효는 인륜의 극치인데 한 가문에 모두 모였으니, 이 어찌 한 고을의 영광일 뿐이겠는가. 백세까지 훌륭한 기풍을 세울 만하도다. 공의 손자인 현 청산 현감 지한之漢이 나에게 부탁하여 정려를 고쳐 세운 시말을 그 뒷면에 기록해 달라 하기에 삼가 이와 같이 쓰는 바이다.

上之卽祚十二年戊申三月初一日傳曰是年是月卽我先大王揚武戡亂之年若月也舊甲重回曷其不酬忠報勞以答前寧人攸受休哉贈大司憲李述原罵賊而死祠名褒忠其子遇

芳殯父從軍手斬三賊可謂是父是子亦令就其祠賜祭錄其後孫於是御製文賜祭于褒忠祠曰大嶺以南餘七十州得一功曺義凜如秋英考曰嗟在唐杲卿迺立之祠褒忠其名迺贈之秩惟都御史死有榮時降夫在市欲說往事士猶衝冠蠢醜操兵倉卒叫譟吏投帖迎官棄綬遁罵不絶口氣與血噴騰爲紫電類決妖氛有子誓天殯父從軍遂寢其皮王師奏功舊甲云回紀勳曁忠卽祠以祀錄及後裔文以侑酒綱常是揭先朝己酉初贈公執義旌其閭曰忠臣之門丁卯屢贈公都憲當宁十八年癸丑命旌公之子開寧縣監遇芳之閭曰孝子之門於是增廣其閭改樹綽楔以聯之嗚呼父子兩世維忠維孝乃人紀之極而萃于一門是豈特一鄕之榮耀哉可以樹風聲於百世矣公之孫今青山縣監之漢屬不佞爲記其改樹始末以識其陰敬書如此

2) 〈영묘 사제문 英廟賜祭文〉

이술원李述原, 『화촌선생실기和村先生實紀』 권2, 「실기」

1738년 9월 20일에 선액시 지제교 오수채[30]가 지어서 올림

세상을 보니 혼독溷濁하여 선비의 아름다운 절의 적으니 취몽醉夢[31] 중에 살다가 죽어 웅어熊魚[32]를 분별치 못하였네. 현저한 자 오히려 그러한데 하물며 이 유측幽側한 사람이랴. 창단彰癉[33]이 있지 않으며 어찌 능히 권장하고 격려하리오. 경은 영남의 먼 곳에서 생장하여 공조에 자취 숨으나 오히려 조祖의 교훈 이어받아 평소에 강개한 마음 쌓았다오. 지난번에 역적들이 거칠게 남방을 굴복시켜 크세 창성하며 흉도들이 세차고 위급하였으나 두루 70 고

30) 오수채吳遂采[1692~1759] : 본관은 해주(海州), 자는 사수(士受), 호는 체천(棣泉)이다. 1735년(영조 11) 증광문과에 병과로 급제하였다. 1758년(영조 34) 대사헌을 지냈다.

31) 취몽(醉夢) : 정호(程顥)가 "높은 재주와 밝은 지혜가 있어도 견문이 고착되면 취생몽사 하더라도 스스로 깨달을 수 없다[雖高才明智 膠于見聞 醉生夢死 不自覺也]"고 한 말에서 유래된 성어.

32) 웅어(熊魚) : 일명 의어(義漁)라고 한다. 백제를 멸망시킨 소정방(蘇定方)이 의자왕(義慈王)이 즐겨 먹었던 웅어를 맛보고자 했으나 단 한 마리도 잡히지 않았다는 고사에서 유래함.

33) 창단(彰癉) : 착한 일을 한 사람을 찬양하고 악한 일을 한 사람을 벌주던 일.

을에 의사한 사람 없었으며 형세가 파붕波崩 같았으니, 그 독한 칼날을 누가 막으랴. 풍우風雨가 세찬 외로운 성에 홀로서서 눈물 뿌리며 태연히 웃으며 백인白刃[34]맞아 한번 죽음으로 결별함 이루었네. 나의 머리를 가히 쪼개어도 나의 무릎 어찌 굴하리오. 큰 소리로 적을 꾸짖어 안고경의 설봉舌鋒 있었으니 보는 사람 장대히 여겼고 적들도 오히려 간담을 떨었다오. 성취한바 탁월하여 옛 열사에 짝하였으니 먼 고을 하급관리로 진얼鎭臬을 책임 하였으니 이와 같은 충은 예전에 또한 없었다오. 생각건대 이 같은 영열英烈에 포식褒飾이 어찌 궐하겠는가? 이에 이증貤贈[35]을 명하여 이로 작설綽楔[36]을 꾸민다오. 금봉金峰이 우뚝높고 화수和水는 고요히 오열하며 원초原草는 봄이 아닌데 푸르게 장혈萇血을 묻었구려. 내 번신의 주청 윤허하여 하여금 사당을 창건하였고 여러 봉액縫掖[37]들이 부르짖어 다시 액호 내리며 관리를 보내어 제사 드리니 나의 슬픔 더하구려. 오히려 정협精爽이 있을 것이니 내림하여 분필芬苾을 흠향하오.

英廟賜祭文 戊午九月二十日宣額時○知製敎吳遂采製進 觀世溷濁士鮮姱節醉夢生死熊魚莫別顯者猶然 矧伊幽側不有彰癉惡能勸激卿生嶺陬功曹沈迹 尙襲祖訓慷慨素蓄徂玆逆豎猘于南服大膊於昌 凶焰猋急環七十州義士無一勢如波崩毒鋒誰遏 風雨孤城獨立涕雪笑敖白刃一死立訣吾頭可斫 吾膝肯屈大言罵賊杲卿有舌觀者壯之賊猶膽慄所成者卓古烈士匹藐焉鄕椽責爾鎭臬乃如之忠 於古亦絶想玆英烈褒飭詎闕乃命贈貤賁以綽楔 金峯巀嵲和水幽咽原草不春碧埋萇血予允藩奏 俾創祠屋縫掖僉籲復宣加額伻官致酹增予愍怛 尙有精爽來歆芬苾

---

34) 백인(白刃) : 시퍼런 칼날을 뜻한다. 『중용(中庸)』에 나오는 구절로 공자가 "천하와 국가도 잘 다스릴 수 있으며, 작위와 녹봉도 사양할 수 있으며, 시퍼런 칼날도 밟을 수 있지만, 중용은 능히 할 수 없다[天下國家可均也 爵祿可辭也 白刃可蹈也 中庸不可能也]"고 한 말에서 유래된 성어.
35) 이증(貤贈) : 추증(追贈)의 다른 말.
36) 작설(綽楔) : 정문(旌門)의 다른 말.
37) 봉액(縫掖) : 선비들이 입던 도포를 의미하며 선비를 지칭하는 말로도 쓰인다.

3) 〈헌종 사제문 憲宗賜祭文〉

이술원李述原, 『화촌선생실기和村先生實紀』 권2, 「실기」

1848년 3월 지제교 김병운[38]이 지어서 올림

오직 경의 높은 절의는 이 안고경과 장순이니 한번 죽음 마음먹어 만세의 윤강倫綱 세웠도다. 대대大憝[39]들이 기강을 범함이 지난 임신壬申부터였고 분에 엎드려 그 기세 하늘에 닿았으니 지난 무신년 봄이었네. 영남의 70 고을에 슬프도다. 한 공조의 신하가 굴하지 않고 상경을 펴 피를 뿌려 의에 항거하고 목숨 버려 인을 이루었으며, 촌설寸舌은 서릿발처럼 늠름하고 척신을 한털 끝처럼 가벼이 여겼으니 영기英氣가 상승하여 하늘에 자전이 일어났으며, 그 아들 능히 계승하여 충과 효 함께 순수하였다오. 조그만 한 저 포충사가 화수 물가에 있으니 그 해가 다시 돌아옴에 광감曠感이 더욱 새롭다오. 제향 드리는 사유 먼저 서술하고 녹용하며 사람들 권면하네. 빛나는 의백毅魄 백세에 밝으니 오히려 이 술잔 흠향하고 그 격렬함 나의 민民이 받게 하오.

憲廟賜祭文 戊申三月日○知製教金炳雲製進 惟卿卓節是杲是巡以一死心立萬世倫大憝干紀 粤自壬辛伏莽滔天在戊之春嶺七十州嗟一介臣 功曹靡屈常經所伸沸血抗義捨命成仁霜凜寸舌 毛輕尺身英氣上升電起蒼旻有子克承忠孝兼純 媲彼褒忠祠和之濱歲甲重回曠感載新侑由述先 錄以勸人炎炎毅魄百載如晨尙歆玆觶激我受民

38) 김병운(金炳雲)[1814~1877] : 본관은 안동(安東), 자는 경평(景平)이다. 1844년(헌종 10)에 문과에 급제하였다.

39) 대대(大憝) : 원악대대(元惡大憝)의 줄인 말로 아주 흉악한 인간이나 반역을 범한 흉악범을 말한다.

4) 〈고종 사제문 高宗賜祭文〉

이술원李述原, 『화촌선생실기和村先生實紀』 권2, 「실기」

1891년 3월 18일 지제교 이유승[40]이 지어서 올림

영조 대왕 성무하사 역적의 난 평정 하였으니 조의 공덕을 사당에 이례彝禮를 좇아 이루었더라. 아득히 무신 변란을 생각하니 대영大嶺이 남으로 여러 고을이 파탕하여 넋이 빼앗기고 간담을 잃었다. 황혼녘에 여러 적도들이 시퍼런 칼을 들고 쳐들어오니 관리들은 도망하여 숨고 변란이 창졸간에 일어났다. 열열한 한 선비가 있어 말하기를, 나는 공조라 하였으니 그 말씀 추상같이 늠름하고 몸을 가벼이 던지어 적을 개처럼 꾸짖었네. 죽지 않으면 문부가 아니라며 피를 뿜어 자전이 일어났고 황성荒城 외로운 달빛 아래 자신을 죽여 인을 이루고 한 손으로 윤강을 세웠으니, 옛적 의사에 찾아보니 당의 안고경과 같았네. 역대 왕조에서 정충과 경절을 아름답게 표창하여 충강이라 시호 내리고 총재의 벼슬 추증하였다오. 한풍이 소슬한 고사古祠에 화수는 활기차게 흐르는데, 경의 얼굴 지난 새벽에 본 듯하니 그 기운 하늘 높이 솟았다오. 이 부에 이 아들로 대의가 빛났으니 복수하려고 종군하여 손수 역당들을 베었으니 충과 효과 경의 한 집안에 모였구려. 이부를 추증하고 그 자손에 음직 내렸네. 이 광감하는 때를 당하여 지난 업적을 상고해 보니 경과 같이 순국한 이는 백세에 높이 보답할 것임으로 관리를 보내어 술잔 권하오니 술이 정결하고 안주 향기롭다오. 의백이 길이 있으면 영령이 내림하기 바란다오.

高宗賜祭文 辛卯三月十八日○知製教李裕承製進 英祖聖武亂逆底平祖功于廟彝禮追成緬憶戊 亂大嶺以南列郡波盪褫魄喪膽黃昏白刃羣醜豕 突官吏逃竄變起倉卒一士

40) 이유승李裕承[1835~?] : 본관은 경주(慶州), 자는 경선(景先)이다. 1864년(고종 1)에 문과에 급제했다. 이항복(李恒福)의 9대손이다.

烈烈曰我功曹辭凜秋 霜軀擲輕毛罵賊如狗不死非夫血噴紫電荒城月 孤殺身成仁隻手扶綱求古義士杲卿于唐列朝 褒美貞忠勁節節惠忠剛貤冢宰秩寒風古祠和水 渙渙卿貌隔晨氣衝霄漢是父是子大義炳烺復讎 從戎手斬逆黨維忠與孝萃卿一門贈之吏部蔭其遺孫値玆曠感往蹟泝考如卿殉國百世崇報伻官 侑觶酤潔殺馨毅魄長存冀格英靈

5) 〈사원청액 소 祠院請額疏〉

이술원李述原, 『화촌선생실기和村先生實紀』 권2, 「실기」

엎드려 아뢰건대, 열사가 의를 실천함은 진실로 명성을 후세에 바람이 아니나, 천년동안 공론 속에 명칭이 저절로 나타나고 국가가 충을 표양함이 또한 헛되어 꾸민 문文이 아니오. 일대의 풍속을 권장하는 성의가 지극히 갖추었으니, 이는 이에 나라를 보전하는 원기요 세상을 도우는 정맥이다.

예로부터 제왕가에서 반드시 이를 우선함은 어찌 그 까닭이 없으리오? 슬프도다. 지난 무신의 일을 어찌 차마 말 하리오? 신등이 모두가 영남 사람으로 불행히도 간천干天의 무리들과 함께 생장하여 눈으로 소수자小豎子[41]가 병兵을 희롱하는 날을 보고도 모두가 능히 의병을 일으켜 적을 섬멸하지 못하고 번거롭게 왕사가 평정함에 이르렀으니 지금까지 팔을 걷어 부치고 흥개興慨하며 차라리 개연히 앎이 없고자 합니다. 다만 사라지지 않는 공론이 있어 감히 죽음을 무릅쓰고 앙달 하오니, 엎드려 생각건대 전하께서는 밝게 살펴주옵소서.

엎드려 생각건대, 무신 3월에 정희량이 안음에서 일어나니 안음, 함양, 거창, 합천간이 역적들의 집결지가 되었고 미처 그들이 거창으로 진영을 옮기에 조서鳥鼠처럼 도망하여 숨어있던 무리들이 공사 간에 서로 바라보았습니다. 이때를 당하여 흉봉이 가르치는 곳에 모든 사람들이 고율股栗[42]하였으니,

41) 소수자(小豎子) : 남을 낮잡아 이르는 말로 애송이라는 말로도 쓰인다.
42) 고율(股栗) : 무서워서 다리가 몹시 떨리다. 또는 몹시 두려워 하다.

만약 정송貞松처럼 풍상風霜에 동요되지 않고 지주砥柱[43]가 거센 물결에 높이 서 있는 것 같지 않으면, 그 누가 능히 대의를 판단하여 나라위해 몸을 바치리오.

이술원이 적을 꾸짖으며 사절한 미행을, 일찍이 수의繡衣사또[44]가 계달하고 도감사가 장계 올림이 전후로 상세히 구비하여 상감께서 보시어 알 것이니, 지금 다시 거듭 알릴 필요 없으나 그 가훈의 쫓은 바와 제행制行의 근본이 있음인즉, 비록 외람되게 미세한 일에 관여한다 꾸짖겠으나 조용히 입 다물고 있지 못하겠는 고로 이에 감히 한, 두 가지 아룁니다.

이술원은 성종조의 이조판서 연원군 시호 충강공 신 숭원[45]의 팔대손이며, 현감 신 구령[46]의 칠대손이며, 생원 신 계준[47]의 육대손이며, 북평사 신 구인[48]의 오대손이요 숙종조의 김해부사 신 중길[49]의 손자입니다. 세세로 국은을 받아 명절名節이 서로 전하였고 원류가 미치는 곳에 또한 이 사람이 있었으니 어려서부터 장성하도록 지키는 바 이 범상치 않았으며, 널리 옛 사기史記를 보아 강개함을 스스로 허하였고, 사우들이 모두 외우畏友로 대우하고 사람들이 모두 원도遠到함을 기약하였습니다.

---

43) 지주(砥柱) : 중국 하남성(河南城) 섬주(陜州)에서 동쪽으로 40리 되는 황하의 중류에 있는 기둥 모양의 돌이다. 격류 속에서도 우뚝 솟아 꼼짝도 하지 않기에 절개를 지키는 선비의 비유로 쓰인다.

44) 수의(繡衣)사또 : 암행어사(暗行御史)의 별칭.

45) 이숭원(李崇元)[1428~1491] : 본관은 연안, 자는 중인(仲仁)이다. 1453년(단종 1) 문과에 급제했고 1471년(성종 2) 좌리공신(佐理功臣) 2등에 녹훈되었다. 시호는 충간(忠簡)이다.

46) 이구령(李九齡)[1460~1514] : 본관은 연안으로 자는 자수(者叟)이다. 음보로 사헌부 감찰을 지냈다.

47) 이계준(李繼俊)[1490~1558] : 본관은 연안이며, 자는 자영(子英), 호는 쌍청당(雙淸堂)이다. 1522년(중종 17) 생원시에 합격했고 문집으로 『쌍청당집(雙淸堂集)』이 전한다.

48) 이구인(李求仁)[1524~1569] : 본관은 연안으로 자는 면지(勉之)이다. 1555년(명종 10) 문과에 급제하여 형조정랑, 곤양군수, 울산군수 등을 지냈다.

49) 이중길(李重吉)[1623~1679] : 본관은 연안, 자는 중경(重卿)이다. 수군첨사를 지냈고 김해부사를 역임했다.

불행히도 무신변란을 당하니 충분忠憤히 격분하여 공조에 몸을 굽히어 바야흐로 토적할 계책을 세우려는데, 창졸간에 변이 일어나서 흉봉에 핍박당하여 흰 칼날을 목에 대고 온갖 방법으로 위협한즉, 이에 의연히 동요되지 않고 성난 눈빛이 번개 같았으며 늠연凜然히 큰소리로 꾸짖어 말하기를, "너희들 역적 희량과 숭곤은 너희 할아비와 아비가 세세로 국록을 먹어 은혜가 심히 두텁고 덕이 심히 크다. 견마는 기르는 짐승이로되 오히려 주인을 사랑한 줄 알거늘 너희들은 사람이 되어 어찌 이에 반서反噬를 하느냐? 지금 내게 칼이 없어서 너희들 머리를 참하지 못함이 한이 된다. 죽으면 죽었지 어찌 너희들의 말을 따르리오"하고 이에, 북향하여 눈물 뿌리며 하늘에 울부짖어 크게 통곡하고 꾸짖음이 입에 끊기지 않다가 문득 흉악한 칼날을 맞았습니다.

지금까지 온 도내 사람들이 누군들 간담이 서늘하다며 눈물 뿌리지 않으리오? 미처 적진이 우현牛峴[50]으로 이동함에 술원의 아들 우방은 나이 겨우 약관이었으나 손가락을 깨물어 하늘에 맹서하고 복수하려는 뜻이 간절하여 분개하며 몸을 돌아보지 않고 스스로 진주 영장의 선봉이 되었고, 적을 만나 큰소리 지르며 아군의 병세를 펴서 단 한 번에 포악한 적을 토벌하여 그 간을 먹고 그 고기를 씹으니 일군一軍의 보는 자 놀라며 탄상歎賞치 않는 이 없었습니다.

적을 평정한 후에 성상께서 그 충을 가상히 여겨 그 아들을 녹용한 즉, 우방이 슬피 통읍慟泣하는 마음 가슴에 맺혀 차마 종사하지 못했습니다. 병진 5월에 참찬 김유金濰[51]가 입시하였을 때 상감께서 말하기를, 이술원은 공조의 한사람으로 그 절의를 변한바 이와 같았은즉, 특별히 전조銓曹에만 신식申飭할 일이 아니라 내가 두고 잊은 채 소홀히 함을 또한 겸연歉然한 바이다. 그 수용

50) 우현(牛峴) : 우현은 우척현(牛脊峴)의 별칭이다. 거창군과 김천시 경계에 있는 고개로 임진왜란 때 의병장 이형(李亨)이 이끄는 부대가 일본군의 진격을 물리친 곳이다.

51) 김유(金濰)[1685~1748] : 본관은 안동, 자는 여즙(汝楫)이다. 1710년(숙종 36)에 문과에 합격하였다. 벼슬은 대사간(大司諫)에 이르렀다.

한바 우방을 어찌 참봉에 그칠 뿐이리오 하며, 은혜의 교지 누차내림에 의에 어기고 도망키 어려워서 우방이 비록 구태히 관직에 나아갔으나, 또한 스스로 눈물 흘렸으니 이에 가히 충효가 가문에 전함이 우연이 아님을 볼 것입니다.

슬프도다. 남자로 태어나고 최영最靈에 나열하여 누구나 그 임금에 충하고 그 어버이에 효하고자 않으리오 마는, 한 때의 이해로 그 지조를 보전하는 이 적으며 더욱이 태창太倉의 녹미를 먹고 내부內府의 베로 옷을 해 입는 관리도 난을 당하여 절을 온전히 하는 사람 그 드물게 있은즉, 인간 세상에 판별하기 어려운 바가 분명히 나라 위해 순절함보다 더함이 없습니다. 가련하도다. 이술원은 초야에서 생장하여 연곡輦轂[52]을 알지 못하였고, 그 재기를 펴지 못하고 잠시 공조에 굴신하여 홀로 고성孤城을 지키며 읍무를 전담하다가, 죽음을 돌아가는 것처럼 보고 역과 순을 즉시에 분변하여 능히 안고경과 이약수李若水[53] 이후에 1인이 되었으니, 진실로 평일에 수립樹立함이 높지 않았으면 어찌 능히 이와 같이 그 늠름하고 또 한 정렬하랴.

지금에 수절殊節을 높이 표창한 고금의 성전盛典을 전세 사기史記에서 역역히 뵈 무릇 어람의 충의도 혹 여閭를 정표하고 묘에 제향드리며 인하여 호를 내리어 달리 표창하고 액을 달아 후세에 다룸은 이 어찌 명절名節을 가르쳐 격려하고 기강을 세움이 아니겠습니까? 전년 겨울 경상감사 신 유척기兪拓基[54]의 장계와 예조판서 신 송진명宋眞明[55]이 아뢰니 상감께서 말하기를, "이술원은 먼 시

52) 연곡(輦轂) : 어가(御駕)의 다른 말.

53) 이약수(李若水)[1486~1531] : 본관은 광주(廣州), 자는 지원(止源), 호는 우천(牛泉)이다. 1510년(중종 5) 생원시에 합격하였고 조광조(趙光祖) 등이 유배되자 성균관 유생들과 함께 궁궐에 나가 상소를 올리고 통곡했다. 문집으로『우천유고(牛泉遺稿)』가 있다.

54) 유척기(兪拓基)[1691~1767] : 본관은 기계(杞溪), 자는 전보(展甫), 호는 지수재(知守齋) 또는 미음(渼陰)이다. 1714년(숙종 40) 문과에 급제했다. 문집으로『지수재집(知守齋集)』이 전한다.

55) 송진명(宋眞明)[1688~1738] : 본관은 여산(礪山), 자는 여유(汝儒), 호는 소정(疎亭)이다. 1714년(숙종 40)에 문과에 급제했다. 1730년(영조 6)「백두산지도(白頭山地圖)」를 제작했다.

골의 한 공조로 병사兵使[56]와 영장들과 다름이 있는데 능히 이 대절을 판단하였으니 그 길이 풍성風聲을 세우는 도道에 있어 특별한 정포旌褒의 은전이 없으면 안될 것 같다"하시고, "건사建祠함이 가하노라" 특별히 허 하였습니다.

즉시 판하判下함에 일도의 선비들이 높이 감동치 않는 이 없었고 한 목소리로 일을 서둘러서 묘우가 새롭게 이루어졌으니 오고 가는 의관들이 첨배瞻拜할 곳이 있고 춘추로 제례드려 죽은 이 보답함에 결점이 없으니 조정의 애영哀榮[57]의 은전이 족히 충혼을 감읍케 하겠습니다. 다만 엎드려 생각건대 서원西原에 사당을 세워 특별히 삼충사란 사액을 받았으나 홀로이 일실一室만이 아직 두 글자 액호 내림이 없으니, 신등이 능히 심중에 겸연함이 없지 않습니다. 가만히 생각건대 원우에 액호 내림은 오래된 전례입니다.

역대 조정에서 이미 반듯이 행하는 법이 있었으니 일행一行과 일절一節을 가히 일컬어지는 자라도 반드시 사祠에 액호 내림은 오로지 세도世道를 유지하고 풍교를 권장함에 나온 것입니다. 하물며 이 나라에 순신하고 난에 전절全節한 자에 절의를 빛낼 액호가 없은즉, 후세들이 무엇으로 표준 삼으며 당세에 어찌 능히 도석悼惜하는 자 없으리오? 신 등이 격절激切한 마음 이기지 못하여 발을 싸매고 천리 길을 와서 구중九重에 부르짖으니 천총天聰에 무례를 범함이 만사의 죄 저지름을 알지 못함이 아니나, 하늘에 타고난 병이秉彝[58]가 능히 스스로 마지 못 할 바 있는 고로 감히 여간輿懇을 드러내어 밝게 사죄심을 바라오니 엎드려 원하옵건대 전하께서는 특별히 두 굴자 좋은 액호를 내리시어 백세에 첨앙瞻仰하도록 꾸며 주십시오. 신등이 간절히 바람을 이기지 못하여 심히 두려워하고 방황하며 삼가 어리석음을 무릅쓰고 알립니다.

---

56) 병사(兵使) : 병마절도사(兵馬節度使)의 약칭.

57) 애영(哀榮) : 신하가 상喪을 당하여 왕으로부터 시호(諡號)·부의(賻儀) 등의 받는 영예.

58) 병이(秉彝) : 『시경(詩經)』대아(大雅) 증민(蒸民)의 시구에서 유래한 말로 인간 본연의 도리를 굳세게 지키거나 지키는 사람을 뜻한다.

祠院請額疏 伏以烈士蹈義實非要名於後而公論千載名稱自 著國家表忠亦非飾虛之文而風獎一代誠意備至此乃有國之元氣而扶世之正脈也自古帝王家 必先於此者豈無以也噫往者戊申之事尙忍言哉 臣等俱以嶺南之人不幸生幷於干天之徒目見小 豎子弄兵之日而皆不能擧義殲賊至煩王師之 削平至于今扼腕興慨寧欲溘然而無知第有未泯 之公論敢此冒死仰達伏惟殿下昭垂察焉伏念 戊申之三月亮之起於安陰也安咸居陜之間莽爲 賊藪及其移陣于居昌也鳥竄鼠伏之輩公私相望 當此之時兇鋒所指人皆股栗儻非貞松不撓於風 霜砥柱特立於頹波則其孰能辨大義而爲國殉身者乎李述原罵賊死節之懿曾於繡衣之褒啓 道臣之狀聞前後備詳天鑑畢照今不必更爲 架疊而若其家訓之所自制行之有素則雖涉猥瑣 之誅而不容含默焉已矣故玆敢一二焉述原成 廟朝吏曹判書佐理功臣延原君贈諡忠簡公臣 崇元之八代孫也縣監臣九齡之七代孫也生員臣 繼俊之六代孫也北評事臣求仁之五代孫也肅 廟朝金海府使臣重吉之孫也世受國恩名節相 傳源流所及乃有伊人自幼及長所操不凡博見古 史慷慨自許士皆遇之以畏友人皆期之以遠到不幸當戊申之亂忠憤所激屈身功曹方設討賊之計 而變起倉卒見逼兇鋒白刃當頸百般誅脅則遂乃 毅然不動怒目如電凜然大罵曰咄汝逆亮暨汝賊 坤汝祖汝父世食國祿恩莫厚矣德莫大矣犬馬 畜獸猶知戀主汝爲人類胡乃反噬今我恨無寸刃 斬卻汝頭死則死耳何言從汝即乃北向雪涕號天 大慟罵不絶口遽罹兇鋩至今闔道之人孰不爽膽 而灑涕也逮夫賊陣之移于牛峴也述原之子遇芳 年纔弱冠嚼指誓天志切復讎而憤不顧身自爲營 將先鋒遇賊大喊張我兵勢一擧而剿卻劇賊茹其 肝而啗其肉一軍之觀者莫不灑然歎賞矣賊平之 後聖上嘉其忠而錄其子則遇芳痛泣殞結不忍 從仕丙辰五月參贊金濰入侍時上曰李述原以 一功曹其所辦節如此則非特申飭銓曹之事而已 予之所以置之忘忽者亦歉然矣其所收用遇芳豈 止於參奉而已耶恩旨累降義難違逋則遇芳雖 強就職亦時泫然於此可見其忠孝之傳家者不偶 然矣噫生爲男子列於最靈孰不欲忠於其君孝於 其親而一朝利害鮮保其操加以食太倉之祿衣內 府之布而處難全節罕有其人則人世上所難辦者 較莫如爲國殉節也哀此李述原生長草野不識輦 轂局其才器乍屈功曹而獨守孤城全擔邑務視死 如歸立辨逆順能爲顔杲卿李若水後一人苟非平 日樹立卓爾則烏能若是其凜且烈哉今夫崇表殊 節古今盛典歷觀前史凡幾忠義或閭焉而旌之廟 焉而享之仍之以賜號表異揭額垂後者何莫非風 勵名節樹立綱紀也哉前年冬監司臣兪拓基狀 啓及禮曹判書臣宋

眞明所啓領議政臣李光佐 右相臣宋寅明筵奏上曰李述原以遐鄕一功曹 與兵使營將有異能辨此大節其在永樹風聲之道 似不無別爲旌褒之典特許建祠可也卽爲判下一 道章甫莫不聳感齊聲趨事廟貌新就衣冠來往瞻 拜有所春秋腏儀報死無缺聖朝哀榮之典足以感泣乎忠魂矣第伏念西原立祠特蒙三忠之賜 額而獨此一室尙欠數字之錫號臣等不能無歉然 于中者竊惟院宇之賜額其來尙矣粵在列聖 之朝已有必擧之典至若一行一節之可稱者必祠 而額之亶出於維持世道奬勸風敎者也况此殉身 於國全節於難者儻無炳節額號則來者何由而標 準當世豈態無悼惜者哉臣等不勝激切之至裹足 千里來叫九重非不知冒黷天聽罪干萬死而秉 彝之天有不能自已者故敢纍輿懇冀蒙昭察伏 願殿下特降數字之美號以賁百世之瞻仰臣等 不任祈懇屛營之至謹冒昧以聞

6) 〈포충사 묘정내비문 褒忠祠廟庭內碑文〉

이술원李述原, 『화촌선생실기和村先生實紀』 권3, 「실기」

거창부에서 북으로 30리 거리 되는 웅양면 신창리에 몇 평수의 궁이 있어 포충사라 편액하였으니 증가선대부사헌부대사헌 이공 술원의 영을 모신 곳이다. 공의 자는 선숙이요 호는 화촌이다. 그 선세先世는 연안인이니 팔대조 휘 숭원은 성종대왕을 섬기어 벼슬이 이조판서이니 시호는 충간공이요. 이세二世 후에 휘 계준이 있으니 진사에 올라 비로소 거창에 살며 덕을 숨겨 벼슬하지 않았으니 향당에서 쌍청선생이라 불렀으며, 휘 구인은 문과에 올라 관북병마평사關北兵馬評事를 하였고, 다시 삼세三世를 전하여 휘 중길은 무과에 올라 벼슬이 김해부사金海府使이니 이분이 공의 조부이다. 공이 어려서부터 준발俊拔하였고 이미 장성함에 문무의 재능이 있어 명망이 향중에 중하였다.

영조대왕 4년 무신 봄에 호서의 역적 이인좌가 밤중에 청주영淸州營[59]을 습격하여 절도사 충민공 이봉상과 토포사 충장공 남연년을 죽이고 장차 기보畿

59) 청주영(淸州營) : 조선 후기 지방군인 속오군(束伍軍)의 훈련을 위해 청주에 설치한 군영이다.

輔[60])를 침범하려 하였다. 그 아우 웅보가 그 무리 정희량과 함께 동시에 영우嶺右[61])에서 병兵을 일으켜 나무를 각刻하여 인印을 만들고 비단을 찢어 기旗를 만들어 먼저 안음현을 함락하였다.

여러 군에 격문을 보냄에 거창현감 신정모[62])가 적의 격문을 보고 겁이 나서, 공을 들어 공조를 삼아 현의 일을 다스리게 하고 그는 모친을 데리고 담을 넘어 도망하니 공이 정모를 뒤쫓아 산곡중山谷中에 이르러 그 옷깃을 잡고 말하기를, "성주는 무슨 연유로 현을 적에게 버립니까?"하니, 정모가 울면서 말하기를, "현중의 일은 모두 공조에게 부탁하노라".

희량이 마침내 거창을 점거하고 심히 다급하게 공조를 찾아내어 공이 잡히어 군전軍前에 나가서 험한소리로 희량을 꾸짖어 말하기를, "너는 동계 정문간공의 손자인데 어찌하여 국가를 배반하고 난역을 하느냐?" 희량이 안상을 치며 큰소리로 현의 병兵을 징발하라 독령督令하니 공이 더욱 분매奮罵하여 말하기를, "나의 머리는 가히 베어도 국병國兵을 징발하여 너의 관적冠賊을 도우지 못 하겠다"하니 희량이 성내어 말하기를, "이 사람이 심히 굴강屈强하니 극형을 쓰지 않으면 이에 영을 좇지 않는 자를 두렵게 할 수 없다"하고, 그 무리 나숭곤으로 하여금 그 액額을 찢게 하니 공이 수염을 떨고 주먹을 떨치며, 꾸짖음이 입에 끊기지 않았고, 잠시 후 안비眼鼻가 모두 떨어지며 입사立死하였으니 이에 3월 23일이었으며 당시 나이 52세였다.

번개가 침류정 위에서 일어나며 그 광채가 붉으니 모든 사람이 경이하였다. 때에 희량과 웅보[63])는 함양에 웅거하고 합천의 죄수 조정좌曺鼎佐[64])가 탈

60) 기보(畿輔) : 경기도를 말함.
61) 영우(嶺右) : 경상우도의 별칭.
62) 신정모(申正模[1691~1742] : 본관은 아주(鵝洲), 자는 경해(景楷), 호는 이치재(二恥齋)이다. 1719년(숙종 45) 문과에 급제하였다. 거창현감 재임시에 정희량의 반군에 겁을 먹고 이술원에게 전권을 위임하고 도망쳤다. 이후 유배되어 적소(謫所)에서 죽었다.
63) 이웅보(李熊輔)[?~1728] : 본관은 전주(全州)로 본명은 능좌(能佐)이다. 이인좌(李麟佐의 동생으로 형이 일으킨 반란에 참여했다.

옥하여 그 군에 웅거하며 적세를 무섭게 폈다. 승원의 백부 충렬공이 영남관찰사가 되어 주야로 병을 다스려 강영江嶺 요충지에 열두 영책營柵을 진열하여 영호남 적의 성원을 끊고 성주와 초계 두 고을 수령을 신칙하여 좌우의 방장防將을 삼아 오로五路로 진병하며 적을 쳐부수니 여러 읍에서 적에 부쫓은 이교吏校들이 많이 도망하여 흩어졌다.

우영장右營將[65]이 거창에 당도하니, 군교가 희량과 숭곤[66]을 포박하여 항복하니, 웅보가 형세가 고단하여 밤에 우두산牛頭山[67] 골에 왔으나 복병을 만나 성초역[68]에 돌아가서 사로잡혔고, 관군이 합천을 핍박하여 나가니 정좌의 군이 무너져서 정좌가 밤에 장막 속에 숨었다가 박살 당하니 영남이 마침내 평정되었다.

공의 아들 우방이 변 당함을 듣고 호곡號哭하며 공의 시신을 안아다가 산성에 가매장하고 하늘에 맹서하여 말하기를, "이 적을 죽인 연후에 관곽을 갖추어 염장하겠다"하고 마침내 진양군으로 달려가서 복수를 하려고 자청하여 선봉이 되었다.

미처 희량과 숭곤이 사로잡혀 오니 검을 잡고 참하여 그 복腹을 갈라서 그 간을 씹어 먹으니 일군이 모두 감탄하여 말하기를, "효자로다 이 사람이여!" 하였다. 우방이 돌아와서 공의 빈소에 고하고 비로소 예대로 장사하였다. 공의 종질 우태가 우방과 더불어 우영장 군중에 전봉되기를 청하며, 초격을 지어 사민들에 역과 순의 분변함을 개유하여 미처 삼적三賊이 사로 잡혔으니, 대개 한 장의 격문에 많은 힘을 얻은 것이라 하겠다.

---

64) 조정좌(曹鼎佐)[?~1728] : 본관은 창녕(昌寧)으로 1728년 형인 조성좌(曹聖佐)와 함께 합천에서 반란을 일으켰다.

65) 우영장(右營將) : 경상우도 진주(晉州)에 설치된 속오군 군영의 총 책임자로 정3품의 당상관이다.

66) 나숭곤(羅崇坤)[?~1728] : 정희량, 이웅보와 함께 반란을 일으켰다가 진압된 후 참수되었다.

67) 우두산(牛頭山) : 경상남도 거창군 가조면과 가북면에 걸쳐 있는 산.

68) 성초역(省草驛) : 조선시대 때 거창[고제면 봉제리]에 설치되었던 역원(驛院).

충렬공은 공이 적을 꾸짖으며 죽었다는 말을 듣고 제장에게 일러 말하기를, "이모李某가 아니었으면 영남에 그 사람이 없다 할 것이다" 조정에서 공의 사절을 가상히 여겨 처음에 대사헌집의를 추증하고 그 아들을 녹용하고 집에 와서 제사 드리고 그 문을 정려하였다.

정묘(1747)에 영조 대왕이 하교하여 말씀하기를, "이술원은 능히 안고경의 절을 행하였으니 진실로 뛰어남이라"하고 도어사都御史를 더 추증하고 건사建祠를 명하고 액호를 내렸다. 정조대왕 정유년(1777)에 사우를 공이 예전에 살던 마을로 이건하였고 무신년이 돌아옴에 상감께서 특별히 덕음을 내리고 친히 제문을 지어 제사내렸다.

처음 영우嶺右의 변란에 사민들이 유언비어 잘못 속여 미연靡然히 적에게 투신하여 여러 군의 관리들이 그 위세를 바로보고 도망한자 전후로 서로 이어졌으나, 그러나, 10일이 못 되어서 용사龍蛇가 변하여 적자赤子가 되어 적에게 빠진 이민吏民들이 창을 거꾸로 하고 순을 본받아 제적諸賊들이 형세가 궁하여 수수授首함에 이르렀으니 이 어찌 연우된바 없으리오? 대개 공이 제일 먼저 흉봉 아래 항의하여 충의의 큰 절이 사민들을 격하여 영우 전역이 금수의 땅을 면하였으니 어찌 공의 공功이 아니랴.

우태가 몸을 떨치어 전구前驅[69]가 됨이 어찌 곧 그 숙부를 위한 사정이리오. 실로 공이 나라 위해 입근立慬함에 격동됨이 있음이다. 승원이 늦게 출생하여 비록 충렬공 때에 미치지 못했으나, 유소幼少시부터 영남의 사적을 자못 자상히 들었더니 공의 적 증손 지순이 문文을 청하여 비석에 새기려 함에 감히 사양할 수 없었다.

명銘을 하여 말하기를,

높은 이공李公은 초야의 순신純臣이니 어지러운 때를 만나 대절이 높았더라. 정색하여 적을 꾸짖어 그 입술 철월鐵鉞같았고 그 체體가 찢기면서 윤상을 세웠더라. 슬프도다, 저들의 유언流言에 사민들 와오訛誤하여 추로鄒魯[70]의

---

69) 전구(前驅) : 기마할 때 선도하는 사람.

옛 고을이 장차 서로 빠져 버렸네. 역과 순이 이미 판단하고 용과 사를 이에 길들여 향방鄕邦이 징청澄淸[71]함이 공의 살신함에 힘입었다오. 군신의 큰 의는 높이 하늘에 걸렸는데 저들은 어찌 겁먹고 도망하여 잠신簪紳들을 욕되게 함이 있었는가? 어찌 공조가 교남嶠南[72]에 한사람이 있어서, 여럿 맛 중에 강주薑柱처럼 맵고 깊은 송균松筠의 기절이었네. 안고경의 충절이라며 은륜이 찬란히 빛나고 마을엔 정려의 작설이요 사궁祠宮엔 제수를 올리네. 왕조의 높은 보답 천춘千春에 길이 다루어 오래 살아온 곳에 이건하여 동우棟宇가 다시 산뜻하네. 붓을 들어 서술하여 이에 정민貞珉에 밝힌다오.

금상이 즉위한지 16년 임자壬子 동지절

자헌대부이조판서겸동지경연사예문관제학 장주 황승원[73] 찬

褒忠祠廟庭內碑文 居昌府北距三十里熊陽面新倉里有數畮之宮扁 曰褒忠祠贈嘉善大夫司憲府大司憲李公諱述 原妥靈之所也公字善叔號和村其先延安人八世 祖諱崇元事我成廟官吏曹判書諡忠簡後二世 有諱繼俊擧進士始居居昌隱德不仕鄕黨稱雙淸 先生生諱求仁文科關北兵馬評事又三傳諱重吉 登武科官金海都護府使寔公之祖也公幼而峻拔 既長有文武才名重鄕中英廟四年戊申春湖西 賊李麟佐夜襲淸州營殺節度使忠愍李公鳳祥討 捕使忠壯南公延年將犯畿輔其弟熊輔與其黨鄭 希亮同時起兵於嶺右刻木爲印裂帛爲旗先陷安 陰縣移檄列郡居昌知縣申正模見賊檄恇㤼擧公 爲功曹治縣事將其母踰牆而遁公追正模及於山 谷中執其裾曰城主何故以縣遺賊正模泣曰縣中 事一埤功曹希亮遂據居昌索功曹甚急公被執詣 軍前厲聲罵希亮曰爾以桐溪鄭文簡公之孫柰何叛國家爲亂逆希亮拍案大喝督令調縣兵公益 奮罵曰吾頭可斷不可調國兵藉爾寇賊也希

70) 추로(鄒魯) : 맹자의 출생지인 추나라와 공자의 출생지인 노나라를 가리키는 것으로 곧 공맹(孔孟)을 일컫는 말이다.

71) 징청(澄淸) : 세상의 어지러움을 다스려 맑게 한다는 뜻으로 관찰사나 지방관을 비유할 때 쓰이는 말이다.

72) 교남(嶠南) : 영남(嶺南)의 별칭으로 조령(鳥嶺) 남쪽의 경상도를 의미.

73) 황승원(黃昇源)[1732~1807] : 본관은 장수(長水), 자는 윤지(允之)이다. 1771년(영조 47) 문과에 급제하였다. 문집으로『일통표一統表)』가 있고 시호는 문헌(文獻)이다.

亮 恚曰此人太倔強不用上刑無以慴不從令者使其 徒羅崇坤斫其額公奮髯張拳罵不絶口須臾眼鼻 俱落立死乃三月二十三日也時年五十二有飛電 流枕流亭上其光赤縣人皆驚異之時亮熊據咸陽 陜川囚曹鼎佐脫獄而據其郡賊勢鴟張昇源伯父 忠烈公觀察嶺南日夜治兵列十二柵於江嶺要害 截其湖嶺賊聲援勅星州草溪兩牧守爲左右防將 五路進兵剿賊列邑吏校之附於賊者多亡散右營 將到居昌軍校縛希亮崇坤以降熊輔勢孤夜至牛頭山谷遇伏還至省草驛被擒官軍進迫陜川鼎佐 軍潰鼎佐夜偃帳中搏殺之嶺南遂平初公之胤遇 芳聞變號哭抱公屍瘗于山坡誓天曰殺此賊然後 具棺槨殮葬遂赴晉陽軍請爲先鋒復讎及亮坤就 擒立劒斬之刲其腹齧其肝一軍咸歎曰孝哉若人 遇芳歸告公殯始掩葬如禮公從祖姪子遇泰與遇 芳爲前鋒請於右營將軍中立草檄諭士民逆順之 辨及擒三賊蓋多得力於一檄云忠烈公聞公罵賊 而死謂諸將曰微李某之死嶺南其無人矣朝家 嘉公死節初贈司憲府執義錄其子命御史致 祭于家旌其門丁卯英廟下敎曰李述原能行顏 杲卿之節誠奇矣加贈都御史命建祠賜額 正廟丁酉移建祠宇于公舊居里至戊申周甲上 特宣德音親製文賜祭始嶺右之亂士民訛誤於 流言靡然投賊列郡命吏之望風而遁者前後相續 然未及旬日龍蛇化爲赤子吏民之陷於賊者倒戈 效順以至諸賊勢窮而授首是豈無所由而然哉蓋 公首先抗義於凶鋒之下忠義大節已激勵士民也 全嶺之免於禽獸之域者豈非公之功也歟遇泰之 挺身前驅豈直私其叔哉實有激於公之爲國立 慬也夫昇源生晩雖不及忠烈公時自幼少聞嶺南 事頗詳公之嫡曾孫之淳請爲文揭於繫牲之石不 敢辭遂爲之銘曰 嶷嶷李公草野純臣際時板蕩大節嶙峋正色叱賊 鈇鉞其脣磔裂其體扶植常倫噫彼流言訛誤士民 鄒魯舊鄕將胥以淪逆順旣辨龍蛇是馴澄淸一邦 賴公殺身君臣大義高揭穹旻彼胡恇遁有辱簪紳 孰爲功曹嶠南一人衆味薑桂大冬松筠杲卿之忠 煌煌恩綸里閭綽楔祠宮藻蘋王朝崇報永垂 千春桑梓移建棟宇重新彤管載鋪庸昭貞珉 今上十六年壬子南至節資憲大夫吏曹判書兼同 知經筵事藝文館提學長洲黃昇源撰

7) 〈포충사 봉안고유문 褒忠祠奉安告由文〉

이술원李述原, 『화촌선생실기和村先生實紀』 권3, 「실기」

엎드려 생각건대, 충간공의 훌륭함 있고 쌍청선생의 어진 후손으로 효우의 아름다움 뒷받침 하여 향국鄕國에 일찍 알려졌다오. 정政을 함이 가家에 있으니 충신을 반드시 이에 구하네. 지난 무신에 흉역의 회오리바람 일어나니 전성專城[74]을 책임의 명호를 차고 모두가 그 머리 숨겼더라. 공이 이때를 당하여 여남汝南의 공조로 홀로 대의를 지키어 기꺼이 백인을 밟았으니 안고경이 적을 꾸짖어 하북에 선비가 있었음 같았다오. 수의사또 장계 알리니 성상께서 흥자興咨하시며 벼슬을 내리고 자손을 녹용하며 그 문을 작설하여 은파恩波가 깊고 넓었으며 선비들 존모함 더욱 두터웠다오. 휴양睢陽[75] 옛 성에 묘모廟貌가 산뜻하니 장보章甫[76]들 궁문에 하소연하여 은액이 특별히 내리어 삼자三字의 편액부침이 명조에 있습니다. 수간數間의 깨끗한 궁은 만고의 강상으로 세교를 바로 세우고 예장睿奬을 이에 밝히니 사림들 광채가 동하고 풍성 비로소 폈더라. 영도 외롭지 않게 삼충사가 있으니 작수鵲水와 화수가 지역은 달라도 파波는 같더라. 애哀와 영榮이 미구비 되어 충의를 권장하며 일만해 일천 번을 영원토록 깨끗한 제사 드릴 것입니다. 이에 좋은 날을 가리어 감히 게揭함을 삼가 고합니다.

곽사징 지음

伏以忠簡茂膺雙淸令緖孝友趾美鄕國夙著爲政　在家求忠必是往歲戊申凶逆飆起佩虎專城咸鼠　其首公丁是時汝南功曹獨秉大義甘白刃蹈杲卿　罵賊河北有士繡衣章奏聖上興咨贈秩錄嗣　綽楔其門恩波汪濊士慕彌敦睢陽古城廟貌維　新章甫叫閽恩額特宣三字揭扁在于明晨數間　明宮萬古綱常扶植世敎睿奬斯彰士林光動風　聲載暢靈兮不孤有三忠祠鵲川和水同波異地哀　榮旣備忠義以勸萬歲千春永享明禋爰揀吉辰敢　告揭虔 郭師徵撰

---

74) 전성(專城) : 한 지방이나 성의 일을 담당한다는 뜻으로 곧 수령을 의미.

75) 휴양(睢陽) : 중국 하남성(河南城) 상구시(商丘市)에 있는 지명. 안록산의 난 때 태수 허원(許遠)이 여기서 적장 윤자기(尹子奇)와 싸웠으나, 성이 함락되어 잡혀 죽은 곳이다.

76) 장보(章甫) : 유생이나 선비를 지칭하는 말로 공자가 장보라는 관을 쓰자 후세 선비들이 이를 좇아 장보를 많이 쓰면서 생겨난 의미.

8) 〈포충사 중수봉안 고유문 褒忠祠重修奉安告由文〉

이술원李述原, 『화촌선생실기和村先生實紀』 권3, 「실기」

공자와 맹자가 가훈계를 전함에 의를 이루라 하였으니 오직 인과 의는 민民이 하늘로부터 타고난 것이더라. 성대하도다. 우리 선생은 그 여럿에 빼어난 분이니 훈충勳忠을 세세로 업業하였고 보불黼黻[77]을 도울 재기였다오. 지난 영조대왕 때에 물物이 성하게 움 돋아나서 흉추凶醜들이 미친개처럼 감히 제멋대로 돌진하니 영호남이 소란하니 문무가 염희恬嬉[78]하였네.

공公을 이졸貳卒로 추천하니 의분에 사양치 않고 충과 의로 방패하며 철석 같은 심장이었다오. 일극釰戟이 가려 달이 어둡고 약함이 강함을 당적할 수 없었으나 웅熊과 어魚를 판단함 확고하여 필부의 뜻 빼앗기 어려웠고 우뚝하기 태산과 화산 같고 늠름하기 상설 같았네.

우주를 버티는 기둥이요 방국의 지탱함이었으니 한손으로 강상을 지켜 천추의 역사에 기록되었네. 저 장순張巡과 허원許遠은 수토守土의 신하 직분이었으니 그 성이 함몰할 때에 사함이 진실로 마땅하나 공과 같은 분은 포의布衣[79]였으니 더욱 경經을 지킴어려움 있었다오. 또한 초윤肖胤이 있어 함께 재천載天하지 않을 것을 맹서하고 복수후에 장사하여 춘추에 밝게 실렸더라. 자子는 그 효하고, 부父는 그 충하여 한결같이 죽음을 다하며 섬기어 각각 그 충衷을 다하였다오. 역대 성조에서 높이 보답하여 포증의 은전 크게 내리고 조두하고 액호 내렸으며 조두鳥頭와 적각赤脚을 세워 신장宸章이 찬란히 빛나 의백을 위로함 있었다오. 그 후손들 창성하여 세세로 녹사가 이어졌으니 어찌 공의 사가私家의 일이리오. 이 사士에 권장하는 바이네. 돌아보건대 이 사원에 오랜 세월에 퇴폐하여 갱장羹牆[80]하고 우모寓慕하는 선비들 확장함을 의

---

77) 보불(黼黻) : 왕이 예복으로 입던 면복에 새긴 도끼와 아(亞)자 모양의 수를 의미하는데 문장에서 쓰일 때는 글의 찬란함을 비유하는 말로 사용된다.

78) 염희(恬嬉) : 맡은 일을 게을리 하는 것.

79) 포의(布衣) : 백의(白衣)의 별칭으로 벼슬이 없는 선비를 비유하는 말.

논하여 와만瓦鏝을 새로 수리하고 단확丹雘은 다시 빛나더라. 영영을 다시 봉안하려고 비로소 양진良辰을 가렸다오. 양양洋洋하게 오르내림이 형용形容과 방불하니 큰 강하에 지주이며 깊은 겨울 한송寒松이라오. 위엄 있는 선비들 달려와서 향사가 변하지 않아 깨끗한 자생粢牲을 삼가 고하니 내격 하시어 흠향하십시오.

교리 김하용 지음

孔孟垂訓取義成仁惟仁與義自天賦民猗我先生 挺出其萃勳忠世業黼黻才器往在英廟物盛而 孽凶醜狂猘敢介橫突湖嶺驛騷文恬武嬉推公貳 倅奮義不辭忠干義櫓鐵心石腸劒戟暈月弱不敵 強立判熊魚匹夫難奪屹爲泰華凜爲霜雪撐柱宇 宙維持邦國隻手綱常千秋竹帛彼巡與遠守土臣 職及其城陷死固當行如公布衣尤難守經亦有肖 胤誓不共戴復讎後葬春秋昭載子以其孝父以其 忠事一致死各盡其衷列聖崇報褒典蕃錫俎豆 恩額烏頭赤腳宸章焜煌慰有毅魄俾昌厥後世 襲祿仕豈私于公所以勸士睠玆祠院歲深頹傷羹 牆寓慕士論恢張瓦鏝修新丹雘復光還安英靈載 蠲辰良洋洋陟降髣髴形容巨河砥柱大冬寒松濟 濟駿奔享祀不忒粢明虔告庶歆來格 校理金夏容撰

9) 〈포충사 춘추상향 축문 褒忠祠春秋常享祝文〉

이술원李述原, 『화촌선생실기和村先生實紀』 권3, 「실기」

의로 항거하며 순신殉身하여 윤상을 붙잡아 세웠으니 그 충은 백일白日을 꿰뚫고, 명名은 단륜丹綸[81]에 전하고 있으니 질작秩爵을 추증하고, 사祠에 액호

80) 갱장(羹牆) : 선현을 우러러 사모한다는 의미이다. 『후한서(後漢書)』「이고전(李固傳)」에 "옛날에 요임금이 돌아가시자 순임금이 3년 동안 우러러 사모하였다. 앉아 있을 때에는 담장에서 요임금을 보았고 먹을 때에는 국에서 요임금을 바라 보았다.[昔堯殂之後 舜仰慕三年 坐則見堯於牆 食則覩堯於羹]."라고 한 데서 온 말이다.

81) 단륜(丹綸) : 임금의 교서를 의미하는데 고대에는 조서를 붉은 글씨로 썼기 때문이다.

내리어 성조에서 그 인을 포장하였다오. 이 봄의 정일丁日을 당하여 공경히 정결하게 제사 드립니다.

시직 조세붕[82] 찬

褒忠祠春秋常享祝文 抗義殉身扶植常倫忠貫白日名垂丹綸貤秩額祠 聖褒其仁玆値春秋 丁敬薦明禋 侍直曺世鵬撰

10) 〈포충사 상량문 褒忠祠上梁文〉

이술원李述原, 『화촌선생실기和村先生實紀』 권3, 「실기」

칼날 밟으며 의를 취한 늠름한 생기있는 듯하고, 조두할 곳 설치하고 충을 정표하려고 신궁新宮을 여니 엄연함이 있더라. 이 옛 법전을 상고하여 길이 풍성을 세움이네. 엎드려 생각건대 의사 이공은 충간공의 저명한 손자요 쌍청선생의 어진 후예이니 추노의 땅에서 생장하여 오래도록 군자의 글을 읽었고 의리의 구분과 삶 이어 개연히 열장부烈丈夫의 뜻이 있었네.

마땅히 큰 조정에서 인발遴拔할 것인데 애석하게 먼 시골에 침윤沈淪되었더라. 인망을 품평하면 홀로 여남汝南의 월단月旦[83]의 평론 높았고, 공조로 일을 처리하여 모두의 풍유風猷 추중하였네.

흉역이 날뛰는 때를 당하여 이에 의열이 높고 위대함 보였으니 바야흐로 추류醜類들이 난입하니 개탄스럽게 저 군도軍徒들 파도처럼 쓸렸고, 홀로 공이 분격하며 빈손으로 당당하여 경절勁節이 산처럼 높았다오. 적노들을 갈구羯狗같이 보며, 상설처럼 늠름한 고경의 말씀이었으니 생명을 홍모처럼 던져 미분糜粉 맡겠으니 장흥張興의 형벌이었네. 만萬사람의 심담心膽이 함께 두려워

82) 조세붕(曺世鵬)[1691~1760] : 본관은 창녕, 자는 운거(雲擧), 호는 경지재(敬知齋)이다. 김천 출신의 학자로 1725년(영조 1) 생원시에 입격(入格) 했다.

83) 월단(月旦) : 월단평(月旦評)의 줄임말로 중국 후한 때 허소(許劭)라는 사람이 매월 초하루마다 마을 사람들의 인물평을 했다는 데서 유래한 말이다.

하였으니, 진실로 원래 용맹함이요 칠십주七十州[84]의 남아가 알려 진이 없고 홀로 공이 있더라.

의의 명성 원근에 찬란히 빛났고 예로 명함이 정표에 슬프고 영화롭더라. 죽어 =의혼이 되었으니 어찌 천재에 마멸되며, 매서운 여기餘氣있어 진실로 팔방을 격려하더라. 이에 성조에서 다사多士들의 마음을 쫓아 본향에 신묘新廟를 창건하였더라. 순국한 충렬을 추상하며 마땅히 백세토록 소제할 사당이요, 수고롭게 방위를 다스려 경영하니 즉, 당일 손명損命한 곳이더라. 명현이 옛 은거한 곳과 접하였으니 박유봉朴儒峯의 고풍을 인근하였고, 영령을 별구別區에 봉안하였으니 침류정의 승치勝致[85]를 영대映帶[86]하였네. 인부들 다투어 추사趨事에 권면하여 고고鼛鼓 이기지 못하고 선비들 치처致處할 곳이 있어 아름찬 영통楹桶이 있더라. 사당이 이미 건립되어 혁혁하고 신이 있는 듯 하여 양양하더라.

난요蘭橈와 약방葯房은 진실로 정기가 있는 곳이요, 계주桂酒와 초장椒醬으로 제사 받듬 진실로 깨끗하더라. 날이 열烈하고 서리가 엄하니 의자毅姿가 엊그제 같음 상상하고 산이 높고 불이 아득하니 영명令名이 무궁한을 느끼겠네. 높이 첨청瞻應함이 있음에 그칠 뿐 아니라 숭모함 다하며 보휼報恤하는바이었네. 기강을 떨쳐 세워 단청이 홀로 교남에 빛나고 입나立懦하고 격퇴激頹하여 분방芬芳이 더욱 해우海右에 알려졌네. 이에 의를 사모하는 뜻 간절하여 이에 동역董役의 노래로 도운다네.

어여차 들보 올리며 동을 보니, 만장萬丈의 높은 봉이 벽공에 비겼으나, 공의 당일 사事를 상상하니, 탁연히 높은 절의가 자응을 다투더라. 들보 올리며 서를 보니, 줄기찬 파류는 갑계岬溪로부터 나오네. 한줄기 징철澄澈한 물 못내 사랑하니 맑고 깨끗함 단심과 정正히 서로 같더라. 들보 올리며 남을 보니, 막막한 평교平郊에 풀이 쪽빛 같으니 다소의 행인들 이 길을 따라가네. 사람

84) 칠십주(七十州) : 경상도를 의미하는 말.
85) 승치(勝致) : 좋은 경치나 흥을 의미한다.
86) 영대(映帶) : 경치가 서로 어울리거나 서로 비출 때 쓰이는 말이다.

들마다 멀리서 보며 나귀 걸음 멈추는구나. 들보 올리며 북을 보니, 삼봉이 높이 솟아 진극의 기둥이니 충의가 하늘을 떠받침 이와 일반이구나. 강상이 예로부터 인국人國을 지탱하더라. 들보 올리며 상을 보니, 푸른 하늘 교일皎日은 길이 밝은 빛 비추니 지금까지 밝고 밝아 마음 변하지 않는구나. 함께 광휘를 입어 한 모양으로 밝더라. 들보 올리며 하를 보니, 향화香火드림 천추에 제기가 전래하니 첨앙함이 비단 접역鰈域[87]의 사람뿐이 아니라, 방명이 전하여 이하夷夏[88]에 떠들썩하네. 엎드려 원하옵건대, 상량한 후에 지영地靈이 몰래 호위하여 묘모廟貌가 길이 산뜻하며, 생료牲醪가 향기로워 건예虔禮를 혹시 폐함이 없고, 사서士庶가 함께 힘써서 습상習尙함이 더욱 꿋꿋하게 하소서.

승지 죽산 안상휘[89] 지음

蹈刃取義凜生氣之如存設俎旌忠闢新宮之有儼 寔稽古典永樹風聲伏惟義士李公忠簡名孫雙清 令緖生於鄒魯之地久矣讀古君子書審於義利之 分慨然有烈丈夫志宜乎大朝之遴拔惜哉遐鄉之 沈淪人望品題獨高汝南之月旦功曹綜理咸推孟 博之風猷屬當凶逆之猖狂乃覩義烈之卓偉方醜 類闌入城府唉彼趨波之軍徒獨夫公奮拳空堂屹 然如山之勁節視賊虜如羯狗霜雪凜杲卿之辭擲 性命於鴻毛糜粉任張興之鋸千萬人心膽俱聳誠既勇兮七十州男兒無聞獨有公耳義聲燀爀於遠 邇禮命哀榮於表旌沒爲毅魂寧磨泯於千載烈有 餘氣信激勵於八方玆聖朝循多士之心而本鄉 有新廟之創想殉國之忠烈宜百世掃地而祠庸攻 位而經營卽當日捐命之所接名賢之舊隱鄰近朴 儒峯之高風妥英靈於別區映帶枕流亭之勝致人 爭勸於趨事鼛鼓不勝士有所於致虔楹桷有舃廟 既成而奕奕神如在而洋洋蘭橈葯房儘正氣之所 在桂酒椒醬庶祀事之孔明日烈霜嚴想毅姿而如 昨山高水迴感令名於無窮非止有聳於瞻聽所以 致崇於報恤樹綱振紀丹青獨耀於嶠南立懦激

87) 접역(鰈域) : 가자미 모양으로 생긴 지역이라는 뜻으로 예전에 우리나라를 지칭할 때 쓰인 말이다.

88) 이하(夷夏) : 오랑캐와 중국을 뜻하는 말로 하(夏)는 중국의 하 왕조를 일컫는다.

89) 안상휘(安相徽)[1690~1757] : 본관은 죽산(竹山), 자는 신보(愼甫)이다. 1725년(영조 1) 문과에 급제하였다. 1748년(영조 24) 세자시강원보덕(世子侍講院輔德)을 지냈고 1751년(영조 27) 승지를 역임했다.

頹 芬芳益播於海右玆切慕義之志庸贊董役之謠兒 郎偉抛梁東萬丈高峯倚碧空想像夫公當日事卓 然高節可爭雄抛梁西活活流波自岬溪一道堪憐 澄徹底丹心皎潔正相齊抛梁南漠漠平郊草似藍 多少行人由此路遙瞻箇箇逗征驂抛梁北山聳三 峯柱辰極忠義擎天此一般綱常從古支人國抛梁 上碧天皎日長宣朗由來炳炳不渝心共被光輝明 一樣抛梁下香火千秋來瓚斝瞻仰不徒鰈域人芳 名行看喧夷夏伏願上梁之後地靈陰護廟貌長新牲醪馨香無虔禮之或替士庶咸勸致習尙之益淸 承旨竹山安相徽撰

11) 〈포충사 이건상량문 정묘정유 褒忠祠移建上梁文 正廟丁酉〉

이술원李述原, 『화촌선생실기和村先生實紀』 권3, 「실기」

의가 산하처럼 무거움에 진실로 일대에 있었고, 충이 일월처럼 빛남에 마땅히 백세에 흠숭欽崇하며 제향 드리네. 묘우를 다시 새로 지으니 풍성을 더욱 떨치더라. 엎드려 생각건대 의사 이공은 우주의 기운이 관여되고 악독嶽瀆의 정기 남음이었네. 군자의 글을 읽어 훌륭히 효의 도道 다하였고, 충간공의 열을 이어받아 개연히 의리의 길을 살폈더라. 하늘은 어찌 이 정자貞姿[90]를 뛰어나게 내어서 장차 그로 하여금 먼 시골에 침윤시켰는가? 때를 만나지 못함 명命이니 다만 애국의 정성 품었고, 날마다 가슴에 간직함 충이었으니 사군死君의 의 스스로 간절하였네. 흉봉이 부를 침입할 때를 당하여 이에 대절이 위엄하고 밝음을 보겠더라. 죽음이 아까운 읍재邑宰는 개탄스럽구나, 저 담장을 넘어서 명命을 도망하여가고 삶을 버린 열사는 성대하도다. 적개심이 격동하여 몸을 잊었네. 만군萬軍중에서 갈구羯狗들을 꾸짖어, 안태수顏太守[91]의 늠름한 말씀 그치지 않았고, 백인白刃아래 홍모처럼 가벼이 던져, 장중승張中丞[92]의 몸을 버림에 부끄러움이 없더라. 氣기는 추상秋霜을 능멸하여 하늘에

90) 정자(貞姿) : 정숙한 자태를 뜻하는 말이다.

91) 안태수(顏太守) : 안록산의 난 때 충절을 지킨 안고경(顏杲卿)을 말하는데 당시의 관직이 상산태수(常山太守)였기 때문이다.

92) 장중승(張中丞) : 안록산의 난 때 희생당한 장순(張巡)을 일컫는데 당시의 관직이

넘친바 적세가 마침내 막하고, 죽은 후에도 노함이 남아있어 궁궐을 범하려던 흉추들 스스로 섬멸되었네. 영풍英風이 원근에 고동쳤고 위성偉聲이 사서간에 높이 알려 졌더라. 칠십이주七十二州의 의열이 아림娥林[93]에 홀로 빛남이 있었고, 삼백년의 강상이 웅악熊岳에 힘입어 떨어지지 않았네. 격퇴하고 입나立懦하였으니 어찌 일방一邦의 흠앙함에 그치리오. 진기振紀하고 수강樹綱하였으니 정正히, 이른바 백대의 긍식矜式함이더라. 이에 성조에서 마음 아파하며 이에 명하여 본향에 창건하라는 은전이 있었네, 처음에 입절한곳을 따라 영령을 편안히 모시는 곳 있었고, 다시 이건하는 일 꾀하였으니 선생이 옛 살던 곳과 심히 가깝더라. 풍성을 들은 자 흥기하여 마음을 기우리고, 일을 쫓는 자 옛일을 느끼며 힘을 다하네. 고봉은 거만스럽게 장이杖履로 노님과 비슷하고, 입석立石은 높다랗게 지주가 우뚝함과 방불髣髴하구나. 진실로 지영의 기다림이 있었고 참말로 신물이 공功을 도왔더라. 여운餘韻과 유풍遺風을 선비들이 듣고, 모두가 칭송함이 있었고, 가언嘉言과 선행을 모든 사람이 알고 다투어 일컬어지더라.

단청을 다시 산뜻하게 하니 작설과 더불어 천재에 함께 빛나고 최각榱桷이 높이 빼어나 가성佳城[94]과 연하였으니 수궁數弓[95]에서 서로 바라보네. 이에 갱장의 정성 간절하여 감히 들보 올리는 노래 들린다오.

어여차 들보 올리며 동을 보니, 높은 인품 참절嶄絶하여 금봉金峯을 눌렀더라. 휴양睢陽의 높은 절과 기가 일반이니 만장萬丈의 무지개로 변호하여 공중에 빗겼더라. 들보 올리며 남을 보니, 화계和溪 물 맑게 흘러 쪽빛 같구나. 한평생 금포襟抱가 물物에 오직 얻었으니, 만고의 천광天光이 추수秋水에 졌었더라. 들보 올리며 서를 보니, 푸르고 아득한 연수煙樹는 옛 언덕에 아득하고,

어사중승(御史中丞)이었기 때문이다.

93) 아림(娥林) : 경상남도 거창군의 별칭.

94) 가성(佳城) : 아름다운 성곽이라는 의미로 묘가 든든함을 성에 비유한 말이다.

95) 수궁(數弓) : 활 쏘는 거리의 두 배 되는 거리로 백 보 정도의 거리를 말하는데, 문장에 쓰일 때는 거리가 가깝다는 것을 강조하기 위해 사용된다.

교남 밖으로 침분祲氛이 고요하니, 열기는 더욱 높아 산이 도리어 낮더라. 들보 올리며 북을 보니, 우잠牛岑이 높이 서서, 진극辰極에 공수를 하니, 여렷 중에 어느 물物이 정신이 높은가? 무수한 창송蒼松이 세모의 색이구나. 들보 올리며 상을 보니, 푸른하늘 징청澄淸하여 성일星日이 밝으니, 고명함 더불어 짝하리 없다 말하지 마오. 정충精忠은 영원토록 천지간에 격格하더라. 들보 올리며 하를 보니, 대로가 십리광야를 둘렀구나. 다투어 칭송함 어찌 팔방에만 높을 뿐이리오. 영명令名이 빛나고 빛나 이하夷夏를 진동하네.

엎드려 원하옵건대, 상량한 후에 사기가 떨쳐 일어나고, 묘우가 길이 산뜻하며, 욕예縟禮가 힐항肹蠁[96]하여 천향薦享의 법도 허물됨이 없고, 청금靑衿들 학문을 갈고 닦아, 장수藏修의 정성 쇠하지 않게 하소서.

금상즉위원년정유(1777년)모춘절 통훈대부 단성현감 청송 심원지[97] 지음

義重山河固有一代之推仰忠炳日月宜享百世之　欽崇廟貌更新風聲益振伏惟義士李公間宇宙氣　餘嶽瀆精讀君子書卓乎盡孝友之道襲忠簡烈慨　然審義利之方天胡挺出此貞姿將使沈淪於遐邑　時不遇也命只抱愛國之誠日服膺者忠自切死君　之義屬當凶鋒之入府乃見大節之蹈危惜死之邑　宰唉彼踰垣而逃命捨生之烈士猗歟激慷而忘身　罵羯狗於萬軍之中不沫顔太守之凜舌輕鴻毛於　白刃之下無媿張中丞之捐軀氣凌秋霜滔天之賊勢遂遏沒有餘怒犯闕之凶魁自殲英風鼓動於邇　遐偉聲喧聳於士庶七十州義烈獨有光於娥林三　百年綱常賴不墜於熊岳激頹立懦豈止爲一邦之　仰欽振紀樹綱正所謂百代之矜式玆聖朝軫嘉　乃之命而本鄉有創祠之恩始因立節之墟妥奉英　靈之攸在更營移建之役密邇先生之舊居聞風者　興起而傾心趨事者感舊而致力高峯偃爾依俙杖　屨之徜徉立石巋然髣髴砥柱之屹峙固知地靈之　有待允矣神物之助功餘韻遺風士有聞而咸頌嘉　言善行人皆得而爭稱丹靑再新與綽楔而竝耀于　千載榱桷迥出連佳城而相望乎數弓肆切羹牆

---

96) 힐향(肹蠁) : 소리의 울림이 사방으로 퍼짐을 뜻하며 이는 신령이 감응(感應)함을 의미하는 것이다.

97) 심원지(沈元之)[1730~1801] : 본관은 청송(靑松)으로 자는 도천(道天)이다. 진사시에 합격하였고 벼슬은 현감을 지냈다.

之 誠敢獻兒郎之頌兒郎偉抛梁東高標嶄截壓金峯 睢陽高節一般氣化作橫空萬丈虹抛梁南和流淨 淥色如藍一生襟抱物惟得萬古天光秋水涵抛梁 西蒼茫煙樹古堤迷嶠南以外祲氛靜烈氣彌高山 返低抛梁北牛岑特立拱辰極箇中何物最精神無 限蒼松歲暮色抛梁上碧宇澄淸星日朗莫道高明 無與配精忠終古格霄壤抛梁下大路逶迤十里野 爭頌豈徒聳八方令名炳炳喧夷夏伏願上梁之後 士氣振作廟儀長新縟禮肸蠁罔愆薦享之度靑衿講劘不替藏修之誠 今上元年丁酉暮春節通訓大夫行丹城縣監靑松 沈元之撰

12) 〈포충사 경의당 중수상량문 褒忠祠景義堂重修移建上梁文〉

이술원李述原, 『화촌선생실기和村先生實紀』 권3, 「실기」

성조의 은혜로운 액호 지금까지 길이 달리어 제사드림 쇠퇴하지 않고 많은 선비들 성심으로 숭봉하며, 옛 모양 그대로 진우陳宇가 산뜻하네. 풍우를 제거한 곳에 산천이 더욱 광채 나더라. 엎드려 생각건대, 화촌 선생은 충정한 옛 문벌로 문무의 재주 겸전하였더라. 어진 조상 좌리공신의 모훈謨訓이어받아 평소에 용과 봉을 부쫓는 뜻을 쌓았고 성문에 존알存遏의 훈계를 쫓아 어魚를 버리고 웅熊을 취하는 대의 분변하였네.

이에 어지러운 때를 당하여 능히 적개敵愾의 용기 떨쳤더라. 성이 함락되어 화禍를 당하니, 공권空拳을 펴 칼날을 무릅쓰는 위태함 만났고, 하늘이 시위示威를 보이어 적의 간담이 떨어지는 특이한 자전의 섬광 있었네. 이에 영을 봉안하는 3칸의 사당을 세웠으니 난을 이긴 10년이 지난 후에 비롯하였더라. 만고 충신이라는 윤음 거듭 내렸으니 왕의 기림 비지備至[98]하였고 백세토록 제사 드리는 욕전縟典이 뒤쫓아 내림은 공의가 오히려 있음이었네. 정문을 마주한 밖에, 거처할 강당 넓으니 학궁을 모방하여 서원의 제도를 취하였더라. 춘추로 중정일中丁日에 삼헌례 드리니 가히 유사들 분주한 거동이요 고금의 제자백가서를 쌓아놓으니 생도들의 학문 익힘에 도움되네. 존중함은

98) 비지(備至) : 주도면밀하며 극진하다.

정正히 오당吾黨의 추향에 마땅하고 흥하고 폐함이, 이 사문의 성하고 쇠함에 관여하더라. 김태수金太守[99]가 일찍이 수리하는 일 말았으니 가히 흠모하는 깊은 정성 볼 것이요. 송제주宋祭酒[100]가 일찍 제영의 글을 걸었으니 이에 광감하는 남은 생각 부쳤더라.

세월이 오래되어 자연히 집이 노폐 되었으나, 일이 거창하고 힘은 잔약하니 그 어찌하랴. 거의 전복됨을 걱정하게 되니, 행인들 손으로 가르키며 차탄嗟歎하고, 매양 조처할 대책을 구하여 선비들 마음속에 경영하였네. 비로소 여럿이 동모同謀함을 따라 이에 중수하는 일이 있었네. 어찌 십실十室의 마을에 충신 한이 없으리오. 다투어 손의損義하며 갹금醵金을 원하였고, 한 마음으로 근로하지 않는 이 없었으니 심히, 목수를 동독하여 착목斲木을 감독하더라. 옛 제도에 더하여 아름다움 다하고, 새 재목으로 바꾸어 응장하고 화려하더라. 동서계단을 주선하고 승강하는 절차 적당하고, 오양五梁과 삼가三架는 제정齊整하고 꾸미는 공교함 갖추었네. 비단 높이 관첨함에 그치리오. 더욱 절의에 감동함이 있구나.

휴양의 두 사당은 천추에 명적名蹟을 함께하고, 상당上黨의 세 사우는 일체로 은례恩禮가 균일하더라. 선비들 제제濟濟히 다투어 추창하고, 신이 양양洋洋히 있는 듯 하구나. 빼어난 대찬솔은 왕연히 진상眞像처럼 늠렬凜烈하고, 인산仁山과 지수智水는 오히려 유풍遺風이 높고 길더라.

자손들 번창하니 화수花樹[101]의 모임 함께 맺고, 지세가 참으로 아름다우니 상재桑梓의 옛터와 가깝네. 잠시 영인郢人의 도끼를 멈추고 애오라지 장로의 송가 부른다오.

들보 올리며 동을 보니, 부상扶桑의 아침 햇빛하늘에 붉게 뻗치니, 정충이

---

99) 김태수(金太守) : 거창군수를 역임한 김계진(金啓鎭)을 뜻한다.

100) 송제주(宋祭酒) : 송시열(宋時烈)의 9세손인 송병선(宋秉璿)을 말한다.

101) 화수(花樹) : 꽃이 피는 나무라는 뜻으로 형제간의 우애를 인용할 때 사용된다. 당나라 시인 잠삼(岑參)이 위씨(韋氏) 형제들의 우애를 칭송하고자「위원외가화수가(韋員外家花樹歌)」를 지었다.

해를 꿰뚫음 응당 허한 듯 하구나. 이 영령이 벽공에 있음이 아니랴. 들보 올리며 서를 보니, 문수암文秀巖아래에서 화계和溪물이 나오네. 지금까지 오히려 노지爐址가 있는 곳이니, 진원眞源이 마르지 않고 언덕까지 가득하구나. 들보 올리며 남을 보니, 금구봉金龜峯 높이 솟아 창남蒼嵐이 쌓였구나, 저 주변이 응당 이 아림관娥杯館이니 당시의 일을 말하려니 눈물이 저절로 어리네. 들보 올리며 북을 보니, 운기雷氣가 음침하게 자극紫極[102]에 잠겼으니 미인은 어느 곳으로 가서 돌아옴이 없는가? 공연司 지사志士로 하여금 길이 탄식케 하네. 들보 올리며 상을 보니, 규성奎星[103]의 정체 길이 밝게 빛나니, 모름지기 제생諸生들은 학업에 힘쓰라오, 반드시 천추에 하늘이 잊지 않을 때, 돌아온다네, 들보 올리며 하를 보니, 어두운 요기와 잡된 먼지 사야四野에 가득하니, 어찌 황천 신룡을 일으키게 하고, 시우時雨를 쏟아지게 하여 모두 깨끗이 씻으랴.

엎드려 원하옵건대, 상량한 후에, 영신이 호위하여, 좋은 터전 혁모革固하며 상하 진우陳宇가 빗물 세지 않고 바람 불지 않으며, 내외 정문에 신발이 가득하고 수레가 가득하며, 춘추 제향에 전례를 삼가하여 결여 됨이 없고, 주야로 부지런히 시서를 익히어 성취하면 어찌 오직 한 지방을 장려함이리오. 가히 백세에 모범이 되게 하소서.

참봉 하산 성익원 지음

聖朝恩額長懸至于今俎豆不替多士誠心崇奉仍　其舊棟宇維新風雨攸除山川增彩伏惟和村李先　生忠貞古閥文武全材承賢祖佐理之謨蓄素志於　攀龍附鳳遵聖門遏存之訓辨大義於舍魚取熊肆　當板蕩之時克奮敵愾之勇城陷遭禍値張空拳冒　白刃之危天監示威有破賊膽閃紫電之異建玆妥　靈所三間之廟刱于勘亂後十許之年荐降萬古忠　綸音袞褒備至追施百世祀縟典公議尙存當正門 外而廣居處曰講堂倣學宮例而取制度於書院行春秋中丁三獻禮可容有司之駿奔序古今諸子百 家書以資生徒之鳥習尊重正宜吾黨趨向

102) 자극(紫極) : 천자(天子)가 거처하는 곳, 즉 임금의 어좌(御座)를 말한다.
103) 규성(奎星) : 이십팔수(二十八宿)의 15번째의 별로 이 별이 밝으면 천하가 태평하다고 한다.

興廢寔　關斯文盛衰金太守曾擔修葺之役可見欽慕深誠　宋祭酒特揭題詠之章用寓曠感餘思自然歲久而　屋老其柰事巨而力殘幾至顚覆之憂行路指點嗟　歎每求措畫之策章甫心筭經營始因僉同之謀爰　有重修之擧豈無十室忠信爭願捐義而醵金靡不　一心勤勞亟敦董匠而斲木增舊制而美矣盡矣易　新材而輪焉奐焉東阼西階適周旋升降之次五梁　三架備齊整賁飾之工匪止聳於觀瞻尤有感於節 義睢陽雙廟竝名蹟於千秋上黨三祠均恩禮於一　體士爭趨而濟濟神如在而洋洋挺竹寒松宛眞像　之凜烈仁山智水尙遺風之高長雲仍寔繁共結花　樹之社地勢信美密邇桑梓之墟暫停郢人之斤聊　陳張老之頌抛梁東扶桑朝旭亙天紅精忠貫日應　如許莫是英靈在碧空抛梁西文秀巖下出和溪至　今尙有攸廬址不渴眞源水滿堤抛梁南金龜峯屹　積蒼嵐這邊應是娥林館欲說當年淚自含抛梁北　雲氣陰陰沈紫極美人何處去無還空令志士長歎 息抛梁上奎精璧彩長宣朗須將學業勉諸生必返　千秋天不忘抛梁下冥祲淆塵盈四野安得皇穹起　神龍沛然時雨均淸灑伏願上梁之後靈神護將吉　基鞏固上棟下宇雨不漏風不飄內庭外門屨常滿　車常盈春享秋禋謹典禮而罔缺晝講夜誦勉詩書 而有成豈惟奬勵一方可以模範百世 參奉夏山成益源撰

13) 〈포충사 자전루 상량문 褒忠祠紫電樓移建上梁文〉

이술원李述原, 『화촌선생실기和村先生實紀』 권3, 「실기」

늠름한 대의 서리와 같아 백세에 풍성을 세웠고 정기가 화하여 번개가 되어 일루一樓에 아름다운 이름이 내렸네. 짓고 만들어 완전하고 아름답더라.

공손히 생각건대 고 충강공 화촌 선생은 이에 중랑공이 그 시조요 연원군의 현손이네. 세세로 충정이 돈독한 집안으로 기표箕表의 업을 전하였고 젊어서 강개한 뜻을 품어 궁마의 재주 겸전하였더라. 생각건대 흉적의 기세가 하늘을 뒤덮어서 의사가 무를 사용할 곳이 없었더라. 양로兩路의 여러 군이 놀라 달아나지 않는 이 없었으나 한 조그만한 고성孤城에 그 조합烏合의 군사로 어찌하랴.

태수는 단간목段干木[104]의 계책을 쓰니 인심을 붙잡을 수 없었고 공조는 범방范滂[105]의 어짐이 있어 마침내 군무를 위임하였으라.

의연히 붙잡혔으나 굴하지 않았고 아! 죽음보기를 돌아가듯이 하였네. 웅장熊掌 취하고 삶을 버림은 추 땅의 맹자가 다룬 교훈이 진실로 이에 있음이요, 갈구들을 꾸짖으며 속히 죽이라 하였으니, 당나라 고경이 절을 세움이 어찌 헛됨이리오. 고충孤忠은 다름이 아니라 빈관賓館에서 시퍼런 칼날을 밟음이요, 의백毅魄이 흩어지지 않고 계정溪亭에 자전이 뻗었더라. 이에, 역대 성조에서 포충의 은혜 내렸고, 한 고을에서 입사立祠의 일이 있었네.

웅장한 묘우는 이제까지 수 백 년 동안 영을 편히 모신 곳이요, 위엄있는 금신襟紳들 매년 2월과 8월에 제사 드리더라. 제실에 드니 애연히 보이는 듯함은 충혼이 오히려 있음이요, 미처 루 세우지 못함을 개탄하니 흥론興論이 있는 바이었네, 이해에 이르러 역을 일으켜 거연히 단시일에 완공을 알리었네, 그 재물을 모음에 사림들 다투어 힘껏 내었고 새가 나는 듯이 신물이 그 공교함 도왔더라. 추녀는 훤칠하여 곧은 솔의 취한翠翰이 구름 위에 쏟았고, 문루의 형상은 번쩍 번쩍한 번개가 햇빛처럼 붉더라. 어찌, 일방의 관첨觀瞻에 그치리오. 실로 백대에 긍식矜式이 될 것이다. 응봉鷹峯은 북에 솟아 절사의 유상遺像이 엄연儼然하고, 균계麇溪는 남에 흘러 선생의 고풍이 아득하네, 일은, 금일을 기다림이 있어 지이 일조一朝에 이루어지고 후인에게 썩지 않게 경계하여 루를 10년 만에 수즙하였더라. 공손히 좋은 송가 진술하여 긴 상량대 올림 도운다오.

어여차, 들보 올리며 동을 보니, 창해는 하늘에 떠서 효일曉日[106]이 붉구나, 아득히 당시 순의한 사적을 생각하니 단심이 밝고 밝아 빛이 서로 같더라. 들보 올리며 서를 보니, 문산文山높고 험준하여 곤예坤倪[107]를 눌렀으니, 지주가

---

104) 단간목(段干木)[?~?] : 춘추전국시대의 진(晉)나라 출신의 위(魏)나라 사람이다. 성은 단간이고 이름이 목이다. 자하(子夏)의 제자로 위나라 문후(文侯)의 스승이다. 진(秦)나라가 위나라를 침략하려고 했으나 단간목의 명성을 듣고 포기했다.

105) 범방(范滂)[137~169] : 중국 후한(後漢)의 사람으로 자는 맹박(孟博)이다. 이응(李膺), 두밀(杜密)과 함께 청백리에 꼽혔다. 부패한 환관들과 맞서 싸우다가 옥사(獄死) 했다.

106) 효일(曉日) : 아침에 떠오르는 해를 의미한다.

거센 물결에 서있는 듯 하구나. 높은 절천추節千秋에 더불어 함께 하리 없다오. 들보 올리며 남을 보니, 72주에 의남義男이 없는데, 비로소 질풍疾風에 굳센 풀이 있음 보겠으니, 원공袁公이 문득 저연褚淵으로 하여금 부끄럽게 하였네. 들보 올리며 북을 보니, 서원성西原城 높이 솟아 천극에 기둥하였으니, 동시에 입근立殣한 셋 충신이 있더라. 사당이 남아 지금까지 다 같이 혈식血食하네. 들보 올리며 상을 보니, 여러 별이 무수히 나열하여, 북진北辰을 향하였구나. 능히 척수隻手를 들어 강상을 붙들었으니, 머리위에 있는 천에 부끄러움 없더라. 들보 올리며 하를 보니, 아득히 황벌黃茷한 평야가 연하였으니, 촌옹村翁이 때때로 루 앞을 지나며, 화미華楣를 바라보고 감모感慕의 눈물 뿌리더라.

엎드려 원하옵건대, 상량한 후에 문신門神이 꾸짖으며 호위하여, 묘모가 엄숙하고 깨끗하며, 천지가 길이 오래되도록, 오히려 조두가 시퇴함 없고, 풍우에 씻기고 마멸되어도 동우棟宇가 퇴락함이 없게 하소서.

성상이 즉위한 지 13년 병오(1876년) 6월 상순 찬정 이도재[108] 지음

大義凜若霜樹風聲於百世正氣化爲電錫嘉名於　一樓經之營之完矣美矣恭惟故忠剛公和村先生　寔中郎其鼻祖乃延原之耳孫世篤忠貞之家箕裘　傳業少懷慷慨之志弓馬兼才念兇賊勢方滔天而　義士武無用地兩路列郡莫不魚駭而奔一片孤城　其奈烏合之衆太守用段木之計無以維繫人心功　曹有范滂之賢遂乃委任郡務毅然被執不屈嗚呼　視死如歸取熊掌而舍生鄒孟氏垂訓良有以也罵　羯狗以速殺唐杲卿立節豈徒然哉孤忠靡佗蹈白刃於賓館毅魄不散掣紫電於溪亭玆列聖降褒　忠之恩乃一鄕有立祠之擧翼翼廟宇迨玆數百　年妥靈濟濟襟紳每以二八月將事僾如見於入室　忠魂尙存歎未遑於建樓輿論所在洎乎是歲而興　役居然不日而告功爰鳩其財士林爭爲出力如鳥　斯革神物其必助工榱桷寫

---

107) 곤예(坤倪) : 땅끝이라는 의미로 건단곤예(乾端坤倪)의 줄인 말이다.

108) 이도재(李道宰)[1848~1909] : 본관 연안, 자는 성일(聖一), 호는 심재(心齋)·운정(篔汀)이다. 1882년(소종 19)에 문과에 급제했다. 1898년(광무 2) 학부대신(學部大臣) 재임 때 우리나라 최초의 서양의학기관인 한성의학교(漢城醫學校) 설치를 허가했다.

丸丸之松干雲翠榦樓 門象燁燁之電耀日朱光奚止一方觀瞻實爲百代 矜式鷹峯北峙節士之遺像儼然嚢溪南流先生之 高風邈矣事有待於今日棟成一朝戒不朽於後人 樓葺十稔恭陳嘉頌助擧修梁兒郞偉抛梁東滄海 浮天號日紅緬憶當時殉義事丹心炳炳色相同抛梁西文山崒嵂壓坤倪有如砥柱頹波立卓節千秋 無與齊抛梁南七十一州無義男始見疾風勁草在 袁公卻使褚淵慙抛梁北西原城屹柱天極同時立 殣有三忠遺廟至今竝血食抛梁上衆星森列北辰 向能將隻手扶綱常頭上有天無媿仰抛梁下迷茫 黃茂連平野邨翁往往樓前過瞻望華楣感淚灑伏 願上梁之後門神呵護廟貌肅淸地久天長尙俎豆 之無替風磨雨洗庶棟宇之不頹 聖上四十三年丙午六月上澣贊政李道宰撰

14) 〈정려 상량문 旌閭上梁文〉

이술원李述原, 『화촌선생실기和村先生實紀』 권3, 「실기」

열사가 그 삶을 버렸으니 바야흐로 질풍에 견디는 풀임을 알겠고, 성상이 그 죽음을 가상히 여겨 이에 채설彩楔의 문으로 단장하였네. 어찌 오직 십실十室의 경광耿光이리오. 실로 일방의 첨앙함이었네. 아득히 생각하니 의사 이공은 연원군의 후예요 도호공都護公의 손자이더라. 세세로 충정이 돈독하여 마복파馬伏波[109]의 말가죽에 자기의 시신 쌈을 뜻하였고, 집안엔 훈벌이 전하니 반정원班定遠[110]의 붓 던져버림 업하였더라.

전번에 발해에 도적들로 인하여 마침, 패읍의 연리掾吏[111]를 맡았으니, 흉도들 거센 불길 같아 고성孤城이 위험에 빠질 걱정이 있었고, 군졸들 도망하여 장군이 무를 사용할 곳이 없더라. 마음 기꺼이 웅장을 취하여 제운霽雲의 높은 의 당당하였고, 죽음 보기를 홍모鴻毛같이하며, 고경의 꾸짖는 말 늠름

109) 마복파(馬伏波) : 중국 전한(前漢) 때 오랑캐 토벌에 공을 세워 복파장군(伏波將軍)에 임명된 마원(馬援)[BC14~AD49]을 말한다.

110) 반정원(班定遠) : 중국 후한의 무장인 반초(班超)[33~102]를 말한다. 반초는 서역을 평정한 공으로 정원후(定遠侯)로 봉해졌다.

111) 연리(掾吏) : 관아에 속하여 행정 말단의 사무를 담당했던 하급 관리를 말한다.

하였네. 쏟은 피 벽공에 번쩍이며 자전이 광채를 띄었고, 고충孤忠이 붉게 비치니 참담하여 밝은 해가 빛을 감추었더라. 해동 수 천리에 능히 퇴폐된 강상을 떨치었고, 교남 삼백년 배양培養의 힘씀 저버리지 않았네. 덕은 외롭지 않으니 서호西湖의 의백義魄을 서로 따랐고, 적蹟이 가히 민멸泯滅되니오. 북궐北闕의 정려명旌閭命이 내렸더라. 밝은 교지를 좇아 돌보고 보호하여, 어리御吏와 순찰사가 정성을 다하였고, 여러 목공을 모아 경영하여 읍재邑宰와 이민里民들이 힘을 다하더라. 이에 일편의 구지舊址곁에 비로소 몇 칸의 새 정려각 건립하였네. 단시일에 완성하여 꿩이 나는듯하고 새가 나래한 듯하며, 땅의 형세를 따라 산은 더욱 높고, 물은 더욱 맑더라. 좋은 노래 이에 부르며 긴 상량목 들어 올린다오.

들보 올리며 동을 보니, 수도修道의 깨끗한 햇빛 잠시 동안이라. 영령이 가고 온 곳을 추상하니, 새벽하늘 새 햇살 단충에 비치는 구나. 들보 올리며 서를 보니, 삼봉의 빼어난 색 스스로 높고 낮으니, 난운亂雲이 흩어진 곳에 남은 햇빛 있구나. 정절이 높고 높아 만장이나 함께하였네. 들보 올리며 남을 보니, 송추松楸가 빽빽이 늘어선 곳에, 운해가 완전히 개니, 멀리 선영이 오르내리고 있음을 알겠구나, 감루感淚를 응당 이동移棟을 좇아 머금으리라. 들보 올리며 북을 보니, 한 송이 금잠金岑이 북두성에 공읍拱揖하네, 방대하고 꿈틀거리는 기운 버티었으니, 공의 정직함 공이 오직 얻었더라. 들보 올리며 상을 보니, 푸른 하늘은 만고에 한 모양으로 밝구나. 정충이 있어 함께 마멸되지 않음 알겠으니, 오고가는 행인들 모두 첨앙하더라. 들보 올리며 하를 보니, 화계和溪 물소리 내며 계단을 따라 흐르니, 방명芳名이 예로부터 물과 함께 흐르더라. 누가 이 갓끈을 씻으며 흥기하는 자인가?

엎드려 원하옵건대, 상량한 후에 산천이 무사하고 동우棟宇가 길이 보존되며 나약한 자 입立하고, 완악頑惡한 염廉하여 백세토록 충의가 울연蔚然하고, 귀가 꾸짖어 신이 호위하여 일경一境이 창휴鬯休하게 하소서.

상감즉위 5년 기유 춘삼월하순 진사 이익 지음

旌閭上梁文 烈士舍其生方知疾風之草聖上嘉乃死爰褒彩 楔之門豈惟十室之耿光實爲一方之瞻仰緬惟義 士李公延原之裔都護之孫世篤忠貞志伏波之裏 革家傳勳代業定遠之投毫頃因渤海盜兵適任沛 邑掾吏兇徒火熾孤城有失險之憂羣卒星遁將軍 無用武之地甘心取熊掌霽雲之高義堂堂視死等 鴻毛杲卿之罵舌凜凜冤血射碧燁然紫電之翻光孤忠照丹慘矣白日之韜彩海東數千里能振頹廢之綱嶠南三百年不負培養之效德不孤也西湖之 義魄相隨蹟可泯乎北闕之旌命旋降遵明旨而 顧護御史巡使之殫誠會衆工而經營邑宰里民之 效力爰傍一片舊址肇建數間新閭不日而成翬若 飛兮鳥若革因地之勢山增高而水增清善頌玆陳 脩梁載擧抛梁東修道晴光指顧中追想英靈來去 地曉天新旭照丹忠抛梁西三峯秀色自高低亂雲 頹處殘陽保貞節嵬嵬萬丈齊抛梁南松楸森列宛 晴嵐遙知陟降先靈在感淚應從彩棟含抛梁北一 朶金岑拱斗極磅礴蜿蟺之氣撐公惟正直公惟得 抛梁上萬古蒼旻昭一樣知有貞忠共不磨揭來行 路皆瞻仰抛梁下和溪汩瀜循堦瀉芳名從古水同 流誰是濯纓興起者伏願上梁之後山川無恙棟宇 長存懦立頑廉蔚百世之忠義鬼呵神護庶一境之

𠱾休 上之卽祚五年己酉春三月下澣進士李蕓撰

15) 〈포충사 중수기 褒忠祠重修記〉

이술원李述原, 『화촌선생실기和村先生實紀』 권3, 「실기」

화양華陽[112]의 송자宋子[113]가 말하기를, 도학이 쇠퇴하면 절의가 망하고 절의가 망하면, 국國이 따라 망한다 하였으니, 절의가 인人과 국가에 관계됨이 이같이 또한 크다고 할 것이다. 이런 고로 정충과 대절로 사직社稷을 호위하고, 강상을 붙드는 자 있으면, 사림에서 제사 드리고 조정에서 액호 내리어, 비록 백세가 되어도 가히 바뀜이 없었다. 아림의 포충사는 즉 고 충신 충강 이공을 오로지 제향 드리는 사당이다. 무신 변란에 정희량과 여러 적들이 창

112) 화양(華陽) : 충청북도 괴산군 청천면에 있는 화양을 의미한다. 이곳에는 송시열(宋時烈)의 위패를 모신 화양동서원(華陽洞書院)이 있다.

113) 송자(宋子) : 송시열(宋時烈)의 존칭.

궐하여, 거의 교남이 없어지게 되었고, 교남이 없어지면 종두宗杜가 위태하였다. 공이 충을 다하여 순국하여, 의의 명성이 크게 알려져서 충신과 열사의 마음을 격려 권장하고, 나태한 장수와 우둔한 병졸의 기를 떨쳐 일으켜, 적의 머리를 베어 달아, 전 영남이 평정되었으니, 충강공의 공은 산악처럼 높고 일월처럼 밝아서, 비록 휴양의 장순과 상산의 안고경도 이에 지나치지 못할 것이다.

이미 역대 성조에 포숭의 교지와 여러 선현들이 찬술의 글을 다 갖추었으니, 가히 천하후세에 말할 수 있을 것이다. 영조 대왕 정사(1737)에 비로소 제향을 드렸고, 인하여 액호의 은전이 내렸으며, 서원의 강당을 경의당이라 하고, 당의 좌우 협실을 성인헌부강실成仁軒扶剛室이라하고, 문을 자전루라 하고, 바깥 집을 양사당이라 하여, 춘추에 선비들이 분주히 달려와서 제향을 드리고 때때로 학문을 익힌다. 원우院宇가 세월이 오래되고 퇴락하여 비바람을 막지 못하여, 족히 신주神主를 받들어 향사를 드릴 수 없으니 전후의 원임들 이현구李鉉九[114]와 어경우魚璟愚와 정환표鄭桓杓와 표정준表正峻과 변종식卞鍾植[115] 등이, 공의 후손 이근영李根永과 함께 개연히 동지들과 논모를 일으켜, 몇 해 동안 경기經紀하며 재물을 모우고 장인들을 감독하여, 썩은 재목을 바꾸고 오래된 것은 새로 하여, 그 일을 준공하여 낙성落成하여 쟁연噌然히 보는 것이 바뀌었으니, 진실로 충현을 존모함이 지극하지 않은 자 능히 하지 못할 것이니, 또한 쇠퇴한 세상에 보기 드문 바이다.

사람을 보내어 나한테 기문을 청하니 감히 질병으로 사양할 수 없었다. 대개 듣건대 서원이라 한 것은 한 지방의 사자士子들이 장수藏修하는 곳으로, 반드시 도학과 절의가 가히 여러 사람들의 사표가 되는 자를 제향 드리는 곳이니, 그 사람을 존모하며 그 행한 바를 배우려함이 어찌 거짓 됨 이리오?

---

114) 이현구(李鉉九)[1856~1884] : 본관은 연안, 자는 우건(禹建)이고, 호는 태계(態溪)이다. 송병선의 문인이다.

115) 변종식(卞鍾植)[1881~1970] : 본관은 밀양(密陽), 자는 장오(章五)이며, 호는 경암(警菴)이다. 문집으로 『경암집(警菴集)』이 전한다.

춘추로 여가 있는 날에 많은 선비들이 모이여 성인의 글을 익히고 선왕의 예를 익히며, 강론이 천경과 지의地義의 무거움과 민이民彝와 물칙物則의 중대함에 미치어 공의 순국한 뜻과 적을 꾸짖은 열을 상상하며 격앙되고 강개하여 충군하고 애국하는 성誠과, 상上을 친애하고, 장長을 위하여 죽음을 그 양심에 감발하여, 스스로 능히 마지 못 할 바가 있은즉, 공의 유풍遺風과 여운餘韻이 끝없이 미칠 것이다. 만약 그렇지 못한즉, 비록 생주牲酒가 정결풍족하고, 변두籩豆가 질서정연하며 오르고 내리고 일어나고 굽힘이, 예를 쫓아 허물됨이 없다하여도, 그 공을 저버림이 크다 할 것이니, 오직 여러 장보章甫들은 생각하다.

임술(1922년) 2월 하순 통정대부성균관대사성 시강원원임사서 영가 김복한[116] 기

華陽宋子有言曰道學衰而節義亡節義亡而國隨 之節義之關係人國家若是其大矣故有貞忠大節 衛社稷而扶綱常者則士林俎豆之朝家宣額 焉雖百世不可改也娥林之褒忠祠卽故忠臣忠剛 李公專享之祠也戊申之亂希亮諸賊猖獗而幾乎 無嶠南無嶠南而宗社危矣自公之盡忠殉國義 聲彰著激勸忠臣烈士之心振起惰將頑卒之氣不 旬日而梟賊首而全嶺平之忠之功崒乎山岳昭乎 日月雖張睢陽顔常山不是過也已悉於列聖褒 崇之敎諸賢撰述之文可以有辭於天下後世矣始 餟享於英廟丁巳而因賜恩額焉院之講堂曰 景義堂之左右夾室曰成仁曰扶綱門曰紫電外堂 曰養士春秋人士駿奔走薦享有時講學焉院宇歲 久頹圮上雨傍風不足以奉神牌而修享祀前後院 任李鉉九魚璟愚鄭桓杓表正埈卞鍾植等與公之 後孫李根永慨然發論謀于同志經紀屢年鳩財董 工朽者易之舊者新之竣其役而落其成噲然改觀 苟非尊慕忠賢之至者不能也其亦衰世之所罕覯 也送人請記于余不敢以疾病辭蓋聞書院者一方 士子藏修之所而必以道學節義之可以爲人師表 者享之者欲慕其人而學其所行也豈徒然哉春秋 暇日會集多士講聖人之書習先王之禮論及於

116) 김복한(金福漢)[1860~1924] : 본관은 안동, 자는 원오(元五), 호는 지산(志山)이다. 1892년(고종 29) 문과에 급제하였다. 1919년 김창숙(金昌淑), 곽종석(郭鍾錫)과 함께 파리장서(巴里長書) 사건에 참여했다.

天　經地義之重民彝物則之大而想像乎公之殉國之　志罵賊之烈激昂慷慨感發其良心於忠君愛國之　誠親上死長之義自有不能已者則公之遺風餘韻　及於無窮矣若不然則雖牲酒豐潔籩梪齊整降登　興頫率禮無愆其負公也大矣惟諸章甫念之哉　玄黓閹茂仲春下澣通政大夫成均館大司成侍講 院原任司書永嘉金福漢記

16) 〈포충사 경의당 중수기 2 褒忠祠景義堂重修記〉

이술원李述原, 『화촌선생실기和村先生實紀』 권3, 「실기」

아, 무신년은 지금으로부터 151년 전인데 귀와 눈이 점점 멀어져 고을에 남은 노인도 능히 그 때의 일을 잘 말할 수 있는 사람은 드물다. 그리고 선비는 의관을 한 족속을 따르고, 농부는 뽕나무와 삼나무를 짝하여 입는다. 아이를 키우고 손자를 희롱하며 빛나게 태평을 즐거워하며 연기와 꽃이 넘쳐흐름이 누구의 힘을 의지했는지 살펴보지도 아니하고, 마을 골목의 젊은이들은 술을 마신 뒤에 가끔 오래된 소매로 충강공의 절의를 말한다. 그러나 상산전常山傳을 한번 두루 읽은 것 같아도 이미 전대에 대해서는 아득하다. 『논어』에 말하기를, '신하가 신하답지 않고, 자식이 자식답지 않다.'고 했고, 비록 곡식이 있어도 얻어먹기에는 모두가 멈칫거리니, 이제 이 고을의 미미한 공께서 흉도들 불길이 크게 진동하던 날에 한 번 죽어서 하늘의 법칙을 심었고, 백리에 좋은 풍토는 크게 임진·계사년 늪을 만들었으며, 비록 머리뼈가 둥글어도 발꿈치가 네모나 꿈틀거리니, 벌레가 되지 않은 자가 드물었다.

의리와 명분이 지극히 엄한데 두려움을 모를 수 있겠는가? 저 화촌和村을 돌아보니 사당이 우뚝하도다. 대개 십년을 정하고 향사를 하기도 어려운데 그 이듬해 봄에 사액을 베푸셨도다. 이제 집이 오래되어 부서지니 올해 들어서 또한 의례와 법도를 줄여서 참으로 간략하게 하더니 곧 선비들에게 알려서 약간의 재물을 모아 재목을 구입하여 공사를 시작함에 그 번거로운 것은 버리고, 밭을 사서 세를 받았으니, 아, 사당의 얼굴이 모습을 바꾸고 담장을 쌓아 조금 구역을 나누니, 위로는 여러 성조에 은혜에 보답하는 은전이라 칭찬하고, 아래로는 한 경내에 우러러 의지하는 정을 붙임이다.

아득히 돌아보건대 후생이 이 땅을 지킴에 욕을 보고, 문서로 써서 송사하여 감옥에 가는 결말에 이르러도 오히려 맡은 일의 결말을 온전하게 할 것인데, 하물며 풍속 교화를 숭상함에 돈독하고 백성으로 하여금 날로 선善으로 옮아가도록 함에 있어서랴? 오직 생각건대 공이 남기신 향기를 가져다가 백세에 표준으로 보이고, 세운 명성이 산처럼 높고 물처럼 퍼져가니 떳떳한 성품이 더욱 밝아져 거친 풍속이 순화되니 곧 아무개가 받은 사액은 많기도 하도다.

공사를 이미 준공하고, 글이 없을 수 없으니, 만약 공이 근심하던 때에 실적을 세워서 굳이 이미 역사에 빛난다면, 빛나는 붉은 임금의 칙서가 갖추어졌고, 여러 이름난 석학이 있어서 글을 지었는데, 쓸데 없이 혼자 글을 지어 들겠는가? 무릇 거창 사람은 사람으로서 사람을 위하니, 거기에 사람이 있음을 의지하여서 삼가 그것을 쓴다.

숭정 다섯째 기묘년(1879) 음력 3월에 현감 김계진[117] 삼가 지음

嗚呼戊申距今百五十又一年耳目寢遠鄕之遺老　鮮能道其時事者而士齒衣冠之族農服桑麻之疇　鞠子弄孫熙熙樂太平煙花漫不省賴誰之力里巷　少年酒後往往奮袂談忠剛公節義然如讀常山傳　一遍已屬杳茫前塵也魯語言臣不臣子不子雖有　粟得以食諸儻今玆州微公一死植天經於兇焰震　盪之日百里好風土莽爲龍蛇之藪縱顱圓而趾方　蠢蠢焉不爲蟲豸也者幾希名義至嚴可不知所懼 哉睠彼和村有祠巋然若魯靈光蓋難靖後十年腏享其翌年宣額者也今屋老以敝歲入亦絀儀度 苟簡迺諗諸章甫鳩略干金董工庀材斥其衍買田　收稅於是乎廟貌改觀院儲稍敷上可稱列朝崇　報之典下可副一境瞻依之情也顧以藐然後生忝　守玆土至於簿書訟獄之末尙句當之全未而況能　敦尙風敎使民日遷善乎惟緬挹公之遺芬視標準　於百世而風聲所樹山崒水漪彝性益明巖俗馴化　則啓鎭之受賜亦多矣役旣竣不可無識而若公立　慬時實蹟固已耀靑簡而煥丹綸備有諸名碩撰　述毋庸駢

117) 김계진(金啓鎭)[1823~1881] : 본관은 안동, 자는 치옥(稚沃)이다. 1877년(고종 14) 거창 부사로 부임하였다.

枝爲辭獨擧夫居陀之人人而爲人賴有 人焉者謹書之 上之十五年戊寅季春知府金啓鎭識 余讀東史至辛壬羣宵竊持阿柄毒流宰輔禍延 宗社又至戊申其黨猖狂亂作畿甸繹騷凶燄彌長 邦運幾殆斯誠天地晦塞日月晻昧之秋未嘗不掩 卷太息矣于斯時惟忠剛李公以名家後承出萬死 奮不顧身隻手起旅蹈白刃而冒凶鋒與賊鏖戰寡 不敵衆竟被執憤罵不屈而死之其忠魂毅魄凜凜 如嚴霜烈日嗣子縣監公哭而誓衆曰不殺父讎不 返與諸將星電馳奔擒賊斬之取血飮之嶺湖由是 悉平聖上褒崇忠孝贈諡加官人士建祠享之 丁巳賜恩額曰褒忠祠祠之內設書院講堂扁以 景義成仁扶綱門曰紫電蓋取健陵親製祭文中有氣與血噴騰爲紫電之句也春秋薦享芬芬苾苾 濟濟子衿朝夕肄業絃誦不絶文風丕丕昌矣祠曾 圮曾葺而猶懼其將就傾頹歲戊辰夏公之家嗣上 舍祚永與其從弟根永謀于郡之髦士醵貲庀材擲 舊營新視其舊而加整焉是役也院任李敏湜魚命 德姜大瑀皆服勤集事工訖而落之上舍遣其族埈 道請余文記之余早聞褒忠之毅然正祠嚮往之誠 久而彌深忠剛公父子忠孝大節炳史籍而昭日星 雖婦孺猶知景仰可無論余竊謂國朝爵祿之崇 高勢利之赫奕湮沒不傳者多矣公獨以剛與忠之 名閱千古而不朽剛者天地之正氣忠者君臣之大 義也凡入斯院而登斯堂者苟能講服乎忠剛公之 遺風餘烈激昂慷慨知有所感發而興起焉則庶有 得於報事尊奉之實若謂楹礎旣新徒以侈賽神而 祝釐則非重建之義也凡百君子曷不勉哉 閼逢閹茂仲春日嘉義大夫吏曹參判兼同知經 筵義禁府春秋館成均館事奎章閣直提學世 子侍講院檢校輔德驪興閔丙承撰

17) 〈포충사 자전루기 褒忠祠紫電樓記〉

이술원李述原, 『화촌선생실기和村先生實紀』 권3, 「실기」

충강공 이 선생이 이미 순국한지 180년에 이르니, 군郡의 인사들이 존모함 쇠하지 않아, 원우의 문을 더 세워, 자전루라 하였다. 대개 공이 입근할 때에, 하늘의 기상이 특이함을 취한 것이니, 정조선황제正祖先皇帝[118]가 지어서 내린 제문 중에 자전이 되어 올라가서, 요분妖氛을 구부려 보고 결단하였다

118) 정조선황제(正祖先皇帝)[1752~1800] : 조선 제22대 임금인 정조(正祖)를 의미한다. 고종(高宗)이 대한제국을 건국하고 난 뒤 정조를 황제로 추존했다.

함이 즉, 그 사연이다. 공의 후손 준학보埈學甫가 여러 선비들의 뜻을 쫓아 편지를 하여 기문을 청하였다. 내 편지를 보내며 말하기를, "아! 세월의 상거가 저와 같이 오래되었으나, 인사들의 존모함이 이처럼 그 돈독하니, 어찌 진실로 아름다움을 좋아하는 병이秉彝의 마음은, 사람마다 다 같이 타고나서 그리됨이 아니랴. 충의가 사람을 감동시킴이, 자석이 바늘을 끌어당기는 것과 같고, 죽순이 돌에서 나는 것 같아, 닿는 곳을 따라 나타나서, 오래되고 가까움으로 관계되지 않으니, 누가 군자의 은택이 오세五世에 끊어진다고 하였는가?

슬프도다! 저 흉악한 적들이, 능히 결박하고 협박을 하였으나, 능히 그 뜻은 빼앗지 못하였고, 능히 눈을 찢고 코를 베었으나 능히 꾸짖는 말을 그치게 못 하였으며, 능히 진실로 일시의 자전은 도망하여도 능히 만세의 부월은 도망하지 못하였으니, 저 구체狗彘들로 하여금 장차 그 나머지를 먹지 못하게 하였다. 공의 한번 죽음은 바야흐로 천강天綱을 세우고, 인기人紀를 붙들었다 할 것이니, 영조대왕이 전교하여 말씀하시기를, "장순 이후에 만고 충신이라" 하였으니, 위대하고 성대하도다. 벼슬을 내리고 액호를 내리어 빛나는 곤포袞褒가 하늘의 일성과 같다. 정조대왕으로부터, 지금 황상까지 또한 선유하고, 후손을 녹용치 않는 이 없었으니, 조정의 보답하는 은전이 전후로 서로 바라보이니 인신人臣이 된 자 이에, 가히 권계勸戒할 바를 알 것이다. 누의 형승을 내가 진실로 능히 상세히 알지 못하나, 군郡의 인사들과 공의 후손된 자 모두 능히 공의 뜻을 존모하고, 공의 충을 본받아서 선열을 이어가고, 어진 발자취 쫓음이 있은즉 이 누가 더욱 빛남이 있지 않으리오? 내 이에 마음속으로 크게 바람이 있노라.

영묘 무신후 4 무신(1908년) 7월일 대광보국숭록대부의정부의정 가림 조병호[119] 식

119) 조병호(趙秉鎬)[1847~1910] : 본관은 임천(林川), 자는 덕경(德卿)이다. 1866년(고종 3)에 문과에 급제했다. 시호는 문헌(文獻)이다.

忠剛李先生既殉之一百有八十年郡人士慕不衰 增修院宇之門而樓之曰紫電蓋取公立慬時天象 之異而正祖宣皇帝御製賜祭文中騰爲紫電頫 決妖氛卽其事也公之後孫埈學甫因多士之意書 以屬記余發書而曰嗚呼歲相去如彼其久也而人 士之慕之也若是其篤也豈不誠秉彝好懿之心人 之所同得者然歟忠義之感人如磁引鍼如筍出石 隨觸現發不以久近有間孰謂君子之澤五世而斬 歟噫彼梟獍之賊能縛致脅迫而不能奪其志能斫眼斷鼻而不能止罵叱之舌能苟遁於一時之電而 不能逃萬世之斧鉞使彼在者狗彘將不食其餘矣 公之一死方可謂植天綱扶人紀而英廟傳曰張 巡後萬古忠臣猗歟盛哉貤秩之賜額之煌煌 衮褒日星于天由正廟逮我皇上亦莫不宣侑 錄後朝家酬報之典先後相望爲人臣者斯可以 知所勸戒矣樓之形勝吾固不能詳知郡人士及爲 公之後者皆有能慕公之志效公之忠以紹先烈而 踵賢躅則於斯樓不尤有光矣乎余於是竊有厚望 焉 英廟戊申後四戊申七月日大匡輔國崇祿大夫議 政府議政嘉林趙秉鎬識

18) 〈포충사 양사당기 褒忠祠養士堂記〉

이술원李述原, 『화촌선생실기和村先生實紀』 권3, 「실기」

당을 양사당이라 이름 지은 것은, 그 실상을 뜻함이다. 옥玉을 쫓지 않으면 기器를 이루지 못하고, 사람이 배우지 않으면 도道를 알지 못하니, 이는 성왕이 민民을 가르치고 속俗을 이루어, 나라에는 국학이 있고, 주州에는 서序가 있게 된 바이다. 그 교육함은 반드시 물 뿌려 청소하고, 응대함을 비롯하여, 하여금, 그 효제하고 충신함을 닦아, 격치와 성정에 이르고, 몸으로 부가정에 미치고, 천하에 다다름을 알게 함에 있음이니, 이는 진실로 삼고三古의 높은 교화이니 후세에 능히 미칠 바가 아니랴. 학교의 정교가 점점 퇴폐하여 인재를 기르지 못하고, 사士의 학습이 예전에 미치지 못함이 있음에, 송포松圃 이공李公 유겸有謙이 일찍 이를 개연히 여겨, 동지들과 널리 의논하여 포충사 곁에 서당을 창건하여, 많은 선비들의 의귀할 곳으로 삼았다. 그 시설과 규모는 대개 옛 제도를 모방하였으며, 장차 일향의 추향을 크게 변하고자 한 바이니 오! 아름답지 않으랴. 대저 영재를 기름은, 이 군자의 셋 즐거운 일중의 하나이니, 당은 즉 선비를 기르는 기구이다.

그 기구를 이미 세웠은 즉, 봄에 거문고 노래하고 여름에, 시를 외우며 아침에 더 배우고 밤에 익히며, 서로 훈계하고 근면하여 이에 그 성명과 이윤彝倫[120]을 잃지 않은 후에야, 그 선비를 인도하는 도가 가히 이룸이 있다 할 것이다. 회암주부자晦菴朱夫子[121]가, 일찍이 그 향에 선배의 유풍을 들어서 옥산의 여러 생도들에게 근면함을 기약하였더니, 지금 충강공의 의열이 이 향의 의표가 된 즉, 그 남은 열烈이 아직 사람에게 남아있음이니, 이 당에 거居하는 자 반드시 마음에 감모하며, 흥기함이 있을 것이다. 가家에 있으면 효孝하고, 국國에 있으면 충하여, 그 덕을 기리는 실상이 됨이 무엇이 이보다 크리오. 이 또한 송포공이, 당을 세운 본뜻을 저버리지 않음이니, 모든 군자들은 어찌 힘쓰지 않으랴.

좨주 송병선[122] 기

堂以養士名志其實也玉不琢不成器人不學不知　道此聖王所以教民成俗而國有學州有序也其爲　教也必始於灑掃應對使之修其孝悌忠信以至於　格致誠正有以知自身及家而達之天下此實三古　之隆非後世所能及也學校之政漸廢而不修人才　士習有不古若者松圃李公有謙嘗慨然於斯廣議　同志刱立庠塾於褒忠祠傍以爲多士依歸之所其　設施規模蓋倣古制將欲丕變一鄉之趨向於不休 哉夫育英才是君子三樂之一而堂卽養士之具也其具旣立則春絃夏誦朝益暮習胥訓交勉以不失 其性明乃彝倫而後已其於牖士之道庶可有得矣　晦菴夫子嘗擧其鄕前輩之遺風期勉於玉山諸生　今忠剛公之義烈爲玆鄕之儀表則其餘烈尙在乎　人居此堂者必有感慕而興起矣在家而孝在邦而　忠其爲尙德之實孰大於是亦不負松圃公建堂之 本義也凡百君子曷不勖哉 祭酒宋秉璿記

120) 이윤(彝倫) : 사람으로서 마땅히 지켜야 할 떳떳한 도리를 의미한다.
121) 회암주부자(晦菴朱夫子)[1130~1200] : 남송의 대유(大儒)인 주희(朱熹)를 말한다. 회암은 주희의 호이고 주부자는 주희의 별칭이다.
122) 송병선(宋秉璿)[1836~1905] : 본관은 은진(恩津), 자는 화옥(華玉), 호는 연재(淵齋)·동방일사(東方一士)이다. 송시열의 9세손이다. 문집으로 『연재집(淵齋集)』과 『패동연원록(浿東淵源錄)』, 『무계만집(武溪謾集)』등이 있다.

19) 〈정려음기 旌閭陰記〉

이술원李述原, 『화촌선생실기和村先生實紀』 권3, 「실기」

공은 해동의 우러러 보는 종족이요. 영우嶺右의 이름난 가문이다. 9세조 휘 보정은 병조판서요, 휘 승원은 이조판서 좌리공신으로 연원군이니 시호 충간공이요, 휘 구령은 현감이요, 휘 계준은 진사니 호가 쌍청이요. 휘 구인은 북평사요, 휘 중길은 부사니, 이분들이 공의 조부 이상이다. 아버님 휘 연웅[123]은 증좌승지요, 어머니는 은진임씨[124] 이다. 공이 어려서부터 준걸하게 빼어나서 절충의 재기가 있었고, 이미 장성하여는 명망이 향국에 무거웠다.

영조대왕 4년(1728)에, 역적 정희량이 거창에서 반란을 일으키니, 주수主倅는 도망을 가고, 이교吏校들은 적에 투항하였으나, 공이 홀로 읍무를 맡아 방어책을 마련하였다. 적들이 공의 큰 명성을 듣고, 자기들을 지원하라 강요하며 군사들을 성대히 나열하고, 온갖 수단을 다하며 꾀고 위협하였으나, 공이 우뚝이 산처럼 서서 의기가 추상같이 늠름하였고, 마침내 눈과 코가 찍히고 두뇌가 파열되어, 죽음에 이르도록 꾸짖는 소리가 더욱 엄하며 시신이 엎어지지 않았다.

영조대왕이 듣고 차탄하여 말씀하기를, “당의 안고경은 그 나라위해 죽은 바 이 마땅하거니와, 이술원은 조그만한 한 공조로 그 절節이 이와 같으니 더욱 장대하지 않으리오” 하며, 여러 번 추증하여 대사헌에 이르렀고, 그 여閭를 정문하고 그 아들을 녹용하였으며, 또한 사당 세움을 허許하여 포충사라 명명하였다.

공의 아들 우방은, 변을 당하여 호곡하며, 만사를 무릅쓰고 종군하여, 흉악한 적을 죽여 깊은 원수를 갚았으니 지극한 효이다. 지금 성상 12년 무신에 하교문에 간략하게 말하기를 “이술원은 적을 꾸짖으며 죽었고 그 아들 우

123) 이연웅(李延雄)[1647~1707] : 본관은 연안, 호는 화동(和同)이다. 이술원의 아버지이다.

124) 은진임씨(恩津林氏)[1649~?] : 임여정(林汝楨)의 딸로 이술원의 어머니이다.

방은 손수 셋 적괴를 베었으니 가히 이 부父에 이 자子라 할 것이다", 또한 왕이 제문을 지어 제사를 내려 말씀하기를, "한 공조가 있어 늠름한 가을서리 같았네. 아버님 영조대왕께서 차탄하시며 당의 안고경 같음 있었다 하였다오". 아들이 있어 하늘에 맹서하고, 부父의 시신 가매장하고, 종군하여 마침내 그 가죽을 벗겨 자리하여, 왕사王師들이 전공을 세웠으며 5년 뒤 계축에, 현감공 우방의 문門에 정려를 명하였다.

아! 중국 휴양과 상산에 충신의 사당이 있으나, 효자의 정려는 듣지 못하였은즉, 이공 부자분이 적에 죽음당한 충과 적을 죽인 효는 천지가 다하고 만고에 영원토록 끊어졌다가, 겨우 잇는 자이니 오! 성대하도다.

숭정대부 판돈영겸오위도총부도총관 연안 이민보[125] 기

旌閭陰記 公海東望族嶺右名門九世祖諱補丁兵判諱崇元 吏判佐理功臣延原君謚忠簡諱九齡縣監諱繼俊 司馬號雙淸諱求仁北評事諱重吉府使是公之祖 以上也考諱延雄贈左承旨妣恩津林氏公幼俊 拔有折衝材旣長名重鄕國英廟四年賊亮叛據 居昌主倅逃竄吏校投賊公獨擔邑務爲備禦計賊 聞公重名要爲己援盛張兵威誘脅萬端公屹然山 立義氣霜凜遂斫眼鼻破頭腦公至死罵聲益厲屍 猶不僵英廟聞而嗟歎曰唐之杲卿其所死國宜 矣而李述原藐然一功曹其節如是不尤壯乎屢 贈至大司憲旌其閭錄其子又許建祠命名褒 忠公之子遇芳遭變號哭萬死從軍殺劇賊復深讎 至哉孝也今上十二年戊申下敎略曰李述原 罵賊而死其子遇芳手斬三賊魁可謂是父是子又 御製文賜祭有曰得一功曹義凜如秋英考曰嗟在唐杲卿有子誓天殯父從軍遂寢其皮王師 奏功後五年癸丑命旌縣監公遇芳之門嗚呼睢 陽常山獨有忠臣之廟而未聞孝子之閭則李公父 子死賊之忠殺賊之孝窮天地亙萬古絶無而僅有 者猗歟盛哉 崇政大夫判敦寧兼五衛都總府都總管延安李敏輔記

125) 이민보(李敏輔)[1720~1799] : 본관 연안, 자는 백눌(伯訥), 호는 상와(常窩)·풍서(豐墅)이다. 1747년(영조 23) 진사시에 합격했다. 문집으로 『풍서집(豐墅集)』 등이 있다.

20) 〈정려 중수기 旌閭重修記 二〉 2

이술원李述原, 『화촌선생실기和村先生實紀』 권3, 「실기」

아! 고故 충신 이충강공이 적을 꾸짖으며 몸을 바친 절節과 효자 참의공이 적을 죽이고 복수한 의를 역대 성조에서 높이 표창함을 다하여 이 사祠를 세우고 또한 정려하였다. 부父는 충하고 자子는 효하여, 작설이 휘황찬란하게 정려문이 높이 사묘 옆에 있으니, 처음 기記에 이른바 증국 휴양과 상산에 홀로 충신의 사당이 있으나, 효자의 정려 있음 듣지 못하였다. 이공의 부자가 천지가 다하고 만고에 영원토록 끊기어 없어졌다가 겨우 잇노라 하였으니, 다시 덧붙 힐 말이 없다. 공의 여러 후손들이, 세월이 오래되어 무너짐에 그 동우棟宇를 약간 수리하여, 그 단청을 새로 하고 후손 이영祢永과 근영根永이 나한테 그 일을 기록하라 부탁하였다. 내 바야흐로 노병으로 죽음을 기다리며, 능히 필연의 일을 할 수 없으나 공의 풍의를 송모함은 또한 병이秉彛의 같은 바에서 나온 것이라. 마침내 간략히 심중에 느낀 바를 이같이 써노라. 인하여 당부하기를, "제군들은 다만 문려만 장식하지 말고 서로 함께 충효를 익혀 임금의 명을 널리 떨치고, 선세의 아름다움 계술하여, 이곳을 지나는 자로 하여금 본받게 하여, 모든 충효가 이씨 집안의 물건인 것을 알게 하면 오! 성대함이 아니라"

성상 36년 기해(1899년) 숙식일 대광보국승록대부 의정부좌의정 은진 송근수[126] 식

嗚呼故忠臣李忠剛公罵賊殉身之節孝子參議公 殺賊復讎之義列聖朝崇獎靡不用極既祠之矣 又旌之焉父忠子孝綽楔煒煌烏頭赤腳巋然於祠 廟之傍原記所謂睢陽常山獨有忠臣之廟而未聞 孝子之閭李公父子窮天地亙萬古絕無而僅有云 者無容架疊矣公之

126) 송근수(宋近洙)[1818~1903] : 본관은 은진, 자는 근술(近述), 호는 입재(立齋)·남곡(南谷)이다. 송시열의 8대손이다. 1848년(헌종 14) 문과에 급제했다. 문집으로 『송자대전수차(宋子大全隨箚)』가 전한다.

諸後孫以年久汙壞略修其棟 宇一新其丹雘祚永根永屬余記其事余方癃疾待 盡無能爲筆硯之役而誦慕公風義亦出於秉彝之 所同遂略書所感于中者如此仍以伸之曰諸君無徒爲修飾門閭惟相與課忠責孝以對揚明命繼 述先徽使過而式之者皆知忠孝之爲李氏家物於 不盛矣哉 聖上三十六年己亥熟食日大匡輔國崇祿大夫議

政府左議政恩津宋近洙識

22) 〈포충사 선액시감부 褒忠祠宣額時感賦〉

이술원李述原, 『화촌선생실기和村先生實紀』 권3, 「실기」

영조대왕 무오(1738) 9월 일

명궁에 액호 내리어, 욕례縟禮[127]를 새로 하니, 충을 권장하는 특별한 은혜, 금신襟紳들 높이 보더라. 서원西原의 아름다운 행적, 쌍절이 함께하고, 남국南國에 높은 명성, 홀로 일인一人이더라. 처음엔 사림들이 듣고 정의를 넓혔고, 마침내 소대昭代에 윤상 세움 보겠더라, 주의朱衣의 관리 엄숙히 서서, 은륜을 반포하니 계정階庭에 추배하며, 자주 감탄하더라.

곽사징

英廟戊午九月日 宣額明宮縟禮新奬忠殊渥聳襟紳西原懿迹齊 雙節南國高名獨一人始聞士林恢正議終看昭 代植常倫朱衣肅立恩綸布趨拜階庭感歎頻 郭師徵

신묘新廟의 문 위에 액자가 새로우니, 충에 머무름을 가히 띠에 쓰더라. 영남에 지금 짝 하리 없음을 이로 좇아 알겠고, 상산에 옛적에 이런 사람이었다 말하지 마오. 비로소 군신만의 대의를 천명하였고 마침내 삼백년의 이윤彛倫을 밝혔더라 청금靑襟들 엄숙하고 근면히 제사 드리며, 사祠의 뜰에 자꾸

127) 욕례(縟禮) : 번문욕례(繁文縟禮)의 성어로 주로 복잡하고 번거로운 절차나 예절을 지칭할 때 쓰이는 용어.

몸 굽힘 그려하지 않더라.

김위

新廟前楣額字新止於忠者可書紳從知南嶺今無　匹休說常山昔有人始闡君臣間大義終明三百載　彝倫靑衿濟濟勤將事傴僂祠庭不憚頻　金煒

작설을 겨우 이루고 묘우가 산뜻하니, 제향의 자리 금일에 금신襟紳들 함께하였네. 편향偏鄕에 홀로 몸을 버린 선비 되었고, 대영大嶺에 다투어 입절立節한 분이라 칭송하네. 복첩濮堞에 간侃의 비碑를 어찌 족히 말하랴. 상산의 안고경의 설舌을 다시 짝 하였더라. 초장椒漿을 비단, 유림들만 올릴 뿐 아니라 문무의 군사들도 꿇어 앉아 자주 예를 드리네.

박사량[128)]

綽楔纔成廟宇新縟筵今日竝襟紳偏鄕獨作捐軀　士大嶺爭稱立節人濮堞侃碑奚足道常山杲舌更　堪倫椒漿不但儒林薦文武元戎跪禮頻　朴師亮

몸을 바친 대의 오래될수록, 오히려 새로우니, 조정안을 돌아보니 이 같은 이, 몇 진신搢紳인가? 단지, 서원西原에 쌍절의 선비 있었고, 다행이 남국南國에 한 높은 분 보겠더라. 아름다운 행적 천추에 완악하고, 나약한 이 염廉하게하고, 은광의 세 글자, 인륜을 가르침 밝더라. 청금들 엄숙한 모양으로 원근에서 함께하니, 백발이 금일에 자주 감탄한다오.

이성택[129)]

---

128) 박사량(朴師亮)[1674~?] : 본관은 나주(羅州), 자는 중명(重明)이다. 1719년(숙종 45) 생원시에 입격했다.

129) 이성택(李聖擇) : 본관은 하빈(河濱), 호는 득안재(得安齋)이다. 1736년(영조 12) 역모로 폐현이 되었던 안음현(安陰縣)을 복현(復縣)해 달라는 상소를 올려 이를 성사시켰다.

殉身大義久猶新環顧朝端幾搢紳只有西原雙節 士幸看南國一高人千秋懿蹟廉頑儒三字恩光 彰敎倫濟濟青衿咸遠邇白頭今日感歎頻 李聖擇

수색水色과 산광山光이 모두 새롭게 달라졌으니, 우뚝한 사우를 금신襟紳들이 높이 보더라. 당당한 대절은 무너진 풍속을 붙들었고, 늠름한 단충丹忠은 후인을 격려하더라. 휴양의 장순과 허원許遠이 어찌 홀로 아름다우랴. 상당上黨의 이남李南과 가히 함께 짝하였네. 공과 같은 의의 죽음 아! 잊는 이 없으니. 부질없이 우리들로 하여금 자주 경탄케 하더라.

이붕해

水色山光總改新翼然祠宇聳襟紳堂堂大節扶頹 俗凜凜丹忠激後人巡遠睢陽寧獨美李南上黨可 併倫如公義死嗟無繼謾使吾儂景歎頻 李鵬海

맑은 가을날, 아림에 묘모廟貌가 산뜻하니, 청금들 와서 모였는데 조신朝紳이 사이하였네. 고충孤忠은 청주부 중의 두 선비요, 아름다운 행적, 안고경 이후 한 사람이더라, 금봉金峯이 일 천척 우뚝 솟음 비로소 보겠고, 송백松柏이 여러 총목과 짝하지 않음 깨닫겠구나. 은액恩額을 높이 편扁을 달고, 제사 드리며, 청신淸晨에 엄숙하게 자꾸 배궤拜跪하더라.

이택전

秋日娥林廟貌新青衿來萃間朝紳孤忠淸府中雙 士懿迹杲卿後一人始看金峯千尺屹覺非松柏衆 叢倫高扁恩額豆籩薦肅肅淸晨拜跪頻 李宅銓

신후身後의 높은 명성 일월처럼 새로우니, 영광이 내린 곳에 금신襟紳들 나열하였네. 단청에 성주聖主의 은혜로운 세 글자 내렸고, 절의節義는 화남華南에 제일 높은 분이더라. 천추에 행적 이루어, 진정으로 가히 모범삼고 백세에 향기 흐르니 누가 짝하랴, 우뚝한 묘우가, 관로管路에 임하였으니, 기리 행인들로 하여금 자주 염탄豔歎케 하더라.

권태두

身後高名日月新榮光頒處列襟紳丹靑聖主 恩三錫節義華南第一人垂蹟千秋眞可範流芳百世孰堪倫巋然廟宇臨官路長使行人豔歎頻 權泰斗

23) 〈포충사 경의당 중수운 褒忠祠景義堂重修韻〉

이술원李述原, 『화촌선생실기和村先生實紀』 권3, 「실기」

자전이 남쪽 하늘에 백일白日처럼 빛났으니, 성조의 은액이 이 당에 있더라, 흉염凶焰이 푸른 바다 위에 동動하지 않으니, 이도彛道가 마침내 대영大嶺 남쪽에 밝더라. 제사 드리며 당년의 탁절卓節을 보답하고 금신襟紳들 이곳에서 유방遺芳을 끌어당기네. 헌미軒楣를 중수하였으니 누구의 힘인가? 많이 현후賢侯의 힘입음, 길이 감탄하더라.

5대손 유겸

紫電南天白日光聖朝恩額有斯堂兇焰不動滄 溟上彛道終明大嶺陽俎豆當年酬卓節襟紳此地 挹遺芳軒楣重葺伊誰力多賴賢侯感歎長 五代孫有謙

한 선비 순충함 대영大嶺에 빛나니 제창성濟昌城130) 북쪽에 이 당이 있더라. 옛적 화동畫棟에 아침 자전이 남을 들었더니 오늘 화미華楣에, 석양이 비침을 보겠더라. 거수渠峀는 높은 앙절과 더불어 간지런하고, 화계和溪는 멀리 유방流芳이 다하지 않더라. 새로운 시로 중수의 역사 함께 끌리고, 청금이 둘러앉아 길이 탄식하네.

거창부사 김계진

130) 제창성(濟昌城) : 제창(濟昌)은 거창의 별호(別號)로 제창성은 곧 거창을 뜻한다.

一士純忠大嶺光濟昌城北有斯堂昔聞畫棟飛朝 電今見華楣耀夕陽渠宙與齊高仰節和溪不竭遠 流芳新詩共樂重修役繞座靑衿詠歎長 居昌府使金啓鎭

옛 사당 붉은 액호 은광이 빛나니, 만고의 강상이 이 한 당이더라. 남쪽 선비들 의사가 없다 말하지 마오. 웅양이 어찌 휴양과 같지 않은가? 산새들 허許하는 듯이 자세히 말하고, 계초階草는 스스로 꽃 다움 소홀하지 않더라. 밝은 때에 와서 증수 잔치 베푸니 지주地主는 선량하여 의사意思가 길더라.

안의현감 유진원[131]

古祠丹額耀恩光萬古綱常此一堂南士莫言無 義士熊陽何不若睢陽如許山禽仔細語白非階草 等閒芳明時來設重修宴地主循良意思長 安義縣監兪進源

포충사의 편액 은광이 빛나니 고요한 사祠 앞에 예를 익히는 당이네. 적을 꾸짖은 높은 위엄 백인白刃을 밟았고 몸을 바친 직절直節은 붉은 해 꿰뚫었네. 어여차 들보 올리는 노래 소리 넘치고, 문사들 다투어 추창하여 필설筆說이 향기롭네. 위의 있는 많은 금신襟紳들 상대한 좌석에 무신戊申의 일을 오히려 길이 이야기 하더라.

진사 박희전

褒忠扁額耀恩光蕭灑祠前講禮堂罵賊威稜蹈 白刃殲身直節貫朱陽偉郎傳唱梁謠溢文士爭趨 筆說芳濟濟襟紳相對席戊申年事話猶長 進士朴熙典

한 사祠가 전 영남에 배나 빛을 더하니 하물며 또한 유림들이 예를 익히는 당이랴. 명부明府[132]가 문文을 닦은 지금의 촉군蜀郡[133]이요, 사는 사람들의

131) 유진원(兪進源)[1818~?] : 본관은 창원(昌原), 자는 경혼(景混)이다. 1852년 진사시에 합격했다. 1877년(고종 14) 안의현감을 지냈다.

132) 명부(明府) : 목민관(牧民官)의 존칭.

전설이 있는 옛 휴양이더라. 산천은 옛을 의거하여 정채精彩가 흐르고, 동우棟宇를 다시 새롭게 하여 필방苾芳을 올리더라. 시하는 선비들, 다투어 어여차 노래 화답하니, 태평의 노래곡조 누가 길이 비교하랴.

진사 정주석[134]

一祠全嶺倍增光況復儒林講禮堂明府修文今蜀 郡居人傳說古睢陽山川依舊流精彩棟宇重新薦 苾芳詩士爭酬郎偉頌太平謠曲較誰長 進士鄭胄錫

24) 〈포충사 첨알유감 褒忠祠瞻謁有感〉

이술원李述原, 『화촌선생실기和村先生實紀』 권3, 「실기」

공의 한번 죽음 인연하여 요분妖氛이 맑아졌으니, 성대聖代의 표창한 윤음 백일처럼 밝더라. 시골노인 오히려 자전어림을 전하고, 한송寒松이 뒤에 시드는 정情을 상상하겠구나. 관청觀聽하는 많은 선비들 문門에 둘러섰고, 읍손揖巽하는 성대한 거동 면절綿蕝[135]에 빛겼더라. 봉鳳의 좋은 깃털 난蘭의 향기 있어, 후손들 옛 가문의 명성 떨어뜨리지 않더라. 찬선 송병선

褒忠祠瞻謁有感 時行鄉飮禮于此 緣公一死妖氛淸聖代褒綸白日明野老猶傳凝 紫氣寒松想得後凋情觀聽多士橋門繞揖巽盛儀 緜蕝橫鳳有嘉毛蘭有馥雲仍不墜舊家聲 贊善宋秉璿

133) 촉군(蜀郡) : 중국 사천성(泗川省) 지역을 말한다.

134) 정주석(鄭胄錫)[1791~?] : 본관은 청주(淸州), 자는 원경(元卿)이다. 사헌부감찰(司憲府監察) 등을 역임했다.

135) 면체(綿蕝) : 면절이라고도 한다. 쌔기로 줄을 치고 띠를 묶어 설 자리를 표시하는 것인데 한나라 때 숙손통(叔孫通)이 처음 의례를 제정할 때 이 면체를 하며 연습했다고 한다.

3. 고문서류

1) 심원록 尋院錄

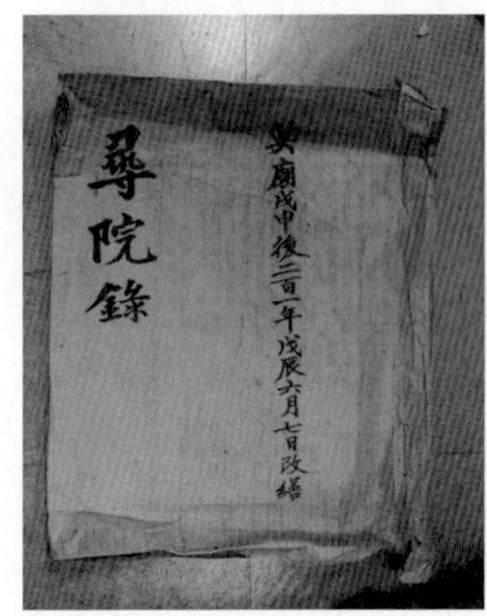

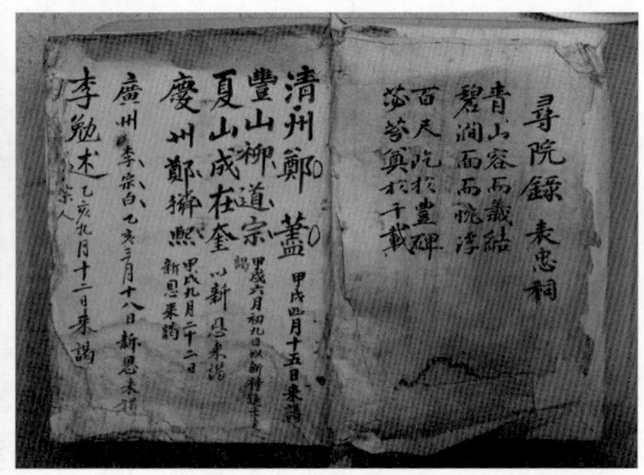

심원록은 서원을 방문한 인사들의 이름과 직위 등을 기록한 일종의 방명록으로 임원록任員錄과 함께 서원에서 중요하게 취급한 문서다. 현재 포충사에서 소장중인 심원록은 총 2책으로 1책의 작성 시기는 1814년(순조 14) 4월부터 1857년(철종 8) 2월까지로 표제는 심원록 영묘무신후이백년무진육월칠일개편英廟戊申後二百年戊辰六月七日改編이다. 1책에 수록된 121명 중 관료는 13명으로 중앙관과 지방관이 모두 포함되어 있고 35명의 급제자에게는 표점을 찍어 놓은 것이 특징이다. 심원록에는 대부분이 노론계 인사들이 포진해 있어 포충사 방문자들의 성격을 확인할 수 있다. 특히 포충사는 임원록과 원록이 전해지지 않기 때문에 포충사의 인적구성을 살펴 볼 수 있는 자료로써 가치가 크다.

2) 심원록 尋院錄

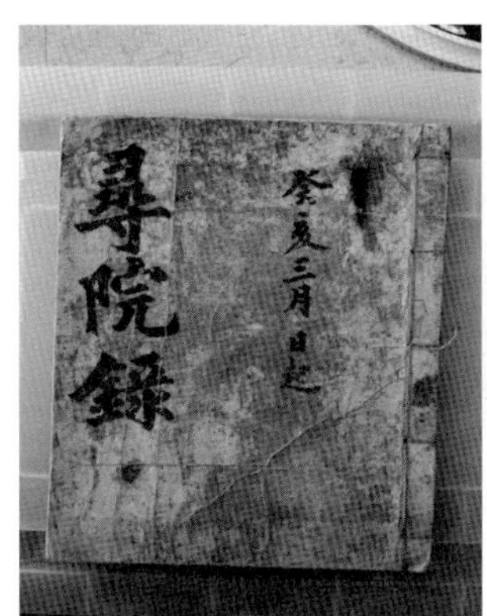
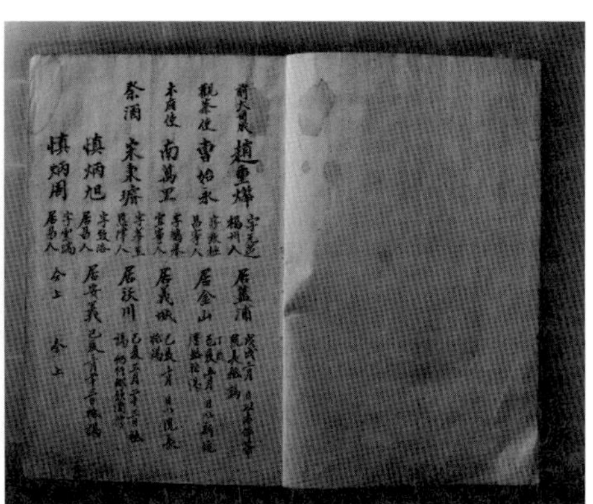

심원록 2책의 표제는 심원록 계해삼월일기癸亥三月日起로 작성된 시기는 1897년(고종 34) 5월부터 1910년까지다. 심원록에 기재된 인물은 전대사성 조중엽趙重燁을 시작으로 모두 87명이 수록되어 있다. 짧은 기간임에도 판서·관찰사·어사·승지·도사 각 1명과 거창군수 6명 등이 다녀갔다. 심원록에 기록된 가장 고위직은 판서 이유승李裕承으로 이회영李會英의 부친이다. 4번째로 기록된 송병선宋秉璿은 송시열의 후손이자 기호학통 적전嫡傳으로 그의 문인 47명이 거창에서 활동할 만큼 세력이 강성했다. 따라서 그의 포충사 방문은 단순히 강학을 넘어 경상도 지역의 노론계 수백 명이 회합하는 자리였기 때문에 구한말까지 노론계의 대표적인 서원으로 활동했음을 알 수 있다.

3) 청금계안 青衿稧案 - 포충사 소장

청금계안은 이전의 청금록에 입안된 자들의 후손 가운데 관직·교임 등을 역임한 자들의 정보가 담긴 인명록이다. 포충사에 소장된 청금계안의 표제는 청금계안 계유십이월일癸酉十二月日이다. 해당 문서는 일제강점기에 작성된

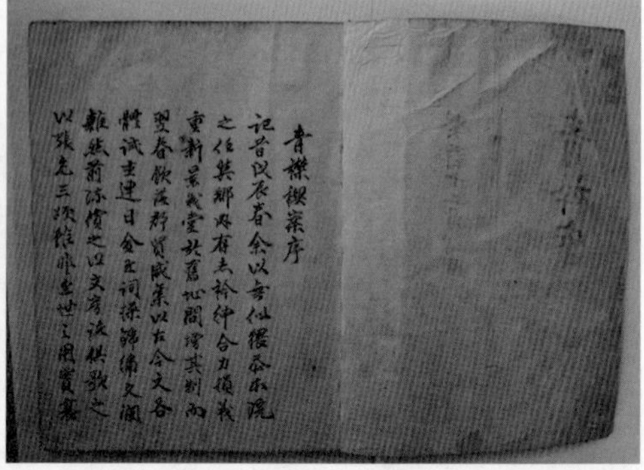

원록으로 39명의 관료출신들이 기재되어 있다. 이들 대부분은 노론계 출신으로 김종한金宗漢·윤용구尹用求·김승규金昇圭·김하용金夏容·민병승閔丙承·김영한金甯漢 등이 확인된다.

4. 현판류

1) 포충사 중수기 褒忠祠重修記

아, 무신년은 지금으로부터 151년 전인데 귀와 눈이 점점 멀어져 고을에 남은 노인도 능히 그 때의 일을 잘 말할 수 있는 사람은 드물다. 그리고 선비는 의관을 한 족속을 따르고, 농부는 뽕나무와 삼나무를 짝하여 입는다. 아이를 키우고 손자를 희롱하며 빛나게 태평을 즐거워하며 연기와 꽃이 넘쳐흐름이 누구의 힘을 의지했는지 살펴보지도 아니하고, 마을 골목의 젊은이들은 술을 마신 뒤에 가끔 오래된 소매로 충강공의 절의를 말한다. 그러나 상산전常山傳을 한번 두루 읽은 것 같아도 이미 전대에 대해서는 아득하다. 『논어』에 말하기를, '신하가 신하답지 않고, 자식이 자식답지 않다.'고 했고, 비록 곡식이 있어도 얻어먹기에는 모두가 멈칫거리니, 이제 이 고을의 미미한 공께서 흉도들 불길이 크게 진동하던 날에 한 번 죽어서 하늘의 법칙을 심었고, 백리에 좋은 풍토는 크게 임진·계사년 늪을 만들었으며, 비록 머리뼈가 둥글어도 발꿈치가 네모나 꿈틀거리니, 벌레가 되지 않은 자가 드물었다.

의리와 명분이 지극히 엄한데 두려움을 모를 수 있겠는가? 저 화촌和村을 돌아보니 사당이 우뚝하도다. 대개 십년을 정하고 향사를 하기도 어려운데 그 이듬해 봄에 사액을 베푸셨도다. 이제 집이 오래되어 부서지니 올해 들어서 또한 의례와 법도를 줄여서 참으로 간략하게 하더니 곧 선비들에게 알려서 약간의 재물을 모아 재목을 구입하여 공사를 시작함에 그 번거로운 것은 버리고, 발을 사서 세를 받았으니, 아, 사당의 얼굴이 모습을 바꾸고 담장을 쌓아 조금 구역을 나누니, 위로는 여러 성조에 은혜에 보답하는 은전이라 칭찬하고, 아래로는 한 경내에 우러러 의지하는 정을 붙임이다.

아득히 돌아보건대 후생이 이 땅을 지킴에 욕을 보고, 문서로 써서 송사하여 감옥에 가는 결말에 이르러도 오히려 맡은 일의 결말을 온전하게 할 것인데, 하물며 풍속 교화를 숭상함에 돈독하고 백성으로 하여금 날로 선善으로 옮아가도록 함에 있어서랴? 오직 생각건대 공이 남기신 향기를 가져다가 백세에 표준으로 보이고, 세운 명성이 산처럼 높고 물처럼 퍼져가니 떳떳한 성품이 더욱 밝아져 거친 풍속이 순화되니 곧 아무개가 받은 사액은 많기도 하도다.

공사를 이미 준공하고, 글이 없을 수 없으니, 만약 공이 근심하던 때에 실적을 세워서 굳이 이미 역사에 빛난다면, 빛나는 붉은 임금의 칙서가 갖추어졌고, 여러 이름난 석학이 있어서 글을 지었는데, 쓸데없이 혼자 글을 지어 들겠는가? 무릇 거창 사람은 사람으로서 사람을 위하니, 거기에 사람이 있음을 의지하여서 삼가 그것을 쓴다.

숭정 다섯째 기묘년(1879) 음력 3월에 현감 김계진 삼가 지음

嗚呼 戊申距今百五十又一年 耳日寖遠 鄉之遺老 鮮能道其時事者 而士齒 衣冠之族 農服桑麻之疇 鞠子弄孫 熈然樂太平 煙花漫 不省賴誰之力 里巷少年酒後 往往舊

袂 談忠剛公節義 然如讀常山傳一遍 已屬査茫前塵也 魯論音 臣不臣子不子 雖有粟得以食諸倘 玆州微公一死 植天經於兇焰震盪之日 百里好風土 莽爲龍蛇之藪 縱顱圓 而趾方奮蠢蠢 焉不爲拙蟲豸也者 幾希. 名義至嚴 可不知所懼哉 睠彼和村有祠巍然 盖難定十年 而諏享 其翌春宣額者也 合屋老以敝 歲入亦絀儀度 苟簡 乃諗諸章甫 鳩若干金 董工它材 斥其衍 買田收稅 於是乎 廟貌改觀院儲稍敷 上可稱列朝崇報之典 下可副一境瞻依之情也 顧以藐然 後生忝守玆土 至於簿書訟獄之末 尙句當之全未 而況能敦尙風使 使民日遷善乎 惟緬挹公之遺芬 視標準於百世 而風聲所樹 山崒水漪 彛性益明 嚚俗馴化 則某之受賜亦多矣 役旣竣不可無識 而若公立慬時實蹟 固已耀靑簡 而煥丹綸備 有諸名碩 撰述 毋庸騈枝碼辭獨擧 夫居陀之人 人而爲人 賴有人焉者 謹書之

崇禎五己卯 季春 知州 金啓鎭 謹識

2) 포충사 중수 상량문 褒忠祠重修上樑文

옛날에 한 몸이 돌아가듯이 죽는 것을 보고 포상의 은전이 여러 번 내렸고, 백세를 밝혀서 제사로 보답하기를 바꾸지 않아 사당 모습이 거듭 새로워졌도다. 추모와 의리의 정성을 붙여서 치제의 예법을 더욱 엄숙하게 하였다.

삼가 충강공 이 선생을 생각하건대, 중랑장의 현손이고 충강공의 옛 가문이로다. 우뚝하게 나라를 지킬 만한 자질이 있어 어려서부터 기상이 뛰어났고, 대장군의 깃발을 지닐 귀한 신분을 약속했으니 누가 그 도량의 소통함을 흠모하고 감탄하지 않겠는가? 우애에 돈독하고 같은 이불을 덮고 같이 살았으니. 어찌 양씨楊氏가 단지 장막을 사이에 둔 것이겠는가? 공조功曹로 있으면서 몸을 굽히고 사무를 보니 개연히 범공范公[136]이 수레를 오름이로다. 마침 무신년(1728)에 크고 교활하며 방자한 흉도를 당하였으니, 아, 저 여러 군에서는 그릇된 말을 다스리지 못했고, 선비는 전쟁에서 쓸 데가 없으니 어찌 바람에 쓰러지고 물결에 도망가는 인사가 한정이 있으며, 사람이 하늘에서

136) 범공(范公) : 중국 후한 때 청백리였던 범방(范滂)의 이칭(異稱).

받은 떳떳한 성품이 있는데 홀로 마음에 의리를 안고 충성심에 북받쳤도다. 이 무슨 병사로 군대를 내어 뒤섞여 달리는 흉도를 알았으랴? 귀신이 되어서라도 흉도를 없애고자 하였으니 어찌 당나라 안고경의 아름다운 충성과 구분할 수 있겠는가?

바야흐로 현감과 지도자들이 달아나 숨던 날에 성조의 흥흥한 근심을 어찌하랴? 3월 23일 아침에 한 가닥 양맥陽脈을 부지하고, 70여 군을 살펴 천추에 명성을 세웠도다. 몸을 죽여 사직을 지킨 공은 세 충신과 하나가 되고 비를 바쳐 제사를 모신 일은 오늘에 백 년이 넘었거늘, 하물며 당산塘山[137]의 남은 현인이랴? 평소 가정에서 남긴 교훈을 익혔도다. 마른 상여를 서로 마주 들며 허둥거리지 않고 거적에서 흙덩어리를 베고 자는 정성으로 소매를 떨치고 몸을 던져 창을 베고 자는 치욕을 씻었으니, 가정에서 국가로 효성을 충성으로 옮겼도다.

이제 상전벽해가 되도록 세상이 변함을 돌아보아도 눈물이 마르지 않고, 저를 돌아보니 소나무와 잣나무의 자태가 더욱 굳세도다. 곧바로 선비들이 의논하니 다 이견이 없었으니 다 크게 우러러보는 마음에서 나온 것이요 면세面勢[138]로 인하여 옛날과 어떠한지를 살펴서 길이 밝은 제사를 모실 장소를 베푸니, 완연히 정령이 오르내리고 서리가 늠름함이 있어서 전기도 빛을 내며, 건물이 길하고 융성함을 차지하여 집이 날아가는 듯 하고 새가 여기에 바뀌었도다. 삼가 선한 노래를 베풀어 다듬은 들보를 올리는 걸 돕노라.

어영차, 들보를 동쪽으로 거니, 어둡고 어두운 재앙의 요기가 푸른 하늘을 덮었고, 양추陽秋 일부에 어느 곳을 읽었기에 풍천風泉[139]을 탄식하며 생각이 근심에 잠겼는가?

어영차, 들보를 서쪽으로 거니, 자전루가 백 척이요, 하늘 닿는 사다리라,

137) 당산(塘山) : 당산은 이술원의 아들인 이우방의 호이다.
138) 면세(面勢) : 겉으로 드러나는 꼴이나 형세(形勢).
139) 풍천(風泉) : 나라가 쇠망함을 이르는 말. 『시경(詩經)』「회풍(檜風)」의 비풍장(匪風章)과 「조풍(曹風)」의 하천장(下泉章)에서 유래된 말이다.

세 충신의 포상 은전이 시종 서로 같네. 몸 뒤에 아름다운 이름이 함께 나란히 하리라.

어영차, 들보를 남쪽으로 거니, 옛 가문의 숨은 덕이 쪽풀에서 나오고, 위원韋園의 화수[140]에 해마다 모여서 거문고와 글 외는 소리 앙양하여 그 뜻이 담담함을 즐거워 하노라.

어영차, 들보를 북쪽으로 거니, 우러러보니 뭇별이 북극성을 둘러 있고, 한결같이 붉은 마음을 갈아도 결이 일어나지 않음을 알겠네. 영령께서 거듭 나라를 상상하게 하도다.

어영차, 들보를 위쪽으로 거니, 소나무와 노송나무 우거져서 집 처마에 환하고, 내가 분주하게 다니면서 사당에 있는 사람이라고 말하니, 장차 백성들이 공경하며 와서 우러러 보겠도다.

어영차, 들보를 아래쪽으로 거니, 산천은 옛과 같은데 세상은 오히려 어지럽고, 임금을 팔고 나라를 파는 건 또 무슨 마음인가? 감히 사람 신하된 자들에게 고하노라.

엎드려 바라건대 상량한 뒤에, 제사를 모심이 더욱 엄숙하고, 기둥과 서까래는 오래도록 안전하기를. 효심을 재촉하여 중성을 책임졌으니, 실로 많은 선비들에게 공경을 받겠고, 청렴하고 완고하나 나약하게 서서 골 무너지는 파도에 기둥을 다듬었도다.

신유년(1921) 음력 3월 일 통훈대부 행 사헌부 집의 여강 민치량[141] 삼가 씀

舊一身而視死如歸褒典屢降　曠百世而報和無替廟貎重新　庸寓慕義之忱　益謹致齊之禮 恭惟忠剛公李先生 中郎玄冑 忠簡古家 屹有干城之才自在孩提而氣 宇峻拔 期以纛之貴孰不欽歎其器局疏通　篤友愛而共被同居奚但楊氏之隔幔　處功曹而屈身視務慨

140) 위원화수(韋園花樹) : 당나라 때 위씨(韋氏)의 친족이 모여 술을 마시며 즐기던 정원을 뜻하는 말로 위씨가 처음으로 화수회(花樹會)를 만든 것을 가리킨다.
141) 민치량(閔致亮[1844~1932]) : 본관은 여흥, 자는 주현(周賢), 호는 계초(稽樵)이다. 1870년(고종 7)에 문과에 장원급제했다. 문집으로『난록爛錄』이 전한다.

然范公之登車 屬當叵猾之肆凶申 噫彼列郡之訛言未己 士無用武之地何限風靡而波奔 人有秉彝之天獨抱義腔而忠憤 此何兵而發軍也 得認陳豨釀凶 欲爲鬼而滅醜焉能辨果卿之芳烈 方守宰竄伏之日 奈聖朝背宵旰之憂 月二十三朝扶陽脉於一線 省七十餘郡樹風聲於千秋 殺身衛社之功與三忠爲一 薦血陳俎之事屢百年于玆 矧惟塘山肖賢 素襲家庭遺訓 昇喪藁喪 不遑寢塊之誠 奮袂投身快雪枕戈之恥 自家而國 移孝于忠 顧今滄桑之淚不乾 睠彼松栢之姿益勁 端章甫謨僉不異皆出景仰之心 審面勢因舊如何永垂明禋之所 宛精靈之陟降霜有凜而電有光 占棟宇之吉隆 翬斯飛而鳥斯革 恭陳善頌 助擧修樑

兒郎偉抛樑東 冥冥氛祲蔽蒼空 陽秋一部讀何處 歎息風泉憂思忡

兒郎偉抛樑西 電機百尺接天梯 三忠褒典相終始 身後令名可與齊

兒郎偉抛樑南 古家潛德出于藍 韋園花樹年年會 絃誦洋洋樂意湛

兒郎偉抛樑北 仰視衆星環斗極 一辨丹心磨不磷 英靈想像重邦國

兒郎偉抛樑上 松檜森森簷守曠 日我駿奔在廟人 敬將蘋藻來瞻仰

兒郎偉抛樑下 山川依舊塵猶惹 販君賣國亦何心 敢告爲人臣子者

伏願上樑之後 樽俎益肅 楹桷長安 責孝課忠 實爲矜式於多士 廉頑立懦逗作砥柱於頹波

歲重光作噩 暮春日 通訓人大 行司憲府 執義 驪江 閔致亮 謹書

3) 포충사의 향음례를 행하고 이윤경이 시로 화답을 구하기에 드디어 차운하다 褒忠祠行鄕飮禮李胤卿以詩求和故遂次

공이 한번 죽음으로써 요기가 맑아졌으니
훌륭한 왕조의 포상이 대낮같이 밝았네
들판 노인도 아직 자빛 기운이 엉겼다고 하니
추운 날 소나무가 늦게 마르는 것을 생각하게 한다
보고 들은 많은 선비는 다리 문에 둘러있고
공손한 읍과 넉넉한 거동은 이어서 쌓여있네

봉황은 아름다운 털을, 난초는 향기를 갖고 있어
후손이 옛 가문의 명성을 떨어뜨리지 않도다

緣公一死妖氛清
聖代褒綸白日明
野老猶傳凝紫氣
寒松想得後凋情
觀聽多上橋門繞
揖巽盛儀緜蘊横
鳳有佳毛蘭有馥
雲仍不墜舊家聲

4) 경의당 중수운 무인년 봄 景義堂重修韻 戊寅春

오대손 유겸有謙 공경하며 지음
남쪽 하늘의 자줏빛 번개, 한낮에도 빛나니
주상 전하의 은혜로운 편액이 이 당에 있도다
흉악한 불길은 푸른 바다 위에서 움직이지 않고
떳떳한 도리는 마침내 큰 고개 남쪽에 밝았도다
제사하던 당년에 높은 절개를 주셨고
선비와 관리들이 이 땅에 남긴 향기를 길어왔네
건물을 다시 수리하니 이 누구의 힘인가?
어진 수령 힘입은 바 많아 길이 느껴 노래한다

紫電南天白日光
聖朝恩額有斯堂
兇炎不動滄溟上

彝道終明大嶺陽
俎豆當年酬卓節
衿紳此地挹遺芳
軒楣重葺伊誰力
多賴賢侯感頌長

5. 기타

1) 포충사 묘정비 褒忠祠廟庭碑

숭록대부 의정부우의정 겸 성균관좨주 송환기宋煥箕[142]는 비문을 짓고, 통훈대부 사헌부집의 겸 경연관 송치규宋穉圭[143]는 비문의 글씨를 쓰고, 가선대부 이조참판 겸 동지경연춘추관 의금부사 오위도총부부총관 이조원李肇源[144]은 전액을 하다.

아! 생각건대 이 웅양의 포충사는 바로 대사헌에 증직된 이 선생을 배향한 곳이다. 영조 4년인 무신년(1728년)에 공이 역적 정희량의 난리를 당하여 의를 위하여 죽은 것은 더할 나위 없이 뛰어난 일이었다. 그래서 조정에서 그동안 포상하는 은전을 강구하지 않은 것이 없었고 마침내는 사원에 사액

142) 송환기(宋煥箕[1728~1807]) : 본관은 은진, 자는 자동(子東), 호는 심재(心齋)·성담(性潭)이다. 송시열의 5대손으로 1766년(영조 42) 진사시에 합격했다. 문집으로 『성담집(性潭集)』이 있다. 시호는 문경(文敬)이다.

143) 송치규(宋穉圭[1759~1838]) : 본관은 은진, 자는 기옥(奇玉), 호는 강재(剛齋)이다. 송시열의 6대손이다. 1798년(정조 22) 유일(遺逸)로 천거되었으나 취임하지 않았다. 문집으로 『강재집(剛齋集)』이 전한다.

144) 이조원(李肇源[1758~1832]) : 본관은 연안, 자는 경혼(景混), 호는 옥호(玉壺)이다. 1792년(정조 16) 문과에 장원으로 급제했다. 글씨를 잘 썼는데 특히 전각(篆刻)에 뛰어났다.

하는 일이 있게 되었으니, 아! 성대한 일이로다. 공의 휘는 술원이요, 자는 선숙이며, 연안 사람이다. 8대조인 충간공忠簡公 숭원崇元은 우리 성종 임금을 섬겨 좌리공신에 책훈되고 연원군延原君에 봉해졌으며 벼슬은 대총재에 이르렀다. 이때부터 높은 벼슬에 오른 사람들이 끊어지지 않고 죽 잇따라 있었다. 할아버지 휘 중길重吉은 숙종조에 부사의 벼슬을 하였고, 아버지 휘 연웅延雄은 좌승지에 증직되었으며 온화하고 양순하다는 것으로 종족에게서 칭찬을 들었다. 그 일로 인하여 거처하는 마을을 '화동和同'이라고 불렀다. 연웅에게는 아들이 5명이 있었는데, 공은 네 번째 아들이 된다. 공은 어려서부터 매우 재주와 지혜가 있어서 향당에서 이름이 났었다. 무신년영조 4년에 청주에서 역적의 난리가 일어났을 때에 주현이 매우 두려워하였다. 거창의 수령인 신정모가 갈팡질팡하며 어떻게 손써야할지를 몰라서 문무를 겸비한 사람을 얻어 그에게 제반 군무를 맡기려고 하였는데, 많은 사람들이 모두 공을 추대하여 고을의 우두머리로 삼았다. 공이 분개하며 말하기를, "우리 집안은 충간공 때부터 대대로 충성되고 참된 것에 돈독하였다. 지금 내가 듣자니 서원西原의 절도영장이 적에게 굴복하지 않다가 죽었다고 한다. 생각하면 어떻게 부끄럽게 향소의 일을 맡아보던 사람으로 피할 것을 도모할 수가 있겠는가?"라고 하고는 그날로 현에 들어가서 제반 군무를 다스렸다. 얼마 되지 않아서 정희량, 이웅보, 나숭곤, 세 역적이 군사를 거느리고 갑자기 이르자 관장은 도망하여 숨고 서리와 장교는 배반하여 모두 흩어졌다. 그러나 공만은 홀로 향리인 신극종愼克終과 함께 맨주먹으로 적들을 방어하다가 마침내 적에게 사로잡히게 되었다. 공이 적들을 향하여 크게 꾸짖기를, "이 군사들은 무슨 군사들이기에 우리로 하여금 전쟁을 하기 위하여 군사를 일으키게 한 것인가? 너는 충현의 자손으로 감히 반역을 하였으니 내가 어떻게 너를 따를 수가 있겠는가? 나는 너의 살을 씹어 먹을 수가 없으니, 속히 나를 죽여라! 속히 나를 죽여라!"라고 하였다. 이에 흉적의 칼날이 어지럽게 공에게 가해졌으나 꾸짖음이 입에서 끊어지지 않다가 운명하였다. 이날이 3월 23일이다. 이때 자줏빛 나는 번갯불이 침류정 위로 섬광을 뿜으니, 고을의 사람들이 그 일을 기이하게 여겼다. 공의 아들 이우방이 시신을 안고서 집에 이르러 겨우 시체를 염습하여 관에 넣어 안치한 뒤에 아버지의 원수를 갚겠다고 맹세하였다. 그리고 곧바로 관군에게 나아가 스스로 전봉에 속하겠다고 청하였고, 적의 우두머리를 사로잡았을 때 주장에게 손수 그의 머리를 베고 창자를 도려내고 간을 씹도록 해주기를 청하였으니, 공은 아들이 있다고 할 수 있겠구나! 성상께서 공이 충절을 지키기 위하여 죽은 탁월한 일에 대해 듣고 크게 감탄하여, 곧바로 조제를 명하였고 비로소 중승을 증직하였으며 특별히 사당을 건립하도록 허락하였다. 또 대신의 말로 인하여 하교하기를, "이술원은 먼 시골의 보잘것없는 한 낱 공조 외읍의 하급관리로서 능히 안고경의 일을 힘썼으니, 특별히 헌장憲長[145]을 증직하여 내가 그의 충절에 대해 추념하는 뜻을 보이도록 하라."라고 하였다. 성조에서 공을 존숭하여 보답한 것이 이때에 더욱 지극하였다. 공이 사망한지 8년 뒤인 을묘년(1735년)에 서원을 설립하자는 의논이 호령 충청도와 경상도의 사림 중에서 일어나기 시작하여 멀고 가까운 곳에서 여러 사람이 일제히 소리를 내며 정성을 다하지 않음이 없었다. 정사년(1737년)에 사당의 모습이 새롭게 되자 그곳에 사액해 주기를 청하니, 하비하기를, "지난번에 사당을 건립하라고 명한 것은 뜻이 대체로 충절에 대해 포상하는 것이었으니, 어째서 석 자를 거는 것에 대해 아끼겠는가?"라고 하였다. 무오년(1738년) 가을에 정성껏 화려한 의식을 행하고 무수히 많은 선비와 벼슬아치가 누구인들 기뻐하지 않겠는가? 무릇 사당과 서원의 설립은 모두 사람으로 하여금 첨망하여 흥기하게 하는 것일 뿐이다. 웅양에 이 서원이 있는 것은 더욱이 어찌 풍교를 수립하여 세교世教를 돕는다는 뜻에서 나온 것이 아니겠는가? 이 서원에서 향사를 받은 것이 지금 몇 년이 되었다. 영남의 장보 유생들이 비로소 이에 마침내 비석을 세워서 장차 일의 시종을 기록하고 이어서 당시에 임금께서 사액한 은덕을 선양하기 위하여, 외람되게도 나에게 비문을 부탁하였다. 가만히 생각해보면 공의 위엄 있고

145) 헌장(憲長) : 조선시대 사헌부(司憲府)의 장관인 대사헌을 지칭.

당당한 절의는 하나같이 당 나라의 안상산과 같으나 도리어 말할만한 직책 없이 절의를 지켰으니 그 죽음이 더욱 탁월함이 있는 것이다. 하물며 맏아들이 아버지의 원수를 갚은 의리로 그의 충성스럽고 굳은 절의를 이어갔으며, 또 종질 우태遇泰가 국난을 당하였을 때 나라를 위하여 의병을 일으켜 적을 붙잡아 포증되는 일까지 있었으니 또한 어찌 예사로울 뿐이겠는가? 지난번 군탄涒灘[146]의 구갑舊甲이 돌아왔을 때를 당하여, 정종대왕께서 특별히 윤음을 내려서 추모하는 감회와 충절에 보답하는 뜻을 깊이 나타내셔서 직접 공의 제문을 지었는데, 거기에 '사당에 나아가서 제사하고 녹이 후손에게 미쳤으니, 아! 양양한 영령이 응당 한량없이 감격하여 목메어 울 것이로다.'라는 구절이 있다. 예전에 사당과 가까운 곳에 살았고 남은 행적이 없어지지 않았으니 무릇 타고난 천성을 그대로 지키는 사람이라면 이곳을 지나면서 어떻게 근심스러워 두렵고 슬퍼하는 생각이 일어나지 않겠는가. 그리고 이 서원에 들어가서 이 당에 오르는 사람이 만일 그날의 일을 상상하게 된다면 감정이 격렬히 일어나고 의기가 북받쳐 원통하고 슬퍼하지 않을 수 있겠는가. 그래서 충절과 의리로써 서로 고무하여 힘쓰게 한다면 거의 우러러 의지하며 존경하여 받드는 실질을 얻어서 성조에서 표충하는 법을 널리 받들어 행할 수 있을 것이니, 무릇 모든 군자들은 생각하지 않을 수 있겠는가.

숭정기원후 세 번째 정묘년(1807년) 10월 일에 세우다.

忠臣贈大司憲南公廟庭碑(篆額)

褒忠祠廟庭碑 崇祿大夫議政府右議政兼成均館祭酒 宋煥箕 撰

通訓大夫司憲府執義兼經筵官 宋稺圭 書

嘉善大夫吏曹參判兼同知 經筵春秋館義禁府事五衛都摠府副摠管 李肇源 篆

146) 군탄(涒灘) : 고갑자(古甲子) 12지(支)의 9번째인 신(申)을 말하며 원숭이를 가리킴. 시간으로는 12지에서는 오후 3~5시 사이를, 24지에서는 오후 3시 30분~4시 30분 사이를 뜻함. 방위로는 16방위에서는 서남서를, 24방위에서는 남서와 서남서의 중간을 의미함.

嗚呼維玆熊陽之褒忠祠即贈大司憲李先生妥享之所也粤在英廟四年戊申公當希亮逆亂殉義卓絶朝家之前後褒典靡不備至至有祠院之宣額猗歟盛哉公諱述原字善叔延安人八世祖忠簡公案元事我成宗策佐理勳封延原君官至大冢宰是後簪組綿綿祖諱重吉肅廟朝官府使考諱延雄贈左承旨以和順稱於宗族因號所居村曰和同有子五人公其第四也自少以才智有重名於鄉黨逮戊申賊變之起於淸州州縣洶懼居昌守申正模皇皇不知所措欲得文武兼備者委以軍事衆皆推公爲鄉首公奮然曰吾家自忠簡公世篤忠純今吾聞西原節度營將不屈而死顧何可恥爲鄉任而圖避乎即日入縣治戒事未幾鄭希亮李熊輔羅崇坤三賊擁兵猝至官長逃竄吏校叛散公獨與鄉吏愼克終空拳以禦賊遂被執向賊大罵叱曰此兵何兵而使我發軍耶汝以忠賢之裔敢作逆吾豈可從汝乎我不能食爾之肉亟殺我亟殺我於是凶鋒亂加罵不絶口而殞是三月二十三日也時紫電閃射于枕流亭上縣人異之公之子遇芳抱屍至家纔殮殯誓復父讐即詣官軍自請屬前鋒及擒賊魁請于主將手斬其頭屠膓齧肝公可謂有子矣上聞公殉節之卓太加嗟歎即命吊祭始贈中丞特許建祠又因大臣言下敎曰李述原以遐鄉一功曹能辦顔杲鄉事特贈憲長以示予追念其忠之意聖朝所以崇報公者於是益至矣公歿後八年乙卯設院之議始發於湖嶺士林中遠邇齊聲靡不殫誠丁巳廟貌新就反其請額下批曰頃者建祠之命意盖褒忠何惜三字之揭耶戊午秋虔行縟儀濟濟衿紳孰不欣聳凡祠院之設皆所以使人瞻望而興起焉耳熊陽之有是院尤豈非出於樹風聲而扶世敎也是院之享今幾年矣嶺之諸章甫始玆謚立牧繫將以記事始終而仍以侈當時恩額之頒猥以屬筆於余竊惟公節義之凛烈一似唐之顔常山而顧無職守之可言則其死尤有卓異焉况有胤子復讎之義繼其忠烈又至有從姪遇泰之倡義捉賊獲被褒贈者亦奚翅尋常哉屬値洛灘之舊甲云回正宗大王特降綸音深致追感酬忠之意御製祭公文有曰即祠而祀錄及後裔噫洋洋英靈應有以感泣靡極矣舊居密邇遺躅不湮凡有秉彛者過此而詎不惕然興愴也入斯院而登斯堂者苟能想像乎當日事而激節慷慨以忠義相勉勵則庶有得於瞻依尊奉之實而對揚聖朝表忠之典矣凡百君子可不念哉

崇禎後三丁卯十月 日立

금오서원金烏書院

Ⅰ. 개 요

주 소	경북 구미시 유학길 593-16(선산읍)
제향인물	길재吉再(1353~1419)
	김종직金宗直(1431~1492)
	정붕鄭鵬(1467~1512)
	박영朴英(1471~1540)
	장현광張顯光(1554~1637)
관련사항	보물, 경상북도 기념물

Ⅱ. 연 혁

1570년(선조 3)	금오산 아래 길재의 강학처에 서원 건립
1575년(선조 8)	사액
1592년(선조 25)	임진왜란으로 소실

1602년(선조 35)	현재 위치藍山(기슭)로 옮겨 복원
1609년(광해군 1)	재사액, 중건
1891년(고종 28)	보수 및 부속건물 신축

▣ 제향인물

■ 길재(吉再, 1353~1419)

고려 후기의 인물로서 이색, 정몽주, 권근 등에게서 배웠으며, 벼슬이 문하주서門下注書에 올랐으나 노모를 봉양하기 위해 사직하고 고향으로 돌아왔다. 고려가 망하고 조선왕조가 개창된 후 태종이 태상박사太常博士라는 관직을 내렸으나 두 왕조를 섬길 수 없다 하여 사양하고, 선산에 은거하여 절의를 지켰다.

■ 김종직(金宗直, 1431~1492)

선산부사를 지낸 조선 전기의 문신으로 정몽주 - 길재 - 김숙자로 이어지는 한국 유학의 정통을 계승한 영남 사림파의 종장宗匠이다. 생전에 지은 「조의제문弔義帝文」이 사후에 문제가 되어 1498년(연산군 4) 무오사화戊午士禍가 일어나 부관참시剖棺斬屍를 당하였다.

■ 정붕(鄭鵬, 1467~1512)

선산 출신의 조선 전기 문신으로 가학家學을 계승하였으며, 김굉필金宏弼의 문하에서 수학하였다. 천성이 매우 청백하여 의가 아닌 것은 행하지 않았다. 길재吉再·김숙자金叔滋의 학통과 김굉필의 가르침을 받아 성리학을 깊이 연구하였고, 이황李滉이 일찍이 그의 학문이 깊다고 칭찬하였다.

■ 박영(朴英, 1471~1540)

선산 출신의 조선 후기 무신으로 어릴 때부터 무예에 뛰어나 담 너머 물건을 쏘아도 반드시 맞히므로 아버지가 기이하게 여겨 이름을 영英이라 하였다. 항상 자신이 무인으로서 유식한 군자가 되지 못한 것을 한탄하였다. 의술에도 능하였으며 시호는 문목文穆이다.

■ 장현광(張顯光, 1554~1637)

인동 출신의 조선 후기 학문과 교육에 종사한 학자로 정치에 뜻을 두지 않았으나, 당대 산림의 한 사람으로 왕과 대신들에게 도덕정치의 구현을 강조했고, 인조반정 직후에는 공신들의 횡포를 비판하고 함정수사를 시정하게 하는 등의 영향력을 행사하기도 하였다.

Ⅲ. 자료편

1. 관찬사료

1) 이자가 정몽주·길재의 사당을 세울 것을 청하다.

『중종실록』 권10, 5년(1510) 2월 1일.

석강에 나아갔다. 《맹자》를 강하여, 백이의 일에 이르렀다. 검토관 이자가 아뢰기를,

"절의는 매우 중대한데 우리나라는 예로부터 의사가 드뭅니다. 전왕조

왕씨의 난에 정몽주가 난으로 죽고, 길재는 은거하여 벼슬하지 아니하였으니, 마땅히 포상해야 할 터인데, 지금까지 사당을 세우지 않았습니다. 청컨대 사당을 세우고 그 자손들도 녹용錄用하소서."

하니, 상이 이르기를,

"절의는 국가에 소중한 것이니, 당연히 포상하여야 할 것이다. 그러니 예관들에게 물어보라." 하였다.

御夕講 講孟子 至伯夷事 檢討官李耔曰 節義甚大 我國自古義士罕有焉 前朝王氏之亂 鄭夢周死于亂 吉再隱不仕 當在褒賞 而至今不立祠 請立祠 竝錄子孫 上曰 節義國家所重 固當褒賞 然試問禮官

2) 예조가 정몽주·길재의 사당 건립의 불가함을 아뢰다.

『중종실록』 권10, 5년(1510) 2월 2일.

예조가 아뢰기를,

"정몽주와 길재를 위하여 사당을 세우는 일은 국초부터 이런 논의가 없었고, 또한 사전祀典에 사당을 세우는 조항이 없습니다. 만약 자손을 녹용하고, 그 분묘를 소재지의 수령으로 하여금 나무를 베거나 짐승을 치는 것을 금하게 하는 일 같은 것은 가능합니다."

하니, 상이 말하기를,

"그리하라."

하고, 즉시 그 자손들을 녹용하게 명하였다.

禮曹啓曰 爲鄭夢周吉再立祠 自國初無此議 且於祀典 無立祠之條 若錄用子孫 其墳墓 令所在官 禁其樵牧 則可矣 上曰 可 卽命錄用其子孫

3) 중건한 천곡·금오·쌍계·남계 등 서원에 사액하다.

『선조실록』 권206, 39년(1606) 12월 26일.

경상감사 류영순이 치계하기를,

"도내의 여러 고을이 선현을 위해 사우를 세워 봄 가을로 제사를 올리고 그 곁에 강당과 재사를 지어 선비들이 장수하는 곳으로 삼은 곳이 한둘이 아닙니다. 성주의 천곡서원은 그곳에 이천, 운곡이란 지명이 있는 연유로 정자와 주자의 위판을 봉안하였고, 선산의 금오서원은 야은선생 길재가 살던 곳이고, 현풍의 쌍계서원은 한훤[당]선생 김굉필이 살던 곳이고, 함양의 남계서원은 일두선생 정여창이 살던 곳이라 하여 평시에 온 도내의 선비들이 힘을 합쳐 세우고서 조정에 아뢰자, 특별히 편액을 하사했었는데, 불행히도 병화에 모두 잿더미가 되었습니다. 지금 선비들이 각기 재력을 염출하여 지방관아에서도 힘을 합쳐 도와줌으로써 옛날 모습대로 중건하여 신주를 모실 곳이 있게 되었으니 매우 가상한 일입니다. 그런데 전날 하사된 편액이 남아 있는 곳이 없어 중건하고서도 아직 서원만 있고 편액이 없으므로 국가에서 표장表章하여 높게 걸도록 한 뜻을 보여줄 수 없는 점이 매우 흠입니다. 조정에서 특별히 거듭 내리도록 하여 사문斯文을 빛나게 해 주신다면 더없는 다행이겠습니다. 그 중에 남명선생 조식은 학행과 도덕이 전현前賢의 아름다움에 손색이 없으므로 선비들의 흠모도 전현들에 못지 않습니다. 평소에 진주 덕산의 옛날 거처하던 곳 부근에 서원을 세웠었는데 역시 방화에 불타버렸던 것을 지금 중건하였으니 다른 서원의 예처럼 아울러 사액하여 조정에서 문헌을 숭상하고 도덕을 높이는 뜻을 보이소서."

하였는데, 예조에 계하하였다. 예조의 계목에,

"계하를 점련합니다. 천곡·금오·쌍계·남계 등 네 서원은 평소에 특별히 편액을 하사했었느니 편액 이름은 그것으로 쓰되, 본도로 하여금 고증해 계문하게 한 뒤에 특별히 거듭 하사하도록 하는 것이 마땅할 것입니다. 조식의 학생은 전현들의 아름다움에 손색이 없을뿐더러 지금 서원이 창설되었으니 다른 서원의 예대로 아울러 사액하도록 명하는 것이 문을 숭상하고 도를 높이는 뜻에 참으로 합당하나 은명恩命과 관계되니 상께서 재결하여 시행하는 것이 어떻겠습니까?"

하니, 상이 전교하기를,

"아뢴 대로 윤허한다. 일찍이 이미 사액되었던 곳은 사액하고 새로 세운 곳에 대한 사액은 천천히 하도록 하라."

慶尙監司柳永詢馳啓曰 道內列邑 爲先賢立祠宇 春秋香火 傍建講堂齋舍 以爲士子藏修之所者 非止一二 如星州之川谷書院 因其地有伊川雲谷之名 奉安程朱子位版 善山之金烏書院 因冶隱先生吉再所居之鄕 玄風之雙溪書院 因寒暄先生金宏弼所居之鄕 咸陽之藍溪書院 因一蠹先生鄭汝昌所居之鄕 在平時 一道士子 同力建設 聞于朝廷 特賜扁額 而不幸 兵火竝被灰燼 今者士子等 各出財力 地方之官竝力扶助 依舊重建 妥靈有所 極可嘉尙 前日賜額 無有存者 逮玆重建 有院無額 無以示國家表章昭揭之義 殊爲欠闕 朝廷特令申賜 以光斯文 不勝幸甚 其中南溟先生曺植 學行道德 竝美於前賢 士子之欽慕 亦不減於前賢 平時營建書院於晋州之德山舊居之傍 而亦爲兵火所及 今方重建 依他書院例 竝命賜額 以示朝廷右文重道之意 詮次善啓 啓下禮曹 禮曹啓目粘連啓下 川谷金烏雙溪藍溪四書院 平時特賜 扁額額名以此書之 令本道相考啓聞後特令申賜爲當 曺植學行 竝美於前賢 今於書院之創設 依他書院 竝命賜額 允合於右文重道之意 係是恩命 上裁施行何如 啓依允 曾已賜額處則賜額 新建處則賜額安徐

4) 길재에게 치제하고 시호를 의정하며 후손을 녹용하게 하다.

『영조실록』 권110, 44년(1768) 5월 10일.

상이 대신과 비국 당상을 인견하였다. 경상감사 이기진이 아뢰기를,

"절의를 숭상하고 장려함은 국가에서 중시하는 바입니다. 고려의 절사節士 길재가 금오산 아래에 살았었는데, 태종 조에 밭을 하사하여 대나무

를 심어 포장하고 찬미했었으니, 만일 지금 치제하고 시호를 내린다면 가히 온 도를 용동시킬 수 있을 것입니다."

하고, 우의정 송인명이 아뢰기를,

"정몽주와 박상충에게는 전에 이미 시호를 내리었지만, 길재는 그의 자손들이 쇠퇴한 때문에 유독 누락되었으니, 진실로 결전缺典이 되었습니다."

하니, 상이 치제하고 시호를 의정하며, 3인의 후손들을 아울러 녹용하라고 명하였다. 기진이 아뢰기를,

"안동의 일은 요사이 매우 시끄러웠습니다. 그러나 김상헌과 안동은 백이·숙제의 수양산과 같은 곳인데, 어찌 이 땅에 서원이 없을 수 있겠습니까? 하물며 그의 충절은 원래 피차의 당론과 상관이 없는데, 특히 향곡鄕曲의 무식한 무리들이 저지한 것이니, 마땅히 조가朝家에서 특별히 사우를 세우도록 명하여야 합니다."

하니, 상이 이르기를,

"잠시 전에 길재의 일에 대해서는 가할 것도 불가할 것도 없었기 때문에 윤허했지만, 이 일에 이르러서는 어찌 사자士子들이 시끄럽게 군다하여 조가에서 성취할 수 있겠는가? 경은 서원을 세우지 못한 것을 근심하지 말고 오직 영남 백성을 살리는 데 마음써야 한다."

하였다. 공조판서 박사수가 아뢰기를,

"영남 백성들이 지난날 역적의 무리가 되었던 것은 서울 사람들이 망측한 말을 조작했기 때문입니다. 무신년에 정희량의 무리를 엄중하게 다스리지 않았기 때문에 권덕수의 무리가 그 고을에서 장의가 되었고, 이인지의 무리가 감히 진소하였으니, 이 서원을 아직까지 세우지 못한 것은 오로지 기강이 엄격하지 못했기 때문입니다. 만일 그 당시에 몇 사람을 베었더라면 이런 변괴는 없었을 것입니다."

하였다. 사간원에서 전계를 거듭 아뢰었으나 윤허하지 않았다.

上引見大臣備堂 慶尙監司李箕鎭曰 崇奬節義 有國所重也 高麗節士吉再居金烏山

下 太宗朝賜田種竹 以褒美之 今若致祭賜諡 則庶可聳動一路矣 右議政宋寅明曰 鄭夢周朴尙衷前已賜諡 而吉再則因其子孫陵替 獨漏焉 誠爲缺典矣 上命賜祭議諡 三人後孫竝令錄用 箕鎭曰 安東事 近多紛紜 然金尙憲之安東 如夷齊之首陽山 豈可無院於此地乎 況其忠節 元無干於彼此黨論 而特鄕曲無識輩沮之矣 宜自朝家特命建祠 上曰 俄於吉再事 無適莫 故許之 而至於此事 豈可以士子之紛紜 自朝家成就乎 卿勿以未遑書院爲憂 惟以生活嶺民爲心可也 工曹判書朴師洙曰 嶺民之向來爲逆 由京人做作罔測之言耳 戊申希亮之黨 不加猛治 故權德秀輩爲掌議於其鄕 李麟至輩乃敢陳疏 此院之尙未建 專由於紀綱不嚴耳 當時若斬數人 無此變怪矣 諫院申前啓 不允

5) 명 태조와 조선 태종의 기신이어서 망배례를 행하다.

『영조실록』 권110, 44년(1768) 5월 10일.

임금이 숭정전 월대에 나아가 망배례望拜禮를 거행하였는데, 이날은 명나라 태조의 기신이자 우리 태종대왕의 기신이었다. 유신儒臣에 명하여 《명사明史》를 읽도록 하고, 또 《태종조보감》을 읽으라고 명하였다. 하교하기를,

"보감 가운데 신하들로 하여금 잘잘못에 대해 직언토록 하고, 또 경연에서 간관이 입시하여 일에 따라 바르게 간하게 하니 이 한 대목에 나도 모르게 얼굴이 뜨거워졌다. 대간이 직언은 하지 않고 알력을 부리는 것을 일삼고 있으니, 이는 나의 잘못이다. 차대次對에 양사가 같이 입시하는 것은 이 예를 모방한 것인데, 고지故紙를 베껴 전하는 것마저도 하지 않는다. 그런데 관료끼리 서로 규계하는 말을 또한 어떻게 들을 수 있겠는가? 오늘날 조선은 모두 이 뜻을 몸받도록 하라."

하였다. 길재의 일에 이르자, 상이 말하기를,

"길재는 어진데 자손이 없다. 그의 서원은 있는가?"

하니, 도승지 구윤옥이 대답하기를,

"선산에 있습니다."

하였다. 상이 말하기를,

"문집은 있는가?"

하니, 대답하기를,

"책 한 권이 있는데, 그의 아들로 하여금 우리 조정에 벼슬하게 할 때에 '내가 고려를 섬겼던 마음으로 너의 임금을 섬기라.'고 한 말이 있습니다."

라고 하자, 하교하기를,

"고려 문하주서 길재의 사적을 일찍이 《삼강행실》에서 보았는데, 태종과는 성균관에서 같이 공부를 하였으며, 두 차례 올린 상소에는 그의 마음이 우주에 뻗어 있었다. 두 성상께서 특별히 그의 요청을 허락하신 것과 그가 기풍을 세워 세속을 권면한 훌륭한 덕이야말로 몇 백 년의 뒤에도 모르는 사이에 존경심을 자아낸다. 어찌 고려 때의 충신만 되겠는가? 우리 헌릉[태종]의 태학 옛 친구였다. 오늘날 이를 듣고 어찌 뜻을 표하는 일이 없어서야 되겠는가? 예관을 보내어 특별히 금오서원에 제사를 지내도록 하라. 제문을 지어 내릴 것이다. 그리고 그의 제사를 받드는 후손은 해조該曹로 하여금 등용하도록 하고 그의 문집도 들여오도록 하라."

하였다.

上御崇政殿月臺 行望拜禮 是日卽皇朝太祖忌辰 亦我太宗大王忌辰 命儒臣讀明史 又命讀太宗朝寶鑑 教曰 寶鑑中令群臣直言得失 又於經筵 令諫官入侍 隨事規諫 此一條不覺赧然 臺諫無直言 以傾軋爲事 寔予之過 次對兩司同入 卽倣此例 而謄傳故紙 猶不爲也 官師相規 亦何聞也 今日朝鮮咸體此意 至吉再事 上曰 吉再賢矣而子孫亡矣 有書院乎 都承旨具允鈺對曰 在善山地矣 有文集乎 曰 有一卷冊 而使其子仕本朝時 有以吾事高麗之心 事汝主之言矣 教曰 高麗門下注書吉再事 曾見三綱行實 而於聖祖 同學于成均館 兩次陳章 心亘宇宙 兩聖之特許所請 樹風礪世之盛德 幾百載之下 不覺仰欽 豈特前朝忠臣 寔我獻陵太學故舊也 今日聞此 豈無表意 遣禮官 特爲致祭於金烏書院 製下祭文 奉祀孫 令該曹調用 文集亦令入之

6) 경상도 유생 성형이 중종묘의 교리 정봉에게 은전을 내려 줄 것을 상소하다.

『영조실록』 권111, 44년(1768) 7월 6일.

경상도 유생 성형 등이 상소하여 중묘조의 교리 정붕에 대해 증직과 역명易名의 은전을 내릴 것을 청하였는데, 상이 일이 오래되었다고 하여 허락하지 않았다.

慶尙道儒生成泂等 疏請中廟朝校理鄭鵬贈職易名之典 上以事在久遠 不許

7) 길재의 시호를 바꾸고, 정붕·김육·안준의 시호를 정하게 하다.

『정조실록』 권49, 22년(1798) 10월 5일.

이익운이 아뢰기를,

"고려의 충신 길재를 금오서원에서 치제하던 날 도내의 유생 수천 명이 신에게 정단呈單하였는데 바로 길재의 시호를 개정하자는 일이었습니다.

옛날 선조先祖 때에 도신道臣이 진달한 데 따라 충절이라는 시호를 내렸었습니다. 그런데 우리 동방의 성리학은 정몽주와 길재에 의해 창도되었고 그 문하에 이르러서 천명되었습니다. 융경 초에 초사 허국이 동방의 효열절의와 공맹의 심학을 전수받은 사람에 대해서 물어 보았을 때 선정신 이황이 예관으로서 구별해 대답하면서 길재를 심학 쪽에 배치하였으니, 이는 대체로 길재가 이룩한 학문의 공이 절의보다 훨씬 비중이 컸기 때문이었습니다. 따라서 그의 시호에 단지 충절만 거론한 것은 현인을 본받게 하는 의리에 부족한 점이 있으니 해조로 하여금 품처하게 하소서."

하니, 따랐다. 또 아뢰기를,

"고故 교리 정붕은 문경공 김굉필의 문하에서 수업을 받고 적전嫡傳이 되었는데 정밀하게 사색하며 힘써 실천하였습니다. 일찍이 구용九容·구사

九思의 조목에다 《단서丹書》에서 말한 경태敬怠의 분류를 부가해 책상 위에 그려서 붙여놓고 반우盤盂에서 경계한 뜻을 되새겼는데 선정신 이황이 그의 조예가 정밀한 것을 칭찬하였습니다. 그리고 문목공 신 박영이 무인 출신으로서 관직을 버리고 강학하자 정붕이 장려하고 타이르며 계발시켜 주기도 하였습니다. 문정공 신 김육이 지은 《기묘록己卯錄》에도 정붕의 사적이 실려 있습니다. 대체로 정붕은 기묘명현과 마음과 덕을 같이 하였는데, 그만은 유독 물여우가 독기를 쏘아대며 몰래 엿보던 때에 장래의 일을 예견하고 초연히 멀리 떠난 결과 제거 대상에 들어가지 않았기 때문에 금고禁錮되고 적몰되는 화를 면할 수 있었던 것입니다. 그러나 그 마음과 도는 기묘명현과 같았으니 그야말로 '살아서는 뜻을 같이 하고 죽어서는 같은 전傳에 실린다.[生同志死同傳]'고 한 것과 같다 하겠습니다. 따라서 날조된 모함에 걸려 들었던 선류善類들 거의 모두가 조가朝家로부터 포숭되는 의전을 받은 데 반해 정붕만 유독 빠졌던 것은 단지 그가 기묘년의 화적에 실려 있지 않았기 때문일 뿐입니다. 그리고 선산의 금오서원은 바로 정붕을 연향하는 곳이기도 한데 1묘廟의 5인 가운데 정붕만 시호가 없는 것도 조정의 흠전이 될 듯하기에 감히 진달드립니다. 해조로 하여금 품처하게 하소서."

하니, 따랐다. 또 아뢰기를,

"충개공 김제를 평해에서 제사를 올린 것은 해변의 성전盛典이었습니다. 이에 영남의 사민士民들 거의 모두가 제사를 올린 이곳에 사당을 짓고 매년 제사를 드리려 하면서 신에게 돌아가 아뢰어 달라고 요청하였습니다. 해조로 하여금 품처하게 하소서."

하니, 따랐다. 또 아뢰기를,

"판봉상시사 안준은 고려 말에 정몽주와 마음을 합해 쓰러지는 나라를 일으켜 세우려하다가 몽주가 죽은 뒤에 우현보 등과 함께 예천으로 장류杖流되었는데 그대로 그곳 노동에 터를 잡고 살면서 호도 스스로 노포라고 한 뒤 늘 도롱이와 삿갓 차림으로 형적을 감추고 살다가 생을 마쳤습니다. 길재가 언젠가 그에게 글을 보냈는데 그 대략에 '강산도 옛날과 다르고 경치도 모습이 바뀌었네. 사방을 둘러 봄에 온통 부끄러움뿐. 이쪽 오산 역시 일월은 그대로나 구름은 자꾸 변하는데, 여기에 초막 짓고 낮을 밤 삼는다오. 행여나 지인至人을 다시 한 번 만났으면.'하였으니, 이것을 보아도 그가 길재와 뜻이 같고 도가 합치되었다고 말할 수 있을 것입니다. 그런데도 여태 절혜節惠[1]의 의전을 받지 못했으므로 영외의 많은 선비들이 연명으로 정단하기에 감히 진달드립니다. 해조로 하여금 품처하게 하소서." 하니, 따랐다.

李益運啓言 高麗忠臣吉再 金烏書院致祭之日 道內屢千章甫 呈單於臣 卽吉再改諡事也 昔在先朝 因道臣陳聞 賜諡忠節 而吾東性理之學 倡自鄭夢周吉再 及其門而闡明之 隆慶初 詔使許國 問東方孝烈節義孔孟心學之人 先正臣李滉爲禮官 區別以對 而以再置之於心學 蓋以再學問之功 尤重於節義故耳 諡號之只擧忠節 有欠象賢之義 令該曹稟處 從之 又啓言 故校理鄭鵬 受業於文敬公 金宏弼之門 得其嫡傳 精思力踐 嘗以九容九思之目 申之以丹書敬怠之分 作爲案上圖 以寓盤盂之戒 先正臣李滉 稱其造詣之精 文穆公臣朴英 出自弓馬 棄官講學 鵬將論而啓發之 文貞公臣金堉所撰己卯錄亦載鵬之事蹟 蓋鵬與己卯諸人 同心同德 而獨能逆覩於蜮弩潛伺之時 超然遠擧 而不入標榜之中 得免錮籍之禍 而其心與道 則與己卯諸人 眞所謂 生同傳死 同誌者也 善類之絓罹羅織者 擧蒙朝家褒崇之典 而鵬獨漏焉者 特其不載於己卯禍籍故耳 且善山之金烏書院 卽鵬聯享之所 而一廟五人之中 鵬獨無諡 恐爲朝家缺典 敢達請 令該曹稟處 從之 又啓言 忠介公 金濟之致祭平海 海上盛典也 嶺南士民 擧欲就此致祭之所 建祠歲祭 而要臣歸奏 請令該曹稟處 從之 又啓言 判奉常寺事安俊 當麗季 與鄭夢周 協心扶顚 夢周死後 與禹玄寶等 同被杖流于醴泉 因卜居蘆洞 而自號焉 嘗着簑笠 韜晦以終 而吉再嘗與書 略曰 江山殊古 雲物變態 擧目四覩 無物不靦 一面烏山 舊日新雲

1) 절혜(節惠) : 제왕이나 재상, 유현(儒賢)들이 죽은 뒤에, 그들의 공덕을 칭송하여 붙인 이름.

於焉結廬 以書爲宥 倘與至人 更獲一見 此可謂與再 志同道合 而尙未蒙節惠之典 嶺外多士 聯名呈單 故敢達請 令該曹稟處 從之

8) 전국의 서원 중에서 47개 서원만 남기고 나머지는 철폐하다.

『고종실록』 권8, 8년(1871) 3월 20일.

예조에서, '한 사람에 대해 중첩하여 세운 서원을 헐어버리는 문제는 두 차례의 하교에 다라 신 조병창이 대원군 앞에 나아가 품의한 결과, 〈성묘聖廟의 동쪽과 서쪽에 배향하는 제현과 충절과 대의를 남달리 뛰어나게 지킨 사람으로서 실로 백세토록 높이 받들기에 합당한 47개 서원을 제외하고는 모두 제사를 그만두며 현판을 떼어내도록 하라.〉는 뜻으로 하교를 받들었습니다. 이미 사액하여 계속 남겨두어야 할 47개의 서원을 별단으로 써서 들입니다. 계하한 뒤 각도에 행회하겠습니다.'라고 아뢰었다. (중략) 경상도 선산 금오서원 (후략)

禮曹以書院疊享毁撤事 謹依兩度下敎 臣秉昌進詣大院君前稟議 則以爲聖廟東西廡配食諸賢及忠節 大義卓然炳烺 實合百歲崇奉之四十七院外 竝爲撤享撤額之意 奉承敎意 已賜額常存處 四十七院 謹玆別單書入 待啓下 行會各道啓 京畿開城崇陽書院 龍仁深谷書院 坡州坡山書院 驪州江漢祠 江華忠烈祠 廣州顯節祠 金浦牛渚書院 抱川龍淵書院 果川四忠書院 陽城德峰書院 果川鷺江書院 高陽紀功祠 忠淸道連山遯巖書院 鴻山彰烈祠 淸州表忠祠 魯城魯岡書院 忠州忠烈祠 全羅道泰仁武城書院 光州褒忠祠 長城筆巖書院 慶尙道慶州西嶽書院 善山金烏書院 咸陽藍溪書院 禮安陶山書院 尙州玉洞書院 安東屛山書院 順興紹修書院 玄風道峰書院 慶州玉山書院 尙州興巖書院 東萊忠烈祠 晉州彰烈祠 固城忠烈祠 居昌褒忠祠 江原道寧越彰節書院 鐵原褒忠祠 金化忠烈書院 黃海道海州淸聖廟 白川文會書院 長淵鳳陽書院 咸鏡道北靑老德書院 平安道永柔三忠祠 安州忠愍祠 寧邊酬忠祠 平壤武烈祠 定州表節祠

9) 숭정전에서 망배례를 친림하다.

『승정원일기』 영조 44년(1768) 5월 10일. [同.『영조실록』 같은 기사 참고].

戊子五月初十日辰時 上詣崇政殿月臺親臨望拜禮入侍時 行都承旨具允鈺 左承旨金龜柱 右承旨沈鏡 左副承旨柳脩 右副承旨李在簡 同副承旨魚錫定 記事官尹長烈 假注書李致德 記注官慶再觀 記事官朴道仁以次侍立訖上具翼善冠黑圓領袍步輿出資政門 至月臺拜禮訖 上曰 贊儀從重推考 可也 上曰 玉堂多矣 何爲而假通禮差出乎 假通禮李章五[李章吾]汰去 在外通禮假差 其代卽爲口傳差出 命內局入侍 都提調韓翼謩問候曰 夜來聖體 若何 而寢睡水剌之節 亦何如 上曰 今夜睡矣仍命禮房承旨馳詣大報壇奉審以來 上曰 頃者雨備之後 近得甘霈 庶有其望 卽覽東伯狀聞 近者之雨 尙未霑潤者 亦有數邑云 莫云數邑 皆亦吾民 其悶勝言 伊後其果得霈乎 令道臣詳問其後霈然卽爲狀聞出傳敎 上曰 今日聖祖雨不來 予之過也翼謩曰 近日雨澤周洽 今日之雨與不雨 不甚關緊矣上命儒臣持皇明正史國朝寶鑑入侍 翼謩請進湯劑 上曰 今若服此 卽爲臣不忠 爲子不孝也翼謩曰 情雖無窮 禮則有節 聖敎若是過中 實不勝焦迫矣 湯劑 少無不可進之義矣 上曰 今日 雖蔘苓茶 亦不服矣戴記 豈不云齋三日 乃見其所爲齋者乎翼謩曰 行素 別無益於齋 服藥 別無妨於齋矣 上曰 予別爲國初服三年 則過矣翼謩曰周文王爲后稷 未嘗行如此之禮矣 上曰 予爲始祖司空位行此 則卿等或可謂過矣翼謩曰 聖躬關係 何等重大 而不思保嗇之方 誠爲悶迫矣上命上番儒臣進讀明史 上曰 爲高皇帝諱其父祖以上諱 可也上番讀訖 命下番儒臣金鍾秀讀寶鑑 上曰 今於寶鑑中 令群臣直言得失 毋得隱諱 又於經筵 令諫官入侍 隨事規諫 此一條 不覺赧然臺閣之上 無直言 以傾軋爲事 寔予之過次對兩司同入 卽倣此例 而雖則予過 近者復政之後 謄傳故紙 猶不爲也 官師相規 亦何聞也 況長陵寧陵之時 次對有耳目 今則一番次對 違牌爲事 寔予不能導率之過奚特比於公明宣三年不讀之事 末端外 特命停讀 仰謝陟降若此復循舊套 今日朝鮮 其曰有臣乎 咸體此意出傳敎 至吉再事 上曰 吉再賢矣 而子孫亡矣有書院乎 允鈺對曰 在善山地矣 上曰 有文集乎 允鈺對曰 有一卷冊矣 而使其子仕于本朝時曰 以吾事高麗之心 事汝主 可也 吉治隱 賢矣 上曰 果然矣 上曰 今日興感其方整衣 故取讀寶鑑當朝故事 高麗門下注書吉再事 曾見三綱行實 而於聖祖 同學于

成均館 今乃聞焉治隱之兩次陳章 心亘宇宙 兩聖之特許所請 樹風礪世之盛德 幾百載之下 不覺仰欽豈特前朝忠臣 寔我獻陵太學故舊也今日聞此 豈無表意 遣禮官特爲致祭於金烏書院 祭文製下矣出傳敎 上曰 承傳色中官韓聖揆越俸二等 郎廳中官越俸三等 在簡還奏壇上無頃 上命排立軍退去曰 予於軍兵 其眷眷之意 每每如此矣上親製治隱書院致祭祭文 翼謩曰 如使不昧者存 必感泣於冥冥中矣 上曰 旣命致祭治隱 奉祀孫令該曹問名 特爲調用 曾已見矣 文集亦入出傳敎 翼謩更請進湯劑 上曰 難矣耳目之臣使予開眼則好矣 而今日下敎之後 雜疏必來矣今日雨不來 故不服湯劑矣僉曰 五月雨多下 卽今年爲最矣仍固請進劑 上曰 卿等困我也翼謩曰 今日望拜 誠有辭於萬世矣上仍進湯劑 諸臣以次退出

10) 경상도 생원 성현 등의 상소.

『승정원일기』 영조 44년(1768) 7월 6일. [同.『영조실록』 같은 기사 참고]

慶尙道生員成泂趙天經金柱雲金達胤崔萬柱權莘趙葵陽權芨蔡濍權正通金行源權正運金瑞吉崔光玉權謏趙普陽丁載老柳長源金聖翼柳元源李師靖李祚範權正欽柳在春崔恒鎭金道行南大萬李敦恒南龍萬鄭一銓南景復崔光岳朴天佑崔廷柱李益中崔光翊孫思駿權焴金龍燦黃景幹李華國洪權思儼鄭履寅崔光稷洪天休 進士曺景稷蔡湜申光五宋學濂趙錫喆金光澈李挺恒黃羽漢金若龍李岡燾金夢儀孫思翼南景宅金翰東李鼎勳李鼎宇李標成彦極安致重金樂恒權煒 幼學朴春囿趙最彬洪普萬權相夔沈翼之吉致迪李朝海洪濟萬朴春海趙榮漢金尙德李鯤海李挺洛鄭浣李挺湖鄭瀷朴思澈崔碩柱吉致麒朴孫慶金夢源朴思淵吳錫采朴濬源趙榮老崔一柱金柱喆趙榮九崔鼎柱朴震文鄭澄朴思濬任顯大鄭師汲金柱勳吉致益曺善稷洪植朴思漸成世柱金尙行洪宅休權重機吉致麟金鑛成秀柱朴相宅權思履金盧處元金道溫權聖迪權致度康錫大盧志文金震采金兌亨朴鄭壽恒高命大金必仁黃石濟宋之翰金重龜邊國賓金鼎夏李鎭九權埇宋翼台權進德金始大盧澈朴致宅權翼鴻朴漢禹文復興趙允權黃德麟尹汝欽黃有一張壽坤呂弘八金允時尹相聖金光漢李錫奇李達普丁志善金昌鍵李命新金夢麟呂最永[呂㝡永]金錫權呂會永金復和李建燮柳烶康錫履柳宅植姜濍李錫祿成溥李宗洙金夢泰孔胤道金夢履孔胤德金德恒南明遠

金養和李泰完金厦鍵柳龍采金亨鍵李賢鏡裵晉祐金鋏李克中權應道權聖述金彦欽宋履鍵金性溫丁載熙金達鍵李克大李益慶李克己李台緖鄭必相金振久金應奎崔漢天李雄弼琴丁運李謹中李東沆李時復宋師鎭李基運宋漸鎭宋啓洙李東龍李必和宋學海李應和尹砥國金絢金緻李震泰金恒錫徐祐漢李顯行宋宅中尹興莘韓復命李增久李炳遠呂性復朴最茂[朴寂茂]曺宇基李顯朝呂陽復趙錫魯權熤洪漢朝金緯錫金正倫朴成翰鄭仁相曺楨國金聖煥邊鎭維李性修洪龍翼趙廷祿成弘柱朴永慶尹光秀李師松宋彭錫朴弘建李堯德呂仁復李益儉姜世忠權復仁金光溥金克禮丁樂愼宋思仁郭起文姜宅揆黃斗南金學貫權正凝安鼎龍權思彦安景奭任一課安台重安景洛任尙喆李龜鏡鄭德天蔡著龜鄭宅東成彦霖李汝敦等疏曰 伏以 陟降垂隲 聖算彌隆 邦休滋至 縟儀載擧 臣民歡忭 中外惟均周王壽考 遐不作人者 卽崇奬儒術 振勵士氣之謂也臣等仍伏念 昔我宣陵靖陵之世 儒賢輩出 於斯爲盛時 則有若故校理臣鄭鵬 學問醇正 道德純備 生而模楷於一世 沒而俎豆於百年 則在朝家 重道象賢之義合有贈爵易名之典 而泯泯焉 以至于今 臣等竊不勝區區抑鬱之私 而跧伏遐鄕 未卽伸裹足叫閤之誠今當金烏書院賜祭之日 益不勝感發興起之心 玆敢相率入洛 略以鵬之出處事行 仰陳於黈纊之下 幸聖明試垂察焉吾東方性理之學 倡自文忠公鄭夢周 至文敬公臣金宏弼 而闡明之 鵬少遊其門 得其嫡傳 精思力踐博約兩至 而尤深於魯論嘗語學者曰 若使我敎夷狄以論語 亦可使能知大義文穆公臣朴英 棄官歸家 講學質疑 鵬激勵奬誘 發之以爲學次第 英之成就其學 實鵬啓發之功也甲子之禍 直言不諱 幾陷大戮 竟至杖流 及中廟改玉 特旨宣召有曰 莘野耕叟 東海釣翁懷道抱德 混跡漁樵 有以見知臣之明 而不無之異數也鵬感激恩眷 黽勉承膺 而以至誠前知之見 料北門黨禍之兆 矢心求退 不樂在朝鵬之不克展布其所蘊 實由於此 其懿德邃學之實 則有大於是者蓋其學 遠得洙泗不傳之緖 終造性理精妙之域 嘗取古聖賢治心格語 作爲案上一圖 排列九容九思之目 申之以丹書敬怠之分 朝夕觀玩 以寓盤盂之戒文純公臣李滉 指以示人曰 鄭先生學問造詣之精 觀於此圖而可知又曰 善之一州 前有吉先生之風節 後有鄭先生之道義嗚呼 滉豈欺後學哉 此皆昭載於諸賢記傳及文貞公臣金堉所撰己卯錄 則此豈出於臣等阿好之言哉 至於淸苦自守之節 明哲炳幾之智 具有實蹟 播人耳目 臣等 亦何必歷言而累陳也 噫 鵬與己卯諸賢 同心同德 明勗勵相 而獨能逆覩於蜮弩潛伺之時 斂弢鋒鍔 侵灌義理 超然遠擧 不入標榜之中 悠然乘化 得免

錮籍之禍 而其心卽己卯諸賢之心 其道卽己卯諸賢之道 眞所謂生可同傳 死可同誌者也同時善類之絓罹羅織者 朝家褒崇之典 前後相望 往在丙寅惟我聖上 復申己卯諸賢褒贈之命 贈爵贈諡 多出於廷臣之建白 而鵬之獨未蒙曠世恩典者蓋由於鵬之不載於己卯禍籍 而此則有不然者 徐穉郭泰之賢 未必不及於李杜諸人 則百年公議 其不可以此軒輊也 明矣且伏念 善山之金烏書院 卽鵬聯享之所也一廟竝享五賢之中 忠節公吉再文穆公臣朴英 官階俱卑 而特以節義道德 先褒以崇秩 後易以美名 況且鄭鵬受道傳道之賢 俱已贈爵加諡 則鵬之在道統傳受之間 而獨不蒙一例恩命者 豈非國家之欠典 而士林之缺望耶 況當我聖上崇奬前賢 致祭院宇之時 特軫竝享之賢 追擧未遑之典 卽今日之所不可已者 此臣等所以不遠千里 仰瀆尺疏者也夫節義彰著 道學能備 則不計官資之崇卑 贈以美爵 賜之懿諡者 卽我朝四百年彝章 而昭載續典者也如使鄭鵬 得蒙曠世恩典 褒秩易名 一如朝家已行之規 則非但在臣等崇奉之道 更無餘憾 其於國家崇儒術振士氣之化 亦豈小補也哉 臣等 極知草莽之言 煩猥可罪 而高山景行之慕 愈久不淺秉彝好懿之天 有生所同 凡係儒賢之褒贈 必待多士之陳請 旣有故事之可據 玆敢不謀而同辭 伏乞聖明 俯賜採納 亟降明命 斯文幸甚 國家幸甚答曰 省疏具悉近者韋布之章寥然 心常慨歎 今覽爾等之章 慽臥之中 殊嘉士氣之不淺然夫子曰 過猶不及 噫 今番金烏致祭之命 豈特爲吉冶隱之忠 昭載三綱行實 予亦欽慕者 而今者此擧 蓋由追慕 非特爲本事也追施節惠 國之莫重者 幾百年之事 隨請許之 孔聖所云過乎 不及乎 夫子亦曰繪事後素 爾等之章 亦有魯論 與其史寧野 亦不在其中 疏中盤盂之稱 卽大聖人事也今者比論 何不商量 雖然 此亦不過不審 而予之所靳者 莫重典章也此等審愼 氣雖衰心不衰 爾等 往修學業

11) 길재의 시호를 바꾸고, 정붕·김육·안준의 시호를 정하게 하다.

『승정원일기』 정조 22년(1798) 10월 5일. [同. 『정조실록』 같은 기사 참고]

戊午十月初五日申時 上御便殿右承旨入侍時 右承旨李海愚 假注書李允謙 記注官金景煥 記事官金履永 奉命前承旨李益運 以次進伏訖 上曰 明日本司諸宰 果皆來會云耶 益運曰 姑未聞之矣 上曰 以軍制事 明當來會於本司 而巧値明日望闕禮 本司來會

之諸堂 使之勿往 其外 以參贊押班行禮事 分付 上曰 嶺南民情 何如 益運曰 大體所聞過矣間有慘歉處 而民情則晏然矣仍奏曰 臣辭陛之日 旣伏承嶺南關東災形民情 詳探回奏之命 故臣果歷路周察 則畓農未免大歉 而田穀則在在登稔 而且代播之蠲稅 還穀之停代 恩出常格 民情恃而晏如 朝家爲嶺民蠲恤之澤 至矣盡矣然民情無厭 不無倖望於身布一事 而今年綿農之豐登 挽近所無 如此之年 不可議到於蠲停 但其中納米軍則恐難準數辦納 故敢此仰達矣 上曰 米保之尤甚之次邑 最甚處代錢 稍歇處折半代錢可也 益運曰 關東之尤甚三邑中 原州則雖似稍勝 而平海蔚珍 則接連於嶺南之寧海盈德 被災之最甚 民情之遑汲 比諸嶺南尤甚邑 殆有甚焉停代之令 蠲恤之方 恐不可差殊於嶺南災邑 故敢此仰達矣 上曰 今番奉命之行 使之迻迤往來者 政爲兼審平蔚穡事民情也今聞卿言 果若所料停代等蠲恤之政 一依嶺南尤甚處例 令廟堂後錄下送該道 使之星火知委海弊亦宜軫念 兩邑海戶所納 限明秋蕩滌 可也 益運曰 朝家之軫念海弊 前後飭教 不啻申複 而至於關東 則年前定式 至成節目 枚報廟堂 曾未幾何 弊復如前臣於今番奉使之行 聞諸海民之訴 參以守令之言 則一夫一年所費 殆滿百金云 此是海戶切骨之痼瘼 令廟堂 分付道臣 更加釐革關東如此 則他道可以反隅 一體申飭於諸道 俾除海民無窮之弊恐好 故敢此仰達矣 上曰 近來法綱 雖甚解弛 關東海弊之依舊云者 豈成說乎 況前前道伯釐正也 意謂行之無弊今聞一夫百金之費 比年前減爲三十金之時反又倍蓰 此必有營邑受弊之處而然者 令廟堂詳問釐正 時道伯仍又面飭新 伯下送 使之詳查 據實狀聞平蔚接濟 海弊查實 俱難付之生手 今旣出代 新伯使之一兩日內辭朝可也竝出擧條 益運曰 高麗忠臣吉再金烏書院致祭之日 道內屢千章甫 呈單於臣 卽吉再改謚事也昔在先朝 因道臣陳聞 賜謚忠節 而吾東性理之學 倡自鄭夢周吉再及其門而闡明之 闢異端似是之非 明萬古聖學之源隆慶初 詔使許國 問東方孝烈節義孔孟心學之人 先正臣李滉爲禮官 區別以待 而以再不錄於節義 置之於心學蓋以再學問醇正發揮斯文之功 尤重於節義故耳 賜謚之只擧忠節 不擧道學 有欠象賢之義且先正臣鄭汝昌金宏弼之賜謚也 或因章布之聯籲 或因筵臣之陳達 特許追改 則依兩先正已例 欲爲申請改正 尙未延籲 屢疏見格 要臣歸奏前席 故敢此仰達 令該曹 稟處 何如 上曰依爲之益運曰 故校理鄭鵬 受業於文敬公金宏弼之門 得其嫡傳 精思力踐 嘗以九容九思之目 申之以丹書敬怠之分 作爲案上圖 以寓盤盂之戒 先正臣李滉 稱其造詣之精文

穆公臣朴英 出身弓馬 棄官講學 鵬獎諭而啓發之 文貞公臣金堉所撰己卯錄 亦載鵬之事蹟蓋鵬與己卯諸人 同心同德 而獨能逆覩於蜮弩潛伺之時 斂弢鋒鍔 超然遠擧 不入標榜之中 得免錮籍之禍 而其心與道 則與己卯諸人 眞所謂生同傳死同誌者也同時善類之絓罹羅織者 擧蒙朝家褒崇之典 而鵬獨漏焉者 特其不載於己卯禍籍故耳且善山金烏書院 卽鵬聯享之所 而一廟五人之中 鵬獨無諡 恐爲朝家之缺典本院致祭之日 多士呈單 故敢此仰達 令該曹 稟處 何如 上曰 依爲之益運曰 故崇禎處士蔡得沂 當丙子之亂 夜觀天象 大驚曰 大駕下城矣 民不盡劉 而其於綱常何 卽廢擧業 薦授氷庫別坐 而一謝卽歸 挈家移居洛江上 自天臺巖上 刻大明天地崇禎日月八字以見志 因朝命 往護質館 賡酬聯翩 世所稱君臣言志錄也孝廟尤加知奬 至許以子房孔明及其陪駕東還也孝廟數以手札問訊 命畫師圖進所居山水 仍要入城 辭以不敢私交 而世人不以官稱 皆稱崇禎處士其卓行偉節 至今照人耳目 而不幸早死於孝廟御極之前 況今世代寢遠 事蹟淺沒 誠甚可惜此等之人 合有褒崇之典 故敢此仰達 令該曹 稟處 何如 上曰 尙無殊異之典 甚是欠事 爲先贈職 可也 益運曰 今番忠介公金濟之致祭平海海上 誠朝家之盛典致祭之日 嶺南多士跋涉遠來者爲屢千人 平海之大小民人 畢來參班 人心大可見矣金濟之事 事在傳疑 而邑人 尙傳誦題壁之詩 殆同巷謠士民齊訴於臣曰 每欲以此事登聞於朝廷 而荒海僻遠之民 有志莫遂 今幸天鑑孔昭 至命賜祭於此地 遐土人士 與有光榮 將欲就此致祭之所 建祠歲祭 而海隅蒼生 無路自達 要臣歸奏於前席 故臣以建祠體重 且有禁令 不可輕議答之 而此與凡他鄕祠之請有異 故敢此仰達 令該曹 稟處 何如 上曰 依爲之 益運曰 臣之今番奉使之行 皆是高麗忠臣之事 故嶺人之以前朝忠節呈單者 不勝其紛紜 而其中判奉常寺事安俊 當麗季 與鄭夢周協心扶顚 夢周死後 與禹玄寶等同被杖流于醴泉 因卜居蘆浦而自號焉 常着簑笠 韜晦以終 而吉再嘗與書略曰 江山殊古 雲物變態 擧目四覩 無物不覸 一面烏山 舊日新雲 於焉結廬 以書爲宥 倘與玉人更獲一見此可見與再 志同道合 而故大諫金應祖至曰 此翁節義 正如靑天白日 尤可見百世之公議矣崇禎己酉 享于龍宮之箕川書院 而尙未蒙節惠之典 嶺外多士 聯名呈單故敢此仰達 令該曹 稟處 何如 上曰 依爲之竝出擧條 仍命退 諸臣以次退出

12) ≪어정규장전운≫을 중외에 나누어 주고 공사 간의 압운은 이 운서의 의례에 따르도록 명하고, 이어 어휘와 발음이 같은 글자가 중간에 오는 것까지 아울러 휘諱하는 습관을 금하였다.

『일성록』 정조 20년(1796) 8월 11일.

전교하기를,

"《어정규장전운》을 내각內閣에서 인출하여 올렸다. 규장각, 교서관, 홍문관, 장서각, 존경각, 정원, 예조, 기거주실起居注室, 5군데의 사고, 사학四學에 나누어 보관하고, 시원임대신時原任大臣, 각신閣臣, 경재卿宰, 시종신, 각 고을의 향교, 사액서원賜額書院에 나누어 주라.

우리나라 운서韻書에서 삼운三韻으로 글자를 분류하고 입성入聲을 따로 두는 것은 운이 본래 사성四聲인 뜻과는 어긋난다. 압운押韻에 증운增韻과 입성을 쓰지 않는 것도 통운通韻과 협음叶音의 격식을 알지 못하기 때문이니, 너무도 엉성하고 어리석다 하겠다. 이 때문에 널리 전거를 찾고 광범위하게 증거를 수집하여 이 책을 편찬하도록 명한 것이다. 앞으로 공사 간의 압운은 이 운서의 의례와 식령式令을 따르도록 서울과 지방의 시험을 주관하는 관사에 분부하라.

곧 나의 고심은 습속을 바로잡고자 하는 데 있으니, 이 책을 편찬한 것이 어찌 음音을 고르고 성聲을 비교하기 위한 것일 뿐이겠는가. 바로 잘못된 누습을 한번 씻어 내고자 하는 것이다. 근래에 찍어 낸 책에서 어휘를 산획刪畫한 것은 보기에 매우 놀라웠다. 그러나 여러 차례 신칙하는 하교를 내렸는데도 즉시 예전대로 회복되지 않고 있을 뿐 아니라 심지어 어휘와 발음이 같은 글자가 중간에 오는 것까지 아울러 휘하는 것을 답습하기까지 하니 그 모두가 바로잡아야 할 것들이다. 지금부터 이런 습속은 일절 엄히 금하고 운서를 오늘부터 쓰도록 하며, 내각에도 통지하라."

하였다.

우리나라의 운서 중에 가장 먼저 나온 것이 《삼운통고三韻通考》인데 그대로 좇아서 행한 지 오래되어 문필에 종사하는 자들에게 표준이 되고 있다. 그러나 수록된 글자가 적고 훈訓과 주註가 소략하여 널리 글을 익히고 예로써 단속해야 하는 운서의 본질을 포괄하지 못하는 데다가 또 사성을 삼운으로 만들어서 이름과 실제가 매우 어긋난다. 김제겸金濟謙과 성효기成孝基가 증보增補하기는 하였지만 그것도 이전의 글에 내용을 조금 보탠 것에 지나지 않았다. 최세진崔世珍의 《사성통해四聲通解》와 박성원朴性源의 《화동협음통석華東叶音通釋》은 소리의 반절反切에 대해서는 제법 자세히 갖추었지만 글자가 적고 주석이 소략하며 삼운으로 배열하고 별도로 입성을 배치하였으니 운이 본래 사성인 뜻을 놓친 것은 마찬가지이다. 이것은 대체로 우리나라에서는 과시科詩에 입성으로 압운하지 않기 때문에 잘못된 규식을 인습하여 입성 한 운을 삼운에서 떼 내어 쓸데없고 귀속될 곳 없는 것으로 내쳐 버린 것이다. 그 잘못이 이처럼 가소로우니 학관學官의 영식令式이나 예원藝苑의 규범이 되기에는 부족하였다.

나는 일찍이 이것을 바로잡아야겠다고 생각하여, 검서관 이덕무李德懋에게 명하여 제가諸家의 운서를 가져다가 널리 전거를 대고 광범위하게 증거를 찾아서 《규장전운》의 차례를 이루게 하였다. 평성平聲·상성上聲·거성去聲·입성入聲을 종류대로 모아서 음을 맞추고 더하여 4단식 체재를 이루었다. 글자를 편집하는 차례는 옛날 운서에서 자모字母로 차례를 삼았던 방법을 따랐는데 언문諺文으로 반절을 표시하고 순서를 살펴 배열하였다. 그 글은 또 《증보삼운통고增補三韻通考》보다 늘어났고 그 해석은 특히 제가의 운서보다 상세하다.

한 글자가 여러 운에 서로 보이는 경우, 글자는 같은데 음과 뜻이 각각 다른 경우, 중국 음과 우리나라의 음이 글자에 따라 다르게 읽히는 경우에는 글자 옆에 표시를 하거나 광匡으로 글자를 에워싸거나 혹은 언문으로 주를 달아 분석分析하였다. - 한 글자가 4성에 서로 보이는 경우 평성은 ○로 표시하고, 상성은 ●로 표시하고, 거성은 로 표시하며, 입성은로 표시하였다. 한 글자가 다른 운에 서로 보이는 경우에는 부수部首에 주를 달고 광匡을 더하였으며, 같은 운에서 글자는 같은데 음과 뜻이 다른 경우에는 언음諺音으로 주를 달고 광을 더하였으며, 우리나라 음은 같은데 중국 음에서 뜻을 달리하지 않는 경우에는 작은 동그라미[小圈]로 표시하고 다른 뜻으로 훈하는 경우에는 중국 음을 쓰고 광을 더하였는데 중국 음은 훈민정음의 자모에 따르고 《사성통해》의 언해 번역과 맞추었다. 우리나라 음은 7음으로 변별하고 자모로 율律을 맞추었으며 각 글자 아래에 언문으로 중국 음과 우리나라 음을 나누어 주를 달고 역시 각각 광을 더하였다. -

또 오역吳棫의 《운보韻補》, 양신楊愼의 《전주고음轉註古音》, 소장형邵長蘅의 《고금운략古今韻略》에서 약간의 협음을 취하여 운에 따라 요약해 붙이되 차라리 간략할지언정 넘침이 없게 하였으니, 이는 신중을 기하려 함이었다. 통운通韻을 따지는 문제는 마치 송사訟事를 증명하는 것과 같은 점이 있으므로, 고악부古樂府, 두보杜甫, 한유韓愈의 시 중에서 확실히 근거가 될 만한 점이 있는 것들만 차례대로 각 운의 아래에 첨부하였다.

책을 이루게 되어서는 또 각신閣臣 이만수李晩秀·윤행임尹行恁·서영보徐榮輔·남공철南公轍, 전 승지 이가환李家煥·이서구李書九, 교서관 교리 성대중成大中, 검서관 유득공柳得恭·박제가朴齊家에게 명하여 오류를 교정하게 하였다. 갑인년(1794, 정조18) 겨울 규장각에 내려 주고 이가환과 이덕무의 아우 이공무李功懋 및 이덕무의 아들 이광규李光葵에게 명하여 거듭 대조하여 교정하고 대·소 두 본을 선사繕寫하게 하여 상재上梓하게 하였다. 을묘년(1795) 8월에 공역이 완료되어 책판을 규장각에 보관하게 하였는데, 이때에 와서 인쇄하여 중외에 반포하게 된 것이다.

사도四都와 팔도의 향교에 나누어 준 질秩은 다음과 같다.

수원부, 개성부, 강화부, 광주부, 경기 34개 고을이다. 충청도 54개 고을이다. 전라도 56개 고을이다. 경상도 71개 고을이다. 황해도 23개 고을이다. 강원도 26개 고을이다. 함경도 24개 고을이다. 평안도 42개 고을이다. 도합 334개 고을에 각각 백지白紙에 인쇄한 대본大本 1건件씩이다.

사액서원에 나누어 준 질은 다음과 같다. 수원부 매곡서원, 명고서원, 개성부 숭양서원·숭절서원·오관서원·화곡서원·도산서원·표절사, 강화부 충렬사, 광주부 구암서원·수곡서원·현절사, 경기 양주의 도봉서원·석실서원·청절사·정절사, 여주의 기천서원·고산서원·대로사, 파주의 파산서원·자운서원·풍계사, 장단의 임강서원, 풍덕의 구암서원, 인천의 학산서원, 남양의 용백사·안곡사, 김포의 우저서원, 안성의 도기서원, 교하의 신곡서원, 고양의 문봉서원, 마전의 미강서원, 가평의 잠곡서원, 용인의 충렬서원·심곡서원, 영평의 옥병서원, 지평의 운계서원, 포천의 화산서원·용연서원, 시흥의 충현서원, 과천의 민절서원·노강서원·사충서원, 양성의 덕봉서원, 연천의 임장서원이다.

충청도 청주의 신항서원·화양서원·표충사, 충주의 팔봉서원·운곡서원·누암서원·충렬사, 공주의 충현서원·창강서원, 홍주의 노은서원·혜학서원, 청풍의 봉강서원·황강서원, 한산의 문헌서원, 옥천의 표충사, 단양의 단암서원, 서천의 건암서원, 임천의 칠산서원, 서산의 성암서원, 문의의 노봉서원·검담서원, 보은의 상현서원, 회덕의 숭현서원, 부여의 부산서원·의열사, 진천의 백원서원·지산서원, 홍산의 청일서원·창렬서원, 보령의 화암서원, 연산의 돈암서원, 목천의 도동서원, 연기의 봉암서원, 평택의 포의사, 이성의 노강서원, 예산의 덕잠서원, 황간의 한천서원, 아산의 현충사이다.

전라도 전주의 화산서원, 나주의 경현서원·월정서원·반계서원·정렬사, 능주의 죽수서원·포충사, 광주의 월봉서원·포충사·의열사, 제주의 귤림서원·삼성사, 순천의 옥천서원·충민사·정충사, 남원의 영천서원·노봉서원·충렬사·민충사, 장성의 필암서원, 담양의 의암서원, 여산의 죽림서원, 장흥의 연곡서원·강성서원·충렬사, 보성의 용산서원·대계서원·정충사, 금산의 성곡서원·종용사, 영암의 녹동서원·충절사, 고부의 정충사, 익산의 화산서원, 임피의 봉암서원, 용담의 삼천서원, 창평의 송강서원, 태인의 남고서원·무성서원, 흥양의 쌍충사, 곡성의 양덕사, 무장의 충현사, 무안의 송림서원, 남평의 봉산서원, 동복의 도원서원, 정읍의 고암서원이다.

경상도 경주의 서악서원·옥산서원·숭렬사, 안동의 호계서원·삼계서원·주계서원·서간사, 성주의 천곡서원·회연서원·충절사, 진주의 덕천서원·신당서원·은열사·충민사·창렬사, 상주의 도남서원·흥암서원·백옥동서원, 순흥의 소수서원, 대구의 연경서원·낙빈서원·표충사, 밀양의 예림서원·표충사, 선산의 금오서원·상의서원·낙봉서원, 인동의 오산서원·동락서원, 김해의 신산서원, 동래의 안락서원, 울산의 구강서원, 청송의 병암서원, 함양의 남계서원·창주서원, 영천의 임고서원·도잠서원, 청도의 자계서원, 영천의 이산서원·구산정사, 함안의 서산서원, 합천의 이연서원·화암서원, 예천의 정산서원, 양산의 송담서원, 의성의 빙계서원, 고성의 충렬사, 남해의 충렬사, 의령의 덕곡서원, 예안의 역동서원·도산서원, 안의의 용문서원·황암사, 연일의 오천서원, 거창의 도산서원·완계서원·포충사, 진보의 봉람서원, 삼가의 용암서원, 칠원의 덕연서원, 단성의 도천서원, 현풍의 도동서원·예연서원, 산청의 서계서원, 영양의 영산서원, 개령의 덕림서원, 사천의 구계서원, 봉화의 문암서원, 창녕의 관산서원이다.

강원도 강릉의 송담서원, 원주의 칠봉서원·도천서원·충렬사, 춘천의 문암서원, 철원의 포충사, 영월의 창절사, 김화의 충렬사이다.

황해도 해주의 소현서원·문헌서원·청성묘, 황주의 백록동서원, 연안의 비봉서원·현충사, 평산의 삼태사철상사·동양서원·구봉서원, 장연의 용암서원, 서흥의 화곡서원, 배천의 문회서원, 신천의 정원서원, 안악의 취봉서원, 수안의 용계서원, 재령의 경현서원, 봉산의 문정서원, 금천의 민충사, 문화의 봉강서원·정계서원, 송화의 도동서원, 장련의 봉양서원이다.

함경도 함흥의 문회서원文會書院·운전서원雲田書院 영흥의 흥현서원興賢書院 길주의 명천서원溟川書院 안변의 옥동서원玉洞書院 북청의 노덕서원老德書院 종성의 종산서원鍾山書院 경성의 창렬사彰烈祠 덕원의 용진서원龍津書院 회령의 현충사顯忠祠이다.

평안도 평양의 인현서원·용곡서원·충무사·무열사, 의주의 현충사·기충사, 영변의 약봉서원, 안주의 청천사·충민사, 정주의 봉명서원·신안서원, 강계의 경현서원, 성천의 학령서원·쌍충사, 자산의 의열사, 창성의 충렬사, 선천의 의열사, 구성의 정공사, 희천의 상현서원, 벽동의 구봉서원, 영유의 삼충사, 순안의 성산서원, 용강의 오산서원, 강서의 학동서원이다.

도합 262군데에 각각 백지에 인쇄한 대본 1건씩이다. (후략)

敎曰御定奎章全韻 內閣印出進呈內外閣 玉堂 藏書閣 尊經閣 政院 禮曹起居注室五處史庫四學分藏而時原任大臣閣臣卿宰侍從各邑鄕校賜額書院分頒我東韻書之彙以三韻別置入聲有非韻本四聲之義而不押增韻與入聲亦不曉通韻叶音之格魯莽莫甚所以博據廣證命編是書者也此後公私押韻準此韻書義例式令事分付京外掌試之司卽予苦心在於矯俗正習是書之編豈特專爲諧音比聲政欲一洗謟僞之陋近年印本書冊御諱之刪劃所見甚駭然屢勤飭敎不卽復古甚至諱稱字音中間竝諱之因循而無非可以矯正之端自今似此習俗一切嚴禁韻書今日爲始行用事亦令內閣知悉○我東韻書之最先出者卽三韻通考遵行已久爲操觚者之章程但其取字狹少訓註疏略已非該括博約之書又以四聲爲三韻名實殊舛金濟謙成孝基雖加增補亦不過稍廣舊文而已崔世珍之通解朴性源之通釋其於音切頗致詳備而乃若字挾註略彙以三韻別置入聲有失韻本四聲之義一也此蓋我東科詩不押入聲故因襲陋規便剔入聲一韻於三韻之外宂贅無歸屬之科其紕繆可嗤有如是不足以爲學官之令式藝苑之範則予嘗留意是正命檢書官 李德懋取諸家韻書博據廣證詮次一部全韻以平上去入比類諧音增爲四格編字次第倣古韻書字毋爲次之法以諺書翻切按序排定其文又增於增補其解特詳於諸家而其一字之諸韻互見者同字而音義各殊者華音東音之逐字異讀者標以傍識之匡以圈加之諺註以分析之一字互見四聲者平聲標○上聲標●去聲標▣入聲標 ◗一字互見他韵者註部首字加匡一韵而字同音意異者註以諺音加匡東音則同而華音母義異者標以小圈訓別義而書華音加匡華音則遵正音之字母叶通解之諺翻東音則辨以七音律以字母各字之下以諺書分註華東亦各加匡又取吳氏韻補楊氏古音部氏韻略若干叶音按韻抄附寧略無濫蓋謹之也至於通韻之辨有若聚訟而證之古樂府杜韓詩最有可據以次附于各韻之下比成書又命閣臣 李晩秀 尹行恁 徐榮輔 南公轍前承旨 李家煥 李書九 外閣校理 成大中 檢書官 柳得恭 朴齊家校其譌謬甲寅冬下內閣命家煥與德懋弟功懋及其子光蔡重爲校對繕寫大小兩本鋟之梓至乙卯八月功告完藏其板于內閣至是印布中外○四都八道鄕校秩水原府 開城府 江華府 廣州府 京畿 三十四官 忠淸道 五十四官 全羅道 五十六官 慶尙道 七十一官 黃海道 二十三官 江原道 二十六官 咸鏡道 二十四官 平安道 四十二官合三百三十四官各白紙大本一件○賜額書

院秩水原府 梅谷書院 明皐書院 開城府 崧陽書院 崇節書院 五冠書院 花谷書院 道山書院 表節祠 江華府 忠烈祠 廣州府 龜巖書院 壽谷書院 顯節祠 京畿 楊州 道峯書院 石室書院 淸節祠 旌節祠○驪州 沂川書院 孤山書院 大老祠○坡州 坡山書院紫雲書院 豊溪祠○長端 臨江書院○豊德 龜巖書院○仁川 鶴山書院○南陽 龍栢祠 安谷祠○金浦 牛渚書院○安城 道基書院○文河 新谷書院○高陽 文峯書院○麻田 湄江書院○加平 潛谷書院○龍仁 忠烈書院 深谷書院○永平 玉屛書院○砥平 雲溪書院○抱川 花山書院 龍淵書院○始興 忠賢書院○果川 愍節書院 鷺江書院 四忠書院○陽城 德峯書院○漣川 臨漳書院 忠淸道 淸州 莘巷書院 華陽書院 表忠祠○忠州 八峯書院 雲谷書院 樓巖書院 忠烈祠○公州 忠賢書院 滄江書院○洪州 魯恩書院 惠學書院○淸風 鳳崗書院 黃江書院○韓山 文獻書院○沃川 表忠祠○丹陽 丹巖書院○舒川 建巖書院○林川 七山書院○瑞山 聖巖書院○文義 魯峯書院 黔潭書院○報恩 象賢書院○懷德 崇賢書院○扶餘 浮山書院 義烈祠○鎭川 百源書院 芝山書院○鴻山 淸逸書院 彰烈書院○保寧 花巖書院○連山 遯巖書院○木川 道東書院○燕岐 鳳巖書院○平澤 褒義祠○尼城 魯崗書院○禮山 德岑書院○黃澗 寒泉書院○牙山 顯忠祠 全羅道 全州 華山書院○羅州 景賢書院 月井書院 潘溪書院 旌烈祠○綾州 竹樹書院 褒忠祠○光州 月峯書院 褒忠祠 義烈祠○濟州 橘林書院 三姓祠○順天 玉川書院 忠愍祠 旌忠祠○南原 寧川書院 露峯書院 忠烈祠 愍忠祠○長城 華巖書院○潭陽 義巖書院○礪山 竹林書院○長興 淵谷書院 江城書院 忠烈祠○實城 龍山書院 大溪書院 旌忠祠○錦山 星谷書院 從容祠○靈巖 鹿洞書院 忠節祠○古阜 旌忠祠○益山 華山書院○臨陂 鳳巖書院○龍潭 三川書院○昌平 松江書院○泰仁 南皐書院 武城書院○興陽 雙忠祠○谷城 陽德祠○茂長 忠賢祠○務安 松林書院○南平 蓬山書院○同福 道源書院○井邑 考巖書院 慶尙道 慶州 西岳書院 玉山書院 崇烈祠○安東 虎溪書院 三溪書院 周溪書院 西磵祠○星州 川谷書院 檜淵書院 忠節祠○晉州 德川書院 新塘書院 殷烈祠 忠愍祠 彰烈祠○尙州 道南書院 興巖書院 白玉洞書院○順興 紹修書院○大邱 硏經書院 洛濱書院 表忠祠○密陽 禮林書院 表忠祠○善山金烏書院尙義書院 洛峯書院○仁同 吳山書院 東洛書院○金海 新山書院○東萊 安樂書院○蔚山 鷗江書院○靑松 屛巖書院○咸陽 灆溪書院 滄洲書院○永川 臨皐書院 道岑書院○淸道 紫溪書院○榮川 伊山書院 龜山精舍○咸

安 西山書院○陜川 伊淵書院 華巖書院○醴泉 鼎山書院○梁山 松潭書院○義城 氷溪書院○固城 忠烈祠○南海忠烈祠○宜寧 德谷書院○禮安 易東書院 陶山書院○安義 龍門書院 黃巖祠○延日 烏川書院○居昌 道山書院 浣溪書院 褒忠祠○眞寶 鳳覽書院○三嘉 龍巖書院○漆原 德淵書院○丹城 道泉書院○玄風 道東書院 禮淵書院○山淸 西溪書院○英陽 英山書院○開寧 德林書院○泗川 龜溪書院○奉化 文巖書院○昌寧 冠山書院 江原道 江陵 松潭書院○原州 七峯書院 陶川書院 忠烈祠○春川 文巖書院○鐵原 褒忠祠○寧越彰節祠○金化 忠烈祠 黃海道 海州 紹賢書院 文憲書院 淸聖廟○黃州 白鹿洞書院○延安 飛鳳書院 顯忠祠○平山 三太師鐵像祠 東陽書院 九峯書院○長淵龍巖書院○瑞興 花谷書院○白川 文會書院○信川 正源書院○安岳 鷲峯書院○遂安 龍溪書院○載寧 景賢書院○鳳山 文井書院○金川 愍忠祠○文化 鳳岡書院 程溪書院○松禾 道東書院○長連 鳳陽書院 咸鏡道 咸興 文會書院 雲田書院○永興 興賢書院○吉州 溟川書院○安邊 玉洞書院○北靑 老德書院○鍾城 鍾山書院○鏡城 彰烈祠○德源 龍津書院○會寧 顯忠祠 平安道 平壤 仁賢書院 龍谷書院 忠武祠 武烈祠○義州 顯忠祠 紀忠祠○寧邊 藥峯書院○安州 淸川祠 忠愍祠○定州 鳳鳴書院 新安書院○江界 景賢書院○成川 鶴翎書院 雙忠祠○慈山 義烈祠○昌城 忠烈祠○宣川 義烈祠○龜城 旌功祠○熙川 象賢書院○碧潼 九峯書院○永柔 三忠祠○順安 星山書院○龍岡 鰲山書院○江西 鶴洞書院 合二百六十二處各白紙大本一件 (후략)

13) 《향례합편》을 서울과 지방에 나누어 주었다.

『일성록』 정조 21년(1797) 6월 2일.

앞서 을묘년(1795, 정조19)에 자궁慈宮[2]의 주갑周甲을 맞은 경사스러운 때에 윤음을 내려 서울과 지방에 향음鄕飮하는 예를 천명하여 효를 권장하고 널리 공경하게 하고 또 각신閣臣 등에게 명하여 역대의 향음하는 의식을 모아 책

2) 자궁(慈宮) : 왕세자가 왕위에 오르기 전에 죽고 왕세손이 즉위하였을 때, 죽은 왕세자의 빈(嬪)을 이르던 말.

으로 엮어 사람들이 볼 수 있게 하였다. 마침 대신[윤시동]이 향음과 향약 어느 한쪽도 버릴 수 없다고 하였는데 나는 향약은 한 마을에서만 시행할 수 있는 것인데 조정에서 법을 만들어 반포하여 시행한다면 고금의 원칙이 달라서 효과는 없고 폐단만 생기기 십상이라고 생각하였다. 그런데 대신이 반포하여 시행하기를 간절히 청하여서 마침내 향약도 아울러 싣도록 명하였다. 또한 관례와 혼례로 말하면 곧 선왕께서 단초를 만들고 그 시작을 올바르게 하신 뜻인데 먼 시골에는 서적을 갖추지 못하고 있기에 사관례士冠禮와 사혼례士昏禮를 모아서 편말에 붙여 3편으로 정리하여 제1편은 향음, 그다음 편은 향사와 향약, 그다음 편은 사관례와 사혼례를 싣도록 명하였다. 3월 24일에 각신 등이 이를 편찬하여 올려서 《향례합편》이라는 이름을 내리고 주자소鑄字所로 하여금 정유자丁酉字[3]로 인쇄하게 하였다. 이때에 이르러 공정을 마치게 되자, 전교하기를,

"《향례합편》을 대내에 50건을 들이고, 서고西庫에 30건, 화성 행궁에 5건, 내각內閣에 10건, 옥당玉堂에 2건, 춘방春坊에 5건, 한성부에 2건씩 나누어 주고, 외규장각, 5곳의 사고, 정원의 당후, 외각교서관校書館, 성균관, 사학四學, 의정부, 비변사, 육조, 오부의 각 방, 팔도의 감영, 사도四都의 유수영, 330개 주현 및 향교, 서원, 화성의 52개 면에 각각 1건씩 나누어 주라. 시원임대신, 시원임각신, 사부, 유선諭善, 시임옥당, 교정校正을 맡았던 예조 당상, 초계문신, 검서관, 왕명으로 제수되어 선사繕寫를 맡았던 초계문신, 근래에 현토懸吐 및 교정, 서사書寫 등의 공역에 참여한 여러 신하에게 각각 1건씩 사급하라."

하였다.

후록한 내용은 다음과 같다. (중략) 선산의 금오서원 (후략)

---

3) 정유자(丁酉字) : 1777년(정조 1) 정유년에 갑인자(甲寅字, 1434, 세종 16)를 다시 주조하여 만든 금속활자로 평안감사 서명응(徐命膺)이 왕명을 받들어 평양에서 제작한 활자로 '육주갑인자(六鑄甲寅字)'라고도 불린다.

先是乙卯慈宮週甲慶辰下綸音令京外修明鄕飮之禮以致勸孝廣敬之義又命閣臣等裒集歷代鄕飮之儀以備觀覽會大臣有言鄕飮鄕約不可偏廢予以爲鄕約但可行之於一鄕而若自朝家立法頒行則古今異宜易致蔑效而有弊大臣力請頒行遂命竝錄鄕約又以冠昏禮卽先王造端正始之義而鄕曲之中書籍未備命以士冠士昏撮附編末釐爲三編第一鄕飮其次鄕射鄕約其次士冠士昏三月二十四日閣臣等編進賜名鄕禮合編令鑄字所以丁酉字開印至是工告訖敎曰鄕禮合編內入五十件西庫三十件華城行宮五件內閣十件玉堂二件春坊五件漢城府二件外奎章閣 五處史庫 政院堂后外閣 成均館四學議政府 備邊司 六曹 五部各坊八道監營 四都 留守營三百三十州縣及鄕校書院華城五十二面各頒一件時原任大臣閣臣師傅諭善時任玉堂校正禮堂抄啓文臣 檢書官命除繕寫抄啓文臣近來懸吐及校正書寫等役與聞諸臣各一件賜給 水原府 梅谷書院 開城府 崧陽書院 花谷書院 江華 府忠烈祠 廣州府 明皐書院 顯節祠 呂州 大老祠 楊州 道峯書院 石室書院 淸節祠 坡州 坡山書院 紫雲書院 長湍 臨江書院 豊德 龜巖書院 仁川 鶴山書院 南陽龍栢祠 麻田 湄江書院 金浦 牛渚書院 交河 新谷書院 龍仁 忠烈書院 永平 玉屛書院 抱川 花山書院 始興 忠賢書院 果川 愍節書院 鷺江書院 四忠書院 陽城 德峯書院 漣川 臨漳書院 淸州 莘巷書院 華陽書院 忠州 樓巖書院 公州 忠賢書院 洪州 魯恩書院 淸風 黃江書院 韓山 文獻書院 沃川 滄洲書院 舒川 建巖書院 林川 七山書院 瑞山 聖巖書院 文義 魯峯書院 鎭川 百源書院 懷德 崇賢書院 保寧 花巖書院 鴻山 彰烈書院 連山 遯巖書院 木川 道東書院 平澤 褒義祠 黃澗 寒泉書院 扶餘 浮山書院 尼城 魯岡書院 慶州 玉山書院 安東 虎溪書院 星州 檜淵書院 晉州 德川書院 尙州 道南書院 咸陽 藍溪書院 大邱 硏經書院 密陽 禮林書院 善山 金烏書院 仁同 東洛書院 禮安 陶山書院 安義 龍門書院 丹城 道川書院 靑松 屛巖書院 漆原 德淵書院 順興 紹修書院 全州 華山書院 羅州 景賢書院 綾州 竹樹書院 光州月峯書院濟州 橘林書院 長城 筆巖書院 順天 玉川書院 南原 露峯書院 潭陽 義巖書院 礪山 竹林書院 寶城 大溪書院 益山 華山書院 昌平 松江書院 井邑 考巖書院 海州 紹賢書院 黃州 白鹿洞書院 白川 文會書院 安岳 鷲峯書院 江陵 松潭書院 原州 七峯書院 寧越 新節祠 咸興 文會書院 雲田書院 吉州 溟川書院 鏡城 新烈祠 北靑 老德書院 鍾城 鍾山書院 平壤 仁賢書院 寧邊 藥峯書院 定州 新安書院 江界 景賢書院 熙川 象賢書院 碧潼 九峯書院 永柔 臥龍祠各一件

14) 고려의 충신 길재의 시호를 바꾸는 일과 정붕의 시호를 내려 주는 일을 모두 해조로 하여금 품처하게 하라고 명하였다.

『일성록』 정조 21년(1798) 10월 5일. [同. 『승정원일기』·『정조실록』 같은 기사]

前承旨 李益運啓言高麗忠臣吉再 金烏書院致祭之日道內屢千章甫呈單於臣卽吉再改諡事也昔在先朝因道臣陳聞賜諡忠節而吾東性理之學倡自鄭夢周 吉再及其門而闡明之闢異端似是之非明萬古聖學之源隆慶初詔使許國問東方孝烈節義孔孟心學之人先正臣李滉爲禮官區別以對而以再不錄於節義置之於心學蓋以再學問醇正發揮斯文之功尤重於節義故耳諡號之只擧忠節不擧道學有欠象賢之義且先正臣鄭汝昌 金宏弼之賜諡也或因章布之聯籲或因筵臣之陳達特許追改則依兩先正已例欲爲申請改正尙未延諡屢疏見格要臣歸奏前席故敢達請令該曹稟處從之又啓言故校理 鄭鵬受業於文敬公金宏弼之門得其嫡傳精思力踐嘗以九容九思之目申之以丹書敬怠之分作爲案上圖以寓盤盂之戒先正臣李滉稱其造詣之精文穆公臣朴英出自弓馬棄官講學鵬奬論而啓發之文貞公臣金堉所撰已卯錄亦在鵬之事蹟蓋鵬與己卯諸人同心同德而獨能逆覩於蜮弩潛何之時斂弢鋒鍔超然遠擧不入標榜之中得免錮籍之禍而其心與道則與己卯諸人眞所謂生同傳死同誌者也同時善類之絓罹羅織者擧蒙朝家褒崇之典而鵬獨漏焉者特其不載於己卯禍籍故耳且善山之金烏書院卽鵬聯享之所而一廟五人之中鵬獨無諡恐爲朝家之缺典本院致祭之日多士呈單故敢達請令該曹稟處從之

15) 〈금오서원 치제문 金烏書院致祭文〉

정조正祖, 『홍재전서弘齋全書』 권14, 「제문6」

가파른 저 금오산金烏山이여 그 높이가 천 길이로다.
그 가운데 위대한 사람이 있어 도와 함께 순절하였네.
명이의 세상에 절의를 곧게 하고 쇠미한 세상의 잠랑[4])이 되었다가,
새로운 임금이 일어날 즈음에는 기린이 몸을 숨기듯 자취를 감추었네.

거듭 부름을 받고 곧 이르긴 했으나 한 번 읍을 하고는 물러났으니,
소하蕭何[5] 조참曹參[6] 등우鄧禹[7] 가복賈復[8]과 무리가 되기를 사양하였네.
소인에게 노모가 계시는데 조석의 끼니는 봉양할 수 있다 하고,
자취를 비돈에 맡기니 그 뜻을 빼앗기 어려웠네.
서산의 고사리를 캐고 동문에 외를 심으며,
구름 가에 나는 기러기가 되리라고 홀로 깨어 노래하며 길이 다짐하였네.
광무제가 현인을 존경하여 본받았기에 자릉[9]이 고절高節을 이루었으니,
백대에 전하는 청풍에 화곤華衮의 빛남이 있다네.
일찍이 내가 크게 흠앙한 것은 충절 때문만이 아니라,
안향으로부터 포은에 이르러 우리 유도가 동국에 전했기 때문이네.
우리나라 선비들을 창도한 공적은 주자가 정자를 사숙私淑함과 같으니,
공은 정주의 사이를 이었던 예장과 연평이었네.
사문의 기준이 되고 정학의 연원이 되었으니,
은미한 말씀은 아득히 멀어져도 어둡지 않은 광채는 지금도 남아 있네.
돌아보건대 여기 제수를 갖춘 곳은 옛적에 은거했던 장소이니,
엄숙한 서원에서 좌우로 사숙하네.
푸른 갈대에 흰 이슬이 내리는 즈음 광세의 생각이 있으니,
모든 군자들이여 이 제문을 볼지어다.

崷彼烏山 其峙千仞 中有碩人 人與道殉 貞節明夷 叔季潛郎 時際龍興 身如麟藏 再召則至 一揖以退 蕭曹鄧賈 讓與流輩 小人有母 旨矣菽水 肥遯者跡 難奪者志 西山

4) 잠랑(潛郎) : 때를 만나지 못한 기인.
5) 소하(蕭何) : 중국 전한 때 고조 유방의 재상으로 한나라의 개국공신.
6) 조참(曹參) : 중국 전한 때 유방을 군사면에서 보필한 공신.
7) 등우(鄧禹) : 중국 양한교체기의 인물로 후한의 명장.
8) 가복(賈復) : 중국 후한 광무제 때의 무장.
9) 자릉(子陵) : 중국 동한 시대의 은둔지사 엄광(嚴光)의 자로 광무제의 절친한 친구이다.

之蕨 東門之瓜 雲際冥鴻 永矢寤歌 漢祖象賢 子陵遂高 淸風百代 有煌袞褒 夙予景欽 匪直也忠 自安泊圃 吾道其東 倡我羣儒 若朱於程 公於其間 豫章延平 斯文準繩 正學淵源 微言雖邈 耿光猶存 顧玆豆籩 在古薖軸 秩秩黝楯 左右私淑 蒼葭白露 曠世之思 凡百君子 視此酹詞

2. 문집류

1) 〈청건서원첩 請建書院牒〉

길재吉再, 『야은집冶隱集』 권중中, 「부록」

冶隱吉先生 忠孝兼全 加之以性理之學 於斯文亦大有功 今若立廟建院 使先生有享祀之所 諸生有藏修之地 其於化倫成俗之方 庶幾有所補益也 時宋期忠爲府使 萬曆三年乙亥 賜金烏書院額及書冊

2) 〈금오서원 봉안문 金烏書院奉安文〉

길재吉再, 『야은집冶隱集』 권중中, 「부록」, 제문

學造篤信 義析毫釐 時危世亂 潔身言歸 富貴不淫 貧賤亦樂 採薇空谷 終始一節 綱扶大東 德顯吾鄉 立宮尊祀 昭格洋洋

3) 〈금오서원 향사문 金烏書院享祀文〉

길재吉再, 『야은집冶隱集』 권중中, 「부록」, 제문

氣質粹美 學問精純 決於取義 勇於成仁 志堅金石 心質鬼神 周家夷節 孔門曾孝 扶我民彝 揭我名教 猗歟先生 萬世師表

4) 〈금오서원 향사문 金烏書院享祀文〉

길재吉再, 『야은집冶隱集』 권중中, 「부록」, 제문
夷齊之節 曾閔之孝 扶我民彝 萬世師表 前文句繁畧用此文

5) 〈사제문 賜祭文〉

길재吉再, 『야은집冶隱集』 권중中, 「부록」
嗚呼惟公 躬事勝國 上書我朝 忠貫日月 聖祖特許 綱常扶植 于嗟其後 眷顧不忒 今因興感 取覽寶牒 若無此也 豈知同學 曾見畫像 心窃慕昔 因此命祭 豈料今日 瞻彼公院 金烏斯屹 若問予心 興懷千百 本府備饌 禮官斟酌 豈云代遠 其須歆格

6) 〈사제문 賜祭文〉

길재吉再, 『야은집冶隱集』 권중中, 「부록」
崷彼烏山 其峙千仞 中有碩人 人與道殉 貞節明夷 叔季潛郎 時際龍興 身如麟藏 再召則至 一揖以退 蕭曹鄧賈 讓與流輩 小人有母 帑矣菽水 葩遯者跡 難奪者志 西山之蕨 東門之瓜 雲際冥鴻 永矢寤歌 漢祖像賢 子陵遂高 淸風百代 有煌袞褒 夙予景欽 匪直也忠 自安泊圃 吾道其東 倡我群儒 若朱於程 公於其間 豫章延平 斯文準繩 正學淵源 微言雖邈 耿光猶存 顧玆豆籩 在古薖軸 秩秩黝檜 左右松淑 蒼葭白露 曠世之思 凡百君子 視此酹詞

7) 〈금오서원 중수봉안문 金烏書院重修奉安文〉

길재吉再, 『야은집冶隱集』 권중中, 「부록」
이 선산의 고향은 영남의 한 고을입니다.
산이 돌고 물이 합하여 기세가 응하고 기운이 통하였습니다.

정기가 쌓이고 좋은 기운이 모여 대대로 훌륭한 분이 나오니,
학문을 창도하고 도를 밝혀 세상의 훌륭한 스승이 되었습니다.
백이伯夷[10]처럼 깨끗하고 유하혜柳下惠[11]처럼 화하니, 도는 비록 똑같지 않으나,
유림을 붙드오니 세대는 다르지만 공이 똑같습니다.
선비들은 남은 가르침 우러르고 시골에는 유풍이 남아 있습니다.
더욱 오랠수록 더욱 빛나오니 함께 흠모하고 높일 것을 의논하였습니다.
처음 터를 잡을 적에 저 높은 금오산을 등졌는데,
사당에서 다년간 제향하였으며 많은 선비들이 여기에서 공부하였습니다.
지난번 혹독한 병화를 겪어 하늘에 의뢰함을 받지 못하오니,
거문고를 타고 글을 외던 마당이 쑥대만이 무성하였습니다.
섬의 오랑캐가 겨우 물러가자 크고 작은 사람들이 모두 애통히 여겨,
이미 성묘를 새로 만들고 다음에 서원의 일에 미쳤습니다.
돌아보건대 이 옛터는 구역이 너무 궁벽하여 넓지 못하므로,
옮겨 터를 잡아 이곳을 얻자오니 참으로 지기地氣가 모인 곳이었습니다.
사람의 몸에 비유하면 바로 목구멍에 해당하는 곳입니다.
방위가 이미 정해지니 체세가 저절로 웅장하옵니다.
다만 난리를 겪어 재력이 충실하지 못하므로,
20년을 경영하여 이제 비로소 완성하였습니다.
길일을 택하여 봉안하오니 유관들이 모두 모였습니다.
조두를 정결히 올리오니 희생과 곡식이 살지고 풍성하옵니다.
엄연히 돌보아 흠향함을 받자오니 누군들 몸을 공경하지 않겠습니까.
도는 이에 더욱 높아지고 가르침은 후세에 길이 드리워질 것입니다.
영원한 세대에 밝히시어 떳떳한 천성을 도와 보전하게 하소서.

10) 백이(伯夷) : 중국 은주 교체기의 성인.
11) 유하혜(柳下惠) : 중국 춘추시대의 현자로 직도(直道)를 지켜 임금을 섬겼다.

惟此善鄕 居嶺南中 山回水合 勢應氣通 儲精鍾淑 代出偉公 倡學鳴道 爲世師隆 夷淸惠和 道雖不同 扶植儒林 異世幷功 士尙餘敎 卿有遺風 愈久彌光 共議欽崇 初焉卜地 負彼烏崗 廟享有年 多士攸宮 頃酷兵火 無賴蒼穹 絃誦之場 茂爲蒿蓬 島冠纔退 大小咸恫 旣新聖廟 次及院工 顧厥舊地 區僻靡洪 移龜得此 正會結融 若比人身 卽當喉嚨 方位旣定 體勢自雄 第經亂離 財力未克 經營卄載 今始成終 擇吉奉安 儒冠畢叢 俎豆淨潔 牲粢肥豊 儼承顧歆 孰不敬躬 道斯益尊 敎垂無窮 昭明永世 佑保彝衷

8) 〈금오서원 봉안문 金烏書院奉安文〉

길재吉再, 『야은집冶隱集』 권중中, 「부록」

烏山鵬騫 淑氣蜿蟺 羣賢作焉 時有後先 道實相傳 一脈延延 山頹幾年 士林悲纏 狂瀾百川 文不喪天 篤生後賢 仁善地連 潛心究硏 存戒韋弦 薄氷深淵 仰高鑽堅 融會貫穿 上下魚鳶 德備才全 矩方規圓 糠粃旋乾 遭世迍邅 眷懷林泉 遵養益專 提要鉤玄 發之簡編 人文以宣 南星晦躔 天奪太遄 考德何緣 環東海堧 擧切慕羶 此邦最偏 惟玆洛邊 舊廟新遷 四賢一筵 堂宇靜便 杖屨盤旋 芳塵宛然 爰謀吉蠲 合薦豆籩 盛禮無前 罇罍旣湔 載陳犧牷 藹藹香煙 遐邇騈闐 其儀罔愆 怳承悔鐫 山增而姸 水淸且漣 遺澤綿綿 庶鑑誠虔 牖我眞詮 惠我朝鮮

9) 〈금오서원 이건상량문 金烏書院移建上樑文〉

길재吉再, 『야은집冶隱集』 권중中, 「부록」

聖人司敎化 設庠序而育英才 後學宗先儒 象儀形而爲準則 故革舊鼎新之會 立揭虔妥靈之祠 竊惟一善雄藩 實是三韓舊壤 枕淸洛帶甘川 風氣於玆而融結 左留鶴右飛鳳 山勢相拱而穹窿 雅稱文物之名區 是宜人材之疊出 蓄絪蘊磅礴之正氣 釀魁梧磊落之偉人 若稽麗代之儒先 曰有冶隱之舊起 當士氣頹靡之際 世自有宗師 逮王業淪喪之時 我罔爲臣僕 能以一身而任王氏五百年宗社之寄 雖在異代而培我朝億萬世風敎之源 雖村婦有聞風而興 豈學者無相觀以善 磨楺漸而浸被厚 淵源有來 造詣深而趍向端 宮

牆可入 上有所傳 下有所授 文簡公吾何間然 學不爲人 善不爲名 鄭新堂識其大者 亦有早事乎兜幹 不害晩悟於眞訣 惟民彝好是懿德 其人亡尙有典刑 肆粉袍之協謀 卽烏山而胥宇 廟焉薦俎豆 寓百世羹牆之懷 天旣啓堂壇 作一邦絃誦之地 師儒導迪 立於禮而依於仁 英俊來遊 進其德而修其業 共沐菁莪之化 皆成棫樸之材 竊文運之方亨 荷先哲之遺澤 奈何兵火於辰巳 忍使蔓草於邱墟 如不改修宏規 曷稱多士盛意 思恢拓乎遺制 廟遷于新 日寤寐乎前修 享仍其舊 地與我所 天作神臯 前後莅玆邦 莫不悉心而經紀 首尾閱幾稔 始得斷手於斧斤 揆日測圭 占風雨所交會 背山面洛 選東南之上流 日射綺疏 喜文明之有象 江回畫棟 流道衄於無窮 天際奇峯 卓文筆於霄漢 潭心峭石 聳砥柱於波濤 幾年佳氣之蔥蔥 一朝雕甍之翼翼 管敎鬼護而神呵 任使地久而天長 百年千年於萬年 以永其傳 大書特書不一書 宜頌其美 我從士君子之後 曾服鄕先生之風 當此儒敎之興 可無揄揚之語 敢將善祝 助擧修樑 兒郞偉抛樑東 門前流水絳河通 好待東風雷起蟄 羣魚一一變蒼龍 兒郞偉抛樑西 方知八聖有階梯 須向此中尋正路 莫從方外索旁谿 兒郞偉抛樑南 聖賢經籍貴沈酣 莫把知行爲異致 須將動靜互相涵 兒郞偉抛樑北 燦燦奎文政拱極 賢才培養屬明時 從此皇猷期潤色 兒郞偉抛樑上 太平莫道無形像 泱泱大化篤生賢 濟濟王家公與相 兒郞偉抛樑下 藹藹靑襟時雨化 席珍方見作時需 金玉從來無定價 伏願上樑之後 志顔學尹 崇儒黜邪 歲拔其才 文如班馬董賈 鄕多善俗 學則禮樂詩書 壯元坊興今日之壯元 忠烈碑慕往時之忠烈 蘊明體適用之學 經綸我邦 闢索隱行恠之徒 羽翼斯道 正敎大振 文治復明

10) 〈연품거조 筵稟擧條〉

길재吉再, 『야은집冶隱集』 권하下, 「부록」

啓 高麗忠臣吉再金烏書院致祭之日 道內履千章甫呈單於臣 卽吉再改謚事也 昔在先朝 因道臣陳聞 賜謚忠節 而吾東性理之學 倡自鄭夢周 吉再及其門而闡明之 闢異端似是之非 明萬古聖學之源 隆慶初 詔使許國問東方孝烈節義孔孟心學之人 先正臣李滉爲禮官 區別以對 而以再不陳於節義 置之於心學 蓋以再學問醇正 發揮斯文之功 尤重於節義故耳 謚號之只擧忠節 不擧道學 有欠象賢之義 且先正臣鄭汝昌金宏弼之賜

謚也 或因韋布之聯籲 或因道臣之陳達 特許追改 則依兩先正已例 欲爲申請改正 尙未延謚 屢疏見格 要臣歸奏前席 故敢此仰達 令該曹稟處何如 上曰 依爲之

11) 〈금오서원 이건봉안문 金烏書院移建奉安文〉

박영朴英, 『송당집松堂集』 권4, 「부록」, [同. 『야은집』 〈금오서원 중수봉안문〉]

惟此善鄕 居嶺南中 山回水合 勢應氣通 儲精鍾淑 代出偉公 倡學鳴道 爲世師隆 夷淸惠和 道雖不同 扶植儒林 異世幷功 士尙餘敎 鄕有遺風 愈久彌光 共議欽崇 初焉卜地 負彼烏嵩 廟享有年 多士攸宮 頃酷兵火 無賴蒼穹 絃誦之場 茂爲蒿蓬 島寇纔退 大小咸恫 旣新聖廟 次及院工 顧厥舊址 區僻靡洪 移龜得此 正會結融 若比人身 卽當喉嚨 方位旣定 體勢自雄 第經亂離 財力未充 經營廿載 今始成終 擇吉奉安 儒冠畢叢 俎豆淨潔 牲粢肥豐 儼承顧歆 孰不敬躬 道斯益尊 敎垂無窮 昭明永世 佑保彝衷

12) 〈금오서원 이건상량문 金烏書院移建上樑文〉

박영朴英, 『송당집松堂集』 권4, 「부록」

聖人司敎化 設庠序而育英才 後學宗先儒 象儀形而爲準則 故革舊鼎新之會 立揭虔妥靈之祠 竊惟一善雄藩 實是三韓舊壤 枕淸洛帶甘川 風氣於玆而瀜結 左留鶴右飛鳳 山勢相拱而穹窿 雅稱文物之名區 是宜人材之疊出 蓄絪縕磅礴之正氣 釀魁梧磊落之偉人 若稽麗代之儒先 曰有冶隱之奮起 當士氣頹靡之際 世自有宗師 逮王業淪喪之時 我罔爲臣僕 能以一身而任王氏五百年宗社之寄 雖在異代而培我朝億萬世風敎之源 雖䣊婦有聞風而興 豈學者無相觀以善 磨揉漸而浸被厚 淵源有來 造詣深而趨向端 宮墻可入 上有所傳 下有所授 文簡公吾何間然 學不爲人 善不爲名 鄭新堂識其大者 亦有早事乎兕黔 不害晩悟於眞訣 惟民彝好是懿德 其人亡尙有典刑 肆粉袍之協謀 卽烏山而胥宇 廟焉薦俎豆 寓百世羹墻之懷 天旣啓堂壇 作一邦絃誦之地 師儒導迪 立於禮而依於仁 英俊來遊 進其德而修其業 共沐菁莪之化 皆成棫樸之材 屬文運之方亨 荷先哲之遺澤 柰何兵火於辰巳 忍使蔓草於邱墟 如不改修宏規 曷稱多士盛意 思恢拓乎遺

制 廟遷于新 日寤寐乎前脩 享仍其舊 地與我所 天作神皐 前後莅玆邦 莫不悉心而經紀 首尾閱幾稔 始得斷手於斧斤 揆日測圭 占風雨所交會 背山面洛 選東南之上流 日射綺疏 喜文明之有象 江回畫棟 流道脈於無窮 天際奇峯 卓文筆於霄漢 潭心峭石 聳砥柱於波濤 幾年佳氣之蔥蔥 一朝雕甍之翼翼 管敎鬼護而神呵 任使地久而天長 百年千年於萬年 以永其傳 大書特書不一書 宜頌其美 我從士君子之後 曾服鄉先生之風 當此儒敎之興 可無揄揚之語 敢將善祝 助擧脩樑 兒郎偉抛樑東 門前流水絳河通 好待東風雷起蟄 群魚一一變蒼龍 兒郎偉抛樑西 方知入聖有階梯 須向此中尋正路 莫從方外索旁蹊 兒郎偉抛樑南 聖賢經籍貴沈酣 莫把知行爲異致 須將動靜互相涵 兒郎偉抛樑北 燦燦奎文政拱極 賢才培養屬明時 從此皇猷期潤色 兒郎偉抛樑上 太平莫道無形像 泱泱大化篤生賢 濟濟王家公與相 兒郎偉抛樑下 藹藹靑襟時雨化 席珍方見作時需 金玉從來無定價 伏願上樑之後 志顔學尹 崇儒黜哀 歲拔其才 文如班·馬·董·賈 鄉多善俗 學則禮樂詩書 壯元坊 興今日之壯元 忠烈碑 慕往時之忠烈 蘊明體適用之學 經綸我邦 闢索隱行怪之徒 羽翼斯道 正敎大振 文治復明

13) 〈금오서원 사선생 합향봉안문 金烏書院四先生合享奉安文〉

박영朴英, 『송당집松堂集』 권4, 「부록」

烏山鵬騫 淑氣蜿蟺 群賢作焉 時有後先 道實相傳 一脈延延 山頹幾年 士林悲纏 狂瀾百川 文不喪天 篤生後賢 仁善地連 潛心究研 存戒韋弦 薄氷深淵 仰高鑽堅 融會貫穿 上下魚鳶 德備才全 矩方規圓 糠粃旋乾 遭世迍邅 眷懷林泉 遵養益專 提要鉤玄 發之簡編 人文以宣 南星晦躔 天奪太遄 考德何緣 環東海堧 擧切慕羶 此邦最偏 惟玆洛邊 舊廟新遷 四賢一筵 堂宇靜便 杖屨盤旋 芳塵宛然 爰謀吉蠲 合薦豆籩 盛禮無前 罇罍旣湔 載陳犧牷 藹藹香煙 遐邇駢闐 其儀罔愆 怳承誨鐫 山增而姸 水淸且漣 遺澤綿綿 庶鑑誠虔 牖我眞詮 惠我朝鮮

14) 〈금오서원 상향축문 金烏書院常享祝文〉

박영朴英, 『송당집松堂集』 권4, 「부록」

伏以忠孝本立 精一心傳 迭興隣鄉 續倡絶學 音容雖遠 典刑猶存 數間遺祠 萬古洞酌 謹以粢盛庶品 式陳明薦 尙饗

15) 〈답 금오원생 答金烏院生〉

정구鄭逑, 『한강집寒岡集』 권6, 「답문」

〔문〕지난날 금오서원을 창립할 당시에 온 고을 사류들이 본부本府에 정문하여 감사에게 보고하고, 감사는 또 조정에 아뢰어 오산 밑에 사당을 세웠습니다. 그 당시에 향선생 김진락당, 김 감사, 최 감사 등이 야은 길 선생, 신당 정 선생, 송당 박 선생 등 3현을 봉향하자고 논의하고 아울러 이 정언을 함께 넣자는 논의가 있었습니다. 그러다가 그 뒤에 이 정언을 넣자는 논의는 도로 잠잠해지고 점필재를 넣지 않을 수 없다는 주장이 나왔습니다. 그와 같은 논의가 결정되기 전에 진락당과 김 감사는 다 세상을 떠나, 고을 사류들이 이러쿵저러쿵 여러 말을 하다가 결국 야은, 점필재, 신당, 송당 4현을 함께 봉향하였고, 조정에서 금오서원으로 사액이 내려왔습니다. 임진왜란 뒤에는 남산의 남쪽 낙동강 가로 옮겼으므로 마땅히 그 편액의 이름을 고쳐야 할 것 같은데 조정에서는 또 옛 이름대로 사액을 하였습니다. 지금 과연 고쳐달라고 청하는 것이 좋을지 모르겠습니다.

〔답〕서원을 지금 이미 옮겨 세웠는데도 조정에서 내린 사액이 옛 이름을 그대로 따른 것이라면 아마도 사유를 갖추어 계품하여 조정의 조처를 기다리지 않을 수 없을 것 같습니다.

〔문〕농암 선생 김주의 사적이 세상에 드러나지 않아 당초 서원을 세울 당시에 함께 봉향하자는 논의가 없었습니다. 그러나 우리 고을 어른 가운데 어떤 사람이 그에 관한 내용을 다음과 같이 전하는 자가 있었습니다.

박용암이 응교 김진종과 매우 친하게 지냈는데, 그는 곧 김 선생의 5대손이므로, 반드시 그 집안에서는 대대로 전해 내려오지만 남들은 모르는 일이 있을 것이라는 생각이 들었다는 것입니다. 그래서 용암은 김진종에게 물어본 결과 명나라에 사신으로 갔다가 돌아오지 않고 그곳에서 죽은 사실을 알고 항상 존경하여 탄복하였으며, 이따금 그의 자제들에게 이야기를 하였습니다. 그의 아들 연演과 손자 수일遂一이 그들이 들은 내용을 기록으로 남기고 벗들과 항상 그에 관해 얘기를 나누었는데, 그 내용이 한두 명의 노인이 전하는 말과 서로 들어맞았다고 합니다. 요즘 이와 같은 설이 크게 나돌아 선생의 절개가 더욱 드러났습니다. 지금 선생을 서원의 봉향하는 대상에 함께 포함해 넣는 것이 어떠하겠습니까?

〔답〕김 선생의 사적은 나도 일찍이 들은 적이 있는데 좀 더 자세한 내용을 듣지 못하여 항상 유감스러웠습니다. 지금 김 선생을 흠모하는 마음이야 간절하지만 나에게 물어온 일에 대해서는 감히 어떻게 하라고 말할 수 없습니다.

〔문〕김주 선생의 선조는 대대로 주아리에서 살아왔는데, 어떤 사람이 전하는 말에 따르면 선생이 신곡新谷의 농암으로 터를 잡아 이사하였다 하고 그 자손도 그렇게 말합니다. 요즘 고을 사람들은 농암 선생이라 부르고 있으며, 윤 해평은 〈농암전籠巖傳〉을 짓기까지 하여 그 사적이 이미 《동사찬요東史纂要》에 수록되었습니다. 그 호는 선생이 스스로 지은 것이 아니고 뒷사람이 별다른 근거도 없이 농암이라 불렀는지 알 수 없습니다만 만일 서원에 모신다면 이 호를 위판에 써야 하지 않겠습니까.

〔답〕칭호를 과연 어떻게 하는 것이 좋을지 모르겠습니다. 바라건대 고을의 제현들이 함께 상의하고 또 예를 아는 사람에게 널리 물어 결정하는 것이 좋겠습니다.

〔문〕하위지 선생은, 당초에 서원에 함께 모셔야 한다는 것을 모른 것은 아니었으나 그분을 받드는 것이 당시의 금기에 저촉되는 이유로 인해 감히 못하였는데, 고을 사람들이 지금까지도 유감스러운 일로 여기고 있

습니다. 이제는 사육신의 자손이 조정에 녹용되는 것이 허용되었으니, 비록 감히 조정에 요청하지는 못하더라도 고을 내부에서 서원에 함께 모시는 것이 어떠하겠습니까?

〔답〕서원이 이미 국가의 학당이 되었는데 조정에 청하지 않고 사적으로 봉안한다는 것은 온당치 못할 듯합니다.

〔문〕하 선생도 칭호가 없습니다. 어떤 사람은 그분이 살았던 마을의 이름을 따라 연봉延鳳이라 불러야 한다 하는데 어떨지 모르겠습니다.

〔답〕온당치 못할 듯합니다.

〔문〕정언 이맹전은 노산 당시에, 장래에 참화가 일어날 것을 미리 알고 과감하게 물러나 당달봉사[12]를 가탁하고 일생 동안 벼슬살이를 하지 않았습니다. 재능을 숨겨 은둔한 그 의리는 옛날 사람들이 입에서 입으로 전해오는 것도 있습니다만 그 사적이 《여지승람》, 《청백전(淸白傳)》, 《이준록(彝尊錄)》에 대강 나타나 있습니다. 지금 김 선생, 하 사간과 함께 봉향하는 것이 어떠하겠습니까?

〔답〕이 정언을 함께 모시자는 논의는 처음부터 있었으니 여러분들이 함께 의논하여 봉안하더라도 안 될 것은 없습니다만, 당초에 그 논의를 도로 중지한 본의를 또한 깊이 따져 보지 않을 수 없습니다. 그러나 나는 고루한 식견에다 문견이 넓지 못해 그 사이에 감히 간여할 수 없습니다.

〔문〕사예 김숙자는 학문과 도덕, 평생의 행사가 《이준록》에 자세히 실려 있을 뿐 더 이상 다른 글에서는 상고할 수 없습니다. 그러나 선생은 야은에게 학문을 배워 점필재에게 전수하였고, 또 전수해 내려가 한훤당과 일두 두 선생에 이르러서는 도학이 우리 동방에 크게 밝아졌으니, 선생께서 끼친 공이 또한 많지 않다고 할 수 없습니다. 선배들도 이미 도통이 전수해 내려온 순서를 논할 때 선생을 포함하였으니, 선현의 대열에

12) 당달봉사(당달奉事) : 겉으로 보기에는 눈이 멀쩡하나 앞을 보지 못하는 눈, 또는 그런 사람.

함께 포함하여 향사를 하는 것이 마땅할 듯한데 어떻게 생각하십니까?

〔답〕주천[舟川 강유선康惟善]의 상소 내용도 그와 같았습니다. 그러나 어찌 감히 나의 어두운 소견으로 이 문제에 참여하여 논할 수 있겠습니까. 《이준록》이 우리 집에 일찍이 있었으나 화재로 인해 없어진 뒤로는 그 책을 볼 길이 없고 선생의 사실에 관해 지금 잘 기억할 수 없는 처지이니, 더욱 감히 억지로 말할 수가 없습니다.

〔문〕진락당 김취성은 학문과 도덕이 뛰어나고, 가정에서 효성과 우애를 극진히 한 행실에 대해 고을 사람들과 그의 자손 외에 선배들도 찬양한 부분이 많이 있습니다. 다만 선생은 힘써 자신의 존재를 숨겼고 글 쓰기를 좋아하지 않으셨기 때문에 언어와 문자 사이에서는 특별히 상고할 만한 것이 없습니다. 간혹 그 학문이 넓지 못하다고 혐의롭게 여기는 자가 있는 것은 이 때문입니다만, 어떤 사람은 말하기를 "저서가 많고 적은 것으로 선현의 지위를 논할 수는 없는 것이니 지금 함께 서원에 모셔야 한다." 합니다. 이 점을 어떻게 생각하십니까?

〔답〕도학이 높고 스스로 깨친 공부가 훌륭하다는 소문을 어릴 적부터 듣고 평소에 깊이 흠앙하고 있습니다만, 어찌 감히 나의 어두운 소견으로 그 질문에 답할 수 있겠습니까.

〔문〕용암 박운은 어릴 적부터 진락당과 도의로 사귀는 벗이 되었고 효행이 남달리 뛰어났으며, 중년에는 박송당을 뵙고 크게 감복하여 마침내 스승으로 섬겨 그에게 학문을 배웠습니다. 만년에 퇴계 선생의 이름을 듣고 찾아가 뵈려 하였으나 결국 실행하지 못하고 편지를 주고받으며 학문을 토론하였습니다. 그리고 그가 저술한 《격몽》 1편, 《자양심학지론紫陽心學至論》 1편, 《경행록景行錄》 1권 및 잡저로서 〈위생방衛生方〉과 〈삼후전三侯傳〉 등의 글을 퇴계에게 보내 정정해 달라고 요청하기도 하였으며, 그가 죽자 퇴계 선생께서도 갈문을 지어 그 행실을 찬미하였습니다. 그 조예의 천심淺深에 대해서는 뒷사람이 감히 함부로 논의할 수는 없으나 어떤 사람은 말하기를 "퇴계 선생도 이미 그가 도학에 종사하였다고 허여하셨으

니 진락당과 함께 모셔와 봉향하는 것이 무방하다." 합니다. 이 점을 어떻게 생각하십니까?

〔답〕독실히 배우고 덕행을 닦은 것이 훌륭하다는 점은 항상 간절히 흠앙하고 있습니다만, 나는 후생으로서 견문이 고루하여 그 자세한 내용을 모르니 어찌 감히 그 질문에 답할 수 있겠습니까.

〔문〕고을 사람들의 논의가 두 가지입니다. 어떤 사람은 말하기를 "10현의 학문과 도덕에 대해 그 조예의 천심淺深과 고하를 모르는데 지금 모두 서원으로 모셨다가 만일 조금이라도 흡족하지 못하다는 물의가 일어난다면 도리어 미안한 일이 될 것이다. 그러니 지금 마땅히 서원에 봉향해야 할 인물 이외의 사람에 대해서는 별도로 향현사를 세우도록 하자." 합니다. 이 설은 어떻게 생각하십니까? 그리고 다른 쪽에서는 말하기를 "이미 서원을 세웠는데 또 향현사를 세운다면 경중의 차별이 있게 되는데 지방 고을의 후생이 이들 선현의 수준을 품평하여 정하는 것은 미안한 일일 듯하다. 다른 고을의 서원에서도 절개 하나를 취해 모셔서 봉향하는 경우가 있는데, 우리 고을의 10현은 혹시 도덕이 높고 낮다거나 학문이 깊고 얕은 차이를 거론할 만한 소지가 있다 하더라도 다른 고을의 서원에 견주어 보면 부끄럽지 않다. 어찌 굳이 따로 사우를 세울 것이 있겠는가." 합니다. 이 설은 어떻게 생각하십니까?

〔답〕서원이 나라의 사액을 받은 뒤에는 분명히 국가의 학당이 되는 것입니다. 그러므로 만일 어떤 인물을 새로 봉안해야 할 일이 있을 때 먼저 조정에 계품도 하지 않고 마음대로 지레 봉안할 수는 없을 듯합니다. 물의가 만일에 조금이라도 흡족하게 여기지 않을 경우 도리어 미안한 일이 된다고 한 말은 매우 옳다고 봅니다. 서원에 봉안한 인물 이외의 사람은 별도로 향현사를 세워 봉안하자는 것은, 아마도 조정에 그 사유를 갖추어 계품한다는 것이 어렵기도 하고 또 마땅히 향사할 만한 선현을 두루 포함하지 못하는 것이 미안하기도 하여 이와 같이 부득이한 논의가 나왔을 것입니다. 그러므로 이는 선현의 수준을 품평하는 뜻이 아닐 듯합니다. 그

러나 이 일은 선불리 거행하기 어려우니 마땅히 더 깊이 생각하고 널리 의견을 물어 조처하는 것이 어떠하겠습니까?

〔문〕10현을 만일 모두 서원으로 모신다면 그 자리의 순서를 어떻게 해야 합니까?

〔답〕만일 대단히 곤란한 점이 없다면 연대로 순서를 정하는 것이 가장 좋을 것 같습니다.

金烏院生問 平時金烏書院創立之初 一鄕呈文本府 報于監司 轉啓朝廷 建廟烏山之下 其時鄕先生金眞樂堂金監司 崔監司議以冶隱吉先生 新堂鄭先生 松堂朴先生三賢奉享 而又有李正言幷入之議 其後李正言之議旋止 而有佔畢齋不可不入之論 議未決而眞樂堂 金監司皆沒 鄕議互有異同 終以冶隱 佔畢齋 新堂 松堂四賢幷享 賜額金烏書院 壬辰亂後 移建于藍山之陽洛江之濱 似當改其額號 而朝廷又仍舊號賜額 今請改與否 未知如何

書院今旣移建 而朝廷賜額 仍循舊號 則恐不得不具由啓稟 以待朝廷處置也

籠巖金先生澍 事蹟未著 當初建院時 無入享之議 然鄕中長老 或有傳者 朴龍巖與應教金振宗最善 應教乃金先生五代孫 必有一家相傳之語 而人不得知者 龍巖因此得聞其朝天不返之事 常加敬歎 時或語其子弟 子演及孫遂一 記其所聞 語于同志 亹亹不已 與一二故老流傳之語相合 近來此說盛行 先生之節益著 今以先生幷入書院 如何

金先生事蹟 曾亦得聞 而常恨不得其詳 雖切瞻仰欽想 而猶不敢可否於下問

金先生澍 世居注兒里 或傳先生移卜新谷之籠巖 其子孫亦云如是 近日 鄕人稱以籠巖先生 尹海平至作籠巖傳 已錄於東史纂要 旣非先生自號 而後人遽稱籠巖 未知如何 而若入書院 則亦以此號 書于位版耶

未知當如何稱號 唯在一鄕諸賢 共與商確 又廣詢於知禮處而爲之 幸甚

河先生緯地 當初非不知幷入書院 而因時諱不敢 鄕人至今以爲欠事 今則六臣子孫已許錄用 雖不敢請于朝廷 自鄕中幷入書院 如何

書院旣爲國學 不請于朝廷 而私爲奉安 恐未安也

河先生亦無稱號 或云因其所居里 稱以延鳳云 如何

恐未安

李正言孟專 當魯山朝 見幾勇退 托於靑盲 終身不仕 其韜晦隱遯之義 亦在於故老之相轉 而略見於輿地勝覽 淸白傳 彛尊錄 今與金先生 河司諫幷入享 如何

李正言幷入之議 自初有之 則僉共更議奉安 未爲不可 而當初旋止之意 亦不可不深究焉 第愚陋淺識 聞見不廣 不敢與聞於其間

金司藝淑滋 學問道德 平生行事 詳在彛尊錄 更無可考於他書 而先生受業於冶隱傳授於佔畢 又傳而至寒暄 一蠹兩先生 道學大明于吾東方 先生之功 亦不爲不多 先輩亦已幷論於道統相傳之次第 則似當幷祀於先賢之列 未知如何

舟川之疏 亦如是矣 然何敢以矇見 得以與論乎 彛尊錄曾有之 而見火之後 末由得見 先生事實 今不能追記 尤不敢强言

金眞樂堂就成學問道德 一家孝友之政 鄕人子孫之外 先輩多有稱道處 第先生務自韜晦 不喜著書 故他無可考於言語文字之間 或嫌其未博者以此 而或云不可以著書多少 論先賢地位 今幷入書院 未知如何

深造自得之妙 自少得聞 而爲平生所深仰 然何敢以矇見 與聞於下問之盛乎

朴龍巖雲 自少與眞樂堂 爲道義交 孝行尤異於人 中年見朴松堂 不覺心服 遂師事而就質焉 晩聞退溪李先生之名 欲往見而竟未果焉 以書反覆問難 又以所著擊蒙一編紫陽心學至論一編 景行錄一卷 雜著衛生方 三侯傳 諸葛武侯 張中丞文文山 等書 送于退溪 以求訂正 其沒也 退溪先生又作碣文 以美其行 所造深淺 後人雖不敢輕議 而或云退溪先生亦已稱許 其從事於此學 則與眞樂堂 幷入享無妨 未知如何

篤學進修之盛 常切欽仰 而後生孤陋 猶不得其詳 其何敢奉與於下問乎

鄕議或以爲十賢學問道德 未知所造之淺深高下 今幷入于書院 若有一毫未盡之物議 則反爲未安 今宜奉享書院之外 別建鄕賢祠 此說如何 或以爲旣立書院 又建鄕賢祠則有輕重之別 鄕人後生 就此先賢低昂於其間 似爲未安 他鄕書院 亦或有取其一節而入享者 吾鄕十賢 雖或有道德高下學問淺深之可言 而比之於他院 則無愧也 何必別立祠宇 此說如何

書院賜額之後 則當是國學 如有新加奉安 恐不得不爲之啓稟 而擅自徑奉也 物議如有一毫未盡 反爲未安云者 來諭極是 奉安書院之外 別建鄕賢祠 蓋出於或難具由啓

稟 而又未安於未遍當祀之賢 而有此不得已之議也 恐非低昂先賢之意也 然亦難輕擧 宜更精思 或廣詢而爲之 如何

十賢若幷入書院 則其位次如何

如不有大段難處 則恐不如以世代爲次也

16) 〈행년기 行年記〉

고상안高尙顔[13], 『태촌집泰村集』 권6, 「부록」

(전략) 己未 府君六十七歲 三月 往叅金烏書院四先生 吉冶隱·金佔畢齋·鄭新堂·朴松堂 奉安享禮 莬裘暇日 手書葬祭諸節及遺訓以垂誡 一遵朱子家禮 又著農家月令一篇 翻以諺譯 使愚夫愚婦 亦得易知 (후략)

17) 〈금오서원 중건봉안문 金烏書院重建奉安文〉

장현광張顯光, 『여헌집旅軒集』 권11, 「축문」, [同 『송당집』 〈금오서원 이건봉안〉· 『야은집』 〈금오서원 중수봉안문〉]

惟此善鄕 居嶺南中 山回水合 勢應氣通 儲精鍾淑 代出偉公 唱學鳴道 爲世師隆 夷淸惠和 道雖不同 扶植儒林 異世幷功 士尙餘教 鄕有遺風 愈久彌光 共議欽崇 初焉卜地 負彼烏嵩 廟享有年 多士攸宮 頃酷兵火 無賴蒼穹 弦誦之場 茂爲蒿蓬 島寇纔退 大小咸恫 旣新聖廟 次及院工 顧厥舊址 區僻靡洪 移龜得此 正會結融 若比人身 卽當喉嚨 方位旣定 體勢自雄 第經亂離 財力未充 經營卄載 今始成終 擇吉奉安 儒冠畢叢 俎豆淨潔 牲粢肥豐 儼承顧歆 孰不敬 道斯益尊 教垂無窮 昭明永世 祐保彜衷

13) 고상안[高尙顔, 1553~1623] : 조선 중기의 학자로 본관은 개성(開城), 자는 사물(思勿), 호는 태촌(泰村)이다. 임진왜란이 일어나자 의병장이 되어 큰 공을 세웠고 농사에 밝고 문장이 능했다.

18) 〈배문록 拜門錄〉

장현광張顯光, 『여헌집旅軒集』 권9, 「부록」

(전략) 갑술년(1634) 2월 나는 남산에 와서 선생을 뵙고 여러 친구들과 여지(輿地)의 일에 대하여 언급하였다. 선생은 분부하시기를, "우리나라는 전적이 구비되지 못하였으니, 이 고을에 살면서 이 고을의 고사를 모른다면 되겠는가. 제군은 각기 지지를 편찬하여 권하고 징계하는 바가 있게 하는 것이 좋다." 하시고는, 인하여 나에게 명하여 《문소현지聞韶縣誌》를 편찬하도록 하였다. 이는 선생이 일찍이 문소현의 현령이 되시어 수집할 뜻이 있었으나 성취하시지 못한 때문이었다.

7월에 금오서원金烏書院에 나아가 선생을 배알하니, 선생은 이보다 앞서 상주와 선산의 여러 노인들과 이곳에서 모이기로 약속하신 것이었다. 나는 지평持平 류진柳袗[14]이 편지로 이 사실을 통지하였으므로 모임에 달려오니, 선생이 이미 가마를 타고 왕림해 계셨다.

다음 날 여러 노인들과 모이기로 약속하여 수로를 따라 상산에 이르니, 모임에 참석한 분은 경주부윤 전식全湜과 영천군수 김지복金知復, 참봉 조광벽趙光璧, 지평 류진柳袗, 참봉 김추임金秋任, 도사 전극항全克恒이었고, 인동과 선산에는 장장내범張丈乃範과 김언양영金彦陽寧과 김장공金丈玒과 박규, 박황朴熀, 박협朴協, 이원李垣이었다. 선생은 누 위로 나와 앉으시어 여러 노인들과 담소하며 지칠 줄을 모르셨다.

선생은 말씀하시기를, "내 친구들과 강신계講信契를 만들어서 수시로 모이고 계 이름을 강신이라고 명칭하고자 하노니, 어느 사람인들 참여할 수 없겠는가." 하였다. 이에 여러 노인들은 모두 옳다고 말하였으나, 혹 의외의 지목받는 일이 있을까 우려하여 결행하지 않았다. (후략)

---

14) 류진[柳袗, 1582~1635] : 조선 중기의 문신으로 본관은 풍산(豐山), 자는 계화(季華), 호는 수암(修巖), 아버지는 류성룡이다.

(전략) 甲戌二月 來謁于南山 與諸益語及輿地事 先生敎曰 吾東載籍不備 居在此邦 不知此邦故事 可乎 諸君各撰地誌 俾有所勸懲 可矣 因命余撰聞韶縣誌 蓋先生嘗宰聞韶 有意修輯而未就故也 七月 進拜于金烏書院 蓋先生前此與尙善諸老 約會于此 余因柳持平袗書通 赴會則先生已駕臨矣 其翌日 約會諸老 由水路至商山 則全慶州湜 金永川知復 趙參奉光璧 柳持平袗 金參奉秋任 全都事克恒 仁善則張丈乃範 金彦陽寧 金丈璡 朴憙 朴愰 朴愞 李垣也 先生出坐樓上 與諸老談話不倦 先生曰 吾欲與朋舊修講信契 以時團聚 名以講信 何人不可參哉 諸老皆以爲當 以或有意外指目爲慮 不果焉 (후략)

19) 〈취차창석운 醉次蒼石韻〉

조정趙靖[15), 『검간집黔澗集』 권1, 「시」

偶忝金烏益者三 留連不覺興偏添 却嫌世故驅人急 他日佳期指道南

燈前細話夜經三 風緊何嫌酒更添 勝地留連猶未洽 又陪鳩杖到城南

20) 〈운천선생 연보 雲川先生年譜〉

김용金涌[16), 『운천집雲川集』 권6, 「부록」,

(전략) 二十七年己亥 先生四十三歲 正月 拜成均館司成 仍行督運御使

諸郡承風恐後事甚辦 未幾 爲不悅者所劾罷

三月 與嶺伯韓柳川浚謙 上廬江養浩樓 次板上韻

詩見文集

15) 조정[趙靖, 1555~1636] : 조선 중기의 문신으로 본관은 풍양(豐壤), 자는 안중(安中), 호는 검간(黔澗)이다. 정구와 교유하였으며, 경술과 문장이 뛰어났다.

16) 김용[金涌, 1557~1620] : 조선 중기의 문신으로 본관은 의성(義城), 자는 도원(道源), 호는 운천(雲川)이다. 김성일의 조카이다. 선산부사로 부임해 금오서원을 이건하고 향교를 중수하는 등 문교에 힘썼다.

秋 拜善山府使

自西厓先生戊戌去國以來 一時良善 皆不在朝 先生亦補外 時新經兵燹 瘡痍未起 絃誦久絶 先生以蘇殘袪弊興學善俗爲務 不數年 里閭復完 儒風始振

二十八年庚子 先生四十四歲 重修鄕校

二十九年辛丑 先生四十五歲 重建栗里遺祠

始朝廷爲吉冶隱立祠以旌之 壬辰亂 爲兵火所殘 先生爲捐俸重修 功未訖 有吉姓者構逆于濟島 先生以本府降號遞 事將不擧 九月 還升爲府 先生復任 冬 廟成 先生親祭妥靈焉

三十年壬寅 先生四十六歲 移建金烏書院于藍山

院舊在烏山北麓 地偏土瘠 人不成村 負笈者罕往 人皆病之 先生率郡中名士盧公景任·崔公晛·院長金錫胤等 相地于府東之藍山 士皆樂赴 院旣成 改號曰藍山 崔公記其事 先生有詩 諸人和之

三十一年癸卯 先生四十七歲 入爲濟用監正 移軍資監正 尋拜侍講院弼善 ○三月三日 奉大夫人踏靑 明日 賞花于白雲亭

有詩見文集 (후략)

21) 〈금오서원 회일한제공 金烏書院會一寒諸公〉

이준李埈[17], 『창석집蒼石集』 권3, 「시」

一畝儒宮占上游 洋洋衿佩摠名流 共尋東洛千年勝 遠憶南山再月留 水向孤峯分燕尾 臺臨平野聳鰲頭 塵緣未盡還星散 岐路明朝抱別愁 院一名南山 故用朱張事

瀛洲十八又加三 江閣仍憐月色添 明日橋頭難別意 片雲西去雁飛南 同會凡二十一人

17) 이준[李埈, 1560~1635] : 조선 중기의 문신으로 본관은 흥양(興陽), 자는 숙평(叔平), 호는 창석(蒼石)이다.

22) 〈금오서원 상량문 金烏書院上樑文〉

이준李埈, 『창석집蒼石集』 권6, 「상량문」

聖人司教化 設庠序而育英才 後學宗先儒 象儀形而爲準則 故革舊鼎新之會 立揭虔妥靈之祠 竊惟一善雄藩 實是三韓舊壤 枕淸洛帶甘泉 風氣於玆而融結 左留鶴右飛鳳 山勢相拱而穹窿 雅稱文物之名區 是宜人才之疊出 蓄絪縕磅礴之正氣 醲魁梧磊落之偉人 若稽麗代之儒先 曰有冶隱之奮起 當士氣頹靡之際 世自有宗師 逮王業淪喪之時 我罔爲臣僕 能以一身而任王氏五百年宗社之寄 雖在異代而培我朝億萬世風教之源 雖村婦有聞風而興 豈學者無相觀而善 磨揉漸而浸漬厚 淵源有來 造詣深而趨向端 賢才相繼 上有所傳 下有所授 文簡公吾何間然 學不爲人善不爲名 鄭新堂識其大者 亦有早事乎兜鈴 不害晩悟乎眞訣 惟民彝好是懿德 其人亡尙有典刑 肆粉袍之協謀 卽烏山而胥宇 廟焉薦俎豆 寓百歲羹墻之懷 天旣啓堂壇 作一邦絃誦之地 師儒導迪 立於禮而依於仁 英俊來遊 進其德而修其業 共沐菁莪之化 皆成棫樸之材 藹文運之方亨 荷先哲之遺澤 奈何兵火於辰巳 忍使蔓草於丘墟 如不改脩 宏規曷稱 多士盛意 思恢拓乎遺制 廟遷于新 日寤寐乎前修 享仍其舊 地與我所 天作神皐 前後莅玆邦 莫不悉心而綱紀 首尾閱幾稔 始得斷手於斧斤 揆日測圭 占風雨所交會 背山面洛 選東南之上游 日射綺疏 喜文明之有象 江廻畫棟 流道脉於無窮 天際奇峯 卓文筆於霄漢 潭心峭石 聳砥柱於波濤 幾年佳氣之葱葱 一朝雕甍之翼翼 管敎鬼護而神呵 任使地久而天長 百年千年於萬年以永其傳 大書特書不一書宜頌其美 我從士君子之後 曾服鄕先生之風 當此儒教之興 可無揄揚之語 敢將善祝 助擧修梁 抛梁東 門前流水絳河通 好待東風雷起蟄 羣魚一一變蒼龍 抛梁西 方知入聖有階梯 須向此中尋正路 莫從方外索旁蹊 抛梁南 聖賢經籍貴沉酣 莫把知行爲異致 須將動靜互相涵 抛梁北 燦燦奎文政拱極 賢才培養屬明時 從此皇猷期潤色 抛梁上 太平莫道無形像 泱泱大化篤生賢 濟濟王室公與相 抛梁下 藹藹靑襟時雨化 席珍方見作時需 金玉從來有定價 伏願上梁之後 志顔學尹 崇儒黜邪 歲拔眞才 文如班馬董賈 鄕多善俗 學則禮樂詩書 壯元坊興今日之壯元 忠烈碑慕往時之忠烈 蘊明體適用之學 經綸我邦 闢索隱行恠之徒 羽翼斯道 正教大振 文德復明

23) 〈인재선생 연보 訒齋先生年譜〉

최현崔晛[18], 『인재집訒齋集』, 「연보」

(전략) 三年乙亥 先生十三歲

肄業於金烏書院 方伯發策 問以性理 先生一揮而篇已就 及課次 先生居首

四年丙子 先生十四歲 (중략)

四十五年丁巳 先生五十五歲

四月 往拜寒岡先生 與李石潭潤雨諸友參訂五先生禮說 ○九月 與縣人築石界池 是池大關一縣生理 故松亭先生蓋嘗有志而未就 至是 先生呈書巡營 遂築之 後人至今賴之

四十六年戊午 先生五十六歲

正月 往留金陵 ○四月 還鄕 ○往拜寒岡先生○十一月 與盧敬菴景任諸友會金烏書院 議定奉安諸規 ○一善誌成○往拜寒岡先生

四十七年己未 先生五十七歲

二月 與金烏山長盧景任宿書院 議定院規 ○三月 與主倅金雲川涌·張旅軒會書院奉安四賢 書院舊在金烏山下 兵火之後 不免蕩析 地且偏遠 不便於學子往來 故移建于藍山 四月 拜寒岡先生 考訂鶴峯先生行狀 ○往拜張旅軒 請參贊公墓碣 ○七月 自靑松椒井還無語坪 ○與鄕士友共賞月巖書堂 仍議三仁廟刱建事 三仁卽籠巖金先生澍·丹溪河先生緯地·耕隱李先生孟專也 先生終始主張是役 宜有記事 而時大司諫李偉卿詆先生以作史謗訕朝廷 將欲拿鞫 遂絶筆不書 故無日記可考 (후략)

24) 〈증순충보 조공신 자헌대부예조판서겸지경연의금부춘추관사 동지성균관사 홍문관제학 완성군 행통정대부수강원도관찰사겸병마수군절도사 순찰사 인재선생최공 행장 訒齋崔晛行狀〉

최현崔晛, 『인재집訒齋集』, 「부록」

公諱晛 字季昇 姓崔氏 其先全州人 高麗門下侍中諡文成公諱阿實爲鼻祖 五世至

---

18) 최현[崔晛, 1563~1640] : 조선 중기의 문신으로 본관은 전주(全州). 자는 계승(季昇), 호는 인재(訒齋)이다. 고응척·김성일의 문하에서 수학하였다.

諱水智 比安縣監 贈都承旨 始卜居于善山之海平縣 子孫仍家焉 曾祖諱以淮 司僕主簿 贈通禮院左通禮 祖諱致雲 參奉 贈承政院左承旨 考諱深 贈議政府左參贊 三世皆以公貴也 參贊公隱德不仕 旅軒張先生實銘其墓 妣東萊鄭氏 熙佐之女 德陽奇氏 教導遇之女 星山李氏 秉節校尉智源之女 正言耕隱先生孟專之曾孫 俱贈貞夫人 嘉靖癸亥六月十日 公生 幼穎秀異凡兒 八歲 受學於杜谷高公應陟 厲志尙學 屬對輒驚人 九歲 貞夫人卒 執禮如成人 十三 方伯策士於金烏書院 公製居魁 人莫不驚歎 弱冠游鶴峯金先生之門 得聞爲學之方 自是問學日進 同列皆推服 (후략)

25) 〈금오서원 봉안문 金烏書院奉安文〉

김응조金應祖[19], 『학사집鶴沙集』 권6, 「제문」

烏山鵬騫 淑氣蜿蟺 群賢作焉 時有後先 道實相傳 一脈延延 山頹幾年 士林悲纏 狂瀾百川 文不喪天 篤生後賢 仁善地連 潛心究姸 存戒韋弦 薄氷深淵 仰高鑽堅 融會貫穿 下上魚鳶 德備才全 矩方規圓 粹粃旋乾 遭世迍邅 卷懷林泉 遵養益專 提要鉤玄 發之簡編 人文以宣 南星晦纏 天奪太遄 考德何緣 環東海堧 學切慕羶 此邦最偏 惟茲洛邊 舊廟新遷 四賢一筵 堂宇靜便 杖屨盤旋 芳塵宛然 爰謀吉蠲 合薦豆籩 盛禮無前 罇罍旣湔 載陳犧牷 藹藹香煙 遐邇騈闐 其儀罔愆 悅承誨鐫 山增而姸 水淸且漣 遺澤緜緜 庶鑑誠虔 牖我眞詮 惠我朝鮮

26) 〈금오서원 상향문 金烏書院常享文〉

김응조金應祖, 『학사집鶴沙集』 권6, 「제문」

忠孝本立 精一心傳 迭興隣鄕 續倡絶學 音容雖遠 典刑猶存 數間遺祠 萬古泂酌

19) 김응조[金應祖, 1587~1667] : 조선 후기의 문신으로 본관은 풍산(豐山), 자는 효징(孝徵), 호는 학사(鶴沙)이다. 류성룡을 사사했으며, 장현광의 문하에서 수학하였다.

27) 〈제문 祭文〉

김응조金應祖, 『학사집鶴沙集』, 「부록」

嗚呼先生 山河鍾靈 姿惟玉潤 氣則蘭馨 師友仁賢 學有淵源 貌如其心 行顧其言 人歸信讓 世許剛明 律己以約 待人之誠 騰英科甲 朝有鴻碩 歷颺臺閣 言皆藥石 出佩郡符 所到治績 俗回絃誦 遺愛去後 階登頂玉 聞望愈茂 期公鼎軸 以大厥施 嗚呼先生 奈何今時 十年置散 名利外人 圖書樂志 琴酒怡神 身閑心靜 益有所得 如金脫鑛 如玉去泐 綳中彪外 輝光日新 士林皆願 薰炙之親 迷道準的 疑事著龜 今其已矣 如公復誰 擧世倀倀 瞽而無相 痛矣吾儕 安仰安倣 嗚呼我公 而止於斯 云亡之歎 朝野同悲 況我舊民 其情曷其 屈指來莅 餘三十齡 何忘舊惠 心鏤骨銘 首興儒學 士知向方 先除民瘼 戶騰頌聲 歸意遽決 惜去者氓 當時守衙 皆吾父兄 今茲來哭 淚與河傾

28) 〈답 성달경 答成達卿〉

권상하權尙夏[20], 『한수재집寒水齋集』 권11, 「서」

牧伯眞愷悌君子 雖不以學問自任 尋常於本地上省察之功不少 處事正直明快 如久於彼 一境之福也 少日嘗出入於春堂先生門下 今於書院之事 亦必盡心矣 然此友嘗以苟艱請託爲苦 齋中知此可也

29) 〈답 파주원유 答坡州院儒〉

김간金榦[21], 『후재집厚齋集』 권7, 「서」

---

20) 권상하[權尙夏, 1641~1721] : 조선 후기의 학자로 본관은 안동(安東), 자는 치도(致道), 호는 수암(遂菴)·한수재(寒水齋)이다. 이이·송시열로 이어지는 기호학파의 정통 계승자이다.

21) 김간[金榦, 1646~1732] : 조선 후기의 문신으로 본관은 청풍(淸風), 자는 직경(直卿), 호는 후재(厚齋), 시호는 문경(文敬)이다. 박세채·송시열의 문인이다.

各處窮僻 久阻聲塵 卽仍京遞 伏承惠翰 審知僉兄 靜履沖勝 不任欣慰 榦年來衰病侵凌 凡百放倒 每念平昔遊好 落落如晨星 雖欲效古人千里命駕 披襟對討 警此昏蒙又豈易得耶 只切瞻悵而已 示意縷縷謹悉 如榦末學淺識 何敢妄議 第此事旣關師門 今又遠辱勤詢 不可不略以瞽見仰陳焉 坡之南溪 卽吾師門晚年杖屨棲息之所 遺塵剩馥至今在人思詠 卽其地而創設院宇 以寓懷慕景仰之誠者 自是不可已之擧 則坡儒今日之論 深得秉彛好德之良心 聳賀無已 然以卽今事理言之 有大不可者 蓋栗谷先生卽吾東方百世之師 而惟我先師繼其後而作 道德旣同 志業無愧 則當初合享於紫雲書院者實出多士之同仰 一境之公論 雖使後之尙論者言之 必無所憾於此 而到今十三年之後非有嫌礙可以十分難處者 又無斯文宿德可以主張世道者 而因若干儒生一時之建議 遽爾移享 此何擧措 南溪異於他所 合享不如專祀 雖靡盛教 人孰不知 顧此十餘年旣設之俎豆 一朝無他端 容易變遷 其在僉兄 安乎不安乎 所謂當初苟簡者 未知其時曲折如何然以吾先師一生尊慕栗谷先生之心 同堂腏食 情理兩安 雖以書院類例言之 善山金烏書院松堂旅軒合享於冶隱先生 錦山景賢書院晦齋退溪合享於寒暄先生 則此豈有一毫苟簡之慮哉 況來書有或不無主意之有在者 此則尤不覺憮然失圖也 夫學宮享祀 自是大事而末路人見 易至偏滯 何可一從易偏之見 輕斷莫大之禮 而無少遲疑顧憚於其間耶 今若不念事體之重大 不待論議之歸一 勇於擔當 徑先移設 則他日士友之責 必將四面而至 當其時也 僉兄雖有喙三尺 無以自解 望乞更加詳審 毋貽率爾之悔 且於坡鄕多士 以此作道理 善諭幸甚 無已則有一焉 今於紫雲合享之外 別建書院於南溪之上 以爲專祀之所 則求之事體 極爲完備 而一境疊設 亦有前例可以爲據者 今以開城之崧陽·花谷觀之 花潭先生旣享於崧陽 而又爲專祀於花谷 以星州之川谷·檜淵觀之 寒崗先生旣配於川谷 而又爲專祀於檜淵 此豈非今日之可法者耶 坡之爲邑 素稱鄒魯 而境內諸賢 無非出入薰炙於先師門下之人 想於此事 必爲之相與商確 務歸至當之地 此又區區之望也

30) 〈답 금오서원 유생 答金烏書院儒生〉

윤봉구尹鳳九[22], 『병계집屛溪集』 권31, 「서」

稟目之稱 非所敢當 亦不得循例仰答 第其示意謹悉之矣 清聖廟碑刻百世清風四大

字 曾亦見其印本爾 竊以爲我東節義之類夷齊者 惟冶隱先生 而洛江之金烏 即灤河之首陽也 宜豎大石於先生廟 傳刻四字 俾聳觀瞻也 頃者錦山儒生 以先生遺墟又在於錦 而影堂已毁於疊設之禁 則無以標示來後 營立四字碑云 善錦皆先生舊居 則淸風之碑 義無所殊 士林皆聞而奇之 鄙人亦以文字相其役矣 今者僉贊追聞錦事 又有樹石之議 彼旣爲先生 屹此螭頭 而今又兩地同碑 無或近於文勝耶 然各爲先生地也 必欲爲之 則自有傍照之義 爲大贊俎豆之所 非止一二處 不嫌其多 此亦何妨於義理耶 但錦則旣立遺墟碑而刻此大字 善則其書院與影堂 擇其便宜 爲立庭碑 前面刻此大字 似無不可 未知僉意如何

31) 〈인재선생최공 행장 訒齋先生崔公行狀〉

이상정李象靖[23], 『대산집大山集』 권50, 「행장」, [同. 『인재집』 행장]

공의 휘는 현, 자는 계승季昇, 성은 최씨이니, 그 선대는 전주 사람이다. 고려조에 문하시중을 지냈고 시호가 문성공文成公인 휘 아阿가 비조鼻祖이다. 5대를 내려와 비안현감을 지냈고 도승지에 추증된 휘 수지水智에 이르러 비로소 선산의 해평현에 터를 잡고 살게 되었고, 자손들이 이곳에 일가를 이루었다. 증조부 휘 이회以淮는 사복시주부를 지냈고 통례원좌통례에 추증되었으며, 조부 휘 치운致雲은 참봉을 지냈고 승정원좌승지에 추증되었으며, 부친 휘 심深은 의정부좌참찬에 추증되었으니, 3대가 추증된 것은 모두 공이 귀하게 되었기 때문이다. 참찬공은 덕을 감추어 벼슬하지 않았는데, 여헌 장 선생이 그의 묘갈명을 썼다. 모친은 세 분이니, 동래정씨는 정희좌鄭熙佐의 따님이고, 덕양기씨는 교도敎導 기우奇遇의 따님이며, 성산이씨는 병절교위 이지원李智源의 따님이자 정언 경은 선생 이맹전의 증손녀이다. 세 분 모두 정부인

22) 윤봉구[尹鳳九, 1683~1767] : 조선 후기의 문신으로 본관은 파평(坡平), 자는 서응(瑞應), 호는 병계(屛溪)·구암(久菴), 시호는 문헌(文獻)이다. 권상하의 문인이다.

23) 이상정[李象靖, 1711~1781] : 조선 후기의 학자로 본관은 한산(韓山), 자는 경문(景文), 호는 대산(大山), 시호는 문경(文敬)이다. 영남학파의 중추적 인물이다.

에 추증되었다.

가정 계해년(1563, 명종18) 6월 10일에 공이 태어났다. 공은 어려서부터 보통 아이들과 달리 총명하고 뛰어났다. 8세에 두곡杜谷 고공응척에게 배웠는데, 뜻을 가다듬어 학문에 힘썼고 시문을 지으면 번번이 사람들을 놀랬다. 9세에 어머니 정부인이 세상을 떠나니 상례를 치르는 것이 마치 어른과 같았다. 13세에 방백이 금오서원에서 책문으로 선비들을 시험 보였는데, 공의 글이 일등을 차지하니 경탄하지 않는 사람이 없었다. 약관이 되어서는 학봉 김선생의 문하에서 공부하여 학문하는 방도를 배워, 이때부터 학문이 날로 진보하니 동학들이 모두 칭찬하고 탄복하였다.

公諱晛 字季昇 姓崔氏 其先全州人 高麗門下侍中謚文成公諱阿 實爲鼻祖 五世至諱水智 比安縣監贈都承旨 始卜居于善山之海平縣 子孫仍家焉 曾祖諱以淮 司僕主簿贈通禮院左通禮 祖諱致雲 參奉贈承政院左承旨 考諱深 贈議政府左參贊 三世皆以公貴也 參贊公隱德不仕 旅軒張先生實銘其墓 妣東萊鄭氏 熙佐之女 德陽奇氏 教導遇之女 星山李氏 秉節校尉智源之女 正言耕隱先生孟專之曾孫 俱贈貞夫人 嘉靖癸亥六月十日公生 幼穎秀異凡兒 八歲 受學於杜谷高公應陟 厲志尙學 屬對輒驚人 九歲 貞夫人卒 執禮如成人 十三 方伯策士於金烏書院 公製居魁 人莫不驚歎 弱冠 遊鶴峯金先生之門 得聞爲學之方 自是問學日進 同列皆推服

32) 〈둔봉선생김공 행장 遯峯先生金公行狀〉

정종로鄭宗魯[24], 『입재집立齋集』 권6, 「행장」

遯峯先生金公諱寧字汝和 一善人也 麗有門下侍中宣弓 封一善謚順忠爲鼻祖 歷三司左尹得資 同三司右尹天富 藝文提學成美 司憲府監察壽貞 富寧府使擁 至軍資監正

24) 정종로[鄭宗魯, 1738~1816] : 조선 후기의 학자이자 문신으로 본관은 진주(晉州), 자는 사앙(士仰), 호는 입재(立齋)·무적옹(無適翁), 정경세의 6대손이다.

重千 是爲公曾祖 祖諱疊參奉 考諱崇烈習讀 妣陜川李氏江陽君輅之女也 以隆慶丁卯生公于夢臺里第 天資甚美 自在齠齓 性孝友聰明 才藝亦出等夷 不待敎督而能自策勵八歲事親敬長 一遵小學 十歲丁習讀公憂 執喪如成人 文詞日就 華聞益著 杜谷高先生來見歎曰 他日必師範於世 是時寒岡旅軒兩先生倡道牖學 公負笈從之 得聞爲己之工因無應擧意 每一往拜 輒蒙奬許 至以名世大儒期之 金烏書院之移建也 旅軒謂公老成召與同事 壬辰倭大搶 公負母夫人 與二兄避亂山谷間 備經險艱 書卷猶不釋手 無何丁母夫人憂於永川聘家 阻兵不得返櫬 公晝夜叫叩 至成疾幾危 土人哀之 勸權厝于村後而爭赴役以襄之 旣訖公伏哭終不起 又爲之築一間廬 使居之 遂具經終制於此 旋爲其地吉不果遷 戊戌始歸故里已墟矣 四野荒無主 有勸公廣占以爲子孫計 公曰彼其主不幸盡死 吾反幸之耶 且吾家世寒貧 今日猶前日耳 子孫何獨不堪 其人再拜而去 公以母夫人遺命應擧 庚戌中司馬 時當光海朝 鄭仁弘擅國柄 欲害善類 使族子瀚嗾朴而立 以大逆詆誣鄭先生 廢主置不問 先生詣州牧獄待命八十餘日 推官道臣皆弘黨也 曲庇而立 亦不以實聞 公痛賢師之受誣 慨斯文之將喪 倡率道內多士 上疏訟冤 聞者危之或止之 公憤然曰吾暇顧一身禍福哉 卽再叫閽竟得白 壬子應增廣別試 登乙科第一人 拜正字 邪黨憾前事 皆側目視 癸丑拜注書 時延興獄事起 國亂始漸 公作秋懷詩曰 卻嫌水國風濤起 待得霜淸掛帆空 遂還鄕 後爲幽谷丞 聞爾瞻等已害大君 竄逐善類 卽投紱不復有仕進意 放閒林泉 與金溪巖 金東籬 柳修巖 蔡投巖 崔訒齋 趙黔澗 盧敬庵諸賢相切磋講劘 以資麗澤 又會一邑儒生於金烏書院講大學 夜以繼日焉 後除司憲府監察全羅都事皆不就 庚申聞神宗皇帝崩 登遯峯北望擧哀曰再造東方 皆聖天子力 哭之盡哀 癸亥仁廟改玉 除成均館典籍兼春秋館記事官 甲子除成均館司藝 乙丑除禮安縣監以敦孝弟興禮讓爲治 居三月解印還 盜意歸橐有藏 秉炬夜劫 但見弊笥貯舊書 拍手笑再拜庭下曰 不謂公廉潔乃如是 歎服而去 後知任實縣 興學校蘓民祛瘼 邑俗丕變 己巳知彥陽縣 設朔講置訓長 月望聚儒生 敎孝悌禮讓之義 化大行 時修巖知陜川 東溟知苞山 相往來講論以爲樂 壬申解歸 丙子聞南漢之圍 公年已七十矣 雪涕糾義旅 誓赴鬪死至主屹下 聞已講和 痛哭而歸 憤欲蹈海 至廢寢食者累日 陞資護軍不出 孝廟元年庚寅考終于正寢 享年八十四 葬于上林坊先塋下負乾原 配烏川鄭氏襲明之後潔之女 生二男四女 男長英佐宣敎郞 次賢佐護軍 女鄭憲世參奉 洪以海 金喜長 曺輪 英佐子爾粲

孫鼎鉉 鼎三折衝僉使 賢佐子爾棨僉正 孫鼎九 鼎相僉正 鼎台生員 爾宋子鼎重 鼎和 公又有庶子希佐是佐 女二 曾玄以下不錄 公居家篤孝友 奉祀盡誠敬 待姻親睦 與朋友信 常端坐一室 左右圖書 盖有自樂者存 尤致力於生三事一之義 方鄭先生之被誣也 北人騁勢 威福在指顧 公只知有師而不知有其身 方南漢之受圍也 強寇扼項 死生在呼吸 公只知有君而不知有其他 第讀其訟冤疏蹈海賦 凜凜皆義膽忠肝 夫如是 其於事親當何如 而百行從可知矣 活水賦一篇 又公大本所以立 而其有得於淵源豈淺淺哉 用是鄉人俎豆勝巖院以崇報之 顧遺文失於灰燼 今有若干稿在焉 惜哉 日公之孫注書尙元 以公遺事及其宗叔鎔所撰家狀曁艮翁李尙書所撰碣銘示余 求爲狀 余固景慕公者 遂不辭而序次如右

33) 〈훈재윤공 행장 塤齋尹公行狀〉

이가환李家煥[25], 『금대시문초錦帶詩文鈔』 하, 「행장」

公姓尹氏 諱弘宣 字伯任 平山人 始祖高麗奉常大夫賜紫金魚袋諱巨臣 生諱義補 入聖朝 贈兵曹判書 是生諱尙著 官刑曹判書 三傳有諱權 官參奉 始自京師 徙居安東 復遷于善山 子孫遂爲嶺南人 是生諱希聘 以至行聞 號默軒 是生諱莘起 習讀 是生諱瑗 學生 娶永川李氏 生員光彥之女 以我穆陵癸酉月日 生公于府之鳳溪里第 生有異質 與羣兒嬉戲 不妄語笑 八歲 授小學 必端正 立不跛踦 應唯掃灑 必式古訓 及成童 已知有此事 取心經近思錄等書 俯讀仰思 至忘寢食 每日必晨起 適父母之所 問寢安否 拜家廟 雖風雨 未嘗或廢 壬癸之亂 避地赤蘿 轉入青鳧 時學生公作省掃 行抵赤蘿之石底村 疾作甚劇 公自青鳧來 衣不解帶 嘗藥視膳 及學生公卒 附身附棺 必誠必愼 勿之有悔 時寇難搶攘 養生送死 無違禮 人以爲難 服闋 奉大夫人還舊居 居已墟 遂卜築于舊居之傍 名其洞曰養眞 與其弟弘濟 靜處一室 左圖右書 日征月邁 因自號塤齋 弟號篪亭 蚤夜講習 造詣益精 年三十 負笈于旅a255_455a軒張先生之門 先生一見器重

25) 이가환[李家煥, 1742~1801] : 조선 후기의 문신이자 학자로 자는 정조(廷藻), 호는 금대(錦帶)·정헌(貞軒)으로 이익의 종손(從孫)이다.

之 壬寅春 府使金公涌 與旅軒張先生及同時諸賢 議移建金烏書院 院舊祀吉冶隱再·金佔畢宗直·鄭新堂鵬·朴松堂英 至是諸議欲並享金籠巖以下六賢 將就質於寒岡鄭先生 以任重 難其人 咸曰 非公莫可 其爲士林推重 如此 癸丑 旅軒張先生 至院 與諸生講論經旨 見公所對精切 歎曰 魯有君子 又曰 聽其言 觀其行 可謂言行相顧 公平生以餘力治學業 四十 成進士 爲親也 旣成進士 絶意進就 不復踏省門 杜門靜居 專精研究己巳 示微疾 自知不起 顧二子 囑以善養大夫人 言訖而終 十一月二十日也 葬于府南彌洞庚坐原 配洪州洪氏 後公二年生 先公十一年卒 葬于公墓左 有二男五女 男心傳·義傳 婿崔允厚 宋時鼎 李■ 宋世杰 李之維 心傳二男 商弼 商耇 義傳一男 商老 公天姿旣高 其所以充養之者 甚有次序 其在家塾 兄弟而朋友也 根基旣立 又得明師 以爲依歸 卒乃歸而反求 素履貞吉 以終其身 旅軒先生 豈無所試而輕許之者哉 爲文 平鋪典雅 淡而不厭 有心性圖·朱書釋義等書 編目僅存 而迭不傳 嗚呼惜哉 公之六世孫相麟氏 懼其愈久而愈泯 採綴舊聞 使其從弟之子永燮 來求狀德之文 家煥以爲幽光之發義不可辭 遂取其家狀 序列如右 以俟當世立言之君子

34) 류치명(柳致明)[26], 『정재집(定齋集)』 권27, 「묘갈명」, 〈욕담처사김공묘갈명 浴潭處士金公墓碣銘〉

浴潭先生金公之墓 在尙州之連山向亥原 七世孫翼昊 以諸宗之意 命完山柳致明曰 先祖治命有在 家世守遺志 不敢置墓刻 竊懼世益遠無以徵 示石旣具 敢以累吾子 致明旣重長者之命 且逡巡未敢承當而荏苒 人事大謬 拊念愴涕 義有不忍終辭者 謹按狀而序之曰 公諱犽 字子亮 善山人 浴潭其號也 系出和義君起 祖諱就文 官副提學 號久庵與兄眞樂先生 俱享洛峯書院 考諱宗武 官察訪 享忠烈祠 妣豐山柳氏 觀察使仲郢女西厓文忠公之季妹也 察訪公當壬辰倭訌 領所部 禦賊于尙州 柳夫人獨攜公 避兵金烏巖穴間 時公年十二 出遇遊倭搶掠 劫欲將去 公卽奮佩刀自頸 血朱殷被體 賊捨之去

---

26) 류치명[柳致明, 1777~1861] : 조선 후기의 문신이자 학자로 본관은 전주(全州), 자는 성백(誠伯), 호는 정재(定齋), 이상정의 외증손이다. 남한조·류범휴·정종로·이우 등의 문하에서 수학하였다.

察訪公竟殉于州之北川 太夫人隕絶 疾仍革 伯舅謙庵公 遣僕穿賊 迎母子歸 未至而太夫人歿 公煢煢含恤 每語及亂故 嗚咽不自勝 至白首猶然 遊外氏 羈旅轉移 猶一意向學 十四 見旅軒張先生于小白之僧舍 卽請學焉 益自砥礪 旣長 魁姿偉器 慷慨有志節 自以不能矢復爲至慟 旣無所用其嘗膽之志 則惡衣菲食以自哀戚 器用之倭產者不一近 結茅舊居 風雨不蔽 絶意趨營 不事擧業 人有薦者辭之 謹齊祭 訓子弟以學 嘗讀書金烏書院 時値量田 院隷慰公清苦 以甘川故塗 指爲公廢田 可數百頃 欲公按取 公杖之曰 奴乃敢挾詐以賣官 丙子 狄人來侵 盟約旣定 公恥之 有隻手難扶萬古常 腥氛天地獨猖狂之句 以周甲之歲辛巳二月乙亥終 遺戒薄葬曰 吾罪人 死不可以忘吾所志也 始久庵先生爲世醇儒 而公自爲兒時 好讀書不倦 暇則入書龕 徧抽無所不觀 就省諸寢 目卷而趨 至或失所由 旣而西厓先生教導甚至 又從張先生四十餘年 益推家學淵源之正而有會焉 顧以終身茹痛 務自韜晦 然其處心積慮 有以中乎道之淸 而合乎人心 則其所養可知已 健陵壬子 多士合議 享南岡院 公初葬洛東 後移今兆 配安康盧氏祔 盧氏 察訪景佖女 四男濰 潙 濡 漉 二女沈榗同樞 尹謙亨 濰三男相元 相胄 相后 潙以相胄後 濡一男相宇 漉二男相天·相時 沈二男若洙 若泗 尹一男錡 其登科宦者曰曾孫泰燮 玄孫在鎰生員 裕壽參奉 五世孫夢儀進士 夢華左尹 夢彩進士 六世孫榮久生員 振久佐郎 翼昊以儒學取重 所藉以見托 可信也 銘曰

王偉元孝 魯仲連志 以守死而善道 古之人與軒輊

35) 〈동리선생 연보 東籬先生年譜〉

김윤안金允安[27], 『동리집東籬集』, 「연보」

(전략) 四十六年戊午 先生五十九歲 四月 訪張旅軒 善山府伯柳時會 洪西潭偉夫 盧府使光仲 李吉夫 同會于院堂松下 旅軒授簡于李吉夫使賦詩 吉夫詩叙坐客云坐中三府使 松下兩持平 此會千載一 蘭亭奪勝名 三府使蓋指柳府伯盧府使及先生 兩持平

27) 김윤안[金允安, 1562~1620] : 조선 중기의 문신으로 본관은 순천(順天), 자는 이정(而靜), 호는 동리(東籬)로 류성룡의 문인이다.

指旅軒及西潭也 先生次曰松下凉風生 醉中胷次平 勿論倘來爵 莫要身後名 ○六月 聞李白沙 恒福 訃 白沙卒于北靑謫中 先生病中聞報 痛悼垂涕 作一絶詩云公不少留我涕滂 帝心何遽遣巫陽 令威莫恨歸無日 長見魂棲日月傍 ○七月 作排悶詩長篇 是歲北虜犯天朝 寇陷威順鎭 天朝方議大擧 移咨我國 徵兵助勢 朝廷移各道抄發兵馬 列邑騷擾聞虜酋以書恐喝 使不得助順 辭甚悖慢 京師震動 移本道使修理本府城池官舍 以爲避兵駐駕之圖 民役大興 不能堪供 列邑守宰乘時貪縱尤無狀 憤悶有作 代史譏刺 幷序載集中 ○十月 到屛院 以西厓先生文集謄寫事會士友 柳季華 李慶發 金念祖 柳元直 權克誠 金光澤 柳元之來會 子基厚從孫如玉從 先生閱集中戊戌迷津詩 田園歸路三千里帷幄深恩四十年 立馬渡迷回首望 終南山色故依然 歎曰此詩乃先生去京絶筆也 讀之使人悽然 ○十一月 寄詩同志 賀文集編次卒業

四十七年己未 先生六十歲 三月 往參金烏書院 奉安享禮 奉享吉冶隱 金佔畢齋 鄭新堂 朴松堂四先生 盧校理景任以院長 書請先生 ○述懷一絶 書錦幅 令孫女繡其字畫或云令子婦添繡 ○詩云遠野微茫似掌平 長江一帶接天橫 重來風物皆如舊 衰老難堪作客情 ○此詩未知作於何年 而以重來字推之 必是自海平來住九潭時述懷 姑錄于此

光宗皇帝泰昌元年庚申 先生六十一歲 正月 寒岡先生訃至 與崔訒齋往哭之 二月葬時 有輓詞祭文 ○二月 次崔訒齋記夢詩韻 訒齋記二月十八曉夢拜西厓先生 論及時事答問縷縷 覺而愴異 因詠一律云云 先生感而次之 一自云亡國老成 艱虞誰復念民生 天心可卜應非遠 人怨須圖豈在明 若使公忠銷黨議 定將危亂變治平 只今猶有精靈在 涕淚流時想血誠 ○三月作排悶四韻詩 前月有排悶詩 至是更步其韻 末句東海魯連何處在 不須求活況求田 ○八月自海平撤還九潭 ○十月哭金雲川 涌○有輓詞 ○十一月 屛山撤廟移奉廬江 遣子基厚往參 初先生聞西厓 鶴峯從祀廬江之議起 先生與松陰公 以屛祠毁撤有持重之意 鄭愚伏與書畧曰所重有在 故不得不爾 况今又有兩存之議 二兄尤不當持難也 卜日告期之文 遍歷列邑 萬一有退日之擧 則非但事同兒戱 同志缺望 抑恐聞聽惶惑其間或有不相悉之輩 妄意此間尊奉之議 不能歸一而罷 則豈不重爲外人所笑哉 此利害不細 幸熟思之 此非一家私事 想二兄必無固必於其間也云云 ○與松陰公 發南賁趾先生祔享廬江之議 先是雲川金公涌 聞西厓 鶴峯合祔江院之議曰 南賁趾以溪門高弟 宜在從祀之列 不可不幷議也 不幸是年雲川卒逝 未及遂意 至是先生更申此議 (후략)

36) 〈둔봉선생 연보 遯峯先生年譜〉

김녕金寧[28], 『둔봉집遯峯集』, 「연보」, [同. 『입재집』 행장]

三十二年甲辰 先生三十八歲 春哭東岡金先生 ○往拜寒岡先生于武屹精舍 質乾坤二卦

三十三年乙巳 先生三十九歲 八月 哭杜谷先生 比葬又往唁而有祭文輓詩 十月陪旅軒先生 議定金烏書院移建事 書院舊在金烏山下 兵火之餘 村落絶遠 且居一隅 不便於士子來往 故移建於藍山 而旅軒先生曰規模庶事 非汝和之老成 莫可議 必與諮度焉 金東籬 允安 來訪 因講論朱書

三十四年丙午 先生四十歲 二月入金烏書院 令植松柳于前川邊

三十五年丁未 先生四十一歲 五月 承西厓柳先生訃 爲位哭之 ○八月陪旅軒先生會話于城洞溪亭 ○旅軒先生與崔訒齋 金伴月堂 宗孝 來訪 會話于松林 ○十月鄭愚伏經世 來訪 時愚伏知大丘

三十六年戊申 先生四十二歲 二月宣祖大王昇遐 先生擧哀成服于家後山 因山前行素 問考妣忌辰參薦之禮於旅軒先生 旅軒先生答曰自啓殯至卒哭 是初喪例也 今於卒哭前 不敢擧私祀 然用素饌獻單酌 未知如何

三十七年 光海元年 己酉 先生四十三歲 往拜旅軒先生于遠懷堂 講質心經 ○五月入金烏書院 議定鄕賢配享事 ○七月崔訒齋與諸公來訪 因留宿講論 ○十月中鄕解○往拜寒岡先生 因質金烏書院院號改定事 先生陪寒岡先生 因稟曰金烏書院改號事 因崔正言晛所稟 已聞命矣 而或以爲金烏山人 乃冶隱自號 則院號金烏似無妨 此議尙未整頓 敢問何如 寒岡先生曰金烏書院初雖爲冶隱刱建 而旣以三賢幷祀 則獨稱冶隱之號似未安 且況移設洛濱則號以金烏亦未穩 翌日辭歸

三十八年庚戌 先生四十四歲 三月 赴增廣進士初試發解 ○閏三月赴省試 中三等第四人 ○四月陪旅軒先生于烏院 與李敏善 朴晉慶諸公會話 ○陪旅軒先生于月波亭

28) 김녕[金寧, 1567~1650] : 조선 후기의 문신으로 본관은 선산(善山), 자는 여지(汝知), 호는 둔봉(遯峯)으로 정구에게 수업하였고, 장현광의 문인이다.

乘暮泛舟 順流到烏院留宿 ○上寒岡先生辨誣疏 星州人朴而立 以兇悖自棄於寒岡先生 而仁弘族子鄭滃 乃其外甥姪也 受其陰嗾 誣以不道之言 以爲一網打盡之計 方伯及推官承仁弘意曲庇而立 不以實聞之 寒岡先生詣州府 席藁待罪者八十餘日 而未由伸辨 先生痛賢師之受誣 歎斯道之將喪 發文遍告于道內章甫 將足訟寃于朝 道伯聞之 先以狀申聞逆沮之 愛公者危之 多勸止之 先生憤然曰使吾師終未辨誣則吾道否矣 吾豈顧一身禍 親自製疏 決意叫閽 疏畧曰伏以逆之爲名 在國爲亂臣 在家爲賊子 常刑之所不貸 人人之所共誅 故天下之惡 無大於此 而臣子之所不忍聞者也 聞之猶且不忍 況以此名加之於身乎 是故受此名者與以此名誣人者 其罪相當 以此名誣人者 終不能使彼見誣而陷於自誣 則以刑彼者刑此 實古今討賊之通義 安有誣人以大逆之名 而獨漏其射人之影息也哉 若旣以受此誣者爲不可罪 而不以誣此人者爲可罪 則臣等恐陷人誣賢之輩 自幸其逃罪而無所畏忌 搆捏羅織之徒 將接跡於後日矣 臣等伏聞星州人朴而立詆辱前參判臣鄭逑 旣無所不至 甚至於捏之以逆名 鄭逑旣受此名則在法當罪矣 鄭逑無罪則而立當死矣 而殿下以而立爲病風令勿問 臣等固咸仰殿下好生之德 與天地同其仁 而欽恤之心 遠出於堯舜也 於戲 疑鄭逑則問而立矣 不問而立則是信鄭逑也 鄭逑先朝之老臣也 先朝之所授殿下而殿下倚以爲重 則知鄭逑者殿下也 其人之賢否 臣等不敢議也 逆名天下之大惡 而一鄉不之信 一道不之信 一國不之信 上至於殿下不之信 不惟不之信 從之以不之問 不賢而能如是乎 然則殿下之於而立 其勿問者 以爲鄭逑安有此理云 則殿下之於鄭逑 知之果深矣 信之果篤矣 待之果厚矣 殿下以鄭逑待鄭逑 而不以而立治而立 鄭逑之以見信於殿下而受恩於見誣則宜矣 而而立何所見信於殿下而逭刑於誣人乎 今若置而不刑 則今日之鄭逑雖荷殿下之聖明而無事辨釋 後日之而立亦幸殿下之好生而蹈蹈焉陷賢是事 則殿下之賢人皆將不保其令名矣 而立冒籍之由 殿下已知而猶不之罪 年爲六十一而寬之以七十 謀爲陷賢而貸之以喪心 使之益肆其纂 日增其橫逆之氣 而兩朝儒臣終未免滅頂之歎 則在殿下待儒臣之道 亦恐其有所未盡也

批曰此事朝廷旣以參酌處置 爾等抗此迫脅之章 將欲必行己志 恐有後弊也 宜安分守靜 自修其身 ○再疏 疏畧曰伏以以邪害正 吾道之大賊 好善罰惡 帝王之先務也 苟或有如是之壬人 而旣不能肆諸市朝 又不能明示典刑 則士子之趨向不明 國家之元氣已餒 而皇天將喪于斯文矣 其何以表四方之準而建天下之極乎 臣等竊惟天佑我朝 列

聖相承 綿瓜之遠 已歷二百餘年之久 賢才繼出 金宏弼 鄭汝昌倡之於前 趙光祖 李彥迪 李滉繼之於後 明斯道起斯文 赫赫然功德至于今照人耳目 而道五賢之道 學五賢之學者 前參判臣鄭逑其人也 早廬幽貞 養性山林 泝程朱之學 尋孔顏之樂 明格致誠正之功 抱經世濟時之志 學究聖人之精微而言動必以禮 行全君子之純粹而出處亦以義 在邱園則惓惓以興起斯文爲己任 當朝廷則汲汲以引君當道爲己責 誠一世之眞儒 百代之宗師 凡有血氣者 莫不知尊敬仰慕矣 不幸兇人朴而立同世而同其地 彼而立者 鍾汚穢之氣 稟兇惡之質 襟裾衣帶 雖或如人 藏奸匿暴 實是異種 不知尊賢之義 徒肆害正之欲 平生心迹 只是忌克一念而已 常加詆辱 無所不至 終至於揑虛搆無 以逆名指之 噫 陷害正類 乃至於此極耶 臣等竊有所太憾於此者 本道推覈之際 方伯入啓之辭 牽情曲庇 靡有餘力 招辭之有害於鄭逑則必錄 公論之有激於而立則不擧 上以蔽天日之聰 下以護頑愚之憝 至使吾道之大賊 得以容息於覆載之下 則在下之公論 固有所未達於上也 聖上雖有明見萬里之智 固何能洞燭其情而以加嚴誅乎 嗚呼 賢人君子之生乎世也 必有奸軌之徒 詆訿排擯之不已 伊川以王道爲心而目之以朋黨 考亭以誠正爲學而指之以僞學 以朋黨僞學而毁之 生百世之下 泝百世之事 則尙且扼腕痛心 恨不得擢髮而誅之 况此兇賊之侮辱搆陷 不止於朋黨僞學 而至以陰逆之言 鍛鍊羅織 則臣等生同一世 寧忍緘口垂首 敢與此賊同其影息於天日之下哉 嗚呼 尊賢之心 出於秉彝 嫉惡之情 有生同得 臣等生逢聖明之代 沐浴清化之中 豈不知尊賢抑邪之爲義也 使一世知所以君君臣臣父父子子夫夫婦婦者 賴斯道之不滅 而斯道見滅於而立乃至於此 此賊不討則斯道不明 斯道不明則幾何其不胥爲夷狄禽獸而國隨而亡矣 言念及此 不覺寒心而栗體

批曰爾等尊師之意 已知之矣 毋如是瀆擾 一聽朝廷之處置

疏會名錄 先生爲疏首

生員鄭三戒興海 進士權應生慶州 生員金鳳儀尙州 張悌元仁同 郭慶興玄風 卞晛尙州 趙基遠尙州 閔希顏榮川 權奭安東 金克誠尙州 金善道醴泉 進士趙光璧尙州 閔忠國大丘 金瀇善山 李時淸寧海 柳袗安東 幼學孫處訥大丘 金震護善山 禹成績禮安 李說醴泉 申經濟盈德 孫處約大丘 宋思誠安東 吳瀹禮安 李道孜靈山 李希陽善山 張光翰仁同 蔡夢硯大丘 黃河澂善山 金義路尙州 張乃範仁同 鄭四象永川 宋以修尙州 全復禮尙州 金宇淨延日 琴英奏安東 權應擧尙州 金益精善山 盧景倫善山 洪慶承義興

成應賢開寧 南濟民比安 李諴開寧 李天英開寧 金遠聲尙州 張汝翔醴泉 郭澍玄風 崔經濟永川 趙熙道咸安 康伏龍尙州 李民淳軍威 權克剛安東 宋起南尙州 趙敏德安陰 徐尙德尙州 都聖喩大丘 愼詠安陰 李遠樹善山 全濬尙州 李敬立尙州 李得鳳永川 鄭晬然河陽 李暻尙州 尹慶璜高靈 都應喩大丘 都汝喩大丘 申澈盈德 許翀龍尙州 蔡先見河陽 尹應滂尙州 李時稔高靈 金汝燁榮川 柳友潛安東 楊許國昌寧 閔興侃榮川 南陽老安東 金遂性善山 李汝牧義興 李薰禮安 趙光瑩尙州 李宜潛慶州 申挺立寧海 柳榮門禮安 金友賢榮川 金成玉榮川 朴有文仁同 徐競禮安 孫祜禮安 宋以時尙州 金光業禮安 李炯龍宮 金景達知禮 許國弼善山 黃有文禮安 成以直永川 權汝軾龍宮 成汝松尙州 金彝性永川 權宗孝安東 朴永鎭尙州 郭涌大丘 李瑞生醴泉 吳屹慶州 金禎國開寧 崔敬止慶州 裵克尙州 朴文孝永川 朴宗敬義興 柳澗尙州 崔喆善山 李英馥善山 李立可軍威 曺宅仁咸昌 趙光塗尙州 金光繼禮安 金瑛安東 許蘋醴泉 金基尙州 朴晉慶善山 李汝圭尙州 陳晛慶山 申佑德仁同 姜茂先咸昌 裵景麟慶山 張承福昌原 柳應亨咸昌 沈學海禮安 李大培奉化 朴轅義城 申檥青松 崔任尙州 權慶蘭奉化 李存性安東 趙又新咸昌 文斐然善山 崔大防善山 宋徽東萊 成汝櫄尙州 郭昌後玄風 李大圭尙州 權尙經安東 金懽安東 權克昭安東 金振成尙州 曺軥永川 徐演慶州 李善立居昌 吳姬翰慶州 權守經義城 李宗英善山 李文龍高靈 文得呂醴泉 朴汝楫高靈 辛有後靈山 權廷俊榮川 丁文衍新寧 鄭汝藩新寧 金如玉安東 黃中美安東 柳守潛安東 李陽白榮川 李之英大丘 郭揚馨玄風 鄭顯道永川 許夔醴泉 李時白尙州 韓克中尙州 李景華淸河 宋天樞醴泉 蔡元甲禮安 尹應湯禮安 李亨立安東 徐愼大丘 李檍慶州 朴弘立比安 金遇兌榮川 李英訫善山 權文煥安東 洪得一尙州 金濟昌寧 申桂眞寶 朴宗祐大丘 琴尙絃奉化 全吉承尙州 李弘中大丘 金英達高靈 裵尙禮大丘 趙承遠尙州 都弘緖高靈 徐瓘義城 成嵂昌寧 李忠民仁同 金處仁醴泉 崔寔淸道 李惇善尙州 權存恪禮安 趙光啓尙州 鄭處誠青松 朴濟義城 申起嶽義城 李光元醴泉 李時榦義興 柳永新奉化 金致中慶州 朴敏修玄風 郭柱國玄風 郭以寧玄風 黃熡尙州 李汝翼慶州 金光岳禮安 洪文海軍威 李見龍高靈 安頊豊基 郭樵玄風 郭嶙玄風 金慶遠豊基 林擎星山陰 李弘業咸陽 李衎三嘉 卞士安固城 嚴士愷玄風 田恴男永川

陪疏名錄

生員宋遠器星州 鄭三戒興海 進士權應生慶州 進士李時淸寧海 幼學金震護善山 都應喩大丘 生員張悌元仁同 幼學李說醴泉 孫處約大丘 宋思誠安東 李希陽善山 李道孜靈山 蔡夢硯大丘 趙熙道咸安 郭澍玄風 生員郭慶興玄風 幼學李民淳軍威 生員金善道醴泉 幼學趙敏德安陰 李得鳳永川 郭嵊玄風 蔡先見河陽 申澈盈德 都汝喩大丘 柳友潛安東 李時馠高靈 李宜潛慶州 申挺立寧海 陳奉扈興海 楊許國昌寧 金景達知禮 宋以修尙州 徐競禮安 金成玉榮川 郭嶙玄風 朴有文仁同 許國弼善山 生員閔希顔榮川 幼學成以直永川 權汝軾龍宮 郭涌大丘 崔敬止慶州 李英馥善山 曺宅仁咸昌 李立可軍威 權奐安東 幼學崔龍虎泗川 陳晛慶山 生員金克諴尙州 幼學申佑德仁同 朴晉慶善山 申檥靑松 張承福昌原 成汝櫶尙州 郭昌後玄風 權守經義城 金墣安東 嚴士愷玄風 鄭顯道永川 丁文衍新寧 李之英大丘 李櫽慶州 李景華淸河 徐愼大丘 朴宗祐大丘 琴尙絃奉化 申桂眞寶 崔寔淸道 徐瓘義城 李忠民仁同 李弘中大丘 成徫昌寧 金致中慶州 李時榦義興 郭柱國玄風 朴敏修玄風 郭以寧玄風 金光岳禮安 安頊豊基 金慶遠豊基 鄭穎達晉州 金俊敏長鬐 進士金轃星州 李命龍星州 生員李天封星州 幼學李弘業咸陽 林擎星山陰 李見龍軍威 ○高亦樂齋聘雲贈詩曰一封千里奏承明 字字無非瀝血誠 萬古斯文終不墜 回天應是在今行 ○又有孫慕堂處訥贈詩而今逸

三十九年辛亥 先生四十五歲

四十年壬子 先生四十大歲 四月 崔訒齋 金伴月堂來訪于松林書堂 終日講論 ○五月子賢佐生 ○九月赴增廣別試 中乙科第一人

四十一年癸丑 先生四十七歲 秋除承政院注書 時逆竪朴應犀係獄上變 告國舅金悌男謀推戴永昌大君 又上累慈殿 光海殺金悌男 出處大君于閭家 因置辟 又別處慈殿於異宮 先生憂憤却食曰時事如此 不如早退 作秋懷詩二首 見文集 十月 與李石潭 潤雨往訪崔峯前 喆 ○授承議郎

四十二年甲寅 先生四十八歲 春除幽谷察訪 赴任數月卽辭歸 ○九月授奉訓郎

四十三年乙卯 先生四十九歲 八月授中直大夫

四十四年丙辰 先生五十歲 春搆遯峯齋 因命後山曰遯志峯 題四時吟 見文集○高亦樂齋寄詩二首曰 貞吉由嘉遯 多君不出蹤 門開風捲屋 徑種歲寒松 城曉深秋色 天高薄暮容 名峯知有意 分半願相從 閉門生白髮 病起訪幽蹤 知己凌霜菊 同盟傲雪松 若

教看火色 爭似對山容 回首高峯外 何多夜道從

四十五年丁巳 先生五十一歲

四十六年戊午 先生五十二歲 八月 除司憲府監察不赴 ○十二月與崔訒齋盧敬菴諸公 會金烏書院 議定奉安諸規 ○授朝散大夫

四十七年己未 先生五十三歲 正月 與李石潭訪崔訒齋 ○二月入金烏書院議定院規 時一鄕諸公先到院 而以先生及崔訒齋未及會 留宿一夜 翌日先生與崔訒齋追會 諸會員已退去 先生與崔訒齋 盧敬菴議定院規 因書院錄 三月與主倅金雲川 涌 旅軒先生會烏院 奉安四賢 四賢卽冶隱吉先生再 佔畢齋金先生宗直 新堂鄭先生鵬 松堂朴先生英也 因次卽事二首 見文集 李石潭來訪于遯峯齋 講論經義 ○旅軒先生定烏院廟堂齋門之號 又揭白鹿洞規 而推先生爲洞主 ○除全羅道都事不赴 ○與崔訒齋諸公 會月巖書堂 議定三仁廟刱建諸規 三仁卽籠巖金先生澍 丹溪河先生緯地 耕隱李先生孟專也 十月與金東籬金伴月金鶴沙 應祖 申懶齋 悅道 訪崔訒齋同宿講話 ○十一月授通訓大夫

光宗貞皇帝泰昌一年庚申 先生五十四歲 正月 哭寒岡先生 ○四月赴寒岡先生葬 有祭文輓詩 十一月哭盧敬菴 ○聞神宗皇帝禮陟之報 擧哀于遯志山 先生北望擧哀曰 東土人民 得有今日者 乃聖天子壬癸再造之恩 哭之盡哀

熹宗哲皇帝天啓元年辛酉 先生五十五歲 正月 赴盧敬菴葬 有祭文 七月與崔訒齋往拜旅軒先生于吳山 時旅軒先生與崔訒齋書 有曰困於伏暑 來在吳山 已再經夜 是日晩如無將雨之雲 欲乘暮往洗汗毒于若木之冷井 雖往不過兩三日 當返歇于此齋是計 若無傍碍 或可往偕 數書散遣熱鬱耶 仍欲奉告于汝和第 聞方在余次云故未果 如已還 傳諭此意如何云云 崔訒齋來傳書教 故因與往拜焉

二年壬戌 先生五十六歲

三年 我仁祖大王元年 癸亥 先生五十七歲 三月 仁祖大王改玉 除成均館典籍兼春秋館記事官 ○六月除任實縣監謝恩 ○訪李五峯 好閔 與崔訒齋 申懶齋同往講論 日暮而歸 七月赴任 以樹風聲興學敎爲務 而蘊殘祛瘼 未浹數月 州民頌其淸白 冬三呈辭狀于監司 因棄歸

四年甲子 先生五十八歲 二月 赴京陳賀 賊适擧兵叛 上討平之後 先生與金玧 金璟 朴晉慶 李尙逸同作陳賀行 除成均館司藝 ○三月問旅軒先生患候 時旅軒先生以執義

在京有疾 故先生親執藥餌而救之

五年乙丑 先生五十九歲 除禮安縣監赴任 ○往陶山謁退溪先生廟 一依老先生鄕約諸條 以敦孝悌興禮讓 爲化民成俗之本 日與金溪巖坽 金梅園光繼 講論經義 八月棄歸歸後十餘日 強盜秉炬夜劫 搜見槖藏 只有貯書之一弊笥而已 羣盜絶倒笑叫曰廉潔之行 果如所聞 羅拜庭下而去

六年丙寅 先生六十歲 六月 除禮曹正郞不赴

七年丁卯 先生六十一歲 正月 爲旅軒先生號召陣從事官 時胡兵猝至京城 大駕播遷江都 國事罔涯 特命旅軒先生爲號召使 旅軒先生以先生及李民寏爲從事官 將赴行在所 未幾聞朝廷許和解兵 遂停

毅宗皇帝崇禎元年戊辰 先生六十二歲

二年己巳 先生六十三歲 五月 往問趙黔澗病 ○十一月除彦陽縣監 謝恩赴任 每月朔望 設講於鄕校 置訓長聚儒生 敎以孝悌禮讓之義 未幾邑俗煥然復新 呈辭狀于監司不得遞

三年庚午 先生六十四歲 秋 往拜旅軒先生于不知巖 ○呈辭狀于監司 不得遞

四年辛未 先生六十五歲 與陜川倅柳袗苞山倅金世濂 源源來往 講論道義 ○秋呈辭狀于新監司 州民請留於監司 回題有爲民卧治之語 冬又呈辭狀于監司 不得遞 先生益有投紱還鄕之志 與崔訒齋書 有徒羡令公林下優遊 日飽閒適之語

五年壬申 先生六十六歲 四月 赴司馬榜會于星山館 時觀察使吳公䎘設宴于星山 而縣監柳袗 典籍權克明 庶尹李崍 生員鄭維垣 生員卞晛 生員黃中信 縣監安廷燮 察訪李捒 進士李愼承凡十一人 先生居第五焉 談話盡歡而罷 因倩工各書姓名年位於下 以壽其傳 五月解歸 ○六月仁穆王后昇遐 先生與旅軒先生 擧哀成服于烏院 十月赴哭因山

六年癸酉 先生六十七歲 製月巖書院三仁廟奉安文及常享祝 因定祭儀 ○六月哭鄭愚伏 有輓詩而缺

七年甲戌 先生六十八歲 五月 與諸公陪遊旅軒先生于烏院 旅軒先生要柳修巖袗通於商山諸賢 修巖與全慶州湜 金永川知復 趙參奉光璧 金參奉秋任 全都事克恒 由水路而下 先生與張乃範 金玭 朴憙 朴俔 朴悏 李垣 申掌令悅道 陪旅軒先生往會 翌日旅軒先生出坐樓上 諸老侍坐 談話終日 亹亹不倦 旅軒先生曰吾欲與親知講論孝悌忠信

因爲講會稧 而若曰孝悌忠信稧則人不敢當其名 若以講論稧稱之則何人不可參 何人不可論哉 近而本鄕隣鄕 遠而一道一國 皆可參矣 苟修是稧則不亦好乎 諸老皆以爲得當 或以指目等語爲慮 遂未果焉

八年乙亥 先生六十九歲 正月 哭柳修菴 ○六月哭從叔中樞公 ○八月葬從叔中樞公 有祭文 十二月仁烈王后昇遐 先生成服于烏院

九年丙子 先生七十歲 二月 撰從叔中樞公墓碣銘 ○四月入府 參因山哭班 ○七月哭趙黔澗 有輓詩 十二月淸兵猝至京城 大駕幸南漢

十年丁丑 先生七十一歲 正月初三日 與一鄕士友倡義起兵 一鄕推崔訒齋爲大將 先生爲副將 李聞慶景節 金都事揚善 金參奉翻 朴參奉晉慶 士人金狃 金垶 金汝涵皆爲參謀 地主給軍七十名 鳥銃數柄以助 ○子弟以先生癃疾赴難憂之 先生曰馳驅矢石雖非老耄者所可堪 而至尊蒙塵 社稷存亡 在於朝夕 豈不死君而報國乎 十三日整頓義旅 崔訒齋有疾 推先生爲大將 ○十四日 犒師習鍊 發行至社防里宿 ○十五日行軍宿梧里院 ○十六日雨雪留 是夜因地主傳令 聞雙嶺戰 左右兵使敗亡之報 十七日行軍宿魯谷 ○二十日到杜谷留陣 本陣甚孤 列邑方起義旅 故將留待合勢 二十六日入聞慶縣留宿 ○二十八日到鳥嶺留陣 時天寒雨雪 師行不利 三十日聞講和之報 遂北望痛哭而歸 作蹈海賦 見文集 三月哭崔洛南 山輝有輓詩 九月哭旅軒先生 有祭文輓詩而缺

十一年戊寅 先生七十二歲

十二年己卯 先生七十三歲 往吳山書院 參旅軒先生追享禮 仁同士林奉安旅軒先生位版於冶隱吉先生廟 故往參焉

十三年庚辰 先生七十四歲 六月 哭崔訒齋 有輓詩而缺

十四年辛巳 先生七十五歲

十五年壬午 先生七十六歲 往金烏書院 參旅軒先生追享禮 因議定影幀奉安事 先生謂士友曰仁善便是一州 且旅軒先生半世僑寓於元堂 則其在崇報之義 不可無俎豆享於杖屨之所 因奉安影幀 陞資護軍不赴 ○議建洛峯鄕賢祠 鄕賢卽司藝金先生叔滋 眞樂堂金先生就成 龍巖朴先生雲

十六年癸未 先生七十七歲

十七年甲申 先生七十八歲 撰奉直郎司宰監僉正高膀雲墓碣銘

我仁祖大王二十三年 乙酉 先生七十九歲 哭呂道巖 姬弼有輓▣▣詩

二十四年 丙戌 先生八十歲

二十五年 丁亥 先生八十一歲

二十六年 戊子 先生八十二歲 十月別給田民於長曾孫孝章 別給文有曰余今年八十有二 每歎子孫之零星矣 汝年纔六歲 能爲學文 心甚喜幸云云

二十七年 己丑 先生八十三歲 五月仁祖大王昇遐 先生擧哀成服于遯志山

孝宗大王元年 庚寅 先生八十四歲 正月二十一日寢疾 二十三日命侍者正席 考終于遯峯齋 ○四月二日 葬于府東上林坊學義洞先塋下艮坐之原

正宗大王十年 丙午十一月四日立墓碣 李獻慶撰 姜世晃書

十二月二十八日丁卯 鄕人立祉于勝巖奉安位版

十三年 己酉三月八日 移建勝巖祉于勝池洞

二十年 丙辰四月二十六日辛丑 鄕人移安位版 因陞院號

37) 〈행장 行狀〉

김녕金寗, 『둔봉집遯峯集』, 「부록」

遯峯先生金公諱寗字汝和 一善人也 麗有門下侍中宣弓 封一善謚順忠爲鼻祖 歷三司左尹得資 同三司右尹天富 藝文舘直提學成美 司憲府監察壽貞 富寧府使璡 至軍資監正重千 是爲公曾祖 祖諱壘參奉 考諱崇烈習讀 批陝川李氏 江陽君後輅之女也 以隆慶丁卯十二月二十二日 生公于夢臺里第 天資甚美 自在髫齔 性孝友 聰明才藝 亦出等夷 不待教督而能自策勵 八歲事親敬長 一遵小學 十歲丁習讀公憂 執喪如成人 文詞日就 華聞益着 杜谷高先生來見 歎曰他日必師範於世 是時寒岡 旅軒兩先生倡道牖學 公負笈從之 得聞爲己之工 因無應擧意 每一往拜而歸 輒蒙奬許 至以名世大儒期之 金烏書院之移建也 旅軒謂公老成 與之同事 壬辰倭大槍 公負母夫人 與二兄避亂山谷間 備經險艱 書卷猶不釋手 丙申丁母夫人憂於永川聘家 阻兵不得返櫬 公晝夜叫叩 至成疾幾危 士人哀之 勸權于村後 而爭赴役以襄之既訖 公伏哭終不起 又爲之築一間廬 使居之 公遂具經終制於此 旋爲其地吉不果遷 戊戌始歸 故里已墟矣 四野荒無主 有勸公廣

占以爲子孫計 公曰彼其主不幸盡死 吾反幸之耶 且吾家世寒貧 今日猶前日耳 子孫何獨不堪 其人再拜而去 公以母夫人遺命應擧 庚戌中司馬 時當光海朝 鄭仁弘擅國柄 欲害善流 使族子瀚嗾朴而立以大逆誣誣鄭先生 廢主置不問 先生詣州獄待命八十餘日 推官道臣皆弘黨也 曲庇而立 不以實聞 公痛賢師之受誣 慨斯文之將喪 倡率道內多士上疏訟寃 聞者危之 或止之 公憤然曰吾暇顧一身禍福哉 卽再叫閽竟得白 壬子應增廣別試 登乙科第一人 拜正字 邪黨憾前事 皆側目視 癸丑拜注書 時延興獄事起 國亂始漸 公作秋懷詩曰却嫌水國風濤起 待得霜淸帆掛空 遂拂衣還鄕 後爲幽谷丞 聞爾瞻等已害大君 竄逐善流 卽投紱而歸 不復有仕進意 放閑林泉 遂以遯峯自號 與金溪巖 金東籬 柳修巖 蔡投巖 崔訒齋 趙黔澗 盧敬菴諸賢 相切磋講劘 以資麗澤 又會一邑儒生於金烏書院講大學 夜以繼日焉 後除司憲府監察全羅都事皆不就 庚申聞神宗皇帝崩 登遯峯北望擧哀曰再造東土 皆聖天子力 哭之盡哀 癸亥仁廟改玉 除成均舘典籍兼春秋舘記事官 夏知任實縣 興學敎蘊民去瘼 邑俗丕變 甲子除成均舘司藝 乙丑除禮安縣監 以敦孝悌興禮讓爲治 居四月解印還 盜意歸橐有藏 秉炬夜劫 但見弊笥儲舊書 拍手笑 再拜庭下曰不意公廉潔乃如是 歎服而去 己巳知彦陽縣 其治如禮安 又設朔講置訓長 月望聚儒生以敎之 化大行 時修巖知陜川 東溟知苞山 相往來講論以爲樂 壬申解歸 丙子聞南漢之圍 公年已七十矣 雪涕糾義旅 誓赴鬪死 至主屹下 聞已講和 痛哭而歸 憤欲蹈海 至廢寢食者累日 陞資護軍不出 孝廟元年庚寅正月二十三日 考終于正寢 享年八十四 用其年四月日 葬于上林坊先塋下負艮原 配烏川鄭氏襄明之後潔之女 生二男四女 男長英佐宣敎郞 次賢佐護軍 女鄭憲世參奉 洪以海 金喜長 曺輪 英佐子爾楘孫鼎鉉 鼎三折衝僉使 賢佐子爾槼僉正 孫鼎九 鼎相僉正 鼎台生員 爾宷子鼎重 鼎和公又有庶子希佐 是佐 女二 曾玄以下不錄 公居家篤孝友 奉祀盡誠敬 待姻親睦 與朋友信 常端坐一室 左右圖書 盖有自樂者存 尤致力於生三事一之義 方鄭先生之被誣也北人騁勢 威福在指顧 公只知有師而不知有其身 方南漢之受圍也 強寇扼項 死生在呼吸 公只知有君而不知有其他 第讀其訟寃疏蹈海賦 凜凜皆義膽忠肝 夫如是 其於事親當何如 而百行從可知矣 活水賦一篇 又公大本所以立 而其有得於淵源豈淺淺哉 用是鄕人俎豆以崇報之 顧遺文失於灰燼 今有若干稿在焉惜哉 日公之後孫注書尙元 以公遺事及其宗叔鎔所撰家狀暨艮翁李尙書所撰碣銘 示余求爲狀 余固景慕公者 遂不辭而

序次如右云

通訓大夫前行司憲府掌令晉陽鄭宗魯撰

38) 〈가장초 家狀草〉

김녕金寧, 『둔봉집遯峯集』, 「부록」

公姓金氏諱寧字汝和號遯峯 一善人 上祖諱宣弓 佐麗朝統一三韓 績縷鍾彝 拜門下侍中封一善謚曰順忠公 善金之祖順忠者三派而公其一也 其後有諱得貲同三司左尹 子諱天富同三司右尹 子諱成美藝文館直提學 子諱壽貞司憲府監察 子諱璡富寧府使 子諱直謙成均進士 子諱重千軍資監正 子諱壘宣務郎順陵參奉 子諱崇烈宣教郎習讀 即公之考也 世有隱德 語載善誌 妣陜川李氏 江陽君八世孫軫之女也 以隆慶丁卯十二月二十二日壬寅寅時 生公于夢臺里第 盖自麗朝世居府南網障里 至軍資監正公始移于夢臺 公天資甚美 自在髫齔 性全孝友 聰明才藝 亦出等夷 不待教督 能自策勵 八歲受小學而事親敬長 一如小學之義 十歲丁習讀公憂 執喪喫素 不解衰服 母夫人憫其血氣未定而不能奪其志 詞理日就 華聞益著 杜谷高先生聞公聲名而來見 歎曰君之他日必爲師範於世 時公年十三 後數年杜谷先生知禮安縣 歷訪曰曩歲見君之後 不覺心神如失 未知其間學業進於何等地也 寒岡 旅軒兩先生倡道牖學 公携笥從之 與聞緖論 喟然歎曰人之於世 但務擧業 不知爲己之學 豈非君子之耻耶 因無擧業之意 庚寅往拜杜谷高先生 先生出眎四端圖 講論忘倦 又往拜寒岡鄭先生於百梅園 辛卯往拜旅軒張先生於仁義坊 及歸先生謂門生曰此人謹厚潛默 異日必爲名世大儒 乙巳旅軒張先生移建金烏書院於洛江之濱 先生曰非君之老成 無與揆度 幸與我同事 己未三月奉安 而規模制度 沒擽於新創之餘 五月推公爲洞主 揭白鹿洞規于壁 以戒學者 公娶烏川鄭氏襲明之後潔之女 鄭氏世居永陽道川 未及迎歸 遭壬辰亂 公夜省先壠 躬負母夫人 與兄寅㝢避兵於義城青松安東等地 間關崎嶇於山谷中 而書冊不釋于手 二兄內外俱死於癘疫 獨奉母夫人就養無地 聞花山君權應銖倡義討賊 永新二邑賴以全安 晝伏夜行 進于鄭聘君家 闔室如舊安堵 盖公新娶之後 遽遭兵亂 舅甥阻別 夫婦離逷 已經累歲 且亂中經痘遘癘 風霜流離之餘 形容頓換 聘君家人無有知者 日久而後乃辨識 延入甥舘 丙申丁

母夫人憂 阻兵不得返櫬 晝夜叫叩 成疾幾危 永之人哀之 勸以權卜於村後 村人爭負簣鍤 以爲利成襄禮 公伏於階 哀哭不起 村人莫不感泣 築一間廬 使庇霜露 公晝哭於墓夜憩於廬 不脫經帶 以終三年 亂平後 更圖返葬 而以宅兆安吉未果 每以二親谷墓 爲終身痛 戊戌自永還歸夢臺故里 村落爲兵燹所燼 杜谷高先生聞公之歸 卽來敍歡 達宵講論 作詩題壁而去 公世世貧寒 晨夕屢空 不介於意 益全學業 辛丑改量阡陌 門外多沃田膏壤 荒棄無主 面裏人來謂公曰一野荒田 旣是無主 未可廣占 以爲子孫計耶 公笑曰吾家世寒 今日之貧 如前日之貧 則子孫之後日 亦何異於吾之今日乎 且此田之主 不幸盡死於兵火 而無端占持 則跡無異於幸其死也 是可忍耶 其人再拜而去 晩有學業意從母夫人遺訓也 庚戌中司馬 當光海朝 鄭仁弘專擅國柄 欲害善流 使族子濲嗾朴而立以大逆誣誣寒岡鄭先生 先生詣獄者八十餘日 不得伸辨 推覈之官聽命仁弘 曲庇而立不以實查之 巡察之使牽情而立 擯斥先生 不以實聞之 公痛賢師之受誣 嘆斯道之將墜發文遍告於道內章甫 將欲足訟寃 時道伯先以狀聞于朝曰伏見本道儒生通文 則以臣牽情曲庇於朴而立 使在下之公論 有所未達 臣不勝驚惶震慄 伏乞聖慈察臣罷軟之罪 矜臣見詆之狀 亟賜遆免 不勝祈懇之至云云 聞者莫不危其疏 愛公者皆欲止之 公憤然曰使吾師終不辨誣 則吾道衰矣斯文墜矣 豈顧一身之禍福哉 卽與一道士林 涉叫閽 一訟而不得辨 再訟而竟爲別白焉 壬子應增廣別試 登乙科第一人 邪黨以前事憾之 側目視焉 公果無仕宦之意 金溪巖坽 金東籬允安 柳修巖袗 俱同年也 蔡投巖夢硯 崔訒齋晛趙黔澗靖 盧敬菴景任 皆道義之交也 相與切磋講劘 有麗澤之助 壬子拜正字 癸丑拜注書 時延興獄事起 奸黨當路 國亂始漸 作秋懷詩 乞辭還鄕 自號遯峯 因命家後小山名曰遯志 以眎斂跡獨善之意也 除幽谷察訪 時爾瞻等已害大君 竄逐善流 公知大禍將作憂憤郤食曰徒禍無益 不如明哲保身 干祿亂邦 不如斂跡邱園 卽投紱還鄕 不復有仕進意 後國家有不忍言之事 公痛泣不已 次尹伯任韻而末句見其意 自是放閒林泉 不干世事 以奬勵後學爲己任 與崔訒齋 金東籬 盧敬菴 會一邑儒生於金烏書院 公以大學講論諸生 夜以繼日 諸生莫不服膺 後除司憲府監察全羅道都事 皆不赴 庚申聞神宗皇帝禮陟之報 往遯志山 北望擧哀曰東土人民 得有今日者 乃聖祖壬癸再造之業 而使之再造者 豈非聖天子眷愛之恩耶 哭之盡哀 癸亥仁廟改玉 除成均館典籍兼春秋館記事官 夏除任實縣監 以樹風聲興學敎爲務 蕩殘祛瘼 載其淸淨 州民去思不忘 甲子除成均館司

藝 乙丑除禮安縣監 往陶山謁老先生廟 一依先生鄉約各條 以敦孝悌興禮樂 爲化民成俗之本 居官三月 解印還鄉 行李蕭然 有強盜意公歸橐有藏 秉炬夜惕 但見室中有弊笥而貯舊書而已 盜拍手相笑 再拜庭下曰非不聞公之廉潔 今而後乃知淸儉之如是 歎服而去 聞者益稱公氷蘗操 己巳除彦陽縣監 謝恩累辭不獲 遂之縣 設朔講於鄉校 置訓長使相勸勵 月望聚儒生 教以孝悌禮讓之義 未幾邑俗煥然一變 以老病累呈辭狀於使相不得遆歸 與陜川倅柳修巖袗 苞山倅金東溟世濂來往講論 時觀察使吳天坡翽設司馬榜會於星山舘 公以同年赴焉 命工圖畵作障 各持其一以識之 壬申解歸 聞仁穆王后昇遐之報 往金烏書院 與旅軒先生設位擧哀 六日成服 因喫素 月巖書院三仁廟成 士林請文於公 公製奉安文及常享祝定祭儀 除成均館司藝不就 丙子十二月南漢之受圍也 公慷慨投袂曰至尊蒙塵 豈敢諉以癃疾而不赴乎 丁丑正月三日 糾擧義旅 時公年七十一 子弟憂之 公曰馳驅矢石 雖非老耄者所可堪 而社稷存亡 在於朝夕 豈不死君而報國乎 推崔訒齋晛爲大將 公爲副將 崔公以病不能就道 公爲大將 提携士卒而至主屹山下 旋聞講和之報 北望痛哭而歸 憤欲蹈海 至廢寢食者累日 其慷慨忠義 老而彌篤如此 陞資護軍不就 壬午配享旅軒先生於金烏書院 議建洛峰鄉賢祠 及疾病 揮婦女 正簀怡然而卒于正寢 乃孝廟元年庚寅正月二十三日也 享年八十四 用其年四月日 葬于上林坊先塋下坤向之原 公生二男四女 男長英佐宣教郎 次賢佐老職護軍 女長適鄭憲世參奉 次適洪以海 次適金喜長 次適曺輪 英佐一男爾㮤 賢佐二男爾㮚僉正爾㝝 爾㮤二男鼎鉉 鼎三僉正 爾㮚三男鼎九 鼎相僉正 鼎台生員 爾㝝二男鼎重 鼎和 公又有庶子二希佐 是佐 女二 曾玄以下若干人 公生於文獻之邦 受詩書之教 旣又濡染於寒爺旅老之門 所與交亦皆一時名賢 則淵源之來 切磋之益 於是盡矣 居家篤孝友 奉祀盡誠敬 待姻親敦而睦 與朋友信而義 安貧處約 抱持墳策 日有探賾之娛 端坐一室 左右圖書 益加硏精之工 時望洽然歸之 噫公以宿德雅望 若早遇時 黼黻王猷 必不讓於古之君子 不幸際値昏朝 斂跡丘園 無意於當世 及乎聖治維新 則公年已老矣 志已衰矣 雖未能需世 而出處大節 忠孝一致 皆有所本也 公著述甚多 師友間講論圖錄及朋儕之輓祭文書牘記序亦不少 而不肖不戒於火 去庚申遺文舊蹟 蕩失於灰燼 不肖大懼先蹟之湮沒 搜族人笥篋求契家舊帙 得若干而已 敢以平日所聞於家庭者 掇錄如右 幸秉筆君子哀而賜之一言則不惟吾先幽潛賴以闡發 所以寵遺胤而覆盖之者 其亦無窮矣 五代孫鎔謹狀

39) 〈둔봉일고 서 遯峯逸稿序〉

김녕金寧, 『둔봉집遯峯集』, 「서」

遇不遇命也 士自修而已 我於命何哉 然世方溷濁 義不同汙 飄然遐擧 斂身自佚者時也非命也 譬如霜雪矜威 卉木斂津 非一草一樹之猝然獨値也 君子受之而無怨尤 至若値世淸明 賢俊彙登 而懷抱奇珍 終老丘樊 生不見功於時 歿而名堙欝不章 尙論者無所歸咎 諉之命者非耶 山南素稱人材府庫 而寒旅之門尤多賢士 甞聞文穆公之爲仁弘所搆 門人抗章訟之 而恨未得原疏讀之 今讀金遯峯逸稿 是擧也公實首之 而疏又手自製也 方仁弘藉聲勢作威福 敺山南之半而盡折入於其門矣 一掬之水 豈能當燎原之燄而方伯守宰方且厲氣淬鋩以待之 光海君方且目之爲抗迫脅之章欲行己志 當時事亦可謂寒心而悸魄矣 公乃不震不慴 一疏再疏 得白而後已 其勇往之氣剛確之守 視蹈刃何有哉 公功已受知於鄕先生 杜谷高公翮以異日師表 乃事兩先生 俱蒙器重 金烏書院之移建也 文康公實推公爲洞主 旣釋褐 値彝倫將斁 作秋懷詩見志 拂衣而歸 不俟終日癸亥改紀 收召在野 凡抗一言名一節於昏亂之世者 無不畢萃於朝 而公獨浮湛下邑 偃蹇林泉 唯以素服習於寒旅者 日與後生講討 其遇於世何如也 丙子公年已七十 聞南漢受圍 與崔訒齋同倡義旅 崔公病不能軍 以屬公 公提師行 中道報和議成 北望痛哭而歸其忠義奮發如此 而卒之晻翳而不甚著現 其遇於身後又何如也 公平生頗有撰著 中世災於欝攸 詩文傳者僅若干篇 裒錄之而名曰逸稿 庚戌二疏直而不激 核而不繁 雍容而明切 非深有得於函文摳衣之際者不能也 不問可知爲文穆門人也 秋懷詩卒章曰却嫌水國風濤起 待得霜淸帆掛空 此其志豈欲果於忘世長往而不返哉 斷▨蕩海 狂瀾倒地 中流回棹 超然岸上 卽公當日之事 而風恬浪靜 江路淸夷 利涉之功 正須長年之操柁 終使野水孤舟 自橫於春潮晩雨 時耶命耶 拊此卷爲之喟然良久 公之七代孫右宣翊宣來請余爲序 去公之世 今已百三十有餘年矣 從今幾年 又有能發余之文而悲公之不遇者歟 是未可知也

上之九年己巳暮春 泗水睦萬中撰

40) 〈금오서원 경차여헌선생운 金烏書院敬次旅軒先生韻〉

신달도申達道[29], 『만오집晩悟集』 권1, 「시」

大節誰能及 烏山仰止高 百年遺像在 風範政非遙

不有一絲重 誰稱七里高 青青無限竹 殘日共逍遙

原韻

竹有當年碧 山依昔日高 淸風猶豎髮 誰謂古人遙

41) 〈금오서원 경차여헌선생운 金烏書院敬次旅軒先生韻〉

신열도申悅道[30], 『나재집懶齋集』 권1, 「시」

長夜日星煥 狂瀾砥柱高 遺編跪讀地 猶足會遙遙

原韻

竹有當年碧 山依昔日高 淸風猶豎髮 不覺古人遙

42) 〈배문록 拜門錄〉

신열도申悅道, 『나재집懶齋集』 권6, 「잡저」

(전략) 甲戌二月 來謁于南山 與諸益語及輿地事 先生教曰吾東載籍不備 居在此邦不知此邦故事可乎 諸君各撰地誌 俾有所勸懲可矣 因命余撰聞韶縣誌 蓋先生嘗宰聞韶 有意修輯而未就故也 ○七月進拜于金烏書院 蓋先生前此與商善諸老 約會于此 余因柳持平袗書通赴會 則先生已駕臨矣 其翌日約會諸老 由水路至 商山則全慶州湜 金永川知復 趙參奉光璧 柳持平袗 金參奉秋任 全都事克恒 仁善則張丈乃範 金彦陽寧

29) 신달도[申達道, 1576~1631] : 조선 후기의 문신으로 본관은 아주(鵝洲), 자는 형보(亨甫), 호는 만오(晩悟)로 조목·장현광의 문인이다.

30) 신열도[申悅道, 1589~1659] : 조선 후기의 문신으로 본관은 아주(鵝洲), 자는 진보(晉甫), 호는 나재(懶齋) 신달도의 동생으로 형과 함께 장현광의 문인이다.

金文犯 朴憲 朴俔 朴悏 李垣也 先生出坐樓上 與諸老談話不倦 先生曰吾欲與朋舊 修講信契 以時團聚 名以講信 何人不可參哉 諸老皆以爲當 以或有意外指目爲慮 不果焉 ○是冬又來謁 (후략)

43) 〈여헌장선생 행장 旅軒張先生行狀〉

이원정李元禎[31], 『귀암집歸巖集』 권9, 「행장」

(전략) 壬午歲永川儒生請于朝 配享于臨皐書院鄭文忠公廟 星州儒生又請于朝 從享于川谷書院程朱兩先生廟 蓋永是先生遺躅所在 星卽先生外鄕 而行李往還 素爲學子所瞻仰也 又幷享于金烏書院吉先生之廟 其別廟則仁同之不知巖 永川之立巖也 影幀有三 卽門人金斯文應祖嘗倅善山 令畫師寫眞傳神者也 分安于不知巖立巖及善山之元堂 (후략)

44) 〈농은박처사 행록 農隱朴處士行錄〉

황후간黃後榦[32], 『이봉집夷峰集』 권5, 「행장」

(전략) 八九歲 能溫恭遜悌 常佩一囊 得異味則必盛之以獻母夫人 遂就學於晉陽鄭隱君孝生 鄭卽篁嵒門徒而有孝友行 公受學數歲 能通大義 自勤課誦 日覺進就 師乃歎賞曰 某學徒中一人 非徒文字上過目成誦 將大有爲之才 及長 摳衣於旅軒張先生之門 時與晉陽韓釣隱夢參 同郡趙澗松任道 志同道合 同師一門 歲必一往 往輒與之俱到金烏書院 謁冶隱吉先生祠 公先吟短律 二公皆閣筆 踵及師門 留連數旬 先生甚敬之曰 君之學文 固非庸儒所敢及也 日夕薰陶 飫聞至論 旣歸 (후략)

---

31) 이원정[李元禎, 1622~1680] : 조선 후기의 문신으로 본관은 광주(廣州), 자는 사징(士徵), 호는 귀암(歸巖) 정구의 문인이다. 시호는 문익(文翼)이다.

32) 황후간[黃後榦, 1700~1773] : 조선 후기의 학자로 본관은 창원(昌原), 자는 이직(而直), 호는 이봉(夷峰) 이재·김성탁의 문인이다.

45) 〈금오서원 金烏書院〉

이윤영李胤永[33], 『단릉유고丹陵遺稿』 권4, 「시-낙동록」

迂回野路不嫌遲 爲拜忠臣冶隱祠 春風雖到庭前栢 桃李陰中未變姿

46) 〈봉계로상 용중부 금오서원운부지 鳳溪路上用仲父金烏書院韻賦之〉

이윤영李胤永, 『단릉유고丹陵遺稿』 권4, 「시-낙동록」

山水開心目 埋頭勝讀書 漫興詩無盡 徐行日有餘

檜老忠臣廟 花明孝子墟 峙流雖自在 鍾氣不前如

47) 〈김둔봉일고 서 金遯峰逸稿序〉

목만중睦萬中[34], 『여와집餘窩集』 권12, 「서2」

遇不遇命也 士自修而已 我於命何哉 然世方溷濁 義不同汚 飄然遐擧 斂身自佚者時也非命也 譬如霜雪矜威 卉木斂津 非一草一樹之猝然獨値也 君子受之而無怨尤 至若値世淸明 賢俊彙登 而懷抱奇珍 終老丘樊 生不見功於時 歿而名湮欝不章 尙論者無所歸咎 諉之命者非耶 山南素稱人材府庫 而寒旅兩先生之門 尤多賢士 甞聞文穆公之爲仁弘所搆 門人抗章訟之 而恨未得原䟽讀之 今讀金遯峰逸稿 是擧也公實首之 而䟽又手自製也 方仁弘藉聲勢作威福 敺山南之半而盡折入於其門矣 一掬之水 豈能當燎原之焰 而方伯守宰方且厲氣淬鋩以待之 光海君方且目之爲抗迫脅之章 欲行己志 當時事亦可謂寒心而悸魄矣 公乃不震不慴 一䟽再䟽 得白而後已 其勇往之氣剛確之守視蹈刃何有哉 公幼已受知於鄕先生 杜谷高公詡以異日師表 及事兩先生 俱蒙器重 金

---

33) 이윤영[李胤永, 1714~1759] : 조선 후기의 문인화가로 본관은 한산(韓山), 자는 윤지(胤之), 호는 단릉(丹陵)·담화재(澹華齋)로 이색의 14대손이다.

34) 목만중[睦萬中, 1727~1810] : 조선 후기 문신이자 문장가로 본관은 사천(泗川), 자는 유선(幼選), 호는 여와(餘窩)이다. 채제공, 정범조 등과 함께 남인 문단을 대표하는 문장가로 평가받는다.

烏書院之移建也 文康公實推公爲洞主 旣釋褐 値彝倫將斁 作秋懷詩見志 拂衣而歸 不俟終日 癸亥改紀 收召在野 凡抗一言名一節於昏朝之世者 無不畢萃於朝 而公獨浮湛下邑 偃蹇林泉 惟以所服習於寒旅者 日與後生講討 其遇於世何如也 丙子公年已七十聞南漢受圍 與崔訒齋同倡義旅 崔公病不能軍以屬公 公提師行 中道報和議成 北望痛哭而歸 其忠義奮發如此 而卒之晻翳而不甚著見 其遇於身後又何如也 公平生頗有撰著 中歲灾於鬱攸 詩文傳者僅若干篇 裒錄之而名曰逸稿 庚戌二疏 直而不激 核而不繁 雍容而明切 非深有得於函丈摳衣之際者不能也 不問可知爲文穆門人也 秋懷詩卒章曰 却嫌水國風濤起 待得霜清帆掛空 此其志豈欲果於忘世 長往而不返耶 衝飇蕩海 狂瀾倒地 中流回棹 超然岸上 卽公當日之事 而風恬浪靜 江路淸夷 利涉之功 正須長年之操柁 終使野水孤舟 自橫於春潮晩雨 時耶命耶 拊是卷爲之慨然良久 公之六世孫右宣翊宣來請余爲序 去公之世今已百三十有六年矣 從今幾年又有能發余之文而悲公之不遇者歟 是未可知也

48) 〈여지주이공채알 금오서원 與地主李公采謁金烏書院〉

강정환姜鼎煥[35], 『전암집典庵集』 권2, 「시」

往事悠悠閱幾春 三賢遺跡洛江濱 明年是日方回甲 太守玆遊幸及辰 識面纔爲樓上客 聯名仍作錄中人 前期又在金烏院 文字相隨不厭頻

49) 〈제금오서원 첨배록후 題金烏書院瞻拜錄後〉

이채李采[36], 『화천집華泉集』 권9, 「제발」

記昔丙辰 余祖文正公南遊到鸕鷀亭 以三月一日 祗拜本院 後六十年乙卯 采以邑

35) 강정환[姜鼎煥, 1741~1816] : 조선 후기의 학자로 본관은 진주(晉州), 자는 계승(季昇), 호는 전암(典庵)으로 김원행의 문인이다.

36) 이채[李采, 1745~1820] : 조선 후기의 문신으로 본관은 우봉(牛峯), 자는 계량(季亮), 호는 화천(華泉)이다.

宰率二子 走謁廟庭 前此固已謁院 而又必以是月是日會者 意有在焉 况會中士友 太半是當日從遊諸丈子若孫 尤豈不奇哉 舊甲適周於明年 萬一猶未去官 謹當俟是月是日重謁廟庭 以追先躅云

50) 〈운천김선생 신도비명 雲川金先生神道碑銘〉

권연하權璉夏[37], 『이재집頤齋集』 권11, 「비명」

(전략) 秋 拜善山府使 善被賊路要衝 四境蕭條 先生招來安集 邑里復完 漸以儒化 移建金烏書院 瘡痍之餘 文教復振 癸卯入爲侍講院弼善 (후략)

51) 〈근차금오서원 중수운 謹次金烏書院重修韻〉

장석룡張錫龍[38], 『유헌집游軒集』 권3, 「시」

忠藎儒宗百世眞 一堂齊享五賢臣 江山不變猶依舊 棟宇重成似創新
太守捐金增士氣 聖朝宣額感天神 羹墻俎豆蹌蹌地 鷰賀翬飛歲在辛

52) 〈연보 年譜〉

장석룡張錫龍, 『유헌집游軒集』 권1, 「연보」

三十年癸巳 先生七十一歲 正月拜兼知經筵事 ○三月拜知中樞府事知義禁府事知春秋館事 ○七月拜司憲府大司憲 ○十一月復拜司憲府大司憲 ○還鄉 ○謁金烏書院 ○撰本生先妣貞夫人金氏遺事

37) 권연하[權璉夏, 1813~1896] : 조선 말기의 문신이자 학자로 본관은 안동(安東), 자는 가기(可器), 호는 이재(頤齋)로 류치명의 문하에서 수학하였다.

38) 장석룡[張錫龍, 1823~1908] : 조선 말기의 문인으로 본관은 안동(安東), 자는 진백(震伯), 호는 유헌(遊軒)·운전(雲田)이다.

53) 〈여헌 장선생 신도비명 旅軒張先生神道碑銘〉

허목許穆, 『기언記言』 별집 권16, 「구묘문」

선생이 별세하자 임고서원臨皐書院, 천곡서원川谷書院, 금오서원金烏書院에서 모두 배향配享하였으며, 부지암不知嵒, 입암立嵒, 원당元堂에 모두 사당을 두었다.

(전략) 先生歿 臨皐 川谷 金烏 皆推祀之 不知嵒 立嵒 元堂 皆有祠 (후략)

54) 〈마음을 본받는 노래 效心行〉

이익李瀷, 『성호전집星湖全集』, 제8권, 「해동악부」

야은 길 선생은 이름이 재, 자가 재보再甫, 본관이 해평이다. 고려 조에 문하주서에 제수되었는데 관직을 버리고 선산에 은거하였다. 태종이 동궁 시절에 공을 불렀으나, 공이 은거를 고집하고 나가지 않으니, 고을 관원이 상경할 것을 독촉하였다. 태상 박사에 제수되자 공이 전箋을 올려 진달하기를 "충신은 두 임금을 섬기지 않는 법입니다." 하니, 상이 그 절의를 가상히 여겨 예우하여 보내 주었다.

세종이 즉위하자 공의 자제 중 등용할 만한 자를 불렀는데 아들 사순師舜이 소명을 받고 벼슬에 나아가려 하자, 공이 말하기를 "임금이 신하에게 먼저 예를 행하는 것은 삼대三代 이후로 보기 드문 일이다. 네가 초야에 있는데 임금이 먼저 불렀으니 그 은혜와 의리가 다른 범범한 신하에 비할 바가 아니다. 너는 의당 고려를 향한 나의 마음을 본받아서 네 조선의 임금을 섬겨야 할 것이다." 하였다. 공의 병이 위독해지자 부인 신씨가 아들 사순을 부르겠다고 고하자, 공이 "임금과 아비는 똑같이 섬기는 것이오. 이미 임금에게 갔으니 부고를 듣고 나서 오는 것이 옳소."라고 하였다. 67세에 졸하였다. 사순은 선공감 직장이 되었다. 온 마을 사람들이 공을 위하여 낙동강 가에 서원을 세워 제사하였다.

선비는 행적이 달라도 뜻이 같음이 있으니
물소 뿔의 한 점처럼 마음이 통하였네.
금오산 아래 한 가닥 길이 있는데
부자간 출처는 다르나 그 법도는 같구나.
곡령 청송을 꿈에서도 잊지 못하는데
한양엔 아름다운 기운이 도리어 성대하네.
임금의 명 멀리 궁궐에서 내려왔으니
성군이 외론 신하의 충절을 유념해서라.
고신은 정절 지키며 그 아들 가르치길
너의 임금을 잘 섬겨 공 이루라 하였네.
한 집안의 진퇴가 각각 군신지의 다르나
태양은 고르게 우리의 진심을 비춰 주리.
그대는 못 보았나 제대로 배운 노 남자를
문 닫고 거절하여 유하혜의 도를 지켰네.

冶隱吉先生名再字再甫　海平人也　麗朝拜門下注書　棄官歸善山　太宗在東宮召之 公堅臥不起 州官督就道 授太常博士 公上箋自陳曰 忠臣不事二君 上嘉其節義 優禮遣之 世宗卽位 召子弟之可用者 子師舜將赴召 公曰君先乎臣 三代以後蓋罕聞也 汝在草萊 君先召之 其恩其義 非他泛然爲臣之比 汝當效我向高麗之心 事汝朝鮮之主 公疾革 妻申氏告以招師舜 公曰君父一也 旣往君矣 聞訃而來可也 卒年六十七 師舜仕爲繕工直長　一鄕人爲公作書院于洛東江上祀之

士有異迹而共趨 靈犀一點方寸通 金鼇山下一種路 父歸兒行其揆同 鵠嶺靑松夢不斷
漢陽佳氣還葱蘢 天書遠從九天下 聖人應念孤臣忠 孤臣守貞誨爾子 往事汝君圖成功
一門進退各君臣　白日均照吾誠衷　君不見善學魯男子　閉戶不背柳下翁

55) 〈야은의 유허에서 冶隱遺墟〉

민우수閔遇洙[39], 『정암집貞菴集』 권1, 「시」

들밭 쓸쓸하고 대나무 들쑥날쑥 서 있는데
야은의 유허에서 눈물에 젖어 비문을 읽네.
뜰에 가득 한 밝은 해처럼 충정이 드러났고
마주 보이는 높은 산처럼 절개가 우뚝하여라.
빛나는 숙종의 어필 새로 우러르고
감개한 어공의 시 거듭 읊조리네.
물가에서 술동이 끼고 진탕 취해야 하니
숲의 꽃 떨어지고 자규는 슬피 우네.

原田蕭瑟竹參差 冶老遺墟淚映碑 白日滿庭心共見 高山對面節俱危
新瞻肅廟昭回翰 重詠魚公感慨詩 臨水一罇須盡醉 林花零落子規悲

56) 〈여지승람 선산부사묘 輿地勝覽善山府祠廟〉

남재南在[40], 『구정유고龜亭遺藁』 권하, 「부록」

길재사당은 금오산 아래 구며리에 있다. 거리는 부 치소로부터 20리 떨어져 있다. 관찰사 남재가 건립하였고 여지승람 선산부 사묘조에 기록되어 있다.

吉再祠在金烏山下仇旀里 距府治二十里 觀察使南在所建 輿地勝覽善山府祠廟條

39) 민우수[閔遇洙, 1694~1756] : 조선 후기의 문신이자 학자로 본관은 여흥(驪興), 자는 사원(士元), 호는 정암(貞庵)으로 권사하를 사사했다. 시호는 문간(文簡)이다.

40) 남재[南在, 1351~1419] : 조선 전기의 문신으로 본관은 의령(宜寧), 초명은 남겸(南謙), 자는 경지(敬之), 호는 구정(龜亭)이다. 이색의 문인으로 조선개국에 공을 세웠다.

57) 〈길야은서원 사제문 吉冶隱書院賜祭文〉

김재찬金載瓚[41), 『해석유고海石遺稿』 권5, 「제문」

天運丕改 勝國祚訖 曰維三隱 幷時同節 ○陶吊魂 圃埋萇血 有隱于冶 其官珥筆 晦跡潛光 遯而不出 時則厚陵 在宥之日 聲敎曁四 轢普歸一 鶴禁有召 野服造闕 尺書叩閽 義正辭切 漢朝寬大 嚴陵不屈 肆彼金烏 其上有蕨 了然抱忠 卓乎守潔 一士獨全 三綱無缺 容孩以得 是謂難奪 黃花祭夷 百代堪咽 列朝崇奬 賁彼風烈 院設俎豆 門揭棹楔 因事起感 予懷靡歇 蠋邑在晝 陶里名栗 伻官侑祠 靈應不沫

3. 고문서류

1) 행임록 2책 行任錄

서원을 운영하였던 원장院長, 장의掌議, 유사有司 등과 같은 서원 임원의 명단으로 이름과 본관, 연대 등을 수록하고 있다. 1책은 1792년(정조 16)부터 1876년(고종 13)까지 85년간 79명이 평균 13개월을 역임했다. 원장을 역임한 인사들을 성씨별로 나열하면 김씨 24명, 이씨 18명, 심씨 13명, 조씨趙氏 6명, 정씨鄭氏 4명, 곽씨 3명, 최씨·홍씨·전씨田氏 각 2명, 박씨 1명 등 모두 79명이다. 이들을 직역별로 구분해 보면 지방관 9명, 전직관료 1명, 생원·진사 9명, 주서主書 1명이며, 유학幼學이 59명이다.

또 다른 1책은 1898년(광무 2)부터 최근까지의 원장 185명과 유사 467명의 인명을 수록하고 있다. 20세기에 들어오면서 원장에 오르는 성시들이 더욱 다양해지고 있다. 즉 길씨, 장씨張氏, 류씨, 황씨黃氏, 정씨丁氏, 허씨, 민씨, 강씨康氏, 노씨盧氏, 오씨, 윤씨, 송씨宋氏, 석씨昔氏, 전씨全氏 등과 같이 이전 원장의 명단에는 없던 성시들이 등장하고 있는데, 이는 당시 선산을 대표하는 가

---

41) 김재찬[金載瓚, 1746~1827] : 조선 후기의 문신으로 본관은 연안(延安), 자는 국보(國寶), 호는 해석(海石), 시호는 문충(文忠)이다.

문을 총망라한 것이었다.

임자 2월 행임록

무술 9월 행임록

2) 금오서원 집사분정기 金烏書院執事分定記

금오서원 제례의 제관 인사를 기록한 것으로 헌관獻官, 축祝, 찬자贊者, 알자謁者, 찬인贊人 등의 이름을 나열하여 기록하고 있다. 작성연대는 1979년부터 2012년까지이다.

3) 금오서원 강학계안 2책 金烏書院講學契案

금오서원강학계안은 서序, 절목節目, 좌목座目으로 구성되어 있다. 먼저 연대표기가 없는 강학계안은 가장 먼저 입록된 선산부사 이소영의 재직과 관련하여 작성 시기를 유추할 수 있다. 이소영은 1896년(고종 33)에 선산부사에 제수되었고 1899년(고종 36)에 이배되었기 때문에 이 기간 중에 작성된 것으로 사료된다.

입록된 인원은 총 251명이며, 이들의 본관은 총 37개로 인원 수 상위로 선산·일선 김씨, 옥산·인동 장씨, 해주정씨, 밀양박씨, 평산윤씨, 해평길씨 등이다.

1916년 병진본 학계안에 입록된 입원은 총 289명이며, 이들의 본관은 49개로 파악된다. 상위 본관은 선산·일선 김씨, 밀양박씨, 옥산·인동장씨, 파평윤씨, 의성김씨, 청송심씨 등의 가문 순으로 나타났다.

금오서원강학계안

금오서원강학계안(병진)

4) 금오서원 중수일기록 2책 金烏書院重修日記錄

신묘년 2월 초9일에 작성한 서원 중수 관련 자료로 본손 문중을 비롯한 각 문중에서 수전收錢한 금액, 사용 내역을 비롯하여 선산부사 김사철 송덕비문, 서원중수기, 절목게판節目揭板, 서원품목, 교중품목校中稟目, 하첩게판下帖揭板, 낙성연통문樂成宴通文, 시도기時到記, 전답안 등이 부기되어 있다.

무오년 5월 작성한 중수 관련 자료로 본손 문중을 비롯한 각 문중의 수전한 금액이 기재되어 있다. 본손 5개 문중에서 1,200냥, 각 문중에서 914냥 5전을 납부한 것으로 기록되어 있다.

금오서원중수일기록(신묘)

금서원중수일기록(무오)

5) 금오서원 중수계안 金烏書院重修契案

금오서원중수계안(경자)

경자년 3월에 작성된 것으로 참가자 827명의 명단이 입록되어 있다. 문소聞韶 김병은金秉殷과 광주廣州 이수기李壽麒가 찬한 중수기가 말미에 수록되어 있다.

6) 금오서원 중수운 金烏書院重修韻

경자년 3월 중수를 기념하기 위해 남긴 시선詩選으로 참여한 작자는 이수기, 김성모金成模, 이시형李時亨, 조용승曹瑢承, 이희범李熙範 등 총 115편의 시가 수록되어 있다.

7) 금오서원 중수수전안 金烏書院重修收錢案

경자년 3월 중수 시 수전收錢한 내역으로 부조한 사람은 989명이며 금산 길씨문중, 고령 가곡김씨 문중 등이 참여하였다.

8) 수촌선생 문집보간계안 水村先生文集補刊稧案

조선 후기 문신이자 우의정을 지낸 오시수吳始壽(1632~1681)의 문집을 보간한 경오년 4월에 작성된 계안으로 서문과 참여한 120명의 명단이 수록된 좌목으로 구성되어 있다.

9) 금오서원 중수급수계 金烏書院重修及修稧

무술년 11월 10일 중수 시 수계한 자료이다.

10) 금오서원 중수찬조록 金烏書院重修贊助錄

1983년 3월 9일 서원의 동재 신축, 길재 유허비 건립, 남상순 독립투사 비석 건립 등에 찬조한 내역을 담고 있다. 건립 비용은 동재가 신축에 640만원, 유허비 160만원, 비석 360만원 등이 소요되었다. 선산 지역 뿐만 아니라 대구, 김천, 현풍, 서울 부산 등지에서 참여하였다.

11) 교지 敎旨

조선시대에 임금이 문무관 4품 이상의 관리에게 주던 사령辭令으로 1746년(영조 22) 10월 초7일 고려조高麗朝 종사랑從事郎 문하주서門下注書 길재에게 본조本朝(조선) 좌사간左司諫에 증직하고 아울러 충절忠節이란 시호를 내린 교지이다.

12) 완의 完議

본손계本孫稧와 유계儒稧를 합치면서 정사년 2월에 작성한 것으로 서문과 절목으로 구성되어 있다. 서문에는 완의 동기가 적혀있고, 12개의 절목에는 서로 지켜야 할 사항을 열서列書하고 있다.

13) 홀기 笏記

10첩으로 구성되어 있는 홀기에는 성생의省牲儀, 진설도陳設圖, 제의祭儀, 진설陳設, 위차位次 등의 순으로 내용이 기재되어 있다. 알묘시홀기 1책과 더불어 금오서원에서 행해진 제례를 비롯한 향음주례, 강학례 등 의식에서 그 진행 순서를 알 수 있다.

4. 현판류

1) 서원중수기 1 書院重修記

옛 제도에 향선생鄕先生이 돌아가시면 사원祠院에서 제향하는 까닭이 어찌 단지 선현의 영령께서 이러한 제물을 흠향하기만 바라서 그렇게 했겠는가? 간혹 원우院宇가 세월이 오래되어 무너지면 그대로 새롭게 고치는 것 또한 어찌 단지 선현의 영령께서 여기에 편안하게 머무르게 하려고만 그렇게 했겠는가? 진실로 만일 후학과 후손들이 그 선생의 도의道義와 명절名節을 계승할 줄 모르고, 단지 이러한 제물을 흠향하기만 바라고 단지 여기에 편안하게 머무르게 하려고만 한다면, 무릇 우리 선현의 영령이 거침없이 오르내리는 신리神理로서 어디를 간들 흠향할만한 제물과 머무를만한 장소가 없겠는가? 삼가 생각건대 선현의 영령은 마음속으로 반드시 말하기를, "너희 후생들이 내가 당시에 배우고 행했던 바를 능히 준수한다면, 나의 정기精氣와 영광靈光이 어느 때라도 후생들의 마음과 눈에 밝게 빛나고 향기를 피워, 바야흐로 신인神人이 서로 의지하여 사문斯文이 여기에 남아있게 될 것이다. 과연 능히 이처럼 한다면 비록 변변찮은 제물로 나에게 제사 지내고 땅을 청소하여 나를 머무르게 하더라도 나는 반드시 즐겁게 흠향하고 편안하게 머무를 것이다. 그렇지 않으면 태뢰太牢[42]를 올리는 제사나 들보에 아로새긴 웅장한 집이라 하더라도 내가 맛있게 먹고 편안하게 여길 바가 아닐 것이므로, 훨훨 날아서 구름을 타고 바람을 몰고 가버릴 것이다. 그렇다면 그 유생들이 흠향하기를 바라고 머무르기를 바라던 공이 어디에 있겠는가?"라고 할 것이다. 나는 보잘것없는 재주로 어쩌다가 부사府使로 임명받아 선산에 부임하니 이 고을은 옛날부터 향선생이 많은 지역이었다. 아! 도의와 명절이 당세에 지주砥柱[43]가 되고 후학에게 모범이 되는 분으로는 야은 길 선생과 점필재 김 선생, 신당 정 선생, 송당 박 선생, 여헌 장 선생 등이 있었다. 만력萬曆 3년 을해년(1575)부터 선산 고을의 부로父老들이 제례를 올릴 장소를 창건하여 다섯 현인을 봉향하였는데 선조 조에 사액하여 금오서원이라 하였다. 내가 비록 늦게 태어났지만, 또한 일찍이 다섯 현인의 풍모를 흠모하였는데, 마침 이 고을에 부임하여 서원이 가까이에 있으니 더욱 사모하는 마음을 이길 수 없었다. 이에 공무에서 물러난 여가에 목욕재계하고 공경히 알현하고는 곧장 서원에 수리할 곳을 살펴보고 드디어 서원의 유생들과 함께 이렇게 중수하기를 도모하였다. 나도 역시 봉급 약간을 출연하여 역사役事에 보탰고 전前 호군護軍 김원윤金胤元에게 그 일을 주관하게 하였으니 대체로 고을의 추천에 의한 것이다. 일을 마치고 나는 서원의 유생들에게 알리기를, "주부자朱夫子가 일찍이 「용암현학기龍巖縣學記」를 짓고 여러 생도에게 고하기를, '이른바 성현의 학문이라는 것은 알기 어렵고 잘하기 어려운 일이 아니다. 효제와 충신, 예의와 염치로써 그 몸을 닦으며, 스승을 구하고 벗을 만나 시를 읊고 책을 읽으며 사물의 이치를 궁구할 따름이다. 가령 나의 행동이 나날이 독실하고

---

42) 태뢰(太牢) : 나라에서 제사를 지낼 때, 소를 통째로 바치던 일.

43) 지주(砥柱) : 중국의 황하 중류에 있는 기둥처럼 생긴 석산(石山)으로, 탁류 가운데 있으면서도 흔들리지 않는 산을 말하는 것으로, 지주산처럼 세욕에 흔들리지 않고 굳게 절개를 지킨 길재를 가리킨다. 1587년(선조 20)에 인동현감 류운룡이 고려말의 충신이며 삼은의 한 사람인 길재의 높은 충절을 기리기 위하여 그 묘역을 수리하고 주변에 사당과 서원을 창건하고 그 앞에 '지주중류'가 새겨진 비석을 세웠다.

취향이 나날이 깊어지면 자신으로부터 가정으로, 가정으로부터 국가로, 국가로부터 천하에 이르기까지 장차 어디를 가더라도 합당하지 않을 곳이 없을 것이다. 진실로 반드시 도의道義와 공렬功烈이 현저한 것을 때에 맞게 구한다면, 뿌리가 깊고 가지가 무성하며 열매가 크고 소리가 웅장하여 장차 저절로 가릴 수 없게 될 것이다.'라고 하였다.

아! 이것은 진실로 사문斯文의 전통이다. 이 말에 말미암아 지금 살펴본다면 다섯 현인의 덕행과 명절은 처음부터 행하기 어려운 것이 아니니 또한 어찌 여러 군자들이 일용하는 사이를 벗어나겠는가? 여러 군자들이 이 정자에서 어울리고 이 마루에서 노닌 것은 속유俗儒나 범부凡夫의 무리가 한갓 흠향하기를 바라고 머무르기를 바라는 것과는 확실히 같지 않을 것이다. 개연히 이 마음을 되돌리고 주자의 가르침을 찾아서 다섯 현인의 덕행과 명절로 하여금 백세까지 다시 빛나게 한다면, 무릇 현령께서 언제나 즐겁게 흠향하고 기분 좋게 머무를 것이며, 선산 고을의 사풍士風이 크게 변하여 지선至善을 반드시 회복할 것이다. 나날이 그 덕을 새롭게 하는 자들은 오늘 중수한 일과 더불어 그 실효를 거둘 것이다."라고 하였다.

신묘년(1891) 8월 하순에 선산부사 김사철金思轍이 기록하다.

古制所以鄕先生歿而祭於社院者 豈其徒望賢靈之歆此牲菜而然耶 且或院宇之歲久壞廢 則從以改新者 亦豈徒欲賢靈之安此妥留而然耶 苟使後學來裔 不知所以承襲其先生道義名節 而徒望其歆此牲菜徒欲其安此妥留 則凡我賢靈洋洋陟降之神理 何適而無可歆之物可留之地乎 竊惟賢靈之心 其必曰 咨汝後生 克遵我當時所學所履 則我之精氣靈光 無時不昭明焄蒿于後生之心眼 而方得以神人相依 斯文在玆矣 果能如是 則雖以菲奠祭我 掃地留我 我必樂而歆之 嘉而留之 不爾則太牢之薦 雕樑之宮 非我所甘所安 而悠然浩然 駕雲御風而逝矣 若然 惡在其儒生之所以望其歆欲其留之功乎 思轍以菲才謬承命符 來典善府 是州古多鄕先生之地耳 猗歟 道義名節 砥柱乎當世 準繩乎後學者 有若冶隱吉先生佔畢齋金先生新堂鄭先生松堂朴先生旅軒張先生 粤自皇明萬曆三年乙亥 本州先父老 刱建俎豆之所 奉享五賢 宣廟朝賜額曰金烏院 思轍雖晚生 亦

嘗欽聞五賢之風 而適莅玆土 院在伊邇 則尤不勝感慕矣 乃於公退之暇 齋沐祗謁 仍審院様之有可修者 遂與院儒圖此重修 余亦捐俸若干以資役 而使前護軍金胤元幹其事 盖依鄕薦也 功訖 余告院儒曰 朱夫子嘗記龍巖縣學 因以告諸生曰 夫所謂聖賢之學者 非有難知難能之事也 孝弟忠信 禮義廉恥 以修其身 而求師取友 頌詩讀書 以窮事物之理而已 使吾行日篤而趣日深 則自身而家 自家而國 以達天下 將無所處而不當 固不必求道義功烈之顯於時 而根深末茂 實大聲閎 將有自然不可揜者矣 嗚呼 是誠師門的傳也 由是說而觀於今 則五賢之德行名節 初非難行 而亦豈外乎諸君子日用之間也哉 諸君子之與於斯享遊於斯堂者 愼勿如俗儒凡倫之徒望 其歆徒望其留 慨然反是心而求之於朱子之訓 使五賢之德行名節 重有光於百世 則庶幾賢靈之常常樂 而歆之嘉而留之 而一善士風 必復一變至善 日新其德者 將與今日重修之功同歸實效云爾

歲在辛卯秋八月 下澣 府伯 金思轍 記

2) 금오서원 중수기 1 金烏書院重修記

영남은 본래 유현儒賢이 많아서 동방의 추로鄒魯라 하는데 선산善山을 최고로 여긴다. 선산에는 금오서원金烏書院이 있는데 바로 길야은吉冶隱, 김점필재金佔畢齋, 정신당鄭新堂, 박송당朴松堂, 장여헌張旅軒 다섯 선생을 모시는 곳이다. 그 유풍과 공열이 아직도 가득하게 남아있는 듯하다. 병인년(1926)에 내가 선산부사가 되어 선비들을 따라 사당을 알현하고 누각樓閣에 올라가서 강산의 경치를 둘러 보았다. 그 아름다운 기운이 충만하며 드넓고 광대한 것이 한 고을의 승지勝地를 차지하기에 충분하였는데, 묘우가 황폐하여 장차 조차造次할 우려가 있었다. 한참동안 둘러보고는 위연喟然히 탄식하기를, “도의 흥폐가 세상의 치란에 관계되는 것이 한결같이 이렇게 절실하게 되었는가? 한 서원의 황폐함이 어쩌면 우리의 유도儒道에 크게 관계되지는 않겠지만 서원이 황폐하게 된 까닭이 모두 서원을 설립한 뜻을 알지 못하는 데서 말미암은 것임을 누가 알겠는가?”라고 하였다. 말이 끝나기도 전에 여러 선비들이 똑같은 소리로 말하기를, “이 서원을 이건한 지가 만력 병오년(1606)이었으니 지금

삼백 여년이나 오래 되어 거의 쓰러질 지경에 이르렀지만 고을의 인사들이 자력으로 할 수 없어서 뜻이 있어도 이루지 못한 지가 여러 해입니다. 바라건대 우리 사또께서 그 뜻을 이루어줄 수 있다면 사문斯文의 커다란 다행이겠습니다."라고 하였다. 내가 말하기를, "대저 선현을 존모尊慕하는 도리는 정성에 달렸지, 능력에 달린 것이 아닙니다. 진실로 정성이 있다면 능력이 없는 것을 어찌 근심하겠습니까?"라고 하였다. 이에 고을의 논의가 드디어 결정되어 어려움을 물리치고 정성을 다하였는데, 각자가 자기의 일로 여겨서 원근에서 서로 호응하고 능력에 맞게 도왔다. 이듬해 봄에 이에 재목을 모으고 공인을 불렀으며, 집사 몇 사람을 두어 예전 규모에 따라 수리하였는데, 정성이 이른 바를 볼 수 있었으니 비용은 줄이면서 공적은 많았다. 그 일을 처음부터 끝까지 부지런히 주간主幹한 사람은 재사齋舍의 유사有司 장지호張志濩와 김성모金成模 그리고 노원엽盧元燁, 박종륜朴鍾輪, 정관섭鄭寬燮, 최필기崔必基 등이다. 이미 낙성함에 읍하며 선비들에게 알리기를, "이제 다른 이야기가 있습니다. 나라가 어지럽던 날 사기士氣가 위축되던 즈음에, 비록 적막한 물가로 몸을 거두고 물러나 수양하면서 나의 집에 살고 나의 음식을 먹고 나의 책을 읽으니 세상과는 무관하였습니다. 세상이 장차 능욕하고 조소하니 우리 유도儒道의 맥락이 영원히 땅에 추락하였습니다. 비록 그렇지만 지금 이 일에는 바람처럼 따르고 그림자처럼 좇아서 앞을 다투어 조력하는 것을 영광으로 여기니 어찌 일시에 노력하여 그렇게 할 수 있었겠습니까? 이것은 다섯 선생의 유풍遺風과 여열餘烈이 사람들에게 깊숙이 들어가서 감동을 주었기 때문일 것입니다. 대저 사람들이 타고난 천성天性이 유연油然히 선현을 높이고 유도를 지키는 정성을 가지게 하여, 그렇게 되기를 기약하지 않아도 그렇게 되는 것입니다. 대저 함께 어긋나는 것은 사람이 원망하는 바이고 함께 말미암는 것은 사람이 편안한 바입니다. 그 말미암는 바에 따라서 편안해지니 그 편안한 바에 따라서 인도한다면 그 성취하는 것이 물이 아래로 흐르는 것과 같아서 능히 막을 수 없습니다. 그 좋아하는 바를 보면 그 말미암는 바를 알게 되며, 그 말미암는 바를 보면 그 편안한 바를 알게 됩니다. 그 편안한 바를 보면 그 막을 수 없는 것을 알게 되며, 그 막을 수 없을 것을 보면 오래도록 폐지된 후에도 그 도가 장차 다시 밝아지는 것을 알게 됩니다. 그렇다면 서원 하나가 우리 유도에 관계되는 것이 어떠하겠습니까? 내가 장차 선산의 선비들을 살펴보건대 모두 도를 좋아하고 학문에 부지런하며, 들어가서는 효도하고 나와서는 공경하며, 풍속을 바꾸어서 다섯 선생의 도를 강명講明하고 있습니다. 세상 사람들에게 도가 높은 것과 서원이 소중한 것을 알도록 하니 여기에서 법도를 취한다면 추로의 고을이라는 명성을 잃지 않을 것이며 후세에 길이 할 말이 있을 것입니다."라고 하였다. 여러 사우들이 그 일을 기록해주기를 요청하였다. 돌아보건대 나는 보잘것없어서 이 부탁을 감당할 수 없지만, 오래도록 퇴폐되었다가 내 직접 알현하던 날에 때마침 중수하게 되었으니 서원의 벽에 이름을 거는 것이 영광스럽고도 외람될 것이다. 드디어 그 줄거리를 기록하여 경앙景仰하고 축하하는 정성을 말할 따름이다.

경오년(1930) 정월 하완下浣에

선산부사 동복同福 오재순吳在淳[44]이 삼가 기록하다.

嶺南素多儒賢 爲東方鄒魯 而善州爲最一也 州有金烏書院 卽吉冶隱金佔畢齋鄭新堂朴松堂張旅軒五先生妥靈之所也 其遺風餘烈 藹然猶有存者 歲丙寅 在淳知州事 從鄕士友謁廟 上齋樓俯仰江山之景 其扶與磅礴 汪洋淡蕩 足以擅一州之勝 而廟宇荒廢將有造次之虞 顧瞻久之 喟然而歎曰 道之興廢 有關於世之治亂者 一至斯切耶 一院之弊 似或不甚關於吾道 而孰知夫院之所以弊者 莫不由於不知院之所以設之義者也 語未卒 諸士友齊聲曰 是院移建 在萬曆丙午 今爲三百餘年之久 幾至顚覆 而州人士不能自力 有志未就者 已有年 願吾侯有以成其志 則斯文之幸大矣 在淳曰 夫慕賢之道 在誠不在力 苟有誠何患乎無力 於是 鄕議遂定 排難殫誠 各以爲己任 遠邇響應 視力而助 明年春 乃募材招工 置執事數人 存舊制而修葺之 可見誠之所到 能費廉而功多也

---

44) 구미시 무을면 송삼리에 오재순의 선정비가 있다. 1934년에 건립된 것으로 1924년에 선산군수로 부임한 오재순이 1934년 영덕군수로 이임하자 주민들이 비를 세웠다.

其始終勤幹者 齋有司張志濩金成模與盧元燁朴鍾輪鄭寬燮崔必基也 旣落 揖而告士友曰 方在異說 擾攘之日 士氣萎靡之際 雖斂膝退藏於寂寞之濱 居吾廬食吾食讀吾書 無關於世 世且凌辱而嘲笑之 吾道一脈 將永墜於地 雖然今於是役也 風趨影從 以爭先助力爲榮 夫豈一時勉强所能哉 是知五先生遺風餘烈 入人深而有以感 夫人秉彛之天 使之油然有慕賢衛道之誠 有所不期然而然者也 夫所與違之人所怨也 所與由之人所安也 因其所由而安之 因其所安而導之 則其就之如水之就下 莫之能禦也 見其所好而知其所由 見其所由而知其所安 見其所安而知其莫禦 見其莫禦而知道之將復明於久廢之餘矣 然則一院之有關於吾道者 何如也 吾將見善之士 皆好道勤學 入孝出恭 化風易俗 以講明五先生之道 使世之人 知道之所尊 院之所重 而取法於斯 則不失爲鄒魯最一之名 而永有辭於來世矣 豈不美哉 僉友請記其事 顧在淳無似 不敢當是囑 而曠世頹廢 適得重新於吾身親見之日 以托名院壁 榮幸濫矣 遂書其梗槩以道景仰感賀之忱云爾

歲在庚午 正月 下浣

知郡 同福 吳在淳 謹記

3) 서원중수기 2 書院重修記

선산부의 남쪽 5리쯤 남산 아래에 금오서원이 있으니, 야은, 점필재, 신당, 송당, 여헌 등 다섯 선생을 제향하는 장소이다. 지난 임진왜란 이후에 금오산에서 이곳으로 이건하여 여러 차례 수리를 거쳤지만 지나온 역사가 또한 많아서 위에서 비가 내리고 옆에서 바람이 불어 서까래가 썩고 기와가 깨졌으니 더욱 세월을 견딜 수 없었다. 단지 양구陽九[45]의 액운를 만나 사기士氣가 나날이 위축되고 게다가 서원의 역량이 늘어나지 못해 중수하려고 생각했지만 아직 이루지 못한 지가 오래되었다. 선산부사 오재순吳在淳 공이 원우를 자세하게 살피고는 고을의 유생들이 뜻을 가지고도 성취하지 못한 것을 크게 개탄하여 서원에 모아놓고 이르기를, "모든 일에는 정성이 없으면 이루

45) 양구(陽九) : 재난.

지 못하지만 진실로 정성이 있으면 능력이 없는 것을 어찌 근심하겠는가?"라고 하고는 드디어 재물을 출연하여 고을의 유생들을 창도하였다. 이에 여러 분들이 감복하여 앞을 다투어 재물을 내어 그 정성을 드러냈으며, 영남의 각 고을에서도 또한 많이 향응하여 모아서 만여 금을 마련하였다. 이에 무진년(1928) 봄에 공사를 시작하여 경오년(1930) 가을에 일을 마쳤는데, 무릇 상현묘와 정학당, 동서재와 문루, 담장과 뜨락 등을 모두 예전대로 복원하였다. 이윽고 오재순 부사에게 기문을 요청하고 다시 나에게 부탁하여 자세하게 말해 달라고 하였다. 아! 오공의 서술이 자세하다. 또한 오공께서 내려준 가르침을 받들어 사우士友의 뒤를 따라 조그마한 노력을 드러낸 것만으로도 이미 영광이거늘 어찌 감히 기문을 남길 수 있겠는가? 사양했지만 어쩔 수 없었으니 이에 옷깃을 여미고 말하기를, "옛날 주부자께서 남강南康에 계실 때 백록동서원을 중건하고 그 일을 기록하고 그 규정을 걸어서 경의敬義와 명성明誠, 정의正誼와 명도明道의 가르침에 알뜰하게 뜻을 두어 지난 현철賢哲을 잇고 후학을 인도하여 이 세상에서 여러 서원의 법도를 만들었습니다. 지금 오공吳公께서는 이 서원의 역사役事에 이미 그 정성을 다하였으며, 사문이 손상되고 풍속이 퇴락한 즈음에 인심을 감동시킨 것이 있으니, 선현을 숭상하고 의리를 지향하는 본성을 천성에서 찾을 수 있습니다. 그리고 다섯 선생의 도의道義와 의열義烈이 장차 세상에 다시 밝혀질 것이니 여기가 그 조짐이 될 것입니다. 그렇다면 비록 풍상風霜을 백겁百劫이나 겪더라도 무릇 산수는 끝내 황폐해지지 않을 것이니 어찌 성대하지 않겠습니까?"라고 하니, 모두가 그렇다고 말하였다. 이에 문미門楣에 기록한다. 대개 처음부터 끝까지 일을 주간한 사람은 장지호와 김성모金成模, 노원엽盧元燁, 박종륜朴鍾輪, 정관섭鄭寬燮, 최필기崔必基이다.

경오년(1930) 우수절(2월)에, 옥玉山 장지호張志濩가 기록하다.

州治之南五里藍山之下 有金烏書院 卽冶隱佔畢齋新堂松堂旅軒五先生尸祝之所也 在昔龍蛇亂後 自金烏移建于此 累度修葺 而歷年又多 上雨傍風 榱敗瓦落 不可以更延歲月 但運際陽九 士氣日縮 重以院力未敷 思欲重新而未遑者久矣 我侯吳公在淳 審視

院宇 深致慨恨於郡儒之有志莫就 會于院中而告之曰 凡事無誠則無成 苟有其誠 何患無力也 遂捐財爲郡儒倡 於是 衆皆感服 爭先出力而效其誠 以至嶺中各郡 亦多響應鳩合 得萬餘金 乃以戊辰之春始事 至庚午而功告訖 凡尙賢廟正學堂東西 齋門樓墻砌 莫不仍舊而復完 旣而 請吳侯爲文以記之 更屬志濩等而道其詳 噫 吳公之述備矣 且承吳公下風 從士友後 粗效尺寸之勞者 亦已榮幸 安敢置一辭 辭不獲 則乃斂衽而言曰 昔朱夫子南康之日 重建白鹿洞書院 賦其事揭其規 眷眷致意於敬義明誠正誼明道之訓 紹往哲而開來學 以爲天下諸院之法 今我侯於斯院之役 旣殫其誠 有以動得人心於文喪俗頹之會 可見尙賢向義之本於天性 而五先生道德義烈 其將復明於世 於此焉爲之兆也 則雖更風霜百劫 而庶幾山水之終不忍於荒廢矣 曷不盛歟僉曰唯 因書於楣 盖始終幹事者 張志濩金成模盧元燁朴鍾輪鄭寬燮崔必基也

庚午 雨水節 玉山 張志濩 記

4) 금오서원 중수기 2 金烏書院重修記

대저 도의道義라는 것은 천하의 공적인 기물이다. 은나라의 수양산首陽山[46]과 진나라의 율리栗里[47]와 우리나라의 금오산의 일이 바로 그것이다. 야은 길 선생은 하악河嶽처럼 빼어난 자질을 타고 나서 학문은 천인天人을 궁구하였으며 포은 선생의 문하에 연원을 두었다. 고려 말에 이르러 스스로 망복罔僕의 뜻을 지니고 여기에 은거하여 도의를 강명講明하였다. 조정에서는 존숭하고 장려하여 포창하였으며 향당에서는 눈으로 보고 마음으로 느껴 흥기하였으니 절행과 문학에 빛나는 선비들이 많았다. 선조 경오년(1570)에 사림들이 사당을 세워 제향하였고 을해년(1575)에 사액을 받았으나 임진왜란에 오랑캐에게 화재와 겁탈을 많이 입었다. 임인년(1602)에 운천雲川 김용金涌 선생이 선산

46) 상나라 정벌에 반대하던 백이와 숙제가 의리를 지키기 위해 수양산에 은거하며 고사리[薇]를 캐어 먹다가 굶어 죽은 『사기』의 「백이열전」의 고사.

47) 진나라 도연명이 살던 곳으로 국운이 쇠퇴하던 때에 관직을 버리고 전원생활로 돌아가 은거생활을 하였다.

부사로 부임하였는데, 당시는 병란을 금방 겪었기 때문에 병든 상처로 흥기하지 못했고 글 읽는 소리가 오래도록 끊어졌다. 먼저 학문을 일으켜 풍속을 선량하게 만드는 것을 임무로 여기고, 향교를 중수하고 율리에 남아있는 사당을 중건하였는데 녹봉을 출연하여 이루었다. 그리고 금오서원이 예전에는 금오산 아래에 있었으므로 지역이 치우쳐 있고 음침하고 습하여 거주하는 백성이 적었으니 배우러 오는 자들이 그것을 병통으로 여겼다. 이에 고을의 유림인 노경암, 최인재 등 선생들과 함께 시기에 맞추어 김석윤 공을 원장으로 임명하고 남산藍山으로 땅을 정했다. 남산은 비봉산飛鳳山과 성산星山에서 구불구불 남하南下하다가 두 강의 사이에서 우뚝이 일어나서 천 길이나 푸르게 서서 남쪽으로 형국을 만들었다. 낙동강이 둘러싸고 남쪽으로 십 리를 흐르니 맑은 모래가 끝없이 눈에 들어온다. 감천鑑川은 앞에서 곧게 흘러 동쪽으로 띠처럼 모이고, 평호平湖는 완연히 깨끗한 거울을 대하는 듯하다. 하물며 채미정이 눈을 들면 서로 바라보이고 지주비가 손가락으로 가리킬 만큼 아주 가까이에 있다. 드디어 이건하기를 결의하니 웅장하고 아름다운 형국과 밝고 예쁜 풍경이 우리나라에서 거의 으뜸이었다. 광해군 기미년(1619) 학사鶴沙 김응조金應祖 선생이 선산부사가 되어 향인들과 의논하여 훈재塤齋 윤홍선尹弘宣이 한강寒岡 정구鄭逑 선생을 찾아 가서 여쭙고 선산 고을에서 연원으로 삼아 사숙私淑한 김점필재金佔畢齋, 정신당鄭新堂, 박송당朴松堂 세 선생을 추향하고 상향常香하는 축문을 찬술하였다. 인조 기묘년(1639)에 여헌 장현광 선생을 추향하였다.

이건한 이후로부터 300여 년이 되었으니 수리하지 않을 수 없다고 생각하였지만 쌓아놓은 재물이 많지 않았다. 근래에 선산부사 김사철金思轍과 오재순吳在淳이 차례대로 수리하고 아울러 기문을 남겼다. 세상이 변한 이래로 인심은 예전과 같지 않고 물력은 부족하여 양정일兩丁日에 예식을 행하는데 겨우 존양存羊을 면할 따름이었다.

정유년(1957)에 이수기李壽騏 공이 마침 원장이 되어 재사齋舍에 올라 예식을 행할 때 허물없이 음복을 마쳤다. 인하여 낯빛을 바꾸며 말하기를, "본원이 얼마나 소중한 곳인데 제향하는 제물이 이처럼 보잘것없고 건물이 이처럼 낡았으니, 어찌 선비들이 두려워하고 근심하지 않겠습니까?"라고 하였다.

무릇 선비들의 처소는 수계修禊에 말미암아 애쓰고 노력하며 보수하여 성립시키지 않을 수 없다. 사람의 도의와 본성은 고금에 차이가 없으니 오직 창기하는 사람의 수완이 어떠한지에 달려 있지만, 그러나 진실로 적합한 사람을 만나기는 어렵다. 정웅鄭熊 공과 장준희張俊熙 공이 말하기를, "유건儒巾을 쓰고 유복儒服을 입은 우리들은 선현을 존숭하는 일을 우선으로 삼아야 하니 그 뜻은 동일합니다. 어찌 감히 이러한 대사를 사양하고 회피할 수 있겠습니까?"라고 하니 모두가 그렇다고 감탄하였다. 유사有司를 추천하여 뽑고 바로 고을을 순행하니 사방에서 향응하며 혹시 뒤처질까 두려워하였다.

거액을 수합하여 먼저 제전祭田을 보완하여 첨가하고 다음에는 남은 자금으로 건물을 중수하였다. 바로 공인을 불러 착수하여 서까래와 기둥, 기와와 담장 등에 썩거나 부서진 것들을 모두 새롭게 바꾸고 수리하였는데, 몇 개월이 지나지 않아 완공을 알리게 되었다. 이에 누각이 모습을 바꾸고 산천에 빛을 더하였으니 아아! 훌륭하도다!

지금을 돌아보건대 세상의 등급이 나날이 내려오고 강상이 땅에 떨어져서 선왕先王의 예악의 성대함과 선현先賢의 교학의 방도가 점점 영향을 받을 곳이 없게 되었다. 오로지 영광전靈光殿 하나만이 연진煙塵과 풍우風雨를 겪은 나머지 다시 새롭게 되었으니 여러 군자들의 선현을 높이고 유도儒道를 지키려는 정성이 영원히 후세에 이름을 남길 뿐만 아니라 또한 사문斯文의 도의의 맥락이 회복하는 기회를 가졌도다. 어느 날 김교진金教璡 군이 김천의 집으로 나를 찾아와 중수한 일을 갖추어 말하고 나에게 기문을 요청하였다. 돌아보건대 나는 어리석고 비루하니 어찌 이 부탁을 감당할 수 있겠는가. 사양했지만 어쩔 수 없어서 운천雲川 종선조從先祖의 옛 일에 감동하여 그 전말顚末을 위와 같이 기록한다.

후학後學 문소聞韶 김병은金秉殷이 삼가 찬술하다.

안동安東 권응규權應奎가 삼가 쓰다.

夫道義者 天下之公器也 殷之首陽 晉之栗里 我東之金烏 是已 冶隱吉先生 稟挺河嶽 學究天人 淵源乎圃老門墻 當麗季以自靖罔僕之志 箳遯于此 講明道義 聖朝崇奬而旌褒之 鄕邦觀感而興起焉 彬彬多節行文學之士 宣廟庚午 士林立祠尸祝 乙亥蒙額 壬辰夷禍 偏被焚燬壬寅雲川金先生 來莅本府時新經兵亂 瘡痍未起 絃誦久絶 先以興學善俗爲務 重修鄕校 重刱栗里遺祠 捐廩以成之 而本院舊在金烏山下 地僻陰濕 居民鮮少 負笈者多病之 乃與鄕之儒紳盧敬菴崔認齋諸先生 及時任院長金公錫胤 相地于籃山 山自飛鳳 星山 逶迤而南 突起於兩江之間 而碧立千仞面陽作局 洛江環抱 南流十里 明沙極目無際 鑑川直前 東湊一帶 平湖宛對淸鏡 而况採薇之亭 擧眼相望 砥柱之碑 指點密邇 遂決議移建 局勢之壯麗 風景之明媚 殆甲於東方 光海己未 鶴沙金先生知本州 而與鄕人議 尹塤齋弘宣往稟于寒岡鄭先生 以本鄕淵源私淑底金佔畢齋鄭新堂朴松堂三先生追享 而撰常香祝文 仁廟己卯 追享旅軒張先生 自移建以後 三百餘載 想不無修理 而載籍未詳 惟近古金侯思轍吳侯在淳 次第葺理 並有記文 世變以來 人心不古 物力凋殘 兩丁行禮 只不免存羊 歲丁酉李公壽騏 適以洞主登齋式禮 罔愆飮餞訖 因愀然告諸曰 本院是何等重地 而享羞之薄略如是 堂宇之蕭凉若此 豈非士子之所懍惕者乎 大凡儒所 莫不因修禊而拮据之 捐補而成立之 人之道義常性 古今無異 惟在之者手腕如何 然固難其人 鄭公熊張公俊熙曰 吾輩冠儒衣儒者 尊賢爲先 其義一也 安敢辭避於此等大事乎 衆皆欽諾 薦出有司 卽巡行鄕中 四境響應 惟恐或後 收合巨額 先以補添祭田 且將以餘貲重修屋宇 卽招工着手 榱桷楹椽瓦甍垣墻之朽敗破壞者 一切易而新之 修而葺之 不幾月而功告成 於是乎 樓閣改觀 山川增輝於乎韙矣 顧今世級日降 綱常墜地 先王禮樂之盛 先賢敎學之方 浸浸焉靡所影響 惟巋然一靈光重新於烟塵風 雨之餘 不惟僉君子尊賢衛道之誠 永有辭於來後 抑亦斯文道義一脈 庶有陽復之會耶 日金君敎璡 訪余於金陵之寓舍 備道重修事 請余記之 顧余蒙陋 何敢當是寄 辭不獲 仍感雲川從先祖故事 撰次顚末如右

後學 聞韶 金秉殷 謹撰

安東 權應奎 謹書

5) 금오서원 중수기 3 金烏書院重修記

영남은 사림의 연원이다. 선산부의 금오산 아래에는 예전에 금오서원이 있었는데, 인종仁宗 원년(1545)에 송정松亭 최응룡崔應龍과 구암久庵 김취문金就文 두 선생이 서원 건립을 주창하여 야은冶隱 길재吉再 선생을 봉향했기 때문이다. 서원이 처음 창건된 것은 선조宣祖 3년1570이었는데, 나의 10대조인 송암松庵 노수함盧守諴 부군이 기문을 찬술하고 선산의 유림 몇몇 사람과 함께 조정에 편액을 요청하니 얼마 뒤인 선조 8년(1575)에 드디어 편액을 하사하였다.

17년이 지난 뒤 임진란의 병화兵火에 소실되었다가 선조 35년(1602)에 선산도호부사 의성義城 김용金涌이 안강 노씨安康盧氏 문중의 선산읍 남산藍山 아래의 서원 옛터를 얻어서 이전하여 중창하고, 점필재佔畢齋 김종직金宗直 선생과 신당新堂 정붕鄭鵬 선생, 송당松堂 박영朴英 선생을 추가하여 배향하였다. 또 인조仁祖 20년(1642)에 여헌旅軒 장현광張顯光 선생을 추가로 배향하였는데, 약 400년 동안 사림들이 해마다 제향을 올리고 유생들이 도를 강론하는 장소가 되었다. 고종高宗 5년(1868)에 훼철되지 않은 서원의 하나였으니 또한 다섯 선현의 위대함을 알 수 있다. 그 후 세월이 오래되어 퇴락하게 되자 제향을 받들고 선비를 양성하는 역할을 할 수 없었으니, 유림들의 개탄과 유감이 깊었다. 무자년(2008) 봄에 이르러 선산의 유림 대표 및 금오서원 유사有司 여러분이 서로 숙의한 후, 총의에 의거하여 못난 나에게 사단법인 금오서원 이사장의 중책을 위촉하였기 때문에 드디어 관계 기관을 방문하여 중수의 당위當爲를 상세하게 설명하고 건의한 후에 거액을 얻었다. 경인년(2010)에 상현묘尙賢廟와 강당, 읍청루挹淸樓를 보수하고 또 관리사와 해우소解憂所(화장실)를 신축하였으니 임진년(2012) 12월이었다. 서원 진입로 및 주차장 공사비 등은 처음부터 끝까지 모두 30여 억원을 다행히 얻어서 완공하였다.

읍청루에 올라가서 바라보면 동쪽에는 냉산冷山 아래에 신라 불교가 처음 전해진 도리사桃李寺가 있고, 또 700리 낙동강 가운데에 구미보龜尾洑가 있다. 그 남쪽에는 영산靈山인 금오산 아래에 구미시가 있으며 주변에는 박정희 대통령의 생가 및 국가산업단지가 있다. 그 서쪽에는 비봉산飛鳳山 아래에 감천甘川이 있고 멀리에는 김천 직지사直指寺가 있다. 그 북쪽에는 남산藍山의 봉수대가 있고 또 문산서원文山書院 및 영남유교문화진흥원의 한옥들이 있으니, 이 서원은 실제로 명지名地를 사방으로 둘러싼 가운데에 있다.

지금 거대한 역사를 마치니 화려하고 웅장하여 산천이 경관을 바꾸고 운물雲物이 상서祥瑞를 드러내어 명실이 서로 부합하여 선산에서 제일가는 서원이 되었다. 외람되게 선현들이 찬술한 글에 의거하여 삼가 옷깃을 여미며 서술하기를, "야은冶隱 길재 선생은 포은圃隱과 양촌陽村의 학문을 계승하고 정자程子와 주자朱子의 도통을 이었다. 태종太宗이 동궁에 계실 때 태상박사로 불렀으나 두 임금을 섬기지 않겠다는 뜻으로 사양했으니 고려 말 삼은三隱 가운데 한 분이 되었다. 점필재佔畢齋 김선생이 야은의 적통을 계승하여 학문이 깊고 문장이 빛나 당대의 사표가 되고 영남 사람의 종장宗匠이 되었다. 신당新堂 정붕 선생은 한훤당寒暄堂 김굉필 선생의 문하에 취학하였는데, 성리학에 침잠하여 정묘한 경지에 도달하였다. 송당松堂 박영 선생은 신당의 문하에서 수학하였는데, 기국器局이 장대하여 무과에 올라 경상우병사慶尙右兵使를 맡았다. 경오년(1510)에 삼포三浦에서 왜란이 일어나자 전투를 돕는 절도사節度使로서 왜란을 진압하여 의주목사義州牧使라는 요직에 올랐다. 여헌 장현광 선생은 송암 부군의 문하에서 수학하였는데, 널리 통달한 학문과 만물을 이롭게 하는 인仁으로 도가 밝고 덕이 우뚝하여 후인들에게 모범이 되었다. 이것이 다섯 선현들의 훌륭한 자취의 대략이다. 이분들이 출처出處와 사행事行은 비록 다르지만 그 뜻과 도는 모두가 동일하다. 그들은 은혜를 넓게 두루 베풀었으니 같은 사당에서 함께 제사지내며 천추토록 경모하는 것이 어찌 마땅하지 않겠는가? 지금 도의가 퇴폐하고 습속이 문란한 시대에 여러 유림이 같은 마음으로 협력하고 또 김관용金寬容 도지사와 남유진南洧鎭 선산군수[구미시장]의 특별한 의지와 배려가 있어서 이 역사役事를 완성하였다. 가히 말세에 사문들의 성대한 일이라 이를 수 있으니 얼마나 훌륭한가.

대저 서원이란 단지 선현을 존숭하고 제향을 드리는 곳일 뿐만 아니라 또한 학문을 강론하고 선비를 양성하는 곳이니 지금 세상에서 교학敎學하는 방도는 옛날과 다를 것이다. 그래서 비록 예전의 도를 오로지 닦을 수는 없더라도 무릇 이 서원에 출입하는 자들은 능히 온고지신溫故知新하는 마음을 지녀, 사당에 오르면 그 제사를 받들고 그 덕을 추모하며, 마루에 오르면 그 서적을 익히고 그 학문을 궁구하여 다섯 현인의 심법心法을 터득하고 다섯 현인의 덕행을 본받아서 그들이 물려준 전통을 널리 퍼뜨리고 오래도록 전한다면 세상을 교화하는 데에 도움이 반드시 클 것이다. 바라건대 여러 군자들은 서로 더불어 힘쓸지어다. 또한 장차 전사청 및 교육관을 신축하여 면모를 일신할 계획이 있으니, 문득 제수를 갖추어 물려준 덕을 진작하려 한다. 삼가 그 전말顚末을 기록하고 아울러 마음에 느끼는 것을 위와 같이 적어서 금오서원 중수기로 삼는다.

을미년(2015) 5월 일 단오절에

후학 안강安康 노진환盧鎭桓이 삼가 기록하다.

嶺南士林之淵藪 善山府金烏山下 舊有金烏書院 仁宗元年(一五四五) 松亭崔應龍久庵金就文兩先生主唱建院 奉冶隱吉先生故也 其初創在宣祖三年(一五七0) 而不肖十代祖松庵諱守誠府君撰記文 而與善州儒林數三人 請額於朝廷 未幾 宣祖八年(一五七五) 遂得賜額也 歷十七星霜 而燒失於龍蛇之兵火 厥後宣祖三十五年(一六0二) 善山都護府使義城金涌 得安康盧氏門中善山邑籃山下院址 移轉重創 而追享佔畢齋金宗直先生新堂鄭鵬先生松堂朴英先生也 又仁祖二十二年(一六四二) 追享旅軒張顯光先生而若四百年間 士林歲薦俎豆 而爲儒生講道之所也 高宗五年(一八六七) 當書院之一亦可知五賢之偉也 其後歲久頹落 而不能奉享養士之役 則儒林之慨恨者深矣 至於戊子(二千0八)之春善山儒林代表及金烏書院有司諸位 相與熟議之後 依總意以不肖鎭桓囑社團法人金烏書院理事長之重責 故遂訪謁關係機關 詳說重修之當爲而建議之後 得巨資 而庚寅年(二千一0) 修補尙賢廟及講堂挹淸樓 又新築管理舍與解憂所 則壬辰年(二千十二)十二月也 書院進入路及駐車場工事費等 始終總三十餘億 而幸得完工也 登挹淸樓而望之 則東有冷山之下新羅佛教初傳之桃李寺 又有七百里洛東江中龜尾洑也

其南則有靈山金烏山下有龜尾市 而周邊有朴正熙大統領生家及國家産業團地也 其西則飛鳳山下 有甘川而遠有金泉直指寺也 其北則有藍山烽燧臺 又有文山書院及嶺南儒教文化振興院韓屋群也 此院實四圍名地之中也 今者 巨役之後 華麗雄壯 山川改觀 雲物呈祥 名實相符 爲善州之第一書院也 猥依先賢之撰述 謹斂衽而敍之曰 冶隱吉先生承圃隱陽村之學 紹程朱之道 在太宗東宮時招太常博士 而辭以不事二君之義 則爲麗末三隱之一人也 佔畢齋金先生 承冶隱嫡統 學深而文彬 爲一代師表 而嶺南士林之宗匠也 新堂鄭先生 就學於寒暄堂門下 沈潛於性理之學 到達於精妙之域也 松堂朴先生受學於新堂門下 器局壯大 登武科任慶尙右兵使 庚午年(一五一0)三浦倭亂時 以助戰節度使 鎭壓是亂 陞義州牧使之華要職也 旅軒張先生 受學於松庵府君之門 博達之學利物之仁 道明德立 矜式後人也 此盖五賢懿跡之槪也 其出處事行雖異 而其志與道 未嘗不同也 其施惠遍普 則一廟竝祀 景慕千秋 豈不宜哉 今道義頹廢習俗紊亂之時 諸儒林同心協力 又有金寬容賢伯南洧鎭善侯之特志配慮 能成是役 可謂叔季斯文之盛擧也於乎休哉 夫書院者 非但爲尊賢享祀之地 而亦爲講學養士之所 則顧今世敎學之方異於古 故雖不能專修古道 然凡出入於此院者 能存溫故知新之心 陞廟則奉其祀慕其德入堂則講其書究其學 得五賢之心法 效五賢之德行 使五賢之遺緖 廣播久傳 則有補於風化者 必多也 願僉君子盖相與勉旃哉 又將有新築典祀廳及敎育館 而面貌一新之計便備祭需 振起遺

德也 謹書其顚末 幷書其所感于心者如右 以爲金烏書院重修記也

乙未(二千十五)年 五月 日

後學 安康 盧鎭桓 謹記(端午節)

6) 금오서원 읍청루 중수기 金烏書院挹淸樓重修記

주자가 창주정사滄洲精舍를 창건하여 이발李勃을 위해 제사지냈고, 퇴계退溪선생이 백운동서원白雲洞書院을 세워 회헌晦軒 안향安珦을 위해 제사지냈다. 진실로 성대한 덕업과 지극한 선행이 있어서 백성들이 잊을 수 없는 분이라면 후세 사람들은 반드시 존모하여 제향을 드렸다. 지금 금오서원金烏書院은 본래 금오산金烏山 아래에 있었는데 구역이 치우치고 넓지 못하다는 탄식이 있었기 때문에, 우리 여헌旅軒 장현광張顯光 선조가 이곳으로 옮겨서 짓고 중건重建 봉안문奉安文을 작성하여 고유하였으니, 역시 주자와 퇴계의 뜻에서 나온 것이다.

선생이 돌아가신 후 6년 임오년(1642)에 사림士林들이 여헌 선조를 추가로 배향하였다. 이에 다섯 현인賢人을 제향하는 장소가 되었으니, 야은冶隱·점필재佔畢齋·신당新堂·송당松堂·여헌旅軒 다섯 선생은 사당을 함께 할 따름이다. 조정에서 숭봉崇奉하는 은전을 특별히 받아서 사액賜額을 걸게 되었으니, 빛나는 임금의 인장印章이 마치 해가 중천에 떠 있듯이 국가에서 긍식矜式하고 사람이 귀의하고 있다. 글 읽는 소리와 제향의 예식은 차례차례 금오산과 낙동강 가에서 빛나고 있는데, 삼백여 년을 지나 지금까지 이르고 있는 것이다.

지난 무진년(1868)의 그릇된 정사[48]가 비록 사문斯文의 커다란 재앙이었지만 예로부터 병화가 대성전大成殿에는 들어오지 않았다. 따라서 훼철하는 그물에 침탈되지 않고 우뚝이 노魯나라의 영광전靈光殿처럼 천추의 이목에 크게 빛나고 있으니, 무릇 혈기가 있는 자들은 누구인들 어버이를 존숭하지 않겠는가?

아! 조종祖宗을 모신 사당이 일반 집이 된 이후로부터 왕의 법도가 이미 무뎌지고 선비의 기운이 진작되지 않으니, 지금에서 옛날을 보면 상전벽해가 세 번 바뀐 것과 다르지 않았다. 백년 동안 비바람을 맞아 정결한 날이 없었으니, 훌륭하신 우리 다섯 선생의 도덕은 비록 치란에 손상되지 않았지만, 우리 다섯 선생의 원우院宇는 간혹 때때로 퇴패하게 되었다. 오랫동안 비를 맞는 염려가 있었기 때문에 수리하고 또 수리하며 고치고 또 고치기를 몇 차례에 이르렀다. 그런데 지금 또한 이미 수십 년이 지나서 기와는 부서지고 벽장식은 떨어졌으며 기둥이 흔들리고 기초가 기울어진 것이 많이 있었다. 그러나 물력은 부족하고 사역은 방대하여 용이하게 수리할 수 없었으니 사림과 자손들이 걱정하며 탄식한 것이 오래였다. 지난 기미년(1979)에 관청으

48) 고종 5년(1868)에 시행된 서원훼철령을 말한다.

로 달려가 호소하여 거액의 재물을 얻어서 문루門樓를 개축하고 또한 자손들이 집집마다 약간의 재물을 각출하여 두 재사齋舍의 일에 보태어 사용하였다. 이에 서원의 모습이 다시 새로워졌으니 누구인들 경하하고 축하하지 않겠는가. 지금 간고幹蠱의 수고와 의장意匠의 운용은 야은 선생의 후손인 민창民昌과 사문 김수기金樹基 두 분의 공로가 대부분을 차지한다. 사림들의 중론으로 그 사실을 기록하는 글을 나에게 요청하였는데, 나는 여헌 선생의 후예였기 때문에 외람되게 막중한 임무를 받았으니, 비록 감당하지 못하겠지만 어찌 사양할 수 있겠는가. 참람한 죄를 피할 바가 없을 것이다.

경신년(1980) 6월 상순에, 후학 인동 장병규張炳逵가 삼가 기록하다.

朱夫子創滄洲精舍爲李渤以菜之 退溪先生建白雲洞書院爲晦軒以祀之 苟有盛德至善 使民不能忘者後之人必尊慕而追祀之 今此金烏書院 本在金烏山下 有區僻匪洪之嘆 故惟我旅軒先祖 移建於此 作重建奉安文而告之 亦出於朱退之義也 易簀後六年壬午 士林以旅軒先祖追享焉 乃爲五賢尸祝之所 冶隱佔畢齋新堂松堂旅軒五先生 並同廟耳 自朝家特蒙崇奉之典 以揭寶額 煥然宸章如日中天 國有矜式 士有依歸 絃誦之聲籩豆之禮 秩秩彬彬於烏山洛水之濱 歷三百餘年 而以至今日者也 往歲黃龍秕政 雖爲斯文大厄 然自故兵火不入於元聖之宮 故不爲侵漁於毁撤之網 而巋然魯殿靈光 震耀於千秋耳目 凡有血氣者 孰不尊親也 嗚乎 自宗社爲屋之后 王章已斁士氣不振 以今視昔 則無異於桑海三變 百年風雨 乾淨無日 猗我五先生之道德 則雖無加損於治亂 然惟我五先生之院宇 則或有時頹敗 自有陰雨之慮 故修而又修 繕而又繕 以至幾度 而今又已過數十星霜 毁瓦華墁棟撓礎攲者 亦多有焉然物力凋殘 事役尨大 未得容易葺理 士林曁子孫之爲憂嘆者宿矣 往在己未 乃奔訴於官府 得巨貲改築其門樓 且自子孫各家醵出若干貨 補用於兩齋之役 於是 院貌復新 孰不慶而賀之也 今番幹蠱之勞意匠之運 則冶隱先生後孫民昌曁金斯文樹基兩氏之功 居多焉 以士林衆論 請其記實之文於炳逵 余爲旅軒先生之裔 故猥蒙莫重之托 雖不敢當 安敢辭也 僭踰之罪 無所逃耳

庚申 六月 上浣 後學 仁州 張炳逵 謹記

7) 숙묘어제어필 肅廟御製御筆

좌사간 길재吉再
돌아와 금오산金烏山에 누웠으니,
청풍淸風은 자릉과 견주네.
성주聖主께서 그 아름다움 완성하니,
사람들에게 권하여 절의를 일으키네.
숭정崇禎 기원 후 둘째 정축년(1697) 중추仲秋
하순에 모각하여 걸다.

肅廟御製御筆
左司諫吉再
歸臥烏山下
淸風比子陵
聖主成其美
勸人節義興
崇禎紀元後二丁丑仲秋下澣模懸

8) 시민재명 時敏齋銘

말하자면 학문의 요체는, 근면에 말미암아야 얻도다.
우왕禹王도 오히려 애석해했으며 문왕文王도 겨를이 없었도다.
바쁘고 부지런히 노력하니, 이에 시민時敏이라 일컫도다.
이미 그 뜻을 숨겼으며, 또한 그 자취를 감추었도다.
그것을 닦아 내려오는 것은, 샘물이 비로소 흐르는 듯하도다.
때때로 익히는 기쁨은, 그 축적을 깨닫지 못하도다.
기울어진 훌륭한 선비들은, 어찌 스스로 노력하지 않는가?

태만은 쉽게 공경을 이기니, 시기는 따로 기다리지 않도다.
젊어서 근면을 알지 못하면, 늙어서는 단지 후회하도다.
하나의 민敏 자를, 많은 성현이 보고 갈무렸도다.
누가 그 자물쇠를 열겠는가 책 속에서 가르침을 말했도다.
이 집의 이름을 되돌아보면, 저 낙동강이 진실로 생각나도다.
민첩하지 않은 때를 없게 하면, 학문을 거의 완성하리라.
숭정 후 둘째 계해년(1743) 8월 일에,
운재산인雲齋散人이 삼가 명을 짓는다.

時敏齋銘
曰學之要 由勤乃得
禹猶惜乎 文不遑晨
汲汲孳孳 乃云時敏
旣遜厥志 又藏其蹟
厥修下來 若泉始達
時習之悅 其積罔覺
蹶蹶良士 曷不自力
怠易勝敬 時不別待
少不知勉 老方祗悔
一箇敏字 千聖眼藏
孰發其鍵 說訓于書
顧此室名 而洛允懷
無時不敏 學其庶幾
崇禎後二癸亥八月日 雲齋散人謹銘

9) 일건재명 日乾齋銘

하늘은 건健으로 운행하니, 운행하기를 쉬지 않도다.

군자는 그것을 말미암아, 스스로 학문에 힘쓰도다.

날마다 말하고 행하는 것을, 조금도 잃어버리지 않아야 하도다.

새벽녘에 마음을 크게 밝혀, 아침녘까지 이르도다.

조심조심 경건하여, 마침과 시작이 한결같도다.

틈이 없고 끊어짐도 없이, 한순간도 그만두지 않아야 하도다.

두려워하는 마음을 지녀야, 어두워지게 되지 않도다.

덕에 나아가고 정성을 세워, 권면한 후라야 능하도다.

여기에 종사하는 것을, 이것을 건건乾乾이라 하도다.

무릇 지금 사람들은, 어찌 힘쓰지 않겠는가?

문득 멈추고 문득 닦는다면, 어디에 쓰더라도 선하지 않겠는가!

잠깐 사이에도 능히 생각해야만, 하늘의 도를 이에 받들도다.

게으르거나 잊지 않고, 두려워하며 조심해야 하도다.

비록 급하고 괴로움에 처하더라도, 후회와 허물이 없을 것이도다.

이르러 별도로 행하지 않으면 누가 머물러서 귀의하겠는가.

숭정崇禎 후 둘째 계해년(1743) 8월 모일에,

운재산인雲齋散人이 삼가 명을 짓는다.

日乾齋銘

天以健行 運斡無息

君子以之 自强于學

日之云爲 罔或自佚

昧爽丕顯 至于中晨

屬屬洞洞 終始惟一

無間無斷 一息不輟

惕若之存 不爲昏乘
德進誠立 奬後乃能
於焉從事 是謂乾乾
凡今之人 盍亦俛焉
却止却修 何用不善
造次克念 乾道乃承
無怠無忘 掎以戰兢
雖處急厲 而無悔咎
謂別不行 誰稽就歸
崇禎後二癸酉八月
雲齋散人 謹銘

10) 칠조 七條

창과 벽을 지저분하고 더럽게 하는 것.
서책을 훼손하는 것.
놀고 장난치며 학업을 그만두는 것.
더불어 살면서 예의가 없는 것.
주색을 찾아다니는 것.
이야기를 난잡하게 하는 것.
의관이 바르지 않는 것.
이 일곱 조목의 금기를 범하는 자는, 이미 왔으면 돌려보내고, 아직 오지 않았으면 오지 못하게 한다.

七條
汚穢窓壁
損傷書冊

遊戲廢業
群居無禮
干索酒色
說話亂雜
衣冠不正
犯此七禁者 已來則歸 未來則莫

5. 기타

1) 여헌 장현광 신도비 旅軒張顯光神道碑

선생의 휘는 현광이고, 자는 덕회이며 별호는 여헌이다. 성은 장씨로 고려 때 상장군을 지낸 장금용이 비로소 옥산을 관적으로 삼았다. 그로부터 12대를 내려와 부윤을 지낸 장안세에 이르고, 부윤이 좌윤을 지낸 장중양을 낳았고, 좌윤이 장령을 지낸 장수를 낳았는데, 장수는 올곧은 도로써 세상에 알려졌고 선생에게 6세조가 된다. 선생의 증조는 좌승지에 추증된 장준이고, 조고는 이조참판에 추증된 장계증이며, 선고는 이조판서에 추증된 장열이다. 정부인에 추증된 모친은 경산이씨로 제릉참봉을 지낸 이팽석의 딸인데, 명나라 세종 가종 33년(1554, 명종 9) 정월 22일에 선생을 낳았다.

선생은 태어난 지 8년째에 선부군先府君이 세상을 떠났고 17, 8세에 학문에 이미 통달하자 경술經術을 깊이 연구하여 《우주요괄십도》를 지었으며, 23세 때에 재주와 학문으로써 추천을 받았다. 허잠 공이 외임으로 나가 성주목사가 되었을 때 한강 선생을 찾아뵙고서 남쪽 고을에서 학문을 좋아하는 선비가 누구인가를 묻자, 정 선생이 말하기를, "공자의 문하에서도 학문을 좋아한 자는 안자 한 사람뿐이었으니, 이것을 어찌 쉽게 말할 수 있겠는가? 그러나 장현광이라는 사람이 있는데, 학문을 탐구하고 도를 지향하고 있으니, 훗날에 우리의 사표가 될 사람은 바로 이 사람이다."고 하였다.

38세 때에 모부인母夫人이 세상을 떠났는데, 선생은 거상居喪하면서 《상제수록》을 지었으며, 류 문충공이 일찍이 임금에게 선생을 여러 번 천거하였으며, 서로 만나게 되자 아들 유진을 선생에게 보내어 학문을 배우게 하였다.

만력 25년(1594, 선조 27) 봄에 예빈시참봉에 제수되었고 가을에 또 제릉참봉에 제수되었으나 모두 취임하지 않았으며, 그 이듬해에 특별히 서용하여 보은현감에 임명되었는데, 선생의 문인인 정사진이 출처의 의리에 대하여 가르쳐주기를 청하자, 선생이 말하기를, "학문을 배운 것이 넉넉하면 벼슬에 나가고, 예우하는 뜻이 있으면 벼슬에 나가고, 집안이 가난하고 부모가 늙으셨으면 벼슬에 나간다. 벼슬에 나가지 않으면 부끄러운 경우가 두 가지 있는데, 자기의 몸만 깨끗하게 하려고 대륜을 어지럽히는 것이 첫 번째 부끄러운 경우이고, 그 명성을 빌리고 그 성가聲價를 색구索求하는 것이 두 번째 부끄러운 경우이다."고 하였다.

보은현에 도임한 뒤에 고을의 부로父老들과 약속하여 매달 초하루와 보름에 모여서 부로들로 하여금 각자 주민들의 고충거리와 치정의 궐실 등을 말하게 하여 보익 규정糾正하였는데, 효제를 도탑게 하고 염치를 권면하고 덕행을 존중하고 패속을 물리친 것은 모두가 풍속을 아름답게 개선시킨 대법大法이었다. 1년 만에 벼슬살이가 즐겁지 않아서 그만두고 집에 돌아왔는데, 허락 없이 멋대로 관직의 직무를 버려두고 돌아갔다는 이유로 법에 의거하여 의금부에 나아가 심리를 받게 되었으나, 어떤 경연관이 임금에게 아뢰어 석방될 수 있었다.

그해 여름에 영양永陽의 입암에 있는 천석泉石을 유람하였고, 만력 29년(1601, 선조 34)에 임금이 경서를 교정하라고 명하여 선생이 소명을 받았는데, 지나는 고을에서 말을 공급하라 명하였고, 또 연이어 임금의 소명을 받았으나 모두 나아가지 않았다. 그해 겨울에 공조좌랑에 제수되어 《주역》을 교정하는 일에 참여하였고, 형조좌랑에 이배되자 벼슬을 사양하고 집에 돌아왔다. 31년(1603, 선조 36)에 용담현령에 제수되었으나 나아가지 않았고, 또 의성현령에 제수되었는데, 몇 달이 지나 고을에 변고[문묘 대성전의 위판을 분실한 일]

가 있게 되자 스스로 자기의 잘못이라고 자핵하고서 집에 돌아왔다.

만력 36년(1608, 광해군 즉위년)에 광해가 새로 임금 자리에 올라 선생을 합천군수에 제수하였고, 38년(1610, 광해군 2)에는 사헌부지평에 제수되었으나 모두 나아가지 않았다. 43년(1615, 광해군 7)에 《관의》를 수정하였고, 48년(1620, 광해군 12)에 한강 선생이 별세하자, 선생은 여러 제자들과 더불어 상례를 강론하였다.

그해 가을에 명나라의 신종이 붕어하자, 선생은 마을에서 곡하며 말하기를 "우리나라 백성들이 임진년과 계사년의 왜란 때로부터 아비는 아비의 도리를 지키고 자식은 자식의 도리를 지키며 오늘날에 이를 수 있게 된 것은 모두 이 황제가 도와준 덕분이다."고 하였다.

천계 3년(1623, 인조 원년)에 인조께서 반정한 후 맨 먼저 초야에 묻혀있는 인재들을 찾아내게 하였는데, 이때 선생을 사헌부지평에 임명하여 불렀으나 선생이 나이가 늙었다는 이유로 사양하자, 특별히 성균관사업에 임명하였다. 국조 초기에는 이 관직이 없었는데 인조께서 즉위하고서 특별히 징사徵士[학덕이 높으나 벼슬하지 않는 선비]를 위하여 설치한 것이었다. 다시 지평으로 개임되었다가 중도에 병 대문에 사직하였고, 그 이듬해 봄에 승진하여 장령에 임명되었다. 그 당시에 이괄이 반란을 일으키어 임금이 남쪽으로 피난을 갔다가 이괄이 패사하게 되자 임금의 거가가 서울에 돌아왔는데 선생은 행재소에 가지 못하였고 뒤쫓아 도성에 이르자, 또 벼슬에 제수하는 어명이 있었다.

임금이 즉시 선생을 인견하고 정치에 관하여 물었는데, 선생이 대답하기를, "이것은 전하께서 일심으로 진작하여 날로 새로워지도록 애쓰시는 데에 달려있습니다."고 하자, 임금이 좋은 말이라고 칭찬하고 특별히 후하게 물품을 내렸다. 얼마 뒤에 집의에 제수되자 선생은 상소하여 사직하면서 이어 공순 검소하여 비용을 절약하고 후덕하여 형벌을 줄일 것에 관해 진언하였다. 궁궐에 나아가서 사은을 하자 임금이 다시 선생을 인견하고 인심과 세도는 적합하기가 어렵다고 말하자, 선생이 아뢰기를, "예로부터 변화시킬 수 없는 인심이 없었고, 또한 만회할 수 없는 세도도 없었으니, 이것은 성군과 현상賢相이 서로 더불어 큰일을 해보려고 노력하는 것에 달려있을 따름입니다."고

하였다. 이에 임금이 말하기를, "중외中外의 민심이 다들 원망하고 있는데, 어찌하면 좋겠는가?"라고 하자, 선생이 대답하기를, "온 나라 사람들이 이미 이전의 잔인하고 포학한 정치에 고생하고 시달리어 걱정과 아픔이 아직 가시지 않았는데, 서울에 새로 대란[이괄의 난]을 겪었으므로 소요가 가라앉지 않아 서로 의심하고 이간질하는 일이 발생하고 있습니다. 임금께서 백성들을 측은히 여기는 하교를 내리시어, 정사에 부지런하고 백성들을 보살핀다는 뜻을 보여주시면 민심이 가라앉을 것입니다."고 하였다. 시종侍從 반열에 있던 자가 반측反側하는 자들에 관하여 말을 꺼내자, 선생이 말하기를, "백성들로 하여금 대도大度 안에서 눈에 보이지 않게 교화되도록 하면 반측하는 자들이 저절로 안정될 것입니다. 도성은 사방의 근본이니, 도성에 사는 백성들이 안정되면 사방이 안정될 것입니다."고 하였다. 이에 임금이 선생의 말을 존중하여 후하게 물품을 내렸으며, 특별히 고조참의에 임명하였다. 임금께서 말하기를, "하찮은 관직이라 하여 사양하지 말라. 마땅히 크게 등용하리라." 하였다.

후일에 특별히 주강에 입시하라고 명하였는데, 주강을 마친 뒤에 세자가 선생을 뵙기를 청하면서 빈례賓禮로써 예우하였다. 선생은 물러나 온 뒤에 상소하여 집에 돌아가겠다고 고하고서 즉시 도성 문을 나왔는데, 임금이 연이어 명을 내리어 선생의 뒤를 따라가라고 하였으나, 선생은 이미 출발하였으므로 경기감영에 명하여 선생에게 말을 공급해서 호송하도록 하였다. 그 뒤로 연이어 이조참의, 동부승지에 임명되었으나 모두 나아가지 않았다.

천계 6년(1626, 인조 4)에 형조참판에 임명되었는데, 이때 계운궁[원종비의 궁호]의 상이 있었고 마침 임금의 소명이 있었으므로, 선생은 궁궐에 들어가 은명에 숙배한 뒤에 상소하여 사직하였다. 이어 대사헌에 이배되자 연이어 상소하여 힘껏 사양하였는데, 세 번이나 상소하여 고하자 임금께서 그때서야 허락하였다. 졸곡을 마친 뒤에 출발하면서 상소하여 건극建極[임금이 중정의 도를 세워서 다스림]의 근본에 대하여 진언하고 또 말하기를, "지향이 낮으면 도가 비루하고 도가 비루하면 사업도 비루하고, 사업이 비루하면 사람들이 복종하지 않으며, 사람들이 복종하지 않으면 이웃나라가 두려워하지 않으며 천지 귀신들도 또한 도와주지 않습니다."고 하였다. 그 이튿날 임금께서 인견하자, 선생은 또 천덕과 왕도에 관한 이야기 수백 마디를 진언하였고, 사직하고 나오자 임금이 말씀하기를, "세자를 만나 좋은 말을 가르쳐 주라."고 하였다. 이에 선생이 세자에게 고하기를, "세자께서 나이가 옛사람이 학문에 뜻을 둔 나이에 이르렀으니, 학문을 배우되 먼저 뜻을 세우는 것을 우선으로 삼으소서."라고 하였다.

그 이듬해에 오랑캐가 우리나라에 침범한 일이 있어서 선생을 영남 지역의 호소사號召使로 임명하는 어명이 있었고, 오랑캐가 물러가자 선생은 상소하여 정치의 폐단에 대하여 진언하고 이어 사리와 편사偏邪의 경계에 대하여 진언하였다.

8년(1628, 인조 6)에는 이조참판에 임명되었으나 나아가지 않고 상소하기를, "전하께서는 나라가 위태로운 때를 잊지 않으시고, 나라가 혼란스러운 때를 잊지 않으시고, 나라가 망해가던 때를 잊지 않으신 다음에라야 임금으로서의 도리를 다할 수가 있으며, 조정 신하들은 자기 일신을 잊고 그 집안을 잊고 그 사사로움을 잊은 다음에라야 신하로서의 도리를 다할 수가 있습니다."고 하였다.

10년(1630, 인조 8)에 또 대사헌에 임명되었으나 나아가지 않았다. 그 당시 공신 이귀와 최명길 등이 장묘(원종)를 추존하자는 논의를 언급하였는데, 선생은 상소하여 추존하는 일은 올바른 예법이 아니라고 말하면서 "손자로서 할아버지를 계승하는 것은 대가 끊기게 된 것을 잇게 하는 상도常道입니다."고 하였다. 12년(1632, 인조 10)에 또 대사헌에 임명되었으나 나아가지 않았고, 그 해 6월에 인목대비의 상이 있었는데, 선생이 상소하기를, "양암[임금이 거상하는 것을 말함]하는 동안에 지덕을 충양하시고 대본을 수립하시어, 하늘에게 영원한 국명을 기망祈望하는 근본이 되게 하소서."라고 하였다.

그 이듬해 7월에 인정전에 벼락이 치자 선생은 상진上辰 하진下辰 16괘를 올리어 수성修省해야 하는 경계를 진달하였으며, 14년(1634, 인조 12)에 특별히 자헌대부에 승품하여 곧이어 공조판서에 임명되었으나 또 병을 이유로 사양하였다. 그 당시에 장묘(인조의 생부)를 부묘(종묘에 모심)하는 예제를 이유로 쟁론하는 자들은 모두 죄를 얻었는데, 선생이 상소하기를, "전하께서는 낳아주신 분에게 대하여 효성을 바친 것이 이미 지극하였으니, 부묘하게 되면 사람들이 장차 예법에 지나친 것이라고 의심할 것입니다. 하물며 종묘에 부묘하는 것은 예전에도 근거할 만한 예법이 없으니, 이 일은 효도를 하려다가 도리어 효도를 손상하고 인을 하려다가 도리어 인을 해치는 셈입니다."고 하였으나, 임금이 선생의 말을 듣지 않았다.

또 그 이듬해에 우참찬에 임명되었으나 나아가지 않았고, 16년에 지중추부사에 임명하여 소명이 내렸는데, 대우하는 예의가 매우 지극하였으므로 선생은 서울에 올라가는 도중에 상소하여 병이 들었다고 사직하니, 임금께서 약물을 하사하였다. 그러자 선생은 또 상소하여 사은하면서 인하여 조정의 신하들이 화합하지 못하는 폐단에 관하여 수백 마디의 말을 진언하였는데, 그 글 중에 이르기를, "우주 사이에는 하나의 도리가 있을 따름입니다. 선과 악이 각기 한 부류이고 사와 정이 각기 한 부류이고 시와 비가 각기 한 부류입니다. 선과 악, 사와 정, 시와 비가 병립하거나 병작하거나 병행하면서 도와 이치가 어그러지지 않았다는 것을 듣지 못하였습니다. 전하께서 세우신 기준이 미진하시어 뭇 신하들이 그 기준에 모여들지 못하는 것입니다." 고 한 말이 있었다.

그해 12월에 남한산성에서의 변고가 있게 되자 선생은 행조[임금이 피난지에 임시로 설치한 조정]가 가로막히어 명령이 제대로 시행되지 않을 것이라고 생각하여, 주군에 통문을 돌리어 깨우치니, 고을의 부로들이 각자 군대를 모집하여 근왕하였고, 또 재력을 출연하여 군향에 보태주었다. 17년(1637, 인조 15) 2월에 남한산성의 포위가 풀렸다는 소식을 듣고, 선생은 조상의 묘소에 하직 인사를 올린 뒤에 입안산에 들어가 살았다.

입암산은 동해 가에 있었는데 입암이라는 이름을 고쳐 입탁암이라고 개명하였으니, 대체로 선생이 자신의 속뜻을 붙인 것이었다. 그해 7월에 문인에게 심의深衣를 만들라고 명하였고, 9월 7일(임신)에 만욱재에서 별세하였으니, 향년은 84세였다.

선생이 별세하기 전날 저녁에 크게 우레가 치고 비가 퍼부어 산이 무너지고 냇물이 넘쳤다. 부음이 알려지자 임금이 선생을 위하여 이틀 동안 조회를 중지하고 시장을 열지 못하게 하였으며, 본도로 하여금 상사를 거들어 도와주게 하였다. 10월 1일에 발인하여 고향의 선산에 돌아왔는데 영구 뒤를 따라오는 선비들이 5백여 명이나 되었으며, 임금께서도 특별히 제문을 내리셨다. 이어 12월 15일에 금오산 아래에 있는 오산동 동향의 자리에 장사지냈다.

선생의 전부인 정씨는 참찬에 추증된 정괄의 딸로서 일찍 죽었고 딸 하나를 두었는데, 사위는 참봉 박진경이다. 후부인 송시는 충순위 송정의 딸로서 선생보다 8년 먼저 별세하였고 아들이 없어서 종제 현도의 아들인 응일을 데려다가 후사로 삼아쓴ㄴ데, 응일은 대사성이 되었다. 선생의 사위 박진경은 5남 3녀를 낳았는데, 아들은 박기, 박황, 박협, 박증, 박서이며, 박황은 현감이다. 사위는 임경윤, 이현, 조하영이고, 이현은 교관이다. 선생의 양자인 응일은 3남을 낳았으니, 영, 건, 옥인데, 영은 별좌이고 건은 지평이다.

선생이 별세하자 임고서원·천곡서원·금오서원에서 모두 선생을 추사하였고, 부지암·입암·원당에 모두 사당이 있다. 효종 6년(1655)에 경연관 오준이 임금에게 아뢰어 좌찬성에 추작하였고 그로부터 3년 뒤에 경연관 오정위가 또 임금에게 아뢰어 영의정에 가증하였으며, 태상시에 명하여 선생에게 '문강文康'이라는 시호를 내리게 하였는데, 시법에 도덕이 있고 견문이 넓은 것을 '문'이라 하고 연원이 막힘없이 통달한 것을 '강'이라고 한다고 하였다.

선생은 내면을 혼후하게 쌓는 일에 침잠沈潛하여 학식과 덕망이 숭심崇深하고 박대하였으며, 재능과 인품을 안으로 감추어 드러내지 않고 스스로 숨기는 것을 귀하게 여기었다. 이미 학문이 넓어지고 덕망이 갖추어지자, 가깝게는 심술心術이 인륜의 본보기가 되었고, 멀게는 모든 하는 일이 만물의 법칙이 되었으며, 이를 미루어 나가서 하늘의 덕처럼 아무 소리도 없고 아무 냄새도 없는 극도의 경지에 이르기까지 궁구하지 않은 바가 없었다. 온화함으로써 덕을 서우치하고 인애로써 남들을 이롭게 해주었는데, 남을 이롭게 해주는 일은 외롭게 혼자 사는 사람들을 가장 우선으로 여기었다.

그러므로 선생이 말하기를, "홀아비나 과부를 불쌍히 여기고 고아와 독신인 자를 보살펴주는 일이 천지의 대덕이고 내 마음의 전체이다."고 하였고, 또 말하기를, "천지 사이의 일은 인사로서 마땅히 해야 되는 일이 아닌 것이 없다."고 하였으며, 그 계에 이르기를, "허虛는 온갖 실상의 창고인 셈이고, 정靜은 온갖 변화의 근기인 셈이고, 정貞은 온갖 사위事爲(하는 일)의 근간인 셈이고, 겸謙은 온갖 이익의 근본인 셈이고, 검儉은 온갖 복록의 터전인 셈이다."고 하였다.

인조 때에 선생이 소명을 받아 서울에 오자, 상국 이 문충공[이정귀]이 선생을 보고 시정의 선무에 대하여 물었는데, 선생은 다른 대답이 없이 다만 "한마디로 말할 것이 있는데, 오늘날 나라의 큰 걱정이 남을 의심하는 데 있습니다."라고 말하였다. 이에 상국이 물러 나와 사람들에게 얘기하기를, "어진 사람이다. 그야말로 시대를 제대로 잘 살피는 사람이라고 하겠다."고 하였다. 당시에 공신들이 갑자기 대권을 획득하여 마음 속으로 자기들을 미워하는 자가 있을까 두렵게 여기고는 평소에 시기한 자들을 모두 살해하였다. 그러므로 사대부들이 몹시 몸을 사리고 그들을 곁눈질로 흘겨보았으며 인심이 크게 무너졌는데, 선생이 임금을 인대引對하여 진언할 때에도 이러한 뜻이 많았다.

선생은 저술한 것이 매우 많아서 비록 집안사람이나 자제라 하더라도 또한 그것을 알지 못하였는데, 《역학도설》·《도서발휘》·《역괘총설》·《경위설》·《만학요회》·《우주설》 등의 저서는 선생이 별세한 뒤에야 세상에 나왔고, 또 《우주요괄》·《녹의사질》·《모계》·《문집》 등이 여러 저서가 있다.

다음과 같이 명을 한다.

학문은 박식하고 통달하였고,
인애로써 남들을 이롭게 해주었으며,
덕은 심원하고 중후하였네.

깊으면서도 두루 통하였고
온화하면서도 도타웠으며
위엄이 있으면서도 공손하였네.
아! 권도가 될 수 있고
행동으로 실천하였고
남들을 본받아 뜨르게 할 수 있도다.

先生諱顯光 字德晦 別號旅軒 姓張氏 高麗上將軍金用 始籍玉山 十二世 有府尹安世 府尹生左尹仲陽 左尹生掌令脩 以直道聞 於先生爲六世祖 曾祖贈左承旨俊 祖贈吏曹參判繼曾 父贈吏曹判書烈 母贈貞夫人京山李氏 齊陵參奉彭錫之女也 皇明肅皇帝嘉靖三十三年正月癸亥 先生生 生八年 先府君歿 十七八 學旣通 沈潛經術 作宇宙要括十圖 二十三 以才學被薦矣 許公潛 出牧星州 見寒岡鄭先生 問南中好學之士 鄭先生曰 孔子之門 好學者 顏子一人 此豈易言哉 有張顯光者 求學志道 他日爲我師者 此人也 三十八 母夫人沒 有喪制手錄 柳文忠公嘗累薦於上 及相見遣子袗就學焉 萬曆二十二年春 除禮賓參奉 秋又除齊陵參奉 皆不出 明年 特敍爲報恩縣監 門人鄭四震 請問出處之義 先生曰 學而優則仕 有禮意則仕 家貧親老則仕 不仕有二恥 欲潔其身 亂大倫一恥也 欲假其名 索其價二恥也 旣之縣 與父老約月朔月半之會 令各言民瘼闕失 補益糾正 敦孝弟 勵廉恥 尊德行 黜敗俗 皆移風善俗之大法也 一年 不樂謝歸 以擅棄官守 以法就理 有經筵官白上 乃得釋 夏遊永陽立嵒泉石 二十九年 上命校正經書 先生被召 命縣道給馬 連被召 皆不就 冬除工曹佐郎 參周易校正 移刑曹佐郎 謝歸 三十一年 除龍潭縣令 不就 又除義城縣令 數月 邑有變 自劾歸 三十六年 光海新立 除陜川郡守 三十八年 除司憲持平 皆不就 四十三年 修冠儀 四十八年 鄭先生卒 先生與諸弟子講喪禮 秋顯皇帝崩 先生巷哭曰 東民自壬癸之亂 父父子子得至今日 皆帝力 天啓三年 仁祖克大亂 首訪遺逸 先生以持平召之 辭以老 特拜成均司業 國朝初 無此職 上卽位 特爲徵士設者也 又改持平 中道以疾辭 明年春 陞拜掌令 時李适作亂 上南狩 及适敗死 車駕還都 先生不及行在所 追至都下 又有除命 上卽引見 問爲政 先生對曰 此在殿下一心 振作日新 上稱善 特厚賜之 旋拜執義 先生上疏辭之 仍言恭儉節用 敦德

省刑 旣出謝 上又引見 言人心世道之難合 先生曰 自古無不可變之人心 亦無不可回之世道此在聖君賢相相與有爲而已也 上曰 中外人心多怨 爲之奈何 先生對曰 四方已困於前時殘暴之政 愁痛未蘇 都下新經大亂 騷屑未定 互生疑貳 上下惻怛之敎 以示勤恤之意 則人心定矣 侍列者 有以反側者爲言 先生曰 令愚民 潛消默化於大度之中 則反側者自安 都城四方之本 都民定則四方定矣 上爲之尊賜之加厚 特拜工曹參議 上曰 勿辭小官 當大用之 後日 特命入侍晝講 講罷 世子請見 以賓禮待之 旣退 上疏告歸 卽出門 上連有命追之 而先生已發 命圻省給馬護送 此後連拜吏曹參議 同副承旨 皆不就 六年 拜刑曹參判 時有啓運之喪 而適有召命 旣入謝 上疏辭職 移大司憲 連上疏力辭 三告乃許 旣卒哭臨行 上疏言建極之本 又曰 志卑則道卑 道卑則事業卑 事業卑則人不服 人不服則隣國不畏 天地鬼神 亦不佑矣 明日 上引見 又進天德王道累百言 辭出 上送之曰 見世子有所敎誨也 先生告世子曰 世子年至古人志學之年 爲學以立志爲先云 明年 有虜寇 有嶺南號召之命 寇退 上疏陳政弊 仍進私利偏邪之戒 八年 拜吏曹參判 不就 上疏曰 殿下不忘危 不忘亂 不忘亡 然後可以盡君道 廷臣能忘其身 能忘其家 能忘其私 然後可以盡臣道 十年 又拜大司憲 不就 時功臣李貴 崔鳴吉等言章廟追尊之議 先生上疏言追尊之非禮曰 以孫繼祖 繼絶之常道云 十二年 又拜大司憲 不就 其五月 有仁穆大妃之喪 上疏言亮陰之中 充養至德 建立大本 以爲祈天永命之本 明年七月 仁政殿震 先生上上震下震十六卦 陳修省之戒 十四年 特加資憲 尋拜工曹判書 又辭疾 時以章廟祔廟之禮 爭論者皆得罪 先生上疏曰 殿下於所生 所以致孝者旣盡矣 而人且疑其過於禮也 況入廟 在古無可據之禮此欲孝而傷孝 欲仁而害仁也 上不聽 又明年 拜右參贊 不就 十六年 夏拜知中樞 有召命 禮意甚至 先生至中路 上疏辭疾 上賜之藥物 先生又上疏謝 仍言朝廷不和之弊 累百言 有曰 宇宙間一道理而已 善惡各一類 邪正各一類是非各一類 善惡邪正是非 未聞幷立幷作幷行 而此道此理不悖者也 殿下之所建極者未盡 而群下不得會其歸也 其十二月 有南漢之變 先生以爲行朝阻隔 命令不行 通諭州郡父老 各擧兵勤王 又出力以助餉 十七年二月 聞南漢解圍 先生辭先人之墓 入立巖山居 立巖 在東海上 改名立巖曰立卓巖 蓋寓意也 七月 命門人製深衣 九月壬申 先生歿于晩勖齋 年八十四 前夕 大雷雨山崩川水溢 訃聞 上爲之罷朝巷市二日 使本道庀喪事 乙未發引返故山 從柩之士五百餘人 上特賜祭 十二月癸酉 葬于金烏山下吳山之

洞東向之原 前夫人鄭氏 贈參贊适之女 早卒 有女一人 壻參奉朴晉慶 後夫人宋氏 忠順衛淨之女 先先生八年卒 無男 取從弟顯道之子應一爲後 爲大司成 晉慶生五男 惰 悅 悏 憕 惛 悅縣監 又三女壻 任景尹 李晛 曹夏英 晛 教官 應一生三男 鉌 鍵 鈺 鉌 別坐 鍵 持平 先生歿 臨皐 川谷 金烏 皆推祀之 不知巖 立巖 元堂 皆有祠 孝宗六年 經筵官吳竣白上 追爵左贊成 後三年 經筵官吳挺緯又白上 加贈領議政 命太常賜謚曰文康 道德博聞曰文 淵源流通曰康 先生沈潛渾厚之積 崇深博大 以韜晦自隱爲貴 旣學廣而德備 近而心術人倫之則 遠而萬事萬物之宜 推至於上天無聲無臭之[木亟] 無所不究 和而成德 仁以利物 利物莫先於惸獨 故曰矜鰥寡 恤孤獨 天地之大德 吾心之全體也 又曰 天地間事 無非人事之所當爲者 其戒曰 虛爲萬實之府 靜爲萬化之基 貞爲萬事之幹 謙爲萬益之柄 儉爲萬福之原 仁祖時先生召至京師 相國李文忠公見先生 問時政先務 先生無他答 但曰 有一言 今者國之大患 在疑 相國退而語人曰 賢乎 可謂善於相時者也 時功臣等暴得大權 心畏惡 所忌者皆殺之 士大夫重足仄目 人心大壞 先生引對進言 多此意也 先生所著述甚多 而雖家人子弟 亦莫之知也 如易學圖說 圖書發揮 易卦揔說 經緯說 晩學要會宇宙說 先生歿後 乃出 又有宇宙要括錄 疑俟質耄戒 文集諸書 其銘曰

博達之學
利物之仁
深厚之德
邃而通
和而敦
儼而翼
嗚呼
可以權
可以動
可以式

2) 송당 박영 신도비 松堂朴英神道碑

선생의 성은 박씨, 본관은 밀양이며, 송당은 별호이다. 증조는 좌찬성 호문이고, 조부는 안동대도호부사 철손이며, 부친은 이조참판 수종이다. 모친 정부인 이씨는 우리 공정의 손녀이다. 부친인 양녕대군이 처음에 세자에 책봉되었으나 우리 장헌왕이 왕자들 가운데 성덕을 갖추고 있었으므로 거짓으로 미친 체하여 아우에게 자리를 양보하니, 백성들이 태백과 우중에 견주었다.

선생은 명나라 헌종 성화 7년 신묘년(1481, 성종 2)에 태어났다. 아이 때부터 보통 아이들보다 뛰어나서 부친 참판공이 이름을 영이라 하고 자를 자실이라 하였다. 5세에 참판공이 별세하고, 7세에 모친 정부인이 별세하였으며, 10세에 조모 숙부인이 별세하고, 상을 마치기도 전에 조부 안동공이 또다시 별세하여 12세에 승중상을 입고 시묘살이를 하였다. 삼년상을 마친 후 무예를 익혀 16, 7세에 벌써 용력이 있는 것으로 소문이 났다. 21세에 원수 이극균을 따라 건주의 정벌[49]에 참여하였다. 그 이듬해 임자년(1492)에는 무과에 급제하여 열사列士의 반열에 들었다.

3년 뒤 갑인년(1494)에 강정왕[50]이 훙서하고 아들이 왕위에 오르니 이 사람이 폐왕[51]이다. 선생이 정사가 어지러워질 줄을 알고서 즉시 벼슬을 떠나 고향으로 돌아가 낙동강 가에 살면서 당대의 명유인 정붕, 박경과 교유하여 사우의 관계를 맺었다. 그리고 정씨로부터 《대학》의 경문經文과 전문傳文을 배웠는데, 학문이 통하고 나자 원근의 선비들이 모두 스승으로 받들었다.

공희왕 4년(1509, 중종 4)에 선전관에 제수되었으나 벼슬에 나아가지 않았고, 이듬해 경오년(1510)에 삼포왜란이 일어나 대대적으로 군대를 동원하여

---

49) 조선 초기 건주여진을 정벌한 사건으로 조선 정부 단독으로 2회, 명나라와 함께 1회 실행하여 토벌을 단행하였다. 건주여진은 남만주 지방에 살던 여진족을 이르는 말이다.

50) 강정왕(康靖王) : 조선 제9대 성종.

51) 폐왕(廢王) : 조선 제10대 연산군.

토벌할 때에 공이 특별히 조방장에 제수되어 창원으로 출전하였다. 난이 평정된 후에 또다시 벼슬에 나가지 않고 있다가 3년 뒤 황간현감에 제수되었는데, 그 뒤 3년이 지나 정사를 잘했다 하여 강계도호부사에 발탁되었다. 또 3년이 지나 백성들을 잘 다스렸다 하여 의주목사로 이배되었으나 부임하기도 전에 도부승지로 부름을 받았고 다시 좌승지로 자리를 옮겼다.

기묘년(1519)에 병조참판으로 승진하였다. 당시에 조광조 등이 경술로 진출하여 통치의 방도에 대해 왕에게 진언하였는데, 모두 하은주 삼대의 이상적인 시대에 일어난 옛 사적을 표준으로 제시하였으므로 한 대 이를 추종하는 선비들이 많았으나, 반면에 이를 시기하는 소인들도 많았다. 그래서 선생이 마음 속으로 근심한 끝에 병을 핑계로 사직하고 고향으로 돌아왔다. 기해 여름에 성절을 축하하러 경사에 갔다가 겨울에 복명을 하였는데, 그사이 조광조 등이 모두 죄를 얻었다. 그리고 조광조가 마침내 사사됨에 따라 선생도 자급資級이 강등되어 중추부의 한직을 맡았다. 이어 김해도호부사로 나가 1년을 보냈다. 그 사이에 선류善類들이 모두 배척을 받았는데, 선생 또한 관직이 삭탈되어 고향으로 돌아왔다.

그해 겨울에 무고 사건이 발생하여 선생이 경주부윤 유인숙과 함께 조정의 권신을 제거하려 모의했다고 고발되어 의금부에 불려가 문초를 당하고 사형에 처해질 상황이 되었다. 선생이 비분강개하여 무죄를 변론하고 아무 근거도 없는 일임을 강하게 주장함에 다라 무고를 한 자가 도리어 죄를 받고 선생은 풀려났다. 그 후로 16년 동안 낙동강 가에 살면서 두문불출하고 오로지 학문에만 전력하니, 학자들이 송당 선생이라 불렀다. 권신이 패사敗死하자 상이 선류들을 다시 불러들여 선생을 영남좌도절도사에 제수하였다. 그리고 3년 뒤 경자년(1540, 중종 35)에 70세의 나이로 별세하였다. 같은 부府 20리 떨어진 관동官洞에 안장되었다.

예전에 정붕과 박경이 선생을 찾아왔을 때의 일이다. 정씨가 냉산을 가리키며 선생에게 묻기를, "산 너머에 무엇이 있는가?" 하자, 선생이 아무 대답도 하지 않았다. 나중에 다시 묻기를, "그대는 산 너머에 무엇이 있는지 아는가?" 하니, 선생이 대답하기를, "산 너머에도 산이 있습니다." 하였다. 이에 정씨가 매우 기뻐하였다고 한다.

선생이 일찍이 〈회암백록동규해晦庵白鹿洞規解〉를 저술하였는데, 오교지목五敎之目, 위학지서爲學之序, 수신지요修身之要, 처사지요處事之要, 접물지요接物之要 등 다섯 편으로 이루어져 있다. 이 글은 인륜의 근본에서 시작하여 모든 사물을 관통하는 도에까지 미루어 나갔으며, 궁극적으로는 나라를 다스리는 방도를 하은주 삼대를 참작해야 한다고 하였는데 모두 24개의 문장으로 구성되어 있다.

정부인 이씨는 도승지 이세광의 딸으로, 국자상사 거이를 낳았다. 거이는 돈복과 돈인을 낳았는데, 돈복은 생원이고, 돈인은 전생서참봉이다. 사위 두 사람은 사인 김창봉과 진사 남수정이다.

돈인의 손자 경지는 좌윤을 지냈으며, 또 외손인 이여발은 제도諸道의 절도를 거쳐 내직으로 들어와 어영대장을 지내고 한흥군에 봉해졌다. 모두 청렴·정직한 것으로 칭송을 받았다.

선생은 26세가 되어서야 비로소 발분하여 책을 읽기 시작하였고, 학문을 쌓아 문리에 통한 뒤로는 자득하는 것을 위주로 공부를 하였다. 유학 외에 《소문素門》과 《난경難經》 등의 의서에도 달통하여 사방의 풍토병과 기괴한 질병을 잘 치료하였다. 지금까지도 남쪽 지방의 의원들은 얼굴빛을 보고 질병을 진단하는 방법을 전해오고 있다.

선산은 예로부터 호걸지사들이 많이 배출된 것으로 유명하다. 대표적으로 김주, 길재, 김숙자, 김종직, 이맹전, 정붕, 하위지 등 일곱 분과 선생이 있다. 선산의 금오산에 선생의 사우가 있고, 황간현에도 사우[52]를 세워 제사를 지내고 있다.

그 명은 다음과 같다.

---

52) 충청북도 영동군 매곡면(옛 황간현)에 있었던 송계서원(松溪書院)으로 조위(曺偉)·박영朴英·김시창(金始昌)·박응훈(朴應勳)의 학문과 덕행을 추모하기 위해 창건하였다. 1871년(고종 8)에 훼철된 뒤 복원하지 못하였다.

높고 높은 철인은
군자의 표상
높은 경지에 우뚝하니 자리 잡고
시끄러운 세상을 멀리 떠나
무궁하고 오묘한 경지에 노닐며
하늘과 인간을 꿰뚫었도다

先生姓朴氏 其先本密陽人 松堂 別號也 曾祖左贊成好問 祖安東大都護府使哲孫 父吏曹參判壽宗 母貞夫人李氏 我 恭定王之孫也 父讓寧大君初立爲世子 我 莊憲王在諸王子 有聖德 乃佯狂以讓之 國人擬之太伯 上舍者也 憲宗成化七年辛卯 先生生 自爲兒時 偉然異凡兒 父參判公命名曰英 字曰子實 生五年 參判公卒 七年母貞夫人卒 十年 祖母淑夫人卒 未卒喪 祖父安東公又卒 先生十二 持重喪居廬 既三年 習騎射 十六七 已勇力聞 二十一 從元帥李克均虔[建]州之役 其明年壬子 以武選居列士 三年甲寅 我 康靖王薨 嗣立君是爲廢王 先生知政亂 卽去歸鄕里 居洛水之上 與當世名儒鄭鵬 朴耕 交遊爲師友 從鄭氏講大學經傳 學既通 遠近皆師之 我 恭僖王四年 除宣傳官不仕 明年庚午 三浦倭叛 大發兵討之 公特拜助防將 出昌原 既事平 仍不復仕 居三年 拜黃碉縣監 三年 政成 擢拜江界都護府使 又三年 以治理 移義州牧使 未赴召 拜同副承旨 轉至左承旨 己卯 陞拜兵曹參判 時趙光祖等以經術 進陳治道 皆三代古事 一時士多趨之者 而小人多疾之 先生心憂之 卽謝病歸 其夏 賀聖節朝京師 冬 復命 光祖等皆被罪 而光祖竟賜死 先生降資 在西樞 仍爲金海都護府使一年 於是良善皆斥 先生亦削職還鄕 其冬 有誣告事 以爲與東都尹柳仁淑 謀去用事者 召問王府論死 先生慷慨爭卞 極言無事狀 其誣告者反坐 而先生得釋 居洛上十六年 杜門不出 專事修學 學者稱之曰 松堂先生 及用事者敗 上復召用良善 先生爲嶺南左節度使 三年庚子 先生卒 年七十 葬于同府二十里官洞 初 鄭鵬 朴耕來見先生 鄭氏指冷山 問曰 山外何物 先生不答 後復問子知山外何物乎 先生曰 山外亦前山 鄭氏怡然喜之 先生嘗著晦庵白鹿洞規解五教學序 修身處事接物五篇 自人倫之本 推之於道之一貫 以極爲邦之術 三代損益其文二十四 貞夫人李氏 都承旨世匡之女 生居易 國子上舍 居易生敦復 敦仁 敦復生

員 敦仁典牲署參奉 壻二人 士人金昌鳳 進士南守正 敦仁孫敬祉 官至左尹 又有外孫 李汝發 爲諸道節度使 入爲御營大將 封韓興君 皆以廉直稱 先生二十六 始發憤讀書 旣積學而通 以自得爲宗 傍通素問 難經 善治四方風土奇怪疾 至今南方之醫傳誦色相之變 善州自古稱多豪傑之士 金澍 吉再 金淑滋 金宗直 李孟專 鄭鵬 河緯地七人及先生 金鼇有先生遺祠 黃礀縣 亦立祠以祀之 其銘曰

哲人其巍
君子之表
高蹈卓立
離世俗之擾擾
遊無窮入奧妙
貫天人之教

3) 신당 정붕 신도비 新堂鄭鵬神道碑

신당 정선생 돌아가신지 이미 270여년이 지났다. 임금께 올린 글, 상량문, 시와 문장 등을 병화에 잃어 그 빛나는 성명聲名을 어디에서조차 파악할 수 없으나 오직 안상도案上圖[53]가 있으며, 사림이 전하는 바, 도통연원도道統淵源道와 잠곡潛谷 김공金公이 찬撰한 기묘록己卯錄이 펴져 세상에 전하고 있다. 그 안상도란 선생께서 친히 스스로 저술한 것으로 성현들의 마음을 다스리는 것과 모범이 될 만한 묘한 낱말들을 갖추어 상대성 있게 열을 지어 늘어놓았으니, 공경함을 근본으로 하고 너무 급히 서둘러 잘 자라게 하고저 하는 것을 경계하고, 왼쪽에는 9가지 생각해야 될 일과 오른쪽에는 9가지 자기의 몸가짐을 가지는 방법을 나열하고, 단서丹書(道家法典)로써 게으름과 태만함을 경계하였다. 퇴계선생이 일찍이 말하기를 '정선생의 학문의 조예가 정밀한 것은

53) 안상도(案上圖) : 신당 도학의 밑 그림이자 이정표로 불리는 것으로 박영은 이 안상도를 책상머리에 붙여두고 평생 이를 수행 실천하려 하였다.

이것을 보면 알 수 있다.' 라고 하였다.

연원도에는 도학이 정포은으로부터, 길야은, 김사예, 김점필, 김한훤에 이르러 신당에게 전하는 것으로 하고 있다. 선생이 기묘년 8년 전에 돌아가시었으나 기묘록에 들어있는 것은 선생과 정암이 같이 한훤당 문하에서 수업하였기 때문이며, 아울러 그때의 제현諸賢의 뜻이 같고 도가 합쳐짐이 아님이 없었으니, 곧 생사의 앞과 뒤를 반드시 비교할 필요가 없는 것이다. 아아 한漢나라의 황헌黃憲은 문으로써 말할 때는 문이 없고, 일로서 말할 때는 증험할만 한 것이 없으나 곧 절개로써, 한 때의 현사대부賢士大夫를 공경하고 탄복하고 추모하여 장하게 받음이 그렇게도 성하여 지금에 이르기까지 백세토록 선비됨을 알게 하였거니와 하물며 선생은 도圖가 있어 퇴옹退翁의 찬탄함이 있고, 기묘록이 있어 정암과 더불어 이름을 가지런히 하고 있으며 연원록 같은 것에 이르러서는 비록 여러 조각이 났다고는 하지만 처음부터 유림들이 서로 전하는 말이 아니라고 하지 않으며, 또 문헌의 믿음과 증험이 있으니 황헌에 비하여 많다고 아니 할 수 있겠는가.

선생의 휘는 붕이요. 자는 운정雲程이다. 숙부 참판공 석견錫堅은 한훤과 조매계曺梅溪와 더불어 도의로 사귄 친구이다. 선생이 어린 소년 때 기특히 여기고 사랑하여 심히 권하여 한훤당寒暄堂 문하에서 학업을 수업토록 하였다. 커서는 서울로 데리고 왔다. 그때에 남 추강효온南秋江孝溫의 이름이 한창 성하게 날리고 있었다. 선생이 같이 잘 놀았다. 참판공이 말하기를 '남군南君은 방종함을 기뻐하여 남에 구속받는 것을 싫어한다. 같이 놀아서는 안된다.' 라고 하셨다. 선생은 그 준수하고 위대한 자품資品을 여미시고 오직 배움을 오로지 하시고 과거에는 뜻이 없었다. 공이 또 남의 눈에 표적이 되는 것을 염려하시어 과거에 응할 것을 독촉하고 명령하였다. 병오년에 진사, 임자년에 대과에 올랐다. 괴원槐院(承政院)에 있다가 추천되어 한림학사가 되었다. 예규에 따라 옮겨서 전적이 되었으며 삼사를 두루 역임하고 검상을 거쳐 사인, 응교에 올랐다. 연산燕山의 무도한 때를 만나 교리로서 일을 논하다가 곤장을 맞고 영덕으로 귀양을 갔다. 중종의 반정으로 관직으로 소명召命이 있었으나,

선생은 중도에서 병을 빙자하여 고향으로 돌아와 다시는 조정에 나아가지 않으려 하였다. 성상국희안成相國希顔이 임금께 아뢰어 말하기를 '정붕은 순박하고 정직한 선비입니다. 성명聖明한 조정에서, 갖추어진 현인을 오래 시골에 있게 해서는 아니 되옵니다.' 라고 하였다. 임금이 말씀하시길 '초야에서 밭가는 늙은이와 동해에서 고기 잡는 노인도 천거해서 알려주지 않으면 내 어찌 알리요.' 라고 하시고, 곧 전지傳旨를 내려 대단히 은근히 부르시었다. 선생이 비로소 억지로 부임하여 교리를 거쳐 사예, 참교로 전임하였다. 하루는 사은謝恩하러 궁중에 나아가, 물소뿔의 흉대胸帶를 한 재상을 보고, 그의 뒤에서 있었는데 그가 뒤를 돌아보는 순간 그 얼굴을 알았는데 바로 찬성贊成으로 있는 홍경주洪景舟라 선생이 마음속으로 놀랐으니, 그것은 이미 소인이 득세하고 군자가 쇠퇴할 조짐이 있음을 안 까닭이다. 마침내 술병을 빙자하고 외방을 구하여 청송부사를 얻어, 동헌에 누워서 정치를 해도 백성과 아전들이 서로 잊고 있더니 임신년壬申年 9월 19일 관官에서 돌아가시니, 그가 나신 성화成化 3년 정해로부터 46년이 되는 해이다. 공께서 관에 계실 때 성상국成相國이 서신을 보내어 잣과 꿀을 구했다. 선생이 답하여 말하기를 '잣이란 높은 봉우리 꼭대기에 있고, 꿀이란 백성의 꿀통 안에 있는 것이거늘, 태수太守가 무슨 이유로 얻을 수 있겠소.'라고 했다. 돌아가시매, 감사가 아들이 어리고 고독하고 가난하여 장사를 지낼 수 없음을 알고 상사 일을 다스려, 계유년 3월 모某 갑일甲日에 선산부 서쪽 복우산伏牛山 묘좌卯坐의 언덕에 장사지냈다.

선생은 학문을 함에 있어 논어를 읽는 것을 더욱 기뻐했다. 일찍이 말하기를 '만약 나로 하여금 오랑캐에게 논어를 가르치라 해도 능히 그들로 하여금 대의大義를 알게 할 수 있다.'라고 하셨다. 박 송당 영朴松堂英은 선생보다 4세가 적었는데 선생을 따라 《대학》을 수업했다. 하루는 선생이 냉산冷山을 가르키면서 말하기를 '산 밖이 어떠한가.'하였다. 송당이 대답하지 못하였다. 수년 후에 선생이 또 물으니 답해 말하기를 '바깥이 앞과 비슷합니다.'라고 하였다. 선생이 웃으시면서 말하기를 '이제야 자네가 독서를 해서 얻음이 있음을 알겠네.'라고 하였다.

연산燕山이 왕위에 올랐을 때, 강공 혼姜公渾과 심공 순문沈公順門이 정부의 사인舍人 벼슬에 있었다. 두 사람 모두 사랑하는 기생이 있었다. 선생이 말하기를 '빨리 멀리하라. 후에 반드시 후회할 것일세.'라고 하였다. 강姜은 선생의 말과 같이 하고 심沈은 따르지 않았다. 얼마 안가서 두 기생이 뽑혀서 궁으로 들어가 연산의 사랑을 받았다. 순문順門은 끝내 아무 죄없이 죽었다. 송당이 일찍이 달려와서 박경朴耕과 조광보趙光輔가 장차 죄를 얻어 죽게 되었음을 고하니, 선생이 지팡이에 의지하여 한참 생각에 잠기더니 말하기를 '이것은 반드시 문세고文世皐란 자가 꾸며내서 한 일이다. 논어에 말하기를 '어질기만 하고 배우지 않는 것은 어리석음이 가리운 탓이로다.' 백우伯牛는 어리석으면서 배우지 않았으니 화를 당하게 마련이다. 조趙는 반드시 면할 것이다.' 라고 하였다. 그 결과는 틀림이 없었다. 선생이 사람들에게 말하기를 '간밤의 꿈에 문묘文廟의 위판位版이 절간으로 옮겨지는 것을 보았는데 이 무슨 징조일까.'라고 하였다. 그 후에 태학관太學館을 잔치하고 노는 장소로 삼기 위하여 위판을 높은 산의 암자로 옮겼다. 이것은 마음속으로 미리 헤아려 아는 것이 있었던 바이다. 그러므로 꿈을 빙자하여 말한 것이다. 일찍이, 조정에서 물러나와 집에 돌아오니 집사람이 밥상을 받치거늘 '밥은 어째 변통했는고.'라고 물었다. 부인이 말하기를 '종 애가 아침에 류판서가柳判書家에 갔더니, 류柳가 '정모鄭某는 고집스러워서 나를 찾아오지 않는단 말이야.'라고 하면서 쌀 한말을 보내왔다.'고 하였다. 선생은 '이것은 내가 일찍이 집의 사람들을 타이르지 않은 허물이다.'라며 밥상을 물리고 먹지 않았다. 류柳는 즉 자광子光이다. 선생께서 귀양 갈 때에 자광이 독약주머니를 주면서 '공이 이번에 가면 살아 돌아오기 힘들 것 같으니 이것으로 처신함이 옳을까 하오.' 라고 하였다. 선생이 받았다. 그 후에 자광이 법의 심판을 받았을 때 그 약을 도로 돌려주었다.

아 아, 선생께서 난세의 혼란한 운세를 당하여 정세가 돌아가는 것을 미리 짐작하여 알아맞춤이 대단하여 귀신이 점치듯 맞추었다. 나아감과 물러남과 사양하고 받는 것을 예로써 하고 의로써 하여 마침내 사류士類들이 다

같이 육살을 당할 때에도 그 몸을 온전히 할 수 있었던 것이다. 『시전詩傳』에 이른바 '이미 밝고 또한 사리에 밝으니 이로써 그 몸을 보전토다.'라고 하였으니 선생에게 실제로 있었던 일이요. 그 정난靖難 이후 같은 때는 세상에 나와서 처하기를 봉鳳이 천길이나 만길을 날고자 함과 같은 뜻이 더욱더 있었으니, 무릇 성주聖主께서 용솟음치듯 일어나심을 만물이 다함께 보았음이다. 귀양땅에서부터 일어나시어 벼슬길이 장차 확 트였으며 또 하물며 조정암趙靜菴, 권충재權沖齋 같은 여러 현인이 왼쪽에서 이끌고 오른쪽에서 붙들어 바야흐로 요堯임금과 순舜임금과 같은 임금을 만들고 또 그때의 백성과 같이 태평케 살 수 있게 하는 것을 또한 자기의 임무로 한다면, 곧 선생이 그 사이에 처하셨더라면 누가 직稷이고 누가 설卨이 되었을지 몰랐겠지만 한번 간사한 홍洪을 보고 깜짝 놀라 멀리해서 다시는 조정에 자취를 나타내지 않으셨으니, 비록 공이 살아서 기묘己卯의 거친 화를 당했다 하더라도 어찌 그 독이 몸에 미쳤으리요. 『주역周易』에 이른바 '기틀을 알매 그 신神과 같다.'라 하였으니, 선생이 그 말과 가까운 곳에 이른 것이로다. 퇴계退溪께서 말하기를 '선산 한 고을에 전조前朝에 길야은吉冶隱의 풍절風節이 있었고, 그 뒤에 정신당鄭新堂의 도의道義가 있었도다.'라고 하였다. 선생이 한번 숨고 한번 나타나는 것이 도의에서 흘러나온 것이 아니라면 어떻게 능히 이렇게 적중될 수 있겠는가. 선생께서 돌아가셨을 때 권충재 벌權沖齋橃이 한림원翰林院에 있었다. 특히 글을 써서 말하기를 '정붕은 청송부사를 하였다. 붕의 기국과 도량이 웅장하고 위대하여 명예를 구하지 않았고 벼슬길에 있음을 즐기지 않았다. 이 세상에서 같이 더불어 나라를 위하여 큰일을 할 수 없다는 것을 알고 외직을 구하여 마침내 거기에서 죽다.'라고 하였다.

정씨의 본은 해주海州이다. 고려말에 대장군 초初라는 분이 있어 여러 번 큰 도적을 격파했다. 뒤에 영남 선산으로 이사하여 자손이 드디어 여기에 살았다. 증조의 휘는 희언希彦이요, 호조참의의 증직을 받았다. 조祖의 휘는 유공由恭이요, 단천 교도端川敎導를 하시고 병조참판의 증직을 받았다. 아버지의 휘는 철견鐵堅이요, 성종成宗 때에 벼슬길에 오르니 관직이 현감이다. 어머니는 의춘 옥씨宜春玉氏로 국자생원國子生員 형종荊宗의 딸이다. 선생은 두 번 장가들었으니 초부인初夫人은 성산이씨星山李氏 중랑장中郎將 엽曄의 딸이요, 안무사按撫使 흥문興門의 손녀이다. 계부인繼夫人은 고령신씨高靈申氏 현감 담澹의 딸이요, 부사 송주松舟의 손녀이다. 두 아들이 있으니 장남은 의毅인데 생원이다. 차남은 각殼이다. 딸은 생원 박거이朴居易에게 시집을 갔는데 송당의 아들이다. 손자, 증손자 이하는 여기에 다 기록할 수 없고, 5대손 영韺은 부총관副摠管이요, 영의 아들은 동망東望인데 절도사節度使를 하였고 청백함으로 세상에 알려졌다. 8세손 찬櫕이 부사를 하니 두드러진 인물이다. 찬의 아들 전 현감 지신趾新이 와서 명銘을 청하거늘, 다음과 같이 명을 지었다.

나라에 도가 없을 때
간언으로 항쟁타가
귀양을 가고 하는 것은
오히려 할 수 있는 일이나
나라에 도가 있을 때
그 기미를 보고 진퇴함은
참으로 따를 수가 없구나.
그 기개는 신성하고
그 의는 참으로 정묘하도다.

대광보국숭록대부 의정부 영의정 겸 영경연 홍문관 대제학 예문관 대제학 세자사 장용외사 원임 규장각 제학 평강平康 채제공 찬

新堂鄭先生歿 已二百有七十有餘年 箚疏詩文佚於燹 無從以揭其聲光 惟案上圖在焉 士林所傳道統淵源圖及潛谷金公所撰己卯錄行焉 其案上圖 先生所自著 取聖賢治心格言 對待排布 以莊敬爲本 助長爲戒 左九思右九容 申之以丹書怠慾之戒 退陶先生嘗曰 鄭先生學問造詣之精 觀於此可知 淵源圖 以爲道學自鄭圃隱 吉冶隱 金司藝 金

佔畢 金寒暄傳於新堂 己卯錄 先生先己卯八年以歿 而同入於錄者 以先生與靜菴同遊暄老之門 而並時諸賢 無不志同道合 則生死先後 有不必較也已 嗚呼 漢之黃憲 以文則無有 以事則無徵 直以一時賢士大夫敬服推奬之盛 至于今知其爲百世之士 況先生圖而有退翁讚歎 錄而與靜菴齊名 至若淵源圖 雖曰斷爛 未始非儒林相傳之言 則文 獻之信而有徵 比黃憲不其多矣乎 先生諱鵬 字雲程 叔父參判公錫堅 與寒暄及曹梅溪爲道義交者也 方先生幼少 奇愛甚 勸令學暄翁門 及長 携入京師 時 南秋江孝溫負盛名先生與之善 公曰 南君喜跌宕不拘 不必與之遊 先生斂其峻偉之資 惟講學是專 意不在聞達 公又慮有標榜 督令赴擧 丙午進士 壬子擢第 隸槐院薦爲翰林 例遷典籍 歷遍三司 由檢詳陞舍人應敎 値燕山主無道 以校理論事 杖流盈德 及中廟靖難 以館職召 先生在道引疾還鄕里 不欲復仕於朝 成相國希顔白 上曰 鄭鵬醇正士也 聖朝急賢 不宜久於鄕 上曰 莘野耕叟 東海釣翁 非薦聞 予何以知 下 旨召甚勸 先生始强赴 由校理轉司藝參校 一日 詣 禁中 見犀帶宰相背立拱而後 顧眄之際得其貌 乃贊成洪景舟也 先生心內驚 知其有剝床兆 遂稱有酒疾求外 得靑松府使 臥閤爲治 民吏相忘 竟以壬申五月十八日 卒于官 距其生成化三年丁亥 得年四十六 方公之莅官 成相國有書求栢與蜜先生覆曰 栢在高峯頂上 蜜在民間筒中 太守何由以得 及歿 觀察使知稱孤貧無以葬 庀喪事 用癸酉三月某甲 葬于善山府西伏牛山卯坐之原 先生爲學 尤喜讀魯論 嘗曰 若使我敎夷狄論語 亦能使知大義 朴松堂英少先生四歲 從先生受大學書 一日 先生指冷山曰 山外何如 松堂不能對 後數年 先生又問 答曰 外面只是前面 先生笑曰 乃今知君讀書有得也 初 燕山踐位 姜公渾 沈公順門爲政府舍人 俱有所眄妓 先生曰 亟遠之 後必悔 姜如先生言 沈不從 未幾 二妓選入宮寵幸 順門卒以非罪死 松堂嘗馳告朴耕 趙光輔將僇死 先生倚杖沈吟良久曰 此必文世皐所作爲 語曰仁而不學 其弊也愚 伯牛愚而不學 禍固當 趙必免 已而果然 先生語人曰 夜夢 文廟神版 徙置僧舍 是何兆也 後太學爲遊燕塲 移位版山菴 此心有所揣知而故托夢而言也 當朝退 家人進飯 問曰 飯何從辦 夫人曰 婢朝往柳判書家 柳曰鄭某固執不見我 仍見遺以斗米 先生曰 是我不早諭家人之過也 却不食 柳卽子光也 及先生謫 子光囊毒藥以送曰 公之此行 恐終不免 先生受之 後子光之伏法也 還其藥 嗚呼 先生當百六昏亂之運 逆覩懸揣 如蓍如龜 進退辭受 以禮以義 而卒能全身於士類駢戮之際 詩所云旣明且哲 以保其身 先生實有焉 而若

其靖難以後出處 尤有鳳翔千仞之意 夫 聖主龍興 萬物咸覩 起自謫中 顯途將闢 而又況有靜冲諸賢 左提右挈 方且以堯舜君民爲己任 則以先生而處其間 未知其孰爲稷也孰爲卨也 而一見洪壬 愕然遠擧 不復跡朝班 雖使公生而當己卯伏莽之戎 何由而毒於己也 易所謂知幾其神者 先生殆庶乎 退陶有言曰 善之一州 前有吉冶隱之風節 後有鄭新堂之道義 先生之一隱一顯 非道義流出 何能適於中如此 方先生之卒 權冲齋橃在翰苑 特書曰 鄭鵬爲靑松府使 鵬器度雄偉 不求名譽 不樂仕宦 知斯世之不可與有爲 求補外 竟卒于此云 鄭本海州人 麗季有大將軍初 屢衂巨盜 後徙嶺南之善山 子孫遂家焉曾祖諱希彦 贈戶曹參議 祖諱由恭 端川敎導 贈兵曹參判 考諱鐵堅 當 成宗世 擧有道官縣監 妣宜春玉氏 國子生員荊宗女也 先生凡再娶 初配星山李氏 中郎將曄之女 按撫使興門之孫 繼配高靈申氏 縣監澹之女 府使松舟之孫 二男 長穀生員 次瑴 女適生員朴居易 松堂之子也 孫曾以下 不可盡錄 而五代孫誸副摠管 誸子東望節度使 以淸白著八世孫嶙府使 此其顯者也 嶙子前縣監玭新來乞銘 銘曰

邦無道抗言流離 猶可爲也
邦有道見幾而作 不可及也
其氣也神 其義也精 於乎先生

4) 용암 박운 효자정려비문 龍巖朴雲孝子旌閭碑文

선생의 성은 박씨요 휘는 운, 자는 택지澤之, 호는 용암이다. 생이준매生而俊邁[54]하고 효우孝友가 출천出天하시다. 송당 박선생 문하에 친자親炙(가까이 하여 감화를 받음)하여 성리의 요결을 듣고 드디어 위기의 학에 분발하여 과거의 말업末業은 종사하지 않고 오로지 명선복초明善復初[55]를 기임己任으로 삼다. 경진년에 친상을 당하여 류속流俗에 구애받지 않고 주문공가례朱文公家禮만 준수하였다. 어머니 봉양 40여년에 승안순지承顔順志[56]에 조금도 위오違忤[57]함이 없

54) 생이준매(生而俊邁) : 재지(才智)가 매우 뛰어난 사람.
55) 명선복초(明善復初) : 선을 밝히고 처음 시작하는 원점으로 회복한다는 의미.
56) 승안순지(承安順志) : 윗사람의 명령을 순순히 좇음.

었고 온정공구溫情供具로 극히 성효誠孝[58]하셨다. 모상을 당하자 비록 나이 60세에 가까웠으나 죽과 나물로 지내며 종시終始 예로 마쳤고 여묘 3년 동안 한 번도 집에 안 오시다. 거가에 내외가 숙연하여 은恩과 애愛가 겸지兼至하고 제사 때는 목욕재계를 엄근히 하고 전구奠具는 친히 잡고 자제 비복들에게도 목욕 갱의케 하셨고 삭망에는 반드시 사당에 나아가 시식時食을 드렸다. 기일忌日이 되면 비통함이 상중과 같고 향족에게는 주궁휼환周窮恤患함이 불급한가 두려워했다. 인人의 상喪을 들으면 각기 그 정분情分을 보아 행소行素를 달리하였다. 진덕수업進德修業은 늙어도 더욱 돈독하여 선사의 거경궁리의 설을 모아 격몽 1편을 찬하고 회암晦菴 심성지어心性之語를 모아 심학지론心學至論을 만듦은 다 연궁심득硏窮心得 중에서 나왔고 후학의 요긴한바 크다. 삼후전三候傳, 경행록景行錄, 위생방衛生方 등도 다 그 소작所作이다. 퇴계 이선생과는 만년에 도의로 사귄 바 의심나고 어려운 것은 왕복 서신으로 확인하니 소예所詣(학업)가 더욱 정精하다. 선생이 몰하시니 향리인이 그 덕을 추모하고 의에 감동하여 조정에 올려 궁궐에 전하니 문려門閭에 정표함[59]을 허하시니 아我 성상의 포숭의 은恩이 크도다. 오호라 선생의 덕행이 구비하시고도 당세에 베풀지 못하시고 한갓 신후身後의 명名에만 머물다니 아깝도다.

문하생 가선대부 한성부 우윤 최응룡 근지

先生姓朴氏 諱雲 字澤之 號龍巖 生而俊邁孝友出天 親炙松堂朴先生門下 聞性理要訣 遂奮於爲己之學 不事科擧末業 專以明善復初 爲己任歲庚辰 遭外艱 不拘流俗 一遵朱文公家禮 奉母四十餘年 承顔順志 略無違忤 溫情供具 極其誠孝 及其丁憂 雖年近六十 啜粥茹蔬 終始盡禮 廬墓三霜 一不到家 其居家 內外肅然 恩愛兼至 其祭祀 齋沐嚴謹 親執奠具 子弟婢僕 亦 令沐浴更衣 朔望必詣祠堂 薦其時食 遇忌日 悲慟號

57) 위오(違忤) : 규칙 따위를 따르지 않고 거슬러 어김.

58) 성효(誠孝) : 참마음을 다하여 부모를 섬기는 정성.

59) 1580년(선조 13) 정려가 하사되었으며, 현재 경상북도 구미시 해평면 괴곡리 고리실에 효자정려비가 세워졌다.

泣 無異喪中 其於鄕族 周窮恤患 如恐不及 聞人之喪 各視其情分 行素有差 進德修業 至老愈篤 手纂先師居敬窮理之說 爲擊蒙一編 裒集晦菴心性之語 爲心學至論 皆出於研窮心得中而 爲後學喫緊者大矣 至如三候傳 景行錄 衛生方 皆其所著也 與退溪李先生 晩爲道契 凡有疑難 往復商確 所詣尤精 先生之歿 鄕里之人 追德感義 聞于朝廷 轉達 宸衷 許令旌表門閭 我 聖上 褒崇之恩盛矣 嗚呼 以先生德行之備而 不能旋於當世 徒留身後之名 惜哉

門下 嘉善大夫 漢城府 右尹 崔應龍 謹誌

자동서원紫東書院

Ⅰ. 개 요

주소	경상북도 김천시 조마면 강곡리 823
제향인물	강설姜渫(1583~1651)
	강여호姜汝床(1620~1682)
	강석구姜碩龜(1726~1810)
	강이화姜履和(1741~1828)
관련사항	김천시 향토문화유산

Ⅱ. 연 혁

1793년(정조 17)	원모재遠慕齋 설립
1811년(순조 11)	자양사紫陽祠[제향자 : 강설, 강여호] 설립
1817년(순조 17)	자양사 강당 건축
1868년(고종 5)	대원군 서원 훼철령으로 자양사 철폐

1921년	자양사 복원[추향 : 강석구, 강이화]
1927년	자동서원 승격

▣ 제향인물

■ 강설(姜渫, 1583~1651)

강설의 자는 정보淨甫, 호는 남와南窩. 참봉 강해로姜海老와 고성 이씨 사이에서 1583년(선조 16) 충청도 회덕현에서 태어났다. 이조참의 여대로의 딸 성산 여씨와 혼인하며 처향妻鄕인 경상도 김산金山에 뿌리를 내리게 되었다. 김산의 진주 강씨 입향조인 그는 한강 정구의 문인으로, 1612년(광해군 4) 진사시에 입격했다. 사후 행장은 당대 영남학파를 대표하던 입재 정종로가 지었다.

■ 강여호(姜汝㦿, 1620~1682)

강여호의 자는 계숙啓叔, 호는 기재耆齋. 강설과 성산 여씨 사이에서 1620년(광해군 12) 회덕현에서 출생했다. 명필가 강학년姜鶴年[1585~1647]에게 수학했고, 1654년(효종 5) 문과에 급제해 내외 관직을 거쳤다. 특히 종성부사 때 올린 응지소應旨疏는 임금에게 칭찬과 『배자예부운략排字禮部韻略』을 내사 받기도 하는 등 매우 청렴한 인물을 평가받았다. 관직에서 물러나 김산현 자양산 아래 강평에 우거하며 지역 문풍 진작에 기여했다.

■ 강석구(姜碩龜, 1726~1810)

강석구의 초명은 일삼日三, 자는 낙서洛瑞·이중而仲, 호는 학암鶴巖. 강설의 현손으로 1726년(영조 2) 김산군 기동耆洞에서 태어났다. 20세 때 광주 이씨와 혼인 후 장인에게 학문을 배웠다. 43세에 진사시에 입격 후 바로 문과에 급제해 당상직에 올랐다. 그는 정조·순조 연간에 활동한 영남 남인을 대표하는 문신이며, 근기 남인과도 교류한 인물이다. 1810년(순조 10) 별세하자 순조는 치제문을 통해 강석구의 청렴함과 정학正學 수호를 높이 평가하였다.

■ 강이화(姜履和, 1741~1828)

강이화의 초명은 택화宅和, 자는 자혜子惠, 호는 호은湖隱. 강설의 내손來孫으로 1741년(영조 17) 김산군 기동 태어났다. 효성과 문장으로 이름이 높았던 그는 향촌에 은거하며 경학經學에 힘썼다. 특히 정종로와 교유가 두터웠고, 그 제자들과도 가까이 지냈다. 학문에 조예가 깊어 정주학程朱學·천문·지리·명승지 답사기 등 다종의 저술을 남겼다. 필사본 형태의 유집 10권이 전하나, 아직 간행되지 않았다.

Ⅲ. 자료편

1. 문집류

1) 〈세덕사 봉안문 世德祠奉安文〉

강여호姜汝㦿, 『기재선생문집耆齋先生文集』, 「세덕사봉안문」

세덕사봉안문

경자년(1780) 10월 21일

남와공

엎드려 생각하니 은열공殷烈公의 서업을 이어 문목공의 의발을 전하고니, 어릴 때부터 마음을 가다듬어 자신을 다스려 경계하셨다. 독서하여 도리를 찾고 이욕과 의리를 밝게 분석하고, 과거가 사람을 얽매지 않아 그 고표高標가 높았었네. 빼어난 행동은 영화와 복록을 초개草芥같이 보았고, 추풍령 남쪽에 인리仁里를 가려 살며 심의 입고 넓은 띠 매고 화석에 시례詩禮와 사시며, 일상의 이륜彛倫에 각각이 법도를 극진하셨다. 경외敬畏를 공부로 삼고 행실은 돈돈하시며, 구원에서 늙으시니 향방鄕邦의 본보기였네.

이로서 후손에게 덕행을 전하여 찬란하게 살도록 하시니 어진 아드님 입신양명하여 세덕을 빛나게 하였네. 원사院社의 예를 모방하고 의리로 짐작하셨고, 함께 일궁一宮을 지었으니 신리神理가 진실로 좋으리라. 향기로운 깨끗한 제수祭需에 오셔서 척강陟降하소서. 아! 천백년 동안 보사報祀에 변하지 않으리라.

世德祠奉安文

庚子 十月 二十一日

南窩公

伏以 緖承殷烈 鉢傳文穆 童年礪志 我躬我勅 讀書求道 利義明晳 科不累人 高標有卓 飄然遐擧 芥視榮祿 大嶺之南 仁里是擇 深衣博帶 詩禮花石 日用彛倫 各盡厥則 敬畏其工 踐履之篤 終老邱園 鄕邦矜式 以是裕後 煌煌燕翼 賢子立揚 益光世德 禮倣院社 義有斟酌 竝作一宮 神理允穀 芳椒潔蘋 肹蠁降陟 於千百禩 報祀不忒

기재공

엎드려 생각하니 천자는 옥처럼 따뜻하고, 기미는 난초같이 향기롭고 학문을 심고 쌓아 지조를 확실히 세웠네. 천문天門에서 이름 불러 구름이 오색으로 드러나고, 그 화려함은 보불黼黻이요. 맑음은 얼음과 같아 이에 삼사에 오르니, 높은 산의 신조神鳥같이 바라보았네.

이에 육부를 맡고 돌아오면 문득 송아지를 남겼네. 진실로 논사에 합당하다는 것은 미수眉叟께서 말씀하였고, 마음에 충정忠貞을 쌓았다는 설봉雪峰의 저술이 있었네. 우아한 마음 담박하여 나아감에 더디고 물러남에 빨리하여

30여 년을 하대부의 직분으로 아름다운 보무步武를 이어 남긴 빛이 찬란하여 사림은 산처럼 우러러보며 세대가 지나도 싫어함이 없거늘 하물며 자손들이 추모함을 어찌 다하겠는가?

진陳씨 서徐씨[1]의 의리를 취하여 대대로 시축尸祝[제사]하려고, 좋은 날 가려 존령을 모시니 명궁明宮이 고요하고, 오르내림에 양양洋洋하시니 신리神理가 아득하지 않으시네.

耆齋公

伏以 天資玉溫 氣味蘭馥 種學績文 志立操確 天門唱名 雲現五色 其華黼黻 其淸氷蘗 乃登三司 望若峙鷺 乃典六府 歸軔留犢 允合論思 眉老攸白 素蓄忠貞 雪翁有作 雅志泊如 進遲退速 餘三十年 下大夫職 趾美繩武 遺徽炳赫 士林山仰 歷世無斁 矧爾雲仍 興慕曷極 義取陳徐 世厥尸祝 選吉妥靈 明宮斯侐 陟降洋洋 神理非邈

2) 〈상향축문 常香祝文〉

강여호姜汝㦿, 『기재선생문집耆齋先生文集』, 「상향축문」

원임병부좌시랑 강세륜[2]

남와공

성리의 학문이며, 맑고 깨끗한 지조로다.

---

1) 진서(陳徐) : 진씨는 송나라의 우부원외랑(虞部員外郎) 진지검(陳知儉)이다. 진지검은 사당을 세우고 4대조인 진성화(陳省華)의 초상을 모셨고 그의 세 아들을 함께 배향하였다. 서씨의 예는 요주(饒州)의 삼서묘(三徐廟)의 일을 말하는데, 당나라 학사 서연휴(徐延休)의 후손들이 선묘 근처에 사당을 세우고 세 부자를 합향한 것이다. 모두 후대에 현조(顯祖)를 모시는 별묘를 세우면서 현조의 가까운 자손을 함께 제향하는 일을 말한다.

2) 강세륜(姜世綸[1761~1842]) : 본관은 진주, 자는 문거(文擧), 호는 지원(芝園)으로 상주 출신이다. 정종로에게 학문을 배웠으며, 문과에 급제해 내·외관직을 역임했다. 당대 영남 남인의 문장가로서 큰 족적을 남겼다.

끼친 모범 우러러 보며, 어찌 행실을 돈독히 하지 않으리.

常享祝文

原任兵部左侍郎 姜世綸

南窩公

性理之學 蠲潔之操 仰厥貽謨 曷不慥慥

기재공

충정忠貞으로 입조立朝하고, 시례詩禮로 집안을 계승하였네.

갱장羹墻에 추모하는 마음 붙이니, 전형典刑이 멀지 않으시네.

耆齋公

忠貞立朝 詩禮承家 羹墻寓慕 典刑非遐

3) 〈자양사우 상량문 紫陽祠宇上樑文〉

강여호姜汝㦿, 『기재선생문집耆齋先生文集』, 「행장」

1811년 3월 17일

선비가 중정中正의 논의가 있는 것은 진실로 존현하고 도리를 호위하는 마음에서 나온 것이요. 하늘이 문명의 터전을 빌려주었으니 실로 영령을 모시고 정성으로 섬길 곳으로 정하게 되었다. 대저 2월을 취하여 집안사람들만 상의한 것이 아니었다.

엎드려 생각하니 남와부군南窩府君은 자운 선생의 착한 손자요. 한강선생의 높은 제자였다. 병자호란에 한성의 의병으로 달려가니 미연靡然히 다사들이 따르기를 원하였고, 당시 군수가 호당湖堂[3]에 천거한 것을 배척하였으니,

3) 호당(湖堂) : 조선시대 젊고 유능한 문관에게 휴가를 주어 오로지 학업을 닦게 하

진실로 여러분들의 추중을 받으셨도다.

동쪽으로 추로의 고을로 옮겨, 집안에 솥을 새로 걸었고 위로 퇴계 선생의 연원을 찾아 학업이 점진하였다. 팔방의 창문 밝은 밤에 무국과 태극의 진수를 비추어 보았고, 한 책상에서 강마하던 때에는 인심과 도심의 묘리를 발휘하였네.

사람을 가르칠 때 에는 시우時雨처럼 사물에 젖었고, 사물을 접할 때 봄볕처럼 따뜻하였네. 동정에 어김이 없었으며 원기를 충양充養하였다. 이것이 모두 실천하는 효험이었고 또한 반드시 전해주신 아름다운 규범이라. 엎드려 생각하니 기재부군耆齋府君 돈독히 인仁을 쌓은 집안에 태어나셔서 능히 성리의 학문을 이으셨네. 백세에 아름다움을 전하겠다는 중국의 관상가의 눈이 신령과 같았으며, 한 문중을 빛나게 하겠다는 천수泉叟의 지감知鑑이 물과 같았네.

30년을 화려한 요직을 이력履歷하셨으나 입조立朝는 겨우 수삭의 기일에 지나지 않았다. 6·7읍의 넉넉한 관직에 나아갔으나 돌아올 때의 행장은 청백이란 두 글자에 불과하였네. 방책方策[서책의 떳떳한 가르침]을 체행하여 일찍이 계왕개래繼往開來의 공부를 가다듬었고, 헌면軒冕[벼슬]의 부영浮榮을 하찮게 보고 만년에는 몸을 감출 뜻을 두었네.

지극히 공변된 것은 간옹艮翁 이헌경李獻慶[4]의 금석문을 제작한 것이며, 사사로움 없었던 것은 설봉雪峰의 경규鏡圭와 같은 논평이라. 무리에서 뛰어난 높은 풍도風度였고, 겸손으로 알려진 아름다운 행실이었다. 이것이 이른바 그 덕을 이은 것이라. 누가 그 아름다움을 이루었다고 말하지 않겠는가? 사세四世의 가승家乘에서 징빙할 수 있으니 어찌 다만 남와 할아버님의 언행뿐이겠는가? 백년 공의의 체면이 소중하였으니, 진실로 후생들의 모범이 되었도다.

던 독서당이다.

4) 이헌경(李獻慶[1719~1791]) : 본관은 전주, 자는 몽서(夢瑞)이며, 호는 간옹(艮翁). 1743년(영조 19) 문과에 급제해 여러 직책을 역임했고, 1790년(정조 14) 기로소(耆老所)에 들어갔다. 저서로는 『간옹집(艮翁集)』전한다.

아니 또한 기재옹의 문장은 갈피가 없고 욕되지 않았으며, 실로 선유들의 지결旨訣을 준수하여 잘 계술繼述하였도다.

이 강호의 좋은 수석水石의 경계를 돌아보니, 예전에 우리 조종祖宗들께서 작지와 신을 두던 곳이라. 밝게 핀 꽃나무는 혹 읊고 노래하던 언덕이요. 달빛이 시내에 비춰 갓끈을 씻고 발 씻을 물결이라. 따라서 선세의 발자취를 추억하고, 이에 후손들이 살 곳을 점지하셨네. 사방의 좌석에 단란하게 모여 비록 집안을 꾸려나갈 사람은 모자라도 10년의 경영하여 사당 세울 방안을 여러 번 논의하였네.

선비들이 도모하지 않아도 논의를 가지런히 하니, 종당에서 논의를 합하여 힘을 베풀었네. 노반魯般의 재주와 공수자公輸子와 같은 장인匠人이 소문을 듣고 왔으며, 경산景山의 잣나무와 조래산徂徠山의 소나무가 날짜를 기약하여 저곳에 왔구나.

길이 따라 칼과 톱질하여 분촌도 흐트러지지 않으니, 장단과 거세가 모두 알맞았으며 먹줄로 다스려 실오라기만큼이라도 엄격하니, 방원方圓과 곡직曲直이 각각이 그 위치를 얻었구나. 유허遺墟의 일편을 개척하여 별묘 3칸을 배열하였네. 지도리와 문지방, 문설주의 좋은 재목으로, 혹 여기에 새기고 저기에 새겼네. 벽에 회칠하고 단청하는 도구는 마치 귀신이 실어 온 것 같았네.

알맞은 2월 8일에 생폐牲幣로 향사하니, 동계와 서계에 선비들 달려와 오르내리네. 갑자기 달무리가 나르는 것 같고, 기뻐하며 제비가 모여 하례하는 듯하네. 우뚝 솟아난 이집을 보니, 칠칠함이 사간斯干의 마을이라. 나의 마음 열린 듯 그 반듯함이 시원스러움은 아름다운 모습이며, 감히 자손들의 주간한 정성을 말하니, 규구規矩에 합당하였네. 실로 두 선조의 돈림敦臨하신 덕에 합당하니, 하늘이 도와서 며칠이 되지 않아 집이 이루어졌네.

드디어 야허耶許의 노래를 이어서 아랑이 대들보 높이 들어보는 노래를 불러 보노라.

동쪽으로 대들보 들어보아라. 하나의 둥근 해가 밝고도 붉구나. 요순의 지치至治가 저토록 밝았으니, 숲속의 총림에도 골고루 비추는구나.

남쪽으로 대들보 들어보아라. 문명의 자산紫嶽이 솟아나 있네. 청룡이 나르고 봉황이 날아와 강호에 모이니, 그 중에 이름난 마을이 정기正氣를 머금었네.

서쪽으로 대들보 들어보아라. 높은 산의 고색이 하늘과 가지런하네. 곁의 산을 보니 옆으로 고개를 이루었으니, 차례를 따르는 공부는 아래로부터 오르는 것이라.

북쪽으로 대들보 들어보아라. 북두칠성이 집 위에 상서롭게 비치네. 대운의 순환이 북두의 자루와 같으니, 고가는 다시 혁혁하던 곳에서 밝아지네.

위로 대들보 들어보아라. 하늘에 구름이 널리 차지하였구나, 높고 넓어 소리도 냄새도 없으니 그 속에 넓은 묘용妙用을 누가 알겠는가?

아래로 대들보 들어보아라. 적은 시내 구곡九曲이 평야를 감싸고 흐르네. 묻노니 시냇물의 맑음이 저와 같으니 근원에 활수가 있어 쏟아져 내려오는 것이라.

엎드려 원하노니 상량한 후에는 번다한 의례를 때때로 거행하여 사당의 모습을 날로 새롭게 하라. 창문을 열어보고 가칙柯則이 머지않음을 생각하고저 동우棟宇를 산처럼 우러러보기를 더 높이 하여라. 사람들이 혹시 능사能事 마쳤다 하나, 나는 곧 큰일은 아직 원대하다고 말하노라. 큰일을 오늘에 이루고 제사 봉행할 곳을 만드니 다음해 재물 모아 공부할 자리를 열 것이라. 새로운 제도를 새워 그곳에 이르니 마치 백록동白鹿洞[5]의 유허와 거의 같고, 옛 관습을 따르니 어찌하여 자연스럽게 자양紫陽의 아름다운 호칭이 있었네.

紫陽祠宇 上樑文

南窩公 五世孫 履和

辛未 三月 十七日

士有中正之論 亶出尊賢衛道之心 天借文明之基 寔定妥靈揭虔之所 盖取諸大壯

5) 백록동(白鹿洞) : 주자가 제자들을 거느리고 공부하던 백록동 서원을 말한다.

不啻謀家人 南窩府君 伏惟南窩府君 紫雲肖孫 寒岡高弟 倡丙子赴漢堞之義 靡然多士之願從 斥時宰薦湖堂之言 允矣羣賢之推許 東遷鄒魯之鄕黨 家居鼎新 上泝退陶之淵源 學業漸進 八牕光霽之夜 照管無極太極之眞 一案講磨之辰 發揮人心道心之妙 教人如時雨之潤 接物如春陽之溫 動靜無違 元氣有養 此莫非踐履實效 亦必有傳授徽規 伏惟耆齋府君 篤生積累之家 克遵性理之學 流芳百世 華人之相眼若神 光大一門 泉叟之知鑑如水 履歷三十年華要之職 立朝未滿前後數之期 賁莅六七邑膏腴之官 歸裝不過淸白之二字 體方策之彝訓 夙勵繼開之工 銖軒冕之浮榮 晩有韜晦之志 至公者 艮翁金石之製 無私者 雪老鏡圭之評 拔萃高風 鳴謙懿行 玆所謂肖其德也 孰不曰濟其美乎 四世之家乘足徵 奚但南窩祖言行 百年之公議體重 允爲後生輩模楷 抑亦耆齋爺文章無貳無忝兮 寔遵先儒氏旨訣 善繼善述矣 顧玆江湖水石之區 昔我祖宗杖屨之所 花明獨樹或詠或歌之原 月印萬川濯纓濯足之浪 遹追先世遺躅 爰占後裔攸居 四座團圓 縱乏克家之責 十載經紀 幾論立祠之方 章甫不謀而齊聲 宗黨合辭而陳力 魯般藝公輸巧聞風而來斯 景山栢徂徠松 期日而邁彼 刀鋸尋引不亂於分寸 長短巨細咸適其宜 規矩繩墨有嚴於絲毫 方圓曲直各得其所 打闢遺墟一片 排列別廟三間 椳闑店楔之材 或彫斯而刻彼 丹碧黝堊之具 若鬼運而神輸 牲幣獻享之以時二月八月 駿奔陞降之有位東階西階 翕爾如暈之飛 懽焉集燕之賀 突兀見此屋 秩秩斯干澗 開如我心噲噲其正 美哉輪美哉奐 敢言羣孫幹蠱之誠 合乎矩合乎規 實符二祖敦臨之德 自天佑也不日成之 遂賡呼邪許之歌 因唱兒郎偉之頌 抛樑東 一團新旭皎然紅 勛華至治明如許 遍照林林億兆叢 抛樑南 文明紫嶽聳岩岩 龍飛鳳舞江湖萃 中有名庄正氣含 抛樑西 嵯峩古色与天齊 側看峰也横成嶺 循序工程自下躋 抛樑北 七點祥輝暎屋角 大運循環如斗柄 古家更烜赫餘處 抛樑上 太虛盘裏點雲曠 巍巍蕩蕩無聲臭 誰識其間妙用廣 抛樑下 小溪九曲環平野 問渠那得淸如彼 爲有源到活水瀉 伏願上樑之後 縟儀時擧 廟貌日新 啓其牖窓念柯則之不遠瞻彼棟宇景山仰之彌高 人或云能事畢焉 吾則曰大役遠矣 告鴻功於今日爲設尸祝之方 更鳩材於後年函開絃誦之席 創新制及其所 殆同白鹿幽墟 仍旧貫如之何 自有紫陽嘉號

4) 〈자양강당 상량문 紫陽講堂上樑文〉

강여호姜汝㦿, 『기재선생문집耆齋先生文集』, 「행장」

남와공 5세손 리화履和

1817년 10월 26일

지난해에 사우를 건립하니 능히 다사多士의 공의를 따랐네. 오늘날 재사를 세우니 진실로 일족들의 여론에서 나왔으니. 또한 즐겁지 않은가? 아직 늦지는 않았구나. 엎드려 생각하니 5대조 남와 부군은 할아버지 자운공의 훌륭한 가르침을 받고 문목공文穆公의 적전嫡傳이었네. 만년에 추로鄒魯의 고을에 살면서 교화가 행하여 아름다웠으며, 퇴계 선생의 학문을 사숙私淑하여 공의로서 몸을 방정方正하게 하셨네. 권문에 뇌물을 배척하여 이름이 조야에 파다하였고, 호란에 의병을 일으켜 충성이 해와 별과 같았네. 발군의 높은 풍도이며 겸손으로 알려진 거룩한 행실이라. 이것이 성찰하는 실효가 아님이 없으니, 또한 어찌 전해 줄 아름다운 법규가 없으리? 고조고高祖考 기재 부군은 규성奎星과 벽성壁星의 정기를 받아, 가정의 학문을 계승하였네. 천수泉叟의 지감知鑑은 밝았으니 진실로 한 문중을 빛나게 하셨으며, 중국사람 관상가의 신명함이 진실로 백세에 향기 전한다네.

30년의 화요華要의 직책에 조회에 선 것은 전후 몇 년이 되지 않았고, 6·7읍 기름진 고을의 맡았으나 돌아올 때의 행장은 청백 두 글자에 불과하였네. 지극히 공변됨은 간옹艮翁의 금석문이며, 사사로움 없는 것은 설로雪老의 거울 같은 문장이라. 누가 그 덕을 닮는다고 말하지 않겠는가? 진실로 그 아름다움을 이루었습니다. 남와공의 언행과 지결旨訣은 삼가 5세의 가승에서 상고할 수 있고, 기재옹의 도덕과 문장은 족히 백년 간 사론을 징험하겠네. 두 마음 갖지 않고 욕됨이 없이 이로써 선유의 격언을 준수하였고 잘 계술하셨으니 실로 후생들의 규범이라. 예전 작지와 신을 두던 곳 생각하니, 여기 강호江湖의 한 지역이 있었네. 어느 산하에서 감추었던 의미를 상상하겠으며, 하나의 꽃과 돌에도 노래하며 읊던 정신을 경모하네. 이에 선세先世의 높은 발자취를 따라서 후예들의 사는 곳을 나누어 점유하였네. 본래 일컫기를 자양의 명장名庄이라하니 자못 백록白鹿의 고동古洞[6]과 같구나. 이곳에 거처하며 선조를 욕되게 할까 두려워하였고, 잠자고 일어남에 영령을 모실 일을 잊지 않았네. 생각해보니 온 영남의 문자가 도모하지 않았으나 소리를 가지런히 하였고 이어서 고가古家의 종지宗支들이 마음을 함께하여 힘을 베풀었네. 지난 신미 2월에 먼저 묘우 3칸을 세웠네. 용도가 너무 번잡하여 한갓 단청의 꾸밈은 없었으며, 완공이 아직 멀었으니 조두俎豆와 보궤簠簋의 진설이 늦음이 슬펐네. 근래에 태평한 시대를 만나 강학할 집을 경영하였네. 노반魯般의 재주와 공수자公輸子같은 장인들이 남쪽에서 스스로 달려오고, 진유陳留의[7] 기와, 조래산徂徠山의 소나무를 귀신이 운행하여 오듯 하였네. 도끼와 톱, 줄과 대패 아래에 대소와 장단이 모두 마땅하였고, 규구規矩와 준승準繩 앞에 방원方圓과 평직平直이 각각이 제자리를 찾았네. 갑자기 제비들 모여 하례하고 익연翼然히 달무리가 나는 듯하네. 나의 마음같이 마을이 열렸으니, 어찌 다만 창문과 문지방이 반듯할 뿐 이리요?

우뚝한 이 집을 보게 되었네. 아니 또한 지도리와 문설주가 아름답구나. 봄가을 제사를 행할 때에 진실로 재숙齋宿할 곳이 되었네. 아침저녁으로 강습할 즈음에 이에 공부하는 집을 일으켰네. 드디어 야호의 노래를 이어서, 인하여 아랑郎偉의 노래를 부르노라.

동쪽으로 대들보를 들어보아라. 새로운 햇볕이 붉은 올라오네. 요순堯舜의 다스림이 저와 같이 밝아, 많은 숲에도 골고루 비추는구나.

남쪽으로 대들보를 들어보아라. 천 길의 자양산紫陽山에 높이 서 있네. 청룡과 봉황이 날아와 강호에 모이니 그 중에 이름난 마을 있어 정기를 함양하

6) 백록동(白鹿洞) : 중국 강서성의 여산(廬山) 오로봉(五老峯) 밑에 있었던 서원이다. 송나라 때 건립되고, 주희가 남강군(南康軍)의 지사(知事)가 되었을 때 재건하여 강학하던 장소이다.

7) 진류(陳留) : 봉국은 연주에 속하며 17개 현을 관할했다. 치소는 진류현(陳留縣)인데, 그 성터는 지금의 하남성 개봉(開封)에 있다.

였네.

서쪽으로 대들보를 들어보아라. 높고 높은 연악蓮岳은 하늘과 함께 가지런하네. 옆으로 산봉우리를 보고 또 옆으로 고개를 넘으니, 공부에 힘쓰려면 아래로부터 오르느니라.

북쪽으로 대들보를 들어보아라. 북두칠성의 빛이 집의 북쪽을 비추네. 천운이 순환하여 회복하지 않음이 없나니, 고가의 펼쳐 사는 곳이 더 빛나네.

위로 대들보를 들어보아라. 태허太虛의 쟁반 속에 가을 구름이 밝구나. 호호浩浩하고 창창蒼蒼하게 소리도 냄새가 없으니, 그 사이의 넓은 묘용妙用을 누가 알겠는가?

아래로 대들보를 들어보아라. 긴 호수가 평야를 둘러 흐르네. 묻노니 어찌하면 저와 같이 맑아질까? 근원에 이르면 활수活水가 쏟아지네.

엎드려 원하노니 상량한 후에는 큰일을 고성告成하고, 능사能事를 이미 마쳤네. 밤낮으로 조심하여 두려워하는 청재를 이루고, 일찍 자고 새벽에 일어나 향기로운 제사를 공경히 받들리라. 후손들은 백세에 추무하며, 모든 선비들 사방에서 달려오리라.

紫陽講堂 上樑文

南窩公 五世孫 履和

丁丑 十月 二十六日

立祠宇於往年 克遵多士之公議 刱齋舍於今日 亶出羣族之博謀 弗亦樂乎 尙未晩也 伏惟五代祖南窩府君 紫雲祖懿 文穆公嫡傳 晩居鄒魯之鄕 化行而爲美 私淑退陶之學 敬直而義方 斥關節於權門名播朝野 倡義旅於狄亂忠貫日星 拔萃高風 嗚謙偉行 斯莫非存察之實效 亦豈無傳授之徽規 高王考耆齋府君 禀奎壁精 纘家庭學 泉叟之知鑑洞徹 允矣光大一門 華人之相眼神明 信乎流芳百世 三十載華要之職 立朝未滿前後數期 六七邑膏腴之官 歸裝不過淸白二字 至公者艮翁金石之製 無私者雪老鏡圭之篇 孰不曰肖厥德乎 眞可謂濟其美也 南窩公言行旨訣 謹按五世之家乘 耆齋爺道德文章 足驗百年間士論 無貳無忝矣 寔遵先儒氏格言 善繼善述焉 實爲後生輩柯則 念昔杖屨之

所 迺在江湖之區 某山某溪想像韜晦底意味 一花一石景慕詠歌之精神 遹追先世之高躅 分占後裔之攸居 素稱紫陽名庄 殆似白鹿古洞 爰居爰處恐 或有忝先之羞 載寢載興未嘗 忘妥靈之擧 惟全嶺文字 不謀而齊聲 而古家宗支 同心而陳力 粤在辛未二月 先建廟宇三間 用度太煩 姑無丹碧黝堊之彫餙 完役尙遠 嗟晩俎豆簠簋之設陳 近値太平日辰 經紀講學屋子 魯般藝公輸巧 自南來自如來 陳留瓦徂徠松 若鬼運若神運 斧鉅鑢鍚之下 大小長短咸適其宜 規矩準繩之前 方圓平直各得其所 忽焉集燕之賀 翼然如暈之飛 洞開如我心 奚但門牕戶闥之方正 突兀見此屋 抑亦棖闑店楔之奐輪 春秋將事之辰 允爲齋宿之所 暮朝習講之際 爰作絃誦之堂 遂賡呼邪許之歌 因唱兒郎偉之頌 抛樑東 皎然新旭一團紅 勛華至治明如許 遍照林林億兆叢 抛樑南 紫山千仞立岩岩 龍飛鳳翥江湖萃 中有名庄正氣涵 抛樑西 峨峨蓮岳与天齊 側看峰也橫看嶺 努力眞工自下躋 抛樑北 斗柄圓光暎屋角 天運循環無不復 古家徐處更暄赫 抛樑上 太虛盤裏秋雲曠 蒼蒼浩浩無聲臭 誰識其間妙用廣 抛樑下 長湖混混環平野 問渠那及淸如彼 爲有源到活水瀉 願上樑之後 大功告成 能事已畢 日乾夕惕 聿致兢兢業業之淸齋 夙寤晨興 式陳苾苾芬芬之明薦 後昆之追慕百世 諸儒之趨嚮四方

5) 〈자양사 강당 중수상량문 紫陽祠講堂重修上樑文〉

강여호姜汝杘, 『기재선생문집耆齋先生文集』, 「행장」

기술하노니, 사당을 세운 지 20년에 공경하는 마음 둔 것은 다사多士의 논의를 따랐으며, 재사齋舍를 두세 칸 넓혀 거듭 지으니 실로 여러 일족의 상의에서 나왔네. 편액의 제목에 욕되지 않도록 집을 지어 선조의 아름다움을 이어가네. 엎드려 생각하니 선조 남와 부군은 많은 선조의 집안 서업을 받들어 한강 선생에게 옷을 걷었네. 회덕에서 금릉으로 옮겨 추로鄒魯의 고을에 전거하셨다. 한산寒山과 사수泗水에 종유하며 퇴계 선생의 연원을 사숙私淑하였네. 권귀權貴의 집에 관절關節을 물리치고 임천林泉에서 마음을 길렀으며 병자호란에 의병을 일으켜 춘추春秋의 뜻을 강명하였다. 선함이 있는 것을 전함은 학암공이 무덤에 기록하였고, 덕업을 숭상하여 행장을 초한 이는 입재立齋의 붓

끝이라. 이것이 마음에 갖고 살피는 참된 공부이니, 또한 어찌 전한한 의범懿範이 없겠는가? 선조先祖 기재 부군府君은 규벽奎璧의 정기를 받아 가정의 학문을 이었네. 백세에 아름다워 일문을 빛낸다는 전인前人의 관상이 밝음이 있었고, 삼사三司에 오르고 육부六府를 역임하여 당세의 명망名望이 산과 같았네. 평안한 계단에 인재가 모여들듯 하여 미수 선생 논사論思의 천거가 있었고 진주의 일족이 기뻐하여 설봉雪峰 선생 청백의 논평에 올랐네. 서까래와 같은 눌은訥隱[8]의 붓은 백년후의 공론이었으며 간옹艮翁의 찬술은 바른편에 있으니, 삼척三尺의 유문遺文이라. 누가 집안을 잘 이었다 말하지 않겠는가? 참으로 선조의 일을 잘 계술하였다 할 것이라.

남와공의 언행과 의리가 이미 저와 같이 높고 기재옹의 도덕과 문장은 또 여기에서 순수하였다. 두 분 선조 풍운이 그대로 있으니 어찌 잊을 수 있으며, 5대의 보첩이 밝게 전하여 유연히 느낄 수 있네. 작지와 신을 놓던 장소를 돌아보니 바로 강호江湖의 구역이라. 지점하던 유시遺詩를 읊어보니 나무와 돌에 있고, 숨어살던 높은 뜻을 우러러보니. 어느 물과 산이라. 우리 영남의 문자는 도모하지 않아도 향사가 아직 늦은 것을 함께 말하니, 고가의 종지宗支에 힘을 펼치니 마침내 뜻을 두어 이루었네. 예전 우리 호은공께서는 지난 세상에 겨를 하지 못한 것을 슬퍼하고, 백양白羊의 해에 사당을 경영함은 후학들이 의지할 곳 없음을 슬퍼함이라. 적우赤牛년 가을에 강당을 지었네. 신묘년에 단청의 제도를 꾸며 명궁明宮이 더 빛나고, 경자년에 향사의 의식을 행하니 높은 제기를 올리고 제사하니 당우의 터가 좁고 누추하여 얼마나 심상에서 탄식하였던가? 기둥과 초석이 풍우로 인해 오래도록 장인들에게 일을 도모하였다. 다행히 유년酉年의 길일을 만나 드디어 집을 옮기게 되었다. 담장의 남쪽에 지세가 넉넉하고 산이 서려 있고 물이 흘러가네. 경호위에 하늘의 때를 기다려 귀신이 보호하고 아껴주었네. 두공과 지도리의 제

8) 이광정(李光庭[1674~1756]) : 본관은 원주. 자는 천상(天祥), 호는 눌은(訥隱). 1699년(숙종 25)에 진사시에 입격했으나 과거를 포기한 뒤 향촌에 머물며 학문에 침잠했다. 문장과 학술에 중망이 높았으며, 문집 『눌은집』이 전한다.

도가 튼튼하여 각각이 예전과 같이 아름답게 되어 도끼, 톱, 줄, 대패의 공功으로 이미 중수의 일로 낙성을 고하네. 이미 큰집이 날듯이 세워지니, 마땅히 우리 집안이 모두 기뻐하며 작헌爵獻의 의례에 예수禮數가 있네. 저 묘우에서 주선하는 것을 보니 추모하는 마음 무궁하겠네. 이 당에 올라 재숙齋宿하니 백록동의 담장을 보는 것 같네. 전현을 모방하여 아호鵝湖의 선비들 모였으니, 자손들 깨닫기를 바라노라. 감히 아랑의 송시頌詩를 기술하니 부형의 공 있는 것이 기쁘네.

동쪽으로 대들보를 들어보니, 붉은 해 맑은 새벽에 동쪽 바다에 오르네. 당년에 임금님 받들던 충심을 추억하니 도도한 물결이 동쪽으로 흐름을 보겠네.

남쪽으로 대들보를 들어보니, 큰 영남에 원기가 창창하네. 후학이 지금까지 가르침에 젖어있으니, 바야흐로 오도吾道가 남쪽에 있음을 알겠네.

서쪽으로 대들보를 들어보니 언제나 비추던 달빛은 저녁마다 서쪽에 있네. 나아가는 공부는 그 형상 가지런하니 영재를 길러 얼마나 서쪽 당나라로 갔던가?

북쪽으로 대들보를 들어보니 긴 밤의 천추에 별은 북극을 에우네. 낙성落成하며 임금님 덕업을 노래하니 황옥에 편안하시기를 북을 바라보며 빕니다.

위로 대들보를 들어보니 높은 하늘이 위에서 덮고 있네. 어진 집안에 복을 주는 이치 있을 것이니 덕을 닦은 인가人家에 제일이 되리라.

아래로 대들보를 들어보니 거울같이 맑은 호수 아래에 둘러있고, 깨끗한 빈조蘋藻를 뜯어 선비들 제사에 나아가 천년 아래에도 한수寒水의 마음 전하네.

엎드려 원하노니 상량한 다음에 달과 별이 함께 밝아 풍상을 겪어 좋은 날 가렸네. 일찍 새벽에 일어나 변두籩豆 천거를 경계하며, 해마다 봄여름에 현송絃誦하고, 연계蓮桂의 영광을 부지런히 하여 대대로 계시는 것 같은 영령英靈이 여기에서 선조의 업적을 이은 것을 다시 보니 없어지지 않게 할 책임을 또 자손에게 끊지 말기를 부탁하노라.

紫陽祠講堂 重修上樑文

述夫 立祠宇二十年而揭虔 克遵多士之議 廣齋舍三數間而重葺 亶出群族之謀 無忝於額扁 肯構而趾美 伏惟先祖南 府君 承緖列祖之宅 摳衣岡老之門 自懷州而金陵卜居鄒魯之邑 遊寒山與泗水 私淑退陶之源 斥關節於權貴之門 養高林野 倡義旅於柔兆之亂 講明春秋 有善而實傳 鶴巖公題其墓 尙德而草狀 立齋老秉是毫 玆莫非存察眞工 又豈無傳授懿範 先祖耆齋府君 禀精奎璧 續學家庭 芳百世光一門 前人之相眼有鑑登三司歷六府 當世之雅望如山 際泰階之茅茹 入眉老論思之薦 悅晉城之花樹 登雪翁淸白之評 訥隱之筆如椽 百年後公論 艮翁之撰在右 三尺上遺文 孰不曰克世于家 眞可謂善述其事 南窩公言行義理 旣如彼卓嵬 耆齋爺道德文章 又於是粹邁 二祖之風韻宛在 俾也可忘 五世之乘牒昭傳 油然而感 顧念杖屨之所 乃在江湖之區 詠指點之遺詩一樹一石 仰韜晦之高致 某水某山 惟全嶺文字不謀 齊聲尸祝之尙緩 我古家宗支陳力竟成有志之成功 昔我季父湖隱公 慨前世之未遑 營廟室於白羊之世 悵後學之無所 構講塾於赤牛之秋 辛卯飾丹雘之制 明宮增輝 庚子行盥薦之儀 崇豆登享 堂宇之基址湫隘 幾發歎於尋常 棟礎爲風雨侵撓 久圖功於繩準 幸値歲酉之吉 遂謀屋子之移 墻南之地勢多饒 山蟠而水毓 湖上之天時有待 鬼護而神慳 欂櫨椳闑之制 各宜美哉仍舊 斧鋸鑢鍚之功 已告訖于重新 旣渠廈之翬飛 宜我門之雀躍 爵獻之禮有數 觀厥廟而周旋 羹牆之誠無窮 升是堂而越宿覬鹿洞之牆屋 有倣前賢 集鵝湖之衿裾 庶覺來裔 敢述兒郞之頌 喜纘父兄之功 兒郞抛樑東 紅旭淸晨出海東 回憶當年擎日忠 滔滔萬折水朝東 兒郞抛樑南 元氣蒼蒼大嶺南 後學至今餘敎涵 方知吾道在於南 兒郞抛樑西 恒月新輝夕夕西 進進工夫其象齊 英才造育幾唐西 兒郞抛樑北 遙夜千秋星拱北 宴落工歌歌聖德平安黃屋望之北 兒郞抛樑上 峥嶸天宇覆其上 仁門錫福理無爽 立德人家爲太上 兒郞抛樑下 淸湖如鏡繞其下 潔蘋採採士趨舍 寒水傳心千載下 伏願上樑之後 趁月星而齊明 閱風霜而涓吉 夙寤晨興 以戒籩豆之薦 年年春絃夏誦 其勤蓮桂之榮 世世如在之靈復見於此祖武克繩 不朽之責 又屬乎來孫謨勿替

6) 〈자양사 복원 봉안문 紫陽祠復元奉安文〉

강여호姜汝㦿, 『기재선생문집耆齋先生文集』, 「행장」

1923년 9월 22일 학암공과 호은공을 배향하다

남와 선생 고유문

흥양 이시좌

엎드려 생각하니 청천菁川[9]의 고가古家가 대대로 드러나지 않겠는가? 석인碩人을 독생篤生하여 학문이 일찍 깊은 경지에 이르러 영재로 벽소璧沼[10]에 놀았고, 벼슬길에 어깨를 스쳤으나 웃으며 청요직을 사절하고 과거에 얽매인 뜻을 끊었네. 표연히 먼 곳으로 내려가니 영남의 추로지향鄒魯之鄉이라. 간혹 옷을 걷고 나아가 저 무흘武屹에서 배우셨네. 기동이란 곳이 있으니 매위梅尉와 동장桐莊이라. 물은 길고 산은 높으니 늦어도 머뭇거리지 말라. 의리로 몸을 가다듬고 아름다운 문장을 갈고 닦았네. 남쪽의 선비들 훈도薰陶되어 돌아가심에 제사가 아침이 아니라. 높은 가래나무 곁에 한 채의 집은 높은 보답이 극진하였네. 천도天道가 거스르고 비뚤어져 사문斯文의 운수 비색하여 지난 무진년부터 재앙이 백록서원에 미쳐 사기四紀가 지나도록 슬픈 것은 유허에 풀이 무성함이라. 다행히 이제 희망의 빛이 생겨 복설을 모여 논의하네. 사당을 새로 지었다는 소식에 조두俎豆가 모자라지 않고, 예의는 더욱 삼감을 극진히 하니, 할아버지에게 손자를 부제祔祭하니 오직 학암공과 호은공이라. 예식과 같이 올려 배식配食하며 이에 욕례縟禮를 거행하니. 이 날이 매우 좋구나. 자손들 아름답고, 선비들 추창하네. 숙야夙夜에 공손히 함께하여 생폐牲幣를 기쁘게 올리오니 우리의 바른편에 오시기를 천억 년을 쇠체하지 마소서.

癸亥 九月 二十二日

---

9) 청천(菁川) : 진주를 둘러 동으로 흘러가는 물을 청천강(菁川江)이라고 부른다.
10) 벽소(璧沼) : 태학(太學)을 말하며, 그 형상이 둥글고 사면이 물로 둘러있으므로 벽소라 한다.

鶴巖公湖隱公享

南窩先生 告由文

興陽 李時佐

伏以 菁川古家 不顯其世 篤生碩人 問學蚤詣 英遊璧沼 雲路交臂 笑謝淸要 絶意科累 飄焉遐逝 嶺外鄒魯 或摳之衣 彼屹者武 有洞曰耆 梅尉桐莊 水長山高 晩莫相羊 理義禔躬 斐章磋磨 南士薰德 沒祭非阿 一堂喬梓 崇報是極 天道洄泬 斯文否塞 歲在黃龍 灾及白鹿 歷四紀餘 傷心草鞠 幸玆線陽 輿議復設 祠屋候新 俎豆罔缺 禮尤致謹 孫祔祖食 維巖曁湖 躋配如式 爰擧縟儀 時日孔良 昆仍濟濟 襟佩蹌蹌 夜敬共夙 嘉薦牲幣 右我格思 千億勿替

기재 선생 고유문

엎드려 생각하니 단혈丹穴의 봉황과 같이 서우瑞羽로 소악韶樂에 춤추고, 태산의 소나무같이 곧은 줄기 하늘에 닿았네. 규조珪組[11]의 고벌古閥에 죽하竹下의 시례詩禮로다. 문장을 여사餘事[12]로 삼아 효제를 본무本務로 여겼네. 위대하신 기옹耆翁은 두각頭角이 우뚝하셔서 아름다움 전하리라 한 것은 관상을 잘 본 중국의 선비요. 또한 집안의 노인도 창대를 기약하셨다. 임금님에게 순서대로 주장하고, 좋은 때를 만남이라. 고을의 막좌幕佐가 되니 현인의 길에 무슨 지장인가? 한결같이 맑게 닦은 도리로 더욱 마음을 견고히 하였네. 늦게 뜻밖에 온 것이 아니라. 동벽東壁[13]의 준선이 되었으나 쌓은 것을 다 베풀지 못하고 운명이 연이어 불행하여 경호鏡湖에서 소박한 옷을 입고 영종令終을 정돈하시니, 고을 사람 공손히 인사하고 충심으로 사모하여 저 밝은 자양산 아래에 높고 깊은 외루畏壘에 모시니 자식이 아비보다 먼저 할 수 없으나 지금이 아니면 어느 때 하리요? 세운世運이 항상 하지 않아 폐함이 지극하면 마

---

11) 규조(珪組) : 관직을 얻는 것을 말한다.

12) 여사(餘事) : 부모에게 효도하고 그 나머지를 문장에 힘쓴다는 말이다.

13) 동벽(東壁) : 예전에, 벼슬아치가 회의나 연에서 앉을 때, 좌석의 동쪽에 앉는 벼슬을 이르던 말이다.

땅히 일어나니 두루 논의하고 헤아려 예전으로 회복하고 새로 올려 좌우에 초손肖孫을 모셔 두 분 할아버지를 배향하였네. 조두俎豆의 전법을 상고하여 해포醢脯를 드리게 되니, 이에 좋은 때를 가려 갱장羹墻에 마음을 붙여 흠향하기를 바라노니 양양洋洋하게 척강하소서.

耆齋公 告由文

伏以 丹穴之鳳 瑞羽儀韶 泰山之松 直幹參宵 珪組古閥 竹下詩禮 餘事詞章 本務孝悌 憲憲耆翁 頭角嶄爾 許以流芳 善相華士 亦越家耄 昌大是期 天門臚唱 際會明時 幕佐縣寄 賢路何枳 淸修一節 采堅素履 晩莫儻來 東壁雋選 蘊未究施 命也連蹇 荷裳鏡湖 有俶令終 鄕邦磬折 羶慕伊衷 於昭紫陽 畏壘崇深 子不先父 匪今斯今 世運靡常 廢極當興 周爰諏度 舊復新升 肖孫左右 克配二祖 典稽俎豆 薦用醢脯 玆涓吉辰 寓思羹墻 尙其享止 陟降洋洋

학암공 고유문

엎드려 생각하니 아! 거룩하신 학노鶴老는 이 가정에서 특별히 태어나 풍도風度가 없어지지 않아, 곧으면서도 오직 청백하여 치조治朝에 이름을 기록하였으나 큰 길에 도리어 진흙 길이라. 한산한 자리에 한가히 지낸 지 20여 년이라. 은혜의 제수除授 특별히 내려. 육조六曹를 연이어 살피게 하니. 직분으로 생각하여 거처하며 엄숙한 임금님의 명령을 우선하였고, 백간白簡[14]에 서리 날 듯하여 책선責善을 공손히 하니 임금께서 네 말이 좋다하시고 모든 관원이 감동하였네. 고향이 꿈속에 들어오니 마음을 거두기를 속히 하였네. 옛 책을 제휴提携하고 매우 간절히 힘을 붙여 명잠銘箴에 발문을 달아, 나의 말이 혼몽함이 아니라. 의연하게 확충하시니 깊은 조예를 알 수 있으며, 만년에 더욱 가다듬고 엄숙함과 공경함을 날로 더하니 장수長壽가 슬프지 않도

14) 백간(白簡) : 아무것도 적지 않고 흰 종이만 넣은 편지 즉 관리를 탄핵하는 상주서(上奏書)를 말한다.

록 금관조복이 찬란하였으며, 선대를 이어 후손에게 넉넉히 하니 군자는 유종의 미가 있네.

모두가 한 말로 어질다 하니 모든 부녀와 선비들이라. 우뚝한 새 사당이 자양의 옛 마을이라. 많은 선조 모신 곳에 사람들 뜻을 따라 함께 제사하네. 이 좋은 때를 맞이하여 변두籩豆를 차려놓고, 나라의 원로들 서로 도우니 예식에 허물이 없으며 신인神人의 이치 화합하고 좌우에 양양洋洋하니 다가오는 허다한 세월에 향을 피우기를 바꾸지 말라.

鶴巖公 告由文

伏以 於休鶴老 乃家挺生 風猷未沫 直哉惟淸 策名治朝 晉塗還泥 置散投閒 餘二十載 恩除特降 六察之聯 職也思居 肅命是先 霜飛白簡 責難爲恭 王曰汝嘉 百辟動容 鄕山入夢 卷懷斯亟 提携舊書 喫緊着力 銘箴係跋 我言非耄 操存擴充 可見深造 晩節益勵 莊敬日强 大耋不嗟 金緋煌煌 紹前裕後 君子有終 咸一辭賢 緊婦孺公 翼翼新祠 紫陽古洞 列祖所妥 祔議從衆 迨玆吉蠲 儐爾桓籩 邦髦胥相 式禮莫愆 神人理協 左右洋洋 期以來許 無替苾香

호은공 고유문

엎드려 생각하니 거룩하도다. 호수湖叟는 근고近古의 순유醇儒[15]로 부조父祖의 가르침 이어받아 성현의 가르침 궁구하셔서 동료에서 비교할 데 없었고, 자운紫雲의 이름난 집안에 태어나서부터 꿈의 징조로 일찍 하례하였다. 어려서 자시에 얻어 오시에 해득하여 번거롭게 독촉하지 않았으며, 상작象勺[16]의 나이를 겨우 넘어 한결같은 뜻으로 간곡 하였네. 덕성은 순수하고 깊으며 떳떳하게 효제를 행하고, 문장을 널리 배워 예로서 다스렸네. 믿고 따르는 이 많아 문 앞에 신이 항상 가득하였다. 꽃피고 새우는 저녁에 마음이 적적하여

15) 순유(白簡) : 유교에 충실한 학자이다.
16) 상작(象勺) : 즉 어린 나이를 뜻하는 말이다.

도 단표의 즐거움으로 90세의 세월을 보내며 강호江湖가 길이 멀어 책속에 높이 숨었네.

백학이 구고九皐에서 우는데 가을 하늘이 아득하네. 하의荷衣, 난패蘭佩[17]로 산중에 노닐며, 훌륭한 경계로 후생을 가르쳐 위공衛公의 버금이었네. 고절苦節을 곧게 다스려 도령주陶令酒를 매양 좋아해, 승화乘化하여 돌아가시니 표범처럼 문채를 남기셨네. 제사의 전례에 대하여 여론이 어찌 인색하리요? 고요한 세덕사에 초손肖孫을 함께 제사하니 가까운 날에 택일하였네. 의물을 갖추고 영령을 여기에 모시니, 사람들 싫어하지 않네. 우리를 돕고 인도하여 백천년 이어가게 하소서.

湖隱公 告由文

伏以 猗歟湖叟 近古醇儒 繩父祖訓 繹賢聖謨 尙類莫京 紫雲名家 粤自初度 徵夢肇賀 髫齡午解 不煩程督 纔逾象勺 一意致曲 德性純深 庸行孝悌 博學於文 略之以禮 信從者衆 戶屨常滿 花鳥月夕 意味蕭散 簞瓢眞樂 九耋光陰 江湖路遠 高隱書林 鳴鶴在皐 秋天漠漠 荷衣蘭佩 婆娑丘壑 懿戒詔後 衛公流亞 苦節貞靖 陶令每下 乘化歸盡 玄豹留斑 祭祀之典 輿議詎慳 有侐世祠 肖孫齊祔 差穀伊邇 儀物備具 靈其妥止 無射人斯 佑我啓我 彌百千而

7) 〈상향 축문 常香祝文〉

강여호姜汝㦿, 『기재선생문집耆齋先生文集』, 「행장」

남와 선생 축문

의지가 견고하고 초월하며, 학업이 침중하고 깊었네.

보사報祀에 싫어하지 않음은, 사람들이 훌륭함을 좋아함이라.

17) 하의 난패(荷衣蘭佩) : 보잘 것 없는 촌부의 옷이라는 뜻이다.

南窩先生 祝文

志概堅邁 學業沈邃 報祀無斁 民彝好懿

기재 선생 축문

얼음처럼 맑은 정신은 온옥溫玉과 금강金剛이라.

아직도 그 전형이 있어, 우리에게 한 없이 남겨주시네.

耆齋先生 祝文

蘗苦氷淸 玉溫金剛 尙有典刑 惠我無疆

학암공 축문

규승糾繩[18]의 알맞은 직책으로, 정공程功에 촛불처럼 밝았네.

영원히 숭앙하고 보답하여, 무궁한 세월에 전하리라.

鶴巖公祝文

糾繩稱職 炳燭程功 永言崇報 用傳無窮

호은공 축문

덕업과 행실이 있고, 문장과 학식이 있었네.

여기에서 추모하니, 아름다운 풍도 멀지 않네.

湖隱公祝文

有德有行 有文有學 羹牆在斯 風徽非邈

18) 규승(糾繩) : 관리들을 규찰하는 직책을 말한다.

8) 〈매림서원 통문 梅林書院[19]通文〉

강여호姜汝𤨒, 『기재선생문집耆齋先生文集』, 「통문」

우문右文은 통유사通諭事입니다. 엎드려 생각하니 유풍을 흠모하고 오래도록 감흥을 일으키는 것은 참으로 훌륭한 이를 좋아하는 양심에서 나오는 것이며 제사의 전례를 차리고 경건한 의식을 두는 것은 실로 어진 이를 높이는 공론에 합당하니 비록 혹시 전대에 겨를 하지 못하였더라도 또한 후인들이 미루어 거행할 수 있는지라. 엎드려 생각하니 기재 강선생은 일찍이 스승의 도움을 얻어 지조를 숭상하여 경악經幄의 논사論思를 여유롭게 하니 미수의 추천하는 마음 매우 깊었고, 조정의 반열에 옥처럼 선 것은 호옹湖翁의 칭찬이 또한 진지하였습니다. 손을 씻고 양부兩府에 나아가 다스리니 늠름하고 얼음 같이 맑은 명성이라. 피를 토하는 마음으로 천 가지 말로 아뢰어 간절한 철석의 마음을 펼쳤으니, 이것이 모두 학문의 여사餘事이라. 스스로 본래의 참다운 공부가 있어, 효도와 공경으로 이미 어버이 섬기고 선조를 받듦에 극진하며, 진정한 학문이 갖추어져서는 더욱 스스로 뉘우치고 언행을 삼가하여 충신이 더욱 드러나고 욕심을 적게 하는 방법에 종사하여 이른바 맑다고 한 것은 반드시 강한 것입니다.

쌓은 실력을 당세에 펼치지 못하고 주불朱紱[관직]에 곤궁하여도, 즐거워하며 마음은 이미 전리田里로 돌아가기를 의탁하여 백지白趾를 크게 하여 유유자적하셨고 임금님의 곁에서 비록 환정宦情이 간절하나 스스로 뜬 구름같이 여기며 한 이랑 가난한 집에 생활의 계획을 편안히 하고 더욱 성인의 서적을 좋아하며 고절苦節을 행하여 자신을 가다듬어 돌아가심에 남긴 옷도 없었으며, 끝내 영화를 더럽게 여기며 매달리지 않아, 모래 섞인 땅에 장사葬事하였으니 이것이 청백의 남김이라. 거의 하늘에 질문하여도 대저 이와 같이 아름

19) 매림서원(梅林書院) : 1707년(숙종 33)에 고령군 쌍림면에 고창오씨 오선기(吳善基)와 현풍곽씨 곽수강(郭壽岡)을 제향한 양 문중이 연대해서 세운 서원이다.

답고 이와 같은 맑은 유현儒賢이니 어찌 제사하는 융성한 의례가 없겠는가? 사림의 공론이 오래도록 억울하였으니 진실로 백년의 여정輿情이라. 외루外壘에 번거로운 의식이 아직까지 더디고 있으니 마땅히 한 고을의 흠전이라. 하물며 저 경호鏡湖에 사우를 세우니 바로 이곳이 외가渭陽[20]의 영령을 모신 곳이라. 조손이 정기가 호흡이 서로 통하여 접할 것 같으며 도학의 단서를 미루어 연원을 찾아보면 근본이 있는 것입니다.

기둥 사이에 가지런히 함께 모시니 진실로 성대한 유식侑食의 자리에 합당하며, 삼현三賢을 함께 함께 제사로 모시게 되었으니 더욱 미생彌甥[21]의 영광이 되었나이다. 이것이 인정과 신리神理에 온전하게 되었으니 여기에서 신구의 규범이 한결 빛을 더하니 엎드려 원하노니 첨존僉尊은 큰 논의를 크게 확장하여 속히 성대한 의례를 거행하면 우리 선현의 신령이 영원히 힐향肹蠁을 가까이 하고 저 후생들이 부지런히 하여 공경히 숭모하는 일을 빠트리지 말기를 천만으로 바랍니다.

갑자(1804)년 12월 초6일

9) 〈병산서원 통문 屛山書院通文〉

강여호姜汝㦿, 『기재선생문집耆齋先生文集』, 「통문」

우문右文은 통유사通諭事입니다. 엎드려 생각하니 덕이 있는 이와 어진 이를 존숭하는 것은 떳떳함을 잡은 공심公心이며 사당을 세워 정성을 드높이는 것은 선비들의 큰 책임이라. 가만히 생각하니 우리 기재 강선생은 시례의 가정에 태어나 도의의 문하에서 훈습하여 임금과 어버이에게 충효를 다하고 경중을 내외에서 살펴 미수는 논사論思로 천거하였고, 호옹湖翁은 청백으로

---

20) 위양(渭陽) : 춘추 시대 진 강공(秦康公)이 태자로 있을 적에 장차 본국인 진(晉)나라로 돌아가는 외삼촌 중이(重耳), 즉 진 문공(晉文公)을 전송하였던 곳으로, 그 당시 강공이 이별을 아쉬워하면서 읊은 노래가 『시경』「위양」이다. 외가를 말한다.

21) 미생(彌甥) : 자매의 손자를 이름인데 알 수 없다.

칭찬하여 거울을 닦는 방법과 백규白圭의 시를 반복해 읽은 공부[22]라는 설봉공의 백세 신필信筆에서 나온 것이며, 홍목재洪木齋 강삼휴姜三休와 평생에 도의로 사귀며, 그 맑은 지조와 높은 명망은 진실로 후생들의 모범이 되거늘 백년간이나 인몰하여 아직도 모임에서 제사의 의식이 없었으니, 이것이 유림의 흠전欠典으로 도내의 장보章甫들이 함께 슬퍼하는 것이 아니겠습니까? 생등生等은 근래에 엎드려 매림서원의 통유문자를 보니 많은 이들의 마음이 함께하여 큰 논의가 이미 정하여 공의가 없어지지 않을 것을 보니 때가 마침 오늘을 기다린 것 같으니 엎드려 원하노니 첨군자는 속히 욕의를 거행하여 다사의 희망에 부응하면 천만 다행 이겠습니다.

을축(1806) 9월 18일

10) 〈낙봉서원 통문 洛峯書院通文〉

강여호姜汝㦿, 『기재선생문집耆齋先生文集』, 「통문」

우문右文은 통유하는 일입니다. 엎드려 생각하니 세간의 공의가 비록 백년이 되도록 오래되었으나, 끝내 없어지지 않았으니 어진 이를 존중하여 높이 보답하는 도리가 어찌 지난 시대에 겨를 하지 못한 것을 후세에 미루어 거행하지 않겠는가? 간절히 생각하니, 기재 강선생은 문장과 도덕, 언행과 표치標致[23]가 간옹艮翁이 지은 비문에 나타나며, 눌은訥隱이 저술한 행장에 밝게 드러나 있어, 선생의 학문과 행업이 이와 같이 우뚝하여도 아직 드높여 모시는 의례가 모자라 후생들이 함께 슬퍼한 것이 오래되었습니다. 근일에 열읍에서 사당을 세워야한다는 통문이 귀향에 많이 보내온다하니, 저희들의 마음을 그들이 먼저 안 것입니다. 이에 연명하여 통고하니, 엎드려 원컨대 첨군자들은 공의를 따라 공경하는 의식을 거행하여, 다사多士의 여망輿望에 부응

---

22) 공부 : 논어에 남용(南容)이 백규(白圭)의 시를 하루에 세 번씩 읽는 것을 보고 공자가 질서로 삼았다는 고사이다.

23) 표치(標致) : 나타난 취지. 또는 용모의 아름다움이다.

하시면 다행이겠습니다.

을축(1806)년 4월 초4일

11) 〈도남서원 통문 道南書院通文〉

강여호姜汝㦿, 『기재선생문집耆齋先生文集』, 「통문」

위의 우문右文은 통유하는 일입니다. 간절히 생각해보니 우리 기재 선생의 도의와 충효는 진실로 백대의 사표이며 맑은 지조와 두터운 덕업은 실로 후생들의 본보기이며 학문과 논사論思는 미수 허목의 공천이 있었고 거울을 닦듯 탁마하고, 백규시白圭詩를 반복해 읽는 공부는 설봉雪峰 강백년姜栢年의 신필이 있었으며 목재木齋 홍공洪公, 삼휴三休 강공姜公과 도의로 사귀며 갈고 닦아 한 시대에 추중할 뿐 아니라. 또한 오랜 세월에 흠앙하는 바인데 제사로 모시는 일이 아직도 없었으니, 이것이 어찌 사문의 흠전欠典이며 선비들이 슬퍼하는 것이 아니겠습니까? 지금 이에 모든 이의 마음이 같아 대론大論의 크게 일어나니 공의가 없어지지 않은 것을 여기에서 알 수 있습니다. 엎드려 원하건대 속히 욕례縟禮를 거행하여 선비들의 여망에 부응하시면 다행이겠습니다.

병인(1806)년 3월 9일

12) 〈동락서원 통문 東洛書院通文〉

강여호姜汝㦿, 『기재선생문집耆齋先生文集』, 「통문」

우문右文은 통유하는 일입니다. 엎드려 생각하니, 유림의 책임은 어진 이를 높이는 것이 제일 먼저이며 어진 이를 높이는 도리는 제사가 제일이라. 이러므로 주례周禮에 일경一經을 보존하였는데도 오히려 고종瞽宗[24]에서 보사

24) 고종(瞽宗) : 중국 은나라 때 학교 이름이다. '고(瞽)'는 아는 것이 없이 무지몽매하다는 것을 이르며, '종(宗)'은 높인다는 뜻이다.

報祀하게 하였고 주자朱子는 도연명의 어짊에도 또한 현당賢堂에 참여하게 하였거늘 하물며 우리 기재 강선생은 시례의 집안에 태어나 도의의 문하에 종유하여 덕행은 충효를 겸하고, 학문은 연원을 궁구하여, 미수는 논사論思의 천거가 있었고 호옹湖翁은 청백으로 일컬었으니, 이미 이것은 백세의 정평定評입니다. 백규白圭의 시詩를 반복해 읽고, 거울을 연마하는 공부는 설봉雪峰의 글월에 나타나고, 도의로 합하여, 강론하는 방법은 또 목재의 문장에 극진히 하여, 제현諸賢들의 저울질이 오히려 이렇게 밝은데도 후세에 보사報祀하는 전례는 아직 이루지 못하고 있으니, 이것이 어찌 오당이 함께 슬퍼할 것이 아니겠습니까? 생등生等은 비록 먼저 일어나 인도하지 못하였으나 간절히 흠모하고 숭상하는 마음이 우아합니다. 어찌 다행히 정중한 논의가 낙봉서원에 공공의 논의에서 일어나고 또 병산서원에서 출발하였으니, 이것은 백년간 없어지지 않은 의론이 마치 오늘을 기다린 것임을 알 수 있습니다. 엎드려 원하노니, 첨존僉尊은 속히 욕례縟禮를 거행하여 멀고 가까운 곳에 사는 사람들의 희망에 부응하시면 천만 다행이겠습니다.

병인(1806)년 2월 19일

13) 〈사양서원 통문 泗陽書院[25]通文〉

강여호姜汝㦿, 『기재선생문집耆齋先生文集』, 「통문」

우문右文은 봉고하는 일입니다. 엎드려 생각하니 선현을 높이 받드는 것은 사림의 공의이며 떳떳한 마음을 가진 사람이 함께 얻는 것이니 진실로 혹시라도 그윽한 빛과 숨은 덕업을 세상에 드러내지 못하고 맑은 이름과 높은 절개가 도리어 후대에 없어진다면 이것은 바로 사문斯文의 흠전欠典이며 사림이 함께 억울하게 여겨야 할 것입니다. 생각해보니 우리 기재 강선생은 이름난

25) 사양서원(泗陽書院) : 경상북도 칠곡군 지천면 신리에 있는 서원으로 1651년(효종 2에) 한강 정구의 덕행과 학문을 추모하기 위해 창건했다. 1664년(현종 5에) 이윤우(李潤雨)를 추향했다. 1868년(고종 5)에 대원군 서원철폐령으로 훼철되었다.

집안의 자손으로 정강貞剛한 자품으로 향상向上하는 몸에 가까이 있는 것을 살피는 학문에 마음을 두고, 마음을 세워 행실을 마름하는 방법에 착공着工하여 효우는 집안에서 돈독하니, 향리와 나라에서 모두가 흠복欽服하며, 문장이 세상을 울려 조야朝野가 다투어 칭찬하며 화려한 요직을 두루 거쳐도 충애忠愛하는 마음을 더욱 돈독하였으며, 여러 번 주군을 맡아 청백의 이름이 드러났으며 조정에 벼슬 한지 30여년에 그의 관직에 나아가기를 어렵게 여기고, 물러남은 쉽게 여기는 마음과 공공의 일에 봉사하고 나라를 근심하는 정성이 학문에서 나온 것으로 천년 후에도 완악한 사람을 청렴하게 하고 게으른 사람을 일으켜 세울 것이라. 이런 때문에 문정공文正公 미수 허목이 논사論思의 재목으로 추천하였고, 윤상국尹相國이 사류의 인사로 추천하였으니, 그의 높은 풍치와 우아한 명망이 복천復泉, 설봉雪峰, 삼휴三休 세 분 군자의 반열에 백중伯仲이 되었으니 당시의 추중한 의론을 대략 상상할 수 있습니다.

무릇 우리 유관儒冠을 쓰고 유복儒服을 입은 이들이 누가 흠앙하고 탄복하지 않겠는가? 아! 예전에 향선생鄕先生이 돌아가시면 "모임에서 제사한다."하였으니, 향선생은 한 고을의 선사善士에 불과하여도 오히려 모임에서 제사하며 추모하는 마음을 붙이는데 기재 선생이 닦은 행실과 높은 절개와 맑은 덕성과 명망은 일세에 모두가 흠앙하는 바로, 한 고을의 선사善士에 그치지 않아 귀향貴鄕의 모든 군자들은 그 덕의德義에 감화함이 많을 것입니다. 마땅히 일찍이 조두俎豆의 의례를 베풀어 갱장羹墻의 추모하는 마음을 붙여야 할 것이로되 귀를 기울린지 이미 오래되었으나 휑하게 소문이 없거늘 이것이 어찌 귀향貴鄕의 사림들의 흠전欠典이 아니며 일도一道에서 함께 억울하게 여길 일이 아니겠습니까? 생등生等은 이에 향회로 인해 공의가 크게 일어나 감히 이에 앙고仰告하오니, 엎드려 바라옵건대 첨군자들은 자주 대론을 넓혀 속히 욕례縟儀를 거행하여 존현의 도리를 다하고 사림의 여망輿望에 부응하시면 천만 다행이겠습니다.

병인(1806)년 2월 19일

14) 〈통문 通文〉

강여호姜汝扈, 『기재선생문집耆齋先生文集』, 「통문」

우문右文은 통유通諭하는 일입니다. 생각해보니 우리 남와 강선생은 한강寒岡의 고제高弟로 학문과 행의行誼가 세상의 규범이 되는데 기재 강선생은 남와 선생의 아드님으로 가정의 가르침을 익혀 숙덕宿德과 의행懿行이 백세의 모범이 되거늘 아직도 숭봉하는 의례를 거행하지 못하고 있어 실로 온 고을이 함께 애석해하는 바인데 얼마나 다행인지 열읍의 통문이 답지하니, 더욱 공의가 같은 것을 알 수 있었으며 우리고을에서는 남보다 뒤에 발론한 것이 또한 부끄럽습니다. 지금 재회齋會하는 날에 모든 이들의 논의가 순동純同하여 발문하고 통고하니 엎드려 원하노니 첨존僉尊은 동성同聲으로 상의하여 경영을 시작하여 속히 욕례를 거행하게 되면 천만 다행이겠습니다.

병인(1806)년 2월 초1일

15) 〈안의 모리재 통문 安義某里齋通文〉

강여호姜汝扈, 『기재선생문집耆齋先生文集』, 「통문」

우문右文은 통유通諭하는 일입니다. 현인을 숭모하여 정성으로 높이는 것은 사문斯文의 성례盛禮이며, 대를 이어 아름다움을 칭찬하는 것은 사림의 공의이거늘, 생각해보니 우리 남와 강선생과 기재 강선생 양대兩代의 문장과 덕행은 백세의 모범으로 사문에 종유하며 일찍이 산두와 같은 명망을 지니고 왕정王庭에 떨쳐서 이미 철석같은 마음이 드러났고, 당세에 교유하던 분들의 글월에서 거울을 닦은 듯이 밝고 일대의 제현들의 평가가 저울눈과 같이 밝거늘 돌아가신지 100년이 되어도 아직도 외루畏壘에 모시는 일이 없었으니 이것이 어찌 우리 영남의 후학들이 함께 슬퍼함이 아니겠습니까? 얼마나 다행인지 이제 공의가 일어난 것이 병산서원에서 시작하여 이어서 도남서원에서 여론이 일어나니, 오당吾黨의 제생諸生들이 누가 선생의 풍도를 듣고 마음을 흥기하지 않겠습니까? 조두俎豆를 배설하고 숭봉하는 일은 먼 곳이나 가까운 곳의 여론이 도모하지 않아도 다 같이할 것입니다. 엎드려 원하노니 첨존은 속히 욕의縟儀를 거행하여 많은 선비들의 희망에 부응하면 다행이겠습니다.

병인(1806)년 9월 3일

16) 〈자양사 강당 중수 상량문 紫陽祠講堂重修上樑文〉

의순 저

기술하노니 사당을 세운 지 20년에 공경하는 마음 둔 것은 다사多士의 논의를 따랐으며 재사齋舍를 두세 칸 넓혀 거듭 지으니 재사를 두세 칸 넓혀 거듭 지으니 실로 여러 일족의 상의에서 나왔네. 편액의 제목에 욕되지 않도록 집을 지어 선조의 아름다움을 이어가네 했었고, 엎드려 생각하니 선조 남와南窩 부군은 많은 선조의 집안 서업緖業을 받들어 한강선생에게 옷을 걷었네. 회덕懷德에서 금릉으로 옮겨 추로鄒魯의 고을에 전거奠居하셨다. 한산寒山과 사수泗水에 종유從遊하며, 퇴계 선생의 연원을 사숙私淑하였네. 권귀權貴의 집에 관절關節을 물리치고 같이 높고 임천林泉에서 마음을 길렀으며 병자호란에 의병을 일으켜 춘추의 뜻을 강명講明하였다. 선함이 있는 것을 전함은 학암공이 무덤에 기록하였고 덕업을 숭상하여 행장을 한 이는 입재立齋의 붓끝이라. 이것이 마음에 갖고 살피는 참된 공부이니, 또 어찌 전한 의범懿範이 없겠는가? 우리 선조先祖 기재耆齋 부군은 규벽奎壁의 정기를 받아 가정의 학문을 이었네. 백세에 아름다워 일문을 빛낸다는 전인의 관상이 밝음이 있었고, 삼사에 오르고 육부를 역임하여 당세의 명망이 산과 같았네. 평안한 계단에 인재가 모여들듯 하여 미수眉叟 선생 논사論思의 천거가 있었고, 진주의 일족이 기뻐하여 설봉雪峰 선생 청백淸白의 논평에 올랐네. 서까래와 같은 늙은의 붓은 백년 후의 공론이었으며, 간옹艮翁의 찬술은 바른편에 있으니, 삼척의 유문이라 누가 집안을 잘 이었다고 말하지 않겠는가? 참으로 선조의 일을 잘도 계술繼

述하였다 할 것이라. 남와공의 언행과 의리가 이미 저와 같이 기재옹의 도덕과 문장도 여기에서 순수하였다. 두 분 선조 풍운이 그대로 있으니, 어찌 잊을 수 있으며, 오대의 보첩譜牒이 밝게 전하여 유연히 느낄 수 있네. 지팡이와 신을 놓던 장소를 돌아보니 바로 강호의 구역이라. 지점한 곳에 유시遺詩를 읊어보니 나무와 돌에 있고, 몸을 숨기며 살던 높은 뜻을 우러러보니 어느 물과 산이라.

우리 영남의 문자는 도모하지 않아도 향사가 아직 늦은 것을 함께 말하며, 향사가 아직 늦은 것을 함께 말하며, 고가의 종지宗支에 힘을 펼치니 마침내 뜻을 두어 이루었네. 예전 우리 삼촌 호은공湖隱公께서는 지난 세상에 겨를 하지 못한 것을 슬퍼하고, 백양白羊의 해에 사당을 경영함은 후학들이 의지할 곳 없음을 슬퍼함이라. 적우赤牛년 가을에 강당을 지었네. 신묘년에 단청의 제도를 꾸며 명궁明宮이 더 빛나고 경자년에 향사 의식 행하니 높은 제기를 올리고 제사하니 당우의 터가 좁고 누추하여 얼마나 심상에서 탄식하였던가? 기둥과 초석이 풍우로 인해 흔들려 오래도록 장인들에게 일을 도모하였다. 다행히 유년酉年의 길을 만나 드디어 집을 옮기게 되었다. 담장의 남쪽에 지세서 넉넉하고, 산이 서려 있고 물이 흘러가네. 경호 위에 하늘의 때를 기다려 귀신이 보호하고 아껴주었네. 두공과 지도리의 제도가 튼튼하여 각각이 예전과 같이 아름답게 되어 도끼, 톱, 줄, 대패의 공으로 이미 중수의 일로 낙성을 고하네. 이미 큰집이 날듯이 세워지니, 마땅히 우리 집안이 모두 기뻐하네.

작헌爵獻의 의례에 예수禮數가 있어 저 묘우에서 주선하는 것을 보고, 추모하는 마음 무궁하여 이 당에 올라 재숙齋宿 하네. 백록동의 담장을 보는 것 같아, 전현을 모방하여 아호鵝湖의 선비들 모여, 자손들에게 깨닫기를 바라노라. 동쪽으로 대들보를 들어보니, 붉은 해 맑은 새벽에 동쪽 바다에 오르네. 당년에 임금님 받들던 충심을 추억하니 감히 아랑阿郎의 송시頌詩를 기술하니 도도한 물결이 동쪽으로 흐름을 보겠네. 부형의 공적을 잇는 것이 기쁘네.

남쪽으로 대들보를 들어보니 큰 영남에 원기가 창창하네. 후학이 지금까지 가르침에 젖어있으니, 바야흐로 오도吾道가 남쪽에 있음을 알겠네.

서쪽으로 대들보를 들어보니, 언제나 비추던 달빛은 저녁마다 서쪽에 있네. 나아가는 공부는 그 형상 가지런하니, 영재를 길러 얼마나 서쪽 당나라로 갔던가?

북쪽으로 대들보를 들어보니, 긴 밤의 천추에 별은 북극을 껴안는구나. 낙성落成하며 임금님 덕업을 노래하니, 황옥에 편안하시기를 북을 바라보며 빕니다.

위로 대들보를 들어보니 높은 하늘이 위에서 덮고 있네. 어진 집안에 복을 주는 이치 있을 것이니, 덕을 닦은 인가에 제일이 되리라.

아래로 대들보를 들어보니 거울같이 맑은 호수 아래에 둘러있고, 깨끗한 빈조蘋藻를 뜯어 선비들 제사에 나아가 천년 아래에도 한수寒水의 마음 전하네.

엎드려 원하노니 상량한 다음에 달과 별이 함께 밝아 풍상을 겪어 좋은 날 가렸네.

일찍 새벽에 일어나 변두籩豆 천거를 경계하며 해마다 봄여름에 현송絃誦하고, 연제蓮桂의 영광을 부지런히 하여 계시는 것 같은 영령英靈이 다시 이곳에 나타나 선조의 유적을 이어가고 없애지 못할 책임을 또 자손에게 부탁한 그 계획을 끊이지 말라.

述夫立祠宇二十年而揭虔克遵多士之議廣齋舍三數間而重算亶出群族之謀無忝於額扁肯構而趾美伏惟先祖南窩府君承緖列祖之宅摳衣岡老之門自懷州而金陵卜居鄒魯之鄕私淑退陶之源斥關節於權貴之門養高林野倡義旅於柔兆之亂講明春秋有善而實傳鶴巖公題其墓尙德而草狀立齊老秉是毫玆莫非存察眞公又豈無傳授懿範先祖耆齋府君禀精奎璧讚學家庭芳百世光一門前人之相眼有鑑登三司歷六府當世之雅望如山際泰階之茅茹入眉老論思之薦悅晉城之花樹登雪翁淸白之評訥隱之筆如椽百年後公論艮翁之撰在右三 杠右三尺上遺文孰不曰克世于家眞可謂善述其事南窩公言行義理 旣如彼卓鬼耆齋爺道德文章又於時粹邁二祖之風韻宛在俾也可忘五世之乘牒昭傳油然而感詠指點之遺詩一樹一石仰韜晦之高致某水某山惟全嶺文字不謀齊聲尸祝之尙緩我古家宗支

陳竟成有志之成功昔我季父湖隱公慨前世之未遑營廟室於白羊之世悵後學之無所構講塾於赤牛之秋辛卯飾丹矱之制明宮增輝庚子行盥薦之儀崇豆登享堂宇之基址湫隘幾發歎於尋常棟礎爲風雨侵撓久圖功於繩準幸値歲酉之吉遂宁謀屋子之墻南之地勢多饒山蟠而水毓湖上之天時有待鬼護而神慳榑櫨椳闑之制各宜美哉仍舊斧鋸鉅鐋之功已告訖于重新既渠廈之翬飛宜我門之雀躍爵獻之禮有數觀厥廟而周旋羹牆之誠無窮升是堂而越宿覬鹿洞之牆屋有倣前賢集鵝湖之衿裾庶覺來裔敢述兒郎之頌喜纘父兄之功兒郎拋樑東紅旭淸晨出海東回憶當年擎日忠滔滔折水朝東兒郎拋樑南元氣蒼蒼大嶺南後學至今餘敎涵方知吾道在於南兒郎拋樑西恒月新輝夕樑西進進工夫其象齊英才造育幾唐西兒郎拋樑北遙夜千秋星拱北宴落工歌歌聖德平安黃屋望之北兒郎拋樑上崢嶸天宇覆其上仁門錫福理無爽立德人家爲太上兒郎拋樑下淸湖如鏡繞其下潔蘋採採士趨舍寒水傳心千載下伏願上樑之後趁月星而齊明閱風霜而渭吉日月夙寤晨興以戒籩豆之薦年年春絃夏誦其勤蓮桂之榮如在之靈復見於此祖武克繩不朽之責又屬乎來孫某勿替

17) 〈김산 송계서당 통문 金山松溪書堂[26]通文〉

강여호姜汝𥫍, 『기재선생문집耆齋先生文集』, 「통문」

우右는 통유通諭하는 일입니다. 엎드려 생각하니 백록白鹿의 옛 고을에도 행단杏壇을 열었으나 희령熙寧[27]때에 풀이 무성하였다는 탄식을 면치 못하였고, 새로 지은 취성정聚星亭[28]에 모인 것은 실로 진씨陳氏의 거처로 인해 문범

---

26) 송계서당(松溪書堂) : 경상북도 김천시 구성면 광명리에 있던 서당으로 지금은 길가에 기적비가 세워져 있다.

27) 희령(熙寧) : 송나라 신종(神宗)의 연호이다.

28) 취성정(聚星亭) : 후한(後漢) 말기의 명사 진식(陳寔)이 그의 아들 기(紀)와 심(諶)을 대동하고 순숙(荀淑)을 방문하였는데, 이때 팔룡(八龍)이라 불리는 순숙의 여덟 아들인 검(儉)·곤(緄)·정(靖)·도(燾)·강(江)·상(爽)·숙(肅)·부(敷) 등이 한 자리에 어울려 시중을 든 일이 있었다. 이때 천문을 관장하는 태사가 하늘에 덕성(德星)이 한 지점에 모인 것을 보고 500리 떨어진 곳에 현인들이 모였다고 천자에게 아뢰었다. 이로 인해 영천(穎川)에 있는 진씨의 정자를 취성정이라 불렀는데, 송나라 주희가 그 정자를 수리하고 당시의 상황을 그린 병풍을 만들어 거기에 서문과 함께

文範 부자의 어짊을 날날이 찬양하였으니 이것은 주부자[朱熹]께서 서원과 서당의 흥폐에 진심을 다한 것이 오늘날에도 감흥이 있게 된 까닭이다. 생등生等이 엎드려 생각하니 본향의 강선생 남와, 기재공의 문장과 절행이 울연히 사림의 종앙宗仰이 되어 자양의 세덕사에 제향하였습니다만 지금은 담장이 허물어져 빈터가 되어있고, 당무는 숲이 되어있어 자손은 답답해하고 사림은 슬퍼하면서 지금에 이른 것이 50여년입니다. 본향은 사림들이 이것을 슬퍼하여 지난 신유년에 송계서당의 모임에서 공의가 크게 일어나 말하기를 "세현世賢을 합사하는 것에 의례를 줄여서 모시는 것은 의례에도 근거할 수 있으며 의리에도 구애가 되지 않는다."하고 드디어 모임을 결성하여 재물을 모아 장차 숭봉의 일을 하려고하며 또 학암과 호은 두 분을 종향하려고 하니, 대저 이 두 분은 모두 기재옹의 자손으로 능히 가정의 학문을 이어받아 높이 인사人士의 표준이 되었으니, 학암공은 조정에 서서 정직하였으므로 순조 임금께서 제문을 지어 치제한 것에 잘 나타나 있으며, 호은공은 학문이 정박精博하여 이기설, 주역, 예기 등의 해석에서 상세히 알 수 있다.

이런 선조에게 이런 자손은 마땅히 한 사당에 함께 배행해야 하나 예전의 모시던 일을 회복하고 새로운 위패를 모시는 것이 모두 사림의 큰일이므로 한 고을의 사사로운 논의로는 갑자기 결정할 수 없어 이에 일도一道에 공중公衆의 논의에 붙여 바른길로 행하기를 구하려하니 어진 이를 숭봉하고 사문斯文의 도道를 호위하는 정성이 일상에서 나온 것입니다. 슬프다! 지금 오당吾黨이 쇠퇴하여 일선一線의 양맥陽脈이 거의 꺼져 가고 있는데 여러분들께서 이렇게 큰 기력을 내어 좋은 논의를 만들어주셔서 조양朝陽에 크게 소리치는 봉황과 같으며, 비오는 밤에 우는 닭과 같으니, 무릇 양심이 있는 이들이 뉘 감히 호응하지 않겠습니까? 수계修契하여 도울 것이니 엎드려 원하노니 여러분들은 오는 3월 일에 대사를 이루어주시면 오당의 다행이며 사문의 다행이겠습니다.

찬을 지어 붙였다.

18) 〈상의사 중건상량문 尙義祠重建上樑文〉

강여호姜汝㦿, 『기재선생문집耆齋先生文集』, 「통문」

임술(1922) 모춘절暮春節

인주 장석영

유강楡岡[29]의 옛 갑자가 다시 돌아와, 우두커니 일원이 시작하는 운수를 기다려 연계당蓮桂堂 선비들 모임에서 동의하여, 사현四賢을 향사하는 아름다움을 보게 되니, 아름답도다. 웅장하고 멋있어, 누가 우러러 보지 않겠는가? 엎드려 생각하니 성균진사 남와 강선생은 진주의 명문으로 은렬공殷烈公의 초손肖孫이라. 세상에 백의白衣의 한림은 없으나 부귀를 떨어진 신발과 같이 여겼고, 호남에서 정축년에 의병을 일으켜 앞장서서 충의를 호위하였네. 한강의 문하에 집지執贄하고, 감호鑑湖의 집안에 장가들었으며, 일찍이 다듬잇돌 두드려 의발을 전하니. 이토록 윤택한 옥과 맑은 얼음과 같았네. 통정대부 판결사 기재 강선생은 나아가서는 백리의 근심을 나누어 맑음이 진흙에서 허물 벗는 매미와 같았고 들어오면 삼사三司의 직분을 다하여 곧음이 운향芸香의 치관豸冠[30]에 나타났네. 재주가 진실로 논사論思[31]에 합당하여 허문정공 허목이 경연에서 천거하였고, 사류들에게 제일이라 칭찬한 윤상국尹相國과 고을수령 인수인계 하였네. 가선대부 한성우윤 학암 강공姜公은 길가의 뒹구는 해골을 두터이 묻으니, 어려서부터 그의 인애를 알았으며 집안에 입에 맞는 것만 길러 늙어도 자신의 청빈을 즐거워하였네. 정학을 밝히고 풍교를 돈독히 하는 만언의 아룀을 임금님이 아름답다하시고, 의절을 강명하여 향약을 편찬하여 좋은 규율로 삼대의 치화를 회복하려 하였네. 처사 호은공은 의리

---

29) 유강(楡岡) : 성이 강씨였던 염제 신농씨가 죽은 후 8세를 전하여 유강에 이르러 끊어져 560년의 세월을 이었다는 내용으로 염제가 살던 세상이라는 뜻이다.

30) 치관(豸冠) : 법을 집행하는 사람이 쓰는 관이다. 치(豸)라는 동물은 신양(神羊)인데, 능히 곡직(曲直)을 구분하는 까닭에 이러한 모양으로 법관을 만들어 썼다 한다.

31) 논사(論思) : 담론과 사려(思慮)의 준말로 학문이나 사물에 대해 토론하고 깊이 생각함. 나라 다스리는 도리를 의논하고 생각하다.

와 성명性命의 근원을 궁구하여 천리踐履가 독실하였고, 염락관민濂洛關閩의 학문에 침잠하여 표준이 매우 엄중 하였다. 나아가 임금을 도왔으되 학고鶴皐의 성문聲聞이 통하지 않았고, 물러나 유학을 익혀 향교의 가르침에 방법이 있었네. 집안에 전한 것은 갖옷과 불미, 활과 키이며, 부자와 숙질이 연하여 오세五世이라.

자양의 고향 마을의 위치에 추모의 마음 붙인 지 오래였는데, 청구靑邱[32]에서 사림의 슬픔이 일어났고 갑자기 조두俎豆를 철거하니 사림이 추모할 곳 없어져 황화皇華의 마당과 같고 백록동의 무성한 풀을 제거하지 못하고, 숭대崇臺가 불운을 만났네. 취성정聚星亭의 정자도 오랫동안 폐하였고, 오래도록 많은 이들의 마음에 슬픔을 쌓았네. 모든 이들이 같은 마음으로 상의하여 세덕世德을 추모하여 빛을 더하고, 다시 후현後賢의 신위를 올려 모셔 욕례縟禮를 베풀어 함께 제향을 하였네. 선조의 오면熬麵을 함께 자시게 되니, 후손이 칠푼의 정성을 펼치게 되었으니. 완연히 장리杖履[33]로 오르내리는 것 같고, 많은 선비들 백대의 마음을 붙이게 되었네. 북두처럼 높이 우러러보네. 이로 인해 향풍을 일어나도록 여기에서 장인의 노래를 만드노라.

아랑아! 대들보를 동쪽으로 높이 들어보아라. 아침햇빛이 부상扶桑의 동쪽에 찬란하네. 어두운 기운을 쓸어낼 사람 없으니 긴 밤인 이 나라를 어느 때 밝힐까?

아랑아! 대들보를 남쪽으로 높이 들어보아라. 남쪽 하늘가에 상왕산象王山 높았어라. 당시 사람들 태산의 길을 몰라 천장泉漳을 향하다 검남劍南을 찾았구나.

아랑아! 대들보를 서쪽으로 높이 들어보아라. 자운이 천릿길 호서를 바라보네. 영남은 예부터 추로鄒魯라 하여 당년에 경수鏡水의 서쪽에 택리擇里하였네.

아랑아! 대들보를 북쪽으로 높이 들어보아라. 호탕한 호수 빛이 북두에서

---

32) 청구(靑邱) : 우리나라를 지칭한다.

33) 장리(杖履) : 지팡이와 짚신을 아울러 이르는 말로서 이름난 사람이 머무른 자취를 비유적으로 이르는 것이다.

오는구나. 세상 밖의 풍조는 아침저녁으로 옮겨가 외로운 배 구당瞿塘 북쪽에 매어두지 못하네.

아랑아! 대들보를 위로 높이 들어보아라. 별과 달이 밝게 위에 임하네. 충효의 집안 욕되게 하는 자손 없으니, 하늘을 우러러 마음에 부끄러울 것 없구나.

아랑아! 대들보를 아래로 내려다보니, 선철先哲의 유풍이 백세를 전하리라. 제사하는 모임에서 이제부터 예교禮教로서, 천산泉山 아래에 어리석은 사람들 교양하리라.

엎드려 원하노니 이 육위六偉를 응하여 백상百祥을 내려주소서. 서당에서는 글 읽는 소리 들리며 봄가을에 향불 피우는 제사를 올리며 이렇게 하여 사람을 만들어 나가게 하면 전현을 본받아 무너뜨리지 않을 것이라. 선생을 모시고 옷을 걷고 오는 선비들 많이 모여들면 외루畏壘에 받들어 서업을 이어가려고 갈류葛虆로 손잡이 만들리라.

19) 〈호의재 유계서 好懿齋儒稧序〉

강여호姜汝㦴, 『기재선생문집耆齋先生文集』, 「통문」

무릇 우리가 유림에 자취를 가까이 한 사람이 선현의 후손이며 후학으로서 선현을 추모하는 것이 어찌 사람으로 같은 마음이 아니겠는가? 만일 우리가 크나큰 덕망을 당시에 보았다면 천릿길이라도 가볍게 여기고 친히 가서 배웠을 것이라. 지나간 사람의 언행은 고적에 기록되어 있다면 또한 장차 백세가 되어도 더욱 우러러 볼 것이다. 아! 생각해보니 남와 강선생은 나의 감호鑑湖[여대로] 선조의 어진 사위로 정대한 몸가짐과 맑고 고고한 마음은 입로立老[정종로]께서 지은 행장에 상세하니, 이것은 바로 천고의 공필公筆이라. 어리석은 말학末學이 그 사이에 상옥床屋할 수 없으나 대략을 취해 망령되이 진술하니, 연원인 가학家學은 성의, 정심과 수신제가에 지나지 않으며, 공명과 득실은 본래 간여한 것이 아니나 문장을 쌓은 여력으로 오직 문장은 효제하고 남은 힘으로 노력하여 처음 나아가 사마에 합격하였고 별시에 나아가 성균관에 있을 때에 용방龍榜에 올라 호당湖堂에 있는 사람을 선발할 요로要路가 있는 것을 보고, 아첨하는 모습을 짓기 싫어서 결연히 버리고 떠나니, 등암藤庵 어른이 보고 옳다고 여기며 시를 지어 실제를 기록하였고, 병자호란을 당하여 호남의 사림이 선생을 추대하여 의병장으로 삼으니, 선생이 분개하여 죽음으로 맹세하고 군사를 모아 개선凱旋하니, 그의 높은 충의의 마음은 과연 어떠하였겠는가? 오직 어버이 섬김에 정성을 다해 지체志體의 봉양에 좌우를 무방無方하게 하며 돌아가심에 3년을 시묘하여 상례의 내용과 형식을 모두 갖추어 안정顔丁과 대연大連 소연小連[34]이 아니어도 또한 이렇게 할 수 있었던가! 3년 복을 마치고 회덕에서 금릉의 기동으로 이사한 것은 대저 영남이 추로鄒魯의 고을이기 때문이며 남와를 아호로 삼은 것은 까닭이 있는 것이라. 매양 새벽에 일어나 씻고 의관을 바르게 하여 가묘에 배알하고 책을 펼치고 성현을 대하며 한강 정선생의 문하에 나아가 속수束脩[35]하고 위기의 학문을 듣고 함께 종유한 사람들은 모두 뜻을 같이하는 사군자였다.

이어서 기재 선생은 집안의 아름다움을 이어 아버지의 일을 주간하며 충효와 제경悌敬에 정대正大하고 청직함은 본래 지닌 성품으로 가정에서 이어받은 것이며, 족조族祖인 복천復泉공에게 수학하여 견문을 더욱 넓혀 문장이 일찍이 성취하니, 복천공이 큰 그릇이 될 것으로 여겼으며, 벼슬에 나아갈 때에는 당시 사람들이 말하기를 "조정에서 재상의 재목材木을 얻었다."고 하였다.

밖으로 나아가 고을을 맡았을 때는 공평하고 청렴하여 사람들의 구비口碑가 되었고 조정에 들어가 경연에서 임금 모실 때는 공손한 논변에 동료들이 우러러 보았으며, 다만 그가 올곧은 마음을 지키다가 도리어 여러 마리 갈매기가 봉황을 꾸짖는 일을 당하여 끝내 변방으로 옮겼으니, 설봉雪峰의 "거울

---

34) 대련(大連)·소련(小連) : 소학에 나타나는 사람으로 부모에게 효도를 극진히 하였다는 형제이다.

35) 속수(束脩) : 선생에게 배우러 갈 때 말린 생선을 갖고 간다는 뜻으로 배우러간다는 말이다.

을 닦고 백규白圭시를 반복해 읽는다."는 글월은 영세의 신필信筆이며 미수께서 학문과 논사論思가 있다는 천거의 말씀은 당시의 공안公案이었고, 홍목재洪木齋, 강삼휴당姜三休堂 등 제현과 도의로 사귀어 한 시대에 추중할 뿐 아니라 또한 후인들이 흠앙하였으니, 당인이 말한 백세유방百世流芳이라한 것은 참으로 관상을 잘 본 것이라 하겠다.

순조 병인(1806)에 양세兩世의 위패를 자양사에 모셨는데 서원을 훼철한 이후 선비들이 의지할 곳이 없게 되어 항상 희령熙寧의 탄식이 있었는데 경신년에 이르러 향도의 선비들이 사당을 세워 다시 향사하려고 하나 막중한 일에 오로지 자손들에게 맡겨 둘 수 없어 의연금을 내어 힘을 돕는 것을 계契를 만드는 것이 제일이라. 이제 연재蓮齋의 모임에서 여러분이 상의하여 한결같은 말을 하시니 진실로 갱장羹墻의 추모가 진실로 다름이 없었다. 계안이 만들어짐에 모두가 말하기를 장차 존함을 첫머리에 기록해야 한다하거늘 내가 대답하기 싫도다. 나이와 덕망이 나의 전모前矛가 되는 이가 있는데 어찌 반드시 가까운 황보식皇甫湜[36]을 버리고 멀리 백락천白樂天[37]을 취하듯 하여 늙은 사람이 편안하게 기록에 더한다면 반드시 후인들의 비웃음을 면치 못할 자료가 되지 않겠는가?

또 나에게 일언을 청함이 매우 부지런하거늘 돌아보니, 내가 마땅한 사람도 아니며 문장도 없는 사람으로 더욱 감당할 수 없으나 두 분 선생을 존모하는 의리는 사람들의 고하와 문장의 공졸工拙에 있지 않을 것 같아 고사하지 못하고 감히 참람 함을 무릅쓰고 만분의 일로 대략을 서술하였다.

계유년(1933) 황매절黃梅節 하순에 후학 성산 여석무呂錫武[38]는 삼가 서문하다.

---

36) 황보식(皇甫湜[777~835]) : 당나라의 삼문가로 한유의 제자이다.
37) 백낙천(白樂天[772~846]) : 중국 당나라의 시인 백거이를 자(字)로 이르는 이름이다.
38) 여석무 : 본관은 성산(星山), 여대로의 후손으로 학문이 겸비한 선비였다.

好懿齋儒稧序

凡我厠跡於儒林者莫非先賢之後 而以後學而慕先賢 豈非彛性之所同耶 如有碩德巍望 及見於當時則 可以輕千里而親炙矣 前言往行 載在於古蹟則亦將百世而愈仰矣 於惟南窩姜先生則我鑑湖先祖之賢壻而其持己之正大 立心之清高 悉於立老之撰狀 此乃爲千古公筆 倥侗末學 不敢床屋於其間而略取大槩而妄陳之 淵源家學 不越乎誠正修齊 而功名得失,本非所與 而惟績文餘力 初發軔而中司馬 及其赴別試 在泮也 有登龍榜 選湖堂之要路而不欲作媚竈之態 決然舍去 藤老目擊而心韙之 詩以記實 逮夫丙亂 湖中士林 推先生爲義兵將 先生 敵愾誓死 振旅而還 其忠義之卓卓 果何如哉 惟盡誠於事親 志體之養 左右無方 丁艱而三年 廬墓 慽易備至 未之顔丁及大小連 亦有是否 服闋 自懷德 移金陵之耆洞 盖取嶺南爲鄒魯鄕故 而號以南窩者 良有以也 每曉起盥帨 正衣冠 謁家廟 迺啓方冊 對越聖賢 數束脩於寒岡鄭先生之門 得聞爲己之學 所與遊者 盡是同志之士君子也 繼以耆齋先生 趾美幹蠱 忠孝悌敬 正大淸直 天賦之所固有 家模之所承襲 受學於其族祖伏泉公 見聞益廣 文辭夙就 公大加器重 及其釋褐也時人稱之曰 朝政 今得宰相材矣 出爲字牧公平廉潔 衆口成碑 入侍經幄 寅恭論辨 爲群僚昻視而特其抗直自守 反被群鷗之嚇鳳 卒乃遷邊 雪翁鏡摩圭復之句 爲永世信筆眉老學問論思之薦 爲當時公案 與洪木齋 姜三休堂諸賢 道義相交 非但一代之所推重抑亦後人之所欽仰 唐人云遺芳百世 眞箇爲善相者也 粤純廟丙寅崇奉兩世位于紫陽祠矣 自撤院以來 多士之依歸無所 恒切熙寧之歎矣 至庚申鄕道章甫 將營立祠 復享而莫重之役 不可專委於本孫 出義助力 莫如修契 今於蓮齋之會 詢謀僉同 於一齊之口 儘覺羹牆之慕 固無異同矣 案旣成 僉曰 將欲以尊啣爲首題 余曰 惡年齒德望 爲吾前矛者有之 何必近舍皇甫湜而 遠取樂天也 以老棄之物 忝然添錄 必不免後人嗤點之資否且求余一言 甚勤 顧非其人 無其文者 尤不敢承當 然 於兩先生尊慕之義 似不在人之高下 文之工拙 固辭 不獲敢冒僭妄 畧敍其萬一云

白鷄黃梅節 下澣 後學 星山 呂錫武 謹序

근암서원近嵒書院

Ⅰ. 개 요

주　　소	경북 문경시 금천로 351-5(산북면 서중리 148-1)
제향인물	홍언충洪彦忠(1473~1508)
	이덕형李德馨(1561~1613)
	김홍민金弘敏(1540~1594)
	홍여하洪汝河(1620~1674)
	이　구(榘, 1613~1654)
	이만부李萬敷(1664~1733)
	권상일權相一(1670~1750)
관련사항	

II. 연 혁

1554년(명종 9)	상주목사 신잠, 죽림서당竹林書堂 건립.
1574년(선조 7)	백담 구봉령 강당을 '존성당尊性堂' 명명.
1593년(선조 26)	왜군에 의해 소실.
1603년(선조 31)	수곡樹谷에 재사齋舍 건립.
1614년(광해군 6)	수개곡樹介谷으로 서당 이건 개축. 강당, 동·서재 건립, "근암近嵒서당"으로 명칭을 바꿈. 이전의 죽림서당 건물은 수계소修稧所로 사용함.
1664년(현종 5)	근암서당 강당 뒤편에 사우[향현사鄕賢祠] 건립
1665년(현종 6)	홍언충 봉안
1669년(현종 10)	이덕형 병향幷享, 근암서원近嵒書院으로 승원
1687년(숙종 13)	근암서원 내 서당 분리 → 영빈서당 개칭
1702년(숙종 28)	김홍민·홍여하 추향追享
1783년(정조 7)	수계소에 권상일 위패 봉안
1786년(정조 10)	이구·이만부 추향追享, 권상일 위패 이안移安
1868년(고종 5)	근암서원 훼철
1974년	유림에 의해 사당과 강당 복원 결의
1979년	강당 중건
1984년	사우와 삼문 건립
2011년	사당, 전사청, 강당, 내삼문, 동재, 서재, 문루 등 신축

▣ 제향인물

■ 홍언충(洪彦忠, 1473~1508)

본관은 부계缶溪, 자는 직경直卿, 호는 우암寓菴이다. 문장에 능해 당대의 사걸四傑이라 불렸다. 1495년(연산군 1) 사마시와 문과에 동시에 급제해 정계에 입문한 뒤 홍문관 부수찬, 이조좌랑, 수찬, 교서관 교리 등을 역임했다. 1504년(연산군 10) 부친의 사건에 연루되어 유배되었고, 다시 갑자사화 때 거제도로 유배당했다. 중종반정이후 벼슬에 제수되었으나 나아가지 않고 고향에 은거했다.

■ 이덕형(李德馨, 1561~1613)

본관은 광주廣州, 자는 명보明甫, 호는 한음漢陰·쌍송雙松·포옹산인抱雍散人, 시호는 문익文翼이다. 부인은 영의정 이산해의 딸이다. 1580년(선조 13) 문과에 급제했고, 임란이 발발하자 선조의 호종과 명나라 파병을 주도하는 등 전시 정국에 큰 공을 세웠다. 이후 여러 고위직을 거쳐 1602년(선조 35) 영의정에 올랐다. 광해군 즉위 후에도 재차 영의정이 되었으나 영창대군의 처형과 폐모론에 반대하다가 삭탈 관직 당한 뒤 병사했다.

■ 김홍민(金弘敏, 1540~1594)

본관은 상주, 자는 중원重遠·임보任甫, 호는 사담沙潭이다. 1570년(선조 3) 문과에 급제하여 벼슬을 시작했고, 이조좌랑에 있을 때 이이李珥와 박순朴淳을 탄핵하였다. 여러 내외직을 역임했으며, 임난 때는 보은 속리사俗離寺에서 의병을 일으켜 상주에서 적의 통로를 막아 호남 지역으로의 진출을 막는 공을 세웠다. 중년 이후로 성리학 공부에 심취하며 역학에도 뜻을 두었다. 『사담선생집』이 전한다.

■ 홍여하(洪汝河, 1620~1674)

본관은 부계, 자는 백원百源, 호는 목재木齋·산택재山澤齋이다. 대사간 홍호洪鎬의 아들이다. 1654년(효종 5) 진사시와 문과에 동시에 급제한 뒤 1656년(효종 7) 정언이 되었다. 당시 시사時事를 논하는 소를 올렸다가 반대파의 배척을 받아 고산찰방으로 좌천되었다. 현종 즉위 후 올린 상소문에서 송시열을 논박한 구절이 문제가 되어 유배 되었다. 해배 후 고향에서 학문에만 전념하며, 『동국제강東國提綱』을 편찬했다.

■ 이구(李榘, 1613~1654)

본관은 전주, 자는 대방大方, 호는 활재活齋, 산양처사山陽處士로 불렸다. 효령대군의 8대손으로 충청도 괴산에서 출생하여 외가가 있는 산북에 살다가 관료인 아버지를 따라 서울에서 성장했다. 호란이 일어나자 산양촌으로 이거했고, 존명의리 신념을 가지며 공부에 몰두했다. 인조 대는 정치의 폐단과 시대의 병폐를 논하는 상소문을, 효종 대는 우율의 승무陞廡를 반대하는 상소를 주도하다가 금고禁錮되었다. 『활재집活齋集』이 전한다.

■ 이만부(李萬敷, 1664~1732)

본관은 연안, 자는 중서仲舒, 상주의 식산息山 아래에 살아 이를 자호自號로 삼았다. 근기 남인의 명문가에서 태어나 가학을 전수받았으며, 정주학程朱學에 심취하였다. 1697년(숙종 23)에 상주로 이거한 후 노곡정사魯谷精舍를 지어 강학 공간으로 삼았다. 평소 유람을 좋아하여 조선 최대의 산수 기행록인 『지행록地行錄』을 지었다. 당대 영남 남인을 대표하는 인물로 많은 문자를 남겼다.

■ 권상일(權相一, 1679~1759)

본관은 안동, 자는 태중台仲, 호는 청대淸臺이다. 그는 가학을 계승했고, 이황을 사숙私淑하였다. 1698년(숙종 20)부터 일기를 쓰기 시작하여 1759년(영조 35)까지 모두 30여 권을 남겼다. 1710년(숙종 36) 문과에 급제한 후 대사간을 역임했다. 향촌에서는 도산서원 원장에 부임하는 등 18세기 영남지역 관료 학자로 명성이 높았다. 많은 저서와 편서를 남겨 후학들을 계도하고자 했다. 1790년(정조 14) 희정僖靖의 시호를 받았다.

Ⅲ. 자료편

1. 문집류

1) 〈근암서원 봉안문[홍여하 찬] 近嵒書院奉安文[洪汝河撰]〉

이덕형李德馨, 『한음선생문고漢陰先生文稿』 부록 권4, 「봉안문」;
홍여하, 『목재집』 권7, 제문
근암서원에 한음 이선생을 봉안하는 글.

성대한 조정의 광휘가 이어져 원기를 빚고, 정령을 길러내니 오직 선생께서 이때를 맞추어 태어나셨네. 자질은 아름답고 유순했으며 도량은 넓고 위대하여 성리를 배웠고, 세상 경영에 뜻을 두었네. 보불黼黻을 이루는 문장은 더욱 그 영기가 빛나 계책을 세우고, 명령을 내리면 우리의 밝고 아름다움을 꿰뚫었네. 우뚝이 덕이 높아지고 순순히 도리를 실천하니, 자못 하늘이 큰 책임을 내려 태평성대를 돕게 했네. 나라의 운수가 막혀 바다 도적들이 날뛰니, 삼도가 열흘 동안 유주 계주처럼 놀라서 떨었네. 임금과 신하가 도성을 떠나 비루하게 의주 모퉁이에 있었는데, 아 선생께서는 목숨 버리기를 맹세하였네. 곡하며 명에 원군 요청할 때엔 강개한 기운 거듭 펼쳤고, 단기로 적중에 달려갔으니 뜻은 곽분양을 사모 하였다네. 쉬운 일 양보하여 험지로 나아가 침략을 막는 데 힘을 다했고, 접빈사의 역할 묵묵히 수행하여 평화롭게 교섭하여 적의 예봉 눌렀네.

바야흐로 진나라 종향이오, 비유컨대 정나라 교피이니, 명성은 중국에 알려졌고 위엄은 남쪽 오랑캐 두렵게 했네. 선생께서 책임을 맡지 않았다면 쓰러지는 나라 누가 일으켰으리오. 하늘이 선생을 내린 것은 그 뜻이 여기에 있었네. 젊은 나이로 재상이 되었으나 엄숙한 낯빛에 큰 띠 드리우니, 높고 당당하여 나라의 종신이 되었네. 광해군이 정사를 뒤집어엎어 사특한 의론이 조정에 가득하니, 선생께서 이르기를 아! 내 죽으면 편안하리라 하였네. 어진 재상이 풍간함에 용맹을 상하게 할 수는 없다 하니, 선생께서 이르기를 아니다 내 마음은 횃불과 같다고 했네. 의리는 삶을 버림이 있었고, 충성은 죽기를 바랐으니, 이륜을 바로잡을 수 있었기에 상고한 업적 더욱 위대하네.

아 선생은 문과 무를 겸하였으면서 명성을 생각하지 않았고, 높은 공로를 차지하지 않았네. 정치와 행사 공론과 위엄은 모든 아름다움을 갖추고, 큰 절의를 통괄하였네. 성인의 제도를 상고하건대 어찌 제사를 소홀히 했던가. 남긴 은덕 끊어지지 않았건만. 아 우리나라 사람들이여 여기 근암을 돌아보니 시냇물 넓고 산봉우리 우뚝한데. 낚시하며 노닐던 곳에는 미치지 못하지만 어릴 적 고향과 아주 가깝네.

생각건대 지난날 우암의 옛 사당이 여기에 있고, 세상에 드문 정신적 교분 맺어 마음을 서로 이해하였네. 같은 사당에 편안히 모신다면 은덕이 장차 여기에 남아 선비들이 넘치고, 넘쳐 마침내 예의를 이루리라. 우리의 공경과 정성을 아름답게 여기고 우리의 제물을 흠향하여, 충을 권장하고 효를 권장하게 하여 그 명성을 영원하게 하옵소서.

近嵒書院漢陰李先生奉安文

盛朝流熙釀元涵精維是先生應期而生祥順其資閎偉其器性理之學經濟之志黼黻之文亦韡其英陳謨發令賁我休明裒然德首循蹈規矩殆天降任太平是輔國運中否海寇以猘維時先生一死以誓哭秦出師單騎赴虜奔走禦侮折衝樽俎方晉宗向比鄭僑皮名聞華夏威讋南夷非先生生國僕誰起天降先生意實在是黑頭大拜正色垂紳巍巍堂堂爲國宗臣狂昏顚覆邪議盈庭先生曰噫我死則寧賢相有諷得無傷勇先生曰否我心如烘義有舍生忠或祈死彝倫先正校績愈偉嗚呼先生兩有武文不爲聲章不居崇勳有政有事有言有烈具玆衆美

統于大節粵稽聖制曷後明禋遺澤未斬嗟我邦人膽玆近嵒溪涵岳峙釣遊不及桑梓密邇維昔寓庵爰有舊廟曠世神交肝膽相照同室妥侑德將在斯衿紳濟濟卒度禮儀假我虔誠歆我粢盛以揭彝則以永厥聲

2) 〈근암서원 상향축문 近嵒書院常享祝文〉

김해金楷, 『부훤당집負暄堂集』 권3, 「축문」

한음 이덕형 선생 축문.

하늘이 현인을 탄생시키니 본체와 현상을 일찍 이루시고, 나라에 공을 세우셨으니 백성들이 은택을 입으리라.

漢陰李先生

天爲生賢道器夙成功存社稷澤洽生靈

사담 김홍민 선생 축문.

학문은 가정을 이룩하고 도는 효도와 우애의 근본이 되니, 선생의 언행의 자취는 영원토록 후세의 사표가 되리라.

沙潭金先生

學承家庭道本孝悌蹟夫言行可師百世

목재 홍여하 선생 축문.

영오한 자질과 독실한 배움으로, 글을 지음에 성실함을 세웠으니 사문의 표준이 되도다.

木齋洪先生

穎悟之資篤實之學修辭立誠斯文準則

3) 〈근암서원 영정 봉안문[정필규 찬] 近嵒書院影幀奉安文[鄭必奎撰]〉

이덕형李德馨, 『한음선생문고漢陰先生文稿』 부록 권4, 「봉안문」

선생께서는 대동大東[1]의 귀감으로서 인덕이 높고 공업功業이 넓었으며, 학문이 깊고 지위도 높으셨네. 청년으로 문형文衡이 되었고 흑두黑頭로 재상이 되어 종사를 안정케 하고 성궁聖躬[2]을 보필하니, 태상太常[3]의 기를 세우고 유림이 우러러 보았네. 화폭으로 남기신 진상眞像은 호수 위의 달이런가. 연못 속의 연꽃이런가, 정대하고 엄연嚴然하여 제갈량 같은 충성이요 단청으로도 허용할 수 없는 사마의 같은 충정이었네. 영원토록 받들려는 좋은 계획은 팔도가 같은 바이지만 그중에서도 우리 영남이 제일 간절했네. 하물며 이곳 근암에서는 영궁靈宮을 편히 모시고 있음이랴. 고향에는 나무 늙었고 동향桐鄕[4]에는 물소리 처량하건만 서울의 집과는 너무나도 멀어 계획을 알릴 연줄이 없었는데, 사손嗣孫이 영정을 받들고 용연龍淵에서 찾아오니, 하늘이 도운 듯하고 땅의 경계가 잇닿은 듯했네. 많은 선비들이 정성으로 맞이하여 날을 가려 준공할 제 운동雲洞의 규모를 모방하고 용연의 예를 따라 했네. 마치 경해警駭를 들은 듯하며 엄숙하게 휘장을 베풀고 회옹晦翁의 유상遺像을 동영東楹에 편히 모시니, 사문斯文이 빛을 얻고 관패冠佩[5]들이 엄숙하네. 오늘이 있기까지 기다린 것은 한결같은 이념이 감통한 것으로서 선생을 모시고 두호하노니, 부디 우리들을 영원토록 도와주소서.

於惟先生元龜大東德崇業廣學邃位隆青年文衡黑頭相公奠安宗社輔導聖躬太常旂立儒林望顒眞像遺幅湖月塘蓉正大有儼武侯之忠丹青莫狀晉公之衷百世儀圖八路攸同

1) 대동(大東) : 우리나라를 일컫는 말한다.
2) 성궁(聖躬) : 임금을 지칭한다.
3) 태상(太常) : 해와 달과 별과 용을 그린 기(旗)의 이름인데, 나라에 큰 일이 있을 때 세워서 예를 행하며 공을 세웠을 때에 그 기에다 사실을 기록하였다.
4) 동향(桐鄕) : 우리나라 최초의 서원인 소수서원을 이르는 말이다.
5) 관패(冠佩) : 지위가 높은 사람을 뜻한다.

惟我嶠南尤切山宗矧玆近邑妥安靈宮梓縣樹老桐鄕水淙京第遐邈無緣致悰嗣孫奉幀來莅于龍天若相佑地接疆封多士秖迎卜日告功雲洞規倣龍淵例從宛承謦欬儼設幪屏晦翁遺像況安東楹斯文月光冠佩肅雍時固有待一理感通先生陪護佑我無窮

4) 〈묘우 상량문 廟宇上樑文〉

홍언충洪彦忠, 『우암집寓庵集』 권4, 「부록」; 홍여하, 『목재집』 권6, 「상량문」

우암 홍선생[홍언충]을 입사立祠한 사당의 상량문

시를 외우고 글을 읽어 그 사람을 알아 옛 시대를 거슬러 올라가 벗함의 바탕이 되고, 국國에는 학學을 두고, 주州에는 서序를 두고, 가家에는 숙塾을 둠은 모두 인륜을 밝히기 위함이었네. 이에 한 이랑의 사당을 세우니, 이로써 백세의 모범을 드리웠네.

공손히 생각하건대, 우암 선생은 예전의 열사烈士로 일시에 준걸스러운 분이네. 맛으로는 의리를 분별할 줄 알아, 살아서는 하지 않는 일이 있었고, 죽음을 피하지 않아 사詞는 복조부鵩鳥賦를 읊어 전한 것보다 소문이 났네. 목숨이 그렇게 짧은데도, 뜻은 어찌도 그렇게 장구長久하게 품으셨던가. 임금 섬김엔 절개를 고치려는 마음이 없었고, 하늘의 뜻을 받듦엔 원수를 두지 않으려는 의리를 지녔네. 마을의 어진이가 죽으면 사당에 모셔지며 이 분도 거기에 해당하기에, 오늘에 이르러 비로소 사당 지을 의논을 하니 기다림이 있은 것이네.

돌아보니 이 근암서원은 참으로 상산商山 고갯마루 그윽한 구역에 있네. 낮은 언덕과 진펄이라 강물이 감싸고 산이 에둘렀으며, 거문고 타고 글 읽기에 마땅한지라 겨울은 따뜻하고 여름은 시원하네. 빼어난 기운 모여들어 북으로 예쁘게 화장한 눈썹 같은 산들이 웅크리고 있고, 향기로운 자취 손에 닿을 듯 남으로 사씨謝氏 집안의 산을 조망하네. 선생의 옛집과 거리가 이처럼 가깝고, 강당은 옛 일을 인하여 그대로 따랐기에 쉽게 이루겠구나.

마을 어른들은 힘을 보태고 재물을 모으며, 많은 선비들도 책을 내려놓고 일을 돕네. 재실·부엌·목욕탕을 갖추니, 신후申侯의 옛 모범을 더욱 넓히네. 축문 읽고 천관薦祼하며 성대히 제사 지내며, 이에 서애 문하의 정론正論을 준수했네. 엄연히 빛나고 새롭게 얽었기에 지세地勢도 매우 받들고, 정결하게 제사 지내 내려진 복이기에 향기가 널리 퍼지네. 이에 길일을 지나, 긴 들보 올리기를 시작하네. 공경히 아술蛾術의 정성을 다하고, 감히 연하燕賀의 잔치 노래를 짓네.

어기영차 들보 동에 던지세
보라, 새벽의 붉은 태양 처음 솟아오름을
나이 젊은 학자들은 이 태양과 같으니
갈 길이 머니 거듭 밝히고 녹여야 하네
어기영차 들보 남에 던지세
십리 청산은 우암을 밝게 드러내니
대장부의 풍모와 절개를 배우려거든
청컨대 그대들은 이익이나 명예를 탐하지 말라
어기영차 들보 서에 던지세
장주로 가는 길 가르켜 주어 헤매지 않게 했으니
평평하면서도 곧은 한 갈래를 내달려야지
국도로 가는 데에 천 갈래 길 있다고 말하지 말라
어기영차 들보 북에 던지세
에워 싼 뭇 별들 북극성을 향하고
서른 폭 바퀴살은 바퀴통 하나를 함께 하듯이
몸과 마음이 그와 같아서 모름지기 묵묵히 알도다
어기영차 들보 위에 던지세
한 조각 마음에 만상이 담겨 있기에
성현께서 힘들여 명과 성을 말하였으니
이 사람들과 함께 욕심의 장애물을 모두 없애기를

어기영차 들보 아래에 던지세
여름에는 글 읽고 겨울에는 음악 익히며 아름다운 선비들 모였고
태학에서의 첫 가르침도 반드시 여기에서 말미암으며
미풍양속으로 훈도하니 백성들 저절로 교화되네

삼가 바라건대, 상량한 뒤에 문풍이 크게 진작되고, 정도正道가 곧바로 시행되어 학교를 건립하고 스승을 모셔 성균관에서 교육시키는 제도를 생각하고, 백성들을 기쁘게 하고 이업을 공경하여 붕우 간에 서로 도와가며 강습하는 공로功勞의 밑바탕이 되길. 사람들은 절의節義의 풍모를 사모하고, 집안에선 예양禮讓의 풍속을 일으켜 신하가 되어선 충성하고 자식이 되어선 효도하기를. 남은 힘이 있어 학문을 익힌다면 엄하게 하지 않아도 이루어지고 수고롭지 않아도 가능하기에 어찌 보잘것없는 인간으로 전락하랴.

寓庵洪先生立祠上樑文

誦其詩讀箕書知其人寔資尚友國有學州有序家有熟皆以明倫爰創一畝之宮唐揭百世之範恭惟寓菴先生古之烈士傑然一時味已辨扵取熊生有不為死有不避詞競傳於賦鵬命付其短意何其長事君無收莭之之奉天有不讐之義鄉先主没可祭社其在旣人至今日治議作堂盖亦有待睠玆迎嵒書堂寔惟商嶺奥區旣衍旣原即水抱山環之地宜絃宜誦抑冬温夏凉之天秀氣收鍾北盤黛美之嶽芳塵可挹南那謝家之軒距先生之故居若是近也因講堂之舊貫庶易就乎鄉老出力而鳩不多士釋経而敦事齋廬庖逼之備設益恢申侯之舊規尸祝薦祼之禱儀聿遵厓門之定論儼輪與而創搆面勢易尊精盻觀而降歆苾芬旁達玆曆吉日将舉修樑恭殫述之誠敢陳燕賀之唱児郎偉抛樑東看取初昇曉旭紅年紀冨時湏力學切程修遠更昭融児郎偉抛樑南十里青山着寓菴欲學丈夫風莭事請君莫向名利酣児郎偉抛樑西指路漳川莫使迷平正一條堪踏去休論適國有千谿児郎偉抛樑止環統列星共紫極三十輻共一轂然心體如之湏黙識児郎偉抛樑上一片靈臺涵萬象聖賢辛咨說朋誠盡與斯人除慾障兒郎偉抛樑下夏誦冬絃集儒雅太學始教必由玆美俗薫陶民自化兒郎偉抛樑東看取初昇曉旭紅年富學人如此日功程脩遠更昭融兒郎偉抛樑南十里靑山著寓庵欲學丈夫風節

事請君莫向利名酣兒郞偉抛樑西指路漳州莫使迷平正一條堪踏去休論適國有千蹊兒郞偉抛樑北環繞列星控紫極三十輻共一轂然心體如之須默識兒郞偉抛樑上一片靈臺涵萬象聖賢辛苦說誠盡與斯人除慾障兒郞偉抛樑下夏誦冬絃集儒雅大學始敎必由玆美俗薰陶民自化伏願上樑之後文風丕振正道乃行書學立祠想成均敎育之制樂群孜業資麗澤講習之功人慕節義之風家興禮讓之俗為臣作忠為子作孝有餘力以學文不肅而成不勞而飭詎見遷於異物

5) 〈근암서원 문루 중창 상량문 近嵒書院門樓重剏上樑文〉

김해金楷, 『부훤당집負暄堂集』 권3, 「상량문」

이 서당은 옛 제도를 간직하고 있건만 바야흐로 서까래와 대들보가 썩고 부러질까 걱정이 되었는데, 화려한 대문이 가을바람에 활짝 열리니 갑자기 집이 크고 넓게 드러나 보이도다. 많은 사람이 서로 낙성을 축하하고 선비는 기쁨에 들뜨도다. 가만히 생각해보건대 현인을 존경하여 사당을 세우는 일이란 진실로 선비를 기르고 학문을 일으키는 길이 되나니, 엄숙하고 청정한 사당이 옆에 있다면 우러러 사모하는 정성이 절실하여 재주가 뛰어난 많은 선비가 편안한 마음으로 휴식을 즐길 수 있는 곳이 되기에 족한 것이다.

유사 이래로 중요한 곳에는 마땅히 높은 누각이 있거니, 이 고을에는 명사들이 여남의 명사나 기북의 좋은 말과 같은 유현을 배출하여 앞 세대와 뒤 세대를 훌륭한 행적으로 이어주고, 담장을 사이에 두고 서로 바라보는 듯 원근의 고을에 유풍을 떨쳤도다. 그러한즉 영남의 첫 지경인 낙동강 상류의 지명을 죽림竹林이라 하였으니, 이는 차라리 진나라 선비의 거리낌 없는 풍격과도 같은 것이라 할 것이로다. 마을 이름이 기개를 지킨다는 것에 있는바, 지조를 지키면 길한 징조가 생긴다는 예언에 꼭 들어맞는 예가 된다 하겠다.

선배가 현인에게 제사드릴 것을 논의하기 시작하여 비로소 서당을 승격하여 서원을 만들었다. 이에 후배는 그것을 계승하여 덕업을 숭상하고, 다시 추가로 배향하여 함께 제사를 모시니, 한 나라의 유종儒宗이자 영재가 아닌 사람이 없다. 이 서원에 같이 열좌列坐하여 모시게 된 것은 유학의 성대한 사업을 고금을 이은 것이니, 비록 수적으로 부족한 우리이지만 성심으로 규범을 다하였으니 후회는 없다. 다만 처음 일을 시작할 때에 공력을 다하여 집을 짓지를 못하였으니, 몇 칸의 작은 집을 서열을 다투느라 서로 등한히 하였을 뿐 아니라, 오랜 비바람으로 집이 기울어지는 것을 면할 수 없었다. 그래서 형세를 굳게 바꾸어 새롭게 하자고 하니 모두 그렇게 하는 것이 옳다고 하였으나, 단지 말로 그러할 뿐이었다. 동네 어른이나 사림의 종장, 그리고 문중의 뛰어난 선비란 마땅히 젊어서는 용지龍池에서 연꽃을 꺾어 운로雲路를 바삐 걷다.[6] 노년에는 상령商嶺에서 지초를 먹으며 유석儒席의 주인이 되어야 할 것이로다. 그래서 이 누각에 올라 사방을 돌아보며 슬퍼하고 한탄함도 부족하여 많은 현인을 모아 지붕을 고치고 손질할 것을 논의하였으나 이것은 마음속의 계획에 지나지 않았는데, 드디어 우뚝 솟은 집이 눈앞에 나타나게 되었도다.

하관下關과 상각上閣은 곧 옛 법도 그대로 이고 바꾼 곳이 없으며, 북쪽으로는 줄이고 남쪽으로 늘려 지세에 따라 약간 크게 하였다. 나아가고 물러나기에 넉넉하여 참으로 서로 얼굴을 마주하기에 지장이 없고, 앉고 일어나는데 방해받지 않으니 방은 좁아도 편안함을 느낀다. 창문을 활짝여니 바야흐로 달빛이 밝음을 알겠고, 처마 끝이 높이 나니 비로소 바람이 멀리서 불어옴을 알겠다. 강산은 한층 아름다움을 더하여 온갖 경물의 형형색색을 돕는다. 이것은 사람을 얻어서 된 일인지라 참으로 잘된 변모라 할 것이로다.

그러나 유자에게는 길이 따로 있음을 생각해보나니, 어떤 이는 쓸데없는 물건을 가지고 놀다 심성을 잃기도 하거니와 본성밖에 원래 다른 것이 없고 다만 하늘이 내게 준 것을 안으로 돌이킬 뿐이로다. 참된 가르침 속에 절로 즐거운 경지가 있거늘 어찌 딴 곳에서 찾으리오. 만약 스스로 인덕을 닦고자 한다면 어찌 이곳에서 이 누각을 보지 않겠는가?

6) 서원에서 학문을 닦아 과거에 급제하는 것을 비유한다.

애초 신명이 버려두어 오래도록 비게 된 것은 결국 사람의 정성에 말미암지 않음이 없다. 하여 관문을 새롭게 고치니 그 정성이 우리에게 있으리로다. 사방의 문을 여니 본래 모습 훤히 드러나고, 팔방의 창문을 여니 밝은 빛이 보인다. 이것은 도리가 항상 있음이고 그 법칙이 멀리 있지 않음이니, 이것으로써 젊은이들이 상량하는 일을 돕고자 한다.

젊은이들이여 들보 동쪽에 던지세.
긴 강물은 힘차게 대교 가운데로 흐르고
어부 노랫소리 들리는 곳에 농부 노래로 답하고
그 속의 한가함과 바쁨은 같기도 하고 다르기도 하네.
젊은이들이여 들보 남쪽에 던지세.
눈앞에 보이는 것 없이 가지런한데
때때로 산 너머 미풍이 불고
높은 하늘에 구름 걷히니 하늘이 쪽빛 같구나.
젊은이들이여 들보 서쪽에 던지세.
때마침 산봉우리에는 나지막이 달이 지며,
멋진 산신령 볼거리를 내놓고,
동쪽 교각 열어두고 시냇물 흘려보낸다.
젊은이들이여 들보 북쪽에 던지세.
고목은 창창한데 흰 구름 걸쳐 있고
강물 북쪽 산 사람은 지금은 뉘런가?
높은 산봉우리는 비어 있어 쓸쓸하고 적막하구나.
젊은이들이여 들보 위로 던지세.
단정하고 엄숙한 사당은 사람들이 모두 우러러보나니
성현 되길 바라는 것은 성인이 도모하는 바이나
이처럼 만든 것은 우리를 슬프게 한다.
젊은이들이여 들보 아래에 던지세.

소나무들은 토양을 얻어 좋은 빛을 더해가네.
때맞추어 우뚝 솟아 명당을 떠받치고
사당의 잣나무는 긴 세월 같이할 것이네.

엎드려 바라건대 상량을 올리고 나면, 덕으로 들어가는 문이 있어 그 편안한 자리에 몸을 두고자 한다면 누가 능히 이 문을 통하지 않고 나올 수 있는가? 마땅히 가야 할 방향을 알고 또 마루 끝에 앉는 것을 경계하노니 마땅히 스스로 사랑하는 뜻에 힘쓸지어다.

김해金楷 짓다.

近嵒書院門樓重刱上樑文

此堂存古制方患宋桷之崩摧華館闢秋風遽覩棟宇之宏敞燕雀相賀衿紳載欣竊念尊賢而立祠實是養儒而興學穆穆淸廟之如在旣切瞻仰之誠濟濟多士之以寧可乏游息之所衡山小邑猶有可坐百之講堂漢室大朝嘗歎不容衆之庠序由來重地宜有岑樓是州名士汝南良馬冀北儒賢輩出繼芳躅於後先院宇相望振遺風於遠邇縣則大橋初界淸洛上流地號竹林寧同放達於晋士村名守介適符貞吉於豫爻先輩發論於享賢始陞堂而爲院後學踵武於崇德更追配而合祀非無一邦之宗英是用同堂而列坐斯文盛事達古今而罕儔吾輩誠心盡規模而無悔第緣草刱之殫力未克結構而盡工數間軒楹非但席次之相薄多年風雨未免屋勢之隨傾勢固易而新之僉曰試可乃巳洞主士林宗匠世家聞儒始折蓮於龍池纔試雲路之逸步晩茹芝於商嶺長作儒席之主人登玆樓而顧瞻咨嗟慊慨之不足集諸彦而詢問修葺潤色之是圖不過心上之經營遽見眼前之突兀下關上閣卽仍舊而不更北斥南長乃因勢而稍大進退有裕誠不阻於對顔坐起無妨審易安於容膝軒窓大闢方覺得月之多簷廡高飛始知引風之遠江山增一倍之色景物助千般之形此在得人是謂善變然念爲儒之有道或恐玩物而喪心性分外元無別天內反而已名敎中自有樂地他求乎戕如修安宅於自家盍觀斯樓於是處厥初神明舍之从曠莫不由人其終誠意關之重新是誠在我闢四門而本原通敞開八窓而所見光明此理之常其則不遠玆效郞偉助擧脩樑兒郞偉抛樑東長江滾滾大郊中漁歌起處農歌答這裏閑忘同不同兒郞偉抛樑南眼中無物可相叅有時山外微風過雲捲長天天

似藍兒郎偉抛樑西月昉峯頭落月低有意山靈供一景爲開東脚迗潺溪兒郎偉抛樑北古木蒼蒼烟縷白水北山人今是誰琶岑鸛岳空寥叔兒郎偉抛樑上廟貌端嚴人盡仰希聖希賢聖所謨有爲若是嗟吾黨兒郎偉抛樑下蒼官得地增光價時來屹立扶明堂廟栢千秋宜並駕伏願上樑之後入德有門置身安地誰能出不由戶當知所向之方且道坐戒垂堂宜勉自愛之志

6) 〈우 근암서원유생 김희철 又近嵒書院儒生金希哲〉

조현구趙顯九 편, 『풍성세고豊城世稿』 권1, 검간선생일고(조정), 「부록」

아아 규장圭璋과 같은 바탕이시고 죽전竹箭과 같은 인재이시니 성품을 타고나심이 강하고 꿋꿋하여 사특하지 않으셨습니다. 고인古人을 지향하여 사모하시고 속류俗流를 마음으로 미워하시며 여사餘事로 하신 문장文章이 조식曹植이나 유정劉楨에 가까우셨습니다. 어버이의 수레를 모시고 다님은 후한後漢의 원방元方과 같고, 형제분이 함께 서울에 가신 것은 진晉나라의 육기陸機와 같으시니 빛나는 명성이 멀리 퍼지고 좌석의 보배로서 기특하다 칭송을 받으셨습니다.

중년의 벼슬길이 순탄치 못하여 형산荊山의 박옥璞玉같이 알아주지 못하는 억울함이 있었으나 인재가 귀하기에 만년에 벼슬에 나아가시니 운명이 끝까지 막 진사에 합격하고, 이내 문과에 오르시니 천리마가 한 길을 달리고 붕새鵬와 독수리가 나래를 펴듯 하였습니다. 청운靑雲의 길에 걸음을 내치시니 높은 벼슬을 쉽사리 얻을 줄 알았더니 신맛, 짠맛에 기호嗜好가 다르고 둥근 구멍에 모난 자루는 맞지 아니하였습니다. 한 번 깃발을 들러 수령으로 나갔다가 세 차례에 걸쳐 전임轉任되시니 이 큰 수완手腕을 거두어 한 지역 고을에 베푸셨습니다.

한漢나라 조광한趙廣漢이 영천태수潁川太守로 나갔을 때와 같이 호당豪黨들이 산락散落 되었고 수隋나라의 인자仁慈했던 조궤趙軌가 제주齊州에서 돌아올 때처럼 물 한 잔으로 전별餞別을 받으셨습니다. 내직으로 들어와 태상太常의 장長이 되어 지위가 3품의 높은 곳에 이르시니 때를 만난 지라 채찍질로 격려하여 정성과 공격으로 부지런히 봉직하셨습니다. 그러나 세상일이 마음과 어긋나고 임천林泉이 꿈속에 들어오므로 늙어서 은퇴한다고 남산南山의 낡은 집으로 용감하게 돌아오셨습니다. 황곡黃鵠이 구름 위로 날듯이 높은 지조를 가지고 백구白鷗가 골짝에 있듯이 초야에 살면서 하나의 단충丹忠을 가지고 년을 숨어서 사시었습니다. 지란芝蘭과 옥수玉樹가 뜨락에 가득하고 자손들이 눈에 가득한데다 편안한 부유富裕와 높으신 영화榮華를 누리시니 질병이 없기만 바랬습니다.

그런데 이 지역에 복福이 없기에 남국노인성南極老人星이 갑자기 꺾이니 원근이 애통해 하며 사림들이 비애를 느꼈습니다. 머리 풀어 산발함이 다스리던 고을에 널리 행해지고 호곡號哭이 아전들에게까지 미치었으니 궁벽한 시골이 누추하기는 하여도 군자가 일찍이 사셨던 곳이기 때문입니다. 성심으로 벗을 대우하시고 화기和氣로 사람을 접하시니 찾아오는 손님들이 서로 잇달아 하루에 또 다시 하루가 계속되었습니다. 꽃 피는 아침과 달뜨는 저녁에 이불을 함께 덮고 옷자락을 연하여 지냈으며 가을 물과 봄철의 산에서 고사리도 놓고 물고기도 잡았습니다. 신의)로 서로 사귀고 예양으로 서로를 보았으니 서하西河[7]와 같은 미풍美風이 있는 곳에서 단간목段干木과 같은 대우를 받아오셨습니다. 중간에 벼슬길에 나서게 되어 안면이 오랫동안 소활하게 되었는데 혹시나 하고 요행을 바랐던 것은 다시 용접容接을 받게 되는 일이었습니다. 그런데 어찌 별세하셔 이런 계획이 헛되이 돌아가 버리는 것일까요. 비통한 사정私情이야말로 우리 단체가 가장 간절합니다. 이제 아주 가시어 모습을 영원히 못 뵈게 된 때를 당하였는데 각기 노쇠와 질병으로 인연하여 몸소 찾아가 곡송哭送 할 계책이 없습니다. 사람에게 의뢰하여 정성을 드리오니 마음에 부끄럽습니다마는 변변치 못하다 여기지 마시고 흠향하시옵소서.

又近嵒書院儒生金希哲

嗚呼圭璋之質竹箭之材禀性強矯守正不回志慕古人心嫉俗流餘事文章切逼曹劉侍車

7) 서하西河 : 유학자가 많았던 곳을 말한다.

元方八洛陸機華聞遠播席珎稱奇中年蹭蹬荆璞成寃材貴晩就命不終屯纔拈蓮蕚遂登桂籍驊騮啓道鵬鶚振翮縱步雲程青紫可拾酸醎異好鑿枘不合一麾出手三換竹符歛此大手施于一區廣漢潁川豪黨散落仁軓濟州杯水餞別八長太常位極三命時哉策勵勤奉誠敬世事乖心林泉入夢南山弊廬老退斯勇黃鵠凌雲白駒在谷一介丹忠十年衡泌蘭玉盈庭雲仍滿目安富尊榮庶幾無疾邦鄕無祿南極忽摧遠邇驚痛士林悲哀髽遍桐鄕號及吏胥僻鄕雖陋君子曾居誠心待友和氣接物聯翩杖屨日復一日花朝月夕連衾共裾秋水春山採蕨义魚信義相交禮讓相視河西之美千木之賜中因遊宦顔面久濶庶或僥倖復承容接如何不淑此計虛擲悲慟之私吾黨最切今當卽遠儀形永隔各緣衰病無計躬哭因人致誠忸怩於心勿以菲薄幸賜顧歆

7) 〈정와 조공석철에게 올리는 제문 祭靜窩趙公錫喆文〉

정종로鄭宗魯, 『입재집立齋集』 권31, 「제문」.

오호라! 제가 공보다 13년 뒤에 태어났고 또 항상 우산愚山에 물러나 은거하고 있었기에 우리 고을의 선진先進으로 이름이 난 모든 분들에 대하여 댁에 나아가 얼굴을 뵙지 못했습니다. 그러나 항상 심기당審幾堂 황공黃公[8]과 여러 차례 상종하면서 황공이 학문한 사람이라는 것을 알아 깊이 믿고 복종하는 마음이 있게 되었습니다. (중략) 뒤에 제가 근암서원의 원장이 되던 날에 공께서 마침 엄중히 왕림하시어 많은 선비들을 모아 놓고 『대학장구』를 강의하였는데, 이에 그윽이 가르치는 음성을 듣고 공의 평소의 견해를 우러러 엿보는 좋은 기회가 되었습니다. 또 『청대집淸臺集』을 교감하는 일이 바야흐로 급하였기 때문에 다만 『대학』 「경일장經一章」만 강의하고 서둘러 마쳤는데, 제 마음에 또한 멍한 느낌을 이길 수가 없었습니다. 그러나 무릇 성현의 책을 연구하고 궁리함은 그 귀취歸趣를 진실로 심신에 체득하여 행사行事에 드러내게 하고자 할 따름이니, 공의 존양存養과 천리踐履의 공부가 대개 보통

8) 심기공(審幾公) : 심기당 황계희(黃啓熙, 1727~1785)로, 본관은 장수(長水), 자는 경초(景初)이다. 상주 모동에 살았으며, 이상정(李象靖)의 문인이다.

사람보다 매우 뛰어난 것이 있었습니다.

嗚呼下走後公十三年而生又常屛伏於山中凡鄕鄰之以先進名者皆未克造門識面顧常與審幾堂黃公數相從知其爲學問中人而深有所信服者存(중략) 後於忝主嵒院之日公適儼臨而會多士講大學是乃竊聽音旨而仰窺公平日見解之一好會又緣淸臺文集校讎之役方急只講經一章草草而罷則於心又不勝憮然然凡所以硏窮聖賢之書要其歸趣亶欲體之身心見之行事而已而公之存養踐履之工蓋有大過於人者 (하략)

8) 〈답근암원장 홍대경(상훈, 무술) 答近嵒院長洪大卿(相勛, 戊戌)〉

채형구蔡荊龜, 『자목당집自牧堂集』 권1, 「서書」

근암서원 원장 홍상훈에게 답장한 편지이다. 서원의 설립목적은 양사養士가 가장 우선적이고, 향사享祀는 그 다음인데 지금 서원은 건립된 지 60년이 되었으나 학생들의 글 읽는 소리가 들리지 않고 있으니 서원의 원래 취지를 되살려야 한다는 내용이다.

答洪大卿

往臘辱書新春獲承傳者轉便浮沉無恠謹侯兄體中起居履端增福貧慰不任區區弟當初入峽専為調病而到今病不愈又使親雅日隔雖有伏枕懶夢徒勞憧憧於雲樹莽蒼之間而已書末辭意伏悉感極苟非曲揣人情何能若是大君子於公私利害之間一以正處之而無之意者可見矣固不當居之安安而病未果幸兄恕諒否

9) 〈미수 허목에게 올리는 편지 擬上許眉叟穆〉

홍여하洪汝河, 『목재집木齋集』 권4, 「서書」

아무개는 아룁니다. 시골구석에 사는 소활한 사람으로 찾아뵙고자 하는 바람을 이루지 못했습니다만, 사모하는 마음은 늘 있었습니다. 삼가 생각건대, 서늘한 가을에 어른의 기거起居에 위호衛護는 어떤지요?

번거롭고도 황공하지만, 상주 산양현 근암은 아름다운 자연 경관이 있어 그곳에 영천 신잠이 상주 목사로 재임할 때 서당을 건립하였습니다. 지난해에는 사당을 건축하여 우암 홍 선생을 향사했으며, 근래에 근암서원이란 이름을 얻었습니다. 우암은 바로 저의 고숙조高叔祖입니다.

이에 상주의 유사儒士들이 '한음 이 선생 또한 우리 고향사람이다. 고을의 제로諸老들과 이 선생의 동방同榜들은 모두 제사를 모시는 곳이 있지만, 유독 이 선생만 없다. 이는 유림들의 유감스러운 일이니, 우암과 근암서원에 나란히 향사함이 마땅하다.'라고 하면서 의론이 합치되었습니다. 금년 11월 상순 정사일丁巳日에 향사례를 거행하고, 의식에 필요한 글을 집사執事에게 부탁하여 짓게 한 뒤에야 여러 선비들의 마음에 흡족하였기 때문에 저는 감히 재배하고 청합니다.

공손히 바라건대, 집사께서 특별히 기쁜 마음으로 허락하시고 좋은 문장을 지어 사문斯文의 성대한 의식을 빛내주시면 어떻겠습니까. 간절히 바라는 정성을 이길 수 없습니다.

某白鄕曲疏闊未遂納拜之願傾嚮則有素矣伏惟秋涼尊道體起居加衛煩恐尙州山陽縣近嵒地有水石之勝申靈川牧尙時就建書堂頃年構廟屋祀寓庵洪先生因號近嵒書院寓庵乃某高叔祖茲者尙之儒士謂漢陰李先生亦吾鄕人也鄕諸老與李先生同時者皆有尸祝之所而獨李先生無之寔儒林欠事與寓庵幷祀近嵒爲宜議以克合將以今十一月上丁擧縟禮而侑食之文需執事屬筆然後慊於多士之心故使某敢再拜以請伏惟執事特賜肯諾惠以高文以賁斯文盛擧如何不勝懇祈之至

10) 〈근암서원 추향시 정목백문 近嵒書院追享時呈牧伯文〉

김해金楷, 『부훤당집負暄堂集』 권4, 「잡저」

본주[상주]에 있는 유현遺賢들을 운운하건대 명종 때에는 사담 김홍민 공이 있었고, 근세에는 목제 홍여하 공이 있었습니다.

사담 김홍민 공은 곧 징사徵士[9] 후계后溪[10]의 자子로 어릴 때부터 이미 노성한 지조를 지녔으며, 효도로써 부모를 섬기고 임금님에게 충성하며 어른을 공경하는 도리를 권장하지 않아도 힘써 할 줄 알았습니다. 군자는 위기지학이 있다는 말을 듣고서, 전심전력으로 몰두하여 한결같이 성현이 되는 학문을 하였습니다.

모든 일을 행함에 조심하는 바는 성정誠正과 수제修齊의 테두리 밖에서 나온 것이 없으며, 그가 실천하여 세상의 쓰이기에 이르렀습니다. 그가 임금을 섬기고 백성들을 다스리는 도리는 대개 그가 배운 바를 행하지 않은 것이 없습니다. 명성이 세상에 널리 퍼지고 크게는 주상께 알려져서 삼사三司를 두루 역임하며 장차 중용重用되었을 것이나, 불행하게도 수壽는 덕행에 걸맞지 못하여 관직이 전한典翰에 이르고, 원근의 사람들과 아는 사람 모르는 사람 할 것 없이 모두 안타까워하지 않는 이가 없었습니다.

선대의 정신正臣인 정경세, 이준 같은 분은 혹 전기傳記를 써서 그 명성을 오래도록 보존하였고, 혹은 후학 양성에 힘써 그들로 하여금 명성이 사라지지 않도록 하였습니다. 목재 홍여하는 대사간 호鎬의 아들로 허백당 홍귀달[11]의 현손입니다. 태어나면서부터 영오穎悟[12] 하여 재주가 많고 조숙하였으며, 총명하고 지혜로운 재주는 뭇 아이들과는 달랐습니다. 십 여세 때 이미 경전經傳과 제 자류諸子類의 시문집을 통달하였고, 열다섯 살이 되어서는 널리 사물을 보고 들어 잘 기억하였으며, 문장의 표현은 내용이 풍부하고 자유로

9) 징사(徵士) : 임금이 불러도 나가지 않은 선비라는 뜻이다.
10) 후계(后溪) : 조선 중기의 학자 김범(金範)의 호(號)이다. 그는 본관 상산. 자 덕용(德容). 호 후계·동계(桐溪)이다. 1540년(중종 35) 진사시에 장원으로 입격했고, 1566년(명종 21) 천거로 내시교관(內侍敎官)에 임명되었다.
11) 홍귀달(1438~1504) : 조선 전기의 문신으로, 본관은 부계(缶溪), 자는 겸선(兼善), 시호는 문광(文匡)이다. 1460년 문과에 급제해 겸예문, 장령, 춘추관 편수관 등을 지냈다. 함창의 임호서원(臨湖書院)에 제향되었다.
12) 영오(穎悟) : 남보다 뛰어나게 슬기롭고 총명하다는 뜻이다.

웠으며 더욱 우리 유학의 학문에 심력을 다하였습니다. 모든 성현들의 글 중에 심오하고 미묘한 뜻을 규명하여 풀이를 하지 않은 것이 없고, 또 역사에도 넓게 통달하여 자못 사기史記를 교정하고 윤색하는데 공功을 많이 세웠습니다.

그가 집에 있을 때는 어찌나 공손하고 자상하였던지 아름다움이 밖으로 발현되었습니다. 그가 임금을 섬김에는 충언과 정당한 논의를 하며, 순경과 역경에서 한결같이 절개를 지켰으나, 또한 불행하게도 일찍 세상을 버리니 관직은 사간에 이르렀습니다. 사림에서는 산이 무너진 듯이 통탄해 하였으며, 지금도 비통함을 삭이지 못하고 있는 것은 대개 이 두 현인이 모두 한 주州에서 태어나서 시대의 선후는 있으나 아름다운 미풍을 연이어 계승하며 이 도를 보좌하여 참으로 이른바 후학들의 존경을 받는 모범이 되고 있기 때문입니다. 후학들이 추원追遠하여 사모함이 해가 갈수록 더욱 깊어지고, 멀리 있을수록 더욱 넓어집니다. 최근에 타 지방의 사우들이 한목소리로 격려하면서 두 현인을 숭보崇報함이 매우 늦어지는 것을 책망하였는데, 이는 저희들 또한 원하고 있던 말입니다. 또한 많은 선비들의 희망은 외롭지 않아 이에 체식餟食을 드리자는 계획을 세웠지만 힘은 모자라는데 행동만 거창하게 벌려 놓은 꼴이고 또 나라의 금령에 구애를 받아 별도의 사당을 세울 계획도 할 수 없습니다.

상주현의 속현인 산양지역에 근암서원이 있습니다. 곧 홍언충과 이덕형 두 분의 신위를 모신 곳입니다. 여기에 제부躋祔할 계획을 세웠으나, 모든 유궁儒宮의 대사는 풍화風化를 맡은 유사儒師의 장長에게 고告하지 않을 수 없으므로 감히 서로 연이어 성주 합하의 안전案前에 우러러 고합니다. 도솔하는 정사를 인도함에 있어 승낙하심이 옳다고 여깁니다. 매우 송구스럽고 두렵기 그지없습니다.

近嵒書院追享時呈牧伯文

云云本州有遺賢在明廟時有沙潭金公弘敏在近世有木齋洪公汝河沙潭乃徵士后溪

之子自兒時已有老成之志知事親以孝忠君悌長之道不勸而勵聞君子有爲已之學專心致志一以聖賢爲可學凡所操心行事不出於誠正修齊之外及其出而爲世用也其事君牧民之道蓋莫非行其所學聲名甚藉大爲君上之所知歷剔三司將大用也而不幸年未稱德官至典翰遠近之人知與不知無不嗟惜先正臣鄭愚伏李蒼石或爲作傳以壽其名或勉後學使不泯没木齋乃大諫鎬之子而虛白堂玄孫也生而頴悟岐嶷夙成聰明才智異於凡兒十餘歲時已通經傳子集及其志學則博聞強記文章大肆而尤盡心於吾儒家之學凡聖賢文字中奥旨微意無不講究註解而又旁通於史學頗有修潤之功其居家也豈弟慈詳而英華發外其事君也忠言讜論而夷險一節亦不幸而早世官止司諫士林山頹之慟至今不釋蓋此兩賢並生一州時有先後而聯芳襲美以翼斯道眞所謂後學之矜式也後學之追慕者年久而愈深地遠而益廣屬者他邑士友同聲而勉勵以責其崇報之太晩民等亦願言者也又不孤多士之望乃欲爲腏食之計而力屈而擧羸且拘於國禁不爲別設之計屬縣山陽地有近嵒書院乃洪寓菴李漢陰妥靈之所他計爲躋祔於此而凡有儒宮大事不可不告於操風化儒師之長故乃敢相率而仰達於城主閤下之前其於誘掖導獎之政想亦頷可矣無任悚仄屛營之至

11) 〈수계소정문 修稧所呈文〉

김해金楷, 『부훤당집負暄堂集』 권4, 「잡저」

저희들이 살고 있는 산양山陽의 현사縣舍 바로 남쪽 1리 쯤 되는 곳의 강가에 수계소라고 하는 집이 하나 있습니다. 대개 고인古人들이 난정蘭亭[13]에서 수계사修稧祀[14]를 하였던 뜻을 취하였으나 그 실상은 풍기 단속을 하는 풍헌소風憲所[15]입니다. 옛날 노인들은 산양이 벽지의 한 구석에 있어 관청과는 멀리 떨어져 있으므로 정화政化가 미치기는 혹 성에서 가까운 곳보다 못하다고 여겼습니다. 산야山野의 완고한 백성들이 자유자재한 태도가 없지 않았던 것

13) 난정(蘭亭) : 지금의 절강성 소흥현 남서쪽에 있는 정자의 이름이다.
14) 수계사(修稧祀) : 3월 삼진날, 물가에 가서 흐르는 물에 몸을 깨끗이 씻고 신께 빌어 재앙을 없애고 복을 기원하는 제사를 행하는 것을 말한다.
15) 풍헌소(風憲所) : 풍기 단속하는 곳, 조선 때 향소직(鄕所職)의 하나이다

은 아마도 옛날에 하던 대로 답습해 오면서 습관이 되어 끝내 두메산골의 백성들이 되고 만 것입니다.

그러므로 이 수계소를 설치하여 한결같이 선을 권장하고 악을 금하였으며, 한결같이 강신講信[16]을 하고 독법讀法을 하게 하였습니다. 이곳에 단속원으로 들어온 사람들은 모두 높은 덕망과 학식을 갖춘 선비들이며, 이 모임에 참석하는 사람들은 모두 둥근 깃의 공복을 입고 가죽신을 신었으며 그 법도가 삼엄하고 예의 풍속을 서로 권장하는 것은 단지 난정蘭亭에서 관현악을 연주하고 술을 마시며 시를 읊는 사이와 같을 뿐만 아니라, 송나라의 여씨향약의 모임을 방불髣髴하였습니다. 그러므로 이 현縣의 풍속은 경기지방과 같아졌으며, 늘 유지해오는 습속을 찬미함이 좀 지나침이 있을지언정 그것이 백성들을 풍화하는데 있어 유익한 점을 적지 않게 채워줍니다. 온 주州 사람들은 영광으로 여기며 참으로 이 단속에 참여하는 사람들은 바로 향록鄕錄에 기록되었고, 온 도道의 사람들은 그들을 흠모하며 이곳을 지나는 사람들은 반드시 방문하여 약문約文의 시행을 묻고 하였는데 약문은 교남嶠南 지방에서 듣던 것보다 훨씬 엄격했습니다.

시간이 흐르고 오랜 세월이 지나고 보니 법은 물러지고 예의는 무너져서, 이곳에 살고 있는 사람들은 사나움을 방임하여 복종을 하지 않습니다. 이 지방을 다스리려 부임한 현령은 보기에 우활迂闊하여 다시는 보살피려고 하지 않습니다. 이 수계소가 비록 우뚝 솟아 홀로 남아 있는 모습은 노魯나라의 영광전靈光殿과 같으나, 비록 그들의 방임을 막으려 해도 막지 못하는 것은 남전藍田[17]과 비슷합니다.

현승縣丞은 그간 어찌 무고상금撫古傷今[18]하여 개연히 발분發憤하지 않는지요? 그러니 사람들은 이전의 습속만도 못합니다. 점점 옛날로 돌아가 구법舊

16) 강신(講信) : 향약 때 여러 사람이 모여 술을 마시며 법이나 계를 맺는 것을 의미한다.
17) 남전산(藍田山) : 중국 섬서성 동남쪽에 있는 명산, 미옥(美玉)이 많이 난다.
18) 무고상금(撫古傷今) : 옛것을 회상하며 지금의 현실을 근심함을 뜻한다.

法을 들어 다스리려고 하였다면 아래 사람들은 단련이 되어 이미 바로 잡혀졌을 것입니다. 벼슬아치에게 부소赴訴한다면 상관이 고압적으로 죄가 있다고 간주해 버릴 것이니 단지 다스리는데 한갓 도움이 되지 않을 뿐 아니라, 필경은 그 몸을 해치게 되어 그들이 퇴폐해 지는 원인이 됩니다. 인위적으로 막는 데는 대개 이유가 있습니다. 오늘날 합하合下를 만난 것이 얼마나 다행입니까? 부임하신 이래 지성스럽고 간절하게 마음 써심이 한결같이 도덕과 제예齊禮에서 나오시며, 정령政令을 내리시는 것은 매번 돈화敦化[19]와 아름다운 풍속에 의거 하십니다.

이미 기강이 바로 서서 치화治化가 날로 새로워지고 오히려 또 겸손해졌습니다. 겸손으로는 만족하지 못하니 향당鄕堂의 명성을 돌아보시고 백성들의 고통을 물어보십시오. 친히 면임을 뽑으시고 민속을 두루 살펴보십시오. 이른바 산동山東[20]의 백성들은 정령政令을 반포할 때마다 모이지 않는 적이 없고, 보아야 감읍感泣한다고 하는 것은 이런 것입니다. 이것은 진실로 할 일이 있는 모임이고 교화를 일으키는 기틀이 되니, 이즈음 이 수계소의 옛 모습을 회복하지 못한다면 고인古人들의 미법량규美法良規가 탕연蕩然[21]히 남김없이 사라지는 것은 며칠을 기다릴 것도 없습니다.

이에 감히 현縣 모두에게 알리고 한 곳에 모여 회의를 하여 글을 지어 합하에게 올리는 것입니다. 참으로 한번 굽어보신다면 또한 감개하실 것입니다. 저희들이 엎드려 가만히 생각해보면 합하의 마음가짐은 참으로 선善하십니다. 합하의 위정은 참으로 아름답습니다. 그러나 무릇 교화를 행함에 가까운 곳에서부터 먼 곳으로 해간다면 아주 멀리 있는 백성들은 3년의 정사를 보답하기에 앞서 교화가 미치지 못할 것이며, 크게는 한편으로 천고千古의 한이 될 것입니다. 각 면의 풍기 단속원이 인재를 선택함은 참으로 옳은 일이나, 임무를 전임傳任을 하지 않고 도유사의 일을 겸하게 한다면, 그 명령에 따

19) 돈화(敦化) : 백성들을 이끌어 교화시킴을 도타이 함.
20) 산동(山東) : 중국 산동 반도와 서부의 태산산맥을 포함하는 지역이다.
21) 탕연(蕩然) : 완전히 없어진 모양이다.

라 움직이는 사람은 장부나 문서를 취급하는 사람에 불과할 것입니다. 진실로 이 수계소의 옛 법도를 회복하고 풍헌소 한쪽의 일만을 하게 하여 오로지 그 책임을 위임하면, 전력으로 풍헌에 임하게 될 것이니 한결같이 효과를 얻기가 매우 쉬울 것이며, 풍기 단속하는 사람을 또 쫓으며 서로 따르게 한다면 일의 보람은 마땅히 아주 많을 것입니다,

그러나 이 수계소의 피폐하고 실추함이 이미 극에 달하였으니, 반드시 크게 진작시킬 방안을 강구하고 그런 다음에야 옛것을 회복할 수 있으니 다시 새롭게 갱신할 은택을 바라노니 합하께서 별도의 규칙을 지어서 그들로 하여금 처마 밑에 현판으로 걸어 두고 우러러보며 행하는 곳이 된다면, 아래 백성들은 보고 들으며 한편으로 두려워하고 한편으로 감동하여 더욱 교화되지 않는 사람이 없을 것입니다. 만약에 함께 따라 실천하지 아니하고 거스르는 백성이 있으면 위임자가 사안에 따라 보답하여 스스로 함부로 행동하지 못할 것입니다. 이 수계소에는 옛날부터 충분한 논의 끝에 입법한 규정이 있습니다. 지금 현판 아래에 붙여놓고 또한 바라보며 광범위하게 구하게 하여 교조의 일조를 하게 한다면 어떻고 어떠하겠습니까?

修稧所呈文

民等所居山陽縣舍直南一里許江上有一堂曰修稧所蓋取古人蘭亭修稧之義而其實則風憲所也在昔耆老以爲山陽僻在一隅與官府隔遠政化所及或不如近城之地不無山野頑氓自在之態恐遂因循成習終歸於化外之民故設爲此所一以勸善禁惡一以講信讀法入此錄者皆碩德宿儒叅此會者皆團領靴子其法度之森嚴禮俗之相勸者不但如蘭亭之絲竹管絃觴詠暢懷之間而髣髴於吕氏之鄕約故是縣之俗同歸於內地而習尙之美或過之其有益於風化者不爲小補矣一州榮之苟叅是錄者直書於鄕錄一道欽之行過此地者必訪而問法其爲嶠南之聞所者尙矣時移歲久法弛禮壞居在此土者任其強悍而不復從令來守是邦者視爲迂濶而不復斗護此堂雖餘而巋然獨存有同於魯之靈光厥任雖在而禁不得施有似於藍田縣丞其間豈無撫古傷今慨然發憤者而人不如前俗漸反古欲修擧舊法則下人以厲已讎之欲赴訴官前則上司以武斷目之不但無益於補治而畢竟有害於其身所以任其頽廢

莫之有爲者蓋有由矣何幸今日得遇閤下下車以來懃懃懇懇其所爲心者一出於道德齊禮其所出令者每依於敦化善俗綱紀既擧治化日新而猶且謙謙不自滿足顧名鄕堂而下詢民瘼親帖面任而訪察民俗所謂山東民每布令無不聚觀而感泣者此也此誠有爲之會興化之機於此而不得修復比堂之舊則古人之良規美法蕩然無餘而靡有可待之日矣玆敢相告於闔縣會議一處而爲文以達之閤下苟一下矚則亦且慨然矣民等竊伏惟念閤下之秉心誠善矣閤下之爲政誠美矣而凡教化之行自近而遠則遐遠之民未及霑化於三年報政之前而大爲一方千古之恨各面風憲之擇人誠是矣而爲任不專兼攝都有司之事則其所應令者不過簿牒文書之間苟能修復此所之舊法以爲一方風憲之所而專委其責則任專力一得效甚易而風憲又從而相贊之則叨當萬萬矣然此所之廢墜已極必大加振作之方然後可以復古而更新伏乞閤下別爲教條使之懸板於楣間以爲瞻仰奉行之地則下民之觀聽者一懼一感無不從化如有不從橫逆之民爲任者隨事隨報罔俾自肆矣此堂舊有立法完議今附于下亦望旁采以爲立條之一助如何如何

12) 〈건원시 통본주문 建院時通本州文〉

홍언충洪彦忠, 『우암집寓庵集』 권4, 「부록」

활재 이구가 상주목 사림에게 우암 홍언충을 제향하는 여론이 일어나서 근암서재[근암서당]에 사묘를 건립하는 일에 대하여 의견을 문의하는 통문이다.

建院時通本州文[李活齋榘]

嗚乎 我士林之有寓菴洪先生从矣 先生有文章有直道 出處之正 操守之確 庶兇乎一致夷險 樂夫天命者 其高風偉節 足以聳動乎當時而矜式乎来世 昔者西厓老先生未嘗不亟稱斯人 以為合有祀享 當咸寧禀事之際 固有親承面命者焉 矧我山陽一縣 山川風物之秀異 而前後人傑之出 溺焉寡聞 其能毓德而播馥 晻玆而終焉者 惟先生一人 則玆郷之人 所以熹止欽仰 於青山灣碻之間者 自有所不能已焉 縣有丘嵒書齋 為士林游息之所 視諸黨膠之制略備 而前輩雅意咸願以先生尸祝於斯 盖其一時商訂 於郷邦諸老者灼有所定論 而未免人事之推遷 至于今泯匕 吁誠欠典也 玆者士論齊發 不謀而同

惴七焉推 不克成就 比事是擢 將議以日月 建立祀廟 九我一體之士林 不可不先事而告意 故敢此通諭 早有消詳 大望僉尊樂與而辱教之幸甚

13) 〈통문 通文〉

홍언충洪彦忠, 『우암집寓庵集』 권4, 「부록」

전 군수 조정융이 우암 홍언충을 제향하는 사우를 건립하고 이를 향현사라고 한 것에 대하여 항의하는 통문이다. 통문은 근암서당[향현사]으로 보낸 것으로 추정된다. 우암의 서원 제향에 대해서는 이미 서애 유성용의 품의를 받은 바가 있으므로 그를 향현사에 제향하는 것은 옳지 않다고 주장했다.

通文 前郡守曺挺融

寓菴先生朝享之擧 只貴人心之所杰 公論之不珉 時之早晚 有不足論 愈久而愈慕淂成拎今日甚盛匚 上苐以象賢之典 有書完焉 有鄕賢祠焉 未知今比寓菴之祠僉尊意定 以書院耶 以鄕賢耶 可祭拎社者 亦豈易也 而寓菴人物之高 樹立之卓 烈于當世 光于千載 可敬可服 似不止一鄕之善士而已也 甞聞先考甞以咸鄕父老之意 禀諸西厓先生 先生曰 寓菴書院 豈非書院之有光乎云 匕晩生蒙識 誠不能見 及到此 而吾鄕之書院道幸之外 又有玉成焉 以事體言之 則寓菴之祠 宜不在玉成之下矣 既蒙祭文之屬 不量人賤 敢伸鄙意如右 伏推僉 尊恕其貧猥辱示之論 幸甚

14) 〈근암서원 답옥성서원 통문 近嵒書院答玉成書院通文〉

채형구蔡荊龜, 『자목당집自牧堂集』 권1, 「서書」

근암서원에서 옥성서원에 보낸 답통答通이다. 1710년 산사태로 무너졌던 옥성서원을 중수하면서 월간 이전을 추향하였다. 근암서원에서는 옥성서원에서 월간 이전의 추향에 대한 의견을 문의하는 통문에 대하여 찬성한다는 뜻으로 이 답통을 보내었다.

近嵒書院答玉成書院通文

謹悉 來諭 月澗李先生腏享事 鄙回士林之有此議 厥惟夂哉 而所以尙今不發者 豈非事係重大 不敢率爾而然耶 玆属貴院重修之日 吾鄕數面及隣邑發文 夊時來到 則信乎公論所在 不期而同者也 其幸甚如何 還安之擧 設或旬月間迂延 陞享之□ 十分商確 斯速取緖 而以為一體并擧之地 幸幸甚甚

15) 〈근암서원 통문 近嵒書院通文〉

채형구蔡荊龜, 『자목당집自牧堂集』 권2, 「서書」

근암서원 회중에서 자목당 채형구를 인천채씨 세덕사에 합향하는 것에 대한 공의가 발의되었음을 알리는 통문이다.

近嵒書院通文

惟我自牧堂蔡公 文學行誼 得於家庭 爲當時士友之所推重 觀於淸臺權先生所製墓祭祝文 有曰敎誨不倦 啓我羣□ 欲報其德 水長山崇 又於漁洲全公所著孝感傳 可以見平日誠孝篤實之工矣 今於貴門世祀躋享之日 一體同祀 允合士林之公議 玆因院齋齊會司聲奉告 伏願亟擧褥儀 以完大事 幸甚 近嵒書院會中 公事員 權榮 金佑浪 曺司 權達智 金應倫 會員 金命禹 權焌 李震朝 李元陽 金安仁 金佑眞 權迪 李休陽 金叙倫 權喆仁

16) 〈답근암원장 홍대경(상훈,무술) 答近嵒院長洪大卿(相勛,戊戌)〉

채형구蔡荊龜, 『자목당집自牧堂集』 권1, 「서書」

근암서원 원장 홍상훈에게 답장한 편지이다. 서원의 설립목적은 양사養士가 가장 우선적이고, 향사享祀는 그 다음인데 지금 서원은 건립된 지 60년이 되었으나 학생들의 글 읽는 소리가 들리지 않고 있으니 서원의 원래 취지를 되살려야 한다는 내용이다.

答洪大卿

徃臘辱書 新春獲承 傳者轉便 浮沉無恠 謹侯兄體中起居履端增福 貧慰不任區區 弟當初入峽 專為調病 而到今病不愈 又使親雅日隔 雖有伏枕懶夢徒勞 憧憧於雲樹莽蒼之間而已 書末辭意 伏悉感極 苟非曲揣人情 何能若是 大君子於公私利害之間 一以正處之而無之意者可見矣 固不當居之安安而病未果 幸兄恕諒否

17) 〈근암서원통문(대병산사림 작) 通近嵒書院文(代屛山士林作)〉

권명우權明佑, 『가재집可齋集』 권1, 「서」

병산서원 사림이 근암서원 사림을 대신하여 지은 통문이다. 목재 홍여하의 근암서원 추향에 대하여 도내에 알리며 힘을 합쳐주길 요청하는 내용이다.

通近嵒書院文 代屛山士林作

惟我木齋洪先生所撰東史提綱麗史彙纂 是吾東方史家不刊之書 龍洲趙先生所謂得見山川之筆者有以也 仄聞提綱則已自本孫付諸剞劂 而彙纂一書 尚在巾衍 編帙浩穰 殺青無期 此實生等之所慨然也 凡諸文字之刋行 係是士林之責 則況是書之有關世教若是之不輕 其河專委之本孫 不思所以廣布壽傳之道耶 玆因院會 敢此仰告 伏願僉尊須以此意 遍告道內 以爲合力登梓之地千萬

18) 〈근암서원 향회중통문(지의금 강항) 通近嵒書院鄕會中文(知義禁姜杭)〉

조광벽趙光璧, 『북계집北溪集』 권2, 「부록」

근암서원 향회에서 지의금부사 강항에게 보낸 통문이다. 북계 조광벽의 학문과 행의가 사림의 모범이 되어 마땅히 숭봉하는 것이 도리이나 아직까지 제향되지 못하였음을 안타까워했다. 일찍이 연악서원에 조광벽을 제향하자는 의견이 향중에서 있었지만 실행되지 못하였다고 했다. 지금 다시 향론이 일어나 글로서 알리니 여러분이 합석하여 서로 논의하여 대론大論을 정돈하면 다행이겠다고 했다. 즉 연악서원에 북계 조광벽을 제향하는 일이 공론에 따라 진행되길 요청하는 통문이다.

通近嵒書院鄕會中文 知義禁姜杭

吾鄕先賢之有德望於後生 而未遑於俎豆之典者 今公議圓滿 至於腏享之擧 吾黨之幸爲如何 而第有所未盡處 卽北溪趙先生也 其學問行誼 固當有崇奉之道 而但本孫家遺來文蹟 盡入於灰燼中 後生無以徵之 尙未擧縟儀者 未必不由於此也 生年來神氣昏耗 向者大論始發之際 果忩忽未及提說 其爲慨歎 自不淺淺 竊念吾鄕章甫之聞知往古之事者 未有若此老物矣 曾聞北溪先生追享淵院之論 發於鄕中 而因循未行 此則生之素所知之也 而或恐有鄕人之未及聞知也 若非老物之仰瀆於僉會之中 則北溪腏享之論 終至於泯滅而不行 是甚慨然 玆以忩煩書告 望須僉尊合席相議 以至敦整大論 千萬幸甚

19) 〈근암서원 도회중 도남서원통문(통두생원 채헌) 近嵒書院道會中通道南書院文(通頭生員蔡瀗)〉

조광벽趙光璧, 『북계집北溪集』 권2, 「부록」

근암서원 도회에서 도남서원으로 보낸 통문이다. 통문의 대표는 생원 채헌이다. 북계 조광벽은 서애의 고제로서 옛날 상주의 선배들이 그를 제향하는 일에 대하여 도남서원에서 논의한 적이 있었지만 실행되지 못하였다. 지금 다시 같은 의론이 일어나 이에 도회에서 여럿이 의논하여 연명해서 알리니 공론을 따라주길 요청하고 있다. 즉 북계 조광벽의 제향에 대해 도남서원에서도 동참해주길 요청하는 통문이다.

近嵒書院道會中通道南書院文 通頭生員蔡瀗

吾黨斯文大擧 次第就緖 實是儒林之大幸 而惟我北溪趙先生 以厓門高弟 其淵源之學 踐履之行 爲當世之矜式 後生師表 入於鄭愚伏柳修菴師友錄 則先生行誼之實蹟 槩可見矣 在昔吾鄕先輩 齊發淵源尸祝之論 道院旁祠之議 而因循不行 爲吾士林之慨

然者久矣 道村鄕大老 更續先輩之餘論 通示會中之文字 其在一體尊奉之道 豈有多士異同之論耶 玆以博採會中僉議 聯名仰告 伏願僉尊整頓此論 俾完大事 千萬幸甚

20) 〈정목백문 呈牧伯文〉

홍언충洪彦忠, 『우암집寓庵集』 권4, 「부록」

목재 홍여하가 상주목사에게 우암 홍언충을 제향하는 묘옥廟屋을 근암서당에 건립하는 것에 대하여 알리고, 기와를 옮기고 건물을 짓는데 장정들을 동원할 수 있게 허가하여 공사가 빨리 마칠 수 있도록 해주길 요청하는 정문呈文이다.

呈牧伯文 洪木齋汝河

伏以民等所居縣中 故有寓菴洪 先生諱彦忠 字直卿 燕山朝直節名臣也 先生自早歲 文章節行 著稱于世 與朴招翠誾鄭虛菴希良李容齋荇之交齊名 時人稱為四傑 嘗在胡堂司朴誾應封章陳燕山闕失 燕山主大怒 光陷不測 竟被逮於 甲子之禍度必不免 自撰墓銘而行 是時燕山盡傑 戮一時名流 其餘十輩 拘諸巨濟島中而將殺之 先生三昆季與焉 島中日相驚 傳言賜藥 將至 李公長坤脫身遁鼠 於是諸公惶窘不知所也 密為賃舟泛海之計 先生開之奠曰 君命天也 天可起乎 臣子之義 有死而已 嚴責子弟 仲不得預泛舟之謀 我而中廟反正 先生遂得放還 然念委質之義 不應中廟徵召 不幸年三子六以卒 事具載東文選輿地誌 先生之出處 大致如比 而挹翠朴公竟被戮死 虛菴鄭公托跡方外 容齋李公際會熙運 致位廊庙 然跡其出處完節 論者於四傑之吟 以先生為稱首焉 先生咸昌人 卜居于本縣南茂林部曲 道淵朴自銘中所謂卜于古縣茂林之鄕 青山在上灣碕在下者也 芳躅未遠 風烈彌彰 後學召慕 从而益篤 咸願建院而俎豆之 亦嘗稟定於儒林宗師 邇未十年之間 鄕議再定 而車歲大札 未遑鉅役 丘者竊聞朝家新頃事目 凡有書院創建 切勿輕許 出於慎重之至意 血民等一鄕需品 大小齊會 仰遵朝憲 俯協輿議 因以本縣書堂 自有齋室 只告三間廟屋 功力易就 故即其地定為銅賢之祠 將以入月之初 鳩才皓役民等 各土米布 期於集事 而香瓦運才 須籍若干 丁夫兄復 事關風教 不

可不仰建於仁聽 伏願二天城主 嘉前革之遺烈 血民等之誠忌 特許於本縣面洞內 各出丁夫穀名 以助運輸 則人心感奮 功力亟竣 其永有辭於後矣 民等不勝祈懇之至 伏推城主採納焉

21) 〈권청대 상일에게 답함. 갑자년(1744, 영조20) 答權淸臺 相一○甲子〉

이상정李象靖, 『대산집大山集』 권6, 「서書」

멀리 집사의 덕용德容을 떠나왔으나 집사께로 달려가는 정성은 깊습니다. 지난번에 한 통의 편지로 문득 일상의 안부를 여쭙고는 스스로 참람하고 송구한 줄 알아 책망의 말씀을 기다리고 있었습니다. 삼가 보내 주신 편지를 받으매 응답하심이 그림자와 메아리 같으시니, 스스로 헤아려 보건대 미천하고 용렬한 제가 어떻게 장자長者의 문門에서 은혜를 얻었단 말입니까.

편지를 통하여 고요히 함양하시는 도체道體가 절서를 따라 크게 평온하신 줄 알았습니다. 지난번에 복직되었다가 관직을 벗어 버린 지 오래되셨으니, 이것은 옛사람이 이른바 태평한 세계라는 것입니다. 봄철이 한창 무르익는 요즈음에 삼가 생각건대, 청대淸臺의 꽃과 대나무가 차례로 기이함을 드러내어 지팡이를 짚고 돌아보시는 즐거움은 필시 빛깔로 드러나는 경치 바깥에 따로 있을 줄로 압니다.

암원巖院(근암서원)의 문회文會는 백 년 동안 적막하던 끝에 계승한 것입니다. 당시에 모인 이는 어떤 사람이며, 강론한 것은 어떤 책이며, 변론한 것은 어떤 뜻이며, 함께 모인 날은 며칠이며, 의중의 일을 함께 말할 만한 사람은 몇이었는지 모르겠습니다. 저는 비록 지치고 노둔한 사람이지만 또한 장자의 뒤를 따르는 일을 스스로 막고 싶지 않기 때문에 속히 달려가 말석에 참여하여 성대한 거동을 보고서 평소에 둔하고 막혔던 걱정을 스스로 위로하고자 하였습니다. 그러나 소식을 들은 것이 너무 늦은 데다가 또 집안에 대상大祥과 소상小祥을 치르는 일이 있어 서운하게도 이 뜻을 이룰 수 없었으니, 잠잘 때에도 개탄하고 깨어서도 생각하여 마음에서 떠난 날이 없었습니다. (하략)

逖違德儀 第深馳誠頃以一書輒修起居之問 自知僭悚 謂何是竢伏蒙辱賜 酬答如影響 然自量賤劣 何以獲私於長者之門哉 仍伏審道體燕頤對序超謐向來牽復 脫去多時 此古人所謂 "淸平世界" 者卽今春序向闌 伏惟淸臺花竹 造次呈奇 杖屨顧眄之樂 必有在於色相之外者矣巖院文會 承於百年闃寂之餘 不知當時所會者何人 所講者何書 所辨論者何義 相聚幾日 可與語意中事者幾人 象靖雖疲駑 亦不欲自阻於長者之後 亟欲往忝末席 獲睹盛儀 以自慰其平生鈍滯之憂 而承聞苦晩 且有門內祥練之礙 闕焉無以遂此意 則寢慨寤想 蓋無日而去心也

22) 〈권사원 달근에게 답하다 答權思遠達近〉

정종로鄭宗魯, 『입재집立齋集』 권18, 「서」

지난번에 근암서원에서 족하의 의용儀容과 풍도風度를 보니, 비록 침묵하여 표현하지 않고 지덕知德을 속에 간직하고 있어 마치 아무것도 가짐이 없는 듯했지만 평소 마음을 잡아 지키며 덕을 온축한 것이 이미 절로 얼굴에 은은히 비쳤습니다. 그대의 생각을 들어보고 싶었으나 실제로는 시도해 보지 못하고 집으로 돌아와 한가하게 거처하매, 유독 그대 쪽으로 쏠리는 일념이 간절하지 않은 적이 없었습니다. 그런데 생각지도 못하게 족하께서 편지를 보내 주시어 안부를 물어보심이 매우 정성스럽고 또 그대의 평소 일을 일일이 서술하여 생각하고 있는 것을 다 말하였으니, 마치 저의 보잘것없는 지식이 타인에게 영향을 줄 수 있다고 여기시고 외람되이 저에게 유익한 공부를 구하고자 하는 듯합니다. 한편으로 감격스럽고 한편으로 부끄러워 어떻게 대해야 할지 모르겠습니다. (하략)

曏於岳院得見足下儀度 雖其沈默斂藏 若無所有 而平日持守蘊蓄於中者 已自隱映於眉宇之間欲聞其緖餘 遂不果奉叩 而歸居閑處 獨傾溯一念 未嘗不懸懸不謂足下辱惠以書 存問甚勤 又爲之歷敍平日 而道盡所懷 若以僕爲有一知半解可以及人 而猥欲求益於此者然且感且愧 不知所以爲對也(하략)

23) 〈영빈서당이설기 潁濱書堂移設記(1686)〉

김해金楷, 『부훤당집負暄堂集』 권3, 「기」

나의 친구 고여함高汝含[22]이 서당 일을 관장하고 있었는데, 서당을 영수潁水의 물가로 옮기고 나서, 집을 얽고 지붕을 이은 공을 모두 나에게 말해주면서 이르기를 "무릇 물건에는 반드시 필요로 해도 그렇게 할 수 없는 것이 있고, 일에도 알려고 하여도 도무지 알 수 없는 것이 있도다. 이 서당은 세 번이나 그 터를 옮겨서, 지금은 영수가에 자리를 잡았지만, 바야흐로 처음엔 죽림竹林에 터를 잡았다. 그로부터 오랜 세월이 흘러 멀리 떨어진 산기슭의 근암에 있었던 것을 알 수가 없고, 바야흐로 처음 근암으로 옮긴 후로 많은 세월이 흘러 죽림의 옛터로 되돌아온 것을 알 수 없으며, 죽림에 다시 옮기고 오랜 세월이 흘러 잠깐이면 갈수 있는 가까운 거리인 영수의 물가로 옮긴 것을 알 수 없도다. 이것은 그간 몇 차례 있어온 일임에 틀림없지만, 앞에서 소위 반드시 그리 할 수 없고, 알려고 하여도 도무지 알 수 없다 한 것은 내 마음에 감회를 일으키기에 충분한 것이리라.

옛날[1544년(중종 39)]에 상주목사 영천자 신잠이 처음으로 각 면에 서당을 창건하여 고인의 향리에 학당을 세운 뜻에 부합하고자 하였으니, 모두 18곳이었다. 이 서당은 그중 하나였으니, 산양 현사 건너편 웅암熊巖의 산기슭 아래에 있는 영원사鴒原寺 옛터에 자리를 잡았다. 그런 까닭에 석탑 3좌가 우뚝 서 있었다. 4칸의 집을 세워 당堂마루과 실室(방)로 나누고, 그 이름을 죽림이라 하였다. 대개 산양의 죽림이란 뜻을 취하였으니 이는 근처에 죽림사라는 옛 절터가 있었기 때문이다.

22년 전 갑진년(현종 5년, 1664)에 유림이 서로 의논하기를 "이 서당은 서원의 규모를 대략 갖추었고, 또한 이곳에는 옛날에 우암 홍언충 선생이 살았음

22) 고세장高世章(1641~1690) : 조선 중기의 문신으로 본관은 개성. 자는 여함, 호는 낭옹(浪翁)이다. 1673년(현종 14)에서 진사에 입격했고, 도남서원 청액소수(請額疏首)가 되어 사액(賜額) 성사에 활약을했다.

에, 그의 학행, 그리고 곧은 절개와 지조를 사라지게 하여서는 안 될 것인즉, 이곳에 그분을 봉향하여야 한다"고 하였다. 그렇게 하여 사당을 세우고 제사를 모셨고, 서당은 그 장소를 잃고 아래채에 방 하나를 빌리는 신세가 되었다. 그 후[1669년(현종 10)]에 한음 이덕형 선생을 병향하면서, 마침내 서당을 옛터로 옮겨서 수계소와 합하였다. 그리고 또 그 아래에 5칸의 집을 짓고 상하의 당을 만들고, 여러 일손을 뽑고 임원도 선출하였다. 서당과 수계소의 두 용도로 쓸 수는 없었으나, 그 모임이나 자산, 또한 공복은 하나로 하여 한결같이 지냈다. 그렇게 하여 몇 년이 지나도록 단지 그 이름만 달리하였다. 그러나 서로 일의 체제가 당연히 다른 까닭에 지금에 와서는 서로 지장을 받고 있다. 서당은 서당 일을 할 수 없고, 수계소는 수계소 일을 할 수 없게 되어 결국 유명무실한 한 집에 지나지 않게 된 것이다. 여기에 지세의 경사가 심하고, 집터가 협소하여 예전의 선배들이 좁게 느끼고 방해받고 하던 것이 지금도 여전히 같은 꼴이 되고 만 것이다.

근자에 우리 두서너 명이 비로소 이 서당을 옮기기로 논의하고, 집을 지을 만한 곳을 찾아 온 현을 두루 돌아다녀 보았으나 지을 만한 마땅한 곳이 없었다. 마침 고을 선비 정미중鄭美仲이 자신이 살던 집을 판다고 하였으니, 기와집이 십가十架이고, 초가집이 5칸이라 가히 일개 고을의 선비들을 능히 수용할 만한 집이었다. 터 또한 고산孤山의 왼쪽 영수潁水 물가에 있어, 가히 고인古人들의 숭고한 뜻과 고결하던 풍격을 생각하여 살필 만한 곳이었다. 그리고 선비들이 학문을 닦고 쉬는 장소로도 적합하였다.

단지 개인 사저가 공공건물로 변한 것이라 고치고 수리할 곳이 많았다. 여러 장인과 일꾼에게 녹을 줄 형편이 되지 못하였으나, 그럼에도 기꺼이 거절하지 않고, 지게문과 창문을 손보고 담장과 벽을 수리하며, 넓힐 수 있는 곳은 넓히고 올릴 수 있는 곳은 올려 잘 소통이 되도록 수리하여 보기 좋게 하였다. 그러고 나니 엄연한 학사學舍가 완성되었다.

이에 이름은 '영빈서당'으로 하고 전에 하던 관리인들이 옮겨와서 잘 정리 정돈하였다. 사이에 끼여 있는 집들을 모아 임시로 예속시키니, 차후에 그 손익이 적중하여 규모도 점점 커져 우리의 후계자를 기다리게 되었다. 그렇게 하여 소위 반드시 그러할 수가 없고, 알 수 없는 것을 내가 어쩔 수 없이 일러주는 것이지만, 일러준 것만으로 여러 사람이 다 알았다고는 할 수 없는 일이다. 오직 벗이 내게 들려준 것과, 내가 소문으로 들은 것과 연결하고, 또 그 사리를 맞추어 삼가 기록한다.

김해金楷 짓다.

穎濵書堂移設記丙寅

吾友高汝含管堂事遷書堂於穎水之濱而營葺之叨告訖謂余曰凡物有不可必者而事有不可知者此堂三遷其地而仐得頼水方其始卜於竹林也自謂歷年之遠而不知有近嵒在於隔麓之地方其一遷於近嵒也自謂歷年之遠而不知其還復於竹林之舊方其再遷於竹林也自謂歷年之遠而不知有頼濱在於一涘之地是必有數存於其間而向所謂不可必不可知者有足以感吾懷者則是不可以不記以告來者使其不可必不可知者亦爲因此而可蹟焉吾兄盍記之以圖久遠余曰僕羈迹也雖從長老遊粗得其梗槩而其詳有不可得而聞者則恐不得爲浸筆以徵諸後也汝含逌然曰吾亦客也顧不足補吾子之所闕者雖然各以其所聞相叅則亦有可得以言者昔在成化年間牧使申靈川潛始剏書堂於各面以附於古人黨塾之義凡十八所而此堂其一也卜地於縣舍之越邊熊巖之下麓乃鴿原寺舊基故石塔三坐岌然猶存立四間屋分爲堂室其名曰竹林蓋取山陽竹林之義而近地有竹林寺舌址故也萬曆甲寅年間斯文老黃三嘉高禮安金進士生並一世居又隣近相與同堂講劘之餘隘其地勢之偏側嫌其堂制之狹小亟卜於主峯之西北邊古名樹介谷者而改搆焉悉備明倫堂東西齋之制名之以近嵒仍此地山城之舊號蓋不忘本也以其舊堂爲修稧所卽一縣老少咸集之地如山陰之有蘭亭焉粤在二十年前甲辰歲士林相與謀曰是堂院制略備而此地昔有寓菴洪先生居焉其學行其節操有不可泯滅者亙於是腏食焉乃立廟以祀之而書堂失其所借下齋一房而寄寓焉後又已酉年以漢陰李先生並享而書堂遂移於古地與修稧合所而又造五間屋於其下爲上下堂凡案錄之選任員之出慨無所兩用而其會集其資穀亦袞爲一體尋常轉過蓋亦有年而但書堂及修稧其名義旣異則其事體當殊而仐者兩相拘碍書堂不得行書堂之事修稧不得行修稧之事畢竟做得蕪名之一屋子而况兼以地勢之偏側堂制之狹小與疇昔先輩所

隘而嫌之者尙一樣者芃迺者吾黨數仄始唱移堂之議歷相可屋之處環一縣絕無寄跡之地適士人鄭美仲賣所居屋於此地而瓦者十架茅者五間尙可以容一縣之士而地又在孤山之左穎水之濱可以想見古人尙志高蹈之風而爲合於士子藏修遊息之所故捐一大稻田數十碩租而買焉但自私舍變爲公宮多有所修治者諸丈又屬其事於不穀不穀不敢辭觀其戶牖墻壁之可闢者闢之可袪者袪之疏而通之修而潤之然後儼然成一學舍仍名曰潁濱移舊僕而安頓之募挾戶而假屬焉此後損益之得中規模之漸大以竢夫後之繼我者而其所謂不可必不可知者則吾不得以與焉而亦非諸君之所得與也惟兄第記之余聞其言契於吾所聞者而且達於理故謹書以爲記

24) 〈원모재기 遠慕齋記〉

이남규李南珪, 『수당집修堂集』 권6, 「기」

대저 조선祖先에 대한 자손의 마음이나 현인에 대한 후생의 마음이란 그것이 멀어지면 멀어질수록 더욱 사모하게 되는데, 참으로 이것은 인간이 가진 본래적인 떳떳한 본성이라 하겠다. 사당은 그 육신과는 거리가 먼 것이지만, 제사를 드리면 마음이 개연愾然히 슬퍼서 마치 직접 뵙는 것 같으며, 묘소는 그 모습을 가로막아서 볼 수 없게 되어 있지만, 제사를 올리면 마음이 출연怵然히 두려워서 마치 혼령이 앞에 와 계신 것처럼 느껴지는 것이다. 그리하여 심지어 그 모습의 크고 작고 여위고 살찐 것과 평소의 좋아하시던 것에 대해 더러 기록이나 전문傳聞의 나머지에서 얻어 듣게 되면 누구나 다 이를 통하여 그 어렴풋한 모습을 상상하여 떠올리게 된다. 더구나 그 정신이 깃들어 있고 그 위의威儀가 나타나 있는 유상遺像의 경우에야 그 사모하는 마음이 참으로 어떠하겠는가.

내가 금년 봄에 명을 받들고 관남關南과 관북關北에 안찰按察을 나가게 되었다. 고원高原 땅에 이르렀을 때 영흥永興의 유생 정창영鄭昌永과 정기일鄭基馹이 선비의 옷차림으로 서장書狀을 들고 계단을 뛰어올라 와서는 읍을 하고 나서 말하기를, "저희들은 포은 선생의 후손입니다. 그런데 중세 무렵에 이

사를 하여 이 북쪽 땅으로 와서 살게 되었는데, 그러고 보니 선조의 사당과 묘소가 너무 멀어서 세시歲時나 명절 때라든가, 또는 비와 이슬이 내리고 눈과 서리가 내리는 봄이 오고 가을이 가도, 이에 대한 그리운 정을 어떻게 기탁할 길이 없었습니다. 그래서 종중이 서로 의논을 한 끝에 돈을 모으고 공인工人을 구해서 지금 살고 있는 이 곳 갈전리葛田里에다 술좌 진향戌座辰向으로 사당을 지었으니, 재사齋舍와 주포廚庖가 대강 갖추어졌습니다. 그러나 아직 공경히 봉안하는 것에 대한 의논을 완전히 정하지 못하였습니다. 더러는 말하기를 '선생의 문집에 자그마한 초상이 있으니 이를 모사摹寫해서 모셔야 한다.' 하기도 하고, 더러는 말하기를 '고종瞽宗[太學]의 사전祀典의 예에 따라 위판을 모시고 받들어야 한다.' 하기도 합니다. 그래서 저희들이 도무지 어느 쪽을 따라야 할지 몰라 판단이 서지 않아서, 감히 이처럼 찾아와서 집사를 뵙고 질정을 받고자 하는 것입니다."하였다.

이에 나는 옷깃을 여미고 나서 대답하기를, "작은 초상을 모사하여 모시는 것은 좀 소홀하지 않을까 하는 생각이 들고, 그렇다고 위판을 배설하는 것도 금령에 구애되니, 두 가지가 모두 가당치 않은 것 같다. 그러나 어떻게든 이를 모셔야 한다면 한 가지 방법은 있다. 왕년에 내가 사명使命을 받들고 영남의 상주에 간 적이 있는데, 이 때 향교에 들어갔더니 향교의 동무 벽에 바로 선생의 유상遺像이 보존되어 있다고 하기에 급히 포홀袍笏을 갖추고 배례를 올린 일이 있다. 그런데 이 유상은 전에 근암서원에서 모시던 것으로, 이 서원이 철폐되어서 임시로 거기에 모시고 있었으니, 부득이해서 그랬던 것이다. 그렇다면 지금 이 유상을 이곳으로 옮겨와서 모신다면 아마도 적절한 일이 되지 않겠는가. 비록 그러하나 이것은 매우 중대한 예절이니 당연히 널리 물어서 조처해야 할 것이다."하였다. 이에 정창영 등은 그렇겠다고 하고 물러가서 문족門族들과 더불어 서로 의논을 하였더니, 문족들은 다들 "정으로 볼 때 이를 막을 수가 없는 것이다." 하였다. 그래서 다시 고장의 장로들과 의논을 하니 장로들 또한 "예법으로 보아도 역시 마땅한 일이다." 하였다. 그리하여 천여 리 길을 마다 않고 상주를 찾아가서 그 곳 사대부들에게 이에 대한 이야기를 하였는데, 그 곳 사대부들은 다들 이구동성으로 말하기를, "아직까지 사당을 지어 선생의 유상을 편안히 봉안하지 못하고 이처럼 구차하게 향교의 동무 벽에다 임시로 모셔 두고 있는 것은 사실 우리들의 책임이다. 그런데 지금 이처럼 그 자손들이 찾아와서 청하니 우리는 실로 이를 거절할 말이 없다." 하였다.

마침내 이해 5월에 유상을 모시고 돌아오게 되었는데, 이 때 지나는 고을들에서는 관리를 보내어 고취鼓吹를 하고 의절儀節에 따라 이를 맞이하여 인도하여 주었으며, 7월 정사일丁巳日에 이르러 드디어 갈전의 사당에 이를 받들어 모시었다. 사당에는 '포은 선생 영당'이라고 편액을 걸고, 연모燕毛[제사 후의 음복]하는 처소는 '원모재'라고 이름을 붙였다. 하략

夫子孫之於祖先後生之於賢人愈遠而愈慕固秉彝之天也寢廟之於體魄遠矣而祭焉則愾然如有睹也邱墓之於儀容閟矣而祭焉則怵然如有臨也甚至長短肥瘦與夫平日所嗜好或得於記述傳聞之餘則亦莫不因而想像其髣髴矣矧乎其精神之所住威儀之所著之遺像當何如慕也今年春承命按關南北行部至高州有永興儒生鄭昌永 鄭基駘褒衣博帶抱狀躐階升而揖曰某等圃隱之裔也中世徙而家于北距先祖廟若墓甚遠歲時令節雨露霜雪之濡且墜顧無所寓慕乃與諸宗議鳩材募工搆祠屋于所居葛田之里面辰之地齋舍廚庖粗備焉惟是所虔奉議未有定或曰先生文集有小像宜摹寫以妥之或曰依瞽宗之祀宜設位版以奉之某等惛然不知適從敢以質諸執事斂衽而復曰摹小像涉乎野設位版拘乎禁二者均未見其可也無已則有一焉往年南珪奉使山南道尙州入學舍聞東廡壁架藏先生遺像亟具袍笏而拜焉盖舊奉近邑院院旣撤權安于此非得已也今奉而移于此庶其得乎雖然此重禮也宜博詢而處之昌永等以爲然退而謀諸門族門族曰情不可已謀諸鄕長老鄕長老曰禮亦宜然乃跋涉千餘里往諗于尙之士大夫尙之士大夫咸曰不得營一祠以妥先生之像而苟焉權安于學舍之廡壁吾輩責也今於其子孫之請也固無說之可拒乃以五月日奉而還所過郡縣吏以鼓吹迎導如儀至七月丁巳奉而安于葛田之祠扁之曰圃隱先生影堂名其燕毛之所曰遠慕齋(下略)

25) 〈권중열의 내방에 감사하다 謝權仲說來訪〉

홍여하洪汝河, 『목재집木齋集』 권2, 「시」
일 년을 떨어져 지내다 서로 만났으니, 서재 밝은 창가에 흥취가 무르익네.
청렴한 주생이 민자를 방문했고, 풍류남아 곽태가 모용을 찾아갔지.
끝없이 정담을 나누는 탁자에 바람이 일고, 좋은 시구 짓다 보니 솔가지에 눈이 가득하네.
며칠 단란하게 지낸 즐거움이 흡족하지 않아, 근암(서원)에서 새봄에 다시 만나길 기약하네.

一年離闊得相從 萬卷明窓趣味醲 冷淡周生過閔子 風流郭泰訪茅容 霏談吐處風生榻 好句圓時雪壓松 數夕團欒歡未洽 近嵒春服約重逢

26) 〈화정 이문약의익내수룡읍시 봉안 한음 영정어근암서원 위시구화 和呈李文若宜翼來守龍邑時奉安漢陰影幀於近嵒書院爲詩求和〉

고몽찬高夢贊, 『금주집錦洲集』 권1, 「시」
용궁 현감으로 왔을 때 근암서원에 한음의 영정을 봉안하며 시를 지어 화답시를 구하다.

고요하고 아득한 금계의 사당, 선생께서 진홍색 비단 두르고 이르셨네.
그 주손이 천 리 먼 곳에 수령으로 오니, 영남 선비들이 백 년간 바랐던 일일세.
해국은 산하가 웅장하니, 고향의 수령 되어 우로의 정성 깊었네.
단청이 흉내 낼 수 없이 선명하니, 가을 달이 동호 위에서 비추고 있네.

窅篠錦溪社 先生絳繪臨 胄孫千里紱 南士百年襟 海國山河壯 梓鄉雨露深 丹青模

不得 秋月洞湖心

27) 〈근암서원의 여러 어른들의 시에 차운하여 주다 次贈近巖諸老〉

정종로鄭宗魯, 『입재집立齋集』 별집 권1, 「시」
소년 시절 멀리 천하를 두루 노닐려고 하였더니, 도리어 중도에 문득 길을 잃었네.
심성의 본모습은 원래 끝이 없으니, 반 이랑의 연못이 구만 리 하늘을 머금고 있네.
밝은 해는 시간을 재촉하여 넓은 대지로 떨어지니, 나를 위해 잠시도 머뭇거린 적이 없다네.
원컨대 그대는 젊은 시절에 참공부를 하게, 잠깐 사이에 눈도 어둡고 또 머리도 센다네.

少日遐遊擬八荒 却臨中路忽彷徨 風光本地元無限 半畝塘涵九萬蒼 白日催年下大荒 不曾爲我暫徊徨 願君及早眞工下 頃刻眸昏又髮蒼

28) 〈근암서원 학규 발문 近院學規跋〉

권상일權相一, 『청대집淸臺集』 권11, 「발跋」.
임자년(1732) 가을 8월 초순에 죽애竹厓 오상원吳尙遠 공이 본 근암서원의 동주洞主로서 식산 이만부 어른을 맞이해 사우士友 약간 명과 모여 서원의 주일재主一齋에서 고서古書를 강론하고, 또 홍공洪公이 만든 근암서원 학규를 다시 증손增損하여 대강 10여 조목을 만들어 보관하였다. 내가 다행히도 모임의 말석에 참석해 가만히 증손增損하는 의도를 함께 들었고, 이어서 이를 따라 이 일을 마무리하려고 또 함께 다시 모이기로 약속 하였으나 그해 겨울 식산옹이 세상을 떠났고 다음해 여름 죽애공이 이어서 세상을 떠나 결국 이 일을 완성할 수가 없었다. 내가 이 책이 공허한 문장으로만 남게 되고 공의 뜻이 점차 사라져가는 것을 슬퍼하여 이에 선비를 기르는 물품들을 마련하여 겨울에 재유齋儒들을 초청해 독서하고, 또 학규 초본을 다른 책에 등사해 서원에 보관해두어 뒤에 이어서 이 일을 맡은 자가 이를 본받아 시행하여 조금도 실추시키지 않도록 하였으니, 사문斯文이 이를 통해 창도해 밝히고 선비들이 이로써 흥기한다면 어찌 이 서원의 다행한 일이 되지 아니겠는가. 죽애공 또한 주희의 백록동규, 퇴옹退翁 이황의 이산원규伊山院規를 손수 써서 벽에다 걸어두었다. 대개 학규 초본은 이 두 규약을 근본으로 삼았기 때문이니, 서원에 나아가서 더욱 더 절목을 강학하여 의리를 논설하고 경전을 분명히 밝히도록 했을 뿐이다. 아! 죽애공은 젊은 시절부터 은거해 스스로 수양하고 옛사람의 위기爲己의 학문에 공을 쏟아 체體와 용用을 겸비하고 근본부터 말단까지 남김없이 밝혔으니, 하늘이 만일 공에게 수를 누리게 해주었다면 자신을 완성하여 남에게 미친 것이 이 책에만 그칠 뿐만이 아니었을 것이다. 그러나 시절이 운명과 어긋나 뜻을 품은 채 세상을 떠났으니, 남긴 자취를 더듬어봄에 눈물이 흐르는 감회를 가눌 길 없어 삼가 아래 쓰노라.

壬子之秋八月初旬竹厓吳公以本院洞主奉邀息山李丈且會士友若干人講論古書于院之主一齋又復增損洪公學規草得十餘條而藏之相一幸參會末因竊得以與聞增損之意因欲踵成是事又與之相約更會而其年冬息翁棄世翌年夏公繼歿竟未得成竊悲其書之徒爲空文而其志之漸就湮沒乃經紀其養士之具而及冬請齋儒讀書且以草本謄寫他冊奉藏于院中後之繼是任者有所遵倣設行而無少廢墜斯文因是而倡明多士以是而作興則豈非玆院之幸耶公又手寫晦翁之白鹿洞規退翁之伊山院規揭于壁上蓋其草本以兩規爲根本而就其中更加講學節目使之論說義理透明經傳而已噫公自少隱居自修用工於古人爲己之學體用兼備本末不遺倘使天假其年則其成於己而推及於人者不但此書而止也時與命違齎志而歿撫玩遺跡不勝感涕謹書于下方

3. 고문서

1) 1795년 근암서원 기회록 近嵒書院耆會錄[23)]

상주 연안이씨 식산 이만부 종가 소장(한국학중앙연구원 위탁)

1795년(정조 19) 문경 근암서원의 기로회에 참석한 사람의 명단과 모임의 사유를 기록한 문서이다. 문서의 제목 '근암서원 기회록' 아래에 기회록 명단이 실려 있다. 이승연李承延(1720~1806)을 위시하여 모두 39명의 이름과 자字, 나이, 거주지를 병기하였다. 명단은 나이순인데 조의양(77세)부터 채기蔡琦(60세)까지 18명은 나이를 밝혔고, 그 아래에 있는 사람은 간지로 생년을 표기하였다. 2면에는 1면에 이어 10명의 명단과 함께 기로회 최연장자 조의양趙宜陽(1719~1808), 그 다음 연장자 이승연의 글을 실었다.

1795년 근암서원 기로회록에 수록된 49명의 성씨 분포를 보면, 채씨 15명, 권씨 13명, 김씨 7명, 이 7명, 전全씨 2명, 정鄭씨, 1명, 조趙씨 2명, 박씨 1명, 변卞씨 1명이다. 본관을 기록하지 않아 이들의 가문을 구체적으로 알 수 없으나, 가장 많은 성씨는 근암서원 인근에 세거했던 인천채씨이다.

명단 다음에 있는 조의양의 발문에 의하면 기회록를 적게 된 연유는 다음과 같다. 채인재蔡認齋 즉 채형蔡泂(1696~1780)이 정경正卿으로 추증되어 분황焚黃할 때에 여러 지인들이 모였다가 파했는데, '북곽의 노인(은둔하는 기로자)들'은 훗날 근암서원에서 다시 만나기로 약속하였다. 이에 명부 한 부를 서원에 보관하고, 한 질帙을 회원 각자 가지고 돌아가 나중에 얼굴을 대신할 근거로 삼았다. 즉 본 기로회록은 일종의 근암서원 기로회 인증서인 셈이다. 이어 조의양의 칠언시가 있다. 시의 내용은 근암서원의 두 배향인물인 인물인 권상일과 이만부를 흠모하여 그들의 덕과 풍류를 따른다는 내용이다. 조의양의 시 다음에는 이승연의 글로 기회록은 끝난다. 이승연의 발문 역시 은둔하

23) 참조 : 한국학중앙연구원 장서각 한국고문서 자료관

여 풍류를 즐기는 것은 고금이 다르지 않다는 내용이다.

인재訒齋 채공蔡公이 정경에 추증되어 분황焚黃하는 날에 동남쪽의 군자들이 일제히 모였다가 다음날 파하고 돌아와 북쪽 성곽의 노인을 근암서원에서 만나기로 약속하였다. 모두 말하기를, "회원 중에 기로耆老들이 많고 중년과 젊은이 또한 적지 않으니 제명록題名錄이 없을 수 없습니다."라고 하였다. 성명을 기록한 것 중 한 질은 서원에 보관하고 나머지 질은 회원들이 각자 소매에 넣고 돌아가서 뒷날 얼굴을 대신할 자료로 삼도록 하였다. 예전에 한강 정 선생과 여헌 장 선생이 용화산 아래에 배를 띄우고 망우당 곽공 등 여러 공들과 근처 고을의 이름난 곳에서 기약하지 않고 모였을 때에 함께 자리한 인원이 36명이었다. 그러니 지금 이름을 기록한 것도 영원히 없어지지 않고 전하여 숭상하게 될 것이다. 아, 동남쪽의 인물이 점차 쇠퇴하여 두 노선생을 발돋움하여 좇을 수 없고, 그때 학식이 높은 선비나 도덕이 뛰어난 학자들이 거의 없으니 잇기 어려울 것이다. 그러나 오늘 명망 있는 사람 또한 한때의 성대함이라 말할 수 없을 것인데, 하물며 북쪽 성곽에 이 문적이 있으니 상산商山과 함릉咸陵의 노성한 분들도 신안新安의 옛 동류라고 할 수 있을 것이다. 뒷 세대의 사람들이 그것을 보고서 마음이 쓸쓸하지 않을 것이다. 내가 노쇠하여 연치로 외람되이 첫 번째 자리에 참여하였으니 다행함이 이보다 더한 것이 없다. 비록 글은 잘못하지만 대략 전말을 기록하고 이어서 근체시 한 편을 쓴다. 시는 다음과 같다.

효자로 이름 높은 대아大雅의 향리에, 근암서원의 덕향이 퍼져있네.
청대淸臺의 시와 예는 군자들에게 남아 있고 식산노인의 명예와 빛은 선대의 업적을 우러르게 하네.
입을 열어 세상 일 논하지 않고, 근심이 사라지니 또 손안의 술잔을 비우네.
용화산 훌륭한 일 오늘도 응해야 하겠기에, 숭양嵩陽의 향긋한 종이에 모방하여 짓네.

사람들이 항상 말하기를, "지금 사람이 옛사람을 따라갈 수 없다."라고 한다. 하지만 진나라 사람에게는 난정회蘭亭會가 있었고 당나라에는 구로회九老會가 있었으며 송나라엔 낙사회洛社會가 있었다. 그렇다면 각각 그 시대에 따라 그 즐거움을 즐길 뿐이니 어찌 옛날과 지금을 논하겠는가? 오늘의 모임은 사람이 비록 옛날 수준에는 미치지 못하더라도 그 즐거움을 즐기는 것은 똑같다. 우리들은 다행히 태평한 세상에 태어나 나이가 모두 노년이 되었는데, 하물며 동남쪽의 이름난 곳에서 노인과 젊은이들이 함께 모인 경우겠는가? 그리고 나이순으로 차례를 정하여 썼는데 내가 그 사이에 이름을 끼었으니 또한 천리마 꼬리에 붙어 천리를 가는 것과 같은 행운이다. 삼가 제명록의 끝에 쓴다.

강재剛齋 이승연李承延

近嵒書院耆會錄

趙宜陽義卿七十七歲安東李思文致雲七十七歲龍宮李承延台甫七十六歲尙州蔡著老士吉七十五歲縣村卞道昌君善七十歲眞井李宗和致大六十九歲龍宮朴守貞子元六十九歲醴泉全達采汝發六十八歲龍宮金範東箕叙六十七歲安東金命禹欽甫六十六歲知保李天燮仲章六十六歲龍宮全景采雲祥六十六歲龍宮蔡著榮笹光六十五歲縣村金命宅士安六十五歲知保權焌龜明六十四歲院村蔡著崇汝峻六十三歲縣村權炡遠明六十一歲院村蔡琦奇玉六十歲聞慶權焞厚明丁巳院村李震朝季溫丁巳院村蔡著疇笹範己未縣村鄭述德修庚申市墟蔡著謙士益庚申縣村權繇時明辛酉院村李之存孟玉壬戌蟻谷蔡著漸士達癸亥縣村蔡著榦汝直甲子縣村權遵爾勉乙丑院村李元陽景仁乙丑院村金佑良忠卿丙寅保村權達東養甫丁卯院村蔡禎東宅中戊辰院村蔡憲國憲甫己巳聞慶趙廷穆淸如庚午鳳頭蔡著璧笹完癸酉縣村權達近思遠癸酉院村權木仁聖臣乙亥院村蔡德東君尙丁丑縣村權喆仁君成庚辰院村權體仁長汝己卯院村金叙倫來叙庚辰知保權覺仁天民庚辰院村仰贊蔡俔東聖仲癸酉縣村權國仁景震庚辰院村金顯郁魯瞻乙酉保村金慱仁仲則甲申知保蔡錫禹天乃丙戌縣村權壽仁嚮有戊子院村蔡昌禹景言丁酉縣村際蔡訒齋贈正卿焚黃日東南諸君子齊會翌日罷歸北郭老人約會于近嵒書院齊言會中多耆老中下亦非少也不

可無題名錄既題一秩留于院中餘帙會員各自袖歸以爲日後替面之資昔寒崗鄭先生旅軒張先生爲龍華泛舟會郭忘憂堂諸公與近郡名勝不期而會時座目三十六員今名錄爲不朽之傳尙矣哉嗚呼東南人物漸下二老先生不可企及而其時碩士鴻儒邈焉難繼然今日名流亦不可謂一時之盛況北郭有斯文責商山咸陵諸老成亦可謂新安舊徒自後人觀之當不爲落莫矣不佞衰朽以齒濫參於第一座幸莫大焉雖不文略記顚末係之以近體一篇詩曰孝子坊高大雅鄕近嵒書院浥流芳淸臺詩禮諸君子息老聲光仰構堂開口莫論天下事消憂且盡手中觴龍華勝事應今日題倣嵩陽一紙香梧竹齋僉知漢陽趙宜陽人有恒言曰古今人不相及然晉人有蘭亭之會唐有九老之會宋有洛社之會各隨其時樂其樂而已何論古今哉今日之會人雖不及古樂其樂一也吾輩幸生太平之世年俱耆艾況東南名勝老少咸集序齒而書則不佞厠名其間亦有附驥之幸謹書錄末云

剛齋李承延

2) 계미년 9월 근암서원에서 병산서원에 보낸 통문

풍산류씨 하회마을 화경당(북촌댁) 소장(한국국학진흥원 위탁)

1823년 9월 12일 근암서원과 웅연서원 원장과 재임 및 회원들이 병산서원에 보낸 통문이다. 통문이 작성되기 전인 1823년(순조 23) 번암 채제공이 신원伸冤되었다. 그해 7월에 도산서원 도회에서 『번암집』 간행에 대한 공론이 일어났다. 본 통문을 보면 『번암집』 간행에 대한 상세한 논의는 이산서원에서 모여서 진행되었던 것으로 보인다. 하지만 모임 이후 간역을 시작했다는 소식을 듣지 못했다. 비록 중간에 어떤 절박한 일이 있었던 것인지는 알지 못했지만, 한결같이 병산서원과 여강서원, 삼계서원에서 간역하는 일을 맡

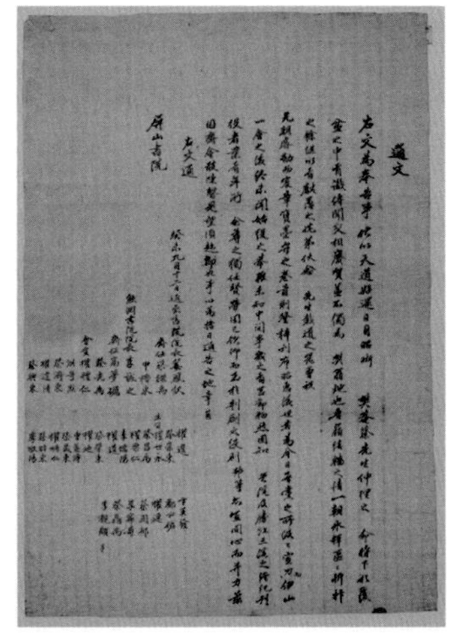

고 있다는 것을 알고서 흠앙해왔다고 했다. 그래서 문집을 판각하는 일에 근암서원과 웅연서원에서도 같은 마음으로 함께 힘쓰고자 했다. 이에 두 서원의 사림들이 모였으나 소식을 알 수 없으니 일이 있다면 즉시 나아갈 수 있도록 날짜를 통고해주길 요청하였다.

3) 근암서원사적 近嵒書院事蹟

『한국서원학보』 8(한국서원학회, 2019) 영인수록

이 자료는 가로 34㎝, 세로 41㎝이며, 13장 1책으로 구성된 필사본이다. 표제와 내제는 「근암서원사적」이다. 맨 뒷장의 표제에 「임술칠월망후이일개장壬戌七月望後二日改裝」이라 쓰여 있어서, 1802년(순조 2) 7월 17일에 별도로 꾸민 것임을 알 수 있다.

본문은 근암서원에 제향된 인물들의 봉안일과 봉안문, 행적 등을 적고, 묘우상량문, 고적古蹟, 편액 현게懸揭, 제영題詠, 사액 유무를 간단히 기록하고 있다.

4) 근암서당창건고적 近嵒書堂創建古蹟

『한국서원학보』 10(한국서원학회, 2020) 영인수록

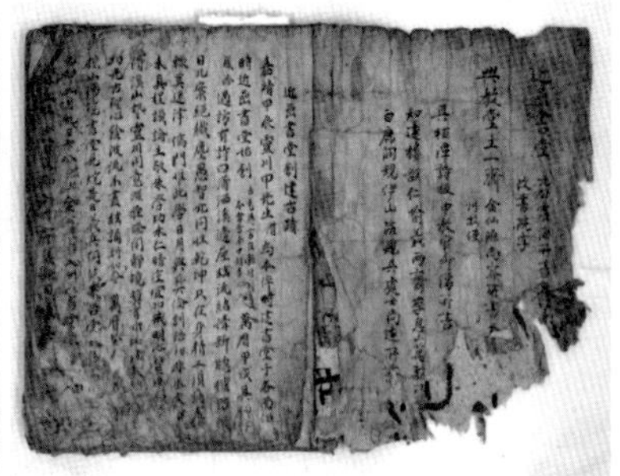

이 자료는 가로 30㎝, 세로 41㎝이며, 71장 1책으로 구성된 필사본이다. 표지의 훼손이 심하여 표제는 '근암서당…近嵒書堂…'만이 확인된다. 내제는 「근암서당창건고적」이다. 표지의 뒷면에는 근암서원 원내에 걸려있었던 '근암서당', '흥교당', '주일재', '구백담시판', '지원루', '욕인재', '유의재', '백록동규', '이산원규' 편액을 작성한 인물들을 적고 있다. 이는 근암서원이 그만큼 관심을 받고 있었고, 높은 위상을 갖추고 있었음을 드러내려는 의도였다.

본문에는 1554년(명종 9) 상주목사 신잠 서당을 건립하였을 때부터 1750년(영조 26)까지 발생하였던 각종 사안으로 향내·외에 주고받았던 문서들이 등서謄書 되어 있다.

통문은 다양한 사안을 다루고 있는데 크게 서원으로의 승원陞院, 추향追享, 중건, 무신란戊申亂, 문집간행 등으로 나눠진다. 정문呈文은 근암서원으로의 승원과 원속院屬, 속사屬寺인 주면사朱麵寺 등에 대한 면역免役과 소유권에 관한 것이다. 추향 당시 봉안문과 축문 및 홍언충의 『우암집』 간행에 관한 논의와 발문 등도 확인된다. 이외에도 관문과 전령은 이인좌의 난과 관련된 것으로 호소사號召使 조덕린趙德鄰과 소모사召募使 황익黃翼이 보낸 관문, 상주에서 의소義所를 만들고 제정한 14개조의 절목을 수록하고 있다.

또한 1744년(영조 20) 3월에 상주목사로 부임한 이종적李宗迪(1710~1748)이 상주 내 교원校院에 흥학과 관련하여 효유曉諭하고 6개조의 절목을 반포한 내용이 기재되어 있다. 특히 「원중완의院中完議」 15개 조항은 근암서원의 실제 운영 원칙을 확인할 수 있다는 점에서 참고가 된다.

『근암서원사적』과 『근암서당창건고적』은 근암서원의 역사와 운영 실태를 확인시켜준다. 특히 『근암서당창건고적』에는 1653년(효종 4)부터 1750년(영조 26)까지 수수하였던 각종 문서를 수록하고 있어서 당시의 사정을 구체적으로 보여준다.

5) 기묘 10월 25일 근암서원통문 己卯十月二十五日 近嵒書院通文

문경 현리 인천채씨 소장본

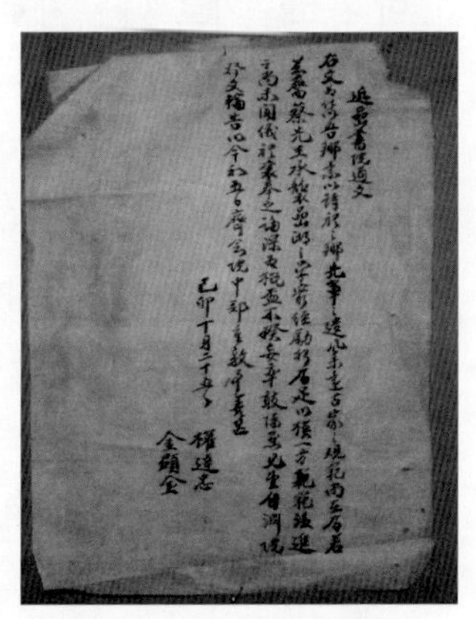

웅연서원熊淵書院에서 권상일과 이상정의 문인이었던 운재芸齋 채시주蔡著疇(1739~1819)를 기리는 방안에 대하여 문의하므로 이를 논의하기 위해 다음달 초5일에 제회齊會한다는 내용이다. 기묘년은 1819년으로 추정된다.

4. 일기류

1) 권상일權相一, 『청대일기淸臺日記』

18세기 영남을 대표하던 학자이자 『청대일기』의 저자 권상일은 거주지 인근에 위치한 근암서원을 주 무대로 활동했고, 그 구체적인 내용을 일기에 고스란히 기록하였다.

기간	근암서원 방문 목적
1702.1.4	알묘謁廟
3. 3	원회院會 참석
4.23~4.26	홍여하의 봉안례 참석
윤 6.29	채여범蔡汝範을 재사에서 만남
8.14	대행왕비의 초기로 재사에 모여 상복을 벗음
10.27	여범, 이순과 함께 서원재사에서 글을 지음
11.7	홍 주부가 원장로 서원 재사에 와서 만남
1704.1.15	서원 재사에 가서 홍주부를 뵘
2.14	조면지趙勉之를 만나 이야기 함
7.1	이문언李文彦, 김이순金而順과 함께 서원 재사에서 시를 지음
9.30	원회에 참석
10.14	여범이 서원재사에 왔기에 가서 이야기 함
8.13	서원에서 기와 작업을 하는 것이 여러 날이어서 보러감.
12.4	조부의 기제사를 지냈다. 이형중李亨仲 아저씨가 와서 밤에 같이 서원재사에서 숙박함
1708.윤3.2	신별검申別檢과 근처 여러 어른들이 서원 재사에 모였기에 가서 뵘
6.20	신 별검이 서원에 왔기에 가서 뵘
7.12	신 별검이 서원에 왔기에 가서 뵘
10.27	원회에 참석
1709.1.4	알묘회가 있어서 가친을 모시고 서원에 나아감.
1.5	용궁의 권인중權寅仲과 권계權棨가 서원에 왔기에 뵙고, 이야기 함.
3.16	재계齋戒를 마치는 날이라서 서원 재사에 가서 가친을 뵘.
4.9	문언文彦, 문약文若, 영휴永休, 이순而順 등이 서원 누각에 모여 글 짓기를 하였다.
9.17	재회 참석
9.20	향사를 지냄
12.1	서울의 한덕사韓德師 형제와 권흡權翕이 서원에 머물러 만나봄

기간	근암서원 방문 목적
1710.3.13	인근 여러 과거를 보러 가기 때문에 서원 재사에서 잠
7.26	서당과 서원에서 나눠 거접을 함
1721. 1.5	알묘
3.8	갈암변무소葛庵辨誣疏의 소유疏儒가 서원에 왔기에 밤에 들러봄
9.8	회원들을 만남
10.20	황속보黃涑甫에게 재임 통문을 써 보냄
윤 4.17	권수원權壽元이 근암서원에 왔기에 가서 뵘
윤 4.19	종조從祖 지평 이적의李適意 등이 서원에 왔다하여 가서 뵘
윤 4.29	저녁에 이만부가 서원에 왔기에 즉시 가서 뵘
5.2	이만부를 모시고 현촌縣村 일대를 둘러본 후 저녁에 서원재사에서 유숙함
5.20	문루에서 연구聯句를 지음
8.21	고모내외와 종숙부를 만나본 후 저녁에 서원에 당도하여, 장판각을 둘러봄
8.22	집사와 헌관을 선출할 통문을 냄
8.23	목사 2인을 추천받아 장판각 공사를 시작함
8.26	동재의 동쪽에 장판각의 기둥을 세움
10.2	치중, 서일, 치화, 순거 등과 서원 재사에서 이야기를 나눔
10.20	식산 이만부가 서원에 왔기에 찾아뵘
11.29	밤에 서원에 가서 재임의 통문을 써서 김세채金世采에게 보냄.
12.15	저녁에 20여 인이 모여 야반에 관세한 후 명륜당 앞에서 북쪽을 향해 곡하며 슬픔을 다해 사배四拜를 마치고 파함.
12.28	밤에 서원 재사에 갔는데, 신인수申仁叟도 옴.
1725.2.5	오후에 식산 이만부가 찾아와서 밤에 근암서원으로 모시고 가서 이야기를 나누다가 돌아옴.
4.2	저녁에 도연道淵 이씨 아저씨 형제가 서원에 왔다기에 가서 뵘.
5.21	여범이 서원재사에 왔기에 가서 이야기를 나눔.
1727.1.4	밤에 서원에 감. 30인이 모임.
윤 3.14	원장이 자리에 나왔기에 찾아 뵙고 저녁에 돌아옴.

기간	근암서원 방문 목적
4.1	율리 이진사, 소은천 권원장, 고서오가 곧장 서원에 모음.
4.2	여러 어른을 모시고 농청대弄淸臺에서 작은 모임을 가진 다음 날이 저문 뒤에 근암서원으로 돌아옴.
6.3	성징聖徵이 서원 문루에서 보기를 청하여 수각數刻 동안 이야기를 나눔.
1732.2.27	서원 재사로 돌아와 머뭄
3.3	서원 재사에서 김씨 상갓집에 갔다가 그 길로 집으로 돌아옴
3.24	가족들은 서원 아래 이건頤建의 집에서 거처하고, 권상일은 서원 재사에서 거처함.
11.2	서일의 집에 가서 홍주서洪胄瑞를 만나고, 저녁 식사 후 함께 서원으로 같이 옴
12.1	근암서원에 머뭄
6.7	김례이金禮而와 이삼로李三老 종숙이 근암서원에 왔기에 여러 사람들도 모여 이야기를 나눔.
8.1	근암서원에 가서 원장을 만남.
8.7	군약君約이 김룡사에서 서원에 왔다기에 저녁식사 후 가서 만났다가, 큰 비를 만나 유숙함.
11.8	저녁에 서일瑞一이 찾아와서 같이 서원 재사에 같이 가 이야기를 나누다가 돌아옴.
11.24	계부를 모시고, 근암서원에서 용궁읍에서 치제를 하고 오는 용여龍如를 기다림.
1746. 윤3.24	밤에 근암서원 원장이 된 이화국李華國을 재사에 잠깐 나가 만남.
1747.9.12	상소를 쓰려고 서원에 갔는데 참봉 이자순李子淳이 썼다.
윤 7.18	예천 김득로와 용궁 권태초가 보러와 서원 재사에서 모여 이야기를 나누다가 돌아감.
윤 7.22	밤에 재사에 가서 재임을 선출하여 보낸 다는 통문을 도남서원으로 지어 보내고, 바로 돌아옴.
11.13	원장이 사람과 말을 보내와서 근암서원 재사에 가서 원장, 류여문柳汝文 등의 10여인과 함께 이야기함.

기간	근암서원 방문 목적
1.15	아침에 서원재사에 감
5.20	장령 이백종李伯宗 부자와 자천대自天臺에서 배를 타고 강을 거스러 오르며 풍경을 구경하고, 시를 읊고 노닐다 서원 재사로 감.
8.2	아침에 헌관에게 통문을 써서 보내고, 기성와 여용에게 답장을 보내고, 『상산지속지商山誌續誌』의 초고본을 1책 써서 보냄.
9.13	수계소修禊所에서 근암서원 옮겨와 머뭄
9.14	송면松面 이명연李命淵과 내성乃城 상사上舍 이만춘李萬春이 들렀고, 저녁이 된 뒤에 춘양 참봉 이중광李重光이 찾아와 함께 잠
9.15	저녁에 서원 재사에서 집으로 돌아옴
1752.1.2	홍서일洪瑞一 서원 재사에 왔기에 찾아가 만남
1753.2.16	도남서원 원장 추천지가 왔으나, 사임하서나 참여하기도 송구한 입장이라 미안한 마음을 가지고 있는데, 근암서원 임원이 와서 위로하고, 도남서원 재임이 왔기에 부득이 밤에 서원 재사에 가서 재임 1인을 선출하고, 또 헌관에게 통문을 쓰고 바로 돌아옴
8.2	근암서원 원장과 고재임高齋任 및 회원 10여 인이 모여 신한태申漢台와 이증숙李增淑의 벌목罰目과 처벌 내용을 적어 각 서원에 통문을 쓰게 했다.
1754.5.17	상주목사가 서원 아래에 왔다는 소식을 듣고 찾아가 뵙고, 서원에 들어가 알묘한 후 강회를 개최함. 상주목사는 상방上房에 자고, 본가로 돌아옴.
1755.1.4	알묘
1756.6.28	존도서와尊道書窩에 설사와 이질이 돌고 있어서 근암서원 재사로 옮겨 머뭄
1757.2.22	정성왕후貞聖王后의 사망했다는 감영의 관문이 당도하여, 바로 근암서원으로 가서 명륜당 앞뜰에서 원장 및 회원 10여 인과 거애擧哀한 후 재사 방에 머뭄
2.27	앞뜰로 나아가 성복成服하고, 쇠복衰服을 입고 백립白笠과 포대布帶를 착용한 후 해가 진 후 집으로 돌아옴

기간	근암서원 방문 목적
3.20	전염이 의심되는 병이 발생하여 진서陳書하기 위해 서원에 갔는데, 원장도 옴.
4.1	대왕대비 김씨영빈김씨의 승하로 전패殿牌 앞 곡반哭班을 해야 하나 근력이 쇠하여 부득이 근암서원에 갈 계획임
4.2	근암서원 재사에 머뭄.
4.5	서원 앞 뜰에서 성복하여 쇠복을 입고, 바로 수계소로 감. 원장 원징元澄이 읍내 내곡반內哭班에서 돌아와 함께 잤다. 들으니 변복 절차는 이전의 상喪과 같으나 다만 생포대生布帶로 졸곡과 연제練祭를 지내는 것이 다를 뿐임.
6.2	중궁전 인산因山 발인이 초3일 축시丑時에 있다고 하여 저녁 후에 서원에 감.

5. 현판류

1) 복원사실 復元事實

1868년(고종 5) 훼철이후 1974년에 제향인의 후손들과 원유들이 청대종택에 모여 복설을 결의하고, 이후 10년 동안 3차례의 배전排錢을 모아서 강당(1979), 사우(1980), 삼문(1984)를 복원하였다. 고호림高皓林이 썼다.

2) 복원기 復院記

1982년임술 인동 장병규張炳逵가 썼다. 근암서원의 위치와 역사, 7인의 제향인물에 대하여 설명하고, 1868년(고종 5) 훼철된 후 100여 년이 지나서 사론이 준발하여 강당과 사우가 복원된 내용을 적고 있다.

3) 존성당중건상량문 存性堂重建上樑文

1979년 강당인 존성당을 중건할 당시 작성한 상량문이다. 진성 이원영李源榮이 지었다.

덕암서원德巖書院

Ⅰ. 개 요

주 소	경상북도 성주군 월항면 유월3길 29-72
제향인물	이천배李天培(1558~1604)
	이천봉李天封(1567~1634)
	이주李紬(1599~1669)
관련사항	경상북도 문화유산자료

Ⅱ. 연 혁

1672년(현종 13)	덕암사德巖祠 건립
1868년(고종 5)	흥선대원군 서원훼철령으로 덕암사 철폐
1928년	덕암서당德巖書堂 중건
1998년	덕암서원 승격

▣ 제향인물

■ 이천배(李天培, 1558~1604)

본관은 경산京山, 자는 경발景發, 호는 삼익재三益齋이다. 아버지는 이침李忱이며, 아우가 이천봉李天封이다. 아우와 함께 정구鄭逑 문하에서 수학하였다. 장현광張顯光·서사원徐思遠·여대로呂大老 등과 교유하였으며, 과거에 뜻을 두지 않고 학문 연구와 후학 양성에 힘썼다. 문집으로 『삼익재집三益齋集』이 전한다.

■ 이천봉(李天封, 1567~1634)

본관은 경산京山, 자는 숙발叔發, 호는 백천白川으로 이천배의 아우이다. 정구鄭逑의 문인이며, 1601년(선조 34) 생원시에 합격하였다. 1627년(인조 5) 정묘호란 때 성주에서 의병을 일으켰다. 1628년 유일遺逸로 천거되어 의금부도사義禁府都事에 제수되었다. 문집으로 『백천집白川集』이 전한다.

■ 이주(李紬, 1599~1669)

본관은 경산京山, 자는 신언愼彦, 호는 학가재學稼齋·별묵別墨·백당白堂이다. 장현광張顯光의 문인으로 이도장李道長·장응일張應一·채무蔡楙·정홍석鄭鴻錫 등과 교유하였다. 과거에 뜻을 두지 않았으며, 백인당百忍堂을 짓고 후진 양성에 힘썼다. 문집으로 『학가재집學稼齋集』이 전한다.

Ⅲ. 자료편

1. 문집류

1) 〈덕암서원 봉안문 德巖書院奉安文〉

이천배李天培, 『삼익재집三益齋集』 권2, 「부록」

생원 이동헌[1] 찬

신안의 지체 높은 옛 가문이여, 올바른 학문의 연원이다. 대대로 덕을 쌓아 백 년 동안 이어졌다. 세 분의 어진이가 나서 한 가문에 모였다. 도道 있는 자에게 나아가 바로잡으니, 선생이 인도하셨도다. 시례詩禮에 물들고 스승에게 종용從容하였다. 형제끼리 연마하여, 차례로 스승 앞으로 나아갔도다. 하남河南의 백숙伯叔[2]으로부터 염계濂溪[3]에서 읊고 돌아왔다. 관직에 나아가기를 사절하고 서책에 마음을 두었다. 천거가 있었으나 구원丘園에서 자적하였다. 그 기침을 못 보고서 불행히 하늘이 망쳤도다. 한강寒岡 선생 제문이요, 여헌旅軒 선생 갈명碣銘이라. 진순眞淳함을 사랑했으며, 일찍 세상을 떠남을 애석해 하셨다. 관후寬厚한 자질에 뛰어난 재간이며, 통달한 지능이요, 온화한 모습이도다. 두 분 스승 사실을 기록하니, 백세의 고증이 되리다. 높여 받들 겨를이 없어 사림의 여론이 오랫동안 답답해하였다. 공의公議를 기다렸는데, 모의하지 않고도 같은 목소리를 내었도다. 이에 봉안식을 올리니 고향 옛 터이다. 많은 선비들이 길이 보고 달려와서 잔을 받들었네. 백중伯仲을 일렬로 향사하니 엄연히 한 자리에 함께 한 듯하다. 신령이시여 흠향하시고 몽매한 우리를 일깨워주소서.

---

1) 이동헌(李東獻[1730~1797]) : 본관은 광주(廣州), 자는 여징(汝徵), 호는 호암(湖菴)이다. 1730년(영조 6) 생원시에 합격하였으며, 문집으로 『호암집(湖菴集)』이 전한다.
2) 백숙(伯叔) : 중국 북송(北宋)의 학자 정호(鄭顥)·정이(程頤) 형제의 별칭.
3) 염계(濂溪) : 중국 북송의 학자 주돈이(周敦頤)의 호.

生員李東獻撰

新安舊家 正學淵源 奕世種德 百年襲薰 篤生三賢 萃于一門 就正有道 自先生唱 霑染詩禮 從容函丈 壎磋篪磨 次第摳衣 河南伯叔 濂溪咏歸 謝迹藝苑 潛心遺編 翩翩薦剡 囂囂丘園 未見其止 不幸天喪 寒老之誄 旅翁之銘 愛其眞淳 惜其早零 寬厚之質 俊邁之才 暢達之智 和柔之姿 兩師記實 百世可徵 未遑崇奉 久菀輿情 公議有待 不謀同聲 于以揭虔 桑梓遺址 多士永觀 駿奔執牽 伯仲列享 儼若連床 神其歆右 牖我群蒙

2) 〈상향축문 常香祝文〉

이천배李天培, 『삼익재집三益齋集』 권2, 「부록」

가정에서 이어 받은 시례詩禮여. 스승에게 바로잡은 학문이라. 형제간 함께하니 백세의 표준일세.

家庭詩禮 師門正學 一體伯叔 百世矜式

3) 〈덕암서원 중수상량문 德巖書院重修上樑文〉

이천배李天培, 『삼익재집三益齋集』 권2, 「부록」

엎드려 생각하건대, 어진 선비 한 가문에서 배출되어 백 년 동안 이 고장에 끼친 향기가 남아 있고 마름풀이 시냇가에 있으니 한 채의 서원의 옛 모습을 바꾸었도다. 이것을 일러 제단에 제사지낸다고 하니, 우리가 일찍이 그 유풍을 이어 받았다.

생각하건대 이 서원은 세 분 군자를 향사지내는 곳이며, 이 땅은 큰 선비를 배출한 이름난 고장이도다. 백천白川이 끝이고, 익재益齋는 맏이다. 어진 마을 암포巖浦에 전해져, 한강寒岡에게 종유하였도다. 또한 여헌旅軒에게 수학한 어진 조카 학가옹學稼翁도 있다. 학문에 힘쓰고 행실이 돈독하니 한 묶음의 생추生芻[4]에 맑은 정성 비쳤다. 경민제세經民濟世에 뜻을 두고자 은둔을 감수하니, 세 번 피는 영지靈芝의 좋은 향기 가졌도다. 한스럽도다. 그 당시 쌓은 경륜 펼치지 못하고 운월雲月로서 생을 마쳤으니, 어질었던 공의 덕행 많은 선비 다퉈가며 추앙하여 북두北斗처럼 우러렀도다. 날마다 놀던 자리에 제향 드리는 서원이 있다. 호안정胡安定[5]의 제자임을 온 세상이 알았으니 칭송이 자자하였으며, 석조래石徂徠[6] 선생처럼 사람마다 추모하여 맑은 향불 드렸도다.

사당의 협소함을 면치 못해 선비들이 두루 살피기가 불편하였다. 높은 집의 제도가 다르니 땅의 형세가 생계牲繫[7]에 적합하지 못하였고, 많은 일이 초솔草率하게 시작되어 예의를 갖추기가 어려웠다. 비록 선비들이 우러러 모시는 정성은 규모가 작아도 관계가 없으나, 제사를 올리는 자리의 체모는 존엄해야 한다. 이럴 때 향인들이 의논하였고, 곁들여 후손들도 힘을 썼다. 교화와 도덕이 세상에 남아 있어 부로父老들이 삽과 괭이를 잡았으며, 도의가 사람을 감화시켜 친구들이 묘목을 아끼지 않았다. 물을 끌어다가 집터를 쌓았으며, 상체常棣를 다듬어서 기둥을 세웠다. 창호가 정연하니 월암과 성산星山의 좋은 기운이 들어오고, 뜰이 넓어 통천通泉과 낙동강의 먼 근원을 접하였다. 가르침은 아직 용문龍門[8]을 기억하고, 법도는 비로소 녹동규약鹿洞規約[9]을 갖추었네. 세 어진이의 감실龕室을 함께 하니 황연하게 훈지壎篪[10]를 부는 것 같고, 많은 선비가 백도百堵[11]의 흥이 일어나서 아침저녁 글소리 높도다.

---

4) 생추(生芻) : 말리지 않은 싱싱한 풀이다. 상장례와 관련해서는 조촐한 제물이나 부의(賻儀)를 뜻한다.

5) 호안정(胡安定) : 북송 초기 학자 호원(胡瑗)으로서, 안정(安定)은 그의 시호.

6) 석조래(石徂徠) : 북송 초기 학자 석개(石介)로서, 조래(徂徠)는 그의 별칭.

7) 생계(牲繫) : 향사 때 쓰는 희생을 가리킨다. 여기서는 제수를 마련한다는 뜻이다.

8) 용문(龍門) : 등용문(登龍門).

9) 녹동규약(鹿洞規約) : 남송 학자 주자(朱子)가 제정한 백록동서원(白鹿洞書院)의 규약.

10) 훈지(壎篪) : 『시경詩經』 소아(小雅) 하인사(何人斯)의 "맏형은 훈을 불고 둘째형은 지를 분다.[伯氏吹壎 仲氏吹篪]"에서 나온 말이다. 형제 간의 우애를 뜻한다.

11) 백도(百堵) : 수많은 담을 가리키는 것으로서 건물이 많음을 뜻함.

제기에 향기가 떠오르니 정일丁日의 제례를 갖추었고, 처마에 밝은 기운 들어오니 방위가 남쪽으로 향하였다. 진실로 사당의 모습 엄숙하지 아니하면 어떻게 세덕世德을 고증할 수 있으랴! 잠시 서원의 옛 이름을 따르노니, 조정에서 사액함을 기다렸도다. 삼가 거친 말을 진술하여 들보 얹는 것을 돕는다.

어여차 대들보를 동쪽으로 던져보니, 도옥陶玉[12]의 높은 산이 시야에 들어오네. 이로부터 사숙私淑하여 석학이 많았으니 이씨 가문의 유일로서 세 분이 뛰어났네.

어여차 대들보를 서쪽으로 던져보니, 검암儉巖이 비낀 곳에 장군혜蔣君蹊[13]가 되었도다. 후세 선비 나아가서 첨앙瞻仰함이 간절하여 새 사당을 중수하니 옛 집의 곁이로다.

어여차 대들보를 남쪽으로 던져보니, 가야산伽倻山 그 아래에서 좋을 별이 셋이로다. 7리의 하늘 문채 움직임을 싫어하여 감춘 빛과 잠긴 채식 옛 우물에 잠겼도다.

어여차 대들보를 북쪽으로 던져보니, 덕령德嶺에 머문 구름 옛 빛을 띠고 있다. 하염없이 사모하나 그 사람 멀리 있어 동산 꽃 시내 풀에 생각이 끝없어라.

어야차 대들보를 위쪽으로 던져보니, 곧고 바른 숨은 선비 주역효상周易爻象 살폈도다. 떨어진 낡은 책을 거두지 못했는데, 연꽃 이슬 오동 달빛 저절로 비쳐있다.

어여차 대들보를 아래로 던져보고, 학업을 연마하는 학도에게 말하도다. 참된 공부 근본부터 닦을 것을 알아야지, 말로만 하는 것은 모두가 헛되도다.

엎드려 원하건대 상량한 뒤로부터 집 모습이 나는 듯 새롭고 제물은 깨끗하게 좋아져라! 반드시 공경함은 고향의 땅인지라 그 어찌 후손만 귀의함이 있겠는가! 서로가 보고 느껴 봉마蓬麻[14]가 의지하듯 영원토록 선비들이 모범

12) 도옥(陶玉) : 도산서원(陶山書院)과 옥산서원(玉山書院)으로 각각 이황(李滉)과 이언적(李彦迪)을 지칭.

13) 장군혜(蔣君蹊) : 장나라 왕이 다니는 작은 길.

이 되어 주오.

숭정 후 세 번째 을묘년(1795) 3월 통정대부通政大夫 성주목사星州牧使 창녕昌寧 성종인成種仁[15] 삼가 짓다.

伏以芝蘭同堂 挹餘薰於百年丘壑 蘋藻在澗 改舊觀於一畝院宮 是謂祭於社焉 凡我聞其風者 竊惟德院連享之地 卽是宏儒輩出之享 曰白川季 曰三益昆 仁里尙傳巖浦從寒岡遊 從旅軒學 賢侄又有稼翁 劬墳籍而敦行 能生芻映一束之潔 志經濟而甘淪 屛巖芝抱三秀之聲 嗟事業不見於時 終老雲月 伊士友爭慕其德 若瞻斗魁 肆於杖履日涉之園 厥有籩簋辰享之屋 世皆知胡安定弟子 通說不衰 人或比石徂徠先生 芬苾以妥 第祠宇未免湫狹 伊士林有妨周旋 制異棟隆 地勢未敞於牲繫 事多草刱 禮容難將於蟻封 雖衿掖歸向之誠 不係規模之小 而俎豆崇奉之地 所貴體貌之尊 乃者邦人之協謀 重以雲孫之效力 風猷在世 父老咸操畚鑱 道義薰人 朋舊不惜墓木 灌智水而築址 架常棣而爲楣 軒窓整排 納灝氣於月岩星峀 庭宇闊拓 接混源於通泉洛江 敎授尙記於龍門 規度始備於鹿洞 三賢聯一龕之享 怳若篪唱壎吹 多士喜百堵之興 剩占絃朝而誦暮 香升稷簋 備祀典於用丁 明通竹簷 抗方位於向巳 苟非廟貌之增重 世德曷徵 姑此院名之仍前 恩額有待 恭陳蕪語 助擧脩樑 兒郞偉抛樑東 陶玉高山在望中 私淑向來多俊碩 李家遺逸最群公 兒郞偉抛樑西 儉巖斜接蔣君蹊 後儒卽地瞻依切 重葺新祠傍舊棲 兒郞偉抛樑南 伽倻山下德星三 猶嫌七里乾文動 葆彩潛光古井涵 兒郞偉抛樑北 德嶺雲烟凝古色 惆悵室邇人已遐 園花澗草思無極 兒郞偉抛樑上 貞吉幽人玩易象 零落殘編渾不收 荷珠梧月自昭朗 兒郞偉抛樑下 寄語藏修遊息者 須識實工根自修 耳傳口授徒爲也 伏願上樑之後 翬跂煥新 牲醴芳好 必恭敬惟桑與梓 奚但後孫之歸依 相觀善若蓬倚摩 永爲儒士之矜式 崇禎後 三乙卯 三月日 通政大夫 星州牧使 昌寧 成種仁 謹撰

---

14) 봉마(蓬摩) : 쑥과 삼으로 서로 의지함을 뜻함.

15) 성종인(成種仁[1751~?]) : 본관은 창녕(昌寧), 자는 직재(直哉), 호는 긍재(肯齋)이다. 1777년(정조 1) 생원시에 합격하고, 1782년(정조 6) 문과에 급제하였다. 1793년 성주목사로 부임하였다.

4) 〈덕암서당기 德巖書堂記〉

이천배李天培, 『삼익재집三益齋集』 권2, 「부록」

덕암서당을 이루어 놓고 이사문李斯文 탁영鐸英[16]과 계원啓源이 서당의 연혁을 가지고 300여리의 먼 길에도 불구하고 나를 찾아와 기문을 부탁하였다. 그 대략을 말하되 "성주 북쪽 20리 즈음에 옛적 덕암사德巖祠라는 사당이 있으니, 나의 종선조從先祖 삼익재와 선조 백천, 학가재 세 선생을 향사하여 오다가 고종 5년 무진(1868)의 나라 금령에 의하여 훼철되고 다만 빈터만 남아 있다. 불초한 우리가 언제나 마음속으로 한탄하며 정사精舍를 세워 오랫동안 추모의 정성을 붙이려고 하였으나 힘이 부족해 이룩하지 못한 것이 60년에 이르렀는데, 금년 가을 여러 종친과 합의하여 재정을 모으고 목공을 불러 수십 일 만에 완성하였다. 그 규모를 말하면 8칸에 12개의 기둥으로 마루와 방, 헌함軒檻과 창문이 밝게 트여 따뜻하고 시원한 것이 거처에 알맞아 책을 읽고 학문을 강론하는데 적당하니 참으로 동남쪽 지방의 학당 중에 일대 장관이라 하겠다. 완공한 뒤 '덕암서당'이라는 현판을 걸었으니, 서당이 있는 곳이 덕령 아랫니며, 암포의 위인 까닭이었고, 또 옛 사당의 이름을 감히 고칠 수 없었기 때문이다. 바라건대 좌하座下께서 이러한 것을 바탕 삼아 이 서당의 빛내 달라!"고 하였다.

내가 그 말을 듣고 대답하기를 나는 일찍이 삼대三代 때 학교 제도가 없어진 이후 서원이 시작되었다고 들었다. 서원은 학문의 강론을 먼저 한 다음 어진 이를 숭배하였으니, 창주滄洲·백록白鹿[17]의 고사 및 우리나라 조선시대 학교 제도를 상고해 보면 알 수 있다. 오늘날 그대가 어진 이를 숭배할 곳이

---

16) 이탁영(李鐸英[1870~1944]) : 본관은 경산(京山), 자는 맹순(孟舜), 호는 품산(品山)이다. 이천봉의 후손이며, 이승희(李承熙)의 문인이다. 문집으로 『품산집(品山集)』이 전한다.

17) 창주(滄洲)·백록(白鹿) : 남송 때 학자 주자가 지은 창주정사(滄洲精舍)와 백록동서원.

없는 것을 깊이 개탄하고, 이 서당을 세워 학문을 강론함에 덕행을 근본삼지 않으면 또 어찌 어진 이를 숭배하고 덕을 본받는 도리라 하겠는가?

오늘날 공의 가문 후계자로서 마땅히 덕에 들어가는 문호와 덕을 쌓는 기본을 먼저 알아 훗날 덕을 이루는 근본으로 삼아야 하며, 그 역시 다른 데서 구할 필요가 없을 것이다. 덕암사에 향사한 세 명의 어진이가 한강·여헌 양 선생에게 전수 받은 학문과 덕행을 체득하여 힘써 실천하는 데에 있다고 하겠다. 집에 있을 때에는 효우와 도리를 다하고 국가를 위함에는 토복討復의 충의忠義를 다하며, 향리鄕里에 있을 때는 예의의 풍속을 앞세워서 사람들로 하여금 칭송하기를 "삼현三賢의 뒤에 어진 자손이 이처럼 많다"고 한다면 선조의 유덕을 빛내는 것이 향사하여 숭배하는 것 못지않을 것이다.

하물며 사당을 세운 그 당시 먼저 '덕암'이라 이름 했으니, 선배들도 역시 이러한 것으로써 후인後人들에게 바랐다는 것을 알 수 있다. 하찮은 나로서 어찌 감히 중언부언 하겠는가! 다만 장수莊修하는 뜻 들어 보지 못했으니, 그 산천의 좋은 경치와 관람하는 많은 감상을 비록 제공諸公들을 위하여 서술하지 못하나, 덕을 좋아하는 정성과 선善으로 충고하는 도리 스스로 억제하지 못할 것이 있다. 이러한 것을 연관시켜 이 글을 써서 서로 수련하고 권면하는 우의友誼에 스스로 부응할 바이다. 혹시나 "너 소자小子가 어찌 감히 덕을 안다고 하는가!"라고 말하지 않을는지.

무진년(1928) 남지절南至節에 후학 문소聞韶 김형모金瀅模[18] 삼가 쓰다.

德巖書堂成 李斯文 鐸英 啓源 袖本堂沿革事實 跋踄三百餘里 囑余以爲記 其畧曰 星州北二十里 舊有德巖書院 享吾從先祖三益齋 先祖白川 學稼齋 三先生 高宗五年戊辰 因邦禁見撤 秖遺址在焉 不肖等 心常恫恨 思欲置精舍 以寓百世羹墻之慕 坐力詘未遑者 殆一周甲矣 今年秋 與諸宗協議 鳩財募工 歷數旬而功告訖 其爲制八間十二楹

18) 김형모(金瀅模[1856~1930]) : 본관은 의성(義城), 자는 범초(範初), 호는 가산(柯山)이다. 김흥락(金興洛)의 문인으로 1895년(고종 32) 의병을 일으켰다.

堂室軒窓 幽靚顯敞 暄凉俱適 尤於設講讀法 用無不宜 儘東南學舍中一大觀也 旣成而落 遂扁之曰德巖書堂 以其在德嶺之下 巖浦之上 且因院號而 堂不敢改其舊也 幸吾子就此點綴 以賁我墻壁之需也 余受而一閱焉 遂復之曰 吾亦嘗聞之矣 自三代學校之政廢書院 昉焉 書院者 講學爲主 尊賢次之 觀於滄洲白鹿故事及我 朝學校禮 可攷而知也 今吾子深有慨於尊賢之無地 創斯堂 爲講學之室 亦可謂有得於三代學校之制 然講學而不本之德行 又豈所謂尊賢象德之義哉 爲今日公家後承者 當先知立德之門 績德之基 爲異日成德之本 又不待求之於外也 以所祀三賢之得聞於寒旅兩先生者 嘗反身而力行之 居家而盡孝友之則 爲國而效討復之義 處鄕而先禮讓之俗 使人稱之曰三賢之後 子孫 多賢有如是云爾 則其有光前烈 不但爲尸 祀尊尙而已 況立院之初 先以德巖名扁 可知先輩 亦以是有望於後人也 不佞 何敢贅焉 秖恨病伏窮陬 不得一至其室與聞莊修之義 其於溪山之勝 登覽之富 雖不能爲諸公賦之 然區區好德之忱 責善之道有不敢自已 牽連書此 以自副於交修互勉之誼 倘不曰爾小子 曷敢知德乎云哉 戊辰南至節 後學 聞韶金瀅模 謹記

5) 〈덕암서당명 德巖書堂銘〉

이천배李天培, 『삼익재집三益齋集』 권2, 「부록」

후손 상건相虔[19]

사람마다 모두가 순일純一한 덕이 있어서, 반드시 덕으로써 제사를 지냈도다. 은열殷說[20]은 부암傅巖에서 살았고, 원회元晦[21]는 회암晦巖에서 밭을 갈았다. 옛날 선철先哲들은 곳에 따라 이름 했으니, 생간건대 이 덕암德巖은 세 분 조상 모신 곳이다. 우뚝하게 높은 회연檜淵[22]은 천길 높이의 봉비암鳳飛巖이로다.

---

19) 상건(相虔) : 이상건(李相虔[1898~1989])을 가리킨다. 본관은 경산(京山), 자는 우삼(友三), 호는 귀전(歸田)이다. 글씨에 능하여 많은 금석문을 썼다.

20) 은열(殷說) : 중국 상(商)나라의 어진 신하 부열(傅說).

21) 원회(元晦) : 남송의 학자 주자의 자(字).

22) 회연(檜淵) : 정구(鄭逑)를 제향한 성주 회연서원.

동락東洛[23]을 우르노니, 백길 높은 부지암不知庵이 솟았도다. 학문의 연원이 분명하여, 학통을 잇고 전수한 공적 있도다. 사림들이 향사지내고 큰 사당이 높았지만, 유학의 운수가 크게 막히어 선생의 사당 황폐해졌네. 지나가는 사람마저 슬퍼하니 하물며 후손이랴. 복구공사 계획하고 재목을 마련함에 수많은 후인들이 바쁘게 달려왔다. 옛 터전에 기초하여 새로운 집 세웠도다. 마루에 올라가서 학문을 강론하고, 옛날 바른 예의 이어서 배우니, 산은 더욱 높으며, 물이 더욱 깊더라. 많은 문채 빛이 나니, 많은 선비 다함께 흠앙欽仰하네.

後孫 相虔

人咸有德 祉必以德 殷說築巖 元晦耕巖 于古先哲 因地錫名 惟兹德巖 三祖妥靈 有倬檜淵 千仞鳳飛 瞻彼洛矣 百丈不知 淵源有自 功存繼開 士林尸祝 廈屋崔嵬 斯文百六 鹿洞草鞠 行路咨嗟 矧矣孱孫 經工庀材 羞後駿奔 仍舊基礎 維新榱桷 昇堂講肄 古禮祖學 山而益高 水若增深 精彩照耀 衿佩齊欽

6) 〈덕암서당 석채고유문 德巖書堂釋菜告由文〉

이천배李天培, 『삼익재집三益齋集』 권2, 「부록」

후학 이기원李基元[24]

삼가 생각하건대 선생은 회연檜淵의 제자라. 한강 선생이 진순眞淳함을 칭찬했고, 여헌 선생이 나를 경계했다고 말하였다. 엄숙한 덕암은 일찍이 혈식血食한 곳인데, 서원이 철폐되고 서당이 되었지만, 예절을 행하여 법도를 닦았도다.

23) 동락(東洛) : 장현광(張顯光)을 제향한 구미 동락서원.

24) 이기원(李基元[1885~1982]) : 본관은 성산(星山), 자는 자건(子健), 호는 삼주(三洲)로서 이승희(李承熙)의 아들이다. 1925년 제2차 유림단 사건으로 체포되어 옥고를 치렀다. 1990년 건국훈장 애족장이 수여되었다.

後學 李基元

恭惟先生 檜淵之徒 罔稱眞淳 旅說戒吾 肅肅德巖 曾所血食 院廢爲堂 行禮攸式

7) 〈덕암서당 중수상량문 德巖書堂重修上樑文〉

이천배李天培, 『삼익재집三益齋集』 권2, 「부록」

【이 덕암서당은 삼익재·백천 양 선생을 위하여 세웠으며, 현재 덕암서당을 세우기 전에 서원의 이름을 따랐다가 지금 마을의 서쪽에 이건하면서 그 이름을 검양서당儉陽書堂으로 고쳤다.】

현판을 옛 이름 따라 '덕암'으로 했으니 조선祖先을 향사하던 곳을 잊어버리지 않았으며, 당실堂室을 이제부터 서숙書塾이라 하였으니 후손들의 강학하는 집 되기를 바라도다. 오르내리고 출입함에 떳떳한 법도가 이어지며 우러러 추모함에 그침이 없도다.

엎드려 생각하건대 삼익재·백천 양 선생은 한 집의 사우師友였고, 백대의 유종儒宗이셨다. 추창趨蹌하여 뜰 앞을 지나감에 암서부군巖棲府君[25] 의방義方의 교훈을 능히 따랐으며, 도가 있는 스승에게 나아가 한강 선생으로부터 마음 쓰는 법을 일찍이 전해 받았다. 날마다 나아가고 달마다 나아감에 돈독하였으니, 지나간 어진 이를 계승하고 앞으로의 후학을 열어주는 임무를 더욱 힘썼다. 난리에 임하여 의병을 모으면서 힘을 다하고 마음을 다했으니, 우복愚伏 정문장공鄭文莊公[26]의 연주筵奏가 간곡하였으며, 은미隱微함을 떨치고 풍습을 돈독히 하며 자기 내면의 학문을 하였으니, 여헌旅軒 장문강공張文康公의 신필信筆이 밝도다. 마침내 많은 선비들의 받듬을 흠향하였으니 일컬은바 삼현三

25) 암서부군(巖棲府君) : 이천배·이천봉 형제의 아버지인 이침(李忱[1543~1580]).

26) 정문장공(鄭文莊公) : 정경세(鄭經世[1563~1633])를 가리키는 말로서, 그의 본관은 진주(晉州), 자는 경임(景任), 호는 우복(愚伏)이며, 시호는 문장(文莊)이다. 류성룡(柳成龍)의 문인으로 1586년(선조 19) 문과에 급제하였다. 관직은 이조판서(吏曹判書)에 올랐고, 문집으로 『우복집(愚伏集)』이 전한다.

賢의 사당이었다. 높고 훌륭한 덕이 이웃에 있었으니, 학가옹을 함께 향사하였으며, 선대 묘소가 가까웠으니 부윤공府尹公의 체백體魄을 장사한 곳이었다.

어찌 하리요! 나라 금령의 강력한 형세가 불과 같았으니, 이에 선비들의 기세가 극도로 위축되었다. 읍양揖讓하던 뜰에는 다만 봄빛 띤 푸른 풀만 보였으며, 글 읽던 마루에는 석양에 부은 초동들의 젓대소리 들려왔다. 지나가던 사람들도 오히려 탄식할 만 하였거늘, 후손들이 그 어찌 슬퍼하지 않을손가! 이에 몇 이랑의 헤어진 집을 구했으니, 이는 옛 마을의 고향이라. 한편으로 황폐됨이 근심될 뿐만 아니라 옛날 덮은 띠지붕이 자못 한스럽도다. 빗장과 문지방의 부패함이 슬펐으며, 기둥과 추녀의 기우러짐은 어이하랴! 뛰어난 목수 불러다가 규획하니 그림쇠의 둥근 것과 먹줄의 곧은 것을 볼 수 있고, 여러 힘을 동원하여 다퉈가며 달려오니 등에는 땀이 나고 어깨가 붉어짐을 꺼려하지 않도다. 나는 듯한 추녀와 눈썹처럼 둘러 선 기둥들은 비록 옛 제도를 변경하지 않았으나, 짧은 주두柱頭와 가로놓인 동자기둥은 우뚝하게 새 규모의 공이 있었다. 서로 선 기둥과 중첩된 들보는 꿩이 나는 듯하고, 밝은 창과 장식한 벽은 장엄하고 빛나도다. 오르고 존대함에 옛날의 풍성했던 생폐牲幣가 없는 것이 한스럽고, 여기에 거처하며 후세의 훌륭한 선비들의 모여옴을 기다려 보리로다.

자손들의 사업은 조선祖先의 뜻을 이어 각각 스스로 여기에 힘쓰고자 할지며, 조선의 신명은 자손에게 마음 있음을 어찌 아리오. 여기에 오르고 내리지 않겠는가? 문득 처마 끝 제비의 축하를 보았으며, 더구나 또 다시 약어鑰魚의 밤을 지킴[27]이 있었도다. 일에 감히 혹시라도 두 마음이 없으니, 그 어찌 성심誠心의 믿는 바가 아니었겠는가. 공적이 단시일에 이뤄짐을 고했으며, 경영의 지극함을 보았도다. 감히 보잘 것 없는 짧은 글로 기둥이 떠받치는 긴 들보 올림을 도운다.

27) 약어(鑰魚)의 밤을 지킴 : 약어는 물고기 모양의 자물쇠이다. 물고기 자물쇠가 눈을 감지 않은 채 굳건히 지킴을 의미한다.

어여차 대들보를 진방震方[동쪽]으로 던져보니, 덕령의 높은 바위 백천인양 솟았도다. 해마다 봄빛에 매죽梅竹만 남아 있어, 옛 사당 풍물이 눈 가운데 박혀 있네.

어여차 대들보를 태방兌方[서쪽]으로 던져보니, 무흘武屹의 구름 산이 시야에 들어오네. 용 떠난 지 천년토록 못에 달만 남아 있어, 지금까지 광채가 신과 함께 모여 있네.

어여차 대들보를 이방离方[남쪽]으로 던져보니, 집 아래 흐른 냇물 맑고도 잔잔하네. 그 때 이름난 정자亭子 깊은 뜻 있었는데, 가는 것이 이 같음을 후세 누가 안단 말인가?

어여차 대들보를 감방坎方[북쪽]으로 던져보니, 구름 속 금오산金烏山이 끌어당길 만하네. 아주 짧은 사이 기둥 위 글귀에 멀리 비쳐, 맑은 마음 굳센 절의 깊은 감회 일으켰네.

어여차 대들보를 아래로 던져보니, 충신忠信의 끼친 풍교風敎 십 여가의 마을일세. 옛 나라 탐라耽羅의 향나무[28] 한 그루 손지자엽孫枝子葉 번성하여 향기를 보존했네.

엎드려 원하옵건대 상량한 뒤에 최각榱桷이 더욱 더 공고하고, 임학林壑이 더욱 빛나며, 충후忠厚하고 근검하여 언제나 부조父祖가 성립한 어려움을 생각하고, 예악禮樂과 시서詩書를 익혀, 선왕의 선비 만든 방법을 잊지 말며, 물건은 소박해도 인정은 후하여, 나의 손님 접대하는 예절을 헤아릴 수 없고 선대가 하던 일을 잘 이어나가 그 가문의 법도를 만들로 정하며, 폐하지 말고 길이길이 이어가서 더욱 빛나게 하여 주소서! 10세손 탁영鐸英이 삼가 짓다.

【此德巖書堂 爲益白兩先生建 現德巖書堂未建前 蓋因院號 而今移建于村西 改名爲儉陽書堂】

---

28) 탐라(耽羅)의 향나무 : 이흥문(李興文[1380~1455])이 제주안무사(濟州安撫使)를 지내고 돌아올 때 가지고 온 향나무이다. 경상북도 성주군 월항면 안포리에 소재한 경산이씨(京山李氏) 가문의 재사인 백인당(百忍堂)에 심겨져 있다.

扁楣仍舊是德巖 不忘祖先俎豆之所 堂室自今爲書塾 庶冀子姓講學之宮 升降出入焉有常 羹墻瞻慕焉無斁 伏惟三益齋白川兩先生一堂師友 百世儒宗 趨而過庭 克遵巖棲府君義方之敎 就于有道 早得寒岡先生心授之傳 敦篤乎日征月邁 膽夯其繼往開來 臨亂募義盡力殫心 愚伏鄭文莊之筵奏懇懇 振微敦風 爲學向裏 旅軒張文康之信筆昭昭 終乃享多士之奉 所以稱三賢之祠 盛德有隣 學稼翁俎豆幷腏 先隴密邇 府尹公衣履所藏 奈之何邦禁鴟張如火 於是焉士氣龜縮乎泥 揖讓階除 但見碧草春色 絃誦堂廡 忍聽樵笛斜陽 行旅猶可嘆詘 後裔寧不咨嗟 肄惟求數畝廢廬 乃是古里桑梓 不啻憂一邊荒頓 頗恨舊掩茅茨 嗟居闃之腐敗 奈棟宇之傾頹 招良工而諏謀 可見規之圓繩之直 動衆力而爭赴 不憚汗爾背赬爾肩 翼榮眉柱 縱不變於舊制 短欂橫宋 屹有功於新規 對楹層甍之如翬如翼 明窓堅壁之輪焉奐焉 攸躋攸芋 恨無昔時之牲幣濟濟 爰居爰處 竚看後來之衿珮彬彬 子孫事業繼祖先志各自欲勉勵于玆 祖先神明在子孫心 安知不陟降乎此 奄見簷燕之賀朝 況復鑰魚之守夜 事之毋敢或貳 孰非誠心之所孚 功之倏爾告成 認得經營之必亟 敢構雕忠之短詞 助擧垂虹之負棟 兒郎偉抛樑震 德嶺巉巖百尺峻 春色年年梅竹在 古祠風物雪中印 兒郎偉抛樑兌 武屹雲岑入望靄 龍去千秋澤有月 至今光彩與神會 兒郎偉抛樑离 屋下川流淸且漪 當日名亭深有義 後人誰識逝如斯 兒郎偉抛樑坎 雲裏金烏取可攬 一髮遠來楣上句 淸心苦節也深感 兒郎偉抛樑坤 忠信遺風十室村 古國耽羅香一本 孫枝子葉馥猶存 伏願上樑之後 榱桷益鞏 林壑增輝 忠厚勤儉 恒念父祖成立之難 禮樂詩書 無忘先王造士之法 物薄情厚 待我客之禮數無量 肯構且堂作厥家之規模已定 勿替引之 于有光者 十世孫 鐸英 謹撰

8) 〈덕암사 봉안문 德巖祠奉安文〉

이천봉李天封, 『백천집白川集』 권4, 「부록」

생원 이동헌

시례詩禮의 옛 가문에서 덕이 높은 어진 선이 이어서 일어났다. 규장珪璋처럼 우뚝하게 뛰어났으니, 난설蘭雪의 향기로다. 형제끼리 책상을 연했으니, 제醍와 호瑚가 조화되고 거璩와 창瑒이 빛나도다. 한강 문하에서 함께 놀아 기대함이 가장 두터웠다. 정자程子 문하의 구산龜山[29]이요, 회암晦巖 문하의 면재勉齋[30]로다. 성균관에 노닐면서 명성 더욱 드러났으나, 명命과 시時가 어긋나 초복初服으로 돌아왔다. 관직을 단념하고 학문의 요결에 오로지 정밀하였다. 전영奠楹[31]에 노래를 그만두었고, 축실築室[32]에 생각이 간절하였다. 스승에게 정성 다하며, 모든 법도에 흠이 없었다. 엄정한 사당이며, 우뚝 솟은 비석이라. 유문 모아 간행할세, 정밀하고도 자세하였다. 유학에 공정 있었으며, 후학에게 혜택을 주었다. 청나라가 침범하여 임금이 피난하자 장단將壇에 높이 올라 의병을 모집하였으며, 나라 치욕 씻으려고 의리로 맹서하였다. 적진으로 달리려고 하였으나, 적병이 곧 물러나고 말았다. 숲 속 집에 은거하며 향기로운 창가에서 천지신명을 대하였다. 예의로 그물 삼아 숨은 선비 찾는 것과 구원丘園에 폐백의 쌓임이 나의 즐거운 것 아니었고, 본분을 지킴에 허물 없었도다. 스승이 주신 교훈 가슴에 새기니, 홍弘과 의毅 두 글자다. 평생 이 말씀을 일삼아서 부지런히 힘썼다. 여헌 선생이 묘갈문을 지었으며, 동명공東溟公[33]이 만사를 하였으니, 추장하고 추존하되 사물四勿[34]로 일관했다. 또한 등암공藤菴公[35]의 제문에 덕행을 말했으니, 그 어찌 아부한 말 있을 손가. 마

29) 구산(龜山) : 북송 학자 정호(程顥)·정이(程頤) 형제의 문인인 양시(楊時)의 호.

30) 면재(勉齋) : 남송 학자 주자의 사위이자 문인인 황간(黃榦)의 호.

31) 전영(奠楹) : '영(楹)'은 어전 앞의 두 기둥, '전(奠)'은 자리를 잡고 있다는 뜻이다. 공자가 어전 앞 두 기둥에 있는 꿈을 꾼 후 세상을 떠났다. 즉, 스승의 죽음을 의미한다.

32) 축실(築室) : 공자가 죽은 후 자공(子貢)이 공자의 무덤 곁에 집을 짓고 3년 간 시묘한 행위.

33) 동명공(東溟公) : 김세렴(金世濂[1593~1646])을 가리킨다. 김세렴의 본관은 선산(善山), 자는 도렴(道濂)·도원(道源), 호는 동명(東溟), 시호는 문강(文康)이다. 1616년(광해군 8) 문과에 급제하였으며, 관직은 호조판서(戶曹判書)에 올랐다. 저술로는 『동명집(東溟集)』과 『해사록(海槎錄)』을 남겼다.

34) 사물(四勿) : 『논어(論語)』 안연편(顔淵篇)에 수록된 "예가 아니면 보지 말고, 예가 아니면 듣지 말고, 예가 아니면 말하지 말고, 예가 아니면 행동하지 말라.[非禮勿視 非禮勿聽 非禮勿言 非禮勿動]"라는 구절에서 인용한 것이다. 북송 때 정이(程頤)가 이를 바탕으로 「사물잠(四勿箴)」을 만들어 스스로 경계하였다.

35) 등암공(藤菴公) : 배상룡(裵尙龍[1574~1655])을 가리킨다. 배상룡의 본관은 성주(星

음으로 열복함에 연유하였도다. 달리 구할 필요 없이, 이것으로 족히 징험된다. 끼친 덕행 남의 은택, 고을과 나라의 모범이라 백 년 동안 많은 공의가 오늘을 기다려서, 멀고 가까운 곳에서 한 목소리로 향사할 곳 잡았으니, 노니시던 옛 터이다. 장수藏修가 의구하리요. 한 사당에 함께 향사하니, 즐거워하신 모습 있는 듯 하도다. 많은 선비 모였으며, 제기 또한 질서 있어, 법과 예가 어긋나지 않으니, 바라옵건대 흠향하여 주소서.

詩禮舊庭 碩德繼興 珪璋特達 蘭雪淸馨 棣萼連床 醍龢璩暎 共遊岡門 期許最重 程門之龜 晦庵之勉 歌芹泮水 皐鳴益聞 命與時違 返我初服 絶意公車 專精旨訣 歌罷奠楹 慕切築室 殫誠師門 品式靡缺 翼翼妥廟 屹屹麗牲 粹集鋟梓 旣精且詳 功存斯文 惠垂後學 黑禱陸梁 黃屋震越 登壇募旅 雪涕誓義 褁裂將赴 猘鋒旅悔 角巾林廬 薰臆對越 禮羅搜逸 丘園戔帛 匪我攸樂 素履无疚 佩服師訓 弘毅二字 終吾事斯 俛焉孜孜 旅老題墓 溟翁致挽 推羨極崇 四勿一貫 亦惟藤老 因誄狀德 豈或阿好 實由心服 不待他求 在玆足徵 遺風餘澤 矜式鄕邦 百年公議 有待今日 遠邇齊聲 楬虔斯卜 杖履遺墟 藏修仍舊 一堂共掇 怡怡如在 衿佩坌集 籩豆有旅 式禮莫愆 庶幾歆右

9) 〈상향축문 常享祝文〉

이천봉李天封, 『백천집白川集』 권4, 「부록」

생원 이동헌

한강 선생 연원 이어 익재益齋와 백중伯仲이라. 사문에 공적 있으니, 백세의 모범일세.

淵源寒岡 伯仲益齋 功在斯文 百世範楷

州), 자는 자장(子章), 호는 등암(藤庵)이다. 성주 출신의 처사로서 문집으로 『등암집(藤庵集)』이 전한다.

10) 〈덕암서당 석채시 고유문 德巖書堂釋菜時告由文〉

이천봉李天封, 『백천집白川集』 권4, 「부록」

삼가 생각하건대 선생은 한강 선생을 스승으로 하였으니, 주자 문하의 황면재黃勉齋와 같으며 정자程子 문하의 양구산楊龜山과 같도다. 덕암서당 엄연하여 석채례를 드렸으며, 당에 올라 강학하니 많은 선비 모였도다. 【후학 광주廣州 이수기李壽麒[36] 짓다】

恭惟先生 岡老爲師 朱庭之勉 程門之龜 德堂有儼 菜禮方伸 升堂講學 多士莘莘【後學 廣州 李壽麒 撰】

11) 〈덕암사 봉안문 德巖祠奉安文〉

이주李紬, 『학가재집學稼齋集』 권6, 「부록」

낙동강의 맑은 기운이 길러주고 가야산의 밝은 영기 모여와서. 어진 선비 뛰어 나와 좋은 가성 있었도다. 지극한 효우는 성품에서 우러나왔고 남다른 재기才器는 천품으로 이루었네. 어진 스승 찾아가서 맑은 교양 구비하니, 친절한 교화 받아 덕업이 일취할세. 문장은 여사로 하고 진리탐구 전념했네. 양마楊馬[37]의 문법이오, 하락河洛[38]의 심결心訣이라. 만년에 별장 세워 그곳에서 머물렀네. 학가재라고 편액하고 비둔肥遯[39]에 뜻을 두었네. 높은 자취 천

36) 이수기(李壽麒[1885~1966]) : 본관은 광주(廣州), 자는 숭경(嵩卿), 호는 영헌(逞軒)이다. 1920년대 김창숙(金昌淑)을 도와 경상도 일대에서 군자금 모집 활동을 전개하다가 체포되어 옥고를 치렀다. 2005년 건국포장이 추서되었다.

37) 양마(楊馬) : 중국 전한(前漢)의 문장가인 양웅(楊雄)과 사마상여(司馬相如).

38) 하락(河洛) : 하도(河圖)와 낙서(洛書)로서 『주역(周易)』을 지칭.

39) 비둔(肥遯) : 『주역』 「둔괘(遯卦)」 상구(上九)에서 “살지는 은둔이니 이롭지 않음이 없다.[肥遯 無不利]”라는 구절에서 인용한 것이다. 절의를 지키며 초야에 묻혀 학문과 덕을 닦는 생활을 뜻한다.

고泉皐에 빛났으며 자연의 이치 연어鳶魚[40]를 깨달았네. 도를 즐기면서 근심을 잊었으니 종신토록 우유자적優遊自適 하였도다. 본래 가진 뜻이 군민君民에 있었으니 착한 정치 어진 은택 어찌 잊으리. 많은 경륜 품었지만 쓰여지지 못하였고 임학林壑에 은둔함이 시대에 옳았도다. 자신을 다스리고 사람을 가르침에 효도하고 공경함을 근본으로 하였도다. 백인당百忍堂을 세웠음은 장공예張公藝의 돈독[41]이요. 향안鄕案을 중수함은 문목공文穆公[42]의 유법이라. 향약은 남전藍田을 따랐으며 장서藏書는 이씨산방李氏山房[43] 본받았네. 서숙을 세우고 규약을 만들어서 향리를 가르칠세. 성산星山의 한 구역에 많은 인재 양성하니, 진실한 군자이고 성실한 종사宗師로다. 제향 예절 아직까지 못 갖추어 많은 선비 의앙할 곳 없었다. 문교가 바야흐로 융성하고 공론이 비로소 결정되어, 덕암을 우러르니 노니시던 옛터이다. 공부할 곳 마땅하여 사당 세워 봉안하니, 한 사당에 세 분의 어진 이에 형제분이 편안했네. 하신 말씀 멀지 않고 어진 자취 어제 같다. 많은 선비 모였으며 제기가 정연하다. 희생과 술을 드리니 흠향하여 주옵소서.

淸洛毓精 伽倻鍾靈 挺生哲儒 克紹家聲 孝友性得 才器天成 早就有道 敎養備至 薰炙旣親 德業日邁 餘事文章 專心玩索 楊馬軌範 河洛心訣 晩築別墅 棲息某丘 扁以學稼 意在遯肥 跡賁泉皐 理玩鳶魚 樂以忘憂 沒齒裕如 素志君民 豈忘致澤 懷寶不沽 時義林壑 律己誨人 必本孝悌 堂築百忍 張氏敦誼 案修一鄕 文穆遺規 約依藍田 藏效

40) 연어(鳶魚) : '연비어약(鳶飛魚躍)'의 줄인 말이다. 『시경(詩經)』「대아(大雅)」 한록(旱麓) 편의 "솔개는 하늘 높이 날고 물고기는 못에서 뛰논다.[鳶飛戾天 魚躍于淵]"라는 구절에서 인용하였다. 만물이 각각 제 자리를 찾아가는 자연의 이치를 뜻한다.

41) 장공예(張公藝)의 돈독 : 당나라 고종 때 장공예는 9대와 함께 한 집에서 살았다. 고종이 장공예에게 9대가 화목한 까닭을 묻자 종이에 '인(忍)'자 100여 자를 써서 올렸다. 한 집에서 갈등이 있어도 서로 참으면 화목하다는 뜻이다.

42) 문목공(文穆公) : 정구(鄭逑)의 시호.

43) 이씨산방(李氏山房) : 북송 때 이상(李常)이란 자가 과거 급제 후 장서(藏書) 1만권을 보관하기 위해 지은 집.

山房 結社立法 誘掖鄕方 星山一區 少微聚精 展矣君子 允也宗師 俎豆尙闕 襟佩靡依 文敎方隆 公議始完 瞻彼德巖 杖履於焉 藏修有地 禠儀斯擧 一室三賢 長弟妥侑 警欬匪遐 芳躅如昨 章甫濟濟 樽酌秩秩 敢薦牲黏 庶賜歆格

12) 〈상향축문 常享祝文〉

이주李紬, 『학가재집學稼齋集』 권6, 「부록」

여헌 문하의 높은 제자이자 초야의 어진 노인이라. 한 사당에 세 분 어진이 모셨으니 우리 유학 빛나도다.

軒門高弟 丘園大老 一室三賢 有光斯道

13) 〈덕암서당 석채시 고유문 德巖書堂釋菜時告由文〉

이주李紬, 『학가재집學稼齋集』 권6, 「부록」

후학 장일상張一相

삼가 생각하건대 여헌 문하의 십철十哲. 도가 높은 스승에게 나아가 질정함에 친히 받은 어진 교화 정녕하고 간절했네. 끼친 덕을 추모하는 덕암의 서당에서 석채 의식 있으니, 변두籩豆를 갖추어서 선사先師에게 올립니다.

後學 張一相

恭惟先生 旅門十哲 就正有道 親炙最切 惟德之堂 釋菜有儀 籩豆旣具 庸薦先師

2. 현판

1) 덕암서원 복원기 德巖書院復元記

성주 고을 동쪽 십리 즈음 암포리巖浦里에 옛적 덕암서원이 있었으니, 즉 경산이씨 삼현을 종향한 곳이다. 이씨의 선대에 삼익재 선생이 있었고, 그 아우에 백천 선생이 있어서 형제가 함께 한강 정선생 문하에 종유하고 학문의 바른 근원을 얻어 '하남백숙河南伯叔'이라 일컬었다. 또한 그 조카 학가재 선생이 있었으니, 일찍이 여헌 장선생의 문하에 집지執贄하고 그 도를 전해 받아 '여문십철旅門十哲'이 되었다. 삼 선생의 학문과 덕행은 다함께 족히 당대 사종士宗이 되었으니 백세토록 시축尸祝의 의례가 있음이 마땅하였다.

그래서 지난 현종 8년 정미(1667)에 선비들이 이 서원을 창건하여 세 분의 어진 이를 봉향하고 숭배 앙모하였다. 이로부터 읍양의 풍습이 한 지방에 일어나고 현송絃誦의 소리가 온 고을에 넘쳐 스스로 추로鄒魯의 고장으로 이루어진 것이 이백년이 되었다가 유학이 불행하여 고종 무진년(1868)에 나라의 금령으로 인하여 훼철되고 예법의 장소가 잡초의 황무지로 변하여 선비들이 흠앙할 곳이 없고, 혼령이 귀의할 곳이 없게 되었으니 그 누가 크게 탄식하지 않겠는가! 그로부터 육십 년 만에 자손들이 마음으로 통한痛恨하게 여기며 옛 터에 나아가 몇 칸의 집을 세워 덕암서당이라 편액하고 아울러 서당계書堂契를 설립하여 숭앙하는 정성을 붙여왔다.

정축년(1997) 가을 선비들이 서원 복원을 발의하여 추진위원회를 구성하였으나, 일이 거창한 반면 재정이 빈약하여 즉시 착공하지 못하고 선현유적 보존의 중요한 뜻으로 당국에 진정하였더니 이의근李義根 도백이 문화재로 지정하여 관비를 연출해 주었으며, 또한 이세준李世埈 종회장의 협력이 있어 마침내 묘우와 동·서재 및 삼문三門 원장垣墻 등을 중건하여 서원으로서의 면모가 갖추어졌다. 이에 세 분 어진 이의 높은 덕의와 위대한 공덕이 세상에 환연하게 다시 밝아졌으며 많은 선비들이 의뢰하여 따를 곳이 있게 되었다.

또한 생각하건대 서원이라는 것은 실로 어진 이를 높이고 선비를 기르며 풍습을 순화시키고 선속善俗을 권장하는 곳으로 세상 교화의 흥폐가 매여 있다. 오늘날 돌아보건대 경서가 잔멸되고 도가 쇠퇴하며, 예의가 괴멸되고 풍속이 퇴폐한 이 때 서원의 복원은 가히 적합한 거사로 훌륭한 일이라 하겠다. 이로부터 오당吾黨의 많은 선비들이 여기에서 추모하며 향사에 더욱 경건하고, 여기에서 글 읽으며 시례詩禮에 더욱 힘쓰면 선비의 풍습이 크게 떨쳐지고 예의의 풍속이 다시 일어날 것이니, 그 어찌 아름답지 않겠는가!

공사가 이미 마쳐지자 이근연李根連·이상옥李相玉·이대열李玳烈 보甫가 나에게 기문을 청하였다. 스스로 돌아보건대 묘연한 천학淺學으로 감히 이 일을 감당할 수 없었으나, 일찍이 삼 선생의 높고 아름다운 덕행을 많이 듣고 마음으로 항상 경앙敬仰하던 나머지라 참망僭妄함을 무릅쓰고 감히 위와 같이 전말을 써서 '덕암서원복원기'라 한다.

후학 풍산豊山 류용우柳龍佑 삼가 짓다.

후손 태훈泰薰 삼가 쓰다.

星州治東十里許 巖浦里 舊有德巖書院 卽京山李氏 三賢俎豆之所也 李氏之先 有曰三益齋先生 其弟 有白川先生 連棣共遊於寒岡鄭先生之門 得淵源之正而有河南伯叔之稱 又其姪 有曰學稼齋先生 早執贄於旅軒張先生之門 傳受衣鉢而爲旅門十哲 其學問德行俱足 爲一代師宗而宜有百世尸祝之儀 迺於顯宗八年丁未 士林始刱是院 奉享三賢而尊慕之 自是揖讓之風 蔚興於一方 絃誦之聲 洋溢於四境 自成鄒魯之鄕者 二百餘歲而斯文不幸 高宗戊辰 因邦禁見撤 禮法之場 變爲榛蕪之地 儒紳無所欽景 陟降無處歸依 孰不長吁以太嘆乎 以後六十禩 慈孫心常烔恨 卽其舊址 構得數架而扁之曰德巖書堂 幷修堂契 以寓崇仰之誠 歲丁丑秋 自士林峻發得元之論 構成推進委員會 事鉅力綿 不能卽時着工 乃以先蹟保存之重義 陳情於當局 李義根道伯 指定文化財而捐出官費又有李世埈宗會長之協力 遂重建廟宇及東西齋 三門垣墻 儀容悉備 於是三賢之高風偉烈 煥然復明於世而多士之依歸有所矣 第念書院者 實尊賢養士 淳風勸俗之地而世敎之興廢係焉 顧今經殘道衰 禮讓俗頹之時 是院之復元 可謂適擧盛事也 自玆以

往 吾黨多士 羹墻於斯而益致虔於俎豆 絃誦於斯而尤加勉於時禮則 儒風丕振 禮俗復興 豈不美哉 工旣訖 李根連 李相玉 李玳烈甫 責不佞而爲記 自顧藐然末學 不敢當是役 嘗得聞三先生之高德懿行 心常敬仰之餘 不撥僭妄 敢書顚末 如右 以爲德巖書院復元記

後學 豊山 柳龍佑 謹記

後孫 泰薰 謹書

2) 덕암서원 경현사 복원상량문 德巖書院景賢祠復元上樑文

사림이 오랫동안 경모敬慕의 정성이 간절하였으니, 우뚝한 영광이 새로운 사당에 다시 임하였고, 물리가 반드시 흥폐의 운수가 있었으니 엄연한 위용을 옛터에 다시 보았도다. 우리 도의 상서로운 징조라 이를 수 있으며, 진실로 사문의 성대한 거사라 하겠다.

삼가 생각하건대 삼익재·백천 양 선생은 한강 문하의 뛰어난 제자로 하남정씨河南程氏의 형제와 같았다. 이미 타고난 자질이 범상치 않았으며, 더구나 마음의 기약이 속되지 않았다. 도를 구하려는 의지는 금석보다 견고했고, 학문을 좋아하는 성의는 신명에 통달하였다. 어진 이를 희망하며, 성인을 희망하는 공부에 힘썼고, 자신을 다스리고 남을 다스리는 방법에 종사하였다. 아침저녁 스승 앞에 나아가 수사洙泗[44]의 본원에 몸을 씻었으며, 좌우로 도서圖書를 벌려 놓고 민락閩洛[45]의 요결要訣에 마음을 잠겼다. 경敬과 의義를 함께 지켰으니 굽어보나 위로 보나 부끄러움 없으며, 궁窮하고 영달함을 문득 잊었으니 명예의 드러남과 관직이 높은 것을 구하지 않았다. 기정旂旌[46]이 여러

44) 수사(洙泗) : 중국 곡부(曲阜)를 지나는 수수(洙水)와 사수(泗水)이다. 공자가 이 일대에서 제자를 가르친 관계로 보통 유학을 뜻하는 용어로 쓰인다.

45) 민락(閩洛) : '이락관민(伊洛關閩)'을 줄인 말로 각각 이수(伊水)·낙수(洛水)·관중(關中)·민중(閩中)을 가리킨다. 중국 송나라 때 이수에서는 정호(程顥), 낙수에서는 정이(程頤), 관중에서는 장재(張載), 민중에서는 주자가 강학하였다. 보통 정주학(程朱學)을 뜻한다.

46) 기정(旂旌) : 조정에서 학문과 덕행을 듣고 관직을 내려주며 부르는 것.

번 내려졌으나, 본분을 지키고자 사양하고 구원丘園에서 일생을 마치며, 나의 도를 즐기고 후회하지 않았도다. 진실로 높은 덕은 여러 선비들의 칭송에 합당했고, 참으로 어진 행실은 능히 백대의 모범이 되었다.

그리고 학가재 선생은 양 선생의 어지신 조카로 여헌 선생의 뛰어난 제자이다. 의분에 찬 남다른 지조는 가을 달과 얼음 같이 밝았으며, 맑고 밝은 도에 가까운 자질은 상서로운 구름과 상서로운 햇빛처럼 혼연하였다. 일찍이 가정에서 어버이의 올바른 교육에 유염濡染되어 시례詩禮의 가학家學을 능히 이어 받았으며, 어진 스승의 간곡한 가르침에 많이 훈자薰炙되어 성리학의 학설을 흡족하게 들었도다. 스스로 공리功利에 단념하여 부귀영화를 뜬 구름처럼 보았으며, 마침내 성경誠敬에 유념하여 책상 위의 경전만을 대하였다. 흉금胸襟을 활짝 열어 월오풍류月梧風柳[47]의 쇄락한 광경에 마음을 즐겼으며, 안목을 높이 들어 안개 낀 수석水石의 한가로운 경계의 뜻에 따라 노닐었다. 향당鄕黨에 있으면서는 충신忠信을 다해 사우들이 다 함께 추중推重했고, 가정에 있어서는 화목함과 엄함을 병행하여 친족들이 모두 열복悅服하였다.

오직 삼 선생께서 끼친 미덕은 참으로 천추토록 후인들의 경앙함이 되었도다. 마침내 노니시고 도를 강하시던 자리에 일찍이 사당을 세워 향사의 의식이 있었더니, 지난 무진년 나라의 금령에 따라 훼철되고, 공연스레 백록白鹿이란 동명洞名만 남게 되었다. 그로부터 세월이 흘러 세태가 얼마나 변했는가! 예의가 무너지고 윤리가 없어져 아름다운 풍속이 끊어지려 하였다. 빈터에 잡초가 무성하여 매양 행인들의 한탄을 자아냈고, 제향을 드릴 곳이 없었으니 선비들의 송구함이 더욱 더 하였다. 여러 해 마음속 복원을 경영하여, 하루아침에 우뚝하게 눈앞에 세워졌다. 오직 어진 도백이 관비官費를 염출하여 힘써줌을 의뢰했고, 또한 여러 자손들이 사재를 갹출하여 정성을 다

47) 월오풍류(月梧風柳) : 북송의 학자 소옹(邵雍)이 지은 「월도오동상음(月到梧桐上吟)」의 "달은 오동나무 위에 이르고 바람은 버드나무 가로 불어오누나.[月到梧桐上 風來楊柳邊]"라는 구절에서 인용한 것이다. 깨끗하고 온화한 선비의 마음을 비유한 시이다.

한 데 연유했다. 진실로 황천皇天의 도움을 얻지 않았다면 어찌 오늘날의 성공이 있겠는가?

모나고 둥근 재단裁斷의 마땅함은 사치하지도 검소하지도 않고, 위의 처마와 아래 기둥의 제도는 능히 갖추었고 능히 완전했다. 질서 정연하게 삼현의 위패를 환봉하니 신리神理에 편안했고 한 지방의 관첨觀瞻에 빛났으며, 인정人情이 흔쾌했다. 영령이 계시는 듯하니, 덕의德儀를 상상할 수 있었으며, 예도禮度가 어긋나지 않았으니 유풍의 진흥을 기대할 수 있도다. 이에 짧은 시를 지어 긴 들보 울림을 도우련다.

어여차 대들보를 동쪽으로 던져보니, 아침 해의 붉은 바퀴 바다에서 떠올랐네. 모든 음기 일소하고 양陽이 점점 성할지니, 이로부터 우리 도가 무궁하게 빛나리라.

어여차 대들보를 서쪽으로 던져보니, 회연서원 끼친 법도 성훈聖訓과 같도다. 후진들의 추모하는 간절한 뜻은 언제나 바로잡아 미혹하지 않음일세.

어여차 대들보를 남쪽으로 던져보니, 봉화재의 구름 빛에 푸른 빛 섞여 있네. 때때로 단 비 내려 모든 생물 길러주어 만물이 번성하여 시야 가득 삼삼森森하다.

어여차 대들보를 북쪽으로 던져보니, 높고 높은 덕암산이 하늘을 받치고 있네. 오묘한 조화를 그 누가 능히 알랴. 만 길 인양 솟은 바위 기기묘묘奇奇妙妙 하도다.

어여차 대들보를 위로 던져보니, 맑은 하늘에 수많은 별 밝았도다. 대장부의 흉금을 위와 같이 맑게 한다면, 털끝만한 더러움도 가려지지 못하리라.

어여차 대들보를 아래로 던져보니, 굽이굽이 맑은 시내 쉬지 않고 흘러가네. 원류源流에서 언제나 생수가 흘러오기 때문이라 하였으니, 옛 사람이 그 어찌 나를 속이랴.

엎드려 바라옵건대 상량한 뒤로 지령地靈이 보호를 더해주고 문운文運이 더욱 번창하여, 그 덕을 생각하고 그 행실을 본받아 우리 사림이 비연斐然하게 문채를 이루고, 그 시를 외우며 그 글을 읽어 선생이 엄연히 자리에 계신 듯하여, 선비들의 습관이 선善으로 감화되어 뛰어난 인재가 울흥(蔚興토록 하여 주소서.

단기 4331년 무인(1998) 단양절端陽節 중순에 후학 풍산 류용우 삼가 짓다.

후손 대열 삼가 쓰다.

士林久切敬慕之忱巋然靈光復臨於神廟　物理必有廢興之數儼焉　偉容更見於舊墟是可曰吾道之瑞徵 抑亦爲斯文之盛擧 恭惟三益齋白川兩先生 岡門高足 河南兩程 旣天稟之非凡 又心期之不俗 求道之志堅乎金石 好學之誠通於神明 著力於希賢希聖之工 從事於治己治人之術 朝夕焉函席澡身乎洙泗之本源 左右也圖書潛心於閩洛之要訣敬義夾持俯仰無愧 窮亨頓忘聞達不求 旂旌屢降安素履而呈辭 丘園始終樂吾道而無悔允矣高德實叶諸儒之稱揚 展也懿行能爲百世之矜式 粤若學稼齋李先生 兩公賢姪 旅翁高徒 慷慨不群之操瀅 焉如秋月氷壺 淸明近道之姿渾然若祥雲瑞日 早濡染於趨庭義敎之中克述詩禮家學 多薰炙於函席諄誨之下洽聞性理緖論 自絶意於功利視軒駟其浮雲 乃存心於敬誠對几案之聖經 豁開襟懷遊神乎月梧風柳之灑落光景 高擧眼目放意於煙雲水石之寬閑境區 處鄕則忠信 周至士友咸推 居家則和嚴幷施親族皆服 惟玆三先生之遺芬 正爲千後人之景仰 肆於杖履請道之地 曾有俎豆腏享之儀 向因黃龍之邦禁 空餘白鹿之洞名 星移物換桑瀾幾飜 禮讓倫喪美俗欲絶 草茂空墟每起行旅之嗟嘆裸薦無所采增士類之悚惶 積年心上經紀 一朝服前突兀 惟賴賢侯之出官費而助力 亦由緖裔之醵私財而效誠 苟非獲佑於皇天 那有告功於今日 方裁圓斲之宜不侈而不儉上宇下棟之制克備而克完 秩然三位之還奉神理攸安 煥乎一方之觀瞻人情允愜 英靈如存尙德儀之可想 禮度無戾期儒風之有振 庸疏短引 助擧脩樑 兒郞偉抛樑東 旭日紅輪出海中 掃盡群陰陽漸成 自玆吾道煥無窮 兒郞偉抛樑西 檜院遺謨聖訓齊 後進羹墻追慕意 常焉訂頑不之迷 兒郞偉抛樑南 烽岑雲氣雜靑嵐 時爲甘雨滋群物 品類咸亨滿眼森 兒郞偉抛樑北 崔嵬德峀撑天極 妙然造化孰能知 萬丈巖崖呈奇特 兒郞偉抛樑上 澄淸玉宇森星朗 丈夫胸次淨如斯 莫使纖毫私累障 兒郞偉抛樑下 曲曲淸溪流不捨 爲有源頭活水來 古人豈是欺余者 復元上樑之後 地靈加護 文運益昌 思其德效其行 斐然吾黨成章 誦其詩讀其書 儼如夫子在座 士習善化 人材蔚興

檀紀 四三三一 戊寅 端陽 中浣 後學 柳龍佑 謹記

後孫 玭烈 謹書

청천서당晴川書堂

Ⅰ. 개 요

주 소	경상북도 성주군 대가면 칠봉리 532
제향인물	김우옹金宇顒(1540~1603)
	김담수金聃壽(1535~1603)
	박이장朴而章(1457~1622)
관련사항	경상북도 유형문화유산

Ⅱ. 연 혁

1729년(영조 5)	청천서당 창건, 김우옹金宇顒 제향
1738년(영조 14)	김담수金聃壽, 박이장朴而章 종향
1871년(고종 8)	훼철
1883년(고종 20)	청천서당 복원

1991년	경상북도 유형문화유산 지정
1992년	청천서원 복설

▣ 제향인물

■ 김우옹(金宇顒, 1540~1603)

본관은 의성義城, 자는 숙부肅夫, 호는 동강東岡, 시호는 문정文貞이다. 1567년(명종22) 문과에 급제하여 벼슬이 대사성大司成에 이르렀다. 1573년(선조 6)에는 이황李滉에게 시호를 내릴 것을 청했고, 다음 해에는 조광조趙光祖를 제향한 양주 도봉서원道峰書院에 사액을 내릴 것을 청하였다. 1589년(선조 22) 기축옥사가 일어나자 정여립鄭汝立과 함께 조식의 문하에서 수학했다는 이유로 회령으로 유배되었다. 1599년(선조 32) 한성부좌윤이 되어 모함에 빠진 류성룡柳成龍을 위해 상소하여 억울함을 풀어주었다.

■ 김담수(金聃壽, 1535~1603)

본관은 의성義城, 자는 태수台叟, 호는 서계西溪이다. 김관석金關石의 아들로 조식曺植, 오건吳健, 황준량黃俊良 등의 문하에서 수학하였고, 김우옹, 정구鄭逑와는 도의로 교유하였다. 1564년(명종 19) 사마시에 입격한 후 학행으로 천거되어 선공감참봉繕工監參奉에 제수되었으나 부임하지 않았다. 이후에도 여러 차례 참봉에 제수되었지만 나아가지 않고 후진 양성과 학문에만 전념하였다.

■ 박이장(朴而章, 1457~1622)

본관은 순천順天, 자는 숙필叔弼, 호는 용담龍潭·도천道川이다. 진사 박양좌朴

良佐의 아들로 1573년(선조 6)에 생원·진사 두 시험에 입격하고, 1586년에는 별시 문과에 급제하였다. 조식·노수신盧守愼에게 수학하였다. 1592년(선조 25) 임진왜란 때 김성일의 주청으로 종사관이 되어 활약하였다. 1615년(광해 7) 폐모론에 반대하는 만언소萬言疏를 올렸다가 삭탈관직되었다. 그 후 성주로 내려가 저술과 후진 양성에 전념하였다. 성주 청천서원에 제향되었다.

Ⅲ. 고문헌 자료

1. 문집류

1) 〈금서계별묘 상량문 金西溪別廟上樑文〉

고유高裕[1], 『추담집秋潭集』 권3, 「상량문」

옛날 서계西溪 김담수金聃壽 선생은 덕행德行과 문장文章으로 한 세대를 굴복시켰다. 일찍 남명南冥(조식曺植) 처사의 문하에 들어가 교유하며 묵재默齋 이문건李文楗과 덕계德溪 오건吳健 공들과 학업을 닦을 때 칭찬을 지극히 많이 받았다. 당시 어진 사대부로는 한강寒岡 정구鄭逑, 금계錦溪 황준량黃俊良이 선생과 교유하였고, 개암開巖 김우굉金宇宏과 동강東岡 김우옹金宇顒 형제는 선생과는 단문袒免[2]의 친족 사이로 도의道義를 서로 숭상하였다. 세상과 어긋나 벼슬길에 나아가는 것을 즐겁게 여기지 않아서 선조대왕宣祖大王이 유일遺逸로 기용

1) 고유高裕[1722~1779]의 본관은 개성開城 자는 순지順之, 호는 추담秋潭이다. 성주 출신의 문신으로 경상도도사, 동부승지 등을 역임하였다. 문집으로 『추담집』이 전한다.

2) 단문袒免 : 먼 친척이 상을 당했을 때 상복을 입지 않고 단지 왼쪽 소매를 벗어 팔뚝을 드러내고〔袒〕, 갓을 벗고 좁은 삼베로 머리를 묶어〔免〕 슬픔만 표시하는 것을 이른다.

했지만 끝내 나아가지 않았다. 배우는 자들이 존경하여 성산星山의 청천서원晴川書院에서 제사를 모셨는데, 후손들이 세대가 멀어질수록 선왕이 제정한 예법을 감히 행하지 못해 무궁히 효성을 펼 수 없을까 두려워 드디어 터를 찾아 사당祠堂을 건립하였다. 이미 재옥齋屋 모두 6칸을 만들었는데, 그 터는 선생이 즐기던 곳이다. 시내와 언덕은 선생이 노닐던 곳이요, 민속은 선생이 교화한 곳이다. 이 지방의 인사들과 부로父老들 가운데 오랜 덕을 예전에 들었던 자가 있을 터이니 또한 기꺼이 함께 성취하는 사람이 있을 것이다. 이에 날을 잡아 들보를 올림에 나에게 상량문을 요청하였기에 내가 오랫동안 두려워하다가 이어서 가만히 생각해보니, 나도 선생의 외손인지라 이 일에 있어서 감히 사양하지 못하여 다음과 같이 감히 상량문을 지어 공역工役을 돕노라.

들보 동쪽에 떡 던지나니	抛樑東
나각산 마루에 붉은 해가 떠오르네	螺角山頭初日紅
깨끗한 옷과 몸에 한 점 먼지 없으니	明衣蠲體無塵雜
밝고 밝은 내 마음 이곳에서 징험하네	皎皎吾心驗此中
들보 남쪽에 떡 던지나니	抛樑南
분양정 가에 시냇물 쪽빛처럼 푸르네	汾陽亭畔水如藍
맑은 시내 넘실넘실 끝없이 흘러가다	清流滾滾來無盡
깊은 곳에서 그대로 백 척 연못 이루네	深處仍成百尺潭
들보 서쪽에 떡 던지나니	抛樑西
상산 위에 푸른 구름 나란히 떠있네	商山上與碧雲齊
빛나는 자지[3]는 봄날 응당 좋은데	紫芝燁燁春應好

3) 자지紫芝 : 선약仙藥의 이름인데, 진秦나라 말기에 난리를 피해 상산에 은거했던 네 늙은이, 즉 동원공東園公, 기리계綺里季, 하황공夏黃公, 녹리선생甪里先生이 일찍이 상산에서 이 자지를 캐 먹으면서 「자지가紫芝歌」를 지어 부르기도 했었다.

아득한 기호[4]는 함께 어울릴 수 없네	綺皓迢迢不可攜
들보 북쪽에 떡 던지나니	拋樑北
용산 휘감은 물 가로지르다 곧게 흐르네	水繞龍山橫復直
그 위에 단청 바른 도정사 있으니	上有丹靑道正祠
팔현의 풍모가 끝없이 남아있으리	八賢風範無終極
들보 위에 떡 던지나니	拋樑上
뜬구름 다 흩어지고 넓은 하늘 열렸네	散盡浮雲天宇曠
삼라만상 응당 머물러 있지 않는 법	萬象森森應不留
심법을 잠시라도 달아나게 하지 말게나	莫敎心法須臾放
들보 아래 떡 던지나니	拋樑下
흰 모래 십리 평야에 펼쳐져있네	白沙十里排平野
맑은 창 종일 시끄러운 소리 없으니	晴窓盡日絶紛囂
홀로 책 속의 성현을 마주대하네	獨對卷中聖賢者

삼가 바라노라. 들보를 올린 뒤에 임원林園은 더욱 빛나고 강산은 모습이 달라질 터이니 아끼고 공경하지 않으면 그 누가 찾아오겠는가. 진실로 떳떳한 상도常道에 도움이 있을 터이니 부디 변함없이 영원히 제사 받들게 하소서.

昔有西溪金先生 以德行文章伏一世 早遊南冥處士之門 問業於李默齋 吳德溪諸公 賞譽殊至 當時賢士大夫 寒岡鄭爺 錦溪黃公與之遊 開巖東岡兄弟者 於先生爲免親 道

4) 기호綺皓 : 상산사호商山四皓 가운데 한 사람인 기리계綺里季를 말한다. 상산사호는 진秦나라 말기에 어지러운 세상을 피하여 상산(商山)에 은거했던 네 사람의 은자, 즉 동원공東園公, 하황공夏黃公, 녹리선생甪里先生 그리고 기리계이다. 이들은 모두 수염이 희었으므로 사호라고 일컫는다.

義相尙 畸於世不樂進就 宣祖大王以遺逸起竟不就 學者尊之祀于星山之晴川書院 後孫懼世代益遠 不敢過於先王制禮 無以伸孝思於無窮 遂相地建立祠堂 旣又爲之齋屋凡六楹 地則先生之所樂也 川原則先生之所遊賞也 民俗則先生之所薰徹也 此邦之人士父老有舊德前聞者 亦有以樂與之成矣 迺選日擧樑 問偉於裕 不佞恐懼良久 仍竊惟念 不佞亦先生之自出也 於是役其敢辭 敢爲之文而相其工焉 抛樑東 螺角山頭初日紅明衣蠲體無塵雜 皎皎吾心驗此中 抛樑南 汾陽亭畔水如藍 淸流滾滾來無盡 深處仍成百尺潭 抛樑西 商山上與碧雲齊 紫芝燁燁春應好 綺皓迢迢不可攜 抛樑北 水繞龍山橫復直 上有丹靑道正祠 八賢風範無終極 抛樑上 散盡浮雲天宇曠 萬象森森應不留 莫敎心法須臾放 抛樑下 白沙十里排平野 晴窓盡日絶紛囂 獨對卷中聖賢者 伏願上樑之後林園增輝 江山改觀 匪愛敬其曷取 寔有資於彝常 惟芬苾之是缺 庶無替於永久

2) 〈청천서원 청액상언 晴川書院請額上言〉

김굉金㙆[5], 『귀와집龜窩集』 권1, 「소」

삼가 아룁니다. 신들은 초야에 묻혀 살아 아는 바가 없으나 일찍이 서원書院 청액請額은 본래 조정의 법령이 있다고 들었습니다. 신들은 지금 와서 그 일은 비록 청액이라고 하지만 그 연유를 근원해보면 법령의 법례에 있지 않을까 두렵습니다. 그래서 이에 감히 부월鈇鉞을 받아 죽을 각오로 서로 이끌고 임금님 앞에 호소합니다.

신들의 도내 성주星州의 청천서원晴川書院은 바로 고인 문정공文貞公 김우옹金宇顒을 모시고 제사를 지내는 곳입니다. 신들이 서원에 김우옹을 배향한지가 아마 벌써 200년이나 되었습니다. 그러나 불행히도 중간에 이봉移奉한 일이 있었기 때문에 국현國賢인데도 향현鄕賢으로 하향되어버렸고 이미 사액을 받았는데도 도리어 사액이 없는 상황과 같아지는 일을 면하지 못했으니, 신

5) 김굉金㙆[1739~1816]의 본관은 의성義城, 자는 자야子野, 호는 귀와이다. 조선 후기의 문신으로 부수찬, 동부승지, 예조 참판 등을 역임하였다. 문집으로 『귀와집』이 전한다.

들이 늘 개탄하여 한결같이 임금님께 아뢰고자 한지가 오래되었습니다. 먼저 김우옹의 도학道學과 사업의 실제를 먼저 말씀드려서 그 사당을 세우고 사액을 받은 연유를 밝히고, 이어서 사당을 세운 초기에 이미 사액을 받은 서원이 되었다가 뒤에 사액을 받지 못한 서원이 된 것을 말씀드리고, 조정에서 법령에 구애되어 은전恩典의 허락을 아껴서는 안 되는 것을 전하를 위해 말씀드리고자 합니다.

대개 김우옹은 젊은 시절부터 선정신先正臣 문순공文純公 이황李滉과 문정공文貞公 신 조식曺植을 스승으로 섬겨 일찍 성리설性理說을 들어 홀로 심학心學의 전수를 받았습니다. 또 문목공文穆公 신 정구鄭逑와 한 마을에 살면서 교의交道義交을 맺어 김우옹을 동강東岡이라 부르고 정구를 한강寒岡이라 불렀기 때문에 세상에서 양강兩岡이라고 일컬었습니다. 관복을 입고 조정에 등용되었을 때는 태평성대를 만났습니다. 일찍이 문성공文成公 신 이이李珥와 함께 서당에 들어갔을 때는 서당에 덕성德星이 모였다고 여겼습니다. 또 그 선견지명先見之明은 정인홍鄭仁弘이 나라를 그르치는 간신임을 알고 시詩를 지어서 절교하고, 호서湖西의 청주淸州로 피하여 노년을 보내며 드디어 『송원사宋元史』를 가지고 『속강목續綱目』을 지었는데, 한결같이 자양紫陽(주자朱子)의 필법筆法을 따랐습니다. 그래서 문강공文康公 신 장현광張顯光이 이른바 소왕素王(공자孔子)의 사업을 계승하여 만세의 법을 세운 것을 공이 그 권형權衡을 얻었다고 한 것이 이 때문입니다. 대개 그 도학道學과 사업事業의 실제는 정대하면서도 정밀하고 빛나면서도 굉장하여 모두 족히 세속의 모범이 될 수 있습니다.

그가 세상을 떠난 지 얼마 되지 않아 정구鄭逑가 바로 많은 선비들을 앞장서 이끌어 본 고을 청천晴川 가에 사당을 세우려고 하다가 정인홍이 근거 없는 말로 저지하여 끝내 사당을 세워 봉안하지 못했습니다. 정구가 세상을 떠난 뒤 천계天啓 병진년(1616)에 정구와 회연서원檜淵書院에 함께 배향하고 숙묘肅廟 경오년(1690)에 함께 사액을 받았는데 뒤에 사론士論이 모두 김우옹 같은 현자가 본 서원이 없을 수 없고, 정구가 김우옹을 위해 서원을 창설하려고 했던 뜻도 따르지 않을 수 없다고 여겨서 다시 청천 옛터에 나아가 서원을 건립하고 회연서원에서 위판位版을 이봉移奉하였습니다. 또 옛날 징사徵士 신 김담수金聃壽와 참판 신 박이장朴而章을 종향從享하였습니다. 무릇 봄과 가을 향사의 제수는 모두 회연서원이 사액을 받았을 때 조정에서 나누어주는 대로 지냈습니다. 사액을 받은 한 항목과 같은 경우는 회연서원이라고 함부로 칭할 수 없기 때문에 그의 사당이 초기에 이미 사액을 받았다가 뒤에 사액을 받지 못한 것이 된 것은 그 연유가 이와 같습니다. 신들이 가만히 보니 회연서원이 사액을 받을 때와 청천서원에 이봉한 뒤에 모두 은전을 받았기 때문에 숙묘肅廟 조에 다음과 같이 치제문致祭文을 내렸습니다.

설월처럼 깨끗한 정신이요	雪月其皎
송백처럼 올곧은 절개라네	松柏其貞
마음으로 고도를 궁구하고	究心古道
힘써 경학을 공부했네	用力經學
이미 스스로 체득한 것에	旣有自得
거듭 벗들과 절차탁마했네	重以麗澤
유림의 태산과 북두였고	儒林山斗
사대부들의 모범 되었네	縉紳冠冕
절절한 내용의 상소문은	剴切章奏
임금이 따를 교훈이었네	庶幾謨訓
조정과 지방 관직 수행에	揆元都卒
우뚝한 모습 누가 짝할까	卓絶誰儷
평소 노닐던 곳에 나아가	卽杖屨所
제사를 받들어 올리나니	擧俎豆禮
회연 시냇물 가에	檜川之上
우뚝이 서원이 세워졌네	儒宮翼翼
오랫동안 사액 못 받아	恩額久曠
나라 법전에 흠결이었네	邦典有缺

남긴 풍모 생각하여 緬懷遺風
비로소 좋은 이름 내리셨네 肇錫嘉名

정묘正廟 조에 내린 치제문은 다음과 같습니다.

일찍 조정에서 명성을 날려 早揚王廷
나라 보필을 자임하였네 自任匡弼
천리와 인사의 대책문에 天人之對
임금님 마음 기뻐하였네 聖心斯悅
선한 이들을 인도함에 彙引善類
정성 다해 오로지 힘썼네 務專殫竭
사림들이 의지하는 바니 士林攸歸
나라의 훌륭한 인물이네 邦家之傑
내가 동궁에 있을 때부터 自予在邸
몹시도 우러러 보았었네 懷仰如渴
평생 힘들인 일 平生用力
속강목을 짓는 일이었네 續編其筆
경연에 나아가 토론할 때 三晝晉討
진실로 의지해 개발했네 寔賴開發
게다가 그대의 연원은 矧爾淵源
선정신 퇴계를 계승했네 先正是述
청천의 곁에다 晴川之傍
서원을 우뚝 세웠네 院屋有屹
가까이 가서 제사 올리니 俎豆密邇
덕음이 들리는 듯하네 德音髣髴

그렇다면 열성조列聖朝에서 앞뒤 포상한 은전이 크다고 생각되오니 평가를 감히 고칠 수 있는 사람이 없고, 회연서원의 사액과 청천서원의 이봉이 모두 은전을 베풀어주신 것 가운데 들어가는 일이오니, 신들이 지금 말씀드린 것은 근거 없이 한 말도 아닙니다.

그리고 생각건대 김우옹의 현명함으로 진실로 사당만 있고 사액이 없을 수 없습니다. 게다가 앞서 이미 사액을 받은 것은 사전祀典에 실려 있는 일입니다. 그렇다면 회연서원과 청천서원은 그 명칭이 비록 다르나 이곳에서 저곳으로 옮겼으니 이미 중첩하여 설립한 것이 아니고, 또 새롭게 말씀드리는 것도 아닙니다. 만약 다시 이로써 법령에 제한을 받아 끝내 김우옹의 사원을 국현國賢인데 강등되어 향사鄕祠와 똑같이 취급한다면 명분이 실제와 맞지 않고 의례가 인물에 미치지 못할까 두렵습니다. 그렇다면 조정의 은전에 흠이 되는 일이고 사림에게 한을 남기는 일이 되는 것이니, 마땅히 어떻겠습니까.

또 가만히 생각건대, 당초 법령을 내린 뜻은 진실로 분수에 넘치고 정도에 지나친 것을 막는 것입니다. 반드시 제사를 모실 사람이 아닌데 제사를 지내는 것은 분수에 넘치는 것이고, 사액을 받을 사원이 아닌데 사액을 요청하는 것은 정도에 지나친 것입니다. 이와 같은 것은 진실로 조정에서 금해야 하는 것입니다. 그런데 지금 김우옹과 같은 대현인데 제사를 지내는 것은 분수에 넘치는 것이 아니며 이미 사액을 받은 사원인데 다시 요청하는 것은 정도에 지나친 일이 아닙니다. 분수에 넘치지 않고 정도에 지나치지 않는데도 모두 제한하여 청액請額을 금하는 것은 아마 법령의 뜻이 아닐 것입니다. 이에 문강공文康公 신 장현광張顯光은 당초 고려高麗의 신하 길재吉再와 오산서원烏山書院에 함께 배향했다가 뒤에 동락東洛에 장현광의 본 사원을 건립하여 위판을 이봉하였는데 이런 일을 조정에 아뢰어 곧 사액을 받았습니다. 그렇다면 지금 이 김우옹의 청천서원은 바로 장현광의 동락서원東洛書院과 다름이 없습니다.

이에 감히 전후 사유를 임금님께 아뢰오니, 삼가 바라건대 사람들의 마음을 굽어 살피시어 유사에게 분명히 조서를 내려 회연서원에 이미 베풀었던 은전을 살피고 동락서원에 일찍이 시행했던 전례를 미루어 분수에 넘치고 정도에 지나친 일로 치부하지 마시고 법령으로 제한하지 마시어 특별시 청천서원에 사액을 내려주십시오. 삼가 임금님 은혜를 바라옵니다.

伏以臣矣徒等 居在草野 無所知識 而竊嘗聞祠院請額 自有朝家令甲是白乎矣 臣矣徒等今日之來其事則雖曰請額是白乎乃 原其由則恐不在令甲之例是白乎等以 玆敢不避鈇鉞之誅 相率號籲於天地父母之前爲白齊 臣矣徒等道內星州之晴川書院 卽故文貞公臣金宇顒腏享之所也 臣矣徒等之院享宇顒者 蓋已二百年于玆 而不幸有中間移奉之故 不免以國賢而下歸於鄕賢 以已額而反同於未額是白乎 則臣矣徒等之尋常慨恨一欲上徹者久矣 請先言宇顒道學事業之實 以明其建祠蒙額之由 繼以其祠之初爲已額後爲未額 朝家之不可拘令甲而靳許恩典者 爲殿下陳之爲白去乎 盖宇顒自少師事先正臣文純公李滉, 文貞公臣曺植 早聞性理之說 獨得心學之傳 又與文穆公臣鄭逑 居同一里 道義相交 而宇顒號東岡 逑號寒岡 故世稱兩岡是白乎旀 及其釋褐登朝 際遇休明嘗與文成公臣李珥 同入書堂時 以爲書堂德星聚是如是乎旀 又其先見之明 能知仁弘誤國之奸 作詩以絶之 避地于湖西之淸州以終老焉 遂取宋元史作續綱目 一遵紫陽筆法 文康公臣張顯光所謂繼素王之業 立萬世之經者 公有以得其權衡者此也 盖其道學事業之實 正大微密 光明磊犖 皆足以垂世範俗是白如乎 其歿之未幾 而鄭逑卽爲倡率多士 營建廟宇於本州晴川之上是白如可 仁弘以飛語沮之 未克揭虔是白遣 逮至鄭逑卒逝之後 以天啓戊辰 與鄭逑並享於檜淵書院 而肅廟庚午 一體賜額是白加尼 後以士論皆謂以宇顒之賢 不可無本院 而鄭逑爲宇顒刱設之遺志 又不可不遵是如 更就晴川舊址 營立書院 而自檜淵移奉位版 又以故徵士臣金聃壽參判臣朴而章從而享之是白遣凡春秋享薦之需 皆以檜淵賜額時 朝家劃給依行是白乎矣 至於恩額一欵 不可冒稱檜淵是白如乎 其祠之初爲已額 後爲未額者 其由如此是白乎所 臣矣徒等竊伏見檜淵賜額之時 晴川移奉之後 皆蒙恩侑是白如乎 肅廟朝致祭文 若曰雪月其皎 松柏其貞 究心古道 用力經學 旣有自得 重以麗澤 儒林山斗 縉紳冠冕 剴切章奏 庶幾謨訓 揆元都卒卓絶誰儷 卽杖屨所 擧俎豆禮 檜川之上 儒宮翼翼 恩額久曠 邦典有缺 緬懷遺風 肇錫嘉名 正廟朝致祭文 若曰早揚王廷 自任匡弼 天人之對 聖心斯悅 彙引善類 務專殫竭士林攸歸 邦家之傑 自予在邸 懷仰如渴 平生用力 續編其筆 三書晉討 寔賴開發 矧爾淵源 先正是述 晴川之傍 院屋有屹 俎豆密邇 德音髣髴 夫惟列聖朝 前後褒奬之恩大

矣 人莫敢改評 而檜淵之賜額 晴川之移奉 俱入於恩侑之中是白乎則 臣矣徒等之今日所言 非出於誣罔是白如乎 仍伏念宇顒之賢 固不可有祠無額 而況旀前既蒙額 載在祀典是白乎 則檜淵晴川 其名雖殊 而自此移彼 既不是疊設 又不是新達是白去乙 若復以此而限於令甲 終使宇顒之祠享 以國賢而降同鄕祠者 恐未免名不稱實 儀不及物 其爲朝家之缺典 士林之遺恨 當如何哉 又窃念當初令甲之意 實防濫瀆 其人不必祀而祀之則濫 其祠不當額而請之則瀆 若是者固朝家之所禁也 今以大賢如宇顒而祀之非濫也以已額之院而更請之非瀆也 不濫不瀆而一切限之以請額之禁 竊恐非令甲意也 肆惟文康公臣張顯光 初與高麗臣吉再 並享於烏山書院是白如可 後建張顯光本院於東洛 移奉位版 以此登聞 即蒙恩額是白乎 則今此宇顒之晴川 即無異於張顯光之東洛乙仍于敢將前後事由 仰達于宸嚴之下 伏乞聖慈俯察輿情 明詔有司 考檜淵已宣之典 推東洛曾行之例 不誘以濫瀆 不拘以令甲 特賜晴川書院恩額事 伏蒙天恩爲白只

3) 〈청천서원 봉안문[이재] 晴川書院奉安文[李栽]〉

김우옹金宇顒, 『동강집東岡集』 부록 권2, 「제문만사祭文輓詞」

恭惟先生 天賦異質 玉潔氷清 執贄溪門 聞道甚早 格致之學 誠正之工 經幄論思 幾多啓沃 臺端糾逖 不避奸猜 進退夷險 惟義所在 可驗平日 造道之深 豈若拘儒 有體無用 猗歟文穆 生竝一時 互磨交磋 志同道合 沒有先後 知德最深 侑奠有文 撰蹟有狀 侔狀德美 竭盡無餘 晴川立祠 實所倡始 未及就緖 遺恨至今 列享檜淵 雖因氣類 迄無主院 儒林所歉 矧玆晴川 文穆所定 東岡故址 餘躅猶存 寓號他方 亦有故事 移彼就此 允合輿情 多士經營 積有年紀 惟月若日 廟貌粗完 俶簡良辰 恭擧縟禮 凡百草創 縱欠備儀 誠意感通 庶幾合莫 仰惟精靈 是降是格 永康禋祀 以相後人

4) 〈청천서원 분원전말 晴川書院分院顚末〉

김진동金鎭東[6], 『소암집素巖集』 권3, 「잡저」

선생이 돌아가시자 한강寒岡 정구鄭逑 선생이 청천서원晴川書院을 짓기 위하여 목재와 석재를 다 갖추고 일의 두서를 이미 마련했는데, 정인홍鄭仁弘이 근거 없이 "아무개가 자기 서원을 만든다."라고 하자 정 선생이 이 말을 듣고 갑자기 일을 멈추었다. 경신년(1620) 정 선생도 돌아가시니 사림들이 회연서원檜淵書院을 세워 배향했으나 선생을 배향하지는 못하였습니다.

그래서 인선仁善(인동仁同) 사림이 먼저 통문通文을 보내 알리기를, "두 선생은 뜻이 같고 도道가 같으며, 퇴계退溪와 남명南冥 선생의 문하에 들어가 함께 배워 그 종지宗旨를 터득하고 그 학문을 전수받았습니다. 선조宣祖께서 나라를 다스릴 때 함께 벼슬길에 나아가 의리를 바로잡고 도道를 밝혔으니 그 조예造詣의 정도는 후생들이 논의할 수 있는 것이 아닙니다. 그리고 동강東岡 김우옹金宇顒 선생은 학문이 정밀하고 분명하며, 심지心志가 맑고 깨끗하며, 출처出處가 공정하여 한강 선생이 일찍이 퇴계의 정통 학맥으로 돌렸습니다. 지금 만약 두 선생을 한 사당에 함께 배향하여 영원히 모범으로 삼을 수 있게 한다면 두 분 모두에게 정성을 다해 부족함이 없을 것입니다."라고 하였다.

완정浣亭 이언영李彦英 공이 사림에 답한 편지에, "이것은 반드시 자질을 강론하여 학업을 받은 바가 있고 난 뒤에 이런 회합과 이런 말이 있었을 터이니, 분통하고 답답한 마음이 격렬히 일어나면 공의公議를 막기 어려울 것입니다."라고 하였다. 대개 이것은 장현광張顯光 선생에게 품부 받아서 사론士論이 떨쳐 일어난 것을 이른다.

이에 우복愚伏 정경세鄭經世와 창석蒼石 이준李埈 두 선생이 또 이어서, "귀하의 고을에 경행사景行祠를 지금 막 세우는데 김우옹 선생은 제사를 받드는 반열에 올릴 수 없다고 하니 저희들은 가만히 의혹으로 여깁니다. 이 어른은 정구 선생과 도덕과 문장이 진실로 차이가 없습니다. 그리고 같은 고을에 태어나 같은 문하에서 교유하여 학문으로써 그 기초를 세우고 실천으로써 그 실제를 채워 고상한 문장과 바른 의론이 한 세상을 탄복시켰고, 깨끗한 명성

6) 김진동金鎭東[1727~1800]의 본관은 의성義城, 자는 정지定之, 호는 소암素巖이다. 조선 후기의 학자로 문집인 『소암집』이 전한다.

과 훌륭한 절개, 빛나는 행실은 우뚝이 당대의 의표가 되었으니 한강 선생과 함께 두 선생이라고 일컬어졌던 것입니다. 그러니 사당을 세우는 날 혹 넣고 빼는 사람이 있으면 고인을 제대로 평가하지 못할까 두렵습니다. 한강 선생이 평소 덕德을 존숭하고 도道를 벗하는 정성에 어찌 미안한 마음이 없겠습니까. 선배의 전형典刑이 날마다 아득해지는데도 지금 말하지 않고, 오리와 제비가 점점 멀리 날아가 버리서 사람들이 우러러봄에 끝내 그 형체와 그림자도 구분하지 못합니다. 만일 두 현자의 지위가 분명히 달라서 함께 배향할 수 없다고 여긴다면 사람들 마음을 만족시키고 선비들 입을 막을 수 없을까 두렵습니다."라고 하였다.

무진년(1628) 성주星州의 사림들이 드디어 어쩔 수 없이 배향하고 이에 정 선생의 위판位版을 두 기둥 사이에 봉안하고, 선생의 위판을 정 선생의 아래 동쪽 모퉁이에 봉안하였으나 여헌旅軒이 지은 봉안문奉安文 가운데 세상에서 양강兩岡이라 일컬어 함께 배향한다는 말을 싫어하여 고쳐달라고 요청했지만 여헌이 답하지 않아 봉안문 원고를 거두어 보관해두고, 이에 도사都事 이서李蕷가 지은 봉안문을 사용하니, 이에 도내 사론士論이 어지럽게 일어나 나이 순서로 다투다가 유독 성주星州 반 고을과 칠곡漆谷 한 편의 의론이 끝내 어긋나 버리고 개정하지 않으려고 하였다. 심지어 목천木川 사람 황곡립黃鵠立이 근거 없는 글을 퍼트려 선생을 핍박함에 하지 못하는 짓이 없었다. 황곡립은 바로 후천朽淺 황종해黃宗海의 아들로 시론時論에 부화뇌동하는 자이다. 사론이 오랫동안 안정되지 않자 드디어 분원分院하자는 의론이 일어나 무신년(1668) 별도로 사월곡沙月谷 옛 터에 서원을 건립하고 월봉서원月峯書院이라고 명칭을 걸었는데, 밀암密庵 이재李栽 공이 주염계周濂溪의 고사를 따라 청천晴川 옛 명칭을 찾아 봉안하게 하였다.

先生旣歿 寒岡鄭先生爲營晴川書院 木石咸具 頭緖已成 鄭仁弘飛語曰某營自己書院 鄭先生聞之遽停役 庚申鄭先生又歿 士林建檜淵享之 不及先生 仁善士林首發文諭之曰兩先生志同而道同 同師退陶·南冥之門 得其宗傳其學 同立宣廟圖治之日 正其誼

明其道 其造詣之淺深 非後生所容議 而東岡先生學問之精明 心志之瑩澈 出處之公正 寒岡先生嘗歸之以正脉 今若以兩先生幷享一廟 永有矜式 則庶乎兩盡而無欠云 浣亭李公答士林書曰此必稟質講問而有所受然後 有是會有是言 憤欝攸激 公議難遏云云 盖謂稟受於張先生 而士論憤發也 於是愚伏·蒼石兩先生又繼之曰聞貴州方起景行祠 而金先生不得躋於腏食之列 生等竊惑焉 此老於鄭先生 其道德文章 固無高下淺深 而幷貫而居 同門而遊 有學問以立其基 有履行以充其實 高文正論 驚服一世 淸名姱節 輝映周行 偉然爲當代標 則與寒老幷稱爲兩先生 於立祠之日 或有予奪 則恐非尙論之當然 寒岡平日尊德友道之誠 無乃有未安乎 先輩典刑日邈 今而不言 鳧乙之飛漸遠而人之尊仰者 終莫辨其形影

如謂兩賢地位截然 不可同享 則恐無以厭人心而默士口也 戊辰星州士林遂不得已而躋享 乃奉鄭先生位版於兩楹之間 奉先生位版於鄭先生之下東隅 而嫌旅軒所撰奉安文中世稱兩岡幷位連床等語 請改之 旅軒不答 收藏元稿 乃用李都事葤所撰 於是道內士論紛起 爭之以序齒 獨星州半鄕及漆谷一邊議論 終是乖張 不肯釐正 甚至木川人黃鵠立肆然飛文 侵逼先生無所不至 鵠立乃黃朽淺宗海之子 而附於時論者也 士論積不平 遂有分院之議 戊申別建書院於沙月谷舊基 揭號月峯 密庵李公倣濂溪故事 令尋晴川舊號而奉之

5) 〈자한사우소自漢師寓所, 여병지사월고리舁病至沙月故里, 구제이경비舊第已傾圮, 병구무소어귀病軀無所於歸, 이중제족里中諸族, 도여입導余入 청천서당晴川書堂, 소일실이사지기거掃一室而使之起居, 퇴와병상頹臥病牀, 백감층생百感層生, 술고시일편述古詩一篇, 시제족정유동示諸族丁酉冬〉

김창숙金昌淑, 『심산유고心汕遺藁』 권1, 「시」

조국 광복에 이 몸을 바쳐	獻身光復役
엎어지고 자빠지기 어언 14년	顚沛四十年
뜻한 일 이미 어긋나 실패하고	志業已乖敗
몹쓸 병만 부질없이 오래도다.	癈疾徒沈緜

눕히고 일으킴 사람 손 필요한데 臥起長須人
숨찬 증세 이상하게 오히려 끌고 喘息恠尙延
가마에 실려서 고향에 돌아오니 舁疾歸故山
언덕과 돈대를 잿빛 연기 가렸도다. 岡坮掩灰烟
옛 보금자리 꾸부려 찾아드니 傴僂尋故巢
무너진 벽엔 서까래 몇 남았고 壞壁餘數椽
병든 이 내 몸 돌아갈 곳이 없어 病軀無所歸
선조 사당 앞을 어슷거리도다. 徊徨先廟前
선조의 사당이 가을 풀에 묻혀 先廟秋草沒
마음 아파 눈물 저절로 흐르는데 傷心涕自濺
여러 일가들 바삐 나와 맞아 諸宗忙出迎
날 인도하여 청천에 들이다. 導我入晴川
청천서당은 황폐해 처량하고 晴川亦荒凉
빈 집엔 박쥐 멋대로 나는데 虛堂任飛蝙
계집아이 종은 평상의 먼지 쓸고 赤脚掃塵床
사내녀석 종은 해진 자리 정돈하네. 長鬚整弊筵
방 하나만이 조금은 밝아서 一室稍虛明
책상을 펴기에 그런대로 족하고 足以開丌篇
어떤 사람은 술병 차고 와 有人佩壺來
나를 위로함 자못 친절하도다. 慰我頗惓惓
이날 밤 불 켜고 누워 있노라니 是夜明燭臥
병든 몸 아픔을 견딜 수 없네 病骨不堪痛
평생 겪은 일 돌이켜 생각하니 回想生平事
온갖 감회에 근심만 태산. 百感正悁悁
천하는 지금 어느 세상인가 天下今何世
사람과 짐승이 서로들 얽혔네 人獸互糅纏
붉은 바람 미친 듯 땅을 휘말고 赤風狂捲地

미국 밀물 넘쳐서 하늘까지 닿았네　美潮漲接天
아아, 조국의 슬픈 운명이여!　嗚乎宗國運
모두가 돌아갔네 한 사람 손아귀에　都歸一夫權
아아, 겨레의 슬픈 운명이여!　嗚乎民族命
전부가 돌아갔네 반민족자 주먹에　全付反民拳
평화는 어느 때나 실현되려는가　和平幾時現
통일은 어느 때에 이루어지려나　統一幾時圓
밝은 하늘은 정말 다시 안 오고　皓天苟不復
오히려 빠르도다 갑작스런 일들.　無寧遄溘然

6) 〈우제 청천서당 又題晴川書堂〉

김창숙金昌淑, 『심산유고心汕遺藁』 권1, 「시」

한 줄기 청천晴川 한 얼안 궁宮에　一道晴川一畝宮
곧은 봉우리 일천 길은 우러를수록 더욱 높구나.　直峰千仞仰彌崇
바른 기맥氣脈 높은 바람이 길이 그치질 아니하니　正脈高風長不歇
동방 만세를 지나도록 뭇 어리석은 이들을 깨우치리.　東方萬世牖群蒙

7) 〈통훈대부 행풍기군수 월담김공 묘지 通訓大夫行豐基郡守月潭金公墓誌〉

남한조南漢朝, 『손재집損齋集』 권15, 「묘지명」

皇明隆萬間 星山有篤行君子 曰西溪先生金公 薦遺逸除官不起 躋享于晴川書院 嗣子諱廷龍 襲訓趾美 克世其家 金氏出義城 鼻祖諱龍庇 官詹事 其後幾世 有諱用超 佐我太祖錄勳 官節度使 四世諱允迪 隱德不仕 於公爲曾祖 祖諱關石 以孝行授陵署郎 考諱聃壽 卽西溪先生 公自幼俊逸 遊宕過度 鄕先進某見而戒之 公發憤自勵 年才志學 文識驟長 遂遊東岡·寒岡兩先生之門 佩服旨訣 精思力踐 乙酉別試登第 丙申 除禮安縣監 兼督運糧 時島夷充斥 天兵絡繹 公撫摩凋瘵 使安其業 措畫糧餉 不至乏絶 天將

稱其爲國盡誠 上特賜黃柑以奬之 西溪先生方寓花山地 而以國典不得奉養 有墜懷愧陸郎之句 當是時 寇亂已五歲矣 官私條制蕩然 公獨守法惟謹 人以爲難 暇日展拜退陶先生墓 以致尊慕之誠 翫閱遺集 尤有味於十圖 與月川·雪月諸賢 講磨旨義 究極精微 雖在干戈搶攘之中 其篤志向學如此 連守寧越·豐基 治效茂著 累蒙褒諭 兩邑民稱思不已 己未四月日 考終于倫洞里第 距其生辛酉 壽五十九 公字時見 號月潭 葬在西溪墓右 配善山金氏 煦之女 中配江陽李氏 天授之女 後配東萊鄭氏 應星之女 生四男四女 男以元·以亨俱進士 以利·以貞 女適李時建金陽復黃師憲柳元立 元三子 埏造紙署別提 垠·增 亨一子垤進士 利一子端 贈判決事 貞以從子增爲後 別提嗣子益南 餘不盡記 公天資近道 趨向甚早 以一部小學書 爲終身節度 燕閒之中 未嘗懈怠 顚沛之際 罔或荒廢 沈潛翫養 仕學交進 臨民則有如傷之愛 任職則有盡瘁之義 使其揚于王庭 展布其所蘊 則大有可記 而優游墨綬 不求人知 天又嗇其長道 可勝惜哉 嗚呼 星山古多長德君子 而西溪先生 旣以躬行爲敎於家 兩岡先生 尤以道學名世 公生長擩染 出入觀善以成其德 則倘所謂魯無君子 斯焉取斯者哉 公沒已二百年 屢經兵劊 文蹟蕩佚 公之七世孫重默 持家傳狀略 來請賁隧之文 漢朝本不嫺於文 重以衰病纏骨 精神耗喪 無以撰次事行 再三力辭而不獲 乃据本狀 略加隱栝 疎漏短拙 不足以闡發潛德 而反有累於久遠不朽之圖云爾

8) 〈동강김선생 청천서원 환안문 東岡金先生晴川書院還安文〉

류이좌柳台佐[7], 『학서집鶴棲集』 권12, 「봉안문」
훌륭하신 우리 문정공文貞公이여
당세에 뛰어난 선비였네.
도산陶山(퇴계退溪)에게 의발衣鉢을 전수받았고
뇌룡雷龍(남명南冥)에게 가르침 받았네.

---

7) 류이좌柳台佐[1763~1837]의 본관은 풍산豊山, 자는 사현士鉉, 호는 학서鶴棲이다. 조선 후기의 문신으로 부총관, 우승지, 호조참판 등을 역임하였다. 문집으로 『학서집』이 전한다.

성誠을 밝히고 경敬과 의義 실천했고
시종일관 도道에 나아갔네.
경연經筵에서 임금님 바로잡았으니
참다운 강관講官이었네.
대간臺諫으로서 논쟁하니
군자의 도道가 자라났네.
속강목續綱目을 편성하여
자양紫陽(주자朱子)의 필법 계승했네.
덕德은 이웃이 있게 마련이니
문목공文穆公(정구鄭逑)과 도의교道義交 맺었네.
깊이 알아주고 서로 강마하여
사당에 배향하는 일 창도했네.
지금 이 청천서원晴川書院은
명칭에 연유가 있었네 .
합향合享했다 바로 갈라졌으니
지난 일 누구를 탓하랴.
회연檜淵과 월봉月峯 두 서원
백세토록 함께 우뚝 서있네.
정말로 깊은 연못이여
예로 배향하니 더욱 아름답네.
우뚝 솟은 서원이여
귀신이 돕고 지켜주었는데,
어쩌다 하루 저녁에
불이 나 타버렸는가.
임시로 의자와 탁자 옮기니
어찌 송구한 마음 가눌까.
어진 자손 상덕尙德이

다시 세우는 일 맡았네.
재목 도모해 빌려오고
선비들 폐백 옮겨 왔네.
다섯 칸 건물 이루어지니
옛 체제 따른 새 사당이네.
단청이 휘영청 빛나니
우리 사문 다시 빛나리라.
사람들 정성이 모인 곳에
성대한 덕德 더욱 빛나네.
이에 좋은 날 잡아
다시 공경히 제사 올리네.
영령이시어 강림하시어
끝없이 깨우치고 도우소서.

猗我文貞 命世儒宗 傳鉢陶山 立雪雷龍 明誠敬義 造道終始 三筵進規 眞講官是 臺端抗論 君子道長 編成續史 紹述紫陽 維德有鄰 道義文穆 知深講劘 義倡尸祝 今玆晴院 揆號有繇 合腏旋分 往事奚尤 淵祠月廟 百世幷峙 允矣深潭 禮配增美 翼翼明宮 鬼護神持 云胡一夕 鬱攸告灾 權移椅卓 曷任震悚 賢尹尙德 改建是董 營借之材 士輸其幣 功成五架 新廟舊制 丹靑照映 斯文復光 輿誠所萃 盛德采章 載涓吉辰 還奉薦苾 尊靈降鑑 啓佑無極

9) 〈청천서원 배향봉안문 晴川書院配享奉安文〉

류이좌柳台佐, 『학서집鶴棲集』 권12, 「봉안문」
서계西溪 김담수金聃壽 공 봉안문

삼가 생각건대 우리 공께서는

타고난 자품이 고고高古했네.
그 바탕 가을 난초 같았고
그 정신 곤륜산 옥 같았네.
약관弱冠의 나이부터
학문에 뜻을 두었네.
과거공부 하려 하지 않고
시서詩書 공부에 전념했네.
자신과 행실 단속하여
집안 다스리고 남들을 대했네.
효성과 우애 실천하고
엄격히 법도를 지켰네.
내면과 외면 함께 닦아
더욱 돈독히 실천했네.
명성 얻어 천거되었을 때
폐백을 후하게 내리셨네.
청운靑雲의 꿈을 마다하니
푸른 산 꿈속에 들어왔네.
해 마치도록 한가히 노닐며
가난에 만족하고 도道 즐겼네.
임천林泉에서 늙어가니
문채文彩 나는 군자였네.
질의하며 학업 청함에
동강東岡과 한강寒岡 스승으로 섬겼네.
덕 있고 어진 이 존숭하니
융숭히 보답해야 예로다.
문정공文貞公 제향한 곳
청천서원晴川書 있었네.

의리상 종향從享해야 하니
사람들 다른 의견 없었네.
성대한 의식 비로소 거행하니
정일丁日[8] 좋은 날이로다.
같은 세상 태어나서
한 사당에 제향했네.
강림하는 영령 서로 기뻐하고
젊은 선비들도 함께 기뻐하네.
맑은 술을 올리고
정갈한 희생 바치네.
제사 올리며 삼고 고하노니
끝없이 제사 올리겠노라고.

용담龍潭 박이장朴而章 공 봉안문

삼가 생각건대 우리 공께서는
타고난 자품 빼어났네.
기린과 봉황의 의표儀表요
예장橡樟[9]의 훌륭한 재목이었네.
어린 시절 스승을 찾아
덕德을 찾고 학업을 물었네.

---

8) 정일丁日 : 사우祠宇에는 일반적으로 매년 봄가을, 즉 2월과 8월 첫 정일丁日에 제사를 올린다.

9) 예장橡樟 : 예장豫樟과 같다. 상록 교목인 녹나무로, 훌륭한 재목을 말한다. 『술이기述異記』에 "예장은 7년을 자라야 알아볼 수 있다. 한 무제漢武帝 보정寶鼎 2년에 예장관豫樟官을 설치하고 곤명지昆明池 가운데에 예장전豫樟殿을 건축하였다." 하였다.

문장은 일찍 달성했고
학문은 정밀하고 분명했네.
대과大科에 급제하여
부모님을 영화롭게 모셨네.
청현직淸顯職 두루 역임할 때
성군聖君과 현신賢臣이 만났네.
두 조정에서 남다른 은혜 받아
온 마음 나라 위해 목숨 다했네.
관복 입고 조정에 섰을 때
정성을 다해 글을 올렸네.
참소하는 이들 끝없이 일어나
벼슬 그만두고 고향으로 돌아왔네.
시절 아파하고 나라 걱정함에
늙어서도 그 마음 변치 않았네.
돌아가신 동강東岡과 한강寒岡 두 선생과
도의교道義交를 맺었네.
진정한 군자는
끝내 잊을 수 없는 법이네.
지금도 화향華鄕에는
남긴 향기 없어지지 않았네.
청천서원晴川書院 돌아보니
문정공文貞公 봉안된 곳이네.
의리상 종향從享해야 하니
사람들 의견 모두 같은 의견이었네.
백년이 지난 오늘날
2월 중정일中丁日이네.
성대한 의식 비로소 거행하니

많은 선비들 서로 경하하네.
당시 뜻이 같았던 분들
한 당에다 신주를 모셨네.
술병에는 맑은 술 있고
제기에는 제물이 정결하네.
제사 올리며 삼가 고하노니
끝없이 제사 올리겠노라고.

西溪金公

恭■惟我公 天稟高古 秋蘭其質 崐玉其精 爰自弱齡 有志于學 不屑科第 專事詩書 制行飭鞀 刑家接物 惟孝惟友 惟墨惟繩 內外交修 踐履彌篤 名登薦剡 束帛戔戔 靑雲掉頭 碧山入夢 優遊卒歲 樂道安貧 白首林泉 有斐君子 質疑請業 師事兩岡 尙德尊賢 禮宜崇報 文貞尸祝 有玆晴川 義當躋從 人無異議 縟儀載擧 日吉于丁 幷世而生 一廟以享 陟降胥悅 衿佩同歡 惟酌之淸 惟牲之潔 卽事虔告 永奠無疆

龍潭朴公

恭惟我公 天資英特 麟鳳之表 橡樟之材 妙年從師 考德問業 文章夙達 學問精明 名擢巍科 孝全榮養 歷敭淸顯 際會風雲 兩朝殊恩 一心殉國 垂紳正笏 瀝血封章 蒼蠅止樊 閒鷗入海 傷時憂國 髮短心長 兩岡先師 道義之契 展也君子 終不可諼 至今華鄕 遺芳未沫 瞻玆晴院 文貞妥靈 義當躋從 羣議允協 百年今日 二月中丁 縟儀載陳 多士相慶 志同當世 神棲一堂 淸酌在尊 潔牲在俎 卽事虔告 永奠無疆

10) 〈묘지명 병서[곽종석] 墓誌銘竝序[郭鍾錫]〉

박이장朴而章, 『용담집龍潭集』 권7, 「부록」

용담龍潭 선생 박공朴公이 세상을 떠나, 성주의 비봉산 남쪽 위곡蝟谷 진좌震坐 언덕에 장사 지냈다. 또 300년이 지나 문간공文簡公 용주龍洲 조경趙絅 선생이 행장을 짓고, 대제학 백각白閣 강현姜鋧 공이 신도비명을 지었다. 선생의 뛰어난 행실과 아름다운 지조는 눈이 있는 사람에게는 이미 크게 빛났다. 다만 묘소에 기록하여 영원한 후세에 전하는 묘지명은 아직 갖추지 못하였다. 선생의 후손인 조현肇鉉, 해익海益 등 여러 분이 바야흐로 영원히 효도하려고 하면서 나에게 글을 지어주기를 매우 힘써 청하였다.

내가 삼가 생각하건대, 선생은 사문斯文의 모범이고 나라의 보필이었다. 나라가 크게 어려울 때 몸을 돌보지 않아 빛나는 공신에 봉해졌고, 기강이 무너진 날에 윤리를 밝혀 근엄한 역사에 기록되었으니, 천지가 무너질 때까지 선생의 사적은 없어지지 않을 수 있을 것이다. 또 어찌 반드시 묘소 속에 지석이 있고 없는 것이 관계가 있겠는가. 그만둘 수 없다면 대강의 계보와 이력을 경건히 서술하여 그런대로 묘도 문자로 삼으려는데, 되겠는가?

선생의 휘는 이장而章, 자는 숙빈叔彬인데, 그 선조는 호남의 순천부 사람이다. 고려 말에 시중을 지내고 평양군에 봉해진 천상天祥은 역성혁명 때 순절하였다. 개성 판윤을 지낸 그 아들 가권可權은 성주에 은거하였다. 조선에서 정경으로 불렀으나 나아가지 않았다. 이분이 유성柳星을 낳았는데, 비로소 벼슬에 나아가 의주 목사를 지내고 청백리에 뽑혔다. 이분이 예손禮孫을 낳았는데 부사맹副司猛을 지내고 합천 남교藍橋에 자리를 잡고 살았다. 이분이 한하漢何를 낳았는데 사복시정이었고, 이분이 식埴을 낳았는데 참봉으로 승지에 추증되었다. 이분이 양좌良佐를 낳았는데, 호는 복재復齋이고 학행이 있었다. 벼슬은 승지를 지내고 참판에 추증되었는데, 공이 귀하였기 때문에 3대가 아울러 추증되었다. 이분이 본관이 성산星山인 별좌別座 배은裵垠의 딸에게 장가들어 가정 정미년(1547)에 공을 낳았다.

자질이 탁월하고 통달하였으며 효도와 우애는 타고났다. 겨우 배우기 시작할 나이에 능히 대의를 궁구하였고 평소 행실이 독실하였다. 약관이 지나 덕산德山으로 가서 남명 조 선생을 배알하였다. 오덕계吳德溪, 최수우崔守愚, 김동강金東岡, 정한강鄭寒岡 등 여러 군자와 경전을 강론하고 학문을 묻고 돌아와서, 경전과 예학에 관한 학문에 더욱 힘썼다. 만력 계유년(1573)에 생원시와 진사시에 급제하고 성균관에 유학하였다. 소재穌齋 노 선생盧先生을 배알하고 스승으로 섬겼다. 이로부터 학문이 날로 깊어지고 명망과 실질이 점점 높아졌다. 성균관에서 번갈아 추천하여 기자전箕子殿 참봉에 제수되었으나 나아가지 않았다. 오래지 않아 영숭전永崇殿 참봉으로 바뀌어 제수되니, 이에 마지못해 사은숙배하였다. 입직하면서 날마다 『주역』과 주자서를 읽으니 사람들이 '독서랑讀書郎'이라 하였다.

일찍이 부친의 명으로 과거 공부를 하여 시험을 보았는데, 우연히 한 글자가 틀렸다. 시험관이 경전의 뜻을 확실하게 이해한다고 여겨 합격시키려 하였다. 공이 "국가시험은 법식이 있는데, 제가 무너뜨릴 수는 없습니다."라고 하였다. 드디어 스스로 '불不'자를 쓰고 물러났다. 나이 40세가 된 병술년(1586)에 별시에 갑과로 급제하였다. 권지승문원정자權知承文院正字가 되었다가, 얼마 안 있어 예문관 검열에 임명되었다.

야대夜對에서 임금님을 모셨는데, 임금님께서 백성의 괴로움과 즐거움을 물었다. "백성의 괴로움과 즐거움은 오직 군주의 덕성에 달려있습니다. 덕성이란 마음이 이 이치를 갖춘 것을 말합니다. 그러나 사욕이 가렸는데도 만약 존양성찰存養省察의 공부를 하지 않으면 본래 모습을 회복할 수 없습니다."라고 대답하였다. 이에 성誠과 경敬의 요체를 아뢰고, 음악과 여색 때문에 교만하고 음란해지는 것을 경계하고, 간사한 사람들이 임금님의 총명함을 가로막는 것을 걱정하는 데 이르렀다. 그리고 왕도와 패도를 섞어 쓰고 공경과 태만이 서로 제약하려는 조짐이 있는 것에 대해 극진히 말하였다. 임금이 오랫동안 찬탄하고, 술병에 어주御酒를 가득 담고 좋은 쟁반에 귤을 담으라고 명하였다. 어전의 금련촉金蓮燭을 가지고 환관에게 앞길을 인도하여 예문관으로 돌아가게 하니, 당시 사람들이 영광스럽게 여겼다.

무자년(1588)에 예문관 대교待教에 선발되었다. 기축년(1589)에 홍문관 수찬과 교리로 옮겼다. 경인년(1590)에 호남에 사림의 변란이 있었는데, 관찰사와 병마절도사가 제압하지 못하였다. 임금께서 학문이 있는 신하 가운데 명망이 있는 사람을 선발하여 진압하라고 명하였다. 조정에서 공을 천거하여, 드디어 나주 목사로 나가 사정을 살피고 위무하니 경내가 편안해졌다.

신묘년(1591)에 왜가 명나라를 공격할 계획을 세우자 조정이 의심하고 두려워하였다. 공이 하절사賀節使의 서장관으로서 명나라에게 왜인의 실정을 바른대로 아뢰기를 임금님에게 청하였다. 명나라에 가서 바른대로 아뢰니 천자가 가상히 여기고, 거의 몇 수레의 서적을 상으로 하사하였다. 다음 해 임진년(1592)에 왜구가 대거 침략하여, 여러 군이 무너지고, 임금은 평안도로 피난하였다. 공은 고을의 장정과 가노家奴를 모집하고 의병장 김면金沔과 정인홍에게 의탁하여 의병을 일으켜 적을 토벌하였는데, 공이 매우 컸다.

오래지 않아 초유사인 문충공 김성일이 공을 종사관으로 임명하여, 군무를 의논하였다. 호남에서 군량을 징수하였는데, 온갖 어려움과 위험을 겪고 결국 책임을 완수하였다. 김공이 세상을 떠나자 공은 행재소로 가기로 결심하였고, 어가를 호종하여 한양으로 돌아왔다. 부응교에 임명되고 얼마 안 있어 이조 낭관에 선발되었다가, 검상檢詳, 사인舍人으로 옮겼다. 판서 김응남金應南이 천거한 것인데, 영남에서 제일이라고 여겼다.

갑오년(1594)에 호남 관찰사가 왜구와 화의하여 백성을 쉬게 할 것을 청하였는데, 공이 정언으로서 상소하여 종묘사직과 왕의 무덤을 파헤친 원수이니 영원히 잊을 수 없다고 아뢰었다. 이에 국경을 안정시킬 중요한 정무 여덟 가지 일을 아뢰었는데, 감사와 수령을 가려 뽑을 것, 장수를 선발하고 병사를 훈련시킬 것, 둔전을 두어 창고에 양식을 저장할 것, 지형을 살펴서 요충지를 차지할 것, 부세를 경감하고 재물을 절약할 것, 병사와 백성을 위무하여 죽을 힘을 다하게 할 것, 인재를 임용하되 품계에 구애되지 말 것, 신의를 세워서 간사하고 교활한 사람을 막을 것 등이었다.

난이 평정되자 호성선무원종공신扈聖宣武原從功臣에 녹훈되었다. 을미년(1595)에 순창 부사에 제수되었다. 임금께 하직 인사를 하고 떠날 때 임금의 덕과 정치의 폐단을 논하는 소를 올리고, 아울러 세자에게 진덕수업進德修業의 실질에 힘을 다할 것을 상서하였는데, 임금이 후한 비답을 내려 가상히 여겼다. 한강을 건너기도 전에 박이장의 학식은 경연에 두고 고문할 수 있으니 먼 고을에 임명해서는 안 된다고 비변사에서 임금에게 아뢰었다. 즉시 소환하여 교리에 임명하고 부친은 경기전 참봉에 임명하여, 부모를 봉양하려는 소원을 이루어 주었다. 또 공의 얼굴을 그려 주라고 명하여 부모가 자식이 돌아오기를 기다리는 마음을 달래주었으니, 특별한 대우였다.

병신년(1596) 봄에 임금이 막 『주역』을 읽고 계셨는데, 강관講官인 문장공 정경세鄭經世가 마침 체찰사의 종사관으로 나가 있었다. 임금이 『주역』에 정통한 사람을 선발하여 그 직책을 대신하라고 명하였다. 대신이 공을 추천하였는데, 지위에 구애되지 않았다. 동지경연사同知經筵事의 직책을 임시로 수행하였다.

수원 부사로 나갔는데, 어떤 실성한 왕자를 수원부에서 단속하고 있었다. 거리낌 없이 사람을 멋대로 죽이고 늘 흉기를 가지고 관청에 들어가서 부사를 협박하면서 뒤쫓았다. 공이 부임하여 흔들림 없이 꿈쩍도 하지 않고 의리로 타이르니, 왕자가 문득 깨닫고는 결국 좋은 사람이 되었다.

기해년(1599)에 부모상을 당하여 애통한 마음과 예를 다하였다. 삼년상을 마치고 전적典籍에 임명되고, 상의원정尙衣院正을 지냈다. 임인년(1602)에 집의로 부름을 받고, 오래지 않아 응교應敎에 임명되었다. 시강원侍講院 필선弼善과 보덕輔德으로 옮겨 『서경』 무일편無逸篇을 강론하였다. 이에 일락逸樂의 잘못과 궁궐에서 낭비하여 세금이 번다하고 지나친 폐단을 아뢰었다. 마음을 바로하고 뜻을 정성스럽게 하여, 간쟁을 받아들이고 나라를 다스리는 도리를 강구할 것과 마음을 정미하고 순일하게 하는 공부에 힘을 다할 것을 청하였다.

전한典翰에 임명되어 동료와 같이 계를 올려 수우당守愚堂 최영경崔永慶의 원통한 일을 풀어주었다. 직제학으로 승진하고 동부승지로 옮겨, 『춘추』의 '선한 사람에게 상을 주고 악한 사람을 벌주는 의리'를 강론하였다. 얼마 안 있어 대사성에 임명되었는데, 차자를 올려 학제를 만들어 좋은 인재를 기를 것을 청하였다. 대사간을 거쳐 부제학이 되었다. 계묘년(1603)에 좌승지, 이조 참의, 도승지에 임명되고, 임금의 명에 의해 「의국책醫國策」을 지어 올렸다. 이조 참의를 거쳐 가선대부로 품계가 승진되었다.

상호군上護軍에 임명되고, 동지하절부사冬至賀節副使를 맡았다. 다음 해 봄에 복명하고 부제학에 재차 임명되었다가 예조 참판으로 승진하였다. 이조 참판으로 옮겼다가 대사헌으로 옮기자, 벼슬자리를 내놓고 물러났다. 다시 부제학으로 임금의 부름을 받았다. 당시 소인이 문원공文元公 회재晦齋 이 선생을 논하였는데, 공이 억울함을 밝히고 경연에서 매우 힘써 아뢰어 결국은 아무 일이 없었다. 또 대사헌에 임명되고, 한성부 좌윤으로 옮겨 세자좌부빈객世子左副賓客을 겸하였다.

을사년(1605)에 임금에게 정사를 논한 것 때문에 외직으로 영해 부사에 임명되었다. 겨울에 소환되어 병조참판이 되었는데, 승문원 제조와 금화사제조禁火司提調를 겸하였다. 병오년(1606)에 당시의 여론과 맞지 않아 단양 군수로 쫓겨났다가 오래지 않아 체직되어 돌아왔다. 무신년(1608)에 임금의 부름을 받고 대사헌이 되어, 정인홍이 간사하고 아첨하는 무리에게 속아 대궐을 흔들고 이간시키는 잘못을 따져 아뢰었다. 뒤에 또 시를 지어 풍자하였다. 부제학으로 옮겼으나 벼슬을 내놓고 물러났다.

이로부터 벼슬에서 물러나 은거할 뜻이 있었다. 진보眞寶의 어호漁湖에 살 곳을 정하였는데, 거기에서 노년을 보내려 하였다. 이해에 선조宣祖가 승하하고 광해군이 즉위하니, 조정이 매우 불안하였다. 공은 부음을 듣고 달려가서 곡하고 장사를 마치자마자 곧 새집으로 물러나 지냈는데, 시사를 걱정하고 임금을 그리워하는 마음을 매번 시에 드러내었다. 신해년(1611)에 이조 참판으로 부름을 받았으나 단호하게 사양하고 나아가지 않았다. 계축년(1613)에 국구인 연흥부원군延興府院君 김제남金悌男이 모함을 받고 죽었다. 예관禮官 유숙柳潚이 자전慈殿에게 그의 죽음을 아뢰지 않자, 공이 아들은 어머니를 원수로 여기는 의리가 없다는 것으로써 꾸짖었다.

영창대군의 옥사가 일어나자, 공이 판서 남이공南以恭에게 편지를 보내 "우리들이 바로잡지 못하면 지하에서 선왕을 뵐 수 없습니다."라고 하였다. 드디어 소를 올려 심하게 쟁론하다 쫓겨나 청송 감무가 되었다. 얼마 안 있어 사직하고 돌아왔다. 을묘년(1615)에 영창대군이 살해되고 폐모의 논의가 또 심하게 전개되었다. 완평부원군完平府院君인 상국相國 이원익李元翼이 차자를 올려 효도를 다할 것을 청하다 임금을 노하게 하여 홍주洪州로 유배되었다. 공이 「만언소萬言疏」를 올려 구원하였는데, 임금의 잘못을 모두 진술하고 정조鄭造와 윤인尹訒의 악행을 논박하였다. 주자의 과궁소過宮疏, 대순大舜이 상象을 처우한 의리, 한나라 문제의 '베와 곡식의 노래'를 인용하여, 대놓고 간쟁하면서 숨기지 않았다. 임금이 노하여 극형에 처하려 하였으나, '간사한 우두머리인 이이첨李爾瞻이 공의 명망을 알고서 임금에게 아뢰어 삭탈 관직하여 쫓아내는 데 그쳤다.

정사년(1617)에 진보眞寶로부터 영천靈川의 용담으로 돌아왔다. 얼마 안 있어 성주 연봉리延鳳里에 우거하였다. 집이 초라하여 비와 햇빛도 가리지 못하고 변변치 못한 음식을 먹었으나 욕심이 없었다. 수재들을 이끌어주고 강학하기를 게을리하지 않았다. 배우는 사람이 모여들자 공을 위해서 집을 지어 거처하게 하였는데 모덕와慕德窩라 불렀다. 무오년(1618)에 인목대비가 유폐되었다는 소식을 듣고는 근심하고 슬퍼하여 잠을 이루지 못하였다. 시를 짓기를 "사자대思子臺는 비고 저녁바람 부니, 신의 눈물을 목릉穆陵 가에 흩뿌리네."라고 하였다. 여러 제자들에게 과거 공부를 하지 말고 의리의 학문에 전심하게 하였다.

임술년(1622)에 병을 앓아 위독하였지만 그래도 여러 제자들에게 주자周子, 장자張子, 정자程子, 주자朱子의 책을 읽게 하고는 듣기를 게을리하지 않았다. 8월 26일 정침에서 천수를 누리고 세상을 떠났다. 마을에서는 방아를 찧지 않고 시장에서는 가축을 잡지 않았다. 원근의 사우들이 급히 달려와 모두 조문하면서 이구동성으로 인물이 세상을 떠나니 나라가 병들 것이라 하였다.

아! 선생은 충성스럽고 절개가 굳은 선조를 계승하고 사우들에게 감화를 받았다. 뜻은 순수하고 기개는 강직하며, 학문은 넉넉하고 품행은 단정하였다. 안으로 온축한 것은 광박廣博하고 심후하였고, 밖으로 드러난 것은 시원하고 원활하였다. 그 출처와 진퇴, 순탄함과 어려움, 치란은 처음부터 끝까지 의리에 한결같아 구차한 것이 없었고, 개인의 작은 이익 때문에 다투는 것이 없었다. 마음에 품은 생각이 대범하여, 빼앗을 수 없는 확고한 절조가 있는 것은 대개 생각할 수 있다. 집안에서는 효도하고 공경하며 자신을 단속하는 데 엄숙하고 단정하며, 관직을 맡아서는 청렴하고 신중하였다. 백성을 사랑하여 측은해 한 사적에서 학문의 조예가 거짓이 아님을 모두 알 수 있고, 행장과 묘갈명을 지은 사람이 모두 서술하였기 때문에 여기서는 일일이 췌언贅言하지 않는다.

선생의 문장은 전아하고 화려하며 저술은 매우 많았다. 편찬한 것으로는 『관혼촬요冠昏撮要』, 『정서절요程書節要』, 『육경려해六經蠡海』, 『심경촬요心經撮要』, 『상재만록桑梓漫錄』 등의 책이 있었다. 그러나 모덕와慕德窩에 불이 났을 때 모두 불탔다. 조정에서 벼슬하며 올린 소차疏箚와 논계論啓도 원고가 남아 있지 않다. 지금 백분의 일도 남아 있지 않으니 어찌 애석하지 않겠는가! 사림들이 추모하기를 그치지 않아, 합천의 회산사檜山祠와 성주의 청천서원晴川書院에서 모두 공에게 제사를 드렸다. 지금은 제사 드리는 곳이 없으니, 세도世道가 변하는 것은 당연한 것인가. 아, 슬프다!

선생의 부인은 정부인 충원 박씨忠原朴氏인데, 참판 응복應福의 따님이다. 자녀가 6명인데, 장남 충구翀衢는 승훈랑承訓郞이고, 차남 공구珙衢는 대군사부大君師傅이다. 4녀는 진사 정유원鄭維垣, 도사都事 이응교李應敎, 유성柳惺, 현감 한여형韓汝泂에게 시집갔다. 승훈랑은 1녀가 있는데, 지평持平 곽위국郭衛國에게 시집갔다. 대군사부는 2남이 있는데, 원복元畐은 선교랑宣敎郞이고, 원영元榮은 참봉인데 승훈랑의 양자로 갔다. 5녀는 참봉 정창모鄭昌謨, 사인 조진창曺振昌, 참봉 홍덕이洪德彛, 진사 이도제李道濟, 김상옥金相玉에게 시집갔다. 외손은 정윤승鄭允升, 순승舜升, 문승文升, 진사 이명귀李命龜, 현감 한무韓楘, 진사 후榑이다. 나머지는 모두 기록하지 않는다.

명은 다음과 같다.

연못에 용이 있으니
그 상은 『주역』에 있네.
세상 따라 변하지 않아

확고하여 바꿀 수 없는 것이
건괘 초구初九의 잠겨 있는 용이네.
제때 진덕수업進德修業하여
상승과 하강에 사악한 목적이 없는 것은
건괘 구사九四 뛰어오르는 용이네.
대개 충성스럽고 신용을 지키며 문장을 다듬어
사악한 것을 막고 정성스런 마음을 가지는 것은
모두 용의 덕이 밤낮으로 부지런한 것이네.
황하에서 도圖를 빛내고
치마에 문장을 그린 것은
하늘에서 바람 불고 벼락 쳐서 분명하게 드러낸 것이네.
본래 깊은 연못 깊고 엄숙한 가운데서 함양하여
헤아릴 수 없네.
아!
이것은 선생이 『주역』에 정통했기 때문인가.

후학 포산苞山 현풍玄風 곽종석郭鍾錫은 짓는다.

龍潭先生朴公沒而葬于星州之飛鳳山南蝟谷枕震之原 且三百年 龍洲趙文簡先生絅狀其蹟 大提學白閣姜公鋧銘顯詩于神道 先生之偉行徽節 已奕然爛映于有目矣 獨其所以識幽而詔之玄遠者 尙未遑也 先生之裔肇鉉海益諸君 方孝思于永言 求其辭于鍾錫甚勤 鍾竊惟先生 斯文之標幟也 王國之黼黻也 匪躬於大蹇之會 而煒煌鐵劵之勒也 明倫於攸斁之日 而森嚴乘杌之載也 卽天壤之弊 而先生之蹟可與終矣 又何須有無於土中之片磁也 無已則敬敍其系緖履歷之槪 聊備例於竁道而已焉可乎 先生諱而章 字叔彬 其先湖南之順天府人也 麗季有侍中平陽君天祥 殉節于革命之際 其子判尹可權遯靖于星 我聖朝徵以正卿不起 是生柳星 始就仕牧義州 選淸白 是生禮孫 副司猛 卜居于陜之藍橋 生漢何 僕正 生埴 參奉 贈承旨 生良佐 號復齋 有行學 官承旨 贈參判

三世竝以公貴也 是娶星山人別座裵垠之女 以嘉靖丁未生公 天姿英達 孝愛根於性 甫就學 能研窮大義 篤於常行

踰弱冠 謁南冥曺先生於德山 與吳德溪崔守愚金東岡鄭寒岡諸君子 講道質業而歸 益肆力於經禮之學 萬曆癸酉 擧生員進士 遊泮中 拜蘇齋盧先生而師事之 自是文學日邃 望實漸隆 館中交薦 授箕子殿參奉 不就 已而 移授永崇殿 乃黽勉肅謝 在直 惟日誦周易及朱子書 人謂之讀書郎 嘗以大人公命 治明經業 赴試闈 偶錯一字 主者以通練經義 欲置嵬選 公曰 國試有程 不可自我壞了 遂自書下栍而退 年四十丙戌 登別試甲科 隷承文院正字 旋拜內翰 入侍夜對 上問民苦樂 對曰 民之苦樂 惟在於君德 德者心之具此理之名也 而私慾蔽之 苟無存省之功 則無以復其初矣 仍陳誠敬之要 以及乎聲色驕佚之戒 奸邪壅蔽之患 而極言王霸雜用 敬怠相勝之幾 上嘉歎久之 命崇酒于宮壺 盛橘于金盤 撤御前金蓮燭 令小黃門前導歸院 一時榮之 戊子 遷藝文館待敎 己丑轉弘文館修撰校理 庚寅 湖南有士林之變 道臣梱帥不能制 上命選儒臣有望者鎭之 廟堂以公應 遂牧羅州按撫之 境內帖然 辛卯 島夷有射天之謀 朝廷疑懼 公以賀節使書狀行 啓請直奏倭情 天子嘉之 賞賜書籍殆數車 翌年壬辰 倭寇大至 列郡崩潰 鑾輿西狩 公募鄕勇家丁 屬義兵將金沔及鄭仁弘

擧義討賊 勞績甚茂 已而招諭使金文忠公誠一署公爲從事 與議軍務 徵糧餉于湖南 備涉艱險 事卒以辦 及金公卒 公決意赴行朝 扈駕還京師 拜副應敎 尋選銓曹郎 轉檢詳舍人 蓋金判書應南薦之 謂山南第一流也 甲午 湖南伯以和寇息民爲請 公以正言 上疏陳宗社陵寢之讐 萬世不可忘 仍進安邊機務八事 曰擇監司守令 曰選將鍊兵 曰屯田積倉 曰占地形據險要 曰輕賦斂節財用 曰撫軍民得死力 曰用人才不拘品 曰立信義防奸猾 亂定 策扈聖宣武原從勳 乙未 除淳昌府 辭陛之日 疏論君德政弊 兼上書儲宮 極勉進修之實 上優批嘉尙 未渡漢 備局啓而章學識可置經幄資顧問 不宜補遠縣 卽召還拜校理 授大人公慶基殿參奉 替酬榮養 且命畫公像賜之 慰倚閭之望 蓋異恩也 丙申春上方讀易 講官鄭文莊公經世適從事于體府 上命選邃於易者代其職 大臣擧公 不宜拘資格 權行同知經筵事 出知水原府 有王子狂易者編管府下 恣殺人無忌 恒操兵入府 脅逐府使 公至 凝然不少變 諭以義理 王子瞿然感悟 卒爲善人 己亥 丁考妣憂 致哀盡禮 服闋 付典籍 歷尙衣正 壬寅 召以執義 旋拜應敎 移侍講院弼善輔德 講無逸 仍陳宴安

之失 宮省靡費賦斂煩重之弊 請正心誠意

納諫諍 講治道 用力於精一之工 拜典翰 與同僚合啓 伸崔守愚永慶之冤 陞直提學 遷同副承旨 講春秋褒善誅惡之義 尋拜大司成 進箚請設立學制 養育賢才 由大司諫爲副提學 癸卯 拜左承旨吏曹參議都承旨 應旨製進醫國策 由吏曹參議進階嘉善 付上護軍 充冬至賀節副使 翌年春 復命 重拜副提學 陞禮曹參判 轉吏曹 遷大司憲 辭遞 復以副提學被召 時憸人有論晦齋李文元先生者 公辨其誣 筵奏甚力 竟無事 又拜大司憲 移漢城左尹 兼世子左副賓客 乙巳 以言事出補寧海府 冬 召還爲兵曹參判 兼承文院禁火司提調 丙午 忤時議 斥守丹陽 未幾遞歸 戊申 召爲大司憲 論啓鄭仁弘見欺奸壬搖間官闈之失 後又作詩以諷之 移副提學 辭遞 自是斂然有遂初之志 占地于眞寶之漁湖 蓋將老焉 是歲 宣廟昇遐 光海主即位 朝著頗不靖 公奔赴哭臨 山陵纔畢 便退伏新寓 憂時戀國 每形於吟韻 辛亥 召以吏曹參判 牢辭不就 癸丑 國舅金延興悌男被誣死 禮官柳潚不計于慈殿 公責以子無讐母之義 及永昌獄起 公貽書南判書以恭曰 吾輩不能救正 無以見先王於地下 遂上疏爭甚 黜爲青松監務 旣而罷歸 乙卯 永昌已遇害 廢母之議又張甚 完平李相國元翼上箚請盡孝 觸主怒 付處洪州 上萬言疏以救之 歷陳主失 斥鄭造尹訒之惡 引朱子過宮之疏 大舜處象之義 漢文粟布之謠 直犯而不諱 主怒 將置之極典 奸魁猶知公盛名 言于主 止削職放逐 丁巳 自眞寶返靈川之龍潭 尋寓星之延鳳里 環堵蕭然 不蔽風日 糲飯藜羹 泊如也 引進英秀 講學不倦 學子坌集 爲築室以居之 名曰慕德窩 戊午 聞西宮之報 憂傷不能寐 有詩曰 思子臺空起夕風 孤臣淚盡穆陵東 令諸生廢絶學業 專意於義理之學 壬戌 寢疾而革 猶使諸生誦周張程朱之書 聽之不倦 八月二十六日 考終于寢 村春不相 市撤屠宰 遠近士友 扶服咸吊 一辭以爲人之云亡 邦國其殄瘁矣 嗚呼 先生襲忠貞之世 而薰陶於師友之間 志專而氣烈 學優而行修 蓄之內者宏博而篤厚 發於外者疏暢而光明 其出處進退 夷險治亂 始終一於義而無所苟 不以一毫私利有所低仰 其灑然胸次之間而確乎有不可奪之節者 槪可想矣 其居家孝悌律已莊矜 當官淸愼 愛民惻怛之跡 皆足以見學力之不誣 而狀銘家已備矣 玆不枚贅 先生文章典麗而著述甚富 其所編纂 有冠昏撮要程書節要六經蠡海心經撮要桑梓漫錄等書 而慕德窩之災也 竝輸之以煨燼 其立朝疏箚論啓 亦不留藁 今不能存十一於千百 可勝惜哉 士林追慕之不衰 如陜之檜山 星之晴川 皆以俎豆享公焉 今亦無所矣 世道之變

其適然哉 嗚呼唏矣 先生之配 貞夫人忠原朴氏 參判應福女 有六子男 長䎃衢 承訓郞 次狉衢 大君師傅 四女 適進士鄭維垣都事李箬應教柳慅縣監韓汝泂 承訓有一女 歸持平郭衛國 師傅二男 元畐 宣敎郞 元榮 參奉 入爲承訓嗣 五女 嫁參奉鄭昌謨士人曺振昌參奉洪德彝進士李道濟金相玉 外孫則鄭允升舜升文升 李命龜 進士 韓棨 縣監 榑 進士 餘不可具錄 銘曰

11) 〈봉안문[후학 성산여팔거찬] 奉安文[後學星山呂八擧撰]〉

박이장朴而章, 『용담집龍潭集』 권7, 「부록」

공경히 생각건대, 선생은 자질이 영특하셨습니다. 풍채가 빼어나고, 재능이 있었습니다. 어려서 스승에게 배웠는데 덕을 상고하고 학문을 물었습니다. 문장은 어려서 통달하고, 학문에 정통하여 밝았습니다. 대과에 급제하여 부모를 영화롭게 하셨습니다. 높은 벼슬 지내면서 현명한 임금님을 만났습니다. 선조에게 특별한 대우를 받아 한결같은 마음으로 나라를 위하셨습니다. 묘당에서 벼슬하며 정성을 다해 봉사를 올리셨습니다. 정직한 선비는 기가 살아나니 사악한 무리는 넋을 잃었습니다. 참소하는 소인이 천지에 가득하자 시골에서 백구白鷗와 벗하셨습니다. 율시 한 수를 지어 간사한 이의 마음을 분석해냈습니다. 시대를 슬퍼하고 나라를 걱정하였으니 늙었지만 마음은 깊으셨습니다. 선사 한강寒岡, 동강東岡과는 도의로 사귀셨습니다. 진실로 군자는 끝내 잊을 수 없습니다. 지금까지도 제이의 고향에선 성대한 덕과 아름다운 이름 없어지지 않았습니다. 이 청천서원은 문정공 김우옹을 모신 사당입니다. 그 당시 뜻을 같이 했고 영혼은 같은 사당에 머무십니다. 의리상 병향해야만 뭇사람의 의론에 합치될 것입니다. 백 년 지난 오늘 이월 중정일 향사를 모시니 많은 선비 서로 경하합니다. 술동이에 좋은 술 있고 제기에 정갈한 희생 있습니다. 향사 때 삼가 고하오니 영원히 제사를 드리기를.

恭惟先生 天姿英特 麟鳳之表 櫲樟之材 妙年從師 考德問業 文章夙達 學問精明

名擢嵬科 孝全榮養 歷揚華顯 際遇風雲 聖朝殊恩 一心徇國 垂紳正笏 瀝血封章 正士氣增 邪黨魄喪 蒼蠅天地 白鷗江湖 一律詩鋒 老奸心剖 傷時憂國 髮短心長 兩岡先師 道義之契 展也君子 終不可諼 至今幷鄕 遺芬未泯 有玆晴川 文貞妥靈 志同當世 神棲一室 義當竝享 群議允叶 百年今日 二月中丁 縟儀載陳 多士相慶 淸酌在罇 潔牲在俎 卽事虔告 永奠無疆

12) 〈청증시 상언[진사황중형 등] 請贈諡上言[進士黃中炯等]〉

박이장朴而章, 『용담집龍潭集』 권7, 「부록」

아래와 같이 삼가 아룁니다. 신들이 삼가 생각건대, 우리 왕조는 유학을 숭상하고 명예와 절조를 소중히 여겨, 벼슬하여 고관이 된 선비와 시골에 은거한 현인에게는 품행과 재능에 따라 추숭하고 장려하는 은전을 모두 받게 하여, 벼슬을 추증하는 영광과 시호를 내리는 은전이 전후로 서로 이어졌습니다. 그러나 유독 고 부제학 신 박이장 및 그 아들 대군사부 신 박공구朴羾衢는 심오한 학문과 탁월한 절조로 대대로 그 미덕을 계승하였으나, 적막하게 수백 년 동안 아직도 포상하는 은총을 입지 못하였습니다. 신들은 마음이 매우 답답하여 감히 그 행적의 실질을 모아 전하께 아뢰니, 전하께서 살피시기를 삼가 원합니다.

박이장은 태어나면서부터 특이한 자질이 있었는데, 충성하고 효도하는 것은 타고났습니다. 그 학문은 선정신先正臣 김굉필金宏弼을 본받아 따랐고, 선정신 이황과 조식을 사숙私淑하였고, 문간공 신 노수신의 문하에서 가르침을 받아, 성명性命의 이치를 연구하고 본심을 보존하고 바른 성품을 기르는 공부에 힘썼습니다. 문정공 신 김우옹, 문목공 신 정구와 도의로 사귀며 위기지학에 힘쓰고 벼슬길에 뜻을 끊었습니다. 여러 차례 천거되어 참봉에 두 차례 제수되었으나 나아가지 않았습니다. 부친의 권유로 뜻을 굽히고 대과에 응시하여 여러 경전에 막힘이 없었는데, 마치려고 할 때 우연히 한 글자를 틀렸습니다. 고관考官이 애석해하면서 합격시키려고 하였으나, 박이장은 굳이 사양하면서 "과거시험을 저 때문에 망치게 할 수 없습니다."라고 하고는, 드디어 '불不' 자를 쓰고 나가니 고관이 탄복하였습니다.

다음 해 별시에 급제하였습니다. 예문관에 들어가 야대夜對에서 임금을 모셨는데, 덕을 밝히는 설을 다음과 같이 진언하였습니다. "덕성이란 마음이 이 이치를 구비한 것을 일컫습니다. 사람의 본성은 모두 선하니 본래 밝지 않은 것은 아니지만, 사욕이 그것을 가리면 물에 찌꺼기가 있고 거울에 먼지가 있는 것과 같습니다. 성인과 평범한 사람은 다른 점이 있으니 진실과 거짓이 서로 뒤섞이는데도 만약 본심을 보존하고 바른 품성을 기르며 자세히 고찰하는 공부를 하지 않으면 그 본성을 회복할 수 없습니다. 반드시 배우고 묻고 생각하고 분변하여 근본을 함양하고, 사욕을 제거하여 항상 천리를 보존하십시오. 왕도와 패도를 뒤섞어 써서 근심이 일제히 머리를 내미는 일이 있거나 공경과 태만이 서로 제압하여 중도에 그만두는 일이 있게 하지 마십시오. 허령虛靈한 마음을 단속하고 온갖 정무의 운용에 대응하여 중단하는 일이 없어야 그 덕성을 밝힐 수 있고 천하의 일을 이룰 수 있습니다." 선조宣祖께서 칭찬하고 감탄하시고는 금련촉金蓮燭을 가지고 예문관으로 돌아가는 길을 인도하게 하셨으니, 임금께서 베푼 은택은 고금에 비교할 것이 드물었습니다.

호남에 사림의 변란이 일어나니 임금께서 나주 안무사에 특별히 임명하여 진압하게 하셨는데, 사림의 기풍이 크게 변하여 마침내 무사하였습니다. 신묘년(1591)에 서장관으로서 명나라에 가서 왜의 실정을 바른대로 아뢰니 천자가 가상히 여겼습니다. 임진왜란 때 의병을 일으켜 적을 토벌하여 충신과 의사의 용기를 북돋우고, 김수金睟와 조대곤曺大坤의 죄를 성토하였습니다.

문충공 신 김성일이 당시 초유사로 있었는데, 주청하여 종사관으로 삼으니 강개하고 분기하여 군무를 보좌하여 결정하였습니다. 이에 남원에서 군량을 운반해 오는 일을 감독하였는데, 두 번째로 갔다가 돌아오기 전에 김성일이 역병에 걸려 세상을 떠나자 군무를 처리하고 계획하는 것이 중도에 와해되었습니다. 박이장이 탄식하기를 "큰일이 틀어지려니 인물이 세상을 떠나네."라고 하였습니다. 즉시 행재소로 가서 어가를 호종하였습니다. 뒤에 왜와 화해하자는 논의가 있자 박이장은 소를 올려 힘써 간쟁하였는데, 글의 뜻이 엄숙하였습니다. 난이 평정되자 원종공신에 녹훈되었습니다.

어버이 봉양을 위해 외직을 청하여 순창 군수에 제수되자, 임금님께 하직 인사를 하고 떠날 때 소를 올려 임금의 덕과 정사의 폐단을 논하고, 또한 세자에게 상서하여 진덕수업進德修業의 방법을 힘써 말하였습니다. 부임하기도 전에 조정에서 경연에 둘 것을 임금에게 청하여, 다시 소환하고 부친에게 벼슬을 주어 부모를 봉양하려는 소원을 이루어주라고 명하셨는데, 영정을 그려주어 자식이 돌아오기를 기다리는 부모 마음을 달래주기에 이르렀습니다.

임금이 일찍이 『주역』을 읽었는데, 강관講官인 문장공 신 정경세가 체찰사의 종사관으로 나가게 되자, 『주역』에 정통한 사람을 얻어 경연에 대신 두려고 하였습니다. 대신이 박이장을 천거하였으니, 그의 경학이 당시에 추중을 받았음을 알 수 있습니다.

당초에 정인홍과 같은 고향으로 서로 친했으나, 무신년(1608)의 논계論啓로 결국 증오하게 되었습니다. 광해조에 이르러 불공정하고 아첨하는 것을 미워하여 '만년의 절개는 지키기 어렵다.', '회상하면 얼굴이 부끄러울 것이다.''라는 등의 말로써 시를 지어 배척하였는데, 정인홍이 크게 원한을 품었습니다. 박이장이 상소하여 전은全恩을 힘써 주장하여, 많은 간사한 사람들에게 배척당하고 공격을 받아 외직으로 청송 부사에 보임되었습니다.

또 「만언소」를 올렸는데, 서궁西宮의 일을 논하면서는 주자의 과궁소過宮疏를 인용하고, 영창군의 원통함을 쟁론하면서는 순 임금이 상象을 처리한 일을 비유로 들어, 역도逆徒 정조鄭造와 윤인尹訒의 간사한 정상을 매우 배척하고, 정승 이원익李元翼이 귀양가게 된 것을 힘써 구원하였습니다. 그 소는 대략 다음과 같습니다. "신은 일찍이 송나라 신하 주희의 소를 읽었는데, '군신과 부자의 의리는 천지 사이에서 벗어날 수 없습니다. 지금 양궁兩宮이 막혀 예우가 서로 모자라니, 사람들의 말이 자자하고 원근에서 서로 놀랍니다. 초야의 사람이 다투어 정의를 주장하여 일어나고 이민족이 죄를 범한 사람을 토벌하는 군대를 일으키면, 이때를 당하여 비록 의로써 인심을 단단히 결속하고자 하여도 될 수 있겠습니까?'라고 하였습니다. 이 말은 간절하고 간단명료하여 사람들의 감정을 일으켜 눈물을 흘리게 하였습니다. 지금 이원익의 소는 단지 뭇사람이 보통으로 말하는 것을 쓴 것일 따름이니, 주자의 소와 같이 늠름하여 말할 수 없는 일은 없습니다. 그런데도 이원익의 죄를 주자보다 심하게 다스리니, 오늘날 인심을 거듭 잃는 것일 뿐만 아닙니다. 후세의 훌륭한 사관이 전하를 어떠한 군주로 기록하겠습니까?"라고 하였습니다.

또 말하였습니다. "전하께서 왕위를 이어받은 처음에는 경계하고 두려워하며 우뚝 서서, 재상을 선발하는 데 온 나라에서 명망 있는 사람을 모두 받아들이고 간관 또한 직언하는 무리를 구하여, 붕당을 없애고 요행을 막으라는 명을 연달아 내리니, 사람들의 마음이 흡족하여 치세를 바랄 수 있을 것이라고 여겼습니다. 오늘에 이르러서 그 당시 재상이 몇 사람이나 관직을 맡고 있습니까? 이덕형李德馨, 이항복李恒福도 당대에 명망 있는 사람이지만 모두 상언한 것 때문에 쫓겨났고, 이원익李元翼 한 사람만 남았으나 또한 죄를 피하지 못하였습니다. 지금 전하의 조정에 충성을 다하고 나라를 위해 목숨을 바칠 수 있는 사람이 몇 명입니까? 직위가 높거나 낮은 사람은 '예예'라고 하고 시비는 헤아리지 않으면서, 오직 권귀에게 아첨하는 것을 능사로 삼고 아부하여 비위를 맞추는 것으로써 계책을 이루는 것으로 여깁니다. 삼강이 끊어지려고 하여도 붙들지 않고 나라가 망하려고 하여도 말하지 않으니, 전하의 조정에는 비록 한 사람도 없다고 하여도 됩니다."

또 말하였습니다. "정조, 윤인이 한 번 피혐避嫌한 뒤로 뭇사람들의 마음은 허둥거리고 여러 사람들의 말은 분분하여, 결코 이치가 없는 일로써 임금을 의심합니다. 전하께서 비록 이런 마음이 없으시더라도 어찌 집집마다 가서 말해줄 수 있겠습니까. 정조와 윤인 등이 임금을 해친 죄는 이에 이르러 달아날 곳이 없습니다. 비록 그렇지만 전하께서는 이들을 배척하지 않으시고 이들을 배척한 사람을 도리어 배척하시니, 어리석은 신 같은 사람도 여기에서 의심이 없을 수 없습니다. 전하께서는 정전으로 옮겨 거주하시고 자전 한 분만 행궁에 머물러 계시기에 이르러서는 연회를 열지 않고 문안도 자주하지 않지만, 이것이 어찌 전하의 마음이겠습니까. 사람들이 모두 이것 때문에 전하를 의심하는 것도 정조와 윤인 등이 전하와 자전이 따로 거주하라는 말로 몰래 부추겨 이간질시켰기 때문입니다. 무릇 전하로 하여금 이전에 없었던 이런 비방을 받게 한 것은 모두 정조와 윤인 등이 한 짓입니다. 그 죄를 논하려고 하면 또한 날이 부족할 것입니다."

또 "회남왕淮南王은 반란한 형적이 분명하게 있으니 문제文帝가 폐위시키고 촉蜀으로 귀양을 보냈는데, 해가 다하고 명이 억세어 길에서 죽었습니다. 지금 보면 그 법이 관대한 것 같으나, '한 자의 베도 기울 수 있고, 한 말의 곡식도 찧을 수 있네.'라는 노래는 끝내 문제의 허물이 되었습니다. 상象은 순舜을 죽이는 것을 일삼았으나, 순이 임금이 되어 그를 유비有庳에 봉하였으니, 순은 인륜의 변고를 잘 처리한 사람이라고 할 수 있습니다. 지금 임금을 보좌하면서 순 임금이 되기를 기대하지 않고, 도리어 문제보다 못한 임금으로 만들려고 하였으니, 이것은 '우리 임금은 행할 수 없다고 말하여 임금을 해치는 것'에 가깝지 않겠습니까."라고 하였습니다. 드디어 고향으로 쫓겨났습니다.

무오년(1618)에 서궁西宮의 변고를 듣고 우울하고 슬퍼 시를 짓기를 "묵직한 자물쇠로 서궁을 잠갔는데, 사자대思子臺는 비고 저녁바람은 이누나. 임금께서 승하하여 끝내 돌아오지 않으니, 외로운 신하 눈물을 목릉穆陵 가에 흩뿌리네."라고 하였습니다. 이 소와 시를 보면 그가 평생 함양한 것을 징험할 수 있습니다.

세상을 떠나자 사림이 모여 장사를 지냈습니다. 문간공 신 조경趙絅이 행장을 짓고, 고 대제학 신 강현姜鋧이 신도비명을 지었습니다. 그 외에도 저명하고 박학한 선비들의 만사와 제문, 칭송한 글은 모두 기록할 수 없습니다. 영남의 인사들은 오랜 세월이 흘렀으나 더욱 흠모하여, 성주의 청천서원에서 향사를 드립니다. 그 학문과 조예의 깊이, 출처와 입장의 바름, 바른 말과 곧은 절개의 훌륭함은 후생들이 함부로 논할 수 없는 것이 있습니다.

그러나 문목공文穆公 신 정구가 일찍이 편지를 보내기를 "군자의 진덕수업進德修業 공부는 작은 일이라고 해서 홀시하지 않았으니, 어찌 매우 공경하고 신복信服하지 않을 수 있겠습니까."라고 하였습니다. 또 "큰 책략을 내어 나라의 명맥을 튼튼하게 해야 합니다."라고 하였습니다. 고 판서 신 김응남金應南이 조정에 이조의 낭관을 추천하면서 "영남에서 제일이다."라고 하였습니다. 이와 같이 제현이 칭찬하고 탄복한 말을 보면 그 만분의 일이나마 상상할 수 있습니다.

그의 아들 대군사부 신 박공구朴羾衢는 어려서부터 용모와 행동이 보통 아이들과 달랐는데, 본 사람들이 이 아이는 예를 안다고 여기고, 훗날 대성할 것을 기대하지 않음이 없었습니다. 7세에 서당에 가서 경전을 읽었는데, 보자마자 곧장 암기하고 선현들이 풀이하지 않은 뜻도 종종 스스로 이해하였습니다. 선생에게 배운 지 얼마 되지 않아 온갖 학문에 능통하니 사람들이 모두 놀라고 탄복하였습니다.

장성하여 문목공文穆公 신 정구의 문하에서 수학하여 학문과 덕행을 겸비하였습니다. 성품은 매우 바르고 온화하며 마음은 공경하면서 두려워하여 종일 근엄하였습니다. 의대衣帶를 반드시 갖추고 강론하기를 게을리하지 않으니 문목공이 매우 친애하고 공경하였습니다. 평생 학문에 뜻을 두어 『중용』, 『대학』과 『주역』의 괘에 나타난 현상에 정통하였습니다. 정밀하게 생각하고 힘써 실천하며 심오한 의미를 찾고 미묘한 뜻을 연구하였습니다. 일찍이 탄식하기를 "선비가 이 세상에 태어나서 임금에게 등용되어 배운 것을 실행하여 한 시대에 혜택을 줄 수 없으면, 옛사람의 언행을 많이 알아 전대 현인의 사업을 욕되게 하지 않는 것 또한 시대에 혜택을 주는 하나의 일이다."라고 하였습니다.

또 "어려서는 배우고 장성해서는 실행하고자 하니, 과거와 학문은 본래 두 가지 일이 아니다."라고 하였습니다. 매양 주부자朱夫子의 '과거가 사람을 얽어매는 것이 아니라, 사람이 과거에 얽매이는 것'이라는 가르침을 외웠습니다. 동지와 약속하고 일과를 나누어 공부를 했는데, 한 달에 10일은 과거 공부를 하고 20일은 『심경』, 『근사록』, 『대학』, 『소학』, 『성리대전』 등의 책을 가져다가 마음을 다해 읽었으니, 학문을 진보시키는 공부는 여기에서 상상할 수 있습니다.

일찍이 과거시험을 보러가서 뜻이 심오한 글자를 쓰니, 그 친구가 "시험을 주관하는 관리는 학문이 얕으니 이 같은 글자를 어떻게 알겠는가. 고치는 것이 좋겠다."라고 하였습니다. 박공구朴羾衢는 그 말을 따르지 않으면서 "쓸 수 있는 문자인데, 어찌 득실 때문에 바꿀 수 있겠는가."라고 하였습니다. 문목공이 듣고 기뻐하며 "박공구의 이 말은 실로 동중서의 '도를 밝히고 공을 따지지 않는다'는 말 못지않다."라고 하였습니다.

임자년(1612)에 사마시에 합격하고 돌아가는 길에 각사閣寺를 지나다 시를 지었는데 "늙은 회나무 그늘 짙어 석양을 가리고, 짙은 구름 골짜기에 가늑하여 가랑비로 바뀌네. 거친 파도 바위에 부딪쳐 시끄럽게 부서지니, 청산을 향해 시비를 말하는 것 같구나."라고 하였는데, 대개 정인홍이 지방에서 세력을 믿고 권력을 남용하는 것을 비꼰 것입니다. 뒤에 공주를 지나다 호서관찰사가 뱃놀이하는 것을 보고 시를 짓기를 "서북 변방을 지키는 병사는 양식도 없는데, 관찰사는 태평스럽게 잔치나 하네."라고 하여, 나라를 걱정하지 않는 것을 풍자하였습니다. 비록 보통의 시구지만 그의 충직한 성품이 말에 드러난 것이 대개 이와 같았습니다.

을묘년(1615)에 그의 부친이 죄를 지어 향리로 쫓겨나서 문을 닫고 편안히 심신을 수양하자, 박공구 또한 벼슬길에 뜻이 없어 성리에 관한 학문에 전심하였는데, 들어가면 집안에서 연구하고 나가면 스승의 문하에서 질의하기를 날마다 부지런히 하여 거의 침식을 잊었습니다.

인조반정 후에 그 부친의 공으로 교관敎官에 제수되고, 뒤에 학행으로 천거되어 세마洗馬에 선발되고, 위솔衛率, 부솔副率을 지내고 찰방에 옮겨 제수되자 즉시 벼슬을 버리고 고향으로 돌아왔습니다. 인조가 일찍이 여러 대군을 위해 어진 스승을 구하고자 하여, 영남 관찰사에게 사표가 될 만한 사람 한

명을 뽑아 올리라고 명하였습니다. 관찰사가 문목공의 문하에서 물어 마침내 박공구를 단수로 천거하니, 그가 대군사부로 임금의 부름을 받았습니다. 누차 사양해도 되지 않자 드디어 벼슬에 나아갔습니다. 당시 효종이 잠저에 계셨는데, 인평대군의 집과 붙어 있었습니다. 박공구는 정성을 다해 충고하였는데, 효우에 힘쓰게 하고 성실하도록 인도하면서 존귀하다고 해서 조금도 굽히지 않으니 인조께서 가상히 여겼습니다. 뒤에 직책이 막중하여 오래 있을 수 없어 두세 번 사직을 청해 벼슬에서 갈렸습니다.

병자호란 때 박공구는 중풍에 걸려 혼자서 움직일 수 없었기 때문에 의병을 일으키고 달려가 임금을 위문할 수 없어, 한밤중에 강개하면서 울기만 했습니다. 화의를 했다는 소식을 듣고 곧 고시 한 수를 지어 바다에 빠져죽을 뜻을 스스로 맹서하였습니다. 고 판서 신 민형남閔馨男이 대의를 위해 목숨을 바칠 선비라고 천거하였으나 끝내 다시는 부름에 응하지 않았습니다. 이에 『명의록明義錄』, 『독서요람讀書要覽』 등의 책을 짓고, 기옹畸翁이라 자호하였는데, 대개 세상 사람과 화합하지 못한다는 뜻을 취한 것입니다.

세상을 떠나 부음이 알려지자 효종께서는 사부였던 옛 정을 생각하여 슬퍼하기를 그치지 않았고, 예로써 장례를 치룰 것을 관리에게 명하고 묘비의 글씨를 친히 쓰고 묘소의 구역 안 네 산을 두루 하사하였으니, 예우가 후한 것이 이와 같았습니다. 그러나 살아있을 때 징소徵召하지 않고 은거하도록 내버려둔 것은 대개 병자호란 뒤에 자신이 편안한 대로 한다는 것을 알고 작록으로 강요하려고 하지 않은 것입니다. 이른바 '한나라 광무제가 아니면 자릉子陵의 고상함을 이룰 수 없다'라는 것입니다. 마음이 합치된 것은 아! 또한 성대하였습니다.

아버지와 아들이 전후로 나란히 아름다웠으니, 정심한 학문과 빛나는 절개는 진실로 당세에 귀감이 되고 후생의 모범이 됩니다. 포상하여 장려하는 것은 진실로 더욱 융숭해야 하지만 이처럼 시간이 지나가니, 신들이 평생 경모한 정성은 세대가 멀어지면 없어질까 염려하여 천릿길을 서둘러 와서 여러 차례 글을 올렸습니다. 그러나 예조에서는 임금께 복명하기를, 시호를 내리기를 청하는 것은 지나치다고 할 수 없지만, 백 년 동안 하지 못한 일이니 또 갑자기 의논하기는 어렵다고 하였습니다. 이미 지나친 것이 아니라고 하였으니 해가 오래 되었다고 어렵게 여기고 신중한 것에 무슨 혐의가 있겠습니까. 계속 어렵게 여기고 신중해서 해가 오래될수록 사적이 더욱 없어진다면 조정의 잘못된 전례는 실로 크고 사림의 근심은 더욱 심해질 것입니다. 이에 감히 참람한 죄를 피하지 않고 전하께서 거둥하는 길 앞에서 거듭 호소합니다. 삼가 원하건대 천하의 부모이신 전하께서는 오래도록 감회를 일으키는 뜻을 깊이 근심하고 교화를 세우고 절조를 권면하는 도에 힘써, 빨리 아름다운 의식을 거행하라고 담당 관청에 명을 내려, 고 부제학 신 박이장 및 그 아들 대군사부 신 박공구에게 벼슬을 추증하고 인하여 시호를 내려서 흥성한 시대에 표창하는 전례를 드러내십시오.

右謹啓 臣等竊伏以我朝崇儒學尙名節 雲逵羽儀之士 澗阿薖軸之人 隨其行能 擧蒙崇奬之恩 貤贈之榮 節惠之典 前後相續 而獨故副提學臣朴而章及其子大君師傅臣玳衢 邃學偉節 世濟其美 而寥寥數百年 尙未蒙顯褒之寵 臣等不勝齎鬱之心 敢摭其行蹟之實 仰徹於黈纊之下 伏願聖明垂察焉 而章生有異質 忠孝根天 其學祖述先正臣金宏弼 私淑先正臣李滉曺植 就正於文簡公臣盧守愼門 硏賾性命之理 專致存養之工 與文正公臣金宇顒文穆公臣鄭逑爲道義交 從事實地 絶意名途 屢登剡章 再除寢郞不就以親敎 屈意赴明經試 通諸經將訖 偶誤一字 考官惜之 欲置選 而章固辭曰 國試不可自我壞 遂書下栍而出 考官歎服焉 翌年 登別試 入翰院侍夜對 進明德說曰 德者 心之具此理之名也 人性皆善 本非不明 而私慾之蔽 如水之滓 如鑑之塵 聖凡或殊 眞妄相雜 苟無存養省察之工 則無以復其初矣 須以學問思辨涵養本原 而克去己私 恒存天理 勿使王霸雜用而有齊頭竝出之患 敬怠相勝而有半上落下之功 收斂於一心之虛靈 酬應於萬機之運用 無所間斷 然後可以明其德而能成天下之務矣 宣廟嘉歎之 撤蓮燭以導歸院之路 禮遇恩渥 今古罕比 湖南有士林變 上特命督羅州以鎭之 士習丕變 遂以無事辛卯 以書狀官赴天朝 直奏倭情 皇上嘉之 壬辰之亂 擧義討賊 倡忠臣義士之膽 討金睟曺大坤之罪 文忠公臣金誠一時爲招諭使 啓請爲從事 慷慨奮厲 贊畫機務 因督運南

原軍糧 再往未返 誠一病癱不起 制置措畫 中塗瓦散 而章歎曰 大事去矣 人之云亡 卽赴行朝扈駕 後有和倭之議 而章抗疏力爭 辭意凜然 亂定 錄原從功 爲養乞外 除淳昌陛辭日 疏論君德政弊 且上東宮書 極言進修之方 未赴任 廟堂啓請置經幄 命復召還錫爵于親 俾遂榮養之願 至於寄影幀以慰倚閭之望 上嘗讀易 講官文莊公臣鄭經世 以體府從事出外 欲得邃於易學者 代置經筵 大臣以而章薦授 其經學之見推於世 可知也初與仁弘同鄕相善 戊申論啓 遂成嫌怨 逮昏朝 惡偏僻側媚 作詩斥之以晩節難保 回首顔忸等語 仁弘大銜之 而章上疏力主全恩 爲群奸傾軋 黜補靑松 又上萬言封事 論西宮之事則引朱子過宮之疏 訟永昌之冤則諭大舜處象之事 深斥凶黨造訒之奸狀 力救李相元翼之被謫 其疏略曰 臣嘗讀宋臣朱熹疏曰 君臣父子之義 無所逃於天地之間 今兩宮閡隔 恩禮兩闕 人言藉藉 遠近相駭 草野之人 爭仗義而起 夷狄興問罪之師 當此之時雖欲以義固結人心 其可得乎 此言懇到直截 令人起感而流涕 當今李元翼之疏 只寫出衆人尋常說話而已 未有如朱子之疏凜凜不可言之事 而治元翼之罪 甚於朱子 不徒今日重失人心 後世良史 當置殿下何如主也 又曰 殿下嗣服之初 側躬聳立 卜相盡收一國之望 諫官亦求盡言之流 破朋黨 抑僥倖之命 相繼而下 人心洽然 以爲至治可望 至於今日 其時宰相 幾人在職乎 李德馨·李恒福亦一時之望也 而皆以言見黜 只餘李元翼一人 而亦不免於罪 當今殿下之廷 盡忠殉國者幾人乎 上下唯唯 不顧是非 惟以媚寵爲能事 承奉爲得計 三綱將絶而不扶 宗社幾喪而莫言 殿下之廷 雖謂之無一人 可也 又曰 鄭造尹訒一番避嫌之後 群心遑遑 衆口紛紛 以萬萬無理之事致疑於上 殿下縱無此心 豈能家道而戶說哉 造訒等陷君之罪 至此而無所逃矣 雖然 殿下不此之斥 而斥之者反斥之 如愚臣者 亦不得無疑於此間也 至於移御法宮 而獨一慈殿留在行宮 供帳蕭條問寢亦稀 此豈聖上之心哉 人皆以此致疑於殿下者 亦無非造訒等各處之說暗售其間故也 凡使殿下受此無前之謗語者 皆是造訒等之所作也 欲論其罪 日亦不足矣 又曰 淮南王明有叛狀 文帝廢徙於蜀 年窮命毒 奄忽於道 以今觀之 其法似寬 而尺布斗粟之謠終爲文帝之病 象以殺舜爲事 及舜爲帝則封之有庳 如舜可謂善處人倫之變者也 今致君不以舜爲期 反欲出文帝之下 是不近於吾君不能之賊乎云 遂放逐田里 戊午 聞西宮之變 憂傷作詩曰 沈沈斗鑰鎖西宮 思子臺空起夕風 仙馭乘雲終不返 孤臣淚盡穆陵東觀此疏與詩 可驗其平生所養也 旣歿 士林會葬 文簡公臣趙絅狀其行 故大提學臣姜鋧

題其墓 其佗名碩之挽誄稱述 不可勝記 嶠南人士 久益欽慕 享于星州之晴川書院 其學問造詣之深 出處樹立之正 讜言直節之可尙者 有非後生輩所可妄議 而文穆公臣鄭逑嘗與之書曰 君子進修之工 不以小事而忽焉 豈不爲之大可敬服乎 又曰 須出大謨猷 以壯國脈 故判書臣金應南銓薦於朝曰 山南第一流云云 觀此諸賢推服之言 則可想其萬一也 其子大君師傅臣犹衢 自在齠齔 容止異衆 觀者以爲是兒能知禮 莫不以遠到期 七歲 入學讀經傳 過眼輒記 先賢未釋之旨 往往自解 受業未幾 能通百家 人皆驚歎 及長遊於文穆公臣鄭逑之門 文行兼備 性甚端穆 心存敬畏 終日儼然 衣帶必飭 講論不懈文穆甚愛敬之 平生志業 邃於庸學及易象 精思力踐 鉤深賾微 嘗歎曰 士生斯世 旣不得君行道 兼濟一世 則多識前言往行 不墜前賢緖業 亦兼濟之一事 又曰 幼而學之 壯而欲行之 科擧學問 本非兩件事 每誦朱夫子科擧非累人人累科擧之訓 與同志相約 分日做工 一月 十日做擧業 二十日取心經近思大小學性理大全等書 潛心誦讀 其進學工夫 於此可想矣 嘗赴試場 用深邃文字 其友人曰 主司孤陋 安知如此文字 改之可也 犹衢不從曰 可用文字 豈可以得失改塗也 文穆聞而喜曰 朴犹衢此言 實不下董子明其道不計功之言 壬子 中司馬試 歸路經閣寺有詩曰 老檜陰濃掩夕暉 烈雲迷壑轉霏微 驚波觸石爭崩聒 似向靑山說是非 蓋譏仁弘藉勢山林 妄作威福也 後過公州 見湖伯船遊 作詩曰 西北戍兵無半菽 太平惟屬使君筵 刺其無君國之憂也 雖尋常詩句 其忠直之性發於辭表者 類如此 乙卯 其父罪黜鄕里 杜門養靜 犹衢亦無意世路 專心性理之學 入則講究於家庭 出則質疑於師門 惟日孜孜 殆忘寢食 仁廟改玉 以其父蔭授敎官 後以學行薦 選洗馬 歷衛率副率 轉拜郵官 卽投簪歸 仁廟嘗欲爲諸大君求賢師 命嶺南伯簡進可爲師表者一人 道伯詢諸文穆之門 遂以犹衢單薦 以大君師傅召之 屢辭不獲 遂就職 時孝廟在潛邸 與麟坪大君第相接 犹衢懇懇陳箴 勉之以孝友 導之以誠實 不以尊貴而少撓 仁廟嘉之 後以職重不可久居 再三辭遞 丙子之亂 犹衢患痿 轉側須人 不能起義奔問 中夜慷慨涕泗而已 聞和議成 遂作古詩一篇 自矢以蹈海之志 故判書臣閔馨男 薦之以伏節死義之士 而終不復就召 遂著明義錄讀書要覽等書 自號畸翁 蓋取與世不群之意也 旣卒訃聞 孝廟念甘盤之舊 悼惜不已 命官以禮庀葬 親題墓碑 環賜局內四山 恩禮之優渥如是 而生不旌招 任其高蹈之志者 蓋知自靖於丙子之後 而不欲強之以爵祿所謂微光武不能成子陵之高者也 灼心之契 吁亦盛矣 是父是子 前後匹美 深邃之學 炳

朗之節 允爲當世之矜式 後生之模範 褒奬之固宜加隆 而尙此荏苒 臣等以平生欽仰之誠 有世遠湮晦之慮 千里裹足 屢度上言 而該曹覆啓以爲爵謚之請 不可謂濫屑 而百年未遑之事 亦難遽議云云 旣曰非濫屑 則何嫌於年久而難愼乎 難愼不已 年愈久而蹟愈泯 則其爲朝家之欠典實大 士林之抑鬱滋甚 玆敢不避猥越之誅 申籲於蹕路之前 伏乞天地父母 深軫曠世興感之意 克懋樹風勵節之道 亟命攸司 俾擧徽典 故副提學臣朴而章及其子大君師傅臣犹衢 贈顯爵 仍賜美謚 以賁熙代表章之典

13) 〈복청시 상언[진사 구석검 등] 復請謚上言[進士具錫儉等]〉

박이장朴而章, 『용담집龍潭集』 권7, 「부록」

다음과 같이 삼가 아룁니다. 유학을 숭상하고 절개를 장려하는 것은 나라에서 먼저 해야 할 일이고, 관직을 추증하고 시호를 내리는 것은 선인의 좋은 덕을 본받는 아름다운 법도라고 신들은 삼가 생각합니다. 공손히 생각건대, 우리 왕조는 이 제도를 더욱 중시하여, 학문이 있고 절개가 있는 선비는 세상을 떠난 뒤에 모두 추증을 받았습니다. 그러나 유독 고 부제학 신 박이장은 이처럼 학문과 공업이 탁월한데도 아직까지 시호를 받는 은전을 입지 못하였습니다. 신들은 오랜 세월 답답함을 품고, 천릿길을 고생스럽지만 서둘러 와서 감히 이것을 어가 앞에 거듭 호소합니다.

박이장은 선조 때의 명현입니다. 태어나면서 특이한 자질이 있었는데, 충성하고 효도하는 것은 타고났습니다. 문간공 신 노수신의 문하에서 배워 학문을 하는 방법을 알았고, 문정공 신 김우옹, 문목공 신 정구와 도의로 사귀었습니다. 위기지학에 힘쓰면서 벼슬길에 뜻을 끊었는데, 여러 차례 학행으로 천거되어 참봉에 재차 제수되었습니다. 그의 조예의 깊고 얕음은 진실로 후생이 헤아릴 수 있는 것이 아닙니다. 그러나 문간공 신 노수신이 일찍이 시를 지어 주기를 "호방한 자질이 없는 것은 아니지만, 본성을 보존하고 기르는 것이 그대 같은 사람은 드물다네."라고 하였습니다. 문목공 신 정구는 그에게 편지를 보내기를 "군자의 진덕수업進德修業 공부는 작은 일이라고해서 홀시하지 않았습니다."라고 하였습니다. 또 "큰 책략을 내어 나라의 명맥을 튼튼하게 하고 산림에서 기대하는 것에 부응해야 합니다."라고 하였습니다. 이 두 분 현인이 공경하고 인정한 말을 보면 그 만분의 일이나마 상상할 수 있습니다.

일찍이 과거를 포기하고 심신을 수양하려고 하였으나, 부친이 동의하지 않았기 때문에 과거 공부를 하였습니다. 시험장에 들어가서 여러 경전을 모두 알았지만 우연히 한 글자를 틀렸습니다. 시험관이 애석해하면서 합격시키려 하였으나 군이 사양하면서 "국가시험을 저 한 사람 때문에 무너뜨릴 수 없습니다."라고 하고 이에 '불不'자를 쓰고 나오니, 시험관이 탄복하였습니다. 다음 해 별시에 급제하였습니다.

호남에 사림의 변란이 있자 특별히 선발되어 나주 안무사로 가서 진압하였습니다. 신묘년(1591)에 서장관으로 명나라에 가서 왜의 실정을 바른대로 아뢰었는데, 응대가 매우 자세하니 황제가 가상히 여겼습니다. 임진년에 왜구가 대규모로 침입하자, 박이장은 건장한 사람을 모집하여 의병을 따라 적을 많이 죽였습니다. 문충공 신 김성일이 초유사가 되어 종사관이 되기를 청하였습니다. 군량을 운반하는 일로 재차 남원에 갔는데, 돌아오기 전에 문충공이 역병에 걸려 세상을 떠났습니다. 탄식하기를 "큰일이 틀어지려니, 인물이 세상을 떠나네."라고 하였습니다. 이에 행재소로 가서 어가를 호종하였습니다.

갑오년(1594)에 조정의 의론이 장차 왜와 화의하려고 하자 박이장은 소를 올려 힘써 간쟁하였고, 또한 변방을 안정시킬 중요한 일을 건의했습니다. 난이 평정되자 원종공신에 녹훈되었습니다. 어버이가 늙었기 때문에 군수로 나갈 것을 청하였는데, 임금께 하직 인사를 하고 떠나는 날에 임금의 덕과 정치의 폐단을 논하는 소를 올렸습니다. 또한 세자에게 상서하여 진덕수업의 방면에 힘쓰게 하였습니다. 비변사에서 임금에게 청하였기 때문에 즉시 다시 소환하고, 부친에게 벼슬을 내렸습니다. 부모를 봉양하려는 소원을 이루어 주려고, 이에 공의 영정을 그려 하사하라고 명하여 자식이 돌아오기를 기다리는 부모 마음을 달래주었으니, 실로 특별한 대우였습니다.

일찍이 야대夜對에서 임금을 모셨는데, 덕성을 밝히는 설을 다음과 같이 아뢰었습니다. "덕성이란 마음이 이 본성을 구비한 것을 일컫습니다. 사람의 본성은 모두 선하니 본래 밝지 않은 것은 아니지만, 사욕이 그것을 가리면 물에 찌꺼기가 있고 거울에 먼지가 있는 것과 같습니다. 성인과 평범한 사람은 혹 다르지만 진실과 거짓이 서로 뒤섞이는데도, 만약 본심을 보존하고 자세히 고찰하는 공부를 하지 않으면 그 본원을 회복할 수 없습니다. 반드시 배우고 묻고 생각하고 분변하여 근본을 함양하고 사욕을 제거하여 항상 천리를 보존해야 합니다. 왕도와 패도를 뒤섞어 써서 다방면으로 동시에 나가는 근심이 있고, 공경과 태만이 서로 제압하여 중도에 그만두는 일이 있게 하지 마십시오. 밝은 마음에 모아서 온갖 정무에 응대하여 중단하는 것이 없는 그런 뒤에 그 덕을 밝힐 수 있고 천하의 일을 이룰 수 있습니다." 이에 선조께서 가상히 여기고 감탄하며, 어전御前의 금련촉金蓮燭을 가지고 내시에게 길을 인도하여 예문관으로 돌아가도록 명하였습니다.

임금이 경연에서 『주역』을 강론하였는데, 문장공 신 정경세가 체찰사의 종사관으로 밖에 나가 있었습니다. 대신이 박이장을 천거하여 경연에 대신 두었으니, 그의 경학이 당세에 인정을 받은 것을 알 수 있습니다.

무신년(1596)에 정인홍이 소를 올려 고 재상 신 류영경柳永慶을 탄핵하여 혼란스럽고 서로 헐뜯자, 박이장이 계를 올려 논하고 뒤에 시를 지어 꾸짖기를 "나학림羅鶴林의 말은 확실한 비결이니, 처음을 보존하는 것은 비록 쉽지만 끝을 지키는 것은 어렵다네. 그대는 한밤중에 깊이 생각할 때, 평생을 회상하여 얼굴이 부끄럽지 않게 하소."라고 하였습니다.

영창군의 옥사가 일어나자 고 판서 신 남이공南以恭에게 편지를 보내 "대군의 이름이 비록 역적 박응서朴應犀의 무고한 공초에 나왔지만, 8세의 어린애는 반역을 도모할 이치가 절대로 없습니다. 저들이 무함하는 것이 이같이 극도에 이르렀으니, 이것은 대군을 해치는 것일 뿐만 아니라 장차 임금을 불의한 곳에 빠뜨릴 것입니다. 우리들이 바로잡을 수 없으면 죽어서 선왕을 뵐 수 없을 것입니다."라고 하였습니다. 드디어 소를 올려 전은全恩을 주장하다가 뭇 소인의 모함을 받아 청송 감무관으로 쫓겨났습니다.

을묘년(1615)에 「만언소」를 올렸는데, 서궁의 일을 논하면서는 주자의 「과궁소」를 인용하고, 영창군의 원통함을 쟁론하면서는 순 임금이 상象을 처리한 일을 비유로 들어, 정조鄭造와 윤인尹訒의 간사한 정상을 매우 배척하고, 원로인 이원익李元翼이 귀양가게 된 것을 힘써 구원하였습니다. 당시의 금기를 범하여 결국 삭탈관작 되어 쫓겨났습니다.

무오년(1618)에 서궁의 변고를 듣고, 우울하고 슬퍼 시를 짓기를 "묵직한 자물쇠로 서궁을 잠갔는데, 사자대思子臺는 비고 저녁바람은 이누나. 임금께서 승하하여 끝내 돌아오지 않으니, 외로운 신하 눈물을 목릉穆陵 가에 흩뿌리네."라고 하였습니다.

이로부터 은거하여 편안히 심신을 수양하면서, 날마다 생도들과 강학하기를 그만두지 않으니, 고을 사람들이 집을 지어 덕을 사모하였습니다. 세상을 떠나자 문간공 신 조경趙絅이 행장을 짓고, 고 대제학 신 강현姜鋧이 신도비명을 지었습니다. 영남의 인사들이 오래될수록 더욱 흠모하여, 성주의 청천서원에서 향사를 드립니다.

대개 박이장은 일찍이 자신의 수양을 위한 공부에 힘써, 학문과 도의가 진실로 한 시대 사람들의 본보기가 되었습니다. 그리고 나아가 조정에서 벼슬하여 위험하고 혼란한 때에 충성을 다하고 왜와 화해하려는 날에는 소를 올려 배척하였습니다. 만난 시세가 불행하자 자신의 화복을 고려하지 않고 소를 올려 바른 말을 하여 임금의 마음을 깨우치기를 바랐습니다. 결국 흉악한 무리에게 모함을 당하자 또 초연히 멀리 떠나 속세에 대한 생각을 버렸습니다. 그의 탁월한 공업, 바른 출처, 독실한 실천은 비록 옛사람에게서 찾더라도 비길 사람이 드뭅니다.

나라에서 시호를 주는 법은 대개 세 종류가 있는데, 학문, 공훈, 곧은 절개입니다. 이 중에서 한 가지만 있어도 오히려 모두 찬양하고 추숭하는데, 세 가지의 아름다움이 한 사람에게 모여 있으나 적막하게 수백 년 동안 오히려 포창하고 선양하는 명이 없으니, 사림들이 억울해 할 뿐만 아니라 조정의 잘못은 다시 어찌하겠습니까. 지난 가을 전하께서 능에 거둥하실 때 길에서 호소하니, 예조에서 품처하라고 하셨습니다.

그리고 전 판서 신 서능보徐能輔가 "고 참판 박이장의 학문과 도의의 실질, 임금을 보좌하고 책략을 낸 사적은 한 시대의 모범이 되고, 사서에 빛나고 있습니다. 갑오년(1594)에 소를 올려 화의를 배척하였는데 말이 엄숙하였습니다. 난이 평정되자 원종공신에 녹훈되었습니다.

광해군 때 「만언소」를 올려 천리와 인륜의 사이를 되풀이하여 정조鄭造와 윤인尹訒의 죄악을 배척하고, 군자와 소인의 구별을 극도로 논하여 권력을 멋대로 하는 간신을 매우 미워하여 무함을 받는 것을 예측하기 어려웠습니다. 탁월한 공업과 바른 출처는 비견할 사람이 드뭅니다. 성주의 청천서원에 배향되기에 이르렀으나 아직까지 시호를 내리는 은전이 없으니, 벼슬을 추증하고 시호를 내리는 은전을 베풀라고 담당 관청에 빨리 명하십시오.

박이장의 경술이 드러나고 의론이 곧은 것은 오늘날까지도 사림에서 흠모합니다. 지금 이 벼슬을 추증하고 시호를 내리기를 청하는 것은 지나치다고 할 수 없지만, 수백 년 동안 하지 못한 일이라 갑자기 의논하기는 어려우니 지금은 잠시 놔두는 것이 어떻겠습니까?"라고 회계하였습니다.

삼가 생각건대, 시호를 내리는 것은 중요한 제도입니다. 담당 관서에서 아뢴 것은 비록 신중히 하는 도리에서 나왔지만, '벼슬을 추증하고 시호를 내리기를 청하는 것이 지나치다고 할 수 없다.'라고 했으면, 해결해주어야 할 것이지만 해결해주지 않은 것임을 알 수 있습니다. 비록 천 년 동안 막혔어도 오히려 하루아침에 해결해주는데, 어찌 이백 년 동안 할 겨를이 없었다고 '또한 갑자기 의논하기 어렵다.'라는 것으로 돌릴 수 있겠습니까? 이에 감히 어가 앞에 다시 호소하니, 전하께서는 고 부제학 신 박이장에게 특별히 벼슬을 추증하고 시호를 내리라고 빨리 명하시어, 성세에 덕을 숭상하고 어진 이를 본받는 법을 빛내고, 전하의 은혜를 삼가 입을 수 있기를 엎드려 빕니다.

右謹啓 臣等伏以崇儒奬節 有國之先務 贈秩易名 象賢之美規 恭惟我朝尤重是典 學問名節之士 擧蒙身後之貤贈 而獨故副提學臣朴而章 以若經學樹立之卓然 尙未得蒙崇褒之典 臣等百年齎鬱 千里裹足 敢此申籲於法駕之前 而章卽宣廟朝名賢也 生有異質 忠孝根天 受業文簡公臣盧守愼之門 得聞爲學大方 與文貞公臣金宇顒文穆公臣鄭逑爲道義交 從事實地 絶意名塗 屢以學行登剡薦 再除寢郎 其造詣淺深 固非後生所可窺測 而文簡公臣盧守愼嘗贈詩曰 非無豪邁質 存養似君稀 文穆公臣鄭逑與之書曰 君子進修之工 不以小事而忽焉 又曰 須出大猷謨 以壯國脈 以副山野之望 觀此兩賢敬許之言 可想其萬一也 嘗欲廢擧養靜 而親意不肯 故業明經 入講席 盡通諸經 偶誤一字 考官惜之 欲置選 固辭曰 國試不可自我壞 遂書下柱而出 考官歎服焉 翌年 登別試及第 湖南有土變 以特選 提督羅州以鎭之 辛卯 以書狀官赴天朝 直奏倭情 專對甚悉 皇上嘉之 壬辰 倭寇大至 而章募集壯士 從義兵多殪賊 文忠公臣金誠一爲招諭使 請爲從事官 以軍糧搬運事再往南原 未及歸 文忠以癘疾不起 歎曰 大事去矣 人之云亡 遂赴行朝扈駕 甲午 朝議將與倭和 而章陳疏力爭 且進安邊機務 亂定 錄原從功 以親老丐郡 辭陛日 疏論君德政弊 且上東宮書 勉以進修方 因備局啓請 卽復召入 錫爵于親 俾遂榮養之願 仍命寄影幀 以慰其父倚閭之望 實異數也 嘗侍夜對 進明德說曰 德者心之具此理之名也 人性皆善 本非不明 而私慾之蔽 如水之滓 如鑑之塵 聖凡或殊 眞妄相雜 苟無存省之工 則無以復其初矣 須以學問思辨涵養本原 而克去已私 恒存天理 勿使王霸雜用而有齊頭竝出之患 敬怠相勝而有半上落下之功 收斂於一心之虛靈 酬應於萬機之運用 無所間斷 然後可以明其德而能成天下之務矣 宣廟嘉歎之 撤前金蓮燭命黃門引路歸院 上講易經筵 而文莊公臣鄭經世 以體察從事官出外 大臣以而章薦進代置經筵 其經學之見推於世 可知也 戊申 仁弘疏劾故相臣柳永慶 動搖離間 而章上啓論之 後作詩詆之曰 羅鶴林言眞的訣 保初雖易保終難 君於中夜深思處 回首平生不忸顔 及永昌獄起 貽書故判書臣南以恭曰 大君雖出賊犀之誣招 八歲穉兒 萬無謀逆之理 彼輩之構陷 至此之極 此不獨陷大君 亦將陷君父於不義之地 吾輩不能救正 無以見先王於地下 遂上疏右全恩 爲群小所陷 貶出靑松 乙卯 上萬言封事 論西宮之事則引朱子過宮之疏 訟永昌之冤則喩大舜處象之事 深斥造訕之奸狀 力救元老之被謫 觸犯時忌竟削職放逐 戊午 聞西宮之變 憂傷作詩曰 沈沈斗鑰鎖西宮 思子臺空起夕風 仙馭乘雲

終不返 孤臣淚盡穆陵東 自是杜門養靜 日與生徒講學不廢 鄕人築室以慕德 及歿 文簡公臣趙絅狀其行 故大提學臣姜鋧題其墓 嶠南人士久愈欽慕 享于星州晴川書院 蓋而章早從事於爲己之工 學問道義 允爲一世之所矜式 而出而仕于朝 盡忠於危亂之際 疏斥於和倭之日 及夫遭時不幸 不顧一身之禍福 抗疏直言 冀寤君心 終爲群凶之所擠陷 則又超然遠引 絶意於世 其樹立之卓 出處之正 踐履之篤 雖求之古人 罕有倫比 朝家贈諡之法 大槪有三 學問也 功勳也 直節也 有一於此 尙皆褒崇 三者之美萃于一身 而寥寥數百年 尙無褒顯之命 不但士林之抑鬱 朝家之欠闕 當復如何 前秋陵行時 仰籲蹕路 至於下該曹稟處 而前判書臣徐能輔回啓曰 故參判朴而章學問道義之實 啓沃謨猷之蹟 爲一世所矜式 而賁諸乘史 甲午陳疏斥和 辭意凜烈 亂定 錄原從功 逮昏朝 上萬言封事 反覆乎天理人彝之際 斥造訕之奸 極論其君子小人之分積忤權奸 構陷不測 樹立之卓 出處之正 罕有倫比 至有享星州晴川書院 尙稽節惠之典 亟令攸司 施以加贈易名之典 朴而章經術之表著 言議之直截 至今爲士林之欽慕 今此爵諡之請 不可謂之濫屑 數百年未遑之事 亦難遽議 今姑置之何如 伏念節惠 重典也 該曹所啓 雖出愼重之道 而旣云爵諡之請不可謂之濫屑 則可知其當伸而不伸者也 雖千載之屈 尙有一朝之伸 豈可以二百年未遑 而歸之於亦難遽議之科乎 玆敢更籲於法駕之前 伏乞聖明 亟命攸司 故副提學臣朴而章 特爲贈秩賜諡 以光聖世崇德象賢之典事 伏蒙天恩云云

14) 〈청천서당 강의 임술 晴川書堂講義壬戌〉

송준필宋浚弼[10], 『공산집恭山集』 권12, 「잡저」

문: 인의예지仁義禮智의 '지智'와 치지致知의 '지知'는 어떻게 분별합니까?

---

10) 송준필宋浚弼[1869~1943]의 본관은 야성冶城, 자는 순좌舜佐, 호는 공산恭山이다. 성주 출신으로 만년에는 김천에서 살았다. 이진상李震相의 강학에 참석했고, 18세 때부터 사미헌 장복추張福樞의 문하에서 배웠다. 뒤에 김흥락金興洛의 문하에서 배우기도 하여, 당시 영남의 석학들에게 폭넓게 수학하였다. 주요 저술로는 『대산서절요大山書節要』, 『사물잠집설四勿箴集說』, 『육례수략六禮修略』, 『공산집恭山集』 등이 있다.

답: '지智'는 성性이고 '지知'는 심心에 속한다. 주자朱子가 '지知'를 "심心의 신명神明으로, 온갖 이치를 묘용妙用하고 만물을 주재한다."고 훈고訓詁하였고, '지智'를 "옳음과 그름을 알아 옳게 여기고 그르게 여기는 것이니 지智는 용用이다."라고 훈고하였다. 지知는 '묘妙' 자와 '재宰' 자를 붙이고, 지智는 '소이所以' 자를 붙이는 것을 볼 수 있으니, '심心'과 '성性'의 분별이다. 『대학大學』

문: 기질氣質은 군자께서 변화의 도道가 있다고 하였는데, 기氣는 본래 변할 수 있는 것이며 질質도 변할 수 있는 것입니까?

답: 한 번 정해지면 변할 수 없는 것이 형질形質이니, 예컨대 소小가 대大가 될 수 없고, 단短이 장長이 될 수 없는 것이 이것이다. 힘을 들여 변화시킬 수 있는 것은 기질氣質이니, 예컨대 혼약昏弱한 사람이 강명剛明해지는 것과 탁박濁駁한 사람이 청수淸粹해지는 것(기氣에 속함), 걸음걸이가 빠른 사람이 천천히 가는 것과 언어가 경박한 사람이 중후해지는 것(질質에 속함)이 이것이다. 기氣를 질質과 대비해보면 기는 양陽에 해당하고 질은 음陰에 해당하며, 기질氣質로 형질形質을 대비해보면 기질은 양陽에 해당하고 형질은 음陰에 해당한다.

문: 『중용中庸』과 『대학大學』 서문은 모두 사설邪說이 정도正道를 해침을 말하였는데 어떤 것은 상세하고 어떤 것은 소략합니다. 어찌하여 그렇습니까?

답: 『중용』은 도道를 밝히는 책인데 도가 밝혀지지 않으면 이단異端이 해치기 때문에 특별히 노불老佛 가운데 더욱 심한 것을 거론하여 말했고, 『대학』은 학문을 위한 책인데 학문이 잡학雜學에 해를 당하는 것은 모두 그러하기 때문에 함께 거론하여 모두 말한 것이다.

문: '지선至善'과 『중용』의 '성誠'은 마찬가지인데 지선至善에 그친다고 하면 '지止'는 '구지求至'의 뜻이 있으니 곧 『중용』에서 이른바 '성지誠之'라는 것입니다. 어떻습니까?

답: '지止'에 '구지求至'의 뜻이 있다고 한 것은 아마 그렇지 않을 것이다.

지止는 이에 이르러 옮기지 않는다는 뜻이다. 이미 이르렀을 경우라면 문왕文王의 '집희경지緝熙敬止[계속 밝혀서 공경에 그치셨다]'는 또한 단지 이렇게 그치는 것일 뿐이다. 배우는 자가 이에 이르지 못했기 때문에 지어지선止於至善을 구한다는 것으로 공부하도록 했으니, '지止' 자 위에 '구求' 자를 붙인 것이 어찌 곧 '지止' 자에 구하는 뜻이 있어서 말한 것이겠는가.

문: 쌍봉雙峯 요로饒魯가 "'청송聽訟'은 말末이고 '사무송使無訟'은 본本이다."고 하였는데, 옥계玉溪 노효손盧孝孫은 "들을 송사訟事가 없어야 곧 '신민新民'의 '지선至善'이 되고, 백성들로 하여금 송사가 없도록 하는 것은 오직 덕을 밝힌 자만이 할 수 있는 것이다. 이렇다면 또한 '무송無訟'이 말末이 되고 '사무송使無訟'이 본本이 된다."고 하였습니다. 어느 말을 따라야 할지 모르겠습니다.

답: 마땅히 옥계 노효손의 설을 정도正道로 삼아야 한다. 『대학장구大學章句』는 본래 '명덕明德'을 본本으로 삼고 '신민新民'을 말末로 삼았다.

문: 뭇 사물의 표리表裏과 정추精粗가 이르지 않음이 없다는 것은 이 '이理'가 마음에 이르는 것입니까?

답: 이것은 '사물 이치의 지극한 곳이 이르지 않음이 없다'는 것과 뜻이 같다. 주자朱子가 "사물마다 이치는 각각 그 지극한 곳에 나아가서 남음이 없다."고 하였다. 대산大山은 "길을 가서(격물格物) 길이 다하였다(물격物格)고 하는 것이나, 책을 읽어서 책이 다하였다고 하는 것과 같으니, 길과 책은 절로 다할 수 없고 반드시 사람이 가고 읽기를 기다린 다음에야 다하는 것이다. 그러나 사물의 측면에서 말한다면 책이 다하고 길이 다하였다고 해도 해로울 것이 없다."고 했다. 이로써 본다면 '도到'는 '래도來到'의 도到가 아니고 '도진到盡'의 '도到'이니, 사물 이치의 표리表裏와 정추精粗가 극진한데 이르러 남음이 없다고 한 것이다.

문: '무자기無自欺'는 주자朱子가 이 부분 공부는 아주 세밀하게 해야 한다

고 했으니, 무엇 때문에 언급한 것입니까?

답: 사람이 선善은 마땅히 좋아해야 하고 악惡은 마땅히 미워해야 함을 안다면 진실로 좋아하고 미워할 수 있다. 밖에서 안에 이르기까지 머리에서 꼬리에 이르기까지 전혀 거짓이 없어야 하니 만약 외면으로만 좋아하고 미워한다고 한다면 조금의 불호不好와 불오不惡가 남아있게 되어 곧 스스로 속이게 된다. 어찌 공부를 아주 세밀하게 해야 하는 부분이 아니겠는가.

문: 호오好惡는 '의意'라고 할 수 있고 '정情'이라고 할 수 없습니까?

답: 선善을 좋아하고 악惡을 미워하는 것은 '정情'이다. 좋아해서 얻고자 하고 미워해서 떠나고자 하는 것은 '의意'이다.

問仁義禮智之智與致知之知何別答曰智是性知　屬心朱子訓知曰心之神明妙衆理宰萬物訓智曰　所以知是非而是非之者智之用知著妙字宰字智　著所以字可見心性之別也大學

問氣質君子有變化之道氣固可變質亦可變歟曰　一定而不可變者形質如小不得爲大短不得爲長 是也可以用力變化者氣質如昏弱者剛明濁駁者淸粹 屬氣 行步之疾者徐言語之輕者重 屬質 是也以氣 對質則氣陽而質陰也以氣質對形質則氣質陽而 形質陰也

問庸學序皆言邪說之害正而或詳或略何歟曰中　庸明道之書而道之不明異端害之故特擧老佛之 尤甚者言之大學爲學之書而學之爲害雜學皆然 故幷擧而備言之

問至善與中庸之誠一般但曰止至善則止有求至　之意卽所謂誠之者也如何曰止有求至之意恐未 然止者至於是而不遷之意及其旣至則文王之緝熙敬止亦只此止也學者未至於此故用工以求止 於至善止字上面當著求字豈可便謂止字有求底 意耶

問饒雙峯曰聽訟末也使無訟本也盧玉溪曰無訟　可聽方爲新民之至善使民無訟惟明德者能之此　則又以無訟爲末使無訟爲本未知適從曰當以玉　溪說爲正章句固以明德爲本新民爲末也

問衆物之表裏精粗無不到是理到於心歟曰此與　物理之極處無不到義同朱子曰事事物物之各有 以詣其極而無餘大山曰如云行路 格物 而路盡 物格 讀冊而冊盡路與冊不

能自盡必待人之行讀而後盡 然自物而言不害爲冊盡而路窮也以此觀之則到 非來到之到是到盡之到謂物理之表裏精粗到盡 無餘也

問無自欺朱子以爲此處工夫極細何以言之曰人 知善之當好惡之當惡則眞實去好惡自表至裏自首至尾無一分虛假方是若外面雖曰好之惡之而 有些不好不惡者存焉便是自欺豈非工夫極細密 處乎

問好惡可謂之意而不可謂之情歟曰好善惡惡情

15) 〈청천서당 수수고계 晴川書堂修修古契〉

심학환沈鶴煥[11], 『초산집蕉山集』 권1, 「시」

소리에 메아리처럼 몸 따르는 그림자처럼
우리들 이 시절 부르고 따라며 여기 모였네.
누대 세운 곳 어느 곳인들 좋은 곳 아니랴
앞 시내에 꽃과 버드나무 또 봄을 만났네.
칠봉七峯의 집안이니 그 연원이 막중하고
십세十世 지난 후손들 교분과 정의 두텁네.
애석하구나 감옥에 갇힌 금일의 액운이여
문산文山에서 길이 돌아오지 못하는 사람됐네.

선생의 사손嗣孫 김창숙金昌淑이 이때 감옥에 갇혀있었기 때문이다.

聲如有響影隨身徵逐吾曹在此辰何處樓臺非勝地前川花柳又逢春 七峯家閥淵源重十世仍孫契誼新可惜燕圄今日厄文山長作未歸人 先生嗣孫昌淑方在滯囚故云

11) 심학환沈鶴煥[1787~1945]의 본관은 청송靑松, 호는 초산蕉山이다. 일제강점기 때 파리장서 대표인 곽종석(郭鍾錫, 1846~1919)의 제문을 지었다는 이유로 수개월 동안 옥고를 치렀다. 이후 학문에만 전념했으며, 문집으로 『초산집』이 전한다.

16) 〈서원 書院〉

이긍익李肯翊, 『연려실기술燃藜室記述』 별집 권4, 「사전전고祀典典故」
청천서원 임진년에 세웠다.
김우옹
김담수 참봉을 지냈으며 호는 서계西溪이다.
박이장 이조 참판을 지냈으며 호는 용담龍潭이다.

晴川書院 壬辰年
金宇顒
金聃壽 參奉 西溪
朴而章 吏參 龍潭

17) 〈청천서원 이안 동강김선생문[12] 晴川書院移安東岡金先生文〉

이재李栽, 『밀암집密菴集』 권15, 「축문」
삼가 생각건대 선생께서는
영남지방에서 태어나셔서
빼어나고 순수한 자질은
빙옥氷玉처럼 맑고 깨끗했네.
퇴계退溪 문하에서 가르침 받아
몸시도 일찍 도道를 들었으니
격물치지格物致知 학문이요
성의정심誠意正心 공부였네.
경연經筵에 들어 강론할 때는
임금님 인도한 일 많았고

12) 동일한 내용의 글이 『密菴集』 瓿餘卌一 - 密庵瓿餘에도 실려있음.

대간臺諫이 되어 규탄할 때는
간악한 이들 피하지 않았네.
험난하고 평이한 곳 진퇴進退에
오직 의義를 따를 뿐이었고
평소 징험할 수 있었던 것
도道에 조예 깊은 것이었네.
어찌 속 좁은 유자와 같이
체體만 강조하고 용用을 무시하랴.
훌륭하신 문목공文穆公이여
함께 같은 시대에 태어나셨네.
서로 함께 학문을 갈고 닦아
뜻도 같고 도道도 부합했네.
앞뒤로 세상을 떠났으니
선생의 덕 가장 깊이 알았네.
술잔 올리며 제문祭文 지었고
행적을 따라 행장行狀 지었네.
훌륭한 덕을 형상하는데
빠뜨리거나 남김이 없었네.
사당 세우는 일 건의한 것
정말 처음 시작한 것이었네.
중도에 제지를 받았으니
지금까지 한으로 남았있네.
회연서원檜淵書院 배향은
서로 마음이 맞기 때문이나
여태 주향主享 서원 없으니
유림들 불만으로 여겼었네.
생각건대 청천晴川은

대현이 정했던 곳이니
의리상 예전대로 해야 하나
일에 있어서 어려움 많았네.
그래서 동강東岡을 돌아보니
선생의 자취가 남아있고
형세가 깊고도 고요해
서원 세우기 합당한 곳이네.
다른 곳 이름을 따랐으나
또한 그럴만한 고사故事가 있었네.
저곳에서 이곳으로 옮겼으니
사람들 마음에 딱 맞는 곳이라네.
많은 선비들 경영한지
여러 해 세월이 흘렀네.
그리하여 모월 모일에
사당 모습 그럭저럭 완성했네
비로소 좋은 날 잡아
삼가 성대한 예식 거행하네.
모든 일들 처음 시작한 터라
제대로 의식 갖추지 못했으나
성의에 감응해 통하여
아마 영령께서 교감하시리라.
바라건대 영령이시어
성대하게 오르내리시며
정갈한 제사 길이 편안히 누리시고
후학들에게 은혜 베푸소서.

恭惟先生 挺生南服 英資粹質 玉潔冰淸 就正溪門 聞道甚蚤 格致之學 誠正之工

經幄論思 幾多啓沃 臺端糾逖 不避姦猜 進退險夷 惟義所在 可驗平日 造道之深 豈若拘儒 有體無用 猗歟文穆 生並一時 互磨交磋 志同道合 沒有先後 知德最深 侑奠有文 撰蹟有狀 侔狀德美 靡有遺餘 建議立祠 寔所倡始 中道沮尼 遺恨至今 列享檜淵 雖因氣類 迄無主院 儒林所歉 粤惟晴川 大賢所定 義當仍舊 事多難便 顧此東岡 遺躅所在 體勢幽靜 合置明宮 寓號他方 亦有故事 移彼就此 允愜輿情 多士經營 積有年紀 維月若日 廟貌粗完 俶簡良辰 恭擧縟禮 凡百草創 縱不備儀 誠意感通 庶幾合莫 仰惟精爽 陟降洋洋 永康明禋 嘉惠後學

18) 〈청천서원 이안 동강김선생문 晴川書院移安東岡金先生文[13]〉

이재李栽, 『부여책瓿餘册』 1, 「밀암부여密庵瓿餘」

19) 〈청천서원 상향축문 晴川書院常享祝文〉

이재李栽, 『부여책瓿餘册』 1, 「밀암부여密庵瓿餘」

경敬으로 내면 곧게 하고 의義로 외면 방정하게 하여
도道와 덕德 모두 높고 높았네.
훌륭하도다 바른 학문이여
영세토록 잊지 않으리.

敬直義方 道巍德尊 猗歟正學 永世不諼

20) 〈청천서당 중건 상량문 晴川書堂重建上梁文〉

장석영張錫英[14], 『회당집晦堂集』 권31, 「상량문」

---

13) 동일한 내용의 글이 『密菴集』 卷 15 - 祝文에도 실려있으므로 글 내용은 생략함.

하늘이 삼천리 문명국文明國을 열어 대현大賢이 시기에 맞춰 이에 나타났고, 선비가 수백 년 의지할 곳이 있어 우리의 도道가 때 맞춰 다시 흥기하였다. 높고 높은 외루畏壘[15]를 바라보고 아득히 남긴 덕을 흠모하노라.

삼가 생각건대, 문정공文貞公 동강東岡 김우옹金宇顒 선생께서는 두 조정에서 원로로 대우했고 백세토록 유학의 종장으로 대우하였다. 옛사람 서책을 머리에 이고 배울 땐 맹자孟子의 어미에게서 문장과 행실 깨우친 것과 같았고, 울면서 어진 아버지께 가르침을 청했을 땐 공자의 뜰에서 시례詩禮의 가르침 듣는 것과 같았다. 종천토록 정통 학맥을 사모하여 도산陶山(퇴계退溪)에서 성리性理의 종지宗旨을 강마했고, 특별히 고매한 풍모 우러러보아 산해정山海亭(남명南冥)에서 신명사도神明舍圖를 전수받았다. 태평시대 벼슬길에 올라서는 임금님 보필하는 자리에서 충언을 올렸으니, 소인을 멀리하고 군자를 가까이 두라고 이에 성학육잠聖學六箴을 올렸으며, 천리天理를 밝히고 민이民彝를 바로잡음에 매번 경敬 한 글자를 말씀드렸다. 호양湖陽에서 지방관 명을 받들 때 먼 지방에 학교를 부흥시켰고, 천령天嶺 유배 길에 눈물 흘렸으니 그 시비는 후세에 가려졌다. 묘당廟堂에서 사邪와 충忠 가려져서 선비들의 억울한 사정 드디어 신원되었다. 어가御駕를 호종扈從하여 의주義州에 와서는 조정 신하들의 화의론和議論을 힘써 배척하였고, 세자를 모시고 남쪽으로 내려와서는 명나라 장수의 행영行營에서 접반사接伴使 명을 수행하였다. 대개 공이 평생 고민했던 일은 반드시 임금과 백성을 요순堯舜의 시대에 이루도록 하는 것이었고, 사업에서 더욱 드러내려고 했던 것은 또한 공자孔子와 주자朱子에게 춘추필법春秋筆法을 계승함에 있었다.

---

14) 장석영張錫英[1851~1926]의 본관은 인동仁同, 호는 회당晦堂 혹은 추관秋觀이다. 일제강점기 칠곡 출신의 유학자이자 독립운동가로 국채보상운동 및 3.1 운동에 참여했다. 문집으로 『회당집』이 전한다.

15) 외루畏壘 : 외루사畏壘祠로 서원을 이른다. 노자老子의 제자 경상초庚桑楚가 노자의 도道를 듣고 외루산畏壘山에 은거한 지 3년 만에 그곳 백성들이 그를 존경하여 제사를 지내주려 했다는 고사를 인용하였다. 『莊子 庚桑楚』

오호라! 은거하여 지내던 곳 황폐해져 가는데, 어찌할까. 상당上黨(청주)에서 세상 떠나 갑자기 시신으로 돌아왔으니. 밝은 하늘이 원로 한 분을 굳이 남겨두지 않으려 하여 목가木稼[16]가 재앙을 알려왔고, 백성들 다시 일어날 희망 끊어졌으니 훌륭한 사람 등용되는 것 누가 꿈꾸겠는가. 서리와 이슬 밟을 때 파산巴山에 감회가 깃드니 선생의 봉분이 있는 곳이요, 북두성 바라보며 청천晴川을 추모하여 제향 올릴 서원을 창건하였다. 불행히도 서원이 중도에 폐지되었으니 유학 문장이 장차 사라져 감을 알겠노라. 제사 올리던 오랜 예법 징험할 길 없으니 많은 선비들 제물 안고 어디로 갈까나. 성대히 모여 올리던 제사 마침내 끊어졌으니 지나가는 이들 황무지 바라보고 안타까워하노라. 한 구역 서당의 편액은 비록 그 체제가 편협한 듯하지만 온 고을 사림의 의론은 오로지 높이 경모하는 같은 마음에서 나왔다. 세월 또한 이미 유유히 흘러 동우棟宇가 너무도 위태로운 지경이 되었다. 언덕이 차마 황폐해지는 것을 그대로 두지 못해 훌륭한 자제들 중건重建할 재물을 도왔고, 가업을 계승함에 노력했다 감히 말하노니 모두 동참한 일을 자손들이 주간하였다. 초목草木이 무성히 우거졌던 곳에 다시 엄숙한 사원을 보게 되었고, 조수鳥獸가 다니던 황폐한 고을에 책 읽는 소리 울려 퍼지는 곳으로 변하였다. 창주滄洲에서 석채례釋菜禮를 지낼 때처럼 완연히 스승이 계신 자리에서 가르침을 듣는 듯하고, 광정光亭에서 태극도太極圖를 강론할 때처럼 말단으로 달려가는 학문을 바로잡게 되었다. 좋은 시절 생각해서 낙성落成을 고하리니 긴 들보 안고서 상량문을 올리노라.

어영차 들보 동쪽에 떡 던지나니　　　　兒郞偉抛梁東

16) 목가木稼 : 김우옹의 죽음이 닥쳤음을 뜻한다. 목가는 서리가 나무나 풀에 하얗게 얼어붙어 생긴 얼음을 가리키는데, 재앙이 일어나거나 현인군자賢人君子가 죽을 조짐이다. 송宋 나라의 한기韓琦가 죽던 해에 목가 현상이 발생했는데, 왕안석王安石이 지은 만사挽辭에 "고관들 듣고 두려워한 목가의 소식, 산언덕 무너지며 철인이 떠났도다.[木稼曾聞達官怕 山頹今見哲人萎.]"라고 하였다. 『山堂肆考 木稼』

마을 깊은 곳 오랜 버들 한 길이 나있네	古柳村深一路通
벗으로 서로 그리워했던 정 선생	江渭相思鄭夫子
간절히 바라는 이 마음 서로 똑같았네	闇闇切切此心同
들보 서쪽에 떡 던지나니	抛梁西
푸른 산 지는 햇살 주렴 속에 들었네	蒼蒼落照入簾低
인생은 쇠로함 기다려주지 않나니	人生莫待年衰後
첫닭이 울 때부터 선 행해야 하리	爲善須從始聽雞
들보 남쪽에 떡 던지나니	抛梁南
칠봉의 빼어난 빛[17] 푸르게 드리웠네	七峯秀色碧毿毿
가업은 절로 아버지 가르침 있으니	靑氊自有家庭訓
기록 남겨 언제든 의지하고 참고하네	籍記何時不倚參
들보 북쪽에 떡 던지나니	抛梁北
단산 몇몇 봉우리 아득히 바라보네	丹山數朸望中極
서주 시대 멀어져 왕풍[18]도 떨어졌으니	西周世遠降王風
봉황은 어느 해에 덕을 보고 날아올까	鳳鳥何年來覽德
들보 위에 떡 던지나니	抛梁上
사당은 빛을 잃고 더러운 기운 한창이네	玉宇無光腥穢漲
원컨대 큰 바람 하루아침 청명하게 불어	願得長風淸會朝
만 리 푸른 하늘 밝은 빛을 보게 하소서	碧空萬里覩昭曠

17) 칠봉의 빼어난 빛 : 김우옹(金宇顒)의 아버지 김희삼(金希參)을 가리킨다. 김희삼의 호가 칠봉(七峯)이다.
18) 왕풍王風 : 『시경詩經』의 편명으로 주周 평왕平王이 서울을 동쪽으로 옮긴 이후의 시를 말한다.

들보 아래 떡 던지나니	抛梁下
산 샘은 졸졸졸 섬돌 따라 쏟아지네	山泉混混循階瀉
원래 도체는 이와 같은 점이 있나니	元來道體有如斯
냇가에서 어찌 물 흘러감을 한탄하랴	川上胡爲歎逝者

삼가 바라건대, 들보를 올린 뒤에 개울과 산 더욱 맑고 문미門楣는 더욱 빛나게 하옵소서. 고을 풍속 선善하게 변화하여 선비들 편 가르고 다른 의견 세우는 걱정 없게 하옵고, 하늘의 도道 다시 잘 돌아와 사람들 현자 존경하고 정도正道 호위하는 책임 생각하게 하옵고, 실추 없이 영원히 보전함을 지금부터 시작하게 하옵소서.

右武陵周先生年譜附錄 合若于篇也 國家仁明盛際 陶山李子降 淸凉之下 先生居武陵 平生道義備載乎淸凉之跋 先生沒 李子哀之曰 斷斷惟我此先生之大全也 先生生有異徵 而佩韋訓於墻曲 戒三愼於楣扁百度萬 行皆本於孝而至使神明感其誠達官動其聽 異類不敢 肆其暴 其立朝而事君也 昌言正色而斥皇甫於進諫 振 民勵世而使成人而爲之衰 建聖廟立賢院 興儒學扶正 斥邪 以贊聖朝萬億年文明之治 蓋其一生用功曰誠曰敬 而文章如山斗 光明如日星 義理可以建天地 忠誠 可以貫金石 事業可以銘鍾鼎漣上許文正先生銘其墓 曰通神之行 致物之仁化俗之則 斯言足以蓋之矣 先生 有文集十卷 行于世其七分也 胤子龜峯公撰年譜 玄孫守■子消息之未及汗靑 而今三百有餘年矣 其後承方 鋟棗 謀所以不朽 而使時在時範兩君踵數百里徵跋於 錫英 錫英竊念先生之道德文學赫赫人耳目 有不待編 年而可徵矣 然百世之下欲考其微言細行 成己成物之 德 輔世長民之蹟 爲朝家之所崇奬 士林之所尊奉焉 則 之譜所以不可已也 嗚呼院宇撤而正學廢 天下駸駸於 夷狄之域 陵夷至於今日而先生之道息矣 俯仰今古不 得無感慨於斯編 謹書此以萬高山之仰

21) 〈고조고 통덕랑부군 묘지 高祖考通德郎府君墓誌〉

장복추張福樞, 『사미헌집四未軒集』 권9, 「묘지명」

공의 휘는 대열大說이며 자는 천뢰天賚로 옥산 장씨玉山張氏이다. 아버지는 휘가 만중萬重으로 통덕랑을 지냈으며, 어머니는 안동 권씨 두장斗章의 따님이며 호가 동계東溪인 도濤의 손녀이다. 생부는 부사를 지낸 휘 만익萬益이니, 곧 통덕랑 만중의 동생이다. 생모는 숙부인 계림 김씨鷄林金氏로 교리 벼슬을 지낸 종일宗一의 따님이다. 공은 명릉明陵[숙종의 능호] 무오년(1678)에 태어났다.

공은 기국器局이 단정하고 엄중하며 도량이 넓고 굳세었다. 어려서부터 삼공과 사보四輔의 기대를 받았는데, 한번 과거 시험장에 들어가 융통성 없는 유학자의 세속적인 태도를 보고 마음으로 비루하게 생각하였다. 마침내 과거시험 공부를 단절해 버리고 어렵고 고달픈 삶을 스스로 지키며 죽을 때까지 후회가 없었다. 집안에서의 행실을 매우 돈독히 하여 부형을 섬김에 한결같은 정성으로 하였다. 제삿날에는 미리 재계를 하고 마련한 제수를 살폈으며 가족들에게 함구하도록 하는 데까지 이르렀다. 선영을 손질하여 비석을 두루 갖추었고, 외가에 후사를 세워주었다. 공의를 위하여 청천서원의 설립을 주관하였다. 무신역변戊申逆變 때 가동家僮을 인솔하여 의진義陣에 나아갔는데 승리의 소식을 듣고 집으로 돌아왔다.

평소에 거처함에 엄정함으로 스스로 견지하였으며 눈동자에 정기가 응축되어 빛났기에, 비록 욕심 많은 자와 방탕한 사람이라 할지라도 한번 공을 보기만 하면 공경히 예의로 대할 줄 알았다. 또 서책으로 스스로 즐겨 항상 개연히 경세제민의 뜻이 있었으며, 천문과 지리 그리고 의방醫方 같은 것도 섭렵하여 두루 통하지 않음이 없었다. 원릉元陵[영조의 능호] 정묘년(1747) 11월 26일에 돌아가셔서, 성주 도고산道高山 노현촌老峴村 뒤 간좌艮坐 언덕에 장례를 지냈다. 청천서원 유생들이 공에게 드리는 제문을 지었는데, 말하기를 "자품은 곤륜산의 옥을 빼닮았고, 마음은 가을 물같이 응결하였네. 사람들은 점잖은 군자라 칭하고, 선비들은 영수로 추중하네. 姿挺崑玉, 心凝秋水. 人稱

愷悌, 士推領袖."라고 하였으니, 이 점에서 공의 인품을 상상할 수 있다.

부인은 광산 노씨 하징夏徵의 딸이며 본관이 흥양興陽인 이모씨李某氏의 외손이다. 묘소는 인동부 서쪽 팔룡곡八龍谷 임좌壬坐 언덕에 있다. 외동딸을 두었는데 이양李穰에게 시집갔다. 둘째 부인은 오천 정씨烏川鄭氏로 통덕랑 후기后夔의 따님이며, 부사를 지냈으며 본관이 경주인 김金의 외손인데, 공의 묘소 뒤에 합장하였다. 1남 1녀를 두었는데, 아들은 지목趾穆이며 딸은 정동철鄭東喆에게 시집을 갔다. 지목이 일찍 죽어 종제從弟 지형趾馨의 둘째 아들 주儔로 후사를 삼았다.

아, 공의 우뚝한 행실과 아름다운 업적이 천백에서 겨우 한두 가지 남아 있는데 시대가 멀어지면 멀어질수록 더욱 민멸될까 두려워 삼가 위와 같이 기록하여, 유당幽堂의 곁에 들인다.

公諱大說 字天賚 玉山張氏 考諱萬重 通德郎 妣安東權氏 斗章女 東溪濤孫 生考府使諱萬益 卽通德公弟也 妣淑夫人鷄林金氏 校理宗一女 明陵戊午生 公氣宇端凝 度量弘毅 自少有公輔望 一入場屋 見拘儒俗態 心鄙之 遂斷棄學業 枯苦自守 沒身而無悔 內行甚篤 事父兄 一以誠慤 遇忌 宿齊戒 視封滌 而至使家屬銜口 治先塋 麗牲備具 爲外氏立後 爲公議 管晴川設院 當戊申逆變 率家僮赴義 聞捷而還 平居嚴正自持 眼凝精彩 雖頑夭蕩子 一見公 知敬禮之 又以書史自娛 常慨然有經濟之志 如天文地理醫方 亦無不涉獵而旁通 卒元陵丁卯十一月二十六日 葬星州道高山老峴村後艮坐原 晴川儒生 祭公文有曰 姿挺崑玉 心凝秋水 人稱愷悌 士推領袖 此可以想公矣 配光山盧氏 夏徵女 興陽李某外孫 墓府西八龍谷負壬原 生一女 適李穰 繼配烏川鄭氏 通德郎后夔女 府使慶州金外孫 祔公墓後 生一男一女 男趾穆 女鄭東喆 趾穆早卒 以從父弟趾馨第二子儔爲嗣 李穰子輝東 鄭東喆嗣子薰 噫 公卓行懿蹟之僅一二存於千百者 懼夫愈遠而愈泯 謹錄如右 納之幽堂之側云

22) 〈육대조고 위솔부군유사 六代祖考衛率府君遺事〉

장복추張福樞, 『사미헌집四未軒集』 권11, 「유사」

공의 성은 장씨張氏이고 휘는 영鍈이며 자는 명세鳴世로 옥산玉山에 세거하였다. 12대 조부 휘 안세安世는 고려조에 부윤을 지냈으며 시호는 충정忠貞이다. 이분의 아들 휘 중양仲陽은 아버지의 임지 함흥咸興에 따라가서 조선 태조왕과 포의의 교제를 하였는데, 태조가 왕위에 등극하자 편지를 내려서 좌윤左尹 벼슬로 불렀으나 나아가지 않았다. 이분의 아들 휘 수脩는 조선조에 벼슬하여 일장령逸掌令을 지냈다. 4대 뒤에 증 이조 참판 휘 계증繼曾은 증 이조 판서 휘 열烈을 낳았고, 열은 벼슬이 우참찬 증 영의정이며 시호는 문강文康인 휘 현광顯光을 낳았으니 현광은 바로 여헌旅軒 선생이다. 현광은 4촌 동생 월포月浦 선생 휘 현도顯道의 아들 휘 응일應一을 후사로 삼았는데, 응일은 관직이 부제학副提學 증 이조 판서이며 호는 청천당聽天堂이니 바로 공의 아버지이다. 어머니는 야로 송씨冶爐宋氏로 야계倻溪 선생 희규希奎의 증손녀이며, 정랑正郞 벼슬을 지낸 광정光廷의 따님이다. 천계天啓 임술년(1622) 정월 9일 묘시에 인동부 남쪽 인의방리仁義坊里 집에서 공을 낳았다.

공은 위의와 외모가 뛰어나고 훌륭하였으며 자품과 성격이 인자하고 효성스러웠다. 15세에 문강공이 관계冠戒와 취계娶戒를 지어주면서 "사람의 도리이다."라고 하였으니, 그 나이에 맞추어 성취하게 하였던 것이다. 공은 삼가고 공경하며 부모님의 뜻을 잘 이어받았고, 학문을 부지런히 하고 행실을 돈독히 하였다. 예로써 어버이를 섬김에 지체志體의 봉양을 극진히 하였으며, 만약 부모님께서 편찮은 데가 있으면 얼굴색에 근심하는 형상을 드러내어 땅에 앉아 약을 달였는데 늙을 때까지 게을리하지 않았다. 자제들이 수고스러움을 걱정하여 대신하기를 청하면 공이 정색을 하며 말하기를 "어버이의 연세가 이미 많으니 내가 비록 항상 이것을 하고자 하나 되겠는가."라고 하였다. 사람의 도리를 실행하고 남은 힘으로 경술經術을 통달하고 문사文詞를 익혀 대소의 향해鄕解[향시]에 누차 합격하였다.

기해년(1659) 정부인께서 돌아가시니 슬퍼하며 몸이 야위어 거의 지탱하지 못할 뻔했다. 임인년(1662) 사마시에 합격하였다. 신해년(1671) 전설사 별검에 승진하였다. 현종과 숙종을 차례로 섬기며 외직으로는 자여自如, 경안慶安, 이인利仁의 찰방에 임명되었고, 내직으로는 군자감 판관, 공조 정랑, 광흥창 주부, 세자익위사 위솔에 임명되었다. 그리하여 전후로 내린 임금의 은혜로운 교지에 어떤 경우는 사양하며 부임하지 않았고, 어떤 경우는 부임하였으되 오래 머물지 않고 말하기를 "임금을 섬기는 날이 길어지면 어버이를 섬기는 날이 짧아진다."라고 하고서 매양 집으로 돌아와 어버이를 섬기는 일을 급선무로 삼았다.

청천와聽天窩 앞에 별도로 집을 하나 지은 뒤 세 그루의 매화를 심어놓고 그 집 편액의 이름을 '소매당訴梅堂'이라 하였다. 부제학공副提學公은 아들이 그윽하고 우아한 아취가 있는 것을 알고 '쓰고 담박함이 빈한한 선비에게 마땅함을 보았으니, 다른 사람이 아는 것을 허여하지 않고 홀로 매화와 이야기하네.[看來苦淡宜寒士 不許人知獨語梅]'라는 시 한 구절을 써서 보여주었다. 병진년(1676)에 부제학공이 돌아가심에 월제月制를 한결같이 유훈을 따랐으며, 피눈물을 흘리며 삼년상을 마쳤다.

공은 평소에 매일 닭이 울면 일어나 머리를 빗고 관을 쓰고는 종일토록 책상을 대하였는데, 앉아있는 모습이 마치 먹줄처럼 곧았다. 오직 근엄한 태도로 스스로 견지하였는데, 옆에서 시중드는 사람의 관과 두건이 조금이라도 비뚤어진 것을 보면 문득 정색하고서 "너희들이 독서하여 어디에 쓰려고 하는가. '의관을 바르게 하고 시선을 존엄하게 가지라'고 말하지 않았던가."라고 하였다. 사람을 대할 때는 온화하게 청화淸和한 기운이 얼굴과 말씀에 넘쳐흘렀으니, 현명한 사대부로 공의 집에 와 예를 드린 자는 모두 공의 덕화에 흠뻑 젖어 돌아갔다고 말하더라.

그러나 의리를 분변하고 시비를 분석하는 것 같은 경우에는 의연하여 빼앗을 수 없는 의지가 있었다. 마침 청천서원에 위패를 나누어 봉안하는 때를 만나 서원의 역사役事가 막 시작되어 여론을 막을 수가 없었는데, 공이 이 일은 매우 중대한 일이라고 생각하고 편지를 보내 저지하였다. 채백포蔡栢浦를 위하여 소암사嘯巖社를 창건하여 봉안하였다. 또 이 의사李義士를 위하여 옥천서원玉川書院을 설립하여 배향하였는데, 집에 돌아와 집안사람들에게 말하기를 "의사는 미천한 계급이었지만 내가 지금 그를 예로 대하기를 의사가 살았을 때 나에게 예로 대한 예와 같이 할 것이니, 사람이면서 의가 없으면 되겠는가."라고 하였다.

갑인년(1674) 개기改紀 후에 미수眉叟 허문정공許文正公이 한강寒岡과 여헌旅軒 두 선생을 문묘에 종사하는 일을 의논하여 결정하였으나, 이때 저쪽 편의 유현을 배향에서 빼는 조치가 있게 되었다. 이에 공이 이것은 신중하게 때를 기다려야 하는 일이라 하니, 허선생이 재삼 감탄하며 말하기를 "과연 나의 견해가 미칠 바가 아니다."라고 하였다.

공이 숙부인과 함께 해로하여 80세가 되었지만 서로 손님처럼 공경하기를 하루같이 하였다. 병자년(1696)에 회근례回巹禮를 행하여 몸에 온전한 복을 갖췄으니, 또한 광세曠世에 한 번 볼 수 있는 광경이었다. 을유년(1705) 10월 9일에 천수를 누리고 월곡月谷의 우거하던 집에서 돌아가셨으며, 대흥사大興寺 임좌壬坐 언덕에 장례를 지냈다. 뒤에 증손자가 장수한 덕택으로 사복司僕에 추증되고 또 손자가 장수한 덕택으로 호조 참의에 증직되었다.

아! 공은 일찍부터 아버지의 가르침을 행하여 집안에서의 행실이 순정하게 완비되었으나, 불행하게도 가정에서의 아름다운 모범과 조정에서 벼슬한 정황에 대해서 시대가 멀어 증명할 수가 없다. 유문遺文도 산일하여 전하지 않고, 다만 「한조은장행韓釣隱狀行」 한 편과 「대책문對策文」, 「점해占解」 수 편과 그리고 시 약간 수가 있을 뿐이니, 이것은 어찌 후손으로 대단히 한탄스러운 일이 아니겠는가.

숙부인은 광주 이씨로 호가 낙촌洛村인 도장道長의 따님이고 석담石潭 선생 윤우潤雨의 손녀이며, 하담荷潭 김시양金時讓 선생의 외손인데, 아내로서의 훌륭한 덕이 있었다. 경신년(1620) 7월 15일에 태어나 모년 9월 24일에 돌아가시니 묘소는 오산吳山 마상馬上 동향에 있다. 6남 3녀를 두었으니, 장남 만기萬

紀는 세자익위사 부솔副率을 지냈다. 둘째는 만중萬重이고 셋째는 만최萬寂이며 넷째는 만용萬容으로 현감을 지낸 막내 숙부 옥鈺에게 양자를 갔다. 다섯째는 만익萬益으로 부사를 지냈고 여섯째는 만성萬成으로 호조 참의에 추증되었다. 딸은 참봉을 지낸 안중현安重鉉, 참봉을 지낸 홍상문洪相文, 전흥군全興君에 봉해진 이진주李震柱에게 각각 시집갔다. 부솔공의 장남 대유大猷는 일찍 죽었고 둘째 대림大臨은 생원을 지냈으며, 셋째 대방大方은 생원으로 장원 급제하였다. 만중은 조카 대열大說을 양자로 삼았고, 딸은 류위하柳緯河와 이정식李廷植에게 시집갔다. 만최의 아들은 대붕大朋이고 딸은 여망거呂望擧에게 시집갔다. 부사공의 아들은 대훈大訓, 양자로 나간 대열大說, 대윤大胤, 참봉을 지낸 대지大智, 대의大誼, 통정대부를 지낸 대해大諧이다. 만성의 아들은 동지중추부사를 지낸 대계大啓이고 딸은 권대복權大復에게 시집갔다. 증손자와 현손자 이하는 많아서 다 기록할 수가 없다.

아! 공이 돌아가신 지 지금 수백 년이 되었음에도 불구하고 비석이 있지 않으니, 문중의 장로들께서 이런 걱정을 하면서 장차 문필가에게 묘갈명을 청하기 위해 나에게 공의 업적을 기록하여 갖추어놓게 하였다. 내가 감히 글을 잘 짓지 못한다는 것으로 사양할 수가 없어 그윽이 집안에서 들은 것을 취록하고 또 공의 손자 기암공寄庵公의 『과정록過庭錄』을 상고하여 대략 큰 줄거리를 서술하니, 지언자知言者가 혹 이것을 가지고 드러나지 않았던 것을 천양한다면 다행이겠다.

公姓張氏 諱錸 字鳴世 世家玉山 十二世祖諱安世 麗朝府尹 謚忠貞 子諱仲陽 隨父任咸興 與我太祖爲布衣交 及太祖御極 降手札徵左尹 不就 子諱脩 仕聖朝 逸掌令 四傳至贈吏參諱繼曾 是生贈吏判諱烈 是生右參贊贈領議政謚文康諱顯光 是旅軒先生 取從父弟月浦先生諱顯道子諱應一爲后 官副提學贈吏曹判書 號聽天堂 寔公考也 妣冶爐宋氏 倻溪先生希奎之曾孫 正郎光廷之女 以天啓壬戌正月九日卯時 生公于府南仁義坊里第 公儀貌俊偉 姿性仁孝 十五 文康公授冠娶二戒曰 人道 卽此齡而成焉 公恪謹奉承 勤學篤行 事親以禮 備盡志體之養 如有不安節 憂形於色 地坐煎藥 至老靡

懈 子弟悶其勞而請代 公愀然曰 親年已高 吾雖欲常爲此得乎 餘力通經術 治文詞 屢捷大小鄕解 己亥 貞夫人違世 哀毁幾不能支 壬寅 中司馬 辛亥 陞典設別檢 歷事顯肅兩朝 外而除自如·慶安·利仁察訪 內而除軍資監判官·工曹正郎·廣興倉主簿·世子翊衛司衛率 前後恩旨 或辭而不就 或就而不淹留曰 事君之日長 事親之日短 每以歸養爲急 別搆一堂于聽天窩前 植三樹梅 而扁其堂曰訢梅 副學公知其有幽雅之趣 書示看來苦淡宜寒士 不許人知獨語梅一絶詩 丙辰 丁副學公憂 月制一遵遺訓 泣血終三年 公平居 每鷄起冠櫛 終日對案 坐如繩直 惟謹嚴自持 見侍側者冠巾少欹 輒正色曰爾輩讀書何用 不曰正衣冠尊瞻視乎 及至接人 則藹然淸和之氣 溢於色辭 賢士大夫之禮於家者皆飽德而歸云 若乃辨義理析是非 毅然有不可奪 適値晴川分奉之日 院役方始 輿情莫遏 公以爲此擧至重 貽書止之 爲蔡栢浦 創嘯巖社以奉之 又爲李義士 設玉川院以享之 歸語家人曰 義士之微賤 今我禮之 如義士生時禮我之禮 人而可無義乎 甲寅改紀之後 眉叟許文正公 議定寒·旅兩先生從祀事 而時則有一邊儒賢黜享之擧矣 公以此持重 許先生歎賞再三曰 果吾見所不及 公與淑夫人偕老八十年 賓敬如一日 丙子 行回卺禮 備身全福 亦曠世一覯也 乙酉十月九日 以天年 考終于月谷寓第 奉窆于大興寺負壬原後以曾孫壽 贈司僕 又以孫壽 贈戶曹參議 於乎 公早服庭訓 內行純備 而不幸居家懿範立朝事實 遠矣莫徵 遺文亦佚而無傳 只有韓釣隱狀行一 對策占解數篇 詩若干首而已斯豈非雲仍之一大慨恨者耶 淑夫人廣州李氏 洛村道長之女 石潭先生潤雨之孫 荷潭金先生時讓之外孫 有婦德 生庚申七月十五日 卒某年九月二十四日 墓吳山馬上東向生六男三女 男長萬紀副率 次萬重·萬寂·萬容出爲季父縣監鈺后·萬益府使·萬成贈戶參 女參奉安重鉉·參奉洪相文·全興君李震柱 副率男大猷早卒·大臨生員·大方生員壯元 萬重以從子大說爲嗣 女柳緯河·李廷植 萬寂男大朋 女呂望擧 府使男大訓·大說出后·大胤·大智參奉·大誼·大諧通政 萬成男大啓同中樞 女權大復 曾玄以下 蕃不能盡記 噫 公之歿今數百年 而迄未有墓道之刻 門長老爲此憂 將以謁銘於秉筆之門 令福樞具公事行 福樞不敢以不文辭 竊取家庭間所聞 且攷公之孫寄庵公過庭錄 畧敍大槩 知言者倘因此而闡幽則幸矣

23) 〈답 이사후 答李士厚〉

정구鄭逑, 『한강집寒岡集』 권7, 「답문答問」.

[문] 향현사鄕賢祠를 설치하는 일은 지난번에 고을 사람들의 의견이 일치되지 않아 지금 뭐라고 결정된 논의가 없습니다. 이를테면 덕이 높고 행실이 거룩한 동강東岡 선생 같은 분도 아직까지 사당 한 채를 세워 덕을 높이고 현인을 기리는 조처를 취하지 못하고 있습니다. 심지어 변방의 외진 고을에서도 서원을 창립하여 봉안한 지 이미 오래되었는데, 우리 고을에서는 한 사람도 의견을 내세워 서원을 설립하자는 이가 없으니, 그 부끄럽고 유감스러움은 사실 이루 형언할 수 없습니다. 절개가 고결한 송신연宋新淵의 경우도 처음에 사당 한 칸을 지어 한 지방 사류들이 우러러 흠모할 수 있는 장소로 만들려고 하였으나 제현을 두루 봉향토록 하자는 선생의 가르침에 따라 그 위판을 결국 청천서원으로 옮겼고, 그 뒤로 지금까지 논의가 일치되지 않아 끝내 이루어진 것이 없으니, 송장宋丈이 생존 시에 그 역시 일찍이 이 일을 유감으로 생각하였습니다. 이 일은 우리 고을의 중대한 일로서 원근의 사류들이 선생의 지시를 기다리고 있으니, 삼가 바라건대 하루빨리 지시를 내려 조처할 수 있도록 하시는 것이 어떻겠습니까?

[답] 이미 여러 사람을 두루 봉향하기가 어렵다면 우선 두세 명의 향현鄕賢만 받들도록 하게. 동강의 사당은 별도로 세워 봉향하는 것이 사리로 헤아려 볼 때, 그렇게 하지 않을 수 없을 듯하네. 다만 유감스러운 것은 이 일을 주장하는 사람이 의리에 전념하지 못하고 있다는 점이니, 그런 사람이 어찌 엄숙하게 논의를 세워 사류들을 승복시키겠는가. 이 점을 살펴 근본을 한층 더 튼튼히 하지 않으면 안 될 것이네. 대체로 우리 고을은 선을 지향하는 기풍이 없고 사류는 학문을 힘쓰는 사람이 없으니, 그저 한탄스러울 뿐이네.

問 鄕賢祠之設 頃因鄕議不一 莫有歸宿一定之論 如東岡先生之碩德懿行 而迄未能營一宇 以爲崇德尙賢之擧 至於沙塞偏方 亦爲刱立書院 奉安已久 而吾鄕中寂無一

人爲建議設院之計 其爲愧恨 固不可言 而宋新淵之清修苦節 初欲爲間祠宇 以爲一方士子景仰之地 而因先生偏享諸賢之敎 遂移於晴川 而至今論議不一 終無所成 宋丈生時亦嘗以此爲恨 此係鄕中大事 遠近瞻聆 伏望速有指揮 俾爲區處 如何

旣難偏享 則姑先奉二三鄕賢 東岡廟則別立而尊享 揆以事理 似不得不爾也 但恨主張之人 不能專意 義理安能儼然立議 取服於諸士子哉 是不可不審 而益厚根本焉耳 大槪鄕無嚮善之風 士無力學之人 吁奈何

3. 고문서

1) 청천서당 회중에서 류생원에게 둔재선생 문집 간행을 위한 모임과 관련해 병진년에 보낸 통문

병조 참의로 추증된 둔재遯齋 이공李公의 행적이 제대로 규명되지 못한 점을 강조했다. 이공의 행적을 기리는 의미에서 이공이 남긴 글을 모아 문집을 만들기 위한 준비 모임을 갖자고 했다.

通文右通諭事 生等每念吾鄕故主薄 贈兵曹參判遯齋李公危忠茂節 未始不歎息而雪涕也 嗚乎 英廟某年之變 尙忍 言哉 刀鉅在前矣 鼎鑊在後矣 公時居下案 慨然欲無生 背負 正考 爲 莊祖乞命 排闥爭死 竟決杖罷官 痛哭而歸田里 遂撤其扉而北之 不復與魯禧客相徵逐也 盖公之忠之節 放之 健陵朝樹立可嘉之喩 上皇朝竭忠宜褒之敎已足以焜耀窮宙 而終有 賜醑祀廟 錄用迺孫之典 固知公議之定 其亦有俟乎必返之天也 夫何桑瀾覸翻 視義節爲弁髦 不知尊尙之爲何事 而乃至有墓道逼葬之變 良可爲世道一倍嗟惋也 生等俱以鄕井後生 得以備數於冠裳之倫者 曷嘗非公之遺風餘韵 是賴是藉 而今去公之世 已餘百載 遺編實紀 亦付蟫筒 尙未及沐梨而公諸世 可勝惜哉 玆因本堂之集 僉議後發 擬與同慕此義者 創修一契 隨力鳩合 羨而息之 圖所以鋟布其遺編實紀 與吾黨共之 玆以來二月二十二日 定會于本郡三峰書堂 伏願好懿諸公 齊聲協贊 俾終敦成 以爲扶樹世敎之地 千萬幸甚 右文通柳生員 僉座前 丙辰十一月二十日

晴川書堂會中 匏谷 小谷 三山 幼學宋大欽 呂泰會 都元相 金龜應 李穆鏞 郭相魯 李奎熙 李禹永 金昌穆 金鍾海 宋雲翼 李東熙 金華鎭 宋聖欽 前參奉都稷相 宋寅逵 呂秉淵 幼學金文鎬 前博士李基容 康載淳 都相仁 李在厚 金在瓚 郭潾 李宗埈 金鼎林 李承慤 李秉祚 李東旭 宋鴻運 幼學金鶴鎬 李■相 丁敦燮 宋浚弼 李億相 前參奉金聖林 幼學李貞基 李明源 郭正燮 金行直 呂熊奎 李敏厚 兪以培 前參奉李晋錫 幼學呂厦奎 李啓源 金庸直 呂恭會 丁永鎭等 施友相 郭載坤 金昌淑

2) 청천서당답용강서당통문 晴川書堂答龍江書堂通文

伏以爲儒者之道知尊賢爲貴而如失禮義則必有私意於其間搆担穿鑿其 所尊之者反爲陷溺而侮辱矣可不懼哉可不愼哉嗚乎我東岡先生以天縱之資早就 有道之門充德性偉事業在朝而盡吁咈之美退野而成繼述之功欝然爲百 世之師表人雖欲自絶其何傷於日月之明乎近聞德川師友淵源錄者出而其義 例之舛錯多舞弄之幻術及接龍江通文始知其眞狀果有駭眼者不一多見其不 知量也盖先生之爲先生固不能以是加損彼幺麽一二人有若權衡抑揚於莫重群 賢是何無嚴之若是也擧其大者而論之歷叙前人之蹟非朝廷功爵之論軆史筆褒貶之勘案則自當以年代之序順次編輯非徒考據之爲資亦有合於尊 本務實之義不此之爲倒錯先後改頭換面不免在於好惡之不均以偏私而取捨 之是不過怪鬼揶揄之手法況此羣賢之道德淺深竊非後生末學之所敢妄議 者乎噫黨禍之亡人國家亦云甚矣今已三百年之久而尙有餘孽潛藏於其間 耶大抵一點微爐必至燒原之勢前者破碑黜享事係王章而國綱解弛士氣墜 地無人抗爭辨正任他橫肆其流之弊將至滔天今此之擧亦果可尋常而委之耶 矧此本堂處在先生妥靈之地爲我後承孰非自從化育中來者乎其憤惋之心當不後於人人玆卽聲明以爲同聲相應是不可以同室操戈論之所謂河禹善曹哲燮輩 聲討之當嚴而旣云儒家之子弟則幸或說論而使開悔過就新之路亦仁者包容 之一道而終若負固不服則不可■(山/片)視而等閒之所謂新刊師友淵源錄沒數毁 棄無使更眩於世豈非今日最急最緊之事乎伏望僉君子到則輪覽齊聲 共討使此一線微陽無至淪沒之地千萬幸甚辛丑三月日

李基仁宋海根金鐸永李誠熙都相八呂周淵郭宲鎬金永漢李其永張鎭龍宋台燮呂相

韓張浚金金永穆李屺鎮金秉軾李龜淳金秉吉李英植柳興來李起夏李景錫李承晉都埈鎬李영基呂性東李基元都殷煥張鎮永宋胄善李相虔李道和張奉文文憬承金大鎮郭在鎬金永禕文宇承李炳浩韓鼎燮李鍾烈都在昶宋達善金賢林李萬鶴李德原張基玉呂鴻淵李基旭李奎淳宋志權李基忠兪鍾述都在仁金瓘熙李鍾斗李永根姜泰慶文永謨金武洪郭箕燮李鎮厚張基卓都仁煥李華錫張鎮洛李漢鎮呂相奭郭相駱金商應宋守翼金秉厚李起千李昌洙李命鉉金祥應李勉植洪達燮崔甲錫朴勝萬金秉瑗張基晟郭晩鎬都在旭宋疇善金秉俊李濟和金祥應李承喆都在舜文永承李愚增兪信五裵在東崔柄國李鎮湖石鎬祥李東鎮金昌權鄭淳東李錫範李碩儀施炳夏河漢鎬李東昌張鎮鶴金應燦施佑相裵基植金昌羲都亨煥宋昌善呂定淵全鍾權裵鎮達宋浚埴等拜

3) 청천서당통문 晴川書堂通文

右文者伏以理有至公事有至順舍其公與順而故作穿鑿乖戾不念害理之戒　而務以生事於無事之地天下寧有是也亦豈吾儒門之常道哉吾鄕自昨年來不　幸橫起意外之紛爭至以我兩岡先生之志同道合若視一體而爲後人者妄生猜　狹評議其高下優劣已非所敢况從以生出無限葛藤索瘢覔疵無所不至兩下　衝激勢所必有其歸也將視一室爲仇敵而乃已則無論其言之得失如此氣象豈　兩先生所料於後人者亦豈非貽羞於域中有識之士林者哉鄙等忝在本鄕士林之後　不可以坐視而莫之憂念故玆乃復自晴川發文諭告兼謝瞻聆伏願僉君子俯賜鑑察　恢悵至公之理期在共尊先賢而永敦兩家之和好無至有究竟生事之端斯文幸甚

癸卯四月二十六日

有司 金昌羲 郭祺鎬 金昌甲 會員 都殷煥 李萬範 李萬鶴 李龜錫 李任熙 張基玉 裵聚煥 裵在宣 鄭重鉉 李昌桓 鄭琪鉉 都在舜 金洋應 金永漢 金應燦 李碩儀 金商應 金秉軾 李基永 呂永會 呂江淵 都在旭 李完基 呂汪淵 鄭淳東 李錫範 張鎮祥 李鍾弼 李德熙 李允熙 張鎮守 李承晉 李壽永 裵周賢 李萬鎮 李舜鎮 朴周勳 裵基植 金秉厚 呂旭淵 金秉俊 呂智會 李鴻增 呂相悳 李承遠 張學錫 李琮桓 呂璣東 李東昌 都在昶 李鍾岐 張浚金 李榮源 呂相國 張鎮文 裵在夏 張俊永 李漢鎮 李河濟 李起夏 李相玉

呂相韓 張鎭鶴 李起千 金祥應 呂弘鎭 李康鉉 呂聖東 李勉植 金基守 李春植 洪秉仁 呂球淵 李鉉稷 洪建燮 裵在赫 右文者伏以理有至公事有至順舍其公與順而故作穹鑿乖戾不念害理之戒 而務以生事於無事之地天下寧有是也亦豈吾儒門之常道哉吾鄕自昨年來不 幸橫起意外之紛爭至以我兩岡先生之志同道合若視一體而爲後人者妄生猜 狹評議其高下優劣已非所敢況從以生出無限葛藤索瘢覓疵無所不至兩下 衝激勢所必有其歸也將視一室爲仇敵而乃已則無論其言之得失如此氣象豈 兩先生所料於後人者亦豈非貽羞於域中有識之士林者哉鄙等忝在本鄕士林之後 不可以坐視而莫之憂念故玆乃復自晴川發文諭告兼謝瞻聆伏願僉君子俯賜鑑察 恢悵至公之理期在共尊先賢而永敦兩家之和好無至有究竟生事之端斯文幸甚

癸卯四月二十六日

有司 金昌羲 郭祺鎬 金昌甲 會員 都殷煥 李萬範 李萬鶴 李龜錫 李任熙 張基玉 裵燹煥 裵在宣 鄭重鉉 李昌桓 鄭琪鉉 都在舜 金洋應 金永漢 金應燦 李碩儀 金商應 金秉軾 李基永 呂永會 呂江淵 都在旭 李完基 呂汪淵 鄭淳東 李錫範 張鎭祥 李鍾弼 李德熙 李允熙 張鎭守 李承晉 李壽永 裵周賢 李萬鎭 李舜鎭 朴周勳 裵基植 金秉厚 呂旭淵 金秉俊 呂智會 李鴻增 呂相悳 李承遠 張學錫 李琮桓 呂璣東 李東昌 都在昶 李鍾岐 張浚金 李榮源 呂相國 張鎭文 裵在夏 張俊永 李漢鎭 李河濟 李起夏 李相玉 呂相韓 張鎭鶴 李起千 金祥應 呂弘鎭 李康鉉 呂聖東 李勉植 金基守 李春植 洪秉仁 呂球淵 李鉉稷 洪建燮 裵在赫

4) 청천서당 석채고문 晴川書堂釋菜告文

代士林作■甲寅十一月十四日定會

5) 답종질양극 答從姪養克

去月中因郵便得君在晴川書堂時寄書足以慰久不相 見之思而書中所言多令人感傷不忍聞者吾家之分張 非今斯今而屬在衰暮尤不能忘情於此也宗宅之蕭凉 不言可想未

知能復收拾敗局而略有成立晴川事亦復 措實得當爲維持來許之圖否坐在遠外徒勞懸懸所示 桐巢漫錄中吳藥山語誠有可疑而藥山之爲人吾亦不 曾有攷亦未可必保其無是也且桐巢之於藥山旣在見 聞之世求以事理恐亦不應白地構撰以誣之也蓋自西人之用事京洛之士只知栗谷而不知退陶者亦已久矣 安知藥山氏之不習染風聲歆動形勢而有此云云耶但 漫錄之刊旣不於此邊則其中存拔亦非吾人所敢容手 分者頃者致動以錄中有語及南冥西厓未安處請拔去 於主刊人則其人以爲不可一字遷動云似此又可以口 舌勒爭耶白湖集之尙滯私藏此固吾南人士之所共齎 恨者然印行擔任自有其人吾旣不敢與知於此等事雖 君亦不必徑自投身以當叢鏑之會惟十分審愼以處之 焉自餘非書可旣都在默會

6) 답 청천서원 사림 答晴川書院士林

不自意遠勞章甫 貶惠嵬牋 辭旨之間 推借過當 有非愚淺所克堪承 俯仰踧踖 殆無以自處也 仍審九秋陰冷 僉尊體萬福 無任慰慕之至 晴川書院廟貌已成 縟儀將擧 實是斯文盛事 儒林大慶 聞聆所及 孰不欣聳 第惟時世有古今之異 不能無過計之憂 然承喩知輿議旣已歸一 且有先賢定論 僉尊於此 豈不深思遠慮 保無他憂也 惟是之恃耳 至於謬託文字 不但非微分所堪 三載一疾 輾轉沈痼 氣息如縷 神思益昏 呂友所親見也 實無毫分精力可以及此 謹以此意 悉情相告 而呂友相守不去 見責以日期甚窄 事將狼狽 則亦有不敢晏然者 乃敢力疾忍痛 草草構成 自知蕪甚 人謂斯何 業已犯手 聊以錄呈 非敢以爲用也 幸從速更求他處 俾無大事埋沒之弊 如何如何 病狀如此 似難久爲人世客 記文之囑 尤不敢聞命 並乞諒察 餘祝縟禮順成 以副遠近多士之望

회원서원檜原書院

Ⅰ. 개 요

주 소	경상남도 창원시 마산회원구 회원동 665-1
제향인물	정구鄭逑(1543~1620)
	허목許穆(1595~1682)
관련사항	경상남도 문화유산자료(창원 관해정)

Ⅱ. 연 혁

1604년(선조 37)	관해정觀海亭 건립
1634년(인조 12)	회원서원檜原書院 건립

1708년(숙종 34)	허목許穆 추향
1855년(철종 6)	관해정 중수
1868년(고종 5)	회원서원 훼철
1870년(고종 7)	관해정 중건
1886년(고종 23)	관해정 중수
2001년	회원서원 복원

▣ 제향인물

■ 정구(鄭逑, 1543~1620)

본관은 청주淸州, 자는 도가道可, 호는 한강寒岡, 시호는 문목文穆이다. 이황李滉과 조식曹植에게 수학하며 퇴계학파退溪學派와 남명학파南冥學派 간의 매개 역할을 하였다. 16~17세기 영남학파의 발전과 근기남인 형성에 영향을 주었다.

여러 차례 천거에도 출사하지 않고 향촌에서 학문과 후학양성에 힘쓰다 1580년(선조 13) 창녕현감으로 부임하였다. 이후 지평·승지 등 중앙직과 함안咸安·충주忠州·안동安東 등의 지방관을 지냈다. 함안 군수 시절 창원을 방문하여 관해정觀海亭 터를 잡았다.

예학에 조예가 깊어 많은 예서를 편찬하였으며, 읍지에도 관심이 많아 지방관으로 부임하는 지역마다 대부분 읍지를 편찬하였는데, 현재 『함주지咸州志』만 전한다.

■ 허목(許穆, 1595~1682)

본관은 양천陽川, 자는 문보文甫·화보和甫, 호는 미수眉叟, 시호는 문정文正이다. 정구의 문인으로, 그의 학문은 이익李瀷으로 계승되어 이황-정구-허목-

이익으로 이어지는 학통을 형성하였다.

인조반정과 병자호란 등 혼란한 정세 속에 향촌에 머물며 학문에 전념하였다. 전쟁이 일어났을 때 남쪽으로 피난을 왔는데, 이때 선대의 별장이 있던 창원에 우거寓居하였다. 효종 대 관료로 진출하여, 예송논쟁에서 송시열宋時烈과 대립하였으며, 허적許積을 탄핵하는 상소를 올렸다가 문외출송門外出送되었다. 이후 고향에서 은거하며 집필 활동과 후학 양성에 전념하였다.

Ⅲ. 자료편

1. 문집류

1) 〈해정 터를 정하고 함께 따라온 여러 군자에게 지어 보이다 始卜海亭示同來諸君子〉

정구鄭逑, 『한강집寒岡集』 권1, 「시」

나는야 바닷가에 정자 하나 지으련다.
이 좌중에 그 누가 채서산蔡西山[1]이 되려는가.
치자 유자 매화 대 일찌감치 심어두고
여섯 해를 비바람에 시달리지 않게 하소.

我欲爲亭近灣 坐中誰作蔡西山 梔橘梅筠須早植 莫教風雨六年間

1) 채서산(蔡西山) : 채원정(蔡元定[1135~1198])이다. 자는 계통(季通), 호는 서산(西山), 시호는 문절(文節)이다. 남송(南宋) 때 인물로, 주자(朱子)에게 많은 영향을 받았다. 『율려전서(律呂全書)』를 집필하였다.

2) 〈성중진[경침][2]에게 답함 答 成仲珍[景琛]〉

정구, 『한강집』 권3, 「서」

17~8년 함께 지낸 일이 지금도 눈에 선하니 존형을 그리는 마음을 어찌 잠시라도 잊은 적이 있었겠습니까. 예전에 살던 곳에서 60리쯤 떨어진 자리로 산을 등지고 시냇물이 흐르는 곳에 자리 잡아 몇 칸의 초가집을 얽어 그곳에서 여생을 보낼 생각으로 있는데, 우연히 낙상하여 쑤시고 아픈 증세로 지금 한창 시달리고 있습니다. 그런데 뜻밖에 양초養初[3]가 찾아와 존형의 편지를 주었습니다. 겉봉을 뜯고서 읽고 또 읽으니 마치 존형의 옛 모습을 대하는 것만 같아 마음이 흐뭇하여 몸의 통증을 느끼지 못하였습니다. 아울러 이 무더운 날씨에 존형의 정황이 두루 평안함을 알았으니 더욱 위안이 됩니다. 나는 노쇠한 나이에 이 같은 중상을 당하여 날짜가 오래된 지금까지도 몸을 돌아누울 수 없으니, 아마도 영영 불구의 몸이 될 것 같아 걱정스럽습니다.

회원檜原에 일찍이 정사精舍를 지어 볼까 하는 계획을 갖자 그때 스스로 채서산蔡西山이 되겠다고 원하는 사람이 나타나 벗들이 함께 모여 즐겁게 담소하며 놀았었습니다. 형은 그 옛일을 아직도 잊지 않고 계십니까? 이 일이 만일 이루어지면 노년에 서로 어울릴 수 있는 한 가지 다행한 일이 될 수도 있겠습니다만, 세월은 쉽게 지나가고 사람의 마음은 잘 잊어버리는 법인데 더구나 그 좋은 일이 끝내 성취될 수 있으리라 기대할 수 있겠습니까? 이로써 생각하면 옛사람과 오늘날의 사람은 서로 어울릴 수 없다는 말이 헛말은 아닙니다.

수백 리나 되는 먼 거리에다 농사일이 한창 바쁜 이때 특별히 인편을 사서 안부를 물어주시니, 정분과 의리가 다 지극하지 않다면 과연 이럴 수가

---

2) 성경침(成景琛[1543~1610]) : 본관은 창녕(昌寧), 자는 중진(仲珍), 호는 자암(紫嵒)·작계(鵲溪)이다. 문집으로 『작계일고(鵲溪逸稿)』가 전한다.『하산삼세고(夏山三世稿)』에 수록되어 있다.

3) 양초(養初) : 이명호(李明祜)이다.

있겠습니까. 이처럼 늙고 병들어 형편없는 사람이 무슨 이유로 이와 같은 대우를 우리 존형으로부터 받는단 말입니까.

더구나 새집이 이미 최고운崔孤雲[4]의 유적이 있는 곁에 이루어졌다 하니, 이는 옛날 채서산 선생이 정사를 지었던 뜻을 따른 것이라 할 수 있습니다. 이는 더욱 못난 나로서는 엄두도 내지 못할 일로서 매우 기쁘고 다행스러운 한편, 부끄럽고 두려운 마음 또한 큽니다. 그 정사에 올라 구경하기도 전에 벌써 마음과 정신이 훨훨 날아 이 몸이 이미 두척산斗尺山[5] 기슭에 가서 끝없이 펼쳐진 아름다운 산천을 보는 것만 같습니다. 당장 말을 타고 찾아가고 싶지만 병든 몸이 또 세상일에 얽매여 쉽지 않으니, 조금만 더 기다렸다가 배를 구해 돛을 높이 달고 청송사靑松寺[6]와 경양대鏡釀臺[7] 사이에 이르러 사람을 시켜 형에게 내가 왔노라고 알리겠습니다. 그 시기가 언제쯤 될 것인지는 지금 감히 미리 기약할 수 없습니다.

十有七八年相從之事 如在目前 耿耿之懷 何嘗暫忘 就舊居六十里 得山之下溪之傍 結數椽之茅 以爲送老之計 而偶遭墜傷之厄 刺痛方苦 養初忽然歷訪 袖傳盛札 披閱玩復 如對舊儀 充然心滿 不覺所痛之在身也 且審暑熱 尊候萬福 尤用仰慰 述衰年遭此重傷 今旣久 而尙未能轉側 恐終爲廢疾之 可慮 檜原曾有縛茅之約 亦嘗有自願爲葵西山者 朋友共集 相與晤語歡笑 想兄能不忘此舊事否 此事若成 未必不爲暮年相從之一幸 而歲月飄忽 人心善忘 况望其好事之終能成就矣乎 以此思之 古今人不相及之說 自不爲虛語矣 呵呵

數百里之遠 而當此穡事之急 專使而貺問 非情義兩厚之至 而其如是乎 顧惟老病

---

4) 최고운(崔孤雲) : 최치원(崔致遠[857~?])이다. 통일신라 말기 학자이자 관료로, 우리나라 인물 중 최초로 문묘에 제향 되었다. 말년에 창원[합포]에 은거(隱居)하였다.
5) 두척산(斗尺山) : 무학산(舞鶴山)이다. 경상남도 창원시 마산합포구와 마산 회원구에 걸쳐 있다. 최치원이 노닐던 고운대(孤雲臺)가 있었다.
6) 청송사(靑松寺) : 경상남도 함안군 용화산(龍華山)에 있었던 절로, 명승지이다.
7) 경양대(鏡釀臺) : 경상남도 함안군 칠서면 계내리 우질포(亏叱浦)에 있는 넓은 바위이다.

無類 何以得此於吾尊契哉 況聞新舍已成於孤雲舊跡之旁 此西山先生營葺之遺意也 尤非拙謬之所堪 欣幸固深 而慚惕亦甚矣 不待登覽 而心神飛越 不覺此身已在斗尺之麓 而目極浩緲之無涯也 卽欲御疑征邁而疾病之身 復被塵冗拘掣 須待少間 覓船張帆 到得青松鏡釀之間 使人以告也 遲速則今不敢預期焉耳

3) 〈지난날 지은 해정 시 뒤에 쓰다 書舊時海亭詩後〉

정구,『한강집』 권9,「잡저」

나는 정묘(1567) 겨울, 조선생(조식) 함장函丈을 분성盆城(김해)의 산해정山海亭[8]에서 모시고 있었다. 그곳이 산과 바다의 흥취를 겸하고 있고 은거하기에 적합하여 마음에 들었다. 그 뒤 정해(1587) 가을 비로소 이곳을 얻었는데, 또 이곳에 유선(최치원)의 자취가 배어 있어 마음에 들었다. 그 당시 우연히 벗들이 한자리에 모여 이야기를 나누며 술자리가 한창 무르익을 때 이 시를 지었다. 그러자 좌중에 시에서 말한 의미를 살려 자기가 정자를 짓겠다고 말하는 사람이 있었으므로 그가 일을 벌이기를 좋아하는 자라면 즉시 만들 수 있다고 생각하였다. 그런데 얼마 안 되어 세상일이 복잡해지고 게다가 임진왜란을 만나 16, 7년의 세월이 훌쩍 지나가 버렸다. 계묘(1603) 겨울 나는 비로소 벼슬을 그만두고 고향으로 돌아왔고, 그 이듬해에 함주咸州(함안) 사우士友들이 힘을 합쳐 조촐한 초당 한 채를 지었다. 장문재張文哉[9]가 때마침 그 곁에 임시로 기거하며 힘을 도와 집을 완성하였다. 그 뒤 겨우 10년 만에 집이 쓰러져 장차 다시 길가의 버려진 땅이 될 상황에 이르자 문재가 다시 터를 다듬고 주춧돌을 놓으며 들보를 올리고 기와를 덮는 등 몇 해 동안 집을 짓느라 온갖 고초를 다 겪었다. 내가 바닷물에 목욕하기 위해 이곳에 와 보니, 그 겉모

8) 산해정(山海亭) : 경상남도 김해시에 있는 정자로, 조식이 제자를 가르치던 곳이다. 1609년(광해 원년) 신산서원(新山書院)을 건립하였다.

9) 장문재(張文哉) : 장익규(張益奎[1571~1631])이다. 본관은 창녕(昌寧), 자는 문재(文哉), 호는 우방(于房)이다. 정구의 제자이다.

습의 아름다움이나 내부 구조의 정밀함이란 지난날 초당의 모습과는 완전히 달랐고 또 내가 당초에 바랐던 규모를 벗어난 것이었다.

이제 30년의 숙원이 결국 이루어지기는 하였으나 내 자신을 돌아보면 이미 극도로 노쇠하여 병에 신음하며 금방 죽을 처지에 놓였으니, 어찌 지난 젊은 시절에 기대했던 것처럼 산이며 바다의 빼어난 경관과 깊숙하고 외진 곳의 장관을 마음껏 즐길 수 있겠는가. 그저 하루 종일 문을 닫고 들어앉아 있을 뿐이다. 그러나 흉금이 호방해지고 산수를 즐기는 그 즐거움은 어찌 다른 장소와 견줄 수 있을 것인가. 아울러 생각하니 지난날 그 당시 이곳에서 나와 함께 노닐던 사람은 한 명도 남아 있지 않고 지금 함께 어울리는 자는 대부분 정해 이후 사람들이다. 그 어찌 천지를 둘러보며 깊은 생각에 잠기고 서글픈 심정으로 한탄하지 않을 수 있겠는가. 문재가 이 시를 판각하겠다고 청하기에 이 정자의 전말을 대강 정리하여 기록하였다.

余於丁卯冬 侍曹先生函丈於盆城之山海亭 喜其兼山海之趣 而合幽貞之吉也 竊有慕焉 丁亥秋 始得此地 又愛其儒僊舊迹之親切也 偶因朋友會敍 酒且半 題此詩 坐中有取以爲擔當之計者 謂好事可以卽就矣 未幾 時世多事 旋遭壬辰兵火 十六七歲月 忽然飄過 癸卯冬 余始返故山 越明年 咸州士友輩 相與結茅數椽 張文哉適假居其傍 協力成就 纔十年而屋又傾頹 則勢將還爲路傍之棄地 文哉更闢址列礎 架樑覆瓦 經營數載 費盡辛苦 余因浴海而來 輪奐之美 結構之精 不惟不啻前日之草舍 而又非余當初所望也 竊幸三十年宿願 畢竟得遂 而顧余衰敗已甚 方在積病濱死之中 又安得窮山海之勝賞 極幽遐之壯觀 有如盛年期許也 只有終日杜門而已 然襟期之爽 仁智之樂 則何可與他境界比喩也 仍念舊時同遊 無一存焉 今所追隨 多是丁亥以後之人 寧不爲之俯仰長懷 慨然興嗟也邪 文哉請刊此詩 余遂略序顚末以志焉

4) 〈이여선[칭][10]과 성중진[경침]에게 답합 答李汝宣[偁]成仲珍[景琛]〉

정구, 『한강속집寒岡續集』 권2, 「서」

서로 사랑하는 마음이 깊으면서도 헤어진 지 오래되었습니다. 편지 한 통이 멀리서 날아들어 와 반갑고 고맙기가 한량이 없습니다.

해변에 초당草堂을 짓는 일은 사실 기대했던 일이 아니었습니다. 마침 여함汝涵[11] 영공令公이 그 고을 수령이 되었기에 우연히 예전에 지은 시를 기억하고 농담하기를 "이미 내가 유념하고 있다는 것을 들었으니 그 일을 성취하는 것이 뭐가 안 되겠는가."라고 하였습니다. 그런데 지금 편지를 받고 또 본 고을의 벗들이 힘을 합쳐 일을 성취하려 한다는 것을 알았으니, 이 또한 장한 일로, 매우 흐뭇합니다. 다만 제가 이와 같은 대우를 받는다는 것은 감히 감당할 일이 아닙니다. 부끄럽고 송구스러운 심정을 어찌 가눌 수 있겠습니까. 후일에 혹시 제군諸君과 그 안에서 한가로이 거닐며 큰 바다를 구경하는 기상을 마음껏 펼쳐 가슴속이 넓어지게 한다면 어찌 즐겁지 않겠습니까.

다만 일단 집이 완성되면 그 뒤에 수호할 계책은 어떻게 할 생각입니까? 여함 영공의 편지에 비바람으로 쓰러질 염려가 있다고 하였는데, 이 말이 매우 일리가 있습니다. 어떻게 생각합니까?

相愛之深而相阻之渺 一書遠墜 蘇感可量 海上茅廬 實非所望 適遇汝涵令公之爲宰 偶記舊詩而爲之戲 旣聞其留念 則因以爲成 亦何妨焉耳 今承示喩 又審郡中諸友許其成就 亦一盛事 殊爲可慰 而第非僕之所敢當 豈勝愧悚之深 他日儻得與諸君倘佯其

---

10) 이칭(李偁[1535~1600]) : 본관은 광평(廣平), 자는 여선(汝宣), 호는 황곡(篁谷)이다. 저서로 『황곡집(篁谷集)』·『황곡선생일기(篁谷先生日記)』등이 전한다. 함안의 황곡서원(篁谷書院)에 제향 되었다.

11) 여함(汝涵) : 이정(李瀞[1541~1613])의 자이다. 본관은 재령(載寧), 호는 모촌(茅村)이다. 조식의 문인으로 단성현감·창원부사·청주 목사 등을 지냈다. 창원 부사 재임 시 관해정 건립을 주도하였다.

中 而以肆其難爲水之觀 使胸次廣濶焉 則豈不快適矣乎 但旣成之後 將何以爲守之之策乎 汝涵令兄書中 有風雨欹傾之虞 此言甚然矣 如何如何

5) 〈박중사[제인][12]에게 답함 答朴仲思[齊仁]〉

정구, 『한강속집』 권7, 「서」

서로 사랑하는 마음은 깊어도 만나 보지 못한 지 오래인데 편지 한 통이 멀리서 날아드니, 반갑고 감격스러운 심정이 어찌 한량이 있겠습니까.

바닷가에 정자를 짓는 일은 실로 기대할 수 있는 일이 아닙니다만, 때마침 여함 영공이 수령으로 부임하였기에 우연히 지난날 지었던 시를 기억하고서 한번 농담을 했습니다. 그런데 그가 마음속에 이 일을 생각하고 있었다는 말을 이미 들었으니, 실행에 옮기더라도 무슨 문제야 있겠습니까? 그리고 지금 당신의 편지를 받고서 본 고을의 여러 벗들이 함께 힘을 모아 정자를 지으려 한다는 것을 알았으니, 그 또한 하나의 성대한 일이므로 매우 흐뭇하기는 합니다. 그러나 저로서는 감히 감당할 수 없습니다. 어찌 부끄럽고 송구스러운 마음을 가눌 수 있겠습니까?

후일에 혹시 여러분과 함께 그 안에서 한가로이 노닐며 드넓은 바다의 장관을 마음껏 감상함으로써 흉금을 확 트이게 할 수 있다면 그 어찌 쾌적하지 않겠습니까. 다만 이미 완성된 다음에는 장차 어떻게 그것을 지키려고 합니까? 여함 형의 편지 속에 비바람에 기울어질까 우려하는 내용이 있었는데, 이 말이 매우 옳습니다. 어떻게 생각하십니까?

相愛之深而相阻之渺 一書遠墜 蘇感可量 海上茅廬 實非所望 適遇汝涵令公之爲宰 偶記舊詩而爲之戲 旣聞其留念 則因以爲成 亦何妨焉耳 今承示喩 又審郡中諸友許

12) 박제인(朴齊仁[1536~1618]) : 본관은 경주(慶州), 자는 중사(仲思), 호는 황암(篁巖)이다. 정구, 이칭 등과 더불어 『함주지(咸州誌)』를 편수하였다. 저서로 『황암집(篁嵒集)』이 전하며, 함안의 평천서원(坪川書院)에 제향 되었다.

共成就 亦一盛事 殊爲加慰 而第非僕之所敢當 豈勝愧悚之深 他日倘得與諸君徜徉其中 而以肆其難爲水之觀 使胷次廣闊焉 則豈不快適矣乎 但旣成之後 將何以爲守之之策乎 汝涵令兄書中 有風雨欹傾之虞 此言甚然矣 如何如何

6) 〈관해정에 올라 한강정구 원운에 추차하다[소서를 아울러 쓰다] 登觀海亭追次鄭寒岡逑原韻[幷小序]〉

이정李瀞, 『모촌집茅村集』 권1, 「시」

회산의 마호馬湖는 남쪽 고을의 명승이다. 마호에서 서쪽으로 5리에 관해정觀海亭이라 하는 곳이 있다. 뒤는 우뚝한 산을 등지고, 앞은 푸른 바다를 마주한다. 곁에는 큰 개울이 산골짜기를 따라 흐르니, 개울 계단 아래 거문고와 음악소리가 들리는 듯하다. 개울에는 흰 돌이 많은데, 움푹 들어간 것, 튀어나온 것, 길쭉한 것, 평평한 것이 걸음마다 경승이 드러나니 보는 사람의 눈을 가득 채운다. 옛날 고운 최문창(최치원)이 넓은 바위 틈새로 잔물결을 터서 유상곡수流觴曲水[13]로 삼았다. 지금도 그 유적이 완연하니 진실로 선인(최치원)의 운치 있는 일이다. 정해(1587) 정한강鄭寒岡을 따라 이곳을 유람한 적이 있다. 한강께서 그 경치의 아름다움을 아끼시어 시를 지으셨다.

나는야 바닷가에 정자 하나 지으련다.
이 좌중에 그 누가 채서산이 되려는가.
치자 유자 매화 대 일찌감치 심어두고
여섯 해를 비바람에 시달리지 않게 하소.

함창(함안과 창원)의 여러 선비들과 드디어 정자 짓는 논의가 있어 재물을 모아 개울가에 정자를 세웠다. 이에 하천의 물소리와 바다의 빛깔이 그 기이

---

13) 유상곡수(流觴曲水) : 관해정 아래 있다. 최치원의 유허지 중 하나로 『여지도서(輿地圖書)』에 따르면 정구가 반석(盤石) 사이에서 발견하였다고 한다.

한 모습을 훨씬 더하였으니 족히 뱃속을 깨끗이 씻어 맑게 하고 흉금을 쾌활하게 할 만하며 또 선생의 뒤를 좇아 성리학을 강론할 만하였다. 비록 그러하나 사물이든 사람이든 그 사이에 쇠퇴함과 성장함이 있으니 10년 동안 전쟁(임진왜란)과 나라의 일로 내달리며 바쁘고 황망하여 이 정자를 잊어버리고 있었으니 정자가 어찌 사람을 의지하겠는가. 사람이 진실로 정자를 의지하는 것은 오래된 일이다. 횟수를 계산하지도 않고 세월만 지났는데 욕되게도 이 고을을 지키는 일을 맡게 되었으니, 공무를 보는 사이에도 문득 그곳을 찾으려는 간절한 바램이 일어나 갑작스레 술병을 들고 몇 사람을 이끌고 정자에 올랐으니 감회가 없을 것인가. 술이 몇 순배 돌고 인하여 원운일절原韻一絶을 따라 한 수를 짓고 파하였다. 이때의 기약을 한 사람은 이 고을의 모모 수사秀士였다.

옛날 강옹岡翁이 회산 바다 지날 때 유람한 곳이 꿈속 그림 산이런가.
늘그막 벼슬살이로 이곳에 오르니 매화 대 비바람에 십년을 스쳤네.

檜山之馬湖 南州名勝也 直湖之西五里 有所謂觀海亭 後靠崇山 前臨璧海 傍有巨川 從山谷中 出琴筑於庭階之足川 多白石凹者凸者頎者盤者 隨步換形 令人目森 昔孤雲崔文昌 常決漪干盤石之縫 以爲流觴曲水 至今其遺蹟宛然 洵仙人韻事也 憶余丁亥年間 從鄭寒岡來遊於此 岡翁愛其勝 有詩曰 我欲爲亭 近海灣座中 誰作蔡西山 梔橘梅筠須早植 莫敎風雨 六年間 咸昌諸彦 遂發糚修之論 鳩財立亭于川上 於是 川聲海色一倍 呈奇足以醒胃膻 而快胷襟 又足以追 隨杖履講 性論理也 雖然物之與人緣 亦有消長於其間迺者 十年兵革 王事驅馳 茫然置亭于忘 則亭豈負人哉 人固負亭者久矣 不圖年迫 朝暮忝守 玆壤公事之暇 斗起鴻泥之感 以便輿短 壺率爾登 臨亭乎 得無情乎 酒數行 仍步原韻一絶一詠 而罷同是約者 州之某某秀士也 憶昨岡翁過檜灣 從遊如夢畵中山 白首爲官重到此 梅筠風雨十年間

7) 〈회원서원 상향 축문 檜原書院常享祝文〉

장현광張顯光[14], 『여헌속집旅軒續集』 권3, 「축문」

상서로운 구름 한 번 지나가니
상서로운 기운 다하지 않사옵니다.
맑은 술잔을 이에 올리오니
남은 향기 길이 이어갈 것입니다.

祥雲一過 瑞氣靡歇 泂酌時薦 永尙餘馥

8) 〈여헌 선생에게 올리는 편지[5수 임술(1622)] 上旅軒先生[五○壬戌]〉

조임도趙任道[15], 『간송집澗松集』 권3, 「서」

요즈음 한 가지 일이 있으니, 이제 막 회원의 관해정 옆에 사우祠宇를 지으려 하면서, 내년 초에 기와를 구우려고 합니다. 그 의론을 창도한 사람은 진사 한씨韓氏 형제[16]입니다. 소식을 듣고 따르는 사람은 저와 몇몇 사우입니다. 창원 부사昌原府使[17]도 정성을 다해 도우려 하니 진실로 천재일우의 좋은

14) 장현광(張顯光[1554~1637]) : 본관은 인동(仁同), 자는 덕회(德晦), 호는 여헌(旅軒), 시호는 문강(文康)이다. 성주의 천곡서원(川谷書院), 청송의 송학서원(松鶴書院), 영천의 입암서원(立巖書院)과 임고서원(臨皐書院), 의성의 빙계서원(氷溪書院) 등에서 향사를 지낸다.

15) 조임도(趙任道[1585~1664]) : 본관은 함안(咸安), 자는 치원(致遠)·덕용(德勇), 호는 간송(澗松)이다. 문집으로 『간송집(澗松集)』이 전하며, 함안의 송정서원(松亭書院) 등에서 제향한다.

16) 한씨 형제 : 한몽일(韓夢逸[1577~?])과 한몽삼(韓夢參[1589~1662])이다. 한몽일의 본관은 청주(淸州), 자진(子眞), 호는 봉악(鳳岳)이다. 사촌 인 한몽삼과 함께 박제인·정구 문하에서 수학하였다. 한몽삼의 자는 자변(子變), 호는 조은(釣隱)이다. 1639년(인조 17) 자여도찰방(自如道察訪)에 임명되었다. 저서로 『조은집(釣隱集)』이 전한다.

17) 창원부사 : 오여벌(吳汝橃[1579~1635])이다. 오여벌의 본관은 고창(高敞), 자는 경

기회로 매우 다행입니다. 유림의 중대한 일은 선생에게 아뢰지 않을 수 없기 때문에 편지로 말씀드립니다. 새해를 맞아 도체가 만복을 받으시기를 빕니다. 신미(1631)

此間有一事 方謀建廟宇於檜原海亭之傍 期以歲初燔瓦 倡其議者 韓上舍昆季也 聞而應者 任道及若干士友也 昌原府伯亦欲竭誠助力 誠爲千載不易得之好會 其何幸如之 斯文重事 不可不仰稟于先生 故於書及之 伏祝迓新道體萬福 辛未

9) 〈회원서원에 문창후를 봉안하려고 초안한 글 擬檜原書院奉安文昌侯文〉

조임도, 『간송집』 권5, 「축문」

하늘이 기이한 분을 내시어
우리 동방을 빛나게 하였습니다.
정신은 은하수에서 노닐었고
손은 황제의 문장을 담당 했습니다.
신라에서 당나라로 들어가
과장에서 뛰어난 솜씨를 보였습니다.
앵무새가 높은 나무로 올라가니
명성이 장안을 진동시켰습니다.
추상처럼 엄정한 의로운 격문에
도적 황소는 침상에서 떨어졌습니다.
당나라 사람들의 촉망을 받아
이 세상에 사는 신선이 되었습니다.
장차 자신의 재주를 펼쳐서

허(景虛), 호는 경암(敬菴)·남악(南岳)이다. 정구의 문인으로, 1603년(선조 36) 문과에 급제하여 관직에 나갔다. 1631년(인조 9) 창원부사에 제수되었다.

요순시대를 만들겠다고 하였습니다.
선리仙李의 운수가 다하고
계림鷄林은 누런 잎으로 변하려 하자
시운을 살피고 기미를 환히 보아
자취를 숨기고 현명함을 감추었습니다.
티끌세상을 멀리 초탈하여
명예의 굴레에서 벗어났습니다.
푸른 가야伽倻는 천 길이나 높아
푸른 숲이 울창하게 우거졌습니다.
맑은 풍류와 빼어난 시는
팔백 년 이상 전해졌습니다.
나라는 소화小華라 일컬어져
비루함을 일시에 씻었습니다.
문선文宣[18] 모신 대성전에 배향하여
공로에 보답하고 꽃다운 이름 전하였습니다.
아, 문창후의 높은 명성은
영원히 무궁할 것입니다.
이곳 회원은
옛날에 문창文昌이라 불렸습니다.
문창후가 이곳에 내려와
기이한 발자취 매우 드러났습니다.
그 교화가 지금까지 전해지니
우리들이 어찌 잊겠습니까?
합포의 서쪽

---

18) 문선(文宣) : 공자를 이르는 말이다. 당 현종(玄宗) 때 공자에게 문선왕(文宣王)이라는 시호(諡號)를 내렸다.

두척의 남쪽
천석이 아름다운 한 구역
금과 옥이 맑게 울리는 곳
그곳에 사당이 있는데
한강 선생을 봉안하였습니다.
처음으로 터를 잡아 사우 짓는 것
실로 그 유풍 사모하기 때문입니다
드디어 지역의 공론을 모아
오른쪽에 받들어 제향합니다.
현자를 본받고자 함이 진심에서 나왔으니
선후가 무슨 상관이 있겠습니까?
자리하여 흠향하시기를 바라니
눈앞에 분명히 살아 계신 듯합니다.

天生異人 賁我東荒 神遊雲漢 手分天章 由羅入唐 高步藝場 鶯遷喬木 聲動帝鄕 霜嚴義檄 賊巢下床 華人屬望 地上仙郎 謂將設施 陶鑄虞唐 仙李運歇 鷄林葉黃 觀時炳幾 晦跡埋光 超然塵臼 蟬蛻名韁 伽倻千仞 鬱乎蒼蒼 淸風逸韻 八百年強 邦稱小華 一洗秕糠 餟食文宣 報功流芳 噫侯高名 永世無疆 唯此檜原 舊號文昌 侯茲誕降 異跡孔彰 風傳至今 俾也可忘 合浦之西 斗尺之陽 一區泉石 金鏗玉鏘 厥有廟貌 揭虔寒岡 爰初卜築 實慕餘香 肆摭衆議 躋享右方 象賢由悃 後先何妨 庶幾居歆 如在洋洋

10) 〈회원서원에서 한강 선생에게 고유하려고 초안한 글 擬檜原書院告寒岡先生文〉

조임도, 『간송집』 권5, 「축문」

유선(최치원)의 옛 자취는 선생께서 흠모하시던 곳입니다. 서원을 세우고 정자를 지은 것은 오로지 이 때문입니다. 드디어 사론士論을 모아 길일을 택해 위패를 봉안합니다. 백세토록 어려움 없이 우리 도맥道脈 영원할 것입니다.

儒仙舊跡 先生所欽 設院安亭 職此之故 肆摭士論 涓吉揭虔 百世無艱 壽我道脈

11) 〈한자변[몽삼]에게 답하는편지[2] 答韓子變夢參[二]〉

조임도, 『간송속집澗松續集』 권3, 「서간」

문창후文昌侯(최치원) 봉안의 논의도 또한 유념해야 할 것입니다. 이는 실로 서로 오래도록 부지해 나갈 계획에서 나온 것이니, 창원의 인심을 수습하여 위로하고 열복하게 하는 것이 또 그 하나의 일입니다. 더구나 한강 선생의 「관해정觀海亭」 시 발문 중에 "정해(1587) 가을에 비로소 이곳을 얻었는데, 또 유선(최치원)의 자취가 배어 있는 점이 마음에 들었다." 라고 하였으니, '유선의 자취'를 또한 "한강 선생이 사모하고 기뻐한 것"이라고 한 것은 또 심하게 치우친 것이 아닙니까? 다시 자세히 생각해야겠습니다. 나머지 생각은 병으로 많이 언급하지 못합니다. [경진(1640)]

文昌候奉安之議 亦可留念處 此實出於相扶持久遠之計 收拾本府人心而慰悅之 又其一事也 況寒岡先生海亭詩跋語中 有曰丁亥秋始得此地 又愛其儒仙舊跡之親切也云云 則儒仙舊跡 亦先生所想慕愛悅者 云云者之說 無亦甚於偏枯乎 更須細入思量 餘懷病不多及[庚辰]

12) 〈회원의 문목공 사당을 배알하며 올린 글 謁檜原文穆廟文〉

허목許穆, 『기언記言』별집 권12, 「제문」

삼가 생각건대, 선생의 고명한 학문과 순수한 덕행 가운데 밖으로 드러나는 말씀과 행동은 온화하고도 엄격하고 간명하면서도 자상하고 조심성이 있으면서도 태연자약하여 사람들로 하여금 다 함께 선생의 덕성을 체득하고 각자 자신에게 가까운 것을 배우게 하였습니다. 예를 들어 화순한 사람은 선생의 온화함을 배웠고, 강직한 사람은 선생의 엄격함을 배웠고, 청아한 사람은 선생의 간명함을 배웠습니다. 선생의 도덕이 아주 성대하였으므로 사람들이 각자 한 가지씩 배워서 모두가 자신의 기량을 채웠습니다. 비와 바람, 서리와 이슬은 어느 것 하나 천지의 지극한 가르침 아닌 것이 없지만 만물이 이를 받아들임에 있어서는 각자의 기질에 따라 자신의 특성을 만들어 갑니다. 이런 점에서 볼 때 선생의 학문은 지극히 광대하고도 자세하고 지극히 간단하고도 체계적이어서 후세의 현인이나 학자들이 미칠 수 있는 정도가 아니었습니다.

제가 처음에 선생을 사수泗水[19] 가에서 뵙고 그 후에 선생을 신안新安[20]에 안장하였습니다. 이번에 난리를 만나 멀리 남해 가에까지 와서 선생의 사당을 배알하게 되었는데, 처음 스승을 만나 추종하다가 나중에 스승을 잃고 곡을 한지 어느새 수십 년이 지났으나 스승을 그리는 마음은 한결같습니다. 사당을 참배할 때마다 마치 살아 계신 듯이 여겨져 감히 게을리 하지 못하겠습니다. 다만 아무것도 아는 것이 없는 고루한 학식으로 날마다 남기신 글을 읽으며 온 힘을 다해 따르려고 해 보지만 머리가 다 희도록 달라진 게 없습니다.

恭惟先生高明之學 純粹之德 其可見於言爲動作者 溫而栗 簡而詳 恭而泰 使人人同得其仁 而各學其所近 如和者得其溫 直者得其栗 淸者得其簡 旣道大德盛 人得一段而咸足其量 風雨霜露 無非天地之至敎 而萬物沾被 各遂其生成 此先生之學 至大而備至簡而約 殆後賢後學所不可及者 穆初從見先生於泗上 後葬先生於新安 今遭亂 遠來至南海上 謁先生之廟 始旣得其所依歸而從之 卒而喪其所依歸而哭之 至今數十年 追

19) 사수(泗水) : 칠곡에 있다. 정구는 1617년(광해군 9) 사수에 사양정사(泗陽精舍)를 짓고 말년을 보냈다.
20) 신안(新安) : 성주의 옛 이름이다.

其所依歸而慕之 其心如一 日瞻禮廟宇 肅然如在 而不敢怠惰 顧以末學孤陋 無所發明 日讀遺篇 願欲竭力從之 殆至白首而不渝

13) 〈권천장에게 답함[계미(1703)] 答權天章癸未〉

이현일李玄逸[21], 『갈암집葛庵集』 권11, 「시」

회원서원 위차의 선후에 대해서는 마침 상고한 것이 있어 별지에 써서 보냅니다. 살펴보시기 바랍니다.

별지

『주자연보』를 살펴보니, 순희 6년 기해(1179)에 지남강군사知南康軍事가 되어 염계濂溪 주선생周先生의 사우를 세우고 이정二程[22]선생을 배향하고, 별도로 오현당五賢堂을 세워 도정절陶靖節[23], 유서간劉西澗[24]과 유서劉恕[25] 부자父子, 이공택李公擇[26], 진요재陳了齋[27]를 제향하였습니다. 이제 이 뜻을 미루어 보건대, 회원서원에 이미 한강 정선생을 정위正位에 모셨으니 다시 바꾸어서는 안 됩니다. 허문정공許文正公이 정 선생에 대해 일찍이 문제자門弟子로 자처하였으니, 『한강문집寒岡文集』의 서문을 보면 알 수 있을 것입니다. 이제 염계서원濂溪書院의 예에 의거하여 허문정공許文正公(허목)을 배위配位로 삼아 제향해야 함은 의

---

21) 이현일(李玄逸[1627~1704]) : 본관은 재령(載寧), 자는 익승(翼昇), 호는 갈암(葛庵), 시호는 문경(文敬)이다. '이황(李滉)-김성일(金誠一)-장흥효(張興孝)'로 이어지는 학통을 계승한 영남학파의 거두이다. 문집으로 『갈암집葛庵集』이 전한다.

22) 이정(二程) : 정호(程顥)와 정이(程頤) 형제를 부르는 말이다. 정주학(程朱學)을 창시하였다.

23) 도정절(陶靖節) : 중국남북조시대 활동한 시인 도잠(陶潛[365~427])이다.

24) 유서간(劉西澗) : 중국 송나라 때 문신 유환(劉渙)이다.

25) 유서(劉恕) : 중국 송나라의 때 활동한 학자이다. 『자치통감(資治通鑑)』 찬수에 참여하였다.

26) 이공택(李公擇) : 중국 송나라 때 문신 이상(李常)이다.

27) 진요재(陳了齋) : 중국 송나라 때 문신 진관(陳瓘)이다. 『사명존요집(四明尊堯集)』 등을 저술하였다.

심할 나위 없습니다. 최문창후崔文昌侯(최치원)가 정선생에 대해 세대는 비록 선후가 있으나 문창후를 문목공의 오른쪽에 나란히 제향해서는 안 되니, 주자가 별도로 오현사五賢祠를 세운 예에 의거하여 따로 사당을 세워 문창후를 제향하는 것이 사의事宜에 합당할 듯한데, 이 뜻을 어떻게 생각하시는지요?

檜原位次先後 適有所攷 別紙錄呈 可覆視也

別紙

按朱子年譜 淳熙六年己亥 知南康軍 立濂溪周先生祠 以二程先生配 別立五賢堂以祠陶靖節·劉西澗父子·李公擇·陳了齋 今以此意推之 檜原書院 已奉寒岡鄭先生於正位 則不當更有移易 而許文正公於鄭先生 嘗自處以門弟子之列 攷寒岡文集序可見也 今似當依濂溪書院例 以許文正公作配位以享 無疑矣 崔文昌於鄭先生 世代雖有先後 不可以文昌並享於文穆之右 依朱子別立五賢祠例 作別廟以祠文昌 似合事宜 未知此意如何

14) 〈회원서원 미수봉안문 檜原書院眉叟奉安文〉

권두인權斗寅[28], 『하당집荷塘集』 권5, 「축문」

옛날 현자 이미 멀어지자
세도가 날마다 실추되어
도 상실되고 문 피폐해졌네
누가 이를 진작시켰는가
하늘이 낸 부자였으니
세상에 드문 영웅이이요
봉황 기린 같은 의표 지녔고

---

28) 권두인(權斗寅[1643~1719]) : 본관은 안동(安東), 자는 춘경(春卿), 호는 하당(荷塘)·설창(雪窓)이다. 저서로는 『하당집(荷塘集)』이 전하며, 안동의 동백서원(東柏書院)에 제향 되었다.

호해처럼 넓은 흉금 지녔으며
밝고 깨끗한 기상을 지녔고
높고도 큰 기개를 지녔다네
은거하여 지신의 뜻 구하며
문 닫아걸고 학문을 쌓았네
처음엔 넘쳐나는 학문들을
다 탐구하지 않음이 없었고
제자백가의 학문을
뱃속에 가득 채웠으나
마침내 돌이켜 구하여
육경六經으로 돌아갔네
이미 깊고도 정미한 학문
마음 씀도 고명하였네
도의 풍미를 음미하여
공부과정 더욱 독실했네
이를 문장으로 표현하니
넓고도 고결한 글이었네
쇠퇴한 시속 다 씻어내니
경전과도 견줄 만하였네
일찍 의지할 곳 얻었으니
한강 선생 문하였네
스승의 가르침 가슴에 새겨
종일토록 게을리 하지 않았네
지극한 즐거움 마음에 있어
부귀는 뜬 구름으로 여겼네
구고九皐의 학[29] 멀리서 울자
탕왕의 초빙[30] 누차 이르렀네

남이 진실로 나를 구한 것이요
내가 남에게 구한 일 아니라네
훌쩍 몸 털고 일어나 나가니
태평시절 임금과 만났는데
나라의 운명이 불행하여
임금께서 문득 승하하셨네
예 의심해 모여서 다투니
온 나라가 이로 분열되었네
이때 선생께서
반박하는 글로 논박하고
경서 인용해 의혹 바로잡음에
본말의 체계를 갖추었네
그 말이 인용되지 않자
선생께서 조정을 떠나셨네
아득히 먼 저 관동 고을[31]
은택을 베풀어 소생시켰네
바다엔 거센 바람 많이도 불어
으슥한 귀물들 패악을 부렸네
삼척에 동해비東海碑[32]를 세웠으니

29) 구고(九皐)의 학 : 《시경》 〈학명(鶴鳴)〉에 "학이 구고의 늪에서 우니, 그 소리가 하늘에 들린다.[鶴鳴于九皐 聲聞于天]" 하였는데, 이는 은거하는 군자의 덕이 멀리까지 알려지는 것을 비유하였다.

30) 탕왕의 초빙 : 허목이 초야에 묻혀 살고 있다가 임금 부름을 받아 조정으로 나아갔다는 뜻이다. 탕 임금이 임금 자리에 올라서는 신야(莘野)에서 밭을 갈며 은거하면서 도를 즐기던 이윤(伊尹)을 초빙해 왔다.

31) 관동 고을 : 허목이 1661년(현종 2) 삼척 부사로 부임한 것을 이른다.

32) 동해비(東海碑) : 허목이 삼척 부사로 부임하여 세운 척주동해비(陟州東海碑)를 가리킨다.

그 문장 심원하고 엄숙하였네
어찌 전원에 돌아가지 않으랴
벼슬살이 뜻 날마다 사라져가니
즐거운 저 고향 동산에
심어놓은 소나무와 국화 있네
한가로이 옛 시절로 돌아가
영예와 치욕 모두 잊고 지냈네
흰 머리로 고향에 돌아와
황량하게 세월을 보내다가
만년에 다시 관직에 나아가
지위가 정승에 올랐네
홀 바로잡고 띠 두르니
백관들이 모범으로 삼았네
어느 한 곳 치우침 없이
충심으로 나라 걱정했네
정성을 다해 올린 상소에
조야에서 놀라 정색했네
재상들이 도성을 떠나자
임금의 분노 진동하였네
벼슬 그만두고 물러나
전원에서 허물을 살폈네
공이 떠나고 얼마 지난 뒤
당시 국운이 크게 막혔네
해괴한 화기 갑자기 일어나
귀양과 살육이 따라왔네
된서리 서로 경계하니
난초와 혜초도 시들어버렸네

미리 알아본 총명함은
진실로 시귀蓍龜[33]와도 같았네
훌륭하다 선생이여
세상에 누가 견주겠는가
진퇴는 도와 함께 했고
출처는 의를 따라 행했네
시종 한결같이 절개 지켜
천고에 완벽한 사람이었네
목가木稼[34]가 재앙을 내려
후학들 어디를 의지하며
우리 도 어디에 의탁할까
임금의 덕 누가 보좌하며
이 백성들 누가 복을 줄까
돌아가신지 오래될수록
덕을 사모함 더욱 깊어지네
하물며 이 바닷가 고을은
모범을 어디에서 찾을까
잠시 거처했던 유적은
지금도 예전과 같다네
엄숙한 서원에
일찍이 문목공文穆公(정구) 제향했네
문목공의 학문은

33) 시귀(蓍龜) : 시(蓍)는 점을 칠 때에 쓰는 시초(蓍草)이고 귀(龜) 역시 점칠 때 사용하는 거북 껍데기를 말하는데, 일반적으로 의심스럽거나 중대한 일을 잘 결단해 주는 지혜로운 인물을 가리키는 뜻으로 쓰인다.

34) 목가(木稼) : 겨울 추위에 나무가 얼음으로 덮여 있는 것으로, 대신이나 현인의 죽음을 예고하는 재변을 이른다. (『당서(唐書)』 「예종제자전(睿宗諸子傳)」.)

대개 선생에게 전해졌네
사당을 배알하는 문장에서
순수한 정성을 볼 수 있네
선생 함께 배향하는 일에
뭇 의론들 진실로 부합했네
같은 당에 영령 안치하니
완연히 모시고 문답하는 듯
아득히 유풍을 생각하며
사표로 삼고 법도로 삼네
원근에서 기쁘게 달려오고
선비들 모두 모여서
청결한 희생과 술 올리고
향기로운 제물을 올리네
경건히 영령을 모시고
와서 편안하시길 바라네
부디 앞길 열고 도우시어
우리에게 밝은 빛 베푸소서

昔賢旣遠 世日以下 道喪文弊 疇其振者 天生夫子 間世豪雄 鳳麟儀表 湖海襟胸 通明灑落 崇俊魁宏 隱居求志 閉戶積學 始也泛濫 靡不究極 諸子百氏 磊落載腹 而卒反求 歸之六籍 旣邃以精 玩心高明 咀嚼道腴 益篤工程 發爲文章 宏博峻潔 一洗骫靡 與典謨埒 早得依歸 寒老之門 服膺師訓 不惰朝曛 至樂在心 富貴浮雲 皐鶴遠聞 湯聘累勤 人實求我 匪我求人 翻然而起 際會昌辰 國運不幸 舜駕奄陟 禮疑聚訟 擧國崩析 維時先生 抗章論列 引經訂惑 有本有末 言不見用 先生去國 邈彼關邑 蘇枯布澤 海多盲風 幽怪噫惡 作碑東海 其文灝噩 胡不去歸 吏情日薄 樂彼之園 爰有松菊 婆娑初服 寵辱俱忘 白首丘壑 歲月于荒 晩更遭遇 位躋黃閣 正笏垂紳 百僚矜式 不偏不倚 赤心憂國 尺疏殫誠 朝野動色 相臣出城 天怒震赫 奉身而退 省訔田里 公去未幾 時運大否

駭機忽發 竄戮隨之 嚴霜交戒 蘭蕙亦萎 前知之明 實契蓍龜 猗歟先生 擧世孰似 進退與道 出處惟義 一節終始 千古完人 木稼告災 喬嶽崩騫 後學何依 吾道何托 君德誰輔 斯民誰福 沒世愈久 思德愈深 矧玆海邦 軌範可尋 僑居遺跡 尙今如昨 有儼儒宮 曾享文穆 文穆之學 蓋傳先生 於謁廟文 可觀純誠 以先生配 群議允協 同堂妥靈 宛奉問答 緬懷遺風 可師可法 遠近歡趨 衿珮坌集 牲酒潔淸 黍稷香馨 奠以揭虔 其求來寧 庶幾啓佑 惠我光明

15) 〈관해정중수기 觀海亭重修記〉

허전許傳[35], 『성재집性齋集』 권1, 「시」

『기언記言』에 회원 묘당에 아뢰는 글 중 비와 바람, 서리와 이슬은 어느 것 하나 천지의 지극한 가르침 아닌 것이 없지만, 만물이 이를 받아들임에 있어서는 각자의 기질에 따라 자신의 특성을 만들어 간다. 이런 점에서 볼 때 선생의 덕은 지극히 광대하고도 자세하고 지극히 간단하고도 체계적이어서 후세의 현인이나 학자들이 미칠 수 있는 정도가 아니었다. 목穆이 처음 사수泗水에서 선생을 따랐고, 후에 신안新安에서 선생을 안장하였다. 남쪽 바닷가에 이르러 선생의 묘당에 알현하였다. 이는 처음에 선생을 만나 비로소 귀의하고 따를 바를 얻었고 끝으로는 그 귀의했던 선생의 상을 치르고 곡하였다가 지금 그 귀의했던 바를 따라서 그리워함인 것이다. 그 마음이 첫날 시작 할 때와 같아서 힘을 다하여 따르려하니 머리가 하얗게 되었어도 달라짐이 없었다. 정선생 만사에 마땅히 '의義는 정통하고, 인仁은 노숙하여 신묘한 변화 살펴 스스로 터득하여 정미한 곳에서 광대한 이치 깨달았고 도산陶山의 바른 학맥을 접하였다.'고 하였다. 또 『기언』의 서문에 '천지의 화육化育과 일

35) 허전(許傳[1797~1886]) : 본관은 양천(陽川), 자는 이로(以老), 호는 성재(性齋), 시호는 문헌(文憲)이다. 황덕길의 문하에서 수학하며, '이황→정구→허목→이익→안정복→황덕길'로 이어지는 성호 학통을 계승하였다. 저서로 『성재집(性齋集)』·『종요록(宗堯錄)』·『철명편(哲命編)』 등이 있다.

월성신日月星辰의 운행, 풍우한서風雨寒暑의 왕래와 같다'고 하였다.

내가 이글을 보니 한강과 미수 두 선생 성대한 덕과 큰 업적이 영원히 세상의 종사宗師가 됨을 감히 알 것 같으나 감히 한마디로 말 할 수 없다. 회원에 먼저 관해정이 있었는데 창원부 서쪽 20리 이다. 남쪽으로는 큰 바다를 임하고, 앞에는 월영대月影臺[36]가 몇 리 안에 있다. 그 기문記文에 이른바 달이 산 뒤에 숨어 오를 때 산 그림자가 바다 속에 97억 3만 8천척이나 되어 그 기이함이 지극하다고 한 것이 이것이다. 대개 최고운(최치원)이 남긴 자취라고 한다. 옛날 두 선생의 발길이 소요하던 곳이므로 관해정 동쪽에 묘당을 세워 두 선생의 영혼을 편히 모시고 또한 여러 유생들이 노닐며 공부하는 장소로 삼았다. 그 땅의 이름을 따서 회원이라고 액호를 걸고 관해정을 속하게 하였다. 정자와 강당이 좌우에 있는데 그것이 흥하고 폐하고는 실제 우리 유학의 성쇠와 연관되는 것이다. 세월이 오래되어 정자가 장차 무너 지려하니 고을의 선비들은 후생들이 우러르고 연모하는 것이 사라지고 공부하고 강학할 장소가 사라질까 두려워하여 서로 더불어 경영하여 오래되고 낡은 것부터 빠르게 도모하였다. 토목을 모두 새롭게 하고 단청 을 다시 칠하니 묘당의 모습이 더욱 엄숙해지고 선비들의 기상이 다시 진 작되었으니 진실로 덕을 존중하고 도를 즐기는 마음이 지극한 정성에서 나오지 않았더라면 능히 이와 같았겠는가. 공사가 이미 끝난 뒤 팔백여리 를 내게 달려와 기문을 써달라고 부탁하였다. 아아! 한강 선생은 가정 22년(1543)에 태어나 어려서 퇴계선생에게 몇 년을 배웠고, 미수 선생은 만력 23년(1595)에 태어나 어려서 한강 선생에게 몇 년을 배웠으니 서로 친히 사숙함이 이어져 도의 계통이 전해졌으니 그 핵심을 얻었다고 할 것이다. 그 수백년 뒤 지금 우리에게 전하여졌으나 항상 선생의 문도가 되지 못함이 한스러울 뿐이다. 다만 지금 선생의 묘당 지붕 아래에 이름을 붙이게 된 것만도 다행스러운 것이다. 이에 이렇게 글을 쓴다.

---

36) 월영대(月影臺) : 경상남도 창원시 합포구에 있는 최치원의 유적이다.

記言謁檜原廟文曰 風雨霜露 無非天地之敎 而萬物沾被 各遂其生 此先生之德 至大而備 至簡而約 殆後賢後學所不可及者 某初從先生於泗上 後葬先生於新安 今至南海上 謁先生之廟 始得其所依歸而從之 卒而喪其所依歸而哭之 至今追其所依歸而慕之 其心如一日 欲竭力從之 至白首而不渝 輓鄭先生詞曰宜義精而仁熟 窮神化而自得 致廣大而精微 接陶山之正脉 記言序曰如天地之化育 日月星辰之運行 風雨寒暑之往來 傳讀是書 敢知寒岡眉叟兩先生之盛德大業 爲百世之宗師而已 更不敢以一辭贊之也 檜原先有觀海亭 在昌原府治西二十里 南臨大海 前有月影臺數里而近 其記所謂月華山成影 月影在海中九十七億三萬八千尺有奇而極者是也 盖有崔孤雲遺蹟云 而兩先生杖屨所嘗逍遙 故立廟於觀海之東 以妥兩先生之靈 且爲諸生遊學之所 因其地以檜原爲額號 觀海屬焉 亭與講堂 相爲左右 其興也其廢也 實關吾道之盛衰 而年深世舊亭將圮矣 鄕之士懼夫後生之瞻慕靡嚮 藏修失所 相與經紀 亟圖所以久遠者 使土木重新 丹靑改觀 廟貌因之以益嚴 士氣因之以復振 苟非尊德樂道之心 出於至誠 能如是乎 工旣訖 八百餘里而顓囑于傳 俾記之 嗚呼 寒岡先生生於嘉靖二十二年 少退溪先生若干歲 眉叟先生生於萬曆二十三年 少寒岡先生若干歲 相繼親炙 道統之傳 得其宗矣 而傳生乎此數百餘年之後 常恨未得爲先生徒 今以名附于先生之廟之廡爲幸 遂書之如此

16) 〈중건 관해정기 重建觀海亭記〉

김인섭金麟燮[37], 『단계집端磎集』 권10, 「기문」

내가 젊은 시절 동쪽으로 바닷가를 유람하다가 분성에 가서 조식 선생의 산해정에 올랐고, 합포合浦에 가서 정구 선생의 관해정에 올랐는데, 두 정자는 모두 해변을 굽어보며 세워져있었다.

산해정은 태산을 등지고 아득히 푸른 바다를 바라보는데, 삼차수三叉水[38]

37) 김인섭(金麟燮[1827~1903]) : 본관은 상산(商山), 자는 성부(聖夫), 호는 단계(端磎)이다. 1862년(철종 13) 일어난 단성민란(丹城民亂) 지도자이다. 유배 후 1894년(고종 31)에는 사간원 헌납(司諫院獻納)에 임명되었으며 1902년에는 통정대부에 올랐다. 저서로 『단계집(端磎集)』 등이 있다.

와 칠점산七點山[39]이 펼쳐져있어서 기상氣像과 의사意思가 깊고도 웅장하며 시원하여 산과 바다의 빼어난 경치와 인자仁者와 지자智者가 좋아하는 산수山水를 가만히 서로 양보하면서도 얻을 수 있는 곳이니, 조식 선생이 이 정자의 이름을 지음에 이런 이유가 있었다.

관해정은 다만 마포馬浦 위에 자리 잡은 것에 불과한데, 바닷물이 눈앞에서 절로 하나의 깊은 웅덩이를 이루어 상인들의 배가 조석으로 출몰하고 촌락들이 옹기종기 모여 위아래로 펼쳐져 있다. 정자의 왼쪽에는 유상곡수가 있고 뒤편에는 학사學士 고운 최치원의 유적이 있다. 한가하고 깊은 점은 이곳에 있다고 하겠으나 기상氣像과 의사意思는 끝내 얕고도 좁으며 촉박하여 산해정보다 매우 못한 곳이니, 한갓 바다를 바라보는 것에만 편리할 뿐이다. 정구 선생이 이러한 뜻을 취하여 정자의 이름을 명명한 것은 아마도 이런 이유 때문일 것이다.

그렇지만 내가 사모하는 마음을 의탁해 감회를 일으켜 마지않는 것은 여기에 있지 않다. 조식 선생은 태어나면서부터 매우 남다른 자질이 있었고 대단한 도학으로 유자들의 영수가 되었으니, 정구 선생이 약관 시절부터 제자의 예를 올리고 선생의 문하에 왕래하면서 산해정의 훌륭한 경치를 다 찾아보고 깊고도 아득한 장관을 다 바라보면서 반드시 마음으로 융합하고 정신으로 이해하여 이곳에 도道가 있음을 목격한 것은 말로 다 표현할 수 없는 바가 있었을 것이다.

선생이 일찍이 파릉 군수巴陵郡守로 나갔을 때 비로소 합포에서 이곳을 찾아 절구 시 한 수를 지어 자신의 뜻을 부쳤는데, 30년이 지난 뒤 부민府民 장문재(장익규)가 정성과 힘을 다 쏟아 이에 선생의 뜻을 능히 완수하였으니, 앞뒤 사실에 대해서는 선생이 스스로 자세히 기록하였다. 그 곁으로 몇 길 사

38) 삼차수(三叉水) : 낙동강 하류에서 바다로 들어가는 부분이 세 가닥으로 갈라졌으므로 그렇게 부른다.

39) 칠점산(七點山) : 낙동강 하구에 있던 일곱 봉우리로 된 산 이름이다. 지금은 다 깎아내어 비행장이 되었다.

당을 만들어 선생을 제사지냄으로써 후학들이 높고도 큰 선생의 인품을 사모하는 마음을 의탁하였고, 또 미수 허문정공은 선생의 적전嫡傳 제자로서 일찍이 이곳에 잠시 머물렀는데, 이곳을 왕래하며 일체 제향을 올렸다.

그러나 불행히도 지난 무진년(1864) 가을 조정에서 사원祠院을 철폐하라는 명령이 내려져서 정자 또한 이를 따라 철폐를 면하지 못하였다. 한 해가 지나고 그 다음 해 고을에서 논의가 일어나 정자는 서원과 상관이 없으니 똑같이 무너뜨려 없애버려서는 안 된다고 여겼다. 그래서 이에 세 명의 유사로 김만형金萬衡, 김사백金思百, 조의봉曺儀鳳을 정하여 정자 건립에 힘쓰는 방편으로 삼고, 곧장 부사府使 윤영하尹永夏[40]에게 달려가 고하자 부사가 안 된다고 하지 않았다. 서둘러 서로 함께 이 훌륭한 일을 찬성하여 경오년(1870) 9월에 공사를 시작해 신미년(1871) 2월에 일을 마쳤으니, 정자의 규모와 칸수는 한결 같이 옛 체제를 따랐다.

이에 김만형 씨가 급히 단계에 편지를 보내와 나에게 기문記文을 요청하였다. 아! 우리 도道의 흥망은 하늘 명에 달렸고 이 정자의 완성과 훼철은 사람의 손에 달렸으니, 하늘의 명에 달린 것은 내 어찌할 수 없으나 사람의 손에 달린 것은 내 힘쓰도록 할 수가 있으리라. 훗날 이 정자를 보는 사람은 아마 반드시 이 글에서 거듭 감회를 일으킴이 있을 것이로다.

重建觀海亭記 余少日東遊海上之盆城登曺先生山海亭之合浦登鄭先生觀海 亭二亭皆壓臨海瀠山海背負泰山眼窮滄海三叉七點分布排列 氣像意思雄深軒豁山海之勝仁智之樂可端拱揖遜而得焉曺先生命名有以也觀海直不過據馬浦之上海水眼前自成一泓商旅 帆檣朝夕出沒邨落市聚上下彌望亭左有流觴曲水後有崔學士 孤雲遺迹謂之閒暇窈窕則有之而氣像意思終是淺狹迫促迴遜 於山海徒以其便於觀海鄭先生之有取而名焉或以是夫雖然余 之所以寓慕興感而不能已者不在乎此曺先生生有絶異之資道 學蔚然爲諸儒倡鄭先生自弱冠摳衣往來於函丈之下所以窮山 海之勝賞極幽遐之壯觀必其心融神

40) 윤영하(尹永夏) : 1867년(고종 4) 창원부사에 부임하여 1870년(고종 7) 교체되었다.

會目擊道存有非言說所能 形容者矣先生嘗出守巴陵郡始得此地於合浦爲詩一絶以寄意後三十年有府人張文哉者殫誠費力乃克遂先生之志其前後事 實先生自爲記詳矣其傍闢數仭宮墻祀先生而寓後學高山景行之思又以眉叟許文正公得先生嫡傳而嘗僑居往來于此也一體 俎豆享之不幸去戊辰秋入於朝家令甲祠撤而亭亦隨而不免 焉越明年鄕中物議以爲亭無關於院宇不可一任其頹圮蕪沒於 是定三有司金萬衡 金思百 曺儀鳳爲營建拮据之方而卽趨告于 知府尹侯永夏侯不以爲不可亟相與贊成其美經始於庚午九月 訖役于辛未二月規橅間架一遵舊制萬衡氏走書溪上請記噫吾 道之興喪繫天斯亭之成毁繫人繫天者吾無如之何繫人者吾得 以勉之後之覽此者其必重有感於斯文

17) 〈관해정 중건기 觀海亭重建記〉

김만현金萬鉉[41], 『만휴당유집晩休堂遺集』 권3, 「기」

정자는 부의 서쪽 20리 회산의 산기슭 마산포 위에 있다. 지난 만력 정해(1587)에 한강 정선생이 처음 자리를 잡고 이름을 지었다. 이 일의 내용은 선생의 시 발어跋語에 들어있다. 나중에 어떤 해에 우방于房 장문재(장익규)가 이 정자를 지어 선생이 강학하고 학업을 닦는 장소로 삼았다. 선생이 돌아가신 뒤 조간송趙澗宋(조임도)·한조은韓釣隱(한몽삼) 등 여러 어진 선비들과 고을의 선배들이 정자의 왼쪽에 서원을 지었다. 다시 그 몇 년 뒤에 권창설權蒼雪(권두경) 공이 나의 선조先祖 곡천谷川[42]을 따라 문정공文正公 허미수許眉叟 선생을 추증하여 배향하니 대개 그 적통이 서로 이어진 것이며 아울러 그 유품을 모신 곳이 되었다. 정자가 있고부터 서원이 들어와서 좌우로 배치된 뒤 고을의 사림 들이 귀의할 곳으로 자리 잡은 것이 지금부터 수백 년이나 되었다. 불행

41) 김만현(金萬鉉[1820~1902]) : 본관은 김해(金海), 자는 내문(乃聞), 호는 만휴(晩休)이다. 1886년 관해정을 중창하였다. 문집으로 『만휴당집(晩休堂集)』이 있다.

42) 곡천(谷川) : 김상정(金尙鼎[1668~1728])의 호이다. 김상정의 본관은 김해(金海), 자는 덕삼(德三)으로, 이현일·이숭일(李嵩逸[1631~1698] 형제에게 수학하였다. 문집으로『곡천집(谷川集)』이 전한다.

히도 지난 무진(1868) 서원 철폐령이 내려지고 정자도 같이 무너지게 되었다. 그 다음해 기사(1869)에 부사 윤영하가 이 고을 수령으로 부임하여 읍의 유지들에게 말하기를 정자가 훼철된 것은 그 이유가 없는 것 같다 하고 그 일을 하는 것을 즐거워하였다. 그 다음해인 무오(1870)에 우리 고을에서 김만형, 김사백, 조의봉을 유사有司로 뽑아 정자를 중창하여 무사히 마쳤으나 다시 훼철되었다. 그 뒤 15년이 흘러 지난해 병술(1886)에 이르러 고을의 논의가 무성하게 발의되어 김사백, 이장환李樟煥, 김길원金吉元, 안인석安寅錫[43], 김호원金鎬源[44], 조병환曹丙煥 등이 유사가 되었고 나도 그에 동참하였다.

8월 7일부터 그 옛 터에 무성하게 쌓인 잡목을 태워서 깨끗이 치우고 장인과 목수를 불러서 집을 세우니 재물을 마련하는 것은 육영재育英齋가 좌우에서 도우고 향사당鄕射堂이 정자와 서원에 들어가는 기물의 절반을 책임져 주었다. 기타 행단회杏壇會와 송추계松楸契 포우청脯牛廳 등에서 각각 약간의 돈으로 도왔다. 위장衛將 김재환金在煥이 특별히 50강鏹을 내니 그의 현인을 연모는 마음은 높이 살만한 것이다. 그 해 중동仲冬 어느 날 일을 마쳤다. 문과 담장 창고 등이 차례로 모두 갖추어지고 고을의 뛰어난 사람 30여명을 골라서 강학당을 열었다. 학교의 규범은 선생이 지으신 포산苞山의 옛 규범[45]을 그대로 따랐다. 이 해 4월 고을의 여러 인사들이 모 여서 낙성식을 하면서 술이 한 순배 돌고나서 여러 사람들에게 말하였다.

이 공사를 추진하기가 참으로 어려웠다. 지금 우리들이 시기적으로 마땅함을 생각하지 않고 일을 해나갈 능력을 헤아리지 않고 뭇 사람들이 비웃음과 비방을 물리치고도 끝내 이렇게 일을 다 한 것이 무엇 때문인가? 대개 옛 선현들이 남긴 자취를 존중하고 지난 행적을 숭상한 때문이다. 선생은 퇴계

43) 안인석(安寅錫[1838~1908]) : 본관은 순흥(順興), 자는 하건(夏建), 호는 만우(晩愚)이다. 문집으로 『만우 안공 유고(晩愚安公遺稿)』 등이 있다.

44) 김호원(金鎬源[1840~1923]) : 본관은 상산(商山), 자는 내경(乃京), 호는 석우(石愚)이다. 문집으로 『석우유집(石愚遺集)』이 전한다.

45) 포산의 옛 규범[苞山舊規] : 포산은 현풍의 별칭으로, 도동서원(道東書院)의 원규를 말한다.

선생의 도산과 남명의 산해정에 올라 도학의 정통과 이룬 공적의 의로운 것이 울연히 앞에서 빛나며 후세를 열어주었으므로 대대로 영원한 종사宗師가 된다. 또 남쪽 고을에 벼슬을 하여 이곳의 산수가 뛰어남을 아껴서 새로 터를 열어 정자를 지었고 또한 동우棟宇 를 지어 강학의 자리를 마련하니 사방에서 선비들이 모여들어 경전을 읽고 선조의 업을 듣게 되었다. 그러므로 이 정자가 우러러 사모함의 본질이 된 것이다. 후세의 여러 현인들과 선생과 장로들의 마음 씀이 모두 어 떠했겠는가? 재실의 건물을 복원하는 일도 끝났고 관해 중수의 일도 이 미 이루어져서 사방에 널린 꽃과 바위 시냇물과 새들로 하여금 옛날의 자 태를 마음껏 뽐내게 하였으니 어찌 다행스런 일이 아닌가! 역사에 흥성한 일이 있으면 반드시 글이 있게 마련이다. 비록 내가 무능하고 덕도 부족 하나 유사를 맡아 여러 가지 일을 하였기 때문에 어떤 곳의 어떤 사람이 공적으로나 사적으로 어떻게 도와주었는지를 기록하지 않을 수 없게 되었다. 또 어떤 현인이 창설을 하였고 어느 때에 무너졌고 중건은 몇 년 몇 월에 하였는지를 전하지 않을 수 없으니 마땅히 이 일들을 기록하여 후세 에게도 보여야 할 것이다. 그러므로 내 스스로가 마땅한 사람이 아닌 줄 알고 문장이 졸렬하고 비루한 줄 알면서도 이 일을 맡게 되어 일의 큰 개 요를 대략 적어서 훗날에 살필 자료를 갖추었다. 이를 문설주 위에 편액으로 붙이는 것은 이곳이 여러 사람들이 출입하면서 항상 보는 자리이므로 당연히 먼저 그 의미를 자세히 알게 하는 바가 될 것이다. 정자가 산과 바다 사이에 있어 삼라만상 눈에 들어오지 않음이 없으나 오직 한 쪽 만을 골라서 이름을 짓은 것은 보이는 것 중에서 바다가 가장 커서 다른 것은 비교할 바가 아니기 때문이다. 이에 가만히 도를 아는 사람을 기다린다.

亭在府西二十里 檜山之麓 馬浦之上 往萬曆丁亥 寒岡鄭先生 始卜之而命名者也 事在先生詩跋語中 後某年 張于房[文哉]構是亭 以爲先生講學藏修之所 先生沒後 趙澗松韓釣隱 諸賢 與鄕先輩 建書院于亭之左 後某年 蒼雪權公 從先祖谷川公 以眉叟許文正公 追配之 盖以衣鉢之相傳而幷爲材屨之地也 亭自有院來 左右對峙 爲鄕邦士

林之依歸者 殆數百年于玆矣 不幸去戊辰 院撤于 朝家令甲而亭亦隨毁焉 明年己巳 尹侯永夏 來守是邦謂邑中章甫日 亭之 毁似無其理 樂爲之助又明年庚午自鄕中選有司金萬衡金思栢曺儀鳳重刱之垂至訖功而旋又見毁歷十五年至去年丙戌鄕論峻發薦金思栢李樟煥金吉元安寅錫金鎬源曹丙煥爲有司 而不佞亦與之焉自八月七日即其舊址 燔榴翳闢蘼蕪 召工匠而立屋焉 財力則育英齋爲左右輔 鄕射堂 以亭院所入之物 折半而出 其他杏壇會 松楸契 脯牛廳 各助若干金 衛將金在煥 特捐五十鏹 可尙其慕賢也 至仲冬某日 斷手 而門墻庖庫 次第俱擧 則選鄕之秀三十八 開講幄 學規用苞山舊規 以先生所制也 是年四月 會一府人士 以讌樂之 酒一行 諗于衆日 是役之就 厥惟艱矣 今吾輩不顧時宜 不揆事力 排衆笑犯群議 而終焉辦此者何哉 盖昔賢遺躅之尊尙 往轍尙矣 先生登退陶 山海之門 道學之正 事功之懿 蔚有以光前啟後 爲世宗師 而方出宰南邑 愛此間山水之勝 旣粧點之 又使棟宇之 臯比來御 冠蓋四集 而執經請業 則斯亭之爲景慕固爾 後來諸賢 及先父老之用意何如也 院宇之復 已矣無及玆事始成 遂使巖花溪鳥 依然發昔日聲響 豈非幸耶 春秋凡興作必書 不佞 無能 不足道 若諸任司之 幹敏賢勞 某所某人之公私助力不可不書 某賢之刱設 某時之廢墜 重建之年月 又不可無傳則當有記事以示後 而顧自非其人 又文辭拙陋 將若之爲 姑略書大槪 以備異日之考 而至如扁楣之牓 諸生出入者之常目焉 則當先審其義 而非藐爾蠡測之可涯涘也 亭在山海之間 森羅萬象 無不擧目而得 而獨取一物以名焉者 抑以所見者大 而他無足與於此也歟 是則竊有知道者

2. 고문서

1) 하체 2건 下帖

이 하체는 창원대도호부사 서상악徐相岳[46]이 회원서원과 월영서원月影書院[47]

46) 서상악(徐相岳) : 1860년(철종 11) 창원부사에 부임하여 1862년(철종 13) 파직되었다.

47) 월영서원(月影書院) : 최치원을 제향하기 위해 1846년(현종 12) 창원에 건립한 서

원임에게 내린 것이다. 하체에 따르면 회원서원은 월영대 앞 저도楮島(닥섬)[48], 저도猪島(돝섬)[49] 두 섬과 사장沙場을 소유하고 있었다. 1846년 월영서원이 건립되면서 두 섬과 사장은 월영서원의 소유가 되었다. 경위는 알 수 없으나 회원서원이 두 섬과 사장의 소유권을 주장하자 이를 조정하는 과정에서 이 하체가 작성된 것이다. 창원부사 서상악은 회원서원에게 저도[돝섬], 월영서원에게 저도[닥섬]와 사장을 분급해 주었다.

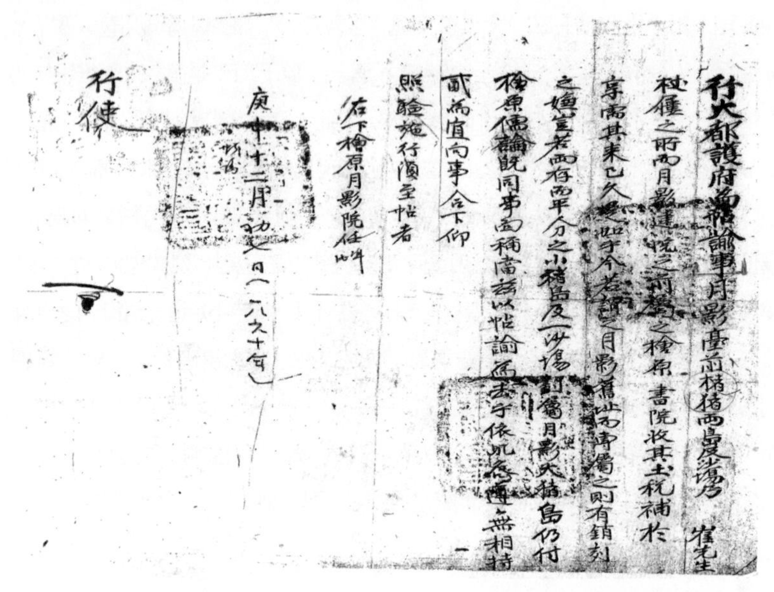

行大都護府爲帖諭事 月影臺前楮猪兩島及沙場乃 崔先生杖屨之所 而月影建院前屬之檜原書院 收其土稅補於享需 其來已久定如乎 今若謂之月影舊址 而專屬之 則有鎖刻之嫌 豈若兩存而平分之 小楮島及一沙場劃屬月影 大島猪島仍付檜原 儒論旣同事面稱 當玆以帖論爲去乎 依此各遵無相持貳爲宜向事合下仰 照驗施行須至帖者

원이다. 대원군의 서원 훼철령으로 철폐되어 복설되지 않았다.

48) 저도[닥섬] : 조선 시대 제작·간행된 지도와 읍지 등에도 창원도호부의 섬으로 "저도[돝섬]"만 확인되어 저도[닥섬]이 어떤 섬인지 알 수 없다.

49) 저도[돝섬] : 저도는 현재 경상남도 창원시 마산합포구 월영동 앞 바다에 있다.

右下檜原月影書院任[署押]

庚申十二月初七日

行使[署押]

3. 현판류

1) 관해정 중건기 觀海亭重修記

창원 완월산玩月山 아래에 관해정이 있다. 이곳은 정한강 선생께서 만년에 은둔하여 머무신 곳으로, 그 바다와 산의 아름다운 흥취와 정자를 지은 전말顚末이 선생의 시문에 이에 상세하게 언급되어 있다. 이 정자에 올라 시문을 바라보니 잠시 만약 선생의 글상자를 받들어 옛 자취를 어루만지면 어진 자는 산과 같기를 좋아하고 지혜로운 자는 물 같기를 좋아한다[仁者樂山 知者樂水]의 뜻을 더욱더 생각하게 된다.

그러나 바다의 짠 바람에 침식당하고 산의 습한 기운에 젖어든 지 오래되어 그 집은 우뚝하지만 서까래가 썩고 주춧돌이 상하고 벽이 무너지려하니 몇 날 지나지 않아 넘어지게 되었다. 장차 선현께서 남기신 시문詩文과 덕행德行이 거의 잡초더니 속에 묻히게 될 것이다.

이에 뜻있는 사람들은 한탄하며 멀고 가까운데 있는 동지들이 같은 생각을 가졌다. 세월이 흘러 기해(1773) 봄 내가 오위닐五衛昵로부터 그를 모셨는데 나라의 명을 받고 창원부에 부임하여 이 지방의 경승을 지키게 되었다. 그러나 한 해가 지나도록 공사로 바빠 시간을 낼 겨를이 없었다. 한번 시간을 내어 지금과 옛날의 일을 가만히 생각하며 찾아보니 선생의 밝은 표상에 고개 숙일 뿐이다. 그러나 정자의 기둥이 장차 무너지려 하니 감개하여 이 정자를 다시 고쳐 지을 것을 도모하였다. 이 때 선비 김창신金昌臣[50]은 고을에

50) 김창신(金昌臣) : 본관은 상산(商山), 자는 겸숙(兼叔)이다.

서도 자부하기를 좋아하는 사람이었는데, 선뜻 나서서 말하였다. "좋습니다. 이 일은 우리 고을의 뜻인데도 아직 이루지 못했던 일입니다. 어찌 힘을 함께 하여 부사께서 현인을 숭상하시고 덕을 아름답게 여기시는 뜻을 이루지 않겠습니까." 하고 이에 재료를 모으고 기와를 구우며 옛날 것을 철거하고 새롭게 짓기로 하고 이 공역의 감동監董을 맡았다. 기둥 간격이 넓고 좁은 것과 지붕과 서까래의 높낮이를 한결 같이 진행하였다. 그러나 조금도 선생의 옛 규범을 어기지 않았다. 대게 선생께서 우거하시던 그 집을 앙모하여 우러러는 뜻이다. 여러 달이 지나서 공사를 마쳤음을 고하니 규모의 정치함과 장대하고 웅장한 아름다움은 지난날 무너지고 쓰러지려고 한 모습과는 비교도 할 수 없을 정도였다. 그러나 산 속 나무에 깃 든 새들이 지저귀고 계곡의 물과 돌이 옛 모습 그대로의 풍경으로 산은 더욱 아름다움을 더하고 물은 맑음을 더하였으니 당일 시문詩文과 경사經史를 강학하던 젊은이들이 노닐며 그 아름다운 흥취를 즐기는 모습들을 상상하니 문득 깨닫지도 못한 사이에 정신이 내달리고 마음이 기울어져 실로 늦게 태어남을 한탄하게 된다. 여러 군자들께 이르노니 이 정자를 아름답게 고쳤다고 하여 봄에 꽃놀이 하고 가을에 달을 감상하며 즐거움만을 탐닉하는 명승으로 삼지 말고 한 고을의 가인과 영재들을 도와 이 정자에서 경서經書의 깊은 뜻을 탐구하게 하고 또 이 정자에서 시와 역사를 연구하게 하여 도를 새겨서 선생께서 이곳에 계실 때 하신 일을 하도록 하여라. 어진 군자가 정자를 다시 지은 아름다운 미덕이 어찌 장문재(장익규)가 처음 지었을 때의 아름다운 미덕과 같다고 할 뿐이겠는가. 아! 태수의 개연한 도모가 이것에 있지 않겠는가. 여러 사람들이 그것을 위해 노력하였도다. 모두들 맞다고 하니 삼가 교칙을 받들어 기문을 쓰면서 힘을 기울인 여러 군자들의 말을 덧붙인다.

백서白鼠 겨울 영성후인寧城後人 최병교崔秉教[51]가 쓰다.

---

51) 최병교(崔秉教) : 1779년(정조 3) 창원부사에 부임하여 1781년(정조 5) 교체되었다.

■之玩月山下 有亭觀海 卽鄭寒岡先生杖屨■晩而考槃處也 其海山之勝 ■興任之■末先

詩文言詳矣 陟斯亭而覽詩文悅若■陪 ■■炙警 ■景仰山斗摩■ 古蹟蓋覺 ■山泉之樂矣 然而海氣浸之山嵐濕之由來已人■字 ■然而椽礫傷 朽頹■■璧不日將■■賢遺韵餘馥幾歸之於 蕪■有志■■遠近同■ 歲在己亥春余自五■昵 侍之■命兮 符出爲知府來守是邦■己歲 周朱墨■撓■暇時一歷尋悅仰今古■先生之■■亭榭之將圮慨然有■所以改■之則士人金君昌臣以鄕中自好之士出而應曰■是吾邦■志而未就者■不爲之同力以成 我侯尙賢義■■之鳩材淘尾撤舊■新而■是役其■架之濶狹制度之高下一遵先生舊觀毋敍或違盖寓屋隅瞻依之意也 閱數月而工告成佶構之楕■輪■之修義非復前日將頹將圮之比而山木不改幽鳥相嚶水石依舊■景錯落山得之以爲佳水得之心益■想當日講詩經史冠童倘佯之遐翹不覺神馳心往實有生晩■歎倘諸君子勿以亭臺之改觀爲■花秋月遊衍■樂之勝而■一境之佳子英才■■■旨於斯亭研■■史於斯亭克道先生當日之爲則爲賢者營構之義■■義於張文哉而已抑■守慨然之■其不在是■惟諸君勉之■曰諾謹奉敎■■爲之記以勉諸君之語書而副之也自鼠冬月 寧城後人 崔秉敎記

2) 회원서원 상량문 檜原書院上樑文

상서庠序와 학교를 세우는 것은 성스런 조정에서 유학 숭상을 통한 다스림을 귀하게 여기는 것이다. 예악禮樂과 시서詩書를 교육하는 것은 사림이 강학하고 학업 하는 장소를 중시하는 것이다. 이러한 까닭으로 이 당堂이 다시 세워지고 기쁜 마음으로 옛 서원을 새롭게 하는 일을 하여 두 분 선생을 배향하는 사당을 길이 생각하니 이는 곧 영원히 스승을 존중하는 자리이다. 그 행적이 닿았던 곳을 찾아 자리를 정했으니 이는 지혜로운 자가 물을 알고 어진 자가 산을 아는 것과 같은 의미이다. 제사를 지내고 흠향을 올리니 이는 질서와 예를 아는 것이다. 한강과 미수의 맥통이 서로 이어져 전하니 태산북두와 같이 우러러 경모함이 이에 있으니 멀지도 않고 가깝지도 않다. 이미 많은 선비들이 귀의하는 즐거움을 누렸고 이로부터 강당이 실습하는 방책이 생겨났다. 높은 산과 맑은 호수는 앞뒤에서 평평하고 곧은 것을 살피게 하고 맑은 창문과 환한 집은 동쪽과 서쪽에 기거하기에 적합하게 되었다. 사계절 학문하고 구양함이 그침이 없으니 찬란히 기술할만하고 온 골짜기 고운 경치가 오직 이 언덕에서 더욱 아름답다. 유연히 세월이 물처럼 흘러 서원의 기둥이 점차 기울어져 선비들이 모임을 하고 즐거운 향연을 베풀기 어렵게 되었고 글 쓰는 일들이 게을리 던져짐과 강습하는 자리가 없음을 괴로워하게 되었다.

신미(1811)의 옛 일을 생각하면 마땅히 공사가 늦어져서 안 될 것이지만 연이어지는 액운에 겨우 지내니 재물과 힘을 모으기 어렵게 되었다. 다행히 여러 선비들이 의론을 일으키고 고을 사람들이 모두 돕기로 하여 재물을 모으는 공과 노력을 기울여 순탄하게 현인을 연모하는 정성과 뜻이 발현되니 화려하고 우뚝하게 정비된 모습은 또한 도를 강학하는 고심苦心에서 비롯된 것이다. 옛날에 비하면 규모가 약간 작지만 옛것을 혁신하니 그 훤출한 모습은 가히 볼만하다. 시렁에 가득한 책들은 뭇 어리석은 사람들의 미미한 말들을 깨우치지 않음이 없고 자리에 섞여 앉은 학생들은 다시 중태重兌의 성대한 일을 보게 하고 굽이 흐르는 물에 잔 띄우는 일은 난정蘭亭의 풍정風情을 생각하게 한다. 봄옷을 입고 도란거리는 말은 무단舞壇의 기상을 엿보게 한다. 공손히 짧은 노래를 하여 들보 올리는 일을 도우고자 하노라.

어야차 들보를 동으로 던져라. 동쪽의 상스런 해 주렴 안에 붉으면 아침을 기다려서 재계하고 학생들 모아 선현의 가르침을 다하게 하리.

어야차 들보를 서쪽으로 던져라. 하늘과 맞닿은 큰 바다 온통 아득하고 동으로 흐르는 온갖 개울 따로 갈라짐 없으니 나루 물어 뗏목타고 갈 수 있겠네.

어야차 들보를 남으로 던져라. 초목은 모두 비·이슬에 적셔지듯 이제 고을 학교의 은택을 입어 집집마다 육경 이야기 그치지 않네.

어야차 들보를 북으로 던져라. 마산포 위의 이 풍성한 집은 맑고도 그윽한 풍경에 지극히 변화하고도 아름다워 유람객 발길 아침저녁 그치지 않네.

어야차 들보를 위로 던져라. 바다색 맑고 하늘빛 밝으니 고운 향불 오르는 곳 강학소리 높아 세 잔에 한자리로 서로 양보하네.

어야차 들보를 아래로 던져라. 굽이진 물 층계 따라 그침 없이 흐르듯 남겨진 뜻 멀리 두 분 선생의 말씀이니 지금에 배우는 자에 도움이 되리라.

엎드려 바라건대 이 들보 올린 후에 묘당은 편안하고 숲과 산이 보호하여 봄가을 향사를 매해마다 정일丁日에 맞추어지고 우리 고을 젊은이들 밤낮으로 열심히 공부하게 하소서.

무인(1816) 승지承旨 이석하李錫夏[52] 삼가 씀.

伏以 設爲庠序學校 聖朝貴崇儒之治 敎以禮樂詩書士林重講業之所 是以玆堂之復建 擧喜舊院之維新 永惟兩先生配侑之祠 卽是百世師尊奉之地 卜杖履盤旋之處爲是知者水仁者山 擧俎豆享祀之儀寔在後而戊先以甲 岡眉之緖源相接以援以傳 山斗之景仰斯存無遠無近 旣以有多士 依歸之樂由是爲講堂肄習之方 秀岳淸湖察平直於向背晴窓煥尾適歲月之如流 遂焉棟宇之漸壞 衿紳聚會難謀宴息之歡 鉛槧謾抛苦無講習之地 辛未之舊事追想宜乙役之物遲 甲乙之厄運纔經奈財力之難辨 幸而諸章甫建議 繼以一鄕人助成鳩功效勞亶出慕賢之誠意 翬飛定制亦由講道之苦心 比古則積損規模 革舊而可觀輪奐 緗編滿架罔非牖羣蒙之微言 靑衿雜筵復覩習重兌之盛擧 流觴曲水想蘭亭之風情春服希音挹舞壇之氣像 恭將短頌助擧脩樑 兒郞偉抛樑東 扶桑瑞旭人簾紅待朝濟濟衿紳集 盡是先賢敎誨中 兒郞偉抛樑西 大海連天一望迷 東注百川無別派 尋津覺茂可提携 兒郞偉抛樑南 草木皆曾雨露涵 鄕塾至今遺澤在 家家不輟六經談 兒郞偉抛樑北 馬山浦上斯豊屋 淸幽界裡極繁美 商旅朝晡行不息 兒郞偉抛樑上 海色澄淸天氣朗 芬苾薦以絃誦騰 三盃一席相推讓 兒郞偉抛樑下 曲水循階流不捨 遺音遠挹兩先生 勗爾當今爲學者 伏願上樑之後 祠屋平安 林巒扶護 薦春秋之精享每歲中丁 勉夙夜之勤工 吾黨小子

---

52) 이석하(李錫夏) : 1816(순조 16)년 승정원도승지(承政院都承旨)에 제수되었다.

歲 戊寅 承旨 李錫夏 撰

3) 회원서원 관해정 중수기 檜原書院觀海亭重修記

내가 일찍이 문목공 한강 정선생의 「관해정시觀海亭詩」 서문을 읽었는데 그 대강을 발췌하면 이러하다. “정해(1587) 가을 비로소 이 땅을 얻어 우연히 벗들이 모이는 자리로 인하여 술이 반쯤 되었을 때 이 시를 지었는데 좌중에서 이것이 담당할만한 계획이라고 생각하는 사람이 있었다. 장문재(장익규)가 마침 옆에 살아 협력하여 성취하였다. 다행이 삼십년 숙원 했던 일이 드디어 이루게 되었으니 옛 약속의 또렷함과 인仁과 지智를 좋아함이 어느 다른 것의 경계가 이것에 비유할 수 있겠는가.”하였다. 문정공 미수 허선생이 묘당에 알현한 글에 “선생의 높고 두터운 도道와 순정하고 전일한 덕德으로 그 말이 행동이 되는 것을 알 수 있었다. 지금 혼란을 당하여 멀리 남해 바닷가에 와서 선생의 묘당을 배알하니 비로소 그 귀의하여 따를 바를 얻었다.”라고 하였다. 이로부터 인조 갑술(1643)에 이르러 고을의 어른들 중 뜻이 같은 사람이 논의하여 문덕이 뛰어난 사람들에게 물어서 허문정공을 배향하니 이는 실로 도산선생 글 중에서 말한 바로 진실로 선조의 올바로 남긴 자취가 향기를 풍기는 자리이니 서원을 세우지 않을 수 없다. 이로 인해 우리 동방의 문교文敎가 크게 밝아짐을 볼 것이다. 아아! 이 정자를 세움은 진실로 본원의 창설에 관련 되는 것 이니 어찌 우리 사람의 한 울타리가 아니겠는가. 정묘正廟 신축 내가 조부를 따라 왔다가 마침 중수를 하였는데 유사를 맡았다. 공사가 끝나고 발문을 써서 김창신의 아름다움과 그 뜻이 고상하고 그 사양함이 두터운 것을 표창하였다.

세월이 오래 되어 정자가 다시 무너져 내리니 지난 을묘(1855) 집안사람인 안두철安斗喆[53]이 이때 서원의 수장이었다. 고을의 선비 유기주兪琦柱와 의논

53) 안두철(安斗喆) : 본관은 순흥, 자는 경수(敬叟)·정수(正秀), 호는 퇴은(退隱)이다.

을 하니 기주가 선현들이 남기신 풍토가 거의 고갈되고 후학들이 학업을 닦을 장소가 없어짐을 민망히 여기고 혼자 돈을 내어 중수하였다. 현인을 존중하고 서원을 보존하려는 정성이 이 시대 유림에 보기 드문 것이니 어찌 위대하지 않은가. 금년 봄에 내가 재실의 자리에 있을 때 고을의 장로들이 그 일을 축하하며 판각을 하는 사람에게 부탁하고 안두유安斗維[54]에게 기문記文을 부탁하였다. 아! 두유 비록 합당한 사람은 아니나 어찌 그 적막한 말을 하겠는가. 그 앞뒤에 일을 맡았던 유학자 김사언金思彦에게 돌리니 사언은 그 스스로의 문장이 볼 것이 없다고 나에게 미루었다. 내가 거듭 사양하였으나 받아들여지지 않았던 것은 할아버지를 따라 힘써 노력한 것을 귀하게 여겨 여러 장로들이 거듭 부탁한 것이니 그 것을 거절하면 그 뜻을 어기는 것이 되기 때문에 억지로 군더더기 말을 하게 되었다. 그러나 이것은 모두 선생의 문집에서 따온 것이며 유사가 말한 중수의 계략일 뿐이다. 진실로 참람되게 내뱉는 말로 전하는 것은 아니다.

저옹돈장著雍敦牂 (1858) 10월 하순 후학 순흥順興 안두유가 기록하다.

愚嘗讀文穆公寒岡鄭先生觀海亭詩序 撮其大要曰 丁亥秋 始得此地 偶因朋友會叙酒且半 題此詩 坐中有取以爲擔當之計者 而張文載適假居其傍 協力成就 窃幸三十年宿願 畢竟得遂 襟期之爽 仁智之樂 何可與他境界比喩也 文正公眉叟許先生 謁廟文略曰先生 高厚之道 純一之德 其可見於言爲動作者 而令遭亂 遠來至南海上 謁先生之廟 始得其所依歸而從之 以是夫而暨 仁祖朝甲戌 鄉之先父老 議諸同志 質于文長 刱建廟宇妥 亭鄭文穆公而其浚 肅廟朝戊子追配 許文正公 此實陶山老先生書中所云 苟有先正遺塵播馥之地 莫不立書院 則將見吾東方文教之大明也矣 嗚乎 斯亭之建 實爲本院刱設之關捩 則豈非吾林中爲一宮墻也歟 奥在 正廟辛丑 余之從王考 適爲任司於重修之時 告厥工而跋其文 以彰金公昌臣氏之美 其義也尚 其讓也厚矣 歲久而亭復傾

창원지역 사창(社倉)의 장(長)을 맡았다.

54) 안두유(安斗維) : 본관은 순흥, 자는 여일(汝逸), 호는 노은(盧隱)이다.

頹 去乙卯 族員安斗喆甫 時以院首 謀諸鄉之士兪琦柱 琦柱 窃悶然先賢之遺韻幾歇後學之藏修失所 迺獨捐銅而重葺焉 其尊賢衛院之誠 迨於時儒而罕覯矣 寧不偉哉 令年春 不佞 忝在齋席鄉之諸長老 嘉其事 付諸剞劂氏 而囑記于斗維 噫 斗維非其人也詎其以藐然寂寥之談 自任其先後之耶 歸之於同任金斯文思彦甫 不自其文望而推之於余 余再辭不獲者 以若是從王考動勞之地 而重違諸長老謬託之意 强爲之贅一辭 然此皆兩先生遺稿中拈得 而有司重修槪略也而已 實非僭妄而傳會之云

歲在著雍敦牂端陽月下澣後學順興安斗維記

4) 관해정 중수기 觀海亭重修記[김호원金鎬源]

정자의 이름을 관해라고 한 것은 한강 정선생이 이름 지으신 것이다. 산과 바다가 장관이고 그윽하고 아득한 승경이 좋으니 선생께서 처음 이름 한 것을 생각하면 어찌 다른 경계와 비교할 수 있겠는가. 그로인하여 정갈한 풍도가 어우러져 빛나니 한 고을의 산천초목이 또한 오랜 세월 뒤에 그 명성을 떨치게 되는 것이다. 선생은 우리나라 도통道通의 연원淵源이 정맥正脈이니 이 정자가 장차 보존되는 것도 도학의 운명이고, 장차 폐쇄되는 것도 도학의 운명이니 우리 유학의 흥폐와 관련된 것이다. 도가 땅에 떨어지지 않으면 산과 같이 그 높음을 다투고 물과 같이 멀리 흘러감을 다툴 것 이 아닌가. 정자의 자리 잡고 집을 세운 것은 임진란 이전이다. 처음에는 띠풀을 엮어 집을 지었다가 다시 환하게 중수를 하였을 때 우방 장공(장익규)이 앞에서 힘을 보태고 뒤에서 홀로 부담하였다는 것이 선생의 기문에 기록되어 있다. 그 100여 년 뒤에 연대가 오래되어 썩고 낡아 거의 무너지게 되었다. 나의 집안 할아버지이신 창신께서 장씨(장익규)의 마음을 자신의 마음으로 삼고 옛 것을 밀어내고 새롭게 지을 때 옛날의 모양을 그대로 본받아 중건하였다. 수령 최병교가 쓴 기문과 안유安愈[55]의 소서小敍에 그 내용을 다 갖추어졌다. 정자 곁에

55) 안유(安愈) : 본관은 순흥, 초휘는 혜(慧), 자는 여승(汝勝)이다.

서원을 지은 것은 선배들 이 창설한 것으로 미수 허선생을 더불어 받들어 배향하였다. 유학이 불행하여 무진(1868) 서원 철폐 때 정자 또한 따라 무너졌다. 후생들 이 연모할 곳도 없어 우러러 바라던 것이 몇 년이나 되었다. 무인(1878) 가을에 고을의 선비들이 각각 돈을 내어 정자 아래 행단杏壇에서 계를 모아서 매화나무와 대나무를 심어 동산의 숲을 지켜서 보완하고 봄·가을에 여기에서 강의하고 모임을 하고자 하였다. 계의 돈이 수백금에 이르렀고 정자의 땅은 향교의 향당에 속하는 것은 모두 환원하여 중건할 유사를 정하였다. 이 일은 만휴 김만현의 기문에 실려 있다. 지금 새로 지은 학교의 법령이 엄격하게 되어 약간의 정자의 땅을 그 가운 데 매입하는 것을 금지하였다. 정자의 건물이 퇴락함이 이렇게 심하니 시일이 매우 급하나 재물을 모을 대책도 없었다. 올해 봄에 향안에서 일을 추진할 것을 인가받아 우리 고을 12 문중이 한 자리에 모여 의논하여 몇 백금씩을 분배하여 일을 추진하였다. 유사 3명을 정하여 관해 정을 수리할 방안을 정하였다. 또 그 임무를 추진한 안교열安敎烈[56] 조병익曺秉翼 등이 유학에 뜻을 두었고 일을 실행하는데 기민하고 일에 성심을 다하는 사람들이다. 길 잃은 아이들이 서로 당기다가 시동尸童 앉히는 자 리에 앉게 되는 것이 천리마 꼬리에 붙어가는 것처럼 빠르다는 말이 이러한 일에서 유래하였다고 할 수 있으니 마음이 있는 곳에 뜻이 이루어는 것이다. 지금의 세상을 생각해보면 비록 미래가 혼란스럽지만 오늘 해야 할 일은 당연히 해야 하는 것이다. 사람이 사람의 일을 하는 것은 오로지 마음에 있을 뿐이다. 무릇 마음이 사람의 가슴 속에 있는 것은 집에 주인 이 있는 것과 같다. 사물에 대응하여 감성이 일어날 때 마음을 바르게 조 절하여 성찰하고 밝은 지혜로 본성을 보존하여야 한다. 이는 집을 둘러서 연이어 난 창문이 있으면 활짝 개인 하늘의 햇살이 방안으로 들어서 어둡지 않지만 바깥에서 온 것들이 비록 올빼미 같이 싫은 것이라도 이미 그 것을

56) 안교열(安敎烈) : 본관은 순흥, 초휘는 치순(致淳), 자는 사윤(士允), 호는 낙포(樂圃)이다.

취하였으니 어찌 다시 그것을 훼손함이 있겠는가. 하물며 지금 왕풍王風이 일변하여 존중하는 것이 각기 다르고, 새로 생긴 항구가 정자에 바짝 가까이 있어 정자 바깥의 조짐은 전날과 같지 않다. 그러므로 이 정 자를 중수하는 일을 주선하는 것은 십분 격렬히 노력해야할 일이다. 고을 선배들이 현인의 행적을 연모하는 정성과 노력을 다하고 두 분 선생의 도학道學 전수의 심법心法을 강구하여 그 일을 분명히 해내었다. 충정과 믿음의 말과 돈독하고 공경스런 행동은 받아들이면 스스로 얻지 않음이 없으니 유의 운명이 순환하여 다시 부흥함을 기다림으로써 우리 고을 에 이 정자가 있게 된 것이다. 이것이 또한 남강南康의 백록동白鹿洞이 될 것 이다. 정자의 일이 이미 끝났고 그 사실을 기록하지 않을 수 없어 나에게 글을 부탁하니 나 같은 문장 없는 사람이 어찌 감히 감당하리오. 그러나 전후에 이 정자에 마음과 힘을 쏟은 것을 생각하고 정자의 일을 모두 다 갖추어졌으니 오늘 고을의 모든 현인들에게 양보하지 못할 것이다. 이에 간략하게 그 전말을 서술하게 되었고 또한 마음에 느끼는 바가 있어서 이렇게 글을 쓴다.

亭以觀海名 寒鄭先生之命名者也 山海之壯觀 幽遐之勝賞得先生而始名焉 何可與他境界比也 然則精彩所被 一區之山川草木 亦得乎奮百世之下也先生 我東道統淵源正脈 則斯亭之將保也 命也 將廢也 亦命也 關於吾道之興廢 道不墜地 則與山爭高 與水爭長者非耶 亭之卜地營建 在壬辰兵燹之前 而創始結茅之勤 更闢輪奐之美 于房張公之先協力而后獨 先生之記備矣 伊後百餘年 年久朽頹 幾至顚覆 不佞之方祖諱昌臣以張氏之心爲心 撤舊換新 因前規重建 崔侯秉敎氏之記文 安公愈之小敍盡之矣 亭傍院宇之建 先輩創之 奉眉叟許先生而配之也 斯文不幸 戊辰院之時 亭亦隨毁者再 後生之寓慕無地 依仰有年矣 戊寅秋 鄕章甫各出一緡銅 修契于亭址下杏壇上 培植梅筠 守護園林 春秋講會于此 契錢殖至數百金 亭土之屬於鄕敎鄕堂者 率皆還完 定有司重建事在晩休金公萬鉉記中 而迄至于今新設學校之令嚴截 如干亭土斥賣入于其中 亭舍頹落滋甚 時日猶急而辦材無策矣 今春 以鄕案印出事 吾鄕十二門中 合席相議 分排至幾百金 以是擧事 定有司三人 輯亭印案 兼帶任之 安敎烈 曺秉翼 有志斯文 敏於行而勤

於事者也 迷兒相寅 尸位而付驥尾者 由來此事意成於有心 而顧今世 雖明日 溘然今日所當爲之事也 人之爲人 心而已夫心之在人腔子裏 旣屋子之有主 寂感之際 操存省察明哲以保 如室之綢繆 牖戶於迨天之未陰兩 則外至者雖鴟鴞之惡 焉有旣取而毁之者乎況今王風一變 尊尙各異 關港逼亭 亭外時象 已非前日 則周旋是亭者 十分激勵 以鄕先輩 慕賢藏修之誠力 講明兩先生道學傳受之心法 忠信之言 篤敬之行 無入而不自得 以待儒運之循環有復焉 則吾鄕之有此亭 抑亦爲南康之白鹿洞歟 亭役旣訖 不可無記實 屬余識之 以若不文者何敢當之 然顧惟前後貢心力於是亭 知亭事甚悉 不讓於今日在鄕之僉賢 考略敍前尾 且以所感於心者 書之如右

세덕사世德祠

Ⅰ. 개 요

주 소	경상북도 포항시 북구 기북면 덕동문화길 26 [포항 용계정]
제향인물	이번李番(1463~1500)
	이언괄李彦适(1494~1553)
관련사항	경상북도 유형문화유산[포항 용계정]

Ⅱ. 연 혁

1546년(명종 1)	용계정龍溪亭 건립
1686년(숙종 12)	용계정 중창
1779년(정조 3)	세덕사世德祠 건립[제향자 : 이언괄, 이번]
1868년(고종 5)	흥선대원군 서원 훼철령으로 세덕사 건물만 철폐

▣ 제향인물

■ 이번(李蕃, 1463~1500)

본관은 여주驪州, 자는 숙한叔翰으로 참군參軍 이수회李壽會의 아들이자, 이언적李彦迪·이언괄李彦适 형제의 아버지이다. 문학이 일찍 이루어졌으며, 1495년(연산군 1) 생원시에 합격하였다. 양민공襄敏公 손소孫昭의 딸 경주손씨慶州孫氏와 혼인함으로써, 여주이씨 일문이 경주 양동마을에 세거하기 시작했다. 좌찬성左贊成에 증직되었다.

■ 이언괄(李彦适, 1494~1553)

본관은 여주驪州, 자는 자용子容, 호는 농재聾齋로 이번의 아들이다. 어린 시절 형 이언적으로부터 학문을 배웠다. 1541년(중종 35) 효행으로 천거되어 경기전참봉慶基殿參奉을 지냈으며, 주부主簿·찰방察訪에 제수되었다. 상소를 올려 형 이언적의 억울함을 호소하고 윤원형尹元衡 일파의 전횡을 규탄했으나 받아들여지지 않았다. 사헌부대사헌司憲府大司憲에 증직되었다.

Ⅲ. 자료편

1. 문집류

1) 〈부 세덕세경시록 附世德祠經始錄〉

『사의당고적록四宜堂考蹟錄』, 「부 세덕사경시록附世德祠經始錄」

정조 무술년(1778) 10월 13일 달전達田[1] 묘사 때 문중 전체 회의에서 찬성공贊成公(이번)을 주향하자는 의견이 종중에서 제기되었다. 대개 찬성공을 향사 지낼 사당을 세우고자 하는 논의는 이미 100여 년 전에 있었지만, 그 사안이 중대하여 지금에 이르기까지 결실을 보지 못하다가, 문중 회의에서 일제히 일어나 서로 의논하여 논의가 결정되었다. 남징사南徵士[2]에게도 이날의 뜻을 써서 편지로 보내었다. 같은 해 10월 21일 문중의 젊은이 이정악李鼎岳·이정응李鼎凝을 옥천춘당沃川春堂에 보내어 가부를 물어 결정하기로 했다. 같은 해 11월 15일에 돌아왔는데, 이때 온양공溫陽公 이범중李範中[3]이 옥천춘당에 머물고 있었기 때문이다. 의논이 이미 결정된 후 집안 어른께 아뢰어 승인받는 도리가 없을 수 없기에 두 사람을 보내 서신으로 직접 사유를 아뢰니, 즉시 흔쾌히 허락하였다. 대개 운천서원雲泉書院[4]이 신유년(1741)에 철향撤享된 뒤 자손 된 자로 통한이 끝없어 항상 다시 복향 하고자 하였더니, 오직 이 일단의 맺힌 마음을 스스로 그만 둘 수가 없어서 다만 몇 칸의 별묘別廟를 세워 유감을 풀고자 한다. 그러므로 덕연德淵 용계정龍溪亭[5] 위에 별묘 몇 칸을 지어 봉안하는 방도가 이로 인하여 결의되었다. 그러나 이미 조묘祧廟한 뒤에 다시 별묘를 세우는 것은 세덕사를 건립하여 더 좋게 하는 것만 같지 못하고, 또한 도내 여러 가문 역시 흔히 그렇게 하고 있으니 우리 가문 또한 어찌 시속을 따르지 않겠는가? 이 때문에 시속을 따르자고 운운하므로 마침내 세

1) 달전(達田) : 지금의 경상북도 포항시 남구 연일읍 달전리 일대이다. 이언적(李彦迪)의 묘소가 위치한다.
2) 남징사(南徵士 : 남용만(南龍萬[1709~1784])을 가리킨다. 그의 본관은 영양(英陽), 자는 붕로(鵬路), 호는 활산(活山)이다. 1756년(영조 32) 생원시에 합격하였으며, 학행으로 천거받아 희릉참봉(禧陵參奉)과 제릉참봉(齊陵參奉)에 제수되었다. 문집으로 『활산집(活山集)』이 전한다.
3) 이범중(李範中[1708~1783]) : 본관은 여주(驪州), 자는 이경(彛卿), 호는 삼향정(三香亭)이다. 1741년(영조 17) 생원시에 합격하였으며, 음직으로 온양군수를 지냈다.
4) 운천서원(雲泉書院) : 지금의 경상북도 경주시 서면 운대리에 있었던 서원이다. 1738년(영조 14) 이언괄과 권덕린(權德麟)을 제향하기 위해 처음 설립되었다. 1741년 정부의 훼철령에 따라 철폐되었다.
5) 용계정(龍溪亭) : 지금의 경상북도 포항시 기북면 오덕리에 있는 누정이다. 1546년(명종 1) 정문부(鄭文孚)의 별장으로 처음 건립되었다.

덕사를 건립하기로 결정하였다.

같은 해 11월 23일 문원공文元公[6]의 기일 때 전 문중 사람이 무첨당無忝堂[7]에 다 같이 모여 세덕사 건립을 담당할 유사를 정했는데, 영건도감營建都監에 이헌탁李憲鐸, 조성도감造成都監에 이헌광李憲光·이헌속李憲涑, 성조유사成造有司에 이헌숙李憲肅·이정응, 제기유사祭器有司에 이헌우李憲愚·이정용李鼎容, 번와유사燔瓦有司에 이헌정李憲程·이헌노李憲老, 공수유사供需有司에 이헌수李憲脩였다.

같은 해 12월 3일 문중 사람 30여 명이 덕동에 모여 용계정 위의 기지基址를 살펴보고 이어 벌목하고 운반을 담당할 유사를 정했다. 벌목수운유사伐木輸運有司에는 이헌오李憲迕·이원술李元述·이정인李鼎寅·이인함李麟涵·이인상李麟祥이 맡았으며, 당일 회원은 이서중李敍中·이헌점李憲點·이헌심李憲沈·이헌탁·이헌회李憲晦·이헌광·이헌속·이헌렬李憲烈·이헌석李憲奭·이헌굉李憲紘·이헌규李憲奎·이의범李宜範·이헌삼李憲參·이헌숙·이헌오·이정택李鼎宅·이정원李鼎元·이원술·이정우李鼎宇·손응구孫應龜·손응준孫應駿·이정익李鼎翊·이정악·이정로李鼎老·이정화李鼎和·권운복權運復·이정진李鼎震·이정응·이정기李鼎器·이정부李鼎溥·이인상까지 모두 31인이다.

지난 달 의논이 결정된 후 기지를 확정하고자 했으나, 야외는 마땅한 터가 없었으므로 마침 오로지 이곳에 뜻을 두게 되었으니, 계산溪山의 뛰어난 경치는 참으로 자계紫溪[8]와 쌍벽을 이룬다. 학문에 전념하고자 한다면 이곳

6) 문원공(文元公) : 이언적(李彦迪[1491~1553])의 시호이다. 이언적의 본관은 여주(驪州), 자는 복고(復古), 호는 회재(晦齋)·자계옹(紫溪翁)이다. 1514년(중종 9) 문과에 급제하였으며, 관직은 좌찬성(左贊成)에 올랐다. 1547년(명종 2) 윤원형(尹元衡) 일파가 일으킨 양재역벽서사건(良才驛壁書事件)에 연루되어 평안도 강계에 유배되었으며, 그곳에서 생을 마감하였다. 1569년(선조 2) 종묘(宗廟)의 명종 묘정에 배향되었고, 1610년(광해군 2) 문묘 종사가 이루어졌다. 경주 옥산서원(玉山書院)에 제향되어 있다. 조선 성리학이 정립하는데 큰 역할을 하였으며, 『구인록(求仁錄)』, 『대학장구보유(大學章句補遺)』, 『중용구경연의(中庸九經衍義)』, 『봉선잡의(奉先雜儀)』 등을 저술하였다.

7) 무첨당(無忝堂) : 경상북도 경주시 강동면 양동리 양동마을에 소재한 이언적의 종택.

8) 자계(紫溪) : 경주 옥산서원 앞을 흐르는 하천 또는 그 일대 계곡이다. 여기서는

을 버리고 어디로 가겠는가? 어떤 사람은 기지 장소가 깊고 궁벽해서 꺼렸으나, 용계정이 있고 정우亭宇가 화려하여 볼만한 까닭에 옛 건물을 따라 새로 짓는다면 일을 절반만 하고도 업적은 배가 될 만하다. 마침내 곧바로 확정하고 이어 장인을 불러 벌목하는 일을 시작했다.

같은 해 12월 6일 목수 최성진崔聖眞을 데리고 이헌오의 구산丘山과 청운암青雲庵 주산主山에서 벌목하였다. 같은 기해년(1779) 정월 15일에 먼저 묘우 터를 개토開土하니 본래 이헌재李憲載의 옛 집터 열두 마지기의 토지였는바, 대금 130냥을 지급하고 사 들인 것으로써 그 땅은 과실나무가 많아서 토지 가격이 다른 농지와는 달랐다. 애초에는 재력이 미치지 못하여 크게 확장하려 하지 않고, 다만 용계정을 강당으로 하고 용계정 위에 묘우를 세워 간소하게 지을 계획을 하였다. 일이 해결됨에 이르러 지형이 경사지고 협세가 협소하여 또한 혈 뒤가 경사져서 풍수설에도 저촉된다고 하는 까닭에 부득이 북쪽 주맥이 내려오는 평평하고 넓은 땅에 다시 정하고, 그 전에 정한 곳은 비워 두었다가 강당을 세울 터로 삼기로 하였다. 같은 해 12월 12일 정묘에 기둥을 세우고 대들보를 올렸다. 3월 10일 손숙걸孫夙杰과 손현구孫玄久가 와서 보고 이틀을 머물고 갔다. 3월 15일에 기와를 덮었다.

이보다 앞서 60냥을 주고 거산巨山의 동사洞舍를 사서 재목과 기와를 운반해 왔는데, 기와는 만든 것이 좋지 못하고 재질도 매우 나쁜 것이어서 전혀 모양을 갖추지 못한 것이었으나, 그때 마침 춘궁기여서 자금 조달이 어려워 기와를 구울 수가 없었다. 그런 까닭에 부득이 이 기와로 지붕을 덮고 가을에 구워서 바꾸기로 계획하였다.

3월 17일 이의경李宜經·권용준權龍濬·이동백李東柏이 와서 구경하고 하루 머무르고 돌아갔다. 같은 해 3월 19일 전사청典祀廳에 기둥을 세우고 대들보를 올렸다. 3월 22일 손봉구孫奉九가 와서 보고 하룻밤을 지내고 돌아갔다. 같은 해 10월 26일 찬성공과 농재공이언괄 양위兩位를 봉안하고 사의당四宜堂을 임

옥산서원 일대 경관을 뜻한다.

시 강당으로 사용하였다. 이후 이듬해 연연루淵淵樓 현판을 걸었는데, '연연淵淵'은 '가학의 연원'이라는 뜻이다. 이조판서 조윤형曺允亨[9]의 글씨이다.

같은 기해년 6월 강당 기둥을 세우고 대들보를 올렸다. 같은 해 11월에 일을 마치는 강당은 5칸에 양쪽으로 양방兩方이다. 정문은 3칸이요, 명흥당明興堂·면수재勉修齋·진덕재進德齋, 입덕문入德門이다. '세덕사'는 강세황姜世晃[10]이 썼고, '명흥당'은 판서 이익회李翊會[11]가 썼으며, '면수재'·'진덕재'·'입덕문'은 입암立岩[12]이 썼다.

正祖戊戌十月十三日 達田會奠時 闔宗會議 贊成公主享議 出自宗中 蓋贊成公立祠之議 已在百餘年前 而以其事體重大故 迄此未決矣 宗議齊發 相議議定 南徵士亦以此意通書于是日 同年十月二十一日 宗中定送門少 李鼎岳 李鼎凝 于沃川春堂 質正可否 同年十一月十五日還 時溫陽公往留沃川春堂 議論旣定之後 不可無稟定門丈之道故 卽送兩人 袖告事由則卽爲快可 而蓋雲泉書院辛酉撤享之後 爲子孫者痛恨無窮 常欲復舊業 而唯是一端結轖之心 不能自已則第欲爲數間別廟 少行餘憾矣 故德淵龍溪亭之上 立數間別廟 爲奉安之道 因此結議 然而旣祧之後 復立別廟 不若世德祠之爲愈 且道內諸家 亦多行之 我家亦何不循俗 以此爲教云云故 遂以世德祠牢定焉 同年十一

9) 조윤형(曺允亨[1725~1799]) : 본관은 창녕(昌寧), 자는 치행(穉行)·시중(時中), 호는 송하(松下)이다. 문음으로 관직에 나아갔으며, 호조참의(戶曹參議)·지돈녕부사(知敦寧府事) 등을 지냈다. 글과 그림에 능숙하였다.

10) 강세황(姜世晃[1713~1791]) : 본관은 진주(晉州), 자는 광지(光之), 호는 표암(豹菴)이다. 1776년 기로정시(耆老庭試)에 급제하였으며, 관직은 예조판서(禮曹判書)에 올랐다. 글씨와 그림에 능숙하였다. 작품으로는 「송도기행첩(松都紀行帖)」을 비롯해 여러 편의 작품을 남겼다.

11) 이익회(李翊會[1767~1843]) : 본관은 전의(全義), 자는 좌보(左甫), 호는 고동(古東), 시호는 문간(文簡)이다. 1811년(순조 11) 문과에 급제하였고, 사헌부대사헌(司憲府大司憲)·한성부판윤(漢城府判尹) 등을 지냈다.

12) 입암(立岩) : 입암은 지금의 경상북도 포항시 북구 죽장면 입암리에 위치한 마을로서, 조선 시대까지는 경주 영역이었다. 여기서는 이 마을 출신의 권신추(權愼樞[1765~1821])를 가리킨다. 그의 본관은 안동(安東), 자는 유경(幼敬), 호는 암려(巖廬), 필명은 우필(右筆)이다. 초서(草書)에 능통하였다.

月二十三日 文元公諱辰也 闔宗齊會于無忝堂 定出世德祠營建任司 營建都監 李憲鐸 造成都監 李憲光 李憲涑 成造有司 李憲肅 李鼎凝 祭器有司 李憲愚 李鼎容 燔瓦有司 李憲程 李憲老 供需有司 李憲脩 同年十二月初三日 宗中三十餘人會于德洞 相基址于龍溪亭之上 因出伐木輸運任司 伐木輸運有司 李憲迮 李元述 李鼎寅 李麟涵 李麟祥 當日會員 李敍中 李憲點 李憲沈 李憲鐸 李憲晦 李憲光 李憲涑 李憲烈 李憲奭 李憲紘 李憲奎 李宜範 李憲參 李憲肅 李憲迮 李鼎宅 李鼎元 李元述 李鼎宇 孫應龜 孫應駿 李鼎翊 李鼎岳 李鼎老 李鼎和 權運復 李鼎震 李鼎凝 李鼎器 李鼎溥 李麟祥 共三十一人 前月議定之後 欲定基址 而野外則無宜地故 遂專意於此 溪山絶勝 實伯仲於紫溪 欲爲藏修 舍此何之 或者以地處深僻難之 而有龍溪亭 亭宇之侈觀故 仍舊營新則可謂事半而功倍矣 遂卽敦定 更始召匠伐木之事 同年十二月初六日 率木手 崔聖眞 伐木于李憲迮丘山及青雲菴主山 同己亥正月十五日 先開廟宇基址 本是李憲載舊垈十二斗落地 給價百三十兩買之 以其果木多數 土價自別也 初則以財力不敷 不欲張大 直以龍溪亭 以講堂 因立廟宇於其上 爲從簡之計矣 及其打開 則地形傾尺 面勢挾隘 且穴後衡斜 有妨於堪輿之法云故 不得已更定宇迤北元脈平衍之地 空其舊定之處 以爲講堂之基 同年二月十二日丁卯立柱上樑 三月初十日 孫夙杰 孫玄九來觀 留二日而歸 三月十五日蓋瓦 先是以六十兩文買巨山洞舍 運來材瓦 則瓦制不好 蓋才甚劣 全不成様 時當春荒 拘於財力 無以燔瓦 故不得已此瓦覆之 而計以秋間燔改矣 三月十七日 李宜經 權龍濬 李東柏來觀 留一日而歸 同年三月十九日 典祀廳立柱上樑 三月二十二日 孫奉九來觀經宿而歸 同年十月二十六日 丙子贊成公聾齋公兩位奉安 以四宜堂爲臨時講堂用之 而後翌年 揭淵淵樓板 淵淵家學淵源之意也 吏曹判書曺允亨筆 同己亥六月日 講堂立柱上樑 同年十一月終役 堂五間翼以兩方 正門三間 明興堂勉修齋進德齋入德門 世德祠姜世晃筆 明興堂李判書翊會筆 齋號入德門立岩筆

2) 〈세덕사 묘우 상량문 世德祠廟宇上樑文〉

『사의당고적록』, 「세덕사묘우상량문世德祠廟宇上樑文」

백 년이 된 헌영軒楹을 수리 하는 일이 만약 찬성공과 농재공 두 분 묘우를 갖추어 창건하여 공경한다면 곧 "비록 오래되었지만 새롭다"[13]는 것에 합당하니, 세상에 드러나지 않겠는가!

엎드려 생각하건대 선조 증 좌찬성 공은 타고난 품성이 맑고 소박하여 일찍부터 명예가 드러났다. 옛 서적을 깊이 탐구하여 성균관에서 모범이 되고, 여사餘事에 지은 한묵翰墨에 사림들이 공의 문장을 본받았다. 집안에서 도학의 근본을 깨우쳤음이 퇴옹退翁[14]의 믿을만한 기록에서 증거 할 수 있고, 포의布衣의 신분으로서 연석筵席에 나아가 총애를 차지했음은 묵재默齋[15]가 남긴 묘갈명에서 드러났다. 숙조叔祖 찰방공察訪公은 부모와 형제에게 효도와 우애를 돈독하게 실행하는 것을 즐거움으로 삼았으니, 생각건대 어버이 친애하고 어른을 공경하는 성품은 하늘이 부여한 양심에 근거하였음이라. 또한 내 몸을 닦아 남을 다스리는 법과 제가諸家에서 전하는 교훈을 체득하여 형제 간 생사를 계산하지 않고 정애情愛가 옛 사람에 부끄러움 없으며, 출처出處할 적에 제 중요하고 중요하지 않음을 알아 백씨[이언적]에게 격려하기를 여러 번 하였다.

돌아보건대 두 분 선조의 품행과 도의道誼의 아름다움에도 오히려 백대의 높이 받드는 의식이 누락되었다. 갱장羹墻의 추모 잊지 못해 큰 의논이 경오년에 일어나서 조두俎豆를 진설하였으나, 도리어 철향撤享되어 남은 한이 병진년에 더욱 간절하였다. 전 종중과 후손들이 오랫동안 개탄스러움을 품었을 뿐만 아니라 무릇 모든 유생들이 서로 함께 탄식하였다. 다행스럽게도 고을 원로들이 공언하고 이에 모든 자손들이 의논에 부합하니 천년 후라도 우러러 사모함이 더욱 간절하면 어찌 이미 조묘祧廟한 후라고 논하겠는가? 한 집안 가운데 덕행이 함께 높으니 실로 향례 하는 의리에 합당하다. 이 때문

13) 비록 오래되었지만 새롭다. : 『시경(詩經)』 「대아(大雅)」 문왕(文王) 편에 "주나라는 오래된 나라이지만 그 명은 새롭다. 주나라가 드러나지 않을까![周雖舊邦 其命維新 有周不顯]"라는 구절에서 인용하였다. 새롭게 혁신하는 것을 뜻한다.

14) 퇴옹(退翁) : 퇴계(退溪) 이황(李滉[1501~1570]).

15) 묵재(默齋) : 홍언필(洪彦弼[1476~1549])의 호로서, 그의 본관은 남양(南陽), 자는 자미(子美), 시호는 문희(文僖)이다. 1507년(중종 2) 문과에 급제하였으며 영의정을 지냈다.

에 몇 칸의 집을 지어 별향別享하는 의논을 도모하지 않아도 일치되니, 비록 이것이 두 분에 대한 의기義起의 예법일지라도 예에 진실로 부합한다.

사의당 명승지를 돌아보니 5대손이 창설 하였네. 서쪽으로 바라보니 자옥산紫玉山은 구름안개 자욱하여 백중伯仲이라 일컫고, 남쪽으로 달려가니 설창산雪倉山 봉우리가 벌려 있어 자손이 늘어선 듯 송석松石의 지계地界가 가장 깊어 비록 지팡이 짚고 걸어 찾아올 곳은 아니나, 후손들이 대대로 거처하면서 오랜 세월 흐르도록 고향을 서로 잇기에 적합할 만하네. 마침내 묘우를 짓는 처음에 적당한 부지를 선정하여 구름 덮힌 골짜기 깎아 터를 개척하니 물은 굽이돌고 산은 돌아들며, 풍근風斤[16] 휘둘러 재목을 베니 큰 나무는 들보이고, 작은 나무는 서까래네. 일이 모두 시절에 맞게 행하여지니 공사 또한 오래 걸리지 않아 완성되었네. 계산溪山은 아득하고 그윽하여 영령을 모실만한 장소라. 당우가 훤히 트여 시원하니 이곳에 위패를 봉한하기 적합하네. 아름답도다! 일묘一廟의 단청이여! 아! 두 선조의 시축尸祝에서 어질고 현명하신 덕을 살펴 볼 수 있으니, 또한 세상에 빛나지 않겠는가! 그 아버지에 그 아들이로다. 성대하게 오르내리는 영혼은 후생들이 추모하는 마음 붙이 여기에 있고, 가지런한 제기는 모든 후손들이 조상의 은덕에 보답하는 땅에 있네. 몇 서까래의 사우, 우뚝하고 아름다우니 진실로 백세토록 조상의 음덕이 될 것을 알겠다. 긴 대들보를 올리고자 부탁하기에 감히 선송善頌을 올리노라.

어여차 대들보를 동쪽으로 던져보니, 학 날고 신선 사는 산[17]이 시야 속에 높구나. 화표華表[18]에 돌아옴이 응당 조만간일러니, 요양遼陽 천리 길이 멀

16) 풍근(風斤 : 『장자(莊子』 「서무귀(徐無鬼」에서 인용한 고사로 솜씨가 아주 정교한 장인을 뜻한다. 옛적 초(楚나라 사람이 자기 코끝에다가 흙을 얇게 바르고, 장석(匠石을 불러 그 흙을 닦아 내게 하였다. 장석이 바람나도록 도끼를 휘둘러 흙을 닦아 내었는데, 코는 전혀 다치지 않았다고 한다.

17) 학 날고 신선 사는 산 : 경상북도 포항시 북구 신광면·기계면·기북면 경계에 있는 비학산(飛鶴山).

18) 화표(華表) : 중국 한(漢)나라 때 요동(遼東) 사람 정영위(丁令威)가 신선이 된 후 천 년 만에 학으로 변해 고향으로 돌아왔다. 그리고는 요동 성문의 '화표주(華表

리 통하였네.

어여차 대들보를 남쪽으로 던져보니, 십리 흐르는 시냇물 말처럼 달리네. 양좌良佐 마을 앞 한 물줄기로 만나니, 근원은 또한 세심담洗心潭에서 나왔다.

어여차 대들보를 서쪽으로 던져보니, 향석봉向夕峰 너머 해가 지려하네. 효자의 성심은 항상 이것을 안타까워하니, 긴 줄 어디서 얻어 태양을 매어 둘까!

어여차 대들보를 북쪽으로 던져보니, 뭇 별들 쳐다보며 자성紫極星[19]을 둘러쌓네. 세간의 신민들 임금 섬김에 어찌 끝이 있으랴, '공신拱宸[20]' 두 글자가 나의 끝 뜻일세.

어여차 대들보를 위로로 던져보니, 구름 그림자 하늘빛 형용하기 어려워라. 그 중에 의취의 참됨을 알고자 한다면, 공부는 다만 놓은 마음을 찾는데[21] 있을 뿐이네.

어여차 대들보를 아래로 던지노니, 도도히 흐르는 시냇물 쉬지 않고 흐르네. 공자께서 당년에 탄식한 까닭으로[22] 왕래하는 이치가 이와 같은 것이네.

삼가 바라건대 들보를 올린 후에 가문 명성 크게 떨치고, 묘우 모습 길이 평안하소서. 춘추제향에 장차 선비들은 정결한 예를 게을리 하지 말라. 화수花樹의 단란한 모임은 화목한 유풍을 더욱 도탑게 하리다. 마땅히 먼저 힘써야 할 것은 시서詩書를 읽고 본받는 것을 거울삼아야 한다. 너의 조상을 생각

柱)'에 앉았는데, 한 소년이 이를 보고 화를 쏘려고 하자, 허공으로 날아오른 후 "옛날 정영위가 한 마리 새가 되어, 집 떠난 지 천 년 만에 이제 처음 돌아왔소. 성곽은 의구한데 사람은 모두 바뀌었나니, 신선술 왜 안 배우고 무덤만 이리도 즐비한고."라고 탄식한 뒤 사라졌다. 고향에 돌아가려고 서두를 필요가 있냐는 자조적 표현이다.

19) 자극성(紫極星) : 북극성.

20) 공신(拱宸) : '공(拱)'은 공경, '신(宸)'은 대궐.

21) 공부는 … 찾는데 : 『맹자(孟子)』「고자(告子)」상에서 "학문의 도는 다른 것이 아니라 그 놓은 마음을 찾는 것일 뿐이다.[學問之道無他 求其放心而已矣]"에서 인용한 것이다.

22) 공자께서 … 까닭으로 : 『논어(論語)』「공야장(公冶長)」에서 공자가 "도가 행해지지 않으니 뗏목을 타고 바다를 항해하려 한다.[道不行 乘桴浮于海]"라고 말한데서 인용하였다. 천하에 어진 군주가 없음을 뜻한다.

하지 않느냐. 마땅히 부모에 효도하고 형제 간에 우애하며 어른을 공경하는 데 부지런히 힘써야 하나니, 고가故家의 법도를 따라 영원토록 대대로 준수하기를 바라노라.

7대손 전 군수 범중範中 삼가 지음

葺百年之軒楹事 若有待創二代之祠宇禮 則合宜雖舊維新 不顯亦世 伏惟先祖贈左贊成公 素稟雅質 夙著令譽 績學典墳黌庠取以矜式 餘事翰墨士林慕其詞華 家庭啓道學之原 可徵退翁信筆 韋布叨筵席之寵 又著默老遺銘 叔祖察訪公 樂有父兄行篤孝友惟愛親敬長之性 根於天畀之衷 亦修己治人之方 得諸家傳之訓 兄弟間不計生死 情愛無愧於古人 出處際能知重輕 嘉獎累發於伯氏 顧以二祖 行誼之美 尙欠百代崇奉之儀慕羹墻而不諼 大論起自於庚午 設俎豆而還撤 遺恨益切於丙辰 不但闔宗雲仍之間久抱慨歎 凡在擧世章甫之列相與咨嗟 何幸鄕丈老之倡言 爰有諸子孫之合議 千秋後景慕彌切 何論旣祧之餘 一室中德行俱尊實合可祭之義 所以數間屋別享之論不謀而同雖是兩家人義起之文於禮允合 眷玆四宜亭名勝 寔是五代孫創成 西望則有紫玉雲烟號稱伯仲 南走而得雪倉巒峀列若兒孫 松石之地界最深 縱非杖履之攸曁 苗裔之世居彌久 可謂桑梓之相連 肆於經始之初 乃取便宜之地 斲雲壑而拓址水擁山回 運風斤而伐材大宗小桷 事皆趍時而作 功亦不日而成 溪山敻幽得妥靈之所 堂宇顯敞正宜揭虔於斯 美哉一廟丹靑 猗歟兩祖尸祝 可以觀德矣 如其仁而如其賢 不亦赫世乎 有是父而有是子 洋洋陟降後生之寓慕在玆 秩秩豆籩諸孫之報本有地 是知數椽知輪奐 允爲百世之蔭庥 屬擧脩樑 敢陳善頌 抛樑東 飛鶴先岑望裡崇 華表歸來應早晚 遼陽千里路遐通 抛兩南 十里溪流走似驒 良佐村前會一水 其源又自洗心潭 抛樑西 向夕峰頭日欲低 孝子誠心常愛此 長繩安得絆羲輪 抛樑北 仰看衆星環紫極 何限世間臣事君 拱辰二字是吾鵠 抛樑上 雲影天光難可狀 欲識箇中意趣眞 工夫只在心求放 抛樑下 滾滾川流流不舍 夫子當年所以歎 往來之理如斯者 伏願上樑之後 家聲丕振 廟貌長寧 春秋祭將勿怠士禴之禮 花樹團會益篤敦睦之風 宜鑑于先所務者 詩書誦法 無念爾祖當勉於孝悌服勤 循故家之規模 期永世之遵守 七代孫 前郡守 範中 謹撰

3) 〈연연루기 淵淵樓記〉

이헌경李獻慶, 『간옹집艮翁集』 권20, 「기」

물은 하나이다. 흐르면 내가 되고 고이면 못이 되니, 물이 아래로 흘러 공덕이 됨은 못이 참으로 내에 미칠 수 없으나, 그 고임이 있지 않으면 흐름은 어찌 길겠는가? 내는 반드시 못에 바탕하고 있으니 못의 공덕이 더욱 크다.

월성月城의 사문斯文 정응鼎凝이 그 종숙宗叔 함창공咸昌公[23]의 편지를 가지고 나를 찾아와 '연연淵淵'이라 부르는 누각을 위한 기문을 써 달라고 청하였다. 내가 "'연연'은 무슨 뜻입니까?"라고 물으니, 대답하기를 "우리 선조 찬성공은 곧 회재晦齋 선생의 부친이십니다. 찬성공은 학문과 문장으로 집안을 번창시키셨고 회재의 아우 지평공持平公(이언괄)은 또한 지극한 효도와 우애로 그 행적이 아름다워, 후예가 추모하고 우러르기를 몇 백 년이 된 오늘날에도 쇠퇴하지 않아서 세덕사를 덕연德淵 마을에 세워 제사를 지내는데, 앞의 누각이 됩니다. 편액을 '연연'이라 한 것은 가학家學의 연원이 이곳에 있음을 이른 것입니다. 회재 선생이 뛰어난 학문으로 이름을 높여 동방의 유종儒宗이 되었고, 퇴도退陶 이선생李先生이 그를 칭찬하며 말하기를 '선생의 가학은 진실로 유래한 바가 있으니, 어찌 연원을 가정이 아니라 다른데서 구할 수 있겠는가!'고 하였습니다. 아! 찬성공이 이미 못이 되고, 또한 본받을 만한 아우가 있어서 그 연원에 접하고 회재가 그 흐름을 이끌어서 더욱 크게 하니, 그것의 도도하고 질펀한 흐름을 막을 수 없는 것과 같습니다. 저는 후손들이 그 흐름을 따르다가 그것의 연원을 잊을까봐 두렵습니다. 그래서 연연이라는 말로 편액한 것입니다."고 하였다.

내가 기문을 짓고서 대답하여 말하였다. "일찍이 정태중程太中[24]과 주위재

---

23) 함창공(咸昌公) : 이헌락(李憲洛[1718~1791])을 가리키는데, 함창현감(咸昌縣監)을 지냈다. 본관은 여주(驪州), 자는 경순(景淳), 호는 약남(藥南)이다.

24) 정태중(程太中) : 중국 북송(北宋)의 정향(程珦)으로 태중(太中)을 지냈다. 정호(程顥)·정이(程頤) 형제의 부친이다.

朱韋齋[25]의 행적을 읽고, 세 분 선생의 학문이 근본 삼은 것이 있음을 알았는데, 지금 내 아들이 말한 바를 들어보니 '회재의 학문도 또한 유래한 바가 있음을 알았습니다.'라고 했습니다. 오히려 고이지 않고 흐르고, 못 없는 내가 된다고 말 할 수 있겠습니까? 내가 들어보니 누각 왼편에 용반연龍盤淵이 있다고 하던데, 못의 깊이가 몇 백 길이 되는지 알 수 없지만, 공의 자손들로 하여금 물길을 터서 물이 장차 콸콸 흘러들게 하시기 바랍니다. 붕어에게 줄 만한 정도의 작은 물결[26]이 될지, 하늘에 닿을 만큼 젖게 할지는 힘을 쓰는 것이 어떠한가에 달려 있을 뿐이니, 그대들에게 권면합니다."하고, 삼가 기문을 삼는다.

水一也 流爲川滀爲淵 以其下施爲功則淵固不及於川 不有其滀 流何以長 川必資於淵 淵之功爲不少 月城李斯文鼎凝以其宗叔咸昌公書 來諗于不佞 以樓號淵淵者請爲之記 不佞曰淵淵何義 曰吾祖贊成公 卽晦齋先生之皇考也 贊成公以學問文章倡于家 晦齋之季君持平公 又以孝友至行 趾其美 後裔之追慕景仰 至今累百年不衰 乃建世德祠于德淵之里以祀之 而前爲之樓 扁以淵淵者 謂家學之淵源在玆也 晦齋先生倡明絶學 爲東方儒宗 而退陶李先生爲之讚曰 先生家學 固有所自來 豈不以淵源在家庭 非可他求也歟 噫 贊成公旣爲之淵 又有足法之弟接其源 而晦齋導其流而益大之 若是其沛然莫禦也 吾懼後人之沿其流而忘其源也 故以是扁諸樓也 不佞作而對曰嘗讀程太中朱韋齋行蹟 知三先生之學有所本 今聞吾子所云 又知晦齋之學 亦有所自 尙可謂不滀而流 不淵而川乎 吾聞樓之左有龍盤淵 淵之深不知爲幾百丈 使公之子孫疏以漑之 將混混乎來矣 射鮒之波 稽天之浸 惟在用力如何 子盍勉之 謹爲記

25) 주위재(朱韋齋) : 주자의 부친 주송(朱松)을 가리킨다. 위재(韋齋)는 그의 호이다.
26) 붕어에게 … 물결 : 물이 매우 적음을 뜻한다. 『주역(周易)』「정괘(井卦)」 구이효(九二爻)에 "작은 우물 구멍의 물이라. 붕어에게나 부어 줄 만하다.[井谷射鮒]"라고 한데서 인용하였다.

2. 고문서

1) 첨배록 13건 瞻拜錄

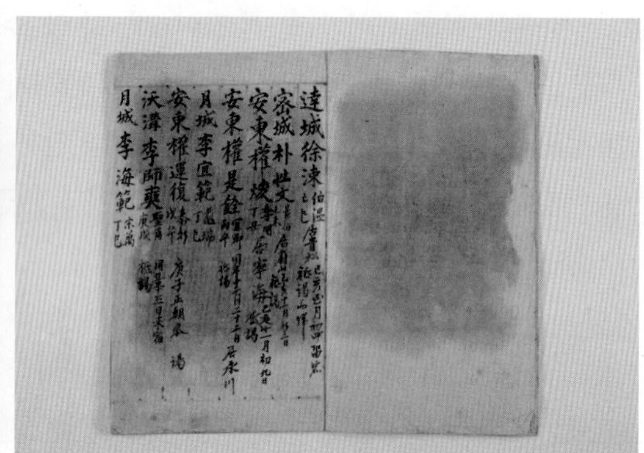

첨배록은 세덕사를 방문하고 묘우에 알묘謁廟한 인사들의 성명을 기록해 놓은 일종의 방명록이다. 평상 시 방문뿐만 아니라 정알례正謁禮, 문회文會 등 세덕사의 정기 의례나 행사 때 알묘한 기록도 간헐적으로 수록되어 있다. 본문에는 방문자가 자필로 성명, 본관, 자字, 일시, 동행 인사 등을 기재하였는데, 그 형식은 일정하지 않다. 현재 세덕사 첨배록은 모두 13건이 전한다. 표제 '첨배록 천天'이 가장 오래된 것으로 1779년 11월 3일부터 1782년 10월 4일까지의 방문 기록이다. 다음으로 '우宇'가 1813년 4월 4일부터 1818년 3월 26일, '홍洪'이 1822년 2월부터 동년 11월까지의 것인데, 이상 3건에는 제향인 후손이 거의 없다. 이때까지 본손本孫의 경우 별도의 첨배록에 기재하거나, 기재를 하지 않았던 것으로 보인다. 이후 10건은 표제에 천자문 자호 대신 시작 간기를 기재한 것이다. 10건의 방문 시기는 1829년 2월~1832년 4월 14일, 1839년 6월 17일~1840년 12월 5일, 1843년 4월 19일~1844년 1월 7일, 1844년 1월 12일~1845년 1월 5일, 1847년 4월 20일~1849년 윤4월 16일, 1852년 2월 1일~1853년 2월 25일, 1853년 2월 12일~1855년 1월 4일,

1855년 1월 1일~1857년 10월 12일, 1857년 10월 18일~1859년 2월 22일, 1860년 7월 29일~1862년 4월 29일 순으로 나타난다. 모두 2,265명의 방문객이 기재되어 있는데, 여주이씨가 가장 많고 경주손씨慶州孫氏·안동권씨安東權氏·경주이씨慶州李氏·경주김씨慶州金氏·영일정씨迎日鄭氏·전주류씨全州柳氏 등 제향인 가문과 사회적 관계망을 형성하고 있는 가문이 다수를 차지하고 있다.

2) 고왕록 考往錄

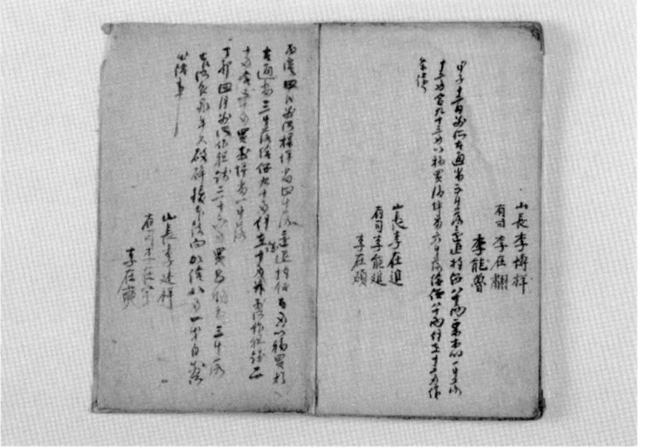

「고왕록」은 세덕사가 건립된 1779년 2월 12일부터 훼철 직전 해인 1867년 4월까지의 연혁이 간략하게 기재한 것이다. 그 중에서도 세덕사의 경제관계, 건물 수리 및 각종 공사, 제사 및 거접 용품 확보 기록이 상세하다. 예컨대 건립 초기 세덕사에는 강당이 없어 사의당四宜堂을 임시 강당으로 활용했다거나, 1784~1795년 사이에 전답을 집중적으로 매입함으로써, 세덕사 운영에 필요한 경제적 기반을 확보했음이 나타난다. 그 외에도 공사 때 동민洞民들을 동원했음을 확인할 수 있다. 매 해 기록 마지막에는 세덕사 임원이 기재되어있는데, 대체로 산장山長 1인, 유사有司 1~2인 체제로 운영되었으며, 경우에 따라 별유사別有司와 각종 유사 및 도감都監을 임명하기도 했다. 중복 인원을 제외하고 모두 111명의 임원이 확인되는데, 모두 경주에 거주하는 제향인 이번·이언괄 후손이다. 파별로는 여주이씨 향단파香壇派, 수졸당파(守拙堂派, 양졸당파養拙堂派, 설천정파雪川亭派, 오의정파五宜亭派, 무첨당파無忝堂派 순으로 나타난다.

3) 사의당 고적록 四宜堂考蹟錄

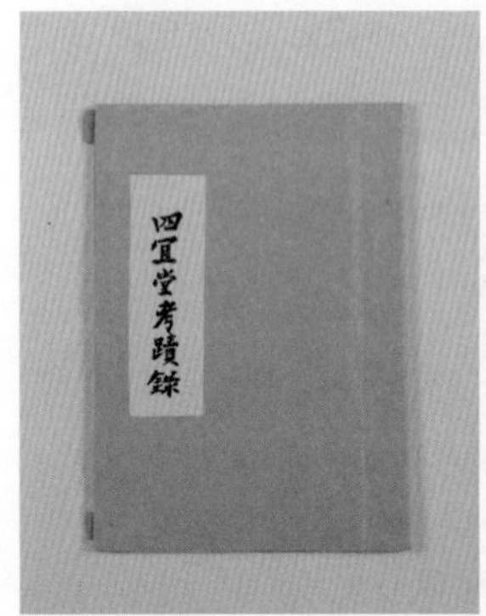

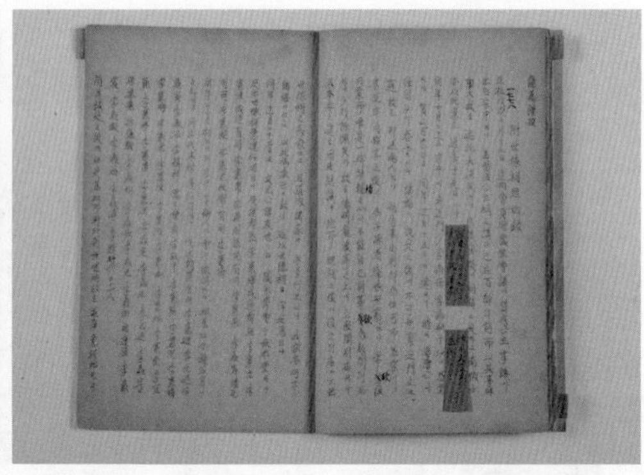

「사의당고적록」은 여주이씨 향단파香壇派에 소장된 고적古蹟 중에서 사의당四宜堂·용계정龍溪亭·세덕사 관련 문적을 엮어 필사해 놓은 것이다. 필사 시점은 해방 이후로 보인다. 가장 서두에는 사의당 이강李㽘(1621~1689)의 행적이 소개되어 있고, 이어서 사의당 연혁, 「사의당초건상량문四宜堂初建上樑文」, 「용계정고사龍溪亭古事」, 「사의당중창상량문四宜堂重刱上樑文」, 「부세덕사경시록附世德祠經始錄」, 「묘우상량문廟宇上樑文」, 「연연루기淵淵樓記」, 「사의당사실기四宜堂事實記」, 「사의당급구곡삼기팔경운四宜堂及九曲三奇八景韻」을 수록해 놓았다.

4) 별고소책 別庫小冊

1794년 세덕사 별고의 전답 현황을 기록해 놓은 자료이다. 별고는 세덕사 자체 재정 외에 제향인의 후손들로부터 마련한 재정으로 보인다. 여기에는

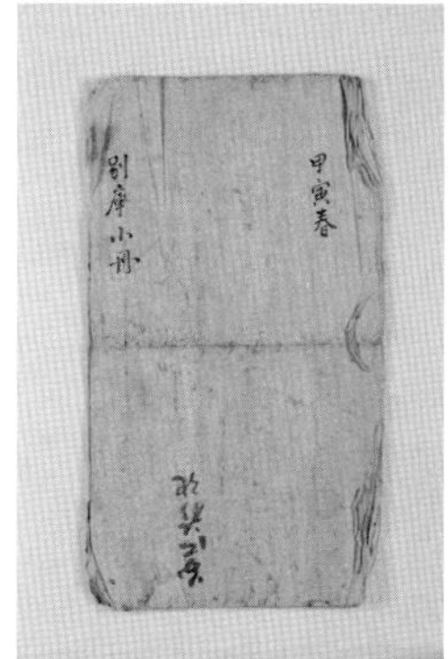

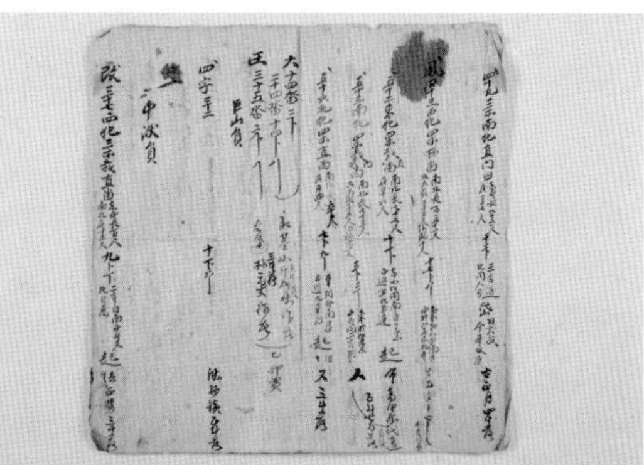

송정원松亭員·점동원店洞員·고통각원古通各員·거산원巨山員 등지에 소재한 전답이 확인되는데, 대체로 여주이씨 가문의 근거지인 안강安康과 기계杞溪 평야 일원이다. 전田과 답畓을 구분하지 않고 위치와 총량만 기재하였으며, 모두 4결結 94부卜에 이른다.

5) 덕연소소책 德淵所小冊

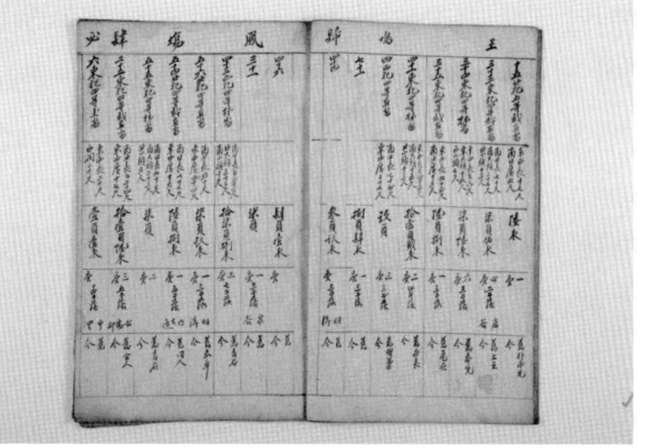

1814년 6월 당시 세덕사가 보유하고 있는 전답의 위치와 결부結負 및 두락斗落 수, 소작인 등을 기재해 놓은 장부이다. 후반부에는 양동원良洞員의 전

답이 별도로 기재되어 있다. '덕연'은 세덕사가 소재한 덕동 일대이다. 이것의 운영과 관련된 전답으로 추정된다. 전답 규모는 모두 5결 35부 2속이다.

6) 세덕사 전답안 世德祠田畓案 부노비안 附奴婢案

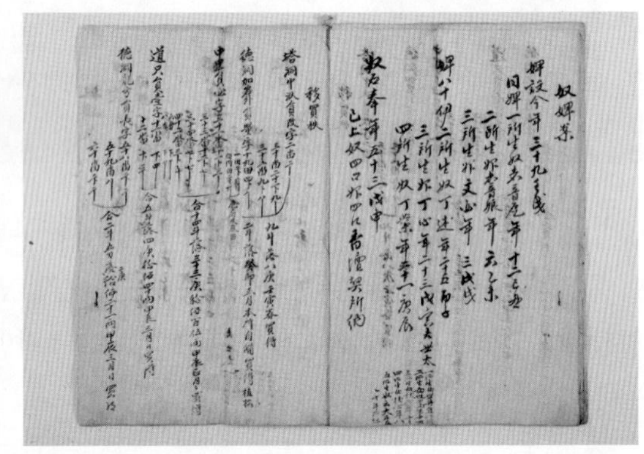

경자년(1780·1840) 9월 초2일 세덕사의 전답 규모를 기재해 놓은 장부로 노비안奴婢案도 부기되어 있다. 당시 세덕사 전답은 본소本所와 별소別所로 구분되어 있다. 본소는 세덕사가 자체로 보유하고 있는 전답이며, 별소는 후손들이 별도로 마련한 별고別庫 전답으로 보인다. 전답은 대체로 안강과 기계 일원에 분포하고 있었으며, 규모는 본소의 경우 2결 90부 1속, 별소는 91부 2속이다. 노비는 노奴 4구, 비婢 4구인데, 향단계香壇契에서 제공한 것으로 나타난다. 가장 마지막에는 이매질移買秩이라고 하여, 대략 5년 간 매입한 전답의 위치와 가격을 기재해 놓았다.

7) 각양등록 各樣謄錄

경자년(1780·1840) 9월 초2일 세덕사 운영과 관련된 세부 지침을 규정해 놓은 등록이다. 「세덕사전답안世德祠田畓案 부노비안附奴婢案」과 같은 시기에 제

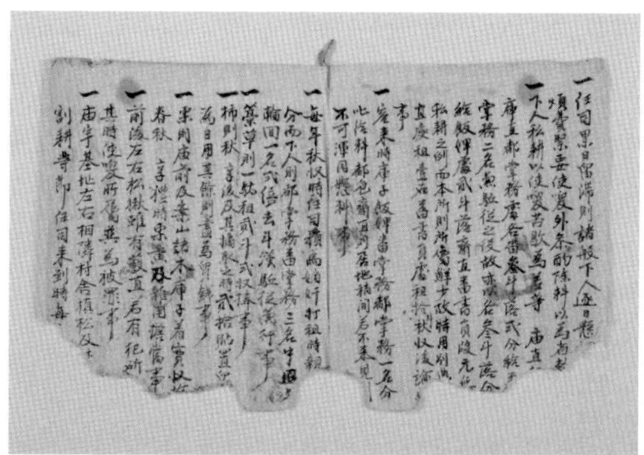

정 및 성책되었다. 모두 19개 조로 구성되어 있다. 여기에는 향사일享祀日, 임원 및 조직 구성을 비롯해 경비 관리 및 제물 구입, 묘우 관리 및 보수, 동민洞民·승군僧軍 동원 등의 방침이 규정되어 있다.

8) 완문 6건 完文

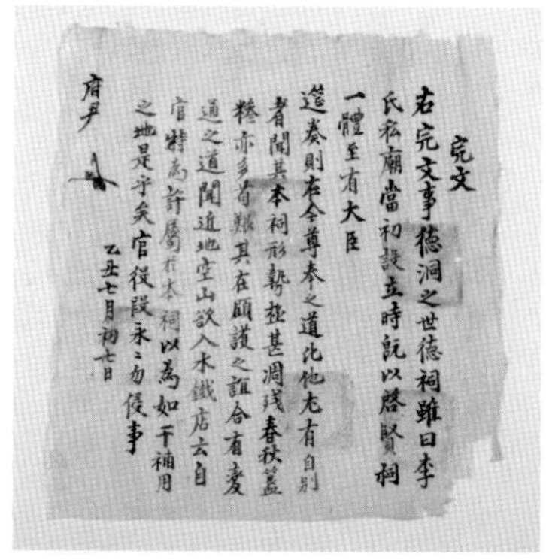

完文
右完文事 德洞之世德祠雖曰李
氏私廟當初設立時既以啓賢祠
一體至有大臣
筵奏則在今尊奉之道比他尤有自別
者聞其本祠形勢甚凋残春秋蓋
粧亦多有艱其在顧護之誼合有麦
通之道聞近地空山設入水鐵店云自
官特爲許屬於本祠以爲如干補用
之地是守矣官役段永永勿侵事
乙丑七月初七日
府尹

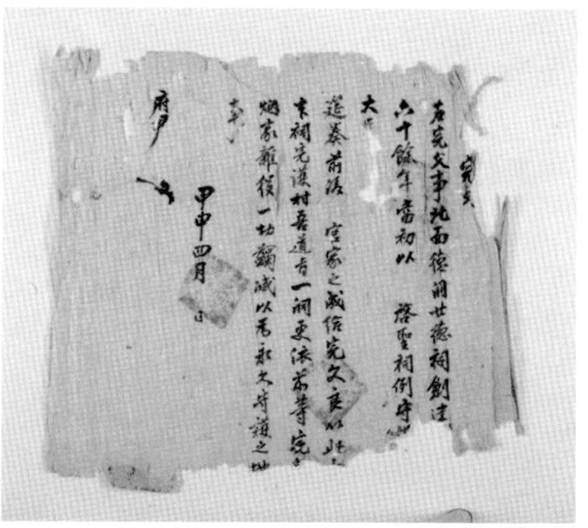

세덕사에는 모두 6건의 완문이 전한다. 계축년(1793·1853) 완문은 영장營將으로부터 발급 받았으며, 세덕사 수호군守護軍의 잡역을 면제한다는 내용이다. 을축년(1805·1865) 완문은 경주부윤慶州府尹이 인근 수철점水鐵店을 세덕사에 소속시켜서 보용補用케 하되, 관역官役을 부과하지 않는다는 것인데, 같은 내용의 완문을 무진년(1808·1868)에 향청鄕廳, 1809년 영장으로부터 발급 받았다. 1827년 경주부윤 완문은 세덕사 수노首奴의 정문呈文을 바탕으로 발급된 것으로 역시 수철점 점유와 관련된 내용이다. 1824년 경주부윤 완문은 계성사啓聖祠의 전례에 따라 세덕사가 소재한 동리를 수호촌守護村으로 획급한다는 것이다.

9) 입안 2건 立案

세덕사에는 각각 1816년 2월과 1817년 12월에 발급받은 2건의 입안이 전한다. 세덕사는 창건 이후 매득을 통해 안강安康·기계杞溪 일원의 전답을 확보하였다. 또한 경주부로부터 입안을 발급받음으로써, 세덕사 전답으로 공인받았다. 입안에는 공인 받은 전답의 위치와 결부수가 기재되어 있다. 입안 중 1816년에 발급받은 입안에는 전답주田畓主가 '세덕사위世德祠位 호노戶奴 자음돌者音乭', 1817년 입안에는 전답주가 '세덕사世德祠 수노首奴 자음돌이者音乭伊'로 기재되어 있다.

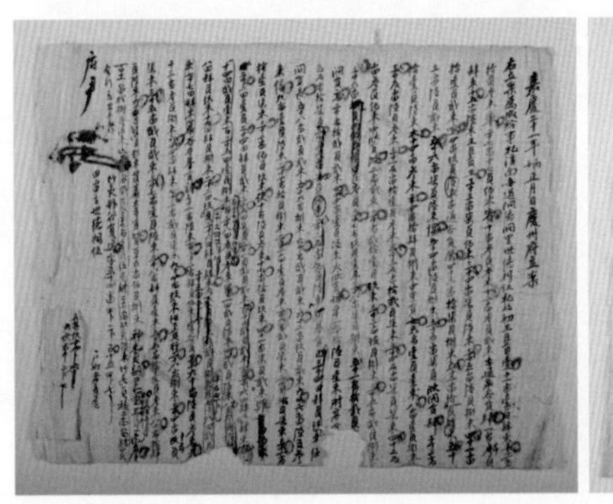

10) 명문 79건 明文

세덕사에는 17~19세기 동안 작성된 79건의 명문이 전하는데, 여주이씨 가문의 명문과 혼재되어 있다. 이 중 수급자가 세덕사, 세덕사의 수노首奴, 별소別

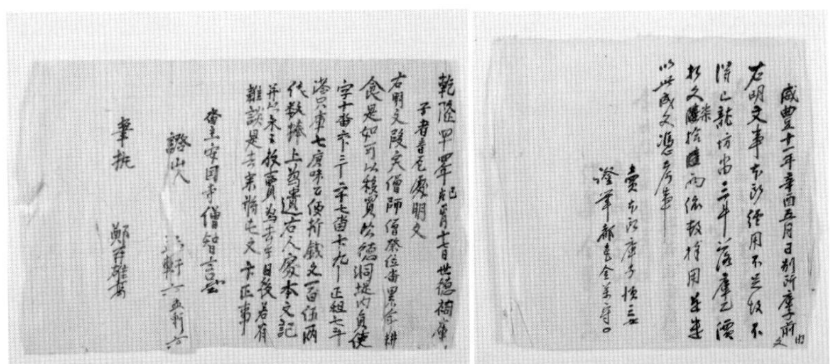

所 등으로 기재된 것이 27건에 이른다. 세덕사와 직접 관련된 명문 중 가장 이른 것은 1799년 정월에 작성되었으며, 가장 늦은 것은 1861년의 것이다. 모두 토지매매명문으로 1779년 창건 후 세덕사의 전답 확보 양상을 보여준다.

11) 호구단자 戶口單子

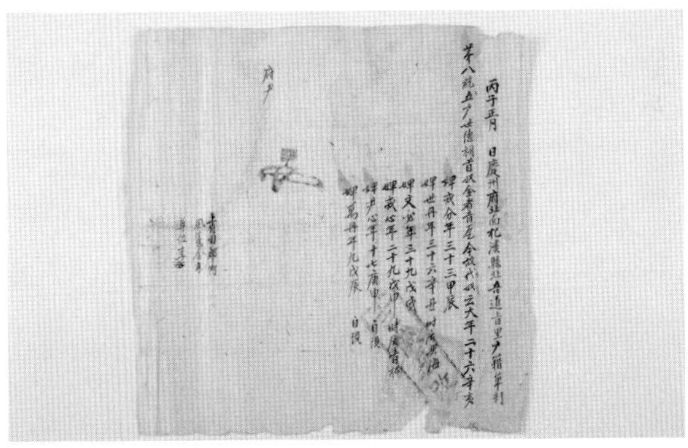

1816년 1월 경주부에 제출하기 위해 작성한 호적단자이다. 호주는 세덕사 수노首奴 김자음돌金者音乭의 아들 운대云大이며, 비婢 6구와 함께 기재되어 있다. 이 중 비 2구는 각각 흥해興海와 청송靑松에 거주하고 있는 것으로 나타난다.

금호서원琴湖書院

Ⅰ. 개 요

주 소	경북 경산시 하양읍 가마실길2길 32-1
제향인물	허조許稠(1369~1439)
관련사항	경상북도 문화유산자료

Ⅱ. 연 혁

1653년(효종 4)	하양현 금락리 허조의 구제舊第에 사당 건축
1684년(숙종 10)	금호서원 창건
1724년(경종 4)	서사리 이건
1790년(정조 14)	사액
1835년(헌종 1)	묘우 이건
1871년(고종 8)	훼철
1901년(광무 5)	서원 터에 유허비 건립
1918년	금호서당 복원

1923년	금호서원 승격
2003년	경상북도 문화유산자료 지정

▣ 제향인물

■ 허조(許稠, 1369~1439)

허조의 본관은 하양, 자는 중통仲通, 호는 경암敬菴, 시호는 문경文敬이다. 조선 초기 태조·정종·태종·세종 4명의 임금을 섬기며 여러 관직을 역임한 문신으로 왕조의 예제禮制와 법전 정비에 크게 공헌을 하였다. 황희·맹사성과 더불어 세종 대의 명재상으로 유명하다.

Ⅲ. 자료편

1. 관찬사료

1) 경상도의 유생 채사현 등 285인이 상소한 데 대해, 비답을 내렸다.

『일성록』 정조 14년(1790) 2월 13일.

상소의 대략에,

"세종조의 명상인 문경공 허조는 바로 나라의 원로이며 사림의 거두로서, 그 나라를 다스린 공로와 선비들의 표준이 된 덕망은 진실로 사당을 세워 제사를 지내 주기에 합당하고, 숭장崇奬하는 은전을 입기에 마땅합니다. 도내의 하양현에 있는 금호서원은 바로 그에게 제사 지내는 곳인데, 100년이 된 유사遺祠에서 비록 사림이 존모하는 정성을 펴기는 하지만, 두 글자의 사액에 대해서는 아직도 조정의 숭보하는 은전을 받지 못하고 있으니, 이 어찌 밝은 시대에 흠이 되는 일이 아니겠으며, 선비들의 실망하는 바가 아니겠습니까. 근자에 삼가 듣건대, 익성공翼成公 황희를 모시는 상주의 원우는 도내의 유생이 상소하여 청한 것으로 인하여 즉시 사액하라는 명을 내리셨다고 하였습니다. 무릇 황희와 허조는 한 몸이나 마찬가지인데, 지금 한 몸이나 마찬가지인 신하들에 대하여 차별을 두어서는 안 됩니다. 더구나 하양은 바로 허조의 관향貫鄕이면서 평소 머물던 곳이므로, 사림이 반드시 이곳에다 모시려고 하고 있으니, 조정에서 사액하는 은전을 또한 그만둘 수 없을 듯합니다. 삼가 바라건대, 속히 유사에게 명하여 특별히 은혜로운 편액을 내려 주소서."

하여, 비답하기를,

"황 익성공과 허 문경공이 한 몸이 되어 재상의 업적은 세운 것은 사람들마다 익숙히 아는 바인데, 사원에 아직도 편호가 없으니 흠이 되는 일이라고 할 만하다. 더구나 연전에 이미 익성공의 사원에 사액을 허락하였는데, 지금 문경공에 대해서는 어찌 허락하지 않을 수 있단 말인가. 청한 바는 그대로 시행하겠다." 하였다.

疏略曰世宗朝名相文敬公　許稠卽王家之蓍龜士林之山斗而其經濟之功表準之德亶合俎豆之報宜蒙崇奬之典而道內河陽縣 琴湖書院卽其尸祝之所也百年遺祠雖伸士林尊慕之誠二字華額尙遲朝家崇報之典斯豈非昭代之闕章多士之觖望乎 近者竊伏聞翼成公黃喜 尙州院宇因道儒疏請卽降賜額之命夫黃許一體也今於一體之臣宜不當有二而矧茲河陽乃是稠貫鄕而爲平生杖屨之所則士林處奉之所以必於此而朝家宣額之典似亦不可已也伏乞亟命有司特頒恩額批以黃翼成 許文敬一體相業塗人耳目祠院之尙無扁號可謂欠事況年前旣許於翼成之院今於文敬何可一許一靳乎所請依施

2) 하양·금호서원에 선액할 때에 예관을 보내어 치제하게 하라고 명하다.

『일성록』 정조 14년(1790) 2월 17일.

命河陽 琴湖書院宣額時遣官致祭

3) 금호서원 선액일 치제문.

정조正祖, 『홍재전서弘齋全書』, 권21, 제문 3

태조에서 세종까지 네 조정의 치세를 도와 머리가 희게 센 원로였네.

주석이란 두 글자 영광스러운 임금의 말씀이셨네.

오래 왕도의 교화가 이루어져 널리 시행되어 그침이 없었네.

요숭姚崇[1] 송경宋璟[2]과 같은 공이 있었고 공을 닮은 훌륭한 아들과 손자가 있었네.

이에 금호에 나아가 사우祠宇에 편액을 다네.

진실로 광세의 감회로 말미암으니 이 잔을 흠향하길 바라네.

琴湖書院宣額日致祭文

四朝贊治 皤皤黃髮 柱石二字 衮華垂綍 久道化成 普施無止 若姚若宋 有孫有子 爰就琴湖 扁于祠楣 亶由曠感 尙歆玆巵

---

1) 요숭(姚崇[650~721]) : 당나라 중종~현종 대의 재상으로 측천무후에게 발탁되어 관직에 오르고, 현종 초기에 국정을 숙정하고 민생의 안정에 힘씀. 송경과 함께 개원(開元)의 명재상으로 숭앙되었다.

2) 송경(宋璟[663~737]) : 당나라 현종 대의 명재상으로 요숭과 함께 개원의 치세를 이끌었으며, 그가 지은 '매화부(梅花賦)'는 문인들 사이에 널리 회자되었다.

4) 선조인 문경공 허조를 배향하는 서원을 다시 세우라는 명을 내려 줄 것을 청하는 함양의 유학 허인두의 상소.

『승정원일기』 고종20년(1883) 10월 27일.
함양의 유학 허인두許寅斗가 상소하기를,

"삼가 아룁니다. 신은 먼 지방의 어리석은 사람으로서 훌륭한 조상의 불초한 손자일 뿐입니다. 지식은 아무 것도 없는데 어찌 감히 중대한 예禮에 대하여 말을 하겠습니까마는, 대략 타고난 성품을 갖고 있는 자는 병으로 아프면 반드시 하늘과 부모에게 호소하는 법입니다. 그래서 지금 번독함을 무릅쓰고 아뢰는 것은 바로 병으로 아파서 호소하는 격이니, 바라건대 성명께서는 살펴주시기를 바랍니다.

신의 선조 좌의정 문경공文敬公 신 허조許稠는 관향貫鄕이 하양입니다. 타고난 성품이 순수하고 식견과 도량이 깊고 밝았는데 어려서부터 학문에 뜻을 두어 날마다 『소학』·『대학』·『중용』을 외우고, 장성해서는 문충공 신 권근을 스승으로 섬기며 성현의 사업을 독실히 닦고 정밀히 생각하고 힘써 실천하니, 문충공이 자주 칭찬하기를, '뒷날 우리나라에서 예를 맡을 자는 반드시 이 사람이다.'라고 하였습니다. 태조 정축년(1397)에 성균관 전적이 되어 석전의釋奠儀를 개정하였고, 태종 정해년(1407)에 서장관으로 중국에 조회를 가서는 제도에 관계된 일은 모두 채집하여 기록해 가지고 귀국하였습니다. 궐리闕里[3]를 지나다가 공자묘를 배알하였는데, 공자묘에 강도江都의 정승 동씨董氏와 노재 허씨魯齋許氏[4]를 종사從祀하고 양웅揚雄을 내친 것을 보고, 조정에 건의하여 문묘에도 이와 같이 시행하게 하였습니다. 뒤에 예조 참의가 되었는데 고려 말의 『오례의五禮儀』가 전해지지

---

3) 궐리(闕里) : 공자가 제자들을 가르친 곳으로 수사(洙泗)의 사이에 있다. 공자를 지칭한 것이다.

4) 노재 허씨(魯齋許氏) : 송 말기~원 세조(世祖) 때의 문신 허형(許衡[1209~1281])을 말한다. 이학(理學)에 밝았으며, 역법을 수정하여 수시력(授時歷)을 완성했다.

않는 것을 개탄하여 당송唐宋의 법전을 끌어다가 조묘朝廟의 예악禮樂과 사서인士庶人의 상제喪祭를 취하여 고금古今을 참작해서 모두 찬정撰定하였습니다. 이로부터 항상 의례상정소儀禮詳定所의 제조를 맡아 학당學堂을 세울 것을 상소하고 또 사부四部에 학당을 둘 것을 청하니, 모두 따랐습니다. 봉상시 제조가 되어서는 봉상시의 일에 대해서 마음을 다해 조처하여, 잘못된 것을 바로잡고 폐지된 것은 일으켜서 크고 작은 것이 모두 펴지게 되었는데, 모두 의식儀式에 맞았습니다.

임인년(1422), 세종 4년에 태종이 승하하자 조정에서 백관의 상제喪祭를 의논하였는데, 뭇사람들이 말하기를, '이미 장례를 지냈으니 최복衰服을 벗고 담복淡服[5] 차림으로 원묘原廟[6]에 배제陪祭해야 합니다.'라고 하자, 문경공이 반박하기를, '군신은 일체이다. 지금 성상의 효성이 독실하고 지극하여 최질衰侄[7]을 하고 삼년상을 마치려고 하는데, 유독 신하들만 이미 장례를 지냈다고 길복吉服을 입어서야 되겠는가. 정사를 볼 때는 담복을 입고 배제할 때는 최복을 입고 삼년상을 마치소서.' 하니, 상이 그 의논을 따랐습니다. 세종 계묘년(1423)에 명을 받들어 『속대전』을 만들고 말하기를, '이 책은 국맥을 배양하는 근본이니 가혹하고 각박하게 해서는 안 된다.'라고 하고, 무릇 당시의 엄격한 법을 모두 고쳤습니다. 당시의 풍속이 부모를 위해 단지 백일상百日喪만 지냈는데, 문경공이 예로써 백성을 타일러 삼년상을 지내도록 권하였습니다. 당시의 풍속이 초상을 치르는 때에 부처를 숭상하였으나, 문경공은 부모상을 당하여 한결같이 『주문공가례』를 따르니 사서인士庶人도 그것을 준용하였습니다.

무오년(1438)에 우의정에 제수되었고, 좌의정에 올라서는 영상 익성공

5) 담복(淡服) : 조선시대에 엷은 옥색으로 옷깃을 둥글게 만든 관복(官服), 곧 단령(團領)을 말한다.

6) 원묘(原廟) : 종묘의 정묘(正廟)가 있는 뒤에 다시 이중으로 세우는 묘로, 한나라 혜제(惠帝) 때 숙손통의 건의로 처음 세웠다고 한다.

7) 최질(衰絰) : 상복, 수질(首絰), 요질(腰絰)을 말한다.

황희와 함께 한 마음으로 정사를 보필하여 일세一世를 삼대의 다스림에 두었습니다. 『유선록儒先錄』[8]에 이르기를, '세종대왕은 참으로 동방의 순 임금과 탕 임금인데, 재위 30여 년 동안 태평을 누린 데는 어진 재상을 얻는 것으로 근본을 삼지 않음이 없었습니다. 그래서 허조 같은 이는 공명정대함으로, 황희 같은 이는 식견과 체통으로 나아가 재상이 되었으니, 당시 인재의 성함을 이루 다 말할 수 없습니다. 그래서 허조가 죽은 뒤에 2년 간 그의 자리를 비워 두었고, 이러므로 세종의 묘정에 배향되었고 금호서원에 사액을 내렸으니, 조정의 숭보崇報와 사림의 존모가 이와 같이 중하고도 컸으며 4백여 년 동안 제사를 받들게 된 것입니다.'라고 하였습니다.

그런데 서원이 몇 해 전에 철폐하는 대상에 들어가게 되었으니, 많은 선비들이 답답한 마음을 품고 있을 뿐만 아니라 또한 조정의 흠이 되는 일이어서, 실로 자손이 통탄스럽게 여기고 있습니다. 고故 상신相臣 이미李瀰[9]가 문경공의 유사에 서문을 쓰기를, '국조의 재상의 사업은 번번이 「황희와 허조가 으뜸인데, 익성공 황희는 기량器量으로, 문경공 허조는 예행禮行으로 3년 동안 조정에 함께 있으면서 융성한 정치를 도와서 이루었다.」 하였는데, 당시의 입장에서 보면, 기량으로 공로를 세운 것에 득력한 것은 드러나서 알기가 쉽고, 예행으로 집안과 나라가 효험을 받은 것은 미세하여 알기 어려우나, 예행의 효과는 공로를 세우는 것과 우열이 없습니다. 옛날 성현의 경서經書의 가르침을 가지고 몸을 단속하고 행실을 닦는 일은 유독 문경공이 맨 먼저 주창하였고, 그 뒤에 한훤당 김굉필, 일두 정여창, 정암 조광조, 회재 이언적, 퇴계 이황이 잇따라 나와서 수사낙민洙泗洛閩[10]의 계통을 크게 열었으니, 사림이 회재와 퇴계를 높이고 받드는 마

8) 유선록 : 『국조유선록(國朝儒先錄)』(1570)을 말하며, 유희춘이 선조 임금의 명으로 김굉필·정여창·조광조·이언적의 행적을 모아 엮은 책이다.
9) 이미([1725~1779]) : 본관은 덕수. 자는 중호(仲浩). 우의정 이집(李㙫)의 손자로 경상도 관찰사, 부제학, 이조참판 등 고위직을 역임한 문신이다.

음으로 공公을 받들어 사모하는 것이 또한 마땅하지 않겠는가.'라고 하였습니다.

이런 관점에서 보면, 문경공은 익성공 황희와 공功은 마찬가지이지만, 학문과 예교의 공은 더욱 구별되는 점이 있습니다. 그런데 어찌하여 익성공을 배향하는 서원은 예전처럼 봉향되고 있는데, 문경공을 배향하는 서원은 무성한 풀로 가득 차 있습니까. 이것은 조정에서 차별 없이 대우하는 예에 손상이 있게 하는 것입니다.

신은 인정과 도리 상 느끼는 바가 있어 외람되고 참람하다는 책망을 피하지 않고, 성상께 목 놓아 울면서 진달합니다. 삼가 바라건대, 성명께서는 굽어 살피고 양찰하시어 특별히 문경공을 배향하는 서원을 다시 세우라는 명을 내려 주신다면, 신령도 반드시 저승에서 감격의 눈물을 흘릴 것이며, 후손들도 살아서는 목숨을 바칠 것이며 죽어서는 은혜를 갚을 것입니다. 신 등은 두려움에 떨며 간절히 바랍니다……"

하니, 답하기를,

"상소를 보고 잘 알았다. 서원을 다시 세울지의 여부는 본손本孫으로서는 상소할 문제가 아니다."

하였다.

咸陽幼學許寅斗疏曰 伏以臣 遐土之愚夫 名祖之不肖孫耳 懵蔑知識 何敢發言於重大之禮 而粗具彝性 疾痛則必呼天呼父母 今玆之冒瀆 便是疾痛之呼也 欲望聖明之垂察焉 臣之先祖左議政文敬公臣稠 本河陽人也 資稟純粹 識度淵亮 童丱志于學 日誦小學·大學·中庸 既長 師事文忠公臣權近 篤修聖賢之業 精思力踐 文忠亟稱之曰 異日典禮我國者 必斯人 太祖丁丑 典成均館簿 釐正釋奠儀 太宗丁亥 以書狀官 朝京師凡事涉於制度者 悉採悉書以東還 過闕里 謁宣聖廟 見江都相董氏 齋許氏從祀 楊雄被

---

10) 수사낙민(洙泗洛閩) : 수사는 공자가 제자들에게 도를 가르치던 곳에 있는 수수(洙水)와 사수(泗水)를 말하며 곧 공자와 맹자를 뜻한다. 낙민은 송나라 때의 학자 정호(程顥)·정이(程頤) 형제가 살던 낙양과 주희가 살던 민중(閩中)을 말하는 것이다.

出 建白于朝 施行 後爲禮曹參議 慨念麗季五禮儀失傳 乃援唐·宋典 取朝廟禮樂士庶喪祭 酌古參今 悉加撰定 自是常提調儀禮詳定 上書建學堂 又請置學四部 皆從之 其提調 奉常寺也 奉常之事 悉心措劃 謬者正之 廢者擧之 巨細畢張 俱中儀式 壬寅 太宗賓天 朝儀百官喪制 衆曰 旣葬釋衰 淡服陪祭原廟 文敬駁曰 君臣一體 今聖孝篤至衰絰三年 獨群臣旣葬卽吉 可乎 請治事服淡 陪祭着衰終制 上從其議 世宗癸卯 承命撰續大典曰 是書培養國脈之本 不可苛刻 凡一時峻法 竝改之 時俗有爲父母 只行百日喪 文敬諭民以禮 勸行三年喪 時俗治喪尙浮屠 文敬丁內外艱 一依朱文公家禮 士庶遵用 戊午拜右議政 陞左議政 與領相翼成公臣黃喜 同心輔政 措一世於三代之治 儒先錄云 世宗大王誠東方之舜·湯也 三十餘年之太平 莫不以得賢相爲本 故如許稠之正大黃喜之識大體 出而爲相 當時人才之盛 不容勝言 故許稠之卒 虛其位者二年 是以配享於世宗廟庭 賜額於琴湖書院 朝家之崇報 士林之尊慕 如是其重且大焉 而四百餘年 奉以俎豆之禮矣 書院則年前混入於撤罷之中 非但多士之齎鬱 抑亦朝家之欠典 實爲子孫之痛恨也 故相臣李瀰 敍文敬遺事曰 國朝相業 輒曰 黃·許爲首 黃翼成 以器量 文敬 以禮行 同居三年 贊成隆治 自當時觀之 器量之得力於事功者 顯而易見 禮行之受效於家國者 微而難知 禮行之效 非事功之所軒輊也 以古聖賢經訓 律心而勵行者 獨文敬先倡之 其後寒暄·一蠹·靜庵·晦齋·退溪諸賢繼出 大闡洙·泗·洛·閩之統 士林以尊奉晦·退之心 奉慕於公者 不亦宜乎 以此觀之 文敬之與黃翼成同功一體 而學問禮敎之功 則尤有別焉 夫何翼成之院 則依舊奉享 文敬之院 則鞠爲茂草 得無有損於朝家一視之禮乎 臣情理所感 不避猥越之誅 號泣而陳之 伏乞聖明 俯垂鑑諒 特降文敬公書院復設之命 則神靈亦必感泣於九泉之下 而遺孫輩 生當殞首 死當結草矣 臣等無任屛營祈懇之至 臣無任云云 省疏具悉 復院與否 非本孫所可陳疏也

5) 문경공 허조의 서원을 다시 설치할 것을 청하는 경상도 유생 생원 권심기 등의 상소.

『승정원일기』, 고종 20년(1883) 12월 1일.

경상도 유생인 생원 권심기, 유학 김홍락·김홍의·김재천·김재운·김재옥·

김재형·김재기·김재영·김재수·김유수·김유기·김유인·김유신·이만수·이만영·이수영·이수응·이수팔·이수인·이인일·이인만·이인율·이인득·이인현·이기신·이기인·이기덕·김성유·김성대·김성원·김성달·김상옥, 진사 김병규, 생원 김규형, 진사 박우상, 생원 김희연, 유학 김상목·김상현·김상인·김상직·김상우·김상의·김상연·김상칠·박수영·박수인·박수삼·박수달·박재인·박재규·박성천·박성인·박성구·박성칠·박성규·박성달 등이 상소하기를,

"삼가 아룁니다. 엎드려 생각하대, 현인을 받들고 도를 중시하여 숭덕보공(崇德報功)하는 것에 대해서는 나라에 떳떳한 법이 있으므로 오래되었다고 해서 어렵게 여기지 않으며, 현인을 위한 청이 있어 이를 진달하게 되면 이는 곧 사림들의 공의(公議)이므로 멀다고 하여 혐의를 두지 않습니다. 무릇 굽혀져서 뜻을 펴지 못하거나 폐해져서 일으키지 못한 것이 있게 된다면 성스러운 조정의 흠전(欠典)이 되며 후학들이 억울함을 품게 되는 것이니, 어찌 외람되고 분수에 넘친 데 대한 처벌도 두려워하지 않고서 지쳐서 넘어지더라도 쉬지 않고 분주하게 같은 목소리로 인자하신 하늘이 덮어 주고 보살펴 주시는 아래에서 우러러 호소하기를, 마치 어린아이가 부모 앞에서 호소하는 것과 같이 하지 않을 수 있겠습니까. 신들은 모두 시골에 묻혀 사는 천한 성품들로서 가문과 지위는 한미하고 평범하며 타고난 성품은 어리석어 비록 훌륭한 조정의 아름다운 제도와 사림들의 커다란 의론에 참여할 수는 없겠으나, 오직 임금을 사랑하고 도를 구하는 마음과 현인을 사모하여 숭배하여 받드는 정성에는 차이가 없습니다.

신들이 근래에 삼가 선정신(先正臣) 문경공 허조의 후손 허인두의 상소에 대해 내리신 비답을 보건대, '서원의 복원에 관한 여부는 본손들이 상소하여 진술할 일이 아니다.' 하셨습니다. 신들은 두 손으로 받들어 엎드려 읽고 세 번 반복하여 공경히 읊조리고는 우러러 성상의 생각이 어디에 계신지를 알게 되었습니다. 신들이 이에 감히 한 마디 말을 이어서 아뢰오니, 엎드려 바라건대 성명께서는 다시 한 번 살펴주소서.

문경공 신 허조는 새로 나라를 세울 때의 이름난 재상이며 학문에 있

어 존경할 만한 스승입니다. 타고난 자질이 순수하였고 학식과 도량이 깊고 총명하였습니다. 어린 나이에 학문에 뜻을 두어 날마다 암송하고, 이어 『대학』과 『중용』을 읽어 문리文理가 일찍 통하였으며, 성장하여서는 문충공 신 권근을 스승으로 섬겨 성현의 학문을 독실하게 닦아 정밀하게 생각하고 힘써 실천하였습니다. 문충공이 자주 칭찬하여 말하기를, '후일 우리나라의 예를 주관하게 될 자가 이 사람이 아니면 누구이겠는가.' 하였습니다. 태조 조 정축년(1397)에 이르러 성균부成均簿를 관장하여 석전釋奠의 의식을 바로잡았고, 또 이를 간행하여 중외에 널리 펼쳤습니다. 태종조에는 서장관으로 경사京師에 조회를 가서 무릇 제도에 관계된 일이면 모두 채집하고 모두 베꼈으며, 돌아오는 길에 궐리闕里를 지나면서 선성묘宣聖廟를 배알하였는데 강도상江都相 동중서董仲舒와 노재 허씨가 종사從祀되고 양웅揚雄이 파출된 것을 보고는 조정에 건의하여 시행하게 하였습니다. 후에 예조 참의가 되었는데 고려 시대의 『오례의五禮儀』가 제대로 전해지지 못한 것을 개탄스럽게 생각하고는, 이에 당 나라와 송나라의 전고典故를 사례로 인용하고 홍무洪武[11]의 옛 제도나 우리나라의 의례, 조정과 묘정의 예악, 사서인의 상제喪制를 채집해서, 참작하여 더하고 덜어내어 모두 찬정撰定하였으며, 이로부터 항상 의례상정소儀禮詳定所 제조의 임무를 담당하였습니다. 또 학당學堂을 건립하고 사부학四部學[12]을 둘 것을 상소하여 청하였는데, 모두 따라 주었습니다. 그가 봉상시奉常寺의 제조로 있을 때에는 봉상奉常하는 일들을 온 마음으로 조처하여 잘못된 것은 바로잡고 폐한 것은 일으켜 세워서 크고 작은 것들이 모두 펼쳐져서 십의식十儀式이 갖추어지게 되었습니다.

오직 임금을 보필하고 백성들을 이롭게 하는 것으로 자신의 임무를 삼았고, 제도를 정하고 예악을 일으키는 것으로 근본을 삼았습니다. 내리

11) 홍무(洪武) : 명나라 태조 때의 연호이다.
12) 사부학(四部學) : 허조가 주청하여 성립된 사부학당(四部學堂)으로서 중학(中學)·동학(東學)·남학(南學)·서학(西學)을 말한다.

네 조정을 섬기면서 국가의 일을 걱정하기를 마치 집안의 일을 걱정하듯이 하였고 일을 생각함이 깊고 원대하였으며, 아는 것에 대해서는 말하지 않음이 없었고 말을 하면 극진하지 않은 경우가 없었는데, 학교를 일으키고 인재를 육성하며 풍속을 잘 교화하는 방도에 대해 더욱 마음을 썼습니다. 상이 돌아보며 세자에게 말하기를, '이 사람은 진정한 재상이며 주석柱石이다.' 하였고, 또 이르기를, '사직의 중책을 맡은 신하이다.'라고 하였습니다. 또 세자에게 관료 중에 누가 현명한가를 물으니, 세자가 문학文學을 들어서 대답하였는데, 당시에 문경공이 문학으로서 서연書筵에 입시하였기 때문이었습니다.

태종이 세상을 떠나자 조정의 의식과 백관들의 상제喪制에 대해 모두들 말하기를, '이미 장사를 치르고 나면 최복衰服을 벗고 담복淡服으로 원묘原廟에 배제陪祭합니다.' 하였는데, 문경공이 논박하여 이르기를, '임금과 신하는 일체입니다. 지금 성상의 효성이 지극하고 독실하여 최질衰絰을 3년 간 입는데, 유독 신하만 장례를 마치자 즉시 길복吉服으로 바꾸어 입는다면 옳겠습니까. 청컨대 일을 처리할 때는 담복을 입고 제사에 참석할 때는 최복을 입어서 상제를 마치도록 하소서.' 하니, 상이 그 의견을 따랐습니다. 세종 조에 명을 받들고 『속육전續六典』을 편찬하였는데, '이 책은 국가의 명맥을 배양하는 데에 근본이 되는 책이므로 너무 가혹하고 각박해서는 안 된다.'라고 하면서, 한때의 엄정한 법을 아울러 개정하였습니다. 당시의 풍속이 부모를 위하여 단지 백일 간 상례를 행하는 일이 있었는데, 문경공이 예를 가지고 백성들을 깨우쳐서 삼년상을 행하도록 권하였습니다. 또 상을 치를 때에 불교의 의식을 숭상하였는데, 문경공이 부모의 상을 당하여 한결같이 주 문공朱文公의 『가례家禮』에 의거하자 이로부터 사서인들이 이를 따르게 되었습니다.

우의정에 제배되고 좌의정에 오르게 되자, 영상인 익성공 신 황희와 더불어 한마음으로 정치를 보필하여 한 세상을 삼대三代의 태평한 시대로 만들었습니다. 『유선록』에 이르기를, '세종대왕은 진실로 우리 동방의 순

임금이나 탕 임금과 같은 분이다. 30여 년 간 태평한 정치를 폄에 어진 재상을 얻는 것으로 근본을 삼지 않음이 없었다.' 하였습니다. 그렇기 때문에 허조와 같이 공명정대하고 황희와 같이 대체大體를 알았던 자들이 나와서 재상이 되었던 것으로, 당시 인재가 번창하였음을 다 말하기 어렵습니다. 그렇기 때문에 허조가 죽자 그 자리를 비워 둔 것이 2년이나 되었으며, 이러한 이유로 세종 묘정廟庭에 배향되고 금호서원에 사액을 내렸던 것입니다. 조정에서 숭배하여 받든 바와 사림들이 존경하여 사모한 바가 이처럼 중대하였던 것이며, 4백 년 간을 제사하여 받들었던 것입니다.

얼마 전 여러 서원들을 훼철할 때에 한층 더 충성스럽고 어진 이는 드러내어 그대로 보존케 하였습니다마는, 문경공의 서원은 비로 쓴 듯이 한꺼번에 섞여 들어가서 마치 다른 향현의 사당과 다를 바가 없이 헐리게 되었습니다. 예전에 영령英靈이 오르내리던 곳이 이제는 변하여 담도 헐리고 터도 무너져 버렸고, 옛날에 관을 쓴 유생들이 위의를 갖추고 추창趨蹌[13]하던 땅이 쑥대밭이 되고 말았으니, 비단 많은 선비들이 억울해하고 있을 뿐만 아니라 역시 조정의 흠결이 되고 있습니다. 고故 상신相臣 이미는 『문경유사文敬遺事』의 서문에서 이르기를, '국조 재상의 업적에 관해 말할 때는 문득 황희와 허조를 으뜸으로 꼽고 있는데, 황 익성공은 도량과 재간을 가지고, 허 문경공은 예를 행하는 것으로써 함께 의정議政이 되어 융성한 정치를 도와 이루게 하였다.' 하였습니다. 이를 가지고 본다면 문경공과 익성공은 공로가 한가지로 똑같은 것인데, 익성공의 원우院宇는 여전히 옛날처럼 봉향되고 있습니다. 이것은 국가에서 충직한 이를 권면하고 어진 이를 끌어올리려는 뜻이 있는 것으로서, 특별히 예로써 보답하고 특별한 은혜로써 대우하는 데에서 나온 것입니다. 그런데 어찌하여 문경공의 경우는 유독 특별히 대우하시는 은혜를 입지 못하고 있으니, 어찌

13) 추창(趨蹌) : 예도에 맞게 허리를 굽히고 종종걸음을 치며 걷는 것을 말한다. 임금을 알현할 때나 높은 사람에게 나아갈 때 갖추는 예법이다.

조정에서 한 가지 예로 대우하는 뜻에 결함이 되지 않겠습니까.

우리 동방의 인사들이 옛날 성현들이 경전에 남긴 뜻을 가지고 마음을 단속하고 힘써 행할 수 있게 된 것은 실로 문경공이 이것을 수창한 것으로서, 우리 사문에 공을 끼치고 나라에 끼친 공훈을 어찌 뚜렷하게 상고할 수 없겠습니까. 아, 고려 말에 예학이 모두 무너져 버려, 태조가 즉위하던 초기에는 모든 사업이 시작되는 시기였는데, 유독 문경공이 홀로 서서 침착하게 만마萬馬가 치닫는 가운데 다리를 딛고 서고, 폭주해 쏟아지고 있는 수많은 시냇물의 물결을 되돌려서, 우리 삼천리 청구靑丘를 예의의 풍속으로 이끌고 우리 오현五賢 선정先正의 계통을 열었습니다. 그런데도 오직 이를 숭봉하는 의절에 있어서는 빼거나 넣는 과정에서 드러내어 표창함이 있지 않았고 사모하여 숭상하는 방도에 있어서는 경건히 받드는 지경에 붙이지 못하였으니, 이는 다른 이유에서가 아니라 단지 본손들이 잔약한 때문이었습니다. 사림들이 마음을 기울여 사모함에 있어서, 오직 선현의 도덕과 학문을 계승하고 새로 이어 주는 것만을 생각하였지 자손들이 융성해지고 쇠미해지는 일에 대해서는 생각하지 않았습니다. 하물며 현재 국가의 운세가 크게 번창하고 문화가 지극히 밝게 나타난 시대에 있어서야 어찌 감히 예전처럼 입을 다물고 있으면서 외람되게 번거롭게 한다는 혐의를 피하여, 성상께 한 번 아뢰어서 잠시 침체되고 있는 선현의 제사를 드러내게 하지 않을 수 있겠습니까.

엎드려 바라건대, 성명께서는 외롭게 영락한 본손들을 굽어 불쌍히 여기시고 많은 선비들의 성의誠意를 생각해 주시어서 특별히 문경공 신 허조의 서원을 다시 설치하라는 명을 내려 주신다면, 비단 사문斯文에게 커다란 다행일 뿐만이 아니라 아마도 성스러운 조정에 성대한 의식이 될 것이며, 비단 전하께서 덕행으로 펴시는 교화에 있어 영예일 뿐만이 아니라 아마도 역시 조종祖宗이 남겨 준 뜻에 할 말이 있을 것입니다. 신들은 하늘을 쳐다보고 구름을 바라보면서 이를 데 없이 바라고 바라지 않을 수 없습니다."

하니, 답하기를,

"상소를 보고 잘 알았다. 세우고 허무는 일에 일정함이 없는 것은 과연 그 일을 중시하는 뜻이 아니다. 너희들은 물러가서 학업을 닦으라."

하였다.

慶尙道儒生生員權心夔 幼學金洪洛 金洪宜 金在天 金在雲 金在玉 金在衡 金在璣 金在英 金在秀 金有秀 金有基 金有仁 金有信 李萬修 李萬英 李秀英 李秀應 李秀八 李秀仁 李仁一 李仁萬 李仁律 李仁得 李仁賢 李基信 李基仁 李基德 金聲有 金聲大 金聲遠 金聲達 金相玉 進士金炳奎 生員金奎炯 進士朴遇尙 生員金禧淵 幼學金相穆 金相賢 金相仁 金相稷 金相禹 金相義 金相然 金相七 朴秀英 朴秀仁 朴秀三 朴秀達 朴在仁 朴在奎 朴聖天 朴聖仁 朴聖九 朴聖七 朴聖奎 朴聖達等疏曰 伏以尊賢重道而崇報之 卽有國之常典 而不以久遠爲難 爲賢請陳而進達之 卽士林之公議 而不以疎逖爲嫌 凡有屈而不伸 廢而不擧 爲聖朝之欠典 爲後學之齎鬱者 則安得不跼蹶奔走 不顧猥越之誅 齊口仰呼於仁天覆庇之下 如孺子之有訴於父母之前也哉 臣等俱是草野賤品 家地單平 性天愚駭[愚騃] 雖不能與論於聖朝之美典士林之大議 而惟是愛君希道之衷慕賢崇奉之誠 無有間焉 臣等近伏見先正臣文敬公許稠之後孫許寅斗所上疏批旨下者 若曰 復院與否 非本孫所可陳疏也 臣等雙擎伏讀 三復莊誦 因可以仰認聖念之所在矣 臣等乃敢繼陳一言 伏望聖明 更加垂察焉 文敬公臣許稠 卽開國名相 學問宗師也 姿質純粹 識度淵亮 自童丱志于學 日誦小學 次讀大學·中庸 文理早透 旣長 師事文忠公臣權近 篤修聖賢之學 精思力踐 文忠亟稱之曰 異日我國典禮者 非此人而誰也 逮夫太祖朝丁丑 典成均簿 釐正釋奠儀式 梓布于中外 太宗朝 以書狀官 朝京師 凡事涉於制度者 悉採悉書以東還 過闕里 祗謁宣廟朝 見江都相董氏·魯齋許氏從祀 楊雄被黜建白于朝 施行 後爲禮曹參議 慨念麗季五禮儀失傳 乃援唐宋典故 採洪武舊制及東國儀禮朝廟禮樂士庶喪制 參酌損益 悉加撰定 自是常提調儀禮評定所 又上書建學堂 請置四部學 皆從之 其提調奉常寺也 奉常之事 悉心措劃 謬者正之 廢者擧之 巨細畢張俱十儀式 惟以輔君澤民 爲己任 以定制度 興禮樂爲根本 歷事四朝 憂國如家 慮事深遠 知無不言 言無不盡 其於興學育才善俗之道 尤銳意焉 上顧謂世子曰 斯人眞宰相也

柱石也 又曰 社稷之臣 又問世子 僚友孰賢 世子擧文學以對 時文敬以文學 入侍書筵故也 太宗賓天朝儀百官喪制 衆曰 旣葬釋衰淡服 陪祭原廟 文敬駁曰 君臣一體 今聖孝篤至 衰絰三年 而獨群臣 旣葬卽吉 可乎 請治事以淡服陪祭 以着衰終制 上從其議 世宗朝 承命撰讀六典[續六典]曰 是書培養國脈之本 不可苛刻 凡一時峻法 竝改之 時俗有爲父母只行百日喪 文敬諭民以禮 勸行三年喪 又治喪尙浮屠 文敬丁內外艱 一依朱文公家禮 自是士庶遵行之 至拜右議政 陞左相 與領相翼成公臣黃喜 同心輔政 措一世於三代之治 儒先錄云 世宗大王 誠東方之舜·湯也 三十餘年太平之治 莫不以得賢相爲本 故若許稠之正大 黃喜之識大體者 出而爲相 當時人才之盛 不容勝言 故許稠之卒 虛其位者二年 是以配享於世宗廟庭 賜額於琴湖書院 朝家所崇奉 士林所尊慕 若是其重且大焉 而四百年 奉以俎豆矣 嚮來諸書院撤罷之時 表忠賢之尤者以存之 而文敬之院 混入於如掃之中 殆同凡他鄕賢之祠 而向之英靈陟降之所 變而作頹垣敗址 昔之章甫蹌趨之地 鞠而爲蓬藁之場 非但多士所抑鬱 亦爲朝家之欠闕者也 故相臣李瀰序文敬遺事曰 國朝相業 輒曰黃 許爲首 黃翼成以器量 許文敬以禮行 同居三事 贊成隆治 以此觀之 文敬之與翼成 同功一體 而翼成之院 依舊奉享 是朝家之所勸忠遂良之義而特出於報之以禮待之殊恩也 奈之何文敬 則獨不被殊遇之恩 寧不有損於朝家一視之禮乎 我東人士之以古賢聖經訓 律心而勵行者 實文敬倡之 其有功於斯文 著勳於邦家豈不章章然可考哉 嗚乎 勝國之末 禮學廢壞 龍飛之初 凡百草創 而文敬獨立凝然 駐脚於萬馬奔中 回瀾於百川注裏 以啓我靑邱三千里禮義之俗 以開我五賢諸先正之統而惟其崇奉之節 不有表章於存拔之中 慕向之道 無有可寓於虔奉之地 是無他也 只緣本孫之孱替 而至於士林之慕向 則惟以先賢道德學問之繼開 而不以子孫之隆殺 則矧乎當今邦運丕昌文化克顯之時 安可以含默因循 以避冒瀆之嫌 而不爲一白於紸纊之下以彰先賢尸祝之暫時沈替哉 伏乞聖明 俯憐本孫之零丁 軫念多士之誠意 特降文敬公臣許稠書院復設之命 則不惟斯文之大幸 抑爲聖朝之盛典 不惟有光於殿下之德化 抑亦有辭於祖宗之遺旨矣 臣等不勝瞻天望雲而千希萬望 無任云云 省疏具悉 建撤無常果非重其事之義 爾等退修學業

2. 문집류

1) 〈금호정사 봉안허문경공문 琴湖精舍奉安許文敬公文〉

김방걸金邦杰, 『지촌선생문집芝村先生文集』 권3, 「축문」

성악의 정기 서리어 나라의 큰 인재가 낳았으니 그의 천성이 순수하고 그의 의지는 확고하도다.

젊어서는 학문에 독실하고 옛 성현을 남달리 흠모하였다.

정밀하게 사고하고 힘써서 실천하니 당호를 경암敬庵이라 하였다.

희노애락을 낯빛에 내지 않고 오직 충忠과 신信을 지키었도다.

법도에 맞고 규율에 맞는 행동이 어느 모로 보나 틀리는 일이 없도다.

처세하는 것이 청렴결백하니 장래에 크게 될 인물이로다.

남달리 우뚝한 자세로 옳은 일만 행하니 아무 누구도 사사롭게 굴지 못하도다.

삼전三典을 제정하였으되 조금도 차착이 없이 되었도다.

왜놈이 해변 가에 파고들어 수가 늘면 앞으로 큰 걱정거리가 되리니

공은 깊은 생각으로 이를 몰아내니 몇 백년 후에도 공의 잘한 것을 알겠도다.

농사를 장려하고 교육에 힘썼고 인재를 양성하고 미풍양속을 권장하니

일에 따라서 밝게 건의하여 성의껏 나라 일을 경영하니

왕께서 말씀하시되 아! 아름답도다 참다운 재상이로다.

우리 집의 주석지신이 되어있으니 그의 가상한 공적은 잊을 수가 없도다.

태조, 정종, 태종, 세종 네 임금을 섬기어 처음부터 끝까지 한결같은 절개였네.

이 나라를 다스리는 동안에 태평하였도다. 말소리나 얼굴빛이 변한 일이 없었네.

우리나라 밝은 국운을 열어주니 일곱 번이나 인물 전형銓衡을 하여서 많

은 인재를 뽑았도다.

인재를 적재적소에 등용하니 화한 기운이 조정안에 고르게 되네.

예전禮典과 법전法典을 정하여 제도가 일신하게 되었도다.

나라에 국상이 났을 때에 모든 사람이 의논이 정한 바를 모르매

공의 말 한마디로 나라의 장사, 제사의 제도가 정하여졌다.

모든 백성이 편하게 살게 되었도다.

유림의 오랫동안 덕망 높은 분이고 우리나라 사직을 지켜온 충신이로다.

공의 덕행과 공훈과 업적은 백세에 찬란하게 빛나도다.

사람이 모두 흠모하여 지금까지 원사院祠에 제사 지내지 못하였으니 어찌 잘된 일이라 할까?

하양 고을 여기저기 돌아보니 여기가 공의 옛 고향이로다.

선생이 남기신 여풍이 아직 남아있고 교목의의 나무는 자라서 의연한 교목이 되었도다.

이곳 옛터에 새로운 원사를 지어놓고 사우祠宇 안에서 식전을 갖추니 선생의 영혼이시여

맑은 술이 놓여있고 제수는 향기롭기만 하오니 팔공산이 오래도록 높고 높듯이

금호수가 끝없이 길고 멀듯이 천주 만대에 길이길이 정성어린 한줌의 향香을 흠향하옵소서.

星岳間氣 廊廟大器 粹然其資 確乎其志 少也篤學 動慕聖賢 精思力踐 堂以敬扁 喜慍不形 忠信爲主 循繩遵墨 左規右矩 値世淸明 將大有爲 屹然獨守 人莫干私 三典銓柄 注擬不差 七掌禮圍 得人最多 逮登揆席 一氣洪勻 撰禮定律 制度聿新 國有大喪 群議靡定 賴公一言 喪制斯正 倭奴內附 恐蔓難圖 郭欽深算 前後相符 劭農興學 育才善俗 隨事建明 銳意經國 王曰嗟哉 此眞宰相 柱石予家 嘉乃不忘 輔相四朝 終始一節 措世治平 不動聲色 啓我熙運 宅我烝民 斯文宿望 社稷純臣 德行勳業 輝暎百代 鄕邦聳慕 逾久靡替 不豆不籩 曷稱其美 睠玆某丘 寔公古里 餘芬未沬 喬木依依 爰卽舊墟 載創新祠 式

遵祭社 洎吉妥靈 淸酤旣載 黍稷惟馨 公山峨峨 湖水泱泱 萬歲千秋 一瓣心香

2) 〈금호서원 연액시사실 琴湖書院延額時事實〉

최구석崔九錫, 『백치유고白癡遺稿』 권2, 「잡저」

하양현은 바로 문경공 허조 선생의 고향 고을이요, 관향이다. 선생이 떠난 뒤 200여년인 숙종 갑자년(1684)에 고을 유생이 선생이 계시던 옛 터에 사당을 세우고 금호서원이라 명명하였고, 영조 계사년(1773)에 고을 선비 박서봉朴瑞鳳[14]이 임금께 상소를 올렸으나 예조판서가 이를 막아서 상소하는 일을 마침내 그만두고 훗날을 기다렸다.

금상今上[정조] 기유년(1789) 중춘에 괴산槐山에 사는 허묵許默과 봉산鳳山에 사는 허철許澈 두 유생이 와서 말하길, "올해 정월 모일에 익성공을 모신 상주의 서원이 도내 유생들이 올린 상소로 바로 사액의 왕명이 내려졌습니다. 황허黃許[황희와 허조]는 한 몸과 같은 분들입니다. 이 일을 계기로 상소를 올린다면 반드시 똑같이 사액을 받을 것입니다."라고 하였다. 허묵은 바로 선생의 후손이다. 이에 이어서 소유疏儒를 보냈는데, 서울 행차를 나선 것이 바로 올해 3월 25일이다. 그런데 8월 사이 국가 천원遷園의 대사 때문에 결국 소청疏請을 걷고 내려왔다. 같은 해 10월 모일에 다시 예전 소유였던 채사현蔡思玄[15]과 최구석崔九錫[16] 두 사람을 보냈는데, 한 해를 넘겨 경술년(1800) 2월 13

14) 박서봉(朴瑞鳳) : 본관은 울산으로 1713년(숙종 39)에 금호서원 청액소 소수(疏首)로 활약했고, 1724년(경종 4)~1742년(영조 18) 환성사 점유를 둘러싸고, 하양향교와 영천 임고서원 간 치열하게 전개된 송사를 주도했다.

15) 채사현(蔡思玄) : 본관은 인천으로 하양허씨와는 외척 관계이다. 1789년(정조 13) 금호서원 청액소 소수(疏首)로 활동해 사액을 받는데 공이 있다.

16) 최구석(崔九錫[1740~1821]) : 본관은 경주. 자는 백빈(伯彬), 호는 백치(白癡). 채사현과 함께 금호서원 사액에 큰 공을 세웠다. 문집 『백치유고(白癡遺稿)』에는 사액 당시의 사실을 간략히 기록인「금호서원연액시사실(琴湖書院延額時事實)」수록되어 있다.

일 올린 상소가 곧장 비답을 받아 4월 17일 사액을 맞이해 제사를 올렸으니, 북쪽으로 궁궐을 바라보며 고개 숙여 감사한 마음 금할 길 없다.

아! 우리 선생의 덕행과 공업功業으로는 마땅히 사원祠院을 건립한 초기에 편액이 있었어야 했지만 지금 400년 뒤에 이런 세상에 더없는 은전을 받았고, 또 허묵에게 특별히 침랑 벼슬을 제수하였으니, 또한 천시天時와 인사人事가 과연 때를 기다린 뒤에야 이렇게 이루어진 것이로다. 오늘날 일이 성사된 것은 오로지 선배들이 서원을 창건한 덕분이니, 어찌 후생의 공적을 논하겠는가. 아! 성대한 일이로다. 오직 바라건대, 훗날 군자들도 오늘 우리를 바라보는 시각을 오늘 우리가 옛날을 바라보는 시각과 같이 한다면 선현들을 존경하고 학궁學宮을 보완하는 일이 아마 수백 년이 흐른 뒤에도 빠짐없이 행해질 것이로다.

경술년(1800) 동짓날 삼가 기술하노라.

琴湖書院延額時事實

河陽縣 卽文敬公許先生桑梓之邑 姓貫之鄕也 後先生二百餘年肅廟甲子 邑儒立祠舊墟 名曰琴湖書院 英宗癸巳 鄕士朴瑞鳳甫 陳章登徹 拘於禮判之防 啓事遂寢 以待後時矣 今上己酉仲春 槐山居許默鳳山居許澈二章甫 來言曰 今年正月日 尙州黃翼成公院宇 因道儒疏請 卽降賜額之命 夫黃許一體也 繼此封章 則必蒙一體恩額云 許生默卽先生之後孫也 於是 因遣疏儒 治發京行 卽是年三月二十五日也 八月間 以國家遷園大事 遂撤疏下來 其年十月日 復送前疏儒蔡思玄崔九錫二員 越一年庚戌二月十三日登徹直蒙批允 四月十七日 行延額致祭 北望象魏 感頓無地 嗚呼 以我先生德行功業宜有扁號於建祠之初 迄今四百年後 蒙此曠世之恩典 又令許默 特除寢郞 其亦天時人事 果有所待而然歟 今日之準事 專賴前輩之經刱 顧何論後生之功效 嗚呼盛哉 惟願來世之君子 視今日 如今日之視昔日 尊先賢補學宮之節 庶幾百庚戌無缺矣

歲舍庚戌日南至 謹述

3) 〈상향축문 常香祝文〉

허조許稠, 『금호세고琴湖世稿』 권2

선생의 높으신 덕과 너그러운 아량, 효제충신으로 일관한 행장 빛나는 공훈, 크나큰 업적, 그리고 뛰어난 문장은 저희들 후생은 힘쓰고 힘써 잊지 않겠습니다. 화려한 편액扁額을 하사하고 겸하여 빛나는 술잔을 권하노라.

현감 손단[17]

常享祝文

德量行誼功業文章 桑鄕百世 亹亹難忘 庸侈華扁兼酌冏酌

縣監 孫湍

4) 〈묘우 중건시 이안고유문 廟宇重建時移安告由文〉

허조許稠, 『금호세고琴湖世稿』 권2

헌종 원년(1834) 을미 후손 경璟

사당을 세운지 오래되어 집채가 무너지려 하도다. 재목을 모아 새로이 세움에는 옮길 터가 너무나 높아서 저 가파른 데에다 사역하려니 놀랠까 염려되고 두려워서 다른 곳에 봉안하고는 경건한 정성으로서 아뢰도다.

廟宇重建移安告由文

憲宗元年己未 後孫 璟

葺廟既久棟宇將頹鳩材新移建址稍高役彼壓近慮恐震驚奉于他所告以虔誠

---

17) 손단(孫湍[1626~1713]) : 본관은 일직(一直). 자는 심원(深源), 호는 졸암(拙庵)·오졸(五拙). 대구출신으로 1660년(현종 1) 문과에 급제했고, 영일현감에 재직 중 무고로 파직 당했다.

5) 〈금호서원의 유허비각 고유문 1〉

하양허씨 문경공파종친회(2005), 『경암허조연구』 II

엎드려서 아뢰건대 도道를 이루고 덕이 높아서 백대의 사표師表라 많은 사람들로서 제사 지내고 크게 모이기를 시들지 아니했는데 학문의 운수가 중도에서 그릇되어 철거된 지 오래라 석채, 제사를 거행 할 수 없게 되니 무성한 풀이 언덕을 이루었고 임금의 뜻을 돌이키려 해도 정성 이 모자라고 우러러 사모하려 해도 땅이 없도다. 신에게 땅과 물을 구하려니 태산과 북두를 쳐다보는 것 같도다.

남긴 땅이 아직 있기에 썩히지 아니하기를 도모하여 나약한 후손들이 재목을 모으니 많은 선비가 앞뒤에서 협력하고 한 조각 비석 우뚝하여 우러러 의지함 이 옛 같고 우모寓慕하고 갱장羹墻하니 숲 골자기가 빛을 더하도다. 남긴 바람 백대토록이 돌과 가지런히 수하리. 길한 날 점쳐서 잔치하며 낙성하니 오르내림을 보는 것 같도다. 공경히 맑은 술잔 드리오니 흠감하기를 모두가 바라도다.

후손 현

琴湖書院遺墟碑閣告由文

伏以道成德尊師表百世俎豆以殷亶合勿替文運中否八撤許久釋菜莫舉茂艸成阜誠乏回天景仰無地求神地水如瞻山斗遺地尚存謀以不朽■孫鳩材多士先後片碣巋然依仰如昔寓慕羹墻增彩林壑遺風百代齊壽茲石卜吉宴落如見陟降敬薦清酌庶冀鑑格 後孫 鉉

6) 〈금호서원의 유허비각 고유문 2〉

하양허씨 문경공파종친회(2005), 『경암허조연구』 II

공손히 생각하건데 선생께서는 천품으로 빼어난 선각자이십니다. 나라를 다스리고 백성을 구제할 재주로 성현聖賢의 학문을 몸에 익혔습니다. 벼슬길에 올라서 조정에 서셔서 그 당시 나라 운명을 새롭게 했습니다. 도덕을 넓히는 것을 사업으로 하고 예악禮樂과 법도를 표준으로 했습니다.

나라의 문치文治를 도와 이루었으니 우리 동방이 오랑캐를 멸했습니다. 역대의 성상聖上께서 높이 찬양하시어 은총의 특전이 넉넉하게 내렸습니다.

그리하여 사사롭게 생각하니 선생의 남기신 은택을 함께 입고 있는 동국東國 사람이라면 반드시 장차 사람이 지닐 떳떳한 도리는 떨어지지 않았을 것이니 그 도덕이 후세에 오래 전함에 있어서는 반드시 이와 같은 밝음과 어두움에 관계되지 않겠지만 다만 서원이 있어서 높이 봉향奉享하던 자취가 장차 세월이 오래됨에 따라서 기록도 없이 사라지게 된다면 선왕께서 편액을 하사하시며 높이 보답한 뜻이 과연 어디에 있겠는가?

나라에서는 묘정廟廷에 배향케 하시고 집에는 대대로 사당에 모시게 했습니다. 하물며 여기 화성花城이란 땅은 선생의 옛날 고향이 옵니다. 남기신 기풍氣風이 사람을 감동케 하니 사모하는 마음이 더욱 간절합니다. 돌아가신 선배들께서 정성을 다하여 서원을 세우고 사액을 받았습니다. 봄과 가을에 제향을 받들었으며 영구히 끊어짐이 없으리라 말했는데 향중에서 제사하는 중첩重疊한 서원은 나라에서 훼철하라는 명이 있었습니다. 원통하게 균등한 철거에 들어간 지 도 어느 덧 삼십년이 되었습니다.

옛날의 나라 은전을 되돌리지 못한 것은 우리 유림의 수치입니다. 여기 금호의 땅을 보건데 존령尊靈이 오르내리시는 유지遺地입니다. 강산은 예나 지금이나 다름이 없으니 나무꾼 목동들은 손가락으로 가리킵니다. 후손들이 앞장서서 의론을 제기하니 유림에서 모두 감동하여 일어났습니다.

이에 여기에 비각을 세우고 나니 우모寓慕하는 마음이 새로워집니다. 여러 달 노력 끝에 공역工役을 끝내고 고성告成의 예乂를 이렇게 베풀었습니다. 많은 선비들이 문에 넘치게 예절과 위의威儀를 엄숙히 갖추었습니다. 옛날 존령을 모실 때를 생각하니 지금에 있었던 일 같사옵니다. 변변치 못한 재물이나 공경히 올리오니 내리시어 흠향하시기 바라옵니다.

후손 선瑄

琴湖書院遺墟碑閣告由文

恭惟先生天挺先覺經齊之才聖賢之學策名立朝命新其時道德事業文章矩規佐成文治吾東不夷列聖褒崇罷典優加庭享於 國廟世于家矧茲花城桑梓舊鄕遺風感人益切羹墻先輩彈誠建院蒙 額俎豆春秋水言無■疊院鄕祠國有命毁免入均撤條三十禩舊典未復吾黨之耻睠茲琹湖陟降遺址溪山依舊樵牧點指雲仍倡議章甫興起爰立碑閣寓慕如新累朔訖功告禮肆陳多士盈門肅肅彬彬憶昔攸妥如在于令敬薦菲奥廌冀鑑 後孫 瑄

7) 〈금호서당 터를 개척하는 축문〉

하양허씨 문경공파종친회(2005), 『경암허조연구』 II

생각하건데 땅이 길하여 반드시 어진사람 만나리. 부곡의 한 굽이에는 맑은 기운 온전하여 이에 우리선조를 위하여 서당을 세우도다. 우리선조 문경공은 성대盛代의 으뜸 어진이라 그에 은덕 갚으려고 원院에 봉안하니 임금이 현 판을 내렸는데 나라의 칙령으로 훼철되니 유림운수 어찌하여 화액인가, 많은 선비와 잔약한 후손이 눈여겨 가리키며 함께 한숨짓도다.

곧 이 사역을 도모하니 기대한 대로 돌아가기에 이때가 좋아서 개척하여 터를 넓히오니 엎드려 생각건대 신명께서는 언제나 도와주시고 우리조상 영혼을 의지하게 해주고 우리선비 바램을 위로해 주기를 그 까닭으로 정결히 제사 지내 며 아뢰오니 거의 이르러 흠향해 주련지 펴서 경건히 아뢰도다.

후손 충沖

琴湖書堂開基祝文

惟地有吉必遇入賢眷釜一曲淑氣囿全茲爲我祖營建書堂我祖文敬盛代元良有崇其報妥院宣額邦令之撤儒運何厄多士殘仍指點同唏乃謀斯役期所爲歸爰穀茲辰用拓弘基伏惟明神尙克花之依我祖靈慰我士望禋告厥由庶賜格享用伸處告謹告 後孫 沖

8) 〈상향축문[복설 후]〉

하양허씨 문경공파종친회(2005), 『경암허조연구』 II

사직稷稷에서는 으뜸가는 공부요 예악禮樂에서는 큰 그릇이었도다. 높은 공훈과 훌륭한 덕은 영원히 잊지 못하리.

복설 후 김형모(1856~1930)

常享祝文

社稷宗工禮樂大方巍勳彧德永世不忘

復設後 金瀅模

9) 〈금호수계안서문 琴湖修契案序〉

하양허씨 문경공파종친회(2005), 『경암허조연구』 II

신축년 칠월에 명을 받들고 이 고을에 부임하니 고을은 곧 정승 문경공 경암 허 선생의 고향이었다. 삼가 선생을 상고해보니 네 조정을 대대로 섬기면서 사학四學을 일으키고 오례五禮를 짓고, 생황笙簧과 보불黼黻[18]을 도와서 이루며 크게 다스렸으니 위로는 국가의 귀감이요 아래로는 사림의 산두山斗이기에 세묘世廟(세조)에 배향하고 금호서원에서 제사 지내고 서원은 고을 서쪽 사이동에 있는데 바른 고증으로는 경술년에 특별히 현판을 내려주는 은전으로 그의 사업과 문장이 백대의 사표가 되었기에 마땅히 그를 제사 지냄은 세상과 더불어 시들지 아니하리라.

지난 무진년에 사문斯文이 불행하여 본 원院이 훼철에 혼입되어 세월이 오래되니 한 구역 천석泉石이 문득 거칠어지니 후손 중 이 고을에 사는 자가 합

18) 보불(黼黻) : 임금의 대례복(大禮服)에 놓은 수로, 보는 도끼 모양의 흑백색, 불은 아(亞)자 모양의 흑청색으로 수를 놓은 것인데, 여기서는 찬란한 문장을 의미하는 말로 쓰였다.

의하여 재목을 모으고 비석을 세워서 빈 터를 표시했는데 낙성하는 날에 첫 걸음으로 이곳이 미치고서 유적을 구경하며 감탄하니 고을 선비 최재규·조학기 등이 금호서당 수계修契하는 일로서 먼저 발의하여 돌아가며 통지하니 모두가 찬동하였다. 이에 바람과 덕택이 사람에게 돌아감이 깊음을 보겠고 백성의 윤리와 만물의 법칙은 빠져버리지 아니하기에 수백 년의 어진 이를 사모하는 정성이 거의 의지하여 돌아감이 있는데다 선생의 학문이 다시 세상에 밝아졌다.

나는 재주 있지 못함으로서 고을에 부임해서 수월 동안 직무에 대한 강의만 명령하였고, 강의하는 날에는 고을 여러 선비와 더불어 뜰에서 읍하는 예를 행하면서 수계하는 일을 이루도록 권하였다. 이 사역에는 일은 크고 재물은 적기 때문에 나도 엷게 약간의 금품을 계안에 부쳤지만 애석하도다. 일보는 것이 오래가지 못하는지라 명년에는 어느 곳에서 감탄하련가.

오늘날이 먼저 있었다면 나는 비록 당堂 낙성을 보지는 못하나 선비들이 반드시 잘 경영해서 일을 돈독히 하고 공사도 공교로움 다해서 완성하고는 청아菁莪를 교육하면 천림泉林이 빛을 더해주어서 고을의 선비가 장차 강학하고 성취하는 바램이 있으련가. 나의 거취도 수에 따라 있거나 가게 된다.

고을선비 김상용·도영주 등이 그 일을 기록해 주기를 청하기에 사양해도 얻지 못하고 서문을 쓰게 되다.

지군知郡 이중익[19]

琴湖修契案序

歲辛丑之七月承　命莅于玆郡郡卽相國文敬公敬庵許先生桑梓之鄕也謹案先生歷事四朝興四學撰五禮笙簧黼黻贊成賁治上焉而　國家之龜鑑下焉而士林之山斗也配食　世廟服享琴湖院在治之西四而洞而　正考庚戌特　賜額典其事業文章爲百世表而宜其俎豆

19) 이중익(李重翼[1846~?]) : 본관은 연안. 자는 윤경(允敬). 1901년에 하양군수로 재임했다. 현재 구(舊) 하양읍사무소에 그의 선정비가 있다.

之與世不替也粤在戊辰斯文不幸本院渾入毁撤而歲月沉久一區泉石便作榛荒後孫之在是邑者合謀鳩材豎石表墟而落成之日始屨及于此賞歡遺蹟而邑之人士崔在奎曹學璣甫以琴湖書堂修契事首發輪通峻議僉同此可見風澤之入人深而民彝物則之不可泯則數百年慕賢之誠庶有依歸而先生之學復明於世矣余以不才莅郡數月因令課講都講之日與諸生略行庭揖禮因勸成修契事斯役也事巨物纖故余示以薄供略干物付之於契案而惜乎視事未久明年何處之歎先在今日則余雖不得見堂成士心釋經而敦事工示殫巧而獻圖菁莪化育泉林增彩而邑之士其將有講學成就之望乎余之去留亦有數存焉而臨行鄉士人金象龍都泳周甫請志其事辭不獲爲之序 知郡 李重翼

10) 〈금호서원 복설시 묘우개기 축문 琴湖書院復設時廟宇開基祝文〉

하양허씨 문경공파종친회(2005), 『경암허조연구』 II

진실로 선생을 통달하여 나라의 신하요. 유림의 으뜸이라 손후의 천지가 미개하던 때에 여러 관원官員을 거느려 독려하며 학문의 운명을 크게 열었는데 예악禮樂으로서 일으켰도다. 밝은 임금이 아름다움 쓰니 많은 선비가 편해졌고 뒤를 열어주는 까닭은 품계와 문학을 높힘이요 뒤를 배우게 한 까닭은 정결한 제사를 편히 하고 경건히 함이로다. 누가 나라정치 병들게 하여 화가 유림에 미치게 하였던가, 두려워해야 할 지역에는 풀이 무성하니 적막한 시골풍토요, 큰 나무에는 해가 저무는데 누가 왕성한 봄으로 돌이킬 수 있을까, 선비가 근심하고 있지만 도道는 순환하게 되어있어 벼랑 끝에 배가 엎어져도 훌륭한 글은 강론하게 되리라.

계해 4월 일 후손 후익

琴湖書院復設時廟宇開基祝文

顯允先生國臣儒宗草昧之造率勵羣公丕啟文運禮樂以興昭王用休多士寔寧所以後辟報崇秩文所以後學妥處精禋孰邦政癠袴及儒宮畏壘艸菊寥寂鄉風喬木盛暮孰回王春士有所憂惟道爲循崖舟雖覆蘭書可講詢謀僉同將復院享相基立廟大役方始爰測之圭土

功肇起后土有神勿震是佑吉基賢靈永世相遇有鞏柱礎有踐豆籩羣趨應軌昭舊垂新式薦牲醴敷陳厥由吾黨庶賴惟神之休用神處告謹告 癸亥 四月日 孫 厚翼

11) 〈봉안문[계해복설시] 奉安文〉

하양허씨 문경공파종친회(2005), 『경암허조연구』 II

팔공산은 위엄스럽고 금강물은 기세 있어 쌓인 정기와 기른 영체가 선생을 탄생하였다. 어려서 배움을 좋아하여 스승을 쫓아 실상을 답습하여 양촌을 이끌 고 수재를 장려하며 정성 세워 공경히 거하여 용학庸學을 복응하니 일찍이 벼슬에 발탁되어 빛나는 품계를 밝게 역임하며 넷 조정을 보필하여 훈령을 출납하니 바람 구름 서로 만나고 물고기 물 서로 얻으니 임금 이 손으로 어깨 짚으며 가로되 나의 주석 같은 신하를 세 번 장악하였다고 하였다.

백가지 제도를 전형銓衡하고 육전六典을 제정하고 오례五禮를 제정하여 편집하고 사학四學을 창설하여 선비 풍속 교화하고 일곱 번을 과거시험 맡아서 많은 큰선비 등용하니 임금과 신하 간에는 요순이요 형제같이 사이는 기설夔卨이라 날카로운 의지로 나라를 경영하니 두 갈래가 안되고 오직 하나 되어 마음을 깨우치고 몸을 극복하니, 정암靜庵은 평하기를 나라 근심을 집과 같이 하였다 하였고, 문정文正이 지은 기록에는 명백하기가 획일 같다 하였고 필재畢齋의 제목에는 청렴공직이라 하였고 필원筆苑의 실적에는 추로염락鄒魯濂洛, 락은 정호程顥를 지칭하였고 묘갈명을 쓴 거필巨筆이 공경히 현판을 쓰니 바르고 가지런히 소홀히 할 수 없고, 수壽하기를 일흔의 지경에 올라서 구름 속으로 문득 오르니 대궐에서도 놀래고는 죽음을 밝히고 음식을 줄이고서 통곡하며 세묘에 배향하니 유명幽明에서도 덕을 높였고, 어진 아들과 손자가 순절하니 고향인 금호에서 제사 받들고 빛나는 임금의 은총인 네 글자 현판은 보배롭고 위엄스러워 춘추로 향불을 피웠는데 중간에 혼란지경을 겪으면서 문득 훼철됨에 이르렀으니, 잡초로 터가 거칠어져 지나가는 행인도 상심하였다. 사림이 넓게 논의하여 중건하기로 도모할 새 옛 금호는 무너졌음으로 부곡의 기슭에다 새로이 점치고 성력을 다하니 사당 집채를 고요히 두게 되어 제기그릇 마련하고 제수 차림 간결이 하여 좋은날 잡아서 제사 지냄을 복원하고 선비들 제계 함이 엄숙 하니 천 백대 토록 오르내리며 흠향하소서.

군수 이매구[20]

奉安文

公山巖巖錦水潑潑儲精毓靈先生降篙齡好學從師踏實陽村針提獎許才局立誠居敬庸學膺服早擢蜚英歷敭華秩輔翼四朝訓命出納風雲際會魚水相得■手柱肩曰吾柱石三握銓衡百揆使宅六典著定五禮撰集創設四學化行懦俗七掌貢擧榜多鴻碩君臣堯舜伯冲龔禼銳意經國不貳惟一警心克已靜菴評的憂國如家文正撰錄較若畫一畢齋題目廉清公直筆苑實蹟鄒魯濂洛墓銘巨筆持敬扁楮整正岡忽壽躋七域雲鄉遽陟宸驚鑑囚減饌放哭配享世廟幽明崇德令子肯孫繼繼殉桑鄉琴湖爰奉尸祝煌煌寵澤四字扁額琫璋峨峨春秋芬芬芯中經勘界奄至毁撤葵麥荒墟行過傷畵士林恢議僉謀重設舊湖圯壞金岡新卜殫誠攻力廟宇有侐籩豆旣踐牲酒且潔涓吉復享衿紳齊肅於千百世陟降歆格

癸亥五月二十五日復設時 郡守李邁久

12) 〈금호유계안서琴湖儒契案序〉

장석영張錫英, 『회당선생문집晦堂先生文集』 권25, 「서序」

대개 성인聖人이 태어나면 반드시 만백성의 선각자를 두어서 보좌하게 되고 예악禮樂을 제작해서 한 임금의 다스림을 이루니 당우唐虞 이래로 역대에서 기록되어 있다. 조정은 건국초로부터 재보宰輔라 일컬었고, 들란 정승의 업적으로는 황씨·허씨의 어진이를 일컬었다. 그 때가 어두웠음은 하늘의 조화라. 제도문물이 이로부터 일어났다. 허문경공은 넷 조정을 섬기면서 백가

20) 이매구(李邁久[1841~1927]) : 본관은 여주. 자는 영가(英可), 호는 소암(小庵). 이언적의 12대손으로 경주 출신이다. 1882년(고종 19) 생원시 입격한 뒤 음직으로 장기현감 등을 지냈다.

지 법도를 취하는 데에 일삼아서 다섯 예의를 지어 만대의 법전을 세웠고 성균관을 세워서 사학四學을 세웠고 나라 복장을 제정하고 불교를 금하고 형법을 가벼이 하여 나라에 있어서는 성인문명聖人文明의 교화를 돕고 집에 있어서는 양세兩世가 나라에 죽는 충성을 열었으니 그 풍성한 공적과 훌륭한 덕은 옛 어진 정승에도 못지아니하여 사당에서 백대토록 먹게 함이 마땅하고 조정에서 은덕에 갚는 제도를 더해주니 사림도 높여서 제사 지낸다.

태상太上 초년에 불행히도 그 제사가 철거됨을 보았는데 육십년간에 눈에 가득한 잡초는 처량함을 이기지 못하는 것이었다. 후손들이 이미 비석을 유허지에다 세우고 계를 닦아서 기록하였다.

무오년에 비석 바로 남쪽 수리數里 거리에 금호서당을 세워서 고을 사람과 더불어 함께 계사契事를 닦아서 높여 사모하는 뜻에 붙였고 당堂이 낙성하자 계안도 이루어졌다. 선비 황이련·김재원·허동주 등이 고을 어른들의 명으로서 서문을 불영不佞에게 분부하였다.

내가 가로되 우리들은 이미 몸소 어지러운 세상을 만나서 임금의 기강이 이미 끊어졌어도 아직 군신 부자의 의리가 중함을 알고 어진 이를 어질 게 여기고 친한 이를 친하게 여기며 앞 임금을 잊지 아니하니.

이는 모두가 오백년간 교화한 덕택이라 선왕의 치적을 기리는 까닭은 뒷백성이 뒤에 깨달음을 깨닫게 함이니 이는 누구의 공이던가. 이것 또한 잊어서는 안 되지만 이 계도 잊어서는 안 되는 까닭이라. 무릇 이 계를 함께한 사람은 각 자 분발해서 선왕先王의 옷을 입고 선왕의 글을 읽고 성황의 도를 행하여 선왕의 도로 하여금 땅에 떨어지게 아니하면 그 사람도 있게 되고, 그 정치도 드러난다. 다른 날 밝은 임금이 태어난다면 문왕文王을 기다리지 아니해도 일어나고 옛 사람을 부리지 아니해도 아름답게 될 줄 어찌 알겠나. 이것이 문경 공이 후인에게 바라는 바이면서 후인도 부처 같은 은혜를 문경 공에게 갚는 까닭이로다.

하양은 바로 문경공 조상무덤의 고향이라 홀린 바람과 남긴 운치는 비록 백 대를 내려가도 잊어서는 안 되기에 마땅히 하양의 선비는 집집마다 제사를 지내면서 가까이로는 하양을 부터하고 멀리로는 한 나라에 이르기까지 이 계를 같이 하면서 사모하고 숭상함이 있어야 한다.

이것으로 금호유계 서문으로 삼아서 동지들에게 힘쓰게 한 것이로다.

琴湖儒契案序

夫聖人有作 必有天民之先覺 爲之輔佐 制作禮樂 以成一王之治 唐虞以降 歷代可記也 朝廷自國初稱宰臣著相業 稱黃許之賢 時則草昧天造 典章文物 由是而興也 許文敬公身事四朝 功敍百揆 撰五禮儀 立萬世法程 建成均 立四學 定國服 禁僧齊 輕刑法 在邦而贊聖人文明之化 在家而啓兩世死國之忠 其豐功盛德 蓋亦不避古之賢相 而宜其廟食百世 朝廷加崇報之典 士林尊俎豆之享也 太上初載 不幸見掇其尸祝 而六十年間 滿目葵麥 不勝其凄然者矣 後承旣立碑於遺墟 修契以識之 歲戊午 直碑南數里 建琴湖書堂 與鄕士林共修契事 以寓尊慕之意 堂旣落而契案旣成 儒生金載元·黃履璉·許東柱等 以鄕父老命 問序於不佞 不佞曰 嗚呼 吾人躬逢亂世 王綱已絶而尙能知君臣父子義理之重 賢其賢親其親而不忘前王 是皆五百年化育之澤 而所以贊先王之治化覺後民之後覺 是誰之功歟 斯亦不可忘而 斯契之所以不可已也 凡此同契之人 各自奮勵 服先王之服 讀先王之書 行先王之道 使先王之道不墜於地 則其人存而其政擧矣 他日明王有作 安知無待文王而興者 不使古人而專美哉 此則文敬公之所望於後人 而後人之所以報佛恩於文敬也

張錫英

3. 고문서

1) 금호증경 원임안 琴湖曾經院任案

금호서원 소장

1684년 건립 때부터 1774년까지 91년간 금호서원 원장과 유사를 역임한 명부이다. 181명의 원장과 360명 유사의 이름이 입록되어 있으며, 향중인사로

구성 된 것으로 보인다. 이들의 성씨는 원장이 17개, 유사가 18개로 조선 후기 지역의 대표적인 성씨로 볼 수 있다. 이중 원장의 상위 5개 성씨는 조曺씨[창녕] 47명, 박씨[울산] 26명, 허씨[하양] 25명, 김[청도]·이씨[영천]가 각 14명 순이다.

또한 이 문서를 통해 금호서원은 초기부터 하양현감이 원장을 지낸 사실과 1724년에 서원 이건이 진행되었음을 알려준다는 점에서 시사하는 바가 크다.

2) 금호원안 琴湖院案

삼성현역사문화관 소장

금호서원의 학생을 기록한 명부이다. 문서는 서두에 서문과 강규講規가 있고, 학생의 인적사항이 기재되어 있다. 서두에 추향할 때 문서를 작성의 취지와 사서의 배강背講과 소학을 임강臨講한다는 강규講規를 적시해 두었다. 명부의 5번째 입록자 허익주許翊周(1651~1699)의 생몰연대를 고려하면, 1697년~1749년까지 작성이 된 것이다.

등재된 인사는 총 64명이며, 12개의 성씨들로 구성되어 있다. 이들이 바로 초창기 금호서원에서 공부한 인사들이라는 점에서 의미가 있다. 다만 인

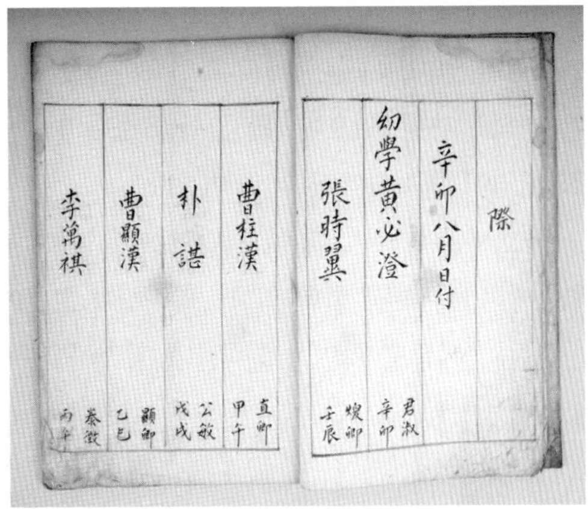

명, 자字, 출생 간지만 적혀 있어 본관과 거주지 등은 알 수가 없다.

3) 금호서원상하절목급전답두안 琴湖書院上下節目及田畓斗案

삼성현역사문화관 소장

금호서원이 소유한 전답 운용의 절목과 규모를 적어둔 문서이다. 6개 조항으로 구성된 절목에서는 수세收稅, 소작인 관리, 구체적인 지출 방법 등이 규정되어있다.

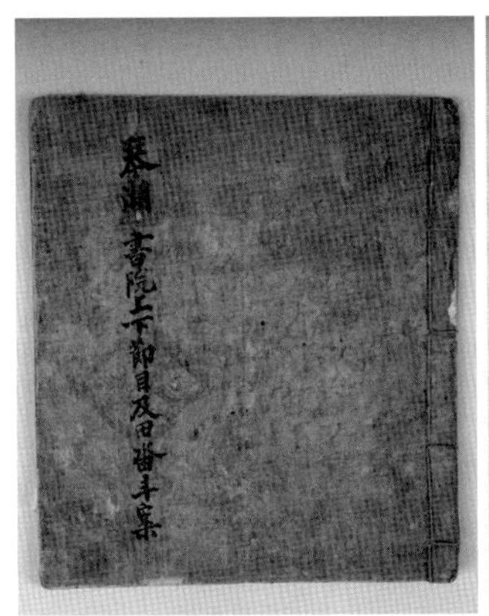

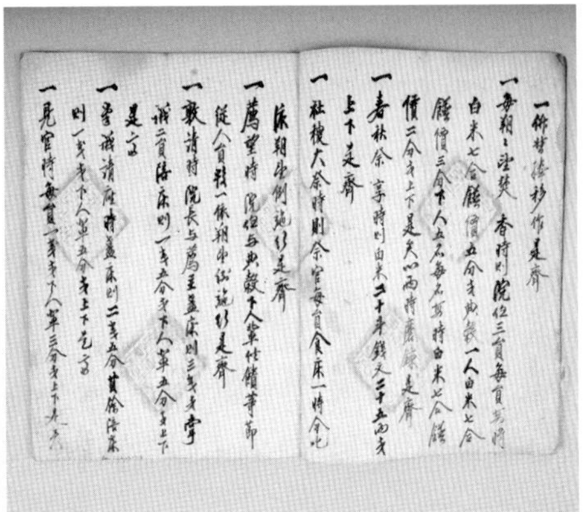

소유한 전답은 7개 지역에 걸쳐있었고, 지번과 소작인의 이름이 상세히 기재되어 있다. 이 문서에서 확인되는 금호서원의 전답은 88마지기에 수입은 33석石 35두斗였으며, 특히 서원 소속의 하인들에게 배분된 전답의 구체적 내역이 병기되어 있어 흥미롭다.

금호서원에서는 원활한 전답 보전을 위해 관청의 수결을 받아 공신력을 확보했다. 문서 장 마다 찍힌 관인官印이 그것이며, 문서 말미에는 작성자인 향리들의 이름도 확인이 된다.

4) 하첩 下帖

금호서원 소장

1792년(정조 16) 4월 14일 하양 현감이 최구석에게 금호서원 원장에 차정하고 발급한 문서이다.

5) 1923년 2월 26일 통문 通文

옥산서원 소장

1923년 2월 26일 금호서당 도회에서 옥산서원으로 보낸 통문이다. 허조의 후손이 훼철된 금호서원을 복원했는데 또 다른 허씨가 금호서원이란 편액을 내건데 대해 성토해줄 것을 당부하는 내용이다.

6) 1923년 5월 10일 통문 通文

옥산서원 소장

1923년 5월 10일, 금호서당을 부곡으로 옮겨 건축한 후 경암 허조의 현판 게액과 위판 봉안례를 거행하니 기한에 맞춰 옥동서원에서도 참석해주길 요청하는 통문이다.

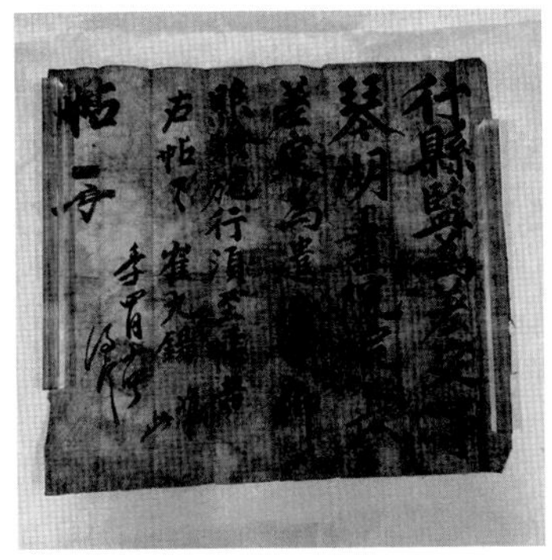
하첩

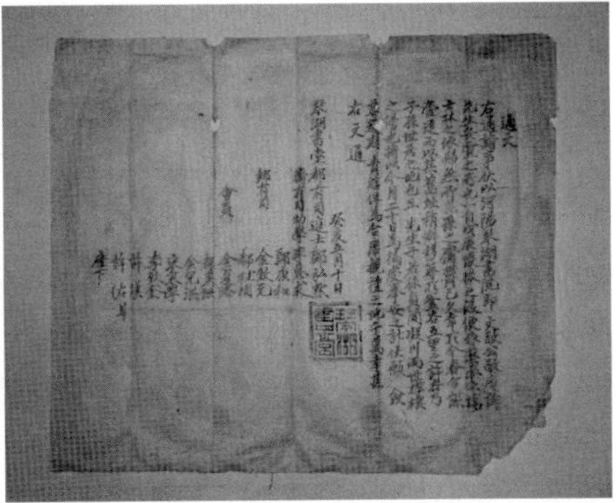
통문(계해 5월 10일)

4. 현판류

1) 묘우중건 상량문 廟宇重建上樑文

일심으로 지극한 치세를 도우니 나라에서는 높이 찬양하여 제 향하는 은전을 내렸고, 백세토록 유덕군자를 높이 받드니 유신儒紳들이 다시 공경하는 정성을 다하였습니다.

경사는 지금 사람에게 있는데 공적은 전열前烈 선현에게 빛난다. 삼가 생각하오니 경암선생은 국가의 운명이 새로울 때 어진 정승이요, 바다의 동쪽 나라 이름난 유학자다.

몸을 수양하고 집을 바로잡는 것을 백관百官들이 이것을 본받도록 미루었고, 예법을 근엄하게 하고 형벌을 너그럽게 하여 한 사람의 다스림을 편안케 했다. 나라의 큰 기반을 정돈하니 철권鐵拳[21]과 단서丹書를 받은 공신의 참여가 정해졌고 자손을 위한 계획이 협찬되니 금과옥조의 법령이 천하에 널리 반포됐다. 앉아서 삼한三韓을 진압하니 팔역八域 팔도에 백성이 살았고, 길이

21) 철권(鐵拳) : 공신(功臣)에게 나누어 주던 훈공을 기록한 책이다.

천추의 왕업을 정하니 만년토록 종사宗社의 복이다. 요순 세계의 임금과 백성은 그 당시의 수공지치垂拱之治[22]를 이루었고 고皐와 기夔에 백중伯仲하는 명신名臣은 후세 사람들이 자취를 더듬어 사모의 마음을 일으킨다. 이름이 사책史冊에 전해지는데 그 일을 자주 칭송함을 기다릴 것이 무엇인가? 솥과 종鐘에 공적을 기록했으니 스스로 그 아름다움이 드러나는 계책이었다. 이것은 곧 마음 다스림의 세밀함이요 행실을 제약制約하는 엄함이라. 자신을 위한 법도를 세우니 이것이 형을 공경하고 조상을 존모하는 바른 길이 되었고 세상에 모범을 남기니 어진 아들과 손자에게 아름다운 빛이 있게 되었다. 한 가문의 훌륭한 규범은 가히 본보기가 될 수 있고 백년의 풍채와 품격은 어제의 일 같다.

여기 지팡이 짚고 다니며 향기를 남긴 땅을 보면 초목들도 오히려 남긴 빛을 입고 사림들이 높이 보답하는 의식儀式을 보면 사당은 옛 것을 모방하여 체모를 높였다. 어찌 다만 선생의 혜택에 감화될 뿐이겠는가? 이는 오직 학문이 참 근원으로 거슬러 돌아가는 길이다. 당재堂齋가 성 밖의 소란함이 가까움을 생각하여 아주 가까운 별장의 고요 한 곳으로 나아갔다. 용호龍虎의 상상할 수 없는 변화를 생각하여 진기한 바위와 골짜기를 택했고 거듭되는 잔치에 볼만한 위용威威을 생각하여 산천이 환하게 밝은 데를 정했다.

아침저녁으로 추모의 마음을 붙일 땅에 빛나는 구슬 같은 편액에는 열성조列聖朝에 대한 뒤늦은 감회가 간절하게 깊고 봄에는 시를 외우고 여름엔 거문고 익힘이 여기에 마땅하니 유신儒紳들의 많은 선비가 높이 사모하는 마음이 더욱 새롭다. 다만, 세월이 여러 번 옮겨지니, 드디어 바른 벽과 새긴 나무가 조금씩 손상되었으니 경건하게 받들 한결같은 뜻에 두려워하는 생각이 가히 없겠는가? 여러 사람의 계획에 협조가 따라서 이에 확장할 계획이 있게 되었다.

---

22) 수공지치(垂拱之治) : 위정자가 일부러 힘쓰지 않아도 덕이 백성들에게 미쳐 교화가 이루어지는 것을 말한다.

자주 여기에서 일제히 모임을 여니 왜 꼭 옛 터를 버리고 새로운 계획을 하는가? 점점 진행해 나갈 것을 주선하니 여기에 오직 그 예禮를 존중하고 공경을 지 극히 하려고 했다. 여기에서 탐구하고 여기에서 채비하니 문득 눈 앞에 우뚝한 건물을 볼 수 있었고 여기에 영靈을 안치한 조상이 되니 후세 자손을 끌어줄 날개가 됨을 기대할 수 있다. 이렇게 선현을 높이 지켜주는 일에 부끄럽지 않다고 말하겠으니 그런 뒤에 사람의 마음을 다했다. 감히 예의와 제도가 예법에 부합하다고 말하겠으니 비로소 신묘한 도리가 편안 해졌으리라.

잠시 육위의 송頌을 창唱하여서 백척百尺의 대들보 들어 올림을 돕는다.

어기영차 들보 올리는 동쪽에는 아침 해가 먼저 떠오르니 학록鶴麓이 붉었구나. 경암敬庵의 명칭을 살려서 취하는 기상氣像이 있으니 우리 사람에게는 원래 분명하게 충정이 있는 것이다.

어기영차 들보 올리는 서쪽에는 멀리 귀암龜巖을 바라보니 푸른 운무가 낮게 떴다. 양대[貞簡公·修撰公]의 충열의 영혼은 당연히 죽지 않아서 영월寧越산에 달 밝으면 자규子規가 되어 울겠구나.

어기영차 들보 올리는 남쪽에는 천이랑의 금호강이 쪽빛처럼 푸르다. 그 당시의 공로와 덕행이 넓은 것을 알려고 하거든 청 하건데 남기신 윤택함이 큰 못보다 넓음을 보게.

어기영차 들보 올리는 북쪽에는 높고 높은 응봉鷹峯에는 검푸른 빛이 걸쳐 있다. 장구하게 선생의 정령精靈이 제왕의 궁궐을 지키고 있으니 전각에는 밤마다 북극성이 밝았네.

어기영차 들보 올리는 위쪽에는 밝은 해를 넓고 푸른 하늘에 우러러 보겠구나. 대장부는 당연히 떳떳한 충심을 저버리지 않아야 하는데 다만 중요한 것은 이 마음에 가리움과 막힘이 없어야 한다.

어기영차 들보 올리는 아래에는 많이 모여드는 배우는 사람이 당사堂舍에 넘친다. 원하건데 장차 예의를 몸으로 실천함에 힘써서 누가 다시 가통을 이어서 나라를 도울 사람 되겠는가.

엎드려 원하건데 상량한 뒤에는 땅기운이 형통하게 돌아오고 유교의 교화가 크게 천명闡明되어서 자신을 위하는 근본에 힘써서 범상하게 자잘한 문장의 어구에 집착하는 더러운 풍습은 씻어지며 어진 사람을 보면 그 와 같은 사람이 되기를 생각하고 일상생활에 엄정하게 지킬 아름다운 법칙을 준수하여 봄가을의 보답하는 제사를 폐지하지 말게 하며 영원히 인재를 양성 하는 청아菁莪편의 홍을 일으키게 하소서.

대사간 류치명[23]

廟宇重建上樑文

一心贊至邦家崇從與享之典百世尊有德衿紳殫幣改爲之誠慶在今人功光前烈恭惟敬先生許文敬公運初賢相海東名儒修身正家而推百僚是式勤禮寬刑而治一人以寧整頓鴻基鐵卷丹書之參定協贊燕翼金科玉條之對揚坐鎭三韓八域生靈永千秋萬年宗祏君民堯舜致當日垂拱而治伯仲皐夔起後人循迹而慕名垂竹帛何待數其事而稱之功紀鼎鐘自有讚美而著也若乃治心之密制行之嚴作法于是爲政於敬兄尊祖貽謨于世休有光於令子賢孫一家之懿範可師百年之風猷如昨睹玆杖履留之地草木被餘光士林崇報之儀祠廟舊尊貌何但濡沐於休澤寔惟溯洄於淵源顧堂齋城之近囂而咫尺別墅之就靜想龍虎變化不測巖壑瓌瑰緬申燕容止可觀川原昭朗朝牆暮羹之寓其地春誦夏絃之宜於玆璇額煌煌列聖之曠感采切衿佩齊齊多士之聳慕愈新第緣金火之屢遷致壜斲之少損一意虔奉無怵惕於懷羣謀協從爰有恢張之計陟降洋洋之久於是何必捨其舊而新是圖周旋漆漆之將於斯欲奪其禮而敬爲至是尋是度奄觀突兀於眼前以妥以宗可冀引翼於來後是謂衛之無憾然後盡於人心敢曰儀制之稱情方是安於神理試唱六偉之頌助擧百尺之樑兒郎偉抛樑東朝旭先昇鶴麓紅試取名看氣象吾人元有嗷如衷兒郎偉抛樑西遙望屛巖翠靄低兩世忠魂應不死越山明月子規啼兒郎偉抛樑南千頃琴湖碧藍欲識當年功德溥請看餘潤廣渟涵兒郎

23) 류치명(柳致明[1777~1861]) : 본관은 전주. 자는 성백(誠伯), 호는 정재(定齋). 하양 지역에는 하양허씨 허계(許銈)·허전(許鐫), 청도김씨 김익동(金翊東)·김진규(金鎭奎)·김재규(金載奎), 분성배씨 배극소(裵克紹) 6명의 문인이 살았다.

偉抛樑北屹屹鷹峯橫黛黛色長有精靈護紫官觚稜夜夜明宸極兒郎偉抛樑上仰瞻白日靑天曠丈夫當不負彛只要此心無翳障兒郎偉抛樑下莘學子盈堂舍願將禮義勉躬行誰復承家輔國者伏願上樑之後地氣回儒化不闡爲已務本洗科臼尋摘之陋風見賢思齊違規矩嚴整之懿則無替蕉荔之報祀永見菁莪之作興

大司諫 柳致明

2) 금호서원 유허비각 기문 琴湖書院遺墟碑閣記文

현의 금호서원은 오직 우리 선조이신 경암선생을 제향하는 곳이다. 무진년에 첩원疊院은 훼철 하라는 거사가 있었는데 본 서원도 그 때에 역시 원통하게 훼철에 들어갔으니 다만 자손 된 사람의 아픔이 될 뿐 아니라 어찌 유학계儒學界의 한 결점이 되는 일이 아니겠는가?

세월이 흘러서 지금까지 거의 삼십년이 가까워지는데 공허해진 산을 상상해 보니 집과 담장이 어느 곳에 있었는지 초목만 거칠게 무성하고 물이 흐르고 구름이 떠돌던 고을이 적막해졌으니 그 빈터를 가 볼 때 마다 스스로 나도 모르 게 두 눈물이 흘러내렸다.

그리하여 사사롭게 생각하니 선생의 남기신 은택을 함께 입고 있는 동국東國사람이라면 반드시 장차 사람이 지닐 떳떳한 도리는 떨어지지 않았을 것이니 그 도덕이 후세에 오래 전함에 있어서는 반드시 이와 같은 밝음과 어두움에 관계되지 않겠지만 다만 서원이 있어서 높이 봉향하던 자취가 장차 세월이 오래됨에 따라서 기록도 없이 사라지게 된다면 선왕께서 편액을 하사하시며 높이 보답한 뜻이 과연 어디에 있겠는가?

드디어 종족과 향중 유림과 의논하여 한 조각 짧은 비를 세우고 비각을 지어서 비를 보호케 하여 유허임을 나타내어 복원하기 전까지 잊지 않겠다는 생각을 붙인다는 말이다.

신축년 9월 9일

후손 정楨 삼가 기록하다.

琴湖書院遺墟碑閣記

縣之琴湖書院惟我先祖敬庵先生俎豆之所也滿戊辰　國有疉院撤之擧于時本院亦入免撤不但爲子姓之痛而已抑非斯文之一欠事歟星霜條忽迄于齒殆近三紀想像空山宮墻何處草木荒蕪水雲寂寞每到其墟自不覺雙涕泫然仍竊惟先生遺澤之被在東土者必將與秉彝罔墜矣其道德之壽傳於後不必由是顯晦而但有院崇奉之蹟則將隨年深而湮沒無記先王賜額崇報之意果安在我遂議于宗族曁鄕士林豎一片短碣搆屋以庇之用表遺墟以寓復院前不忘之慕云時重光赤

奮若之重陽日後孫楨謹記

3) 금호서당기 琴湖書堂記

하양의 사이동[현 하양읍 서사리]에 금호서원이 있으니 곧 문경공 경암 허선생을 제사 지내는 곳 이다. 임금이 하사한 현판은 정종正宗 경술년에 있었는데 불행히도 신미년 에 화를 입으니 사림이 비를 세우고 비각을 덮어서 그 곳을 기록하였었다. 근래에 또 여섯 칸의 집을 부곡에다 세우고서 현판을 걸되 원院을 당堂으로 고쳤다. 부곡은 자손이 대대로 살아온 땅인데 공公의 아들 정간공과 수찬공의 정려旌閭가 그 남쪽으로 수백 보 거리에 있는데 그 일을 맡은 자는 18세손 영이었다. 장차 책임 지웠다. 이미 굳게 사양해도 얻지 못하고서 지어 가로되 사람의 정이란 대개 그 땅에 나아가면 그 사람을 생각하고 그의 일에 나아가서야 그 업적을 사모한다.

옛날 우리 태종·세종의 세대를 생각하니 공은 정승으로서 도道를 논하며 나라를 경영하되 음양 이치를 조화하였고 오례육전五禮六典을 닦고 성균사학成均四學을 세워서 임금을 요순의 높은 데에다 끌어올리고 백성을 어질고 수하는 지경에 올리고 신라와 고려의 더러운 풍속을 일변하여 은주殷周가 왕성하던 시대를 기약하였으니 백성이 지금도 그가 내려준 국사와 야사를 받아서 빛나기가 해와 별 같으니 어찌 후인의 한 말씀 용납하기를 기다리겠나.

그러나 만물은 본말이 있고 일은 시종이 있는지라 오로지 이것으로만 공

公을 논한다면 또한 안 된다. 삼가 그의 비문을 살펴보니 말하기를 공은 천성이 정대하고 관용하였고 젊어서부터 학업에 돈독하여 그의 거실에다 경암敬庵이라 써 붙이고 날마다 닭이 울면 의관을 바르게 하여 단정히 앉아서 소학과 중용을 읽으며 밤중이라야 잠시 잠자고 고요히 생각하고 힘써 실천하되 얻지 못하면 그만두지 아니하였고,

봉양에도 본디가 있고 언동도 예에 맞게 하여 어버이에 효도하고 형에게 공경하고 친족에게 화목하고 벗에게 신실하여 인륜에는 이와 같이 두터웠다. 고로 그가 조정에 섰을 때에는 불교를 배척하여 정도正道를 숭상하는 것으로서 급선무로 삼았다 하였으니 오늘날 이 당堂에서 놀거나 거하는 자는 마땅히 공의 학문을 먼저 배워서 이룸 있기를 기약하되 능히 공의 시운時運만남을 만나서 공의 행함을 한다 해도 하늘에도 있고 명예도 있기에 반드시 되지는 아니한다.

그러나 그 갖춤은 진실로 나에게 있는지라 같은 말이지만 세상의 요즘은 기이한 부류가 가득하여 눈에 부딪치고 귀에 들어오는 것마다 선왕先王의 법언과 법복이 아닌지라 비록 공의 학문을 배우게 해서 이름이 있다 해도 어찌 감 히 공의 시운만남을 만나기를 바라겠나. 이르자면 결코 군자의 마음 씀이 아니로다.

옛날 성인을 바라고 현인을 바라는 자는 오직 날마다 부지런히 하여 죽은 뒤라야 그쳤으니 어찌 이렇게 해서 녹祿을 얻는 계책으로 생각하였겠나. 고로 말하기를 이를 보면 민망함이 없지 아니하다 하였고 또 말하기를 그릇을 몸에 간수하였다가 때를 기다려서 움직인다 하였으니 진실로 이런 까닭이다. 내가 또 문경공의 생애를 보니 마침 고려 말 운수가 그릇됨을 당하여 한 방에서 다정히 거하여 『소학』『중용』을 읽은 것은 공이 당연히 할 것을 한 것에 불과한데 뒷날에 풍성한 공적과 거룩한 빛남이 모두 이 속에서 나왔으니 만물의 본말과 일의 시종이 훤히 밝아졌다.

그러나 여러 어진이의 이런 역할은 대개 그 땅에 나아가서 그 사람을 생각하고 그 도道를 사모하나니 굳이 벌리거나 혹 붙여 말함이 필요하지 아니

하나 세상 사람이 공의 업적이 훌륭한 것만 알았지 학문의 도타움을 듣지 못했기에 감히 나타내기를 이같이 하였고 또 위태함을 되돌리면 편안함이 되고 난리를 바꾸면 다스림이 되는 하늘에 기대함이 없지 않다. 모르겠지만 여러 어진이가 잘못되었다 하지는 않을는지.

통훈대부 전행홍문관교리 지제교 겸 경연시독관 춘추관기주관 동학교수 진성 이만규[24]

琴湖書堂記

河陽之四而洞曾有琴湖書院即文敬公敬庵許先生尸祝之也宣額在　正宗庚成不幸厄杓辛未而士林立碑覆閣以識其處近又尊六架屋于釜因揭舊號而改院以堂谷乃子孫世居之地而公之子貞簡公　孫修拱公　旌閭在其南數百武幹真事者公十八世孫礫也將落楣東柱以那父老之命遠青記既辭不獲則作而曰人之情大抵即其地而想其人就其事而慕其業念昔我 太宗世宗之世公以宰輔論道經邦燮理陰陽修五禮六申建成均四學引君上於堯舜之隆躋蒸庶於仁壽之域一變羅麗陋俗期臻毅周盛際民到今受其賜國來野史炳如日星何待後人之容一辭也我物有本末事有終始若專以是論公又未也謹攷其墓碑曰公天資正大仁恕自少篤題其室曰敬庵日鷄鳴整衣冠端坐讀小學中庸夜分暫睦潛思力踐不得不措充養有素言動中禮孝親敬兄睦族信友於人倫若是厚矣故其立朝也以示佛崇正爲先務今日之遊居此堂者當先學公之學期於有成其能遇公之遇而爲公之爲枉天又在命固不可必也然而其具固在我矣若曰世之今矣異類充斥觸目八耳並非先王之法言法服縱使學公之學而有成女可望遇公之遇也云爾則非君子之用心也古之希聖希賢惟日玆字孳■而後已者曷嘗出於爲是得祿之計也故曰不見是而無悶又曰藏器於身待時而動良以此也余又觀又敬之生適丁麗李運否其端居一室讀小學中庸者卽不過爲公之當爲而後日之豐功■烈皆從這裏做出來則物之本末事之終始章章然可明也諸賢此役盖將卽其地而想其人其慕其道固不必更陳贅語但世之人徒知公事功之盛而不聞學問之篤乃敢表出之如是又不無有

24) 이만규(李晩煃[1845~1920]) : 본관은 진성(眞城). 초명은 만효(晩孝)로 자는 순칙(順則), 호는 유천(柳川). 애국지사 이만도(李晩燾)의 아우로 1883년 문과에 급제했으나 을미사변 이후 은퇴해 학문과 독립운동에 매진했다.

待於反商鳥妥易亂爲治之天未知諸賢不以爲迃也否己未八月肚通訓大夫前行弘文館校理知製敎兼經筵侍讀官春秋館記注官東學敎授眞城

李晩煃記

구천서원 龜川書院

Ⅰ. 개 요

주 소	경상남도 함양군 수동면 효리길 30-17
제향인물	박맹지朴孟智(1426~1492)
	양관梁灌(1437~1507)
	강한姜漢(1454~?)
	표연말表沿沫(1449~1498)
	양희梁喜(1515~1580)
	하맹보河孟寶(1531~1593)
	양홍주梁弘澍(1550~1610)
관련사항	

Ⅱ. 연 혁

1701년(숙종 27)	양관梁灌의 사당 터에 서원 건립
1868년(고종 5)	흥선대원군의 서원 훼철령에 의해 철폐

1919년	서원 터에 유허비 건립
1936년	구천재龜川齋를 지어 작헌례 시행
1984년	구천서원 복원
1993년	양홍주梁弘澍 추향

▣ 제향인물

■ 박맹지(朴孟智, 1426~1492)

본관은 반남潘南, 호는 춘당春塘으로 박안경朴安敬의 아들이다. 1454년(단종 2) 문과에 급제하고 세조 즉위 초 권지학유權知學諭에 임명, 원종공신 3등에 녹훈되었다. 이후 함양에 낙향하여 학문 연구에 증진하다가 성종이 즉위하면서 다시 벼슬에 올랐다. 1474년(성종 5) 영안북도병마평사永安北道兵馬評事에 임명되었으며 삼가현감三嘉縣監·승문원교리·사헌부 집의 등을 역임하였다.

■ 양관(梁灌, 1437~1507)

본관은 남원南原, 자는 옥지沃之, 호는 일로당逸老堂으로 성균관진사成均館進士를 지낸 양천지梁川至의 아들이다. 학문에 조예가 깊어 경서와 사서를 두루 통달하였다. 1460년(세조 6) 무과에 급제하고 지돈녕부사知敦寧府事·덕천군수德川郡守·의주목사義州牧使 등을 역임하였다. 성종 연간 청백리에 올랐으며 효우촌에 일로당逸老堂을 짓고 기거하였다. 사후 함양 구천龜川에 그를 기리는 사당을 건립하였다.

■ 강한(姜漢, 1454~?)

본관은 진주晉州, 자는 종지宗之·종우宗于, 호는 금재琴齋·청금병수聽琴病叟로 군위현감軍威縣監을 지낸 강이경姜利敬의 아들이다. 남이의 옥사 사건으로 아버지가 화를 당하자 어머니와 함양으로 옮겨와 살았다. 지례현감知禮縣監·고산현감高山縣監 등을 역임하였다. 연산군이 폭정을 일삼자 산음현 필봉산 아래에 은거하며 서재를 짓고 후학을 양성하였다. 저술로 『동몽수지童蒙須知』가 있다.

■ 표연말(表沿沫, 1449~1498)

본관은 신창新昌, 자는 소유少游, 호는 남계藍溪·평석平石으로, 사헌부감찰司憲府監察을 지낸 표계表繼의 아들이다. 김종직의 문인으로 1472년(성종 3) 문과에 급제하였다. 사헌부장령司憲府掌令·사간원대사간司諫院大司諫·동지중추부사同知中樞府事·홍문관대제학弘文館大提學 등을 역임하였다. 1498년(연산군 4) 무오사화에 연루되어 함경도 경원의 유배지로 가던 중 세상을 떠났다.

■ 양희(梁喜, 1515~1580)

본관은 남원南原, 자는 구이懼而, 호는 구졸암九拙菴으로 첨정僉正 양응곤梁應鵾의 아들이자 양관의 손자이다. 같은 고을의 정희보鄭熙普에게 수학하였다. 1540년(중종 35) 진사시에 장원 급제하고, 1546년(명종 1) 문과에 합격하였다. 사간원정언司諫院正言·사헌부지평司憲府持平, 충청忠淸·경상도사慶尙都事, 김해金海·안동부사安東府使, 양주楊州·파주坡州·의주목사義州牧使 등을 지냈다. 1580년(선조 13) 동지사冬至使로서 명나라에 갔다가 옥하관玉河館에서 병사하였다.

■ 하맹보(河孟寶, 1531~1593)

본관은 진양晉陽, 자는 대재大哉, 호는 우계愚溪로 하활河活의 아들이다. 같은 고을의 노진盧禛에게 수학하였다. 부모님이 돌아가신 뒤 3년 상과 여묘살이를 하는 등 효행이 깊어 1616년(광해군 8) 정려가 내려졌다. 임진왜란 때 선조의 피난 소식을 듣고 병으로 직접 호송하지 못하니 아들과 손자를 보내 따르게 하였다. 그 공으로 공신록에 입록되었다.

■ 양홍주(梁弘澍, 1550~1610)

본관은 남원南原, 자는 대림大霖, 호는 서계西溪로 구졸암 양희의 아들이다. 조식曺植·성혼成渾에게 수학하였다. 임진왜란 당시 선조의 어가를 따라가 율무 쌀[薏苡米] 3두, 전죽箭竹 4만 개, 장편전長片箭 3백 부를 바쳤다. 그 공으로 선조가 의금부도사에 제수하였으나 이내 향리로 물러났다. 선조 말년 정인홍이 성혼을 비난하자 스승을 변호하며 정인홍에 대한 탄핵 소를 올렸다.

Ⅲ. 자료편

1. 문집류

1) 〈구천서원 봉안문 龜川書院奉安文〉

표연말表沿沫, 『남계집藍溪集』 권3, 「부록」

현감 정기윤[1)]

생각건대 우리 선생은 점필재를 사사師事하시어 그 교화에 함영涵泳하사 감복해서 불변했네. 선비로서 장행壯行할 때에는 군민君民 사이 뜻이 섰고 예를 다해 임금을 섬김은 수기修己해서 안민安民했네. 군자의 도道 쇠하여 그 운명이 나빠지니 여러 소인 참소함이 또한 크게 근심했네. 한 그물에 타진打盡

---

1) 정기윤(鄭岐胤[1629~1708]) : 본관은 초계(草溪), 자는 석유(錫由), 호는 학정(學汀)이다. 통훈대부(通訓大夫) 청하현감(清河縣監)을 역임하였다. 정온(鄭蘊)의 손자이며 허목(許穆)의 사위이다.

되어 선류善類들이 다 망하니 한훤, 일두 모두 같이 그 화난에 걸리었네. 무엇이라 말을 할까. 그 천리가 망망茫茫하여 우리 유림 기가 죽고 나라 또한 병들었네. 우리들의 슬퍼함은 오래도록 안 가시니 현자들의 그 운명이 백세 되어 정해져서 증직하고 포양褒揚하시어 그 원한을 풀었네. 오직 효와 그 충성은 신명께도 무의無疑하나 아직 제향祭享 겨를 못해 정성 소홀하였도다. 아! 우리 선생이여. 잊을 수가 없나이다.

縣監 鄭岐胤

惟我先生 師事佔畢 薰陶涵泳 服膺弗失 幼學壯行 有志君民 盡禮事君 修己安人 君子道消 命與仇謀 群小慆淫 亦孔之憂 一網而打 善類云亡 爰及暄蠹 幷命罹殃 謂之何哉 天理茫茫 斯文氣沮 邦國殄瘁 吾黨之悲 久而未已 賢者之天 百世乃定 增秩褒美 追雪冤枉 惟孝惟忠 可質神明 俎豆未遑 蛾子歉焉 嗚呼先生 有不可諼

2) 〈상향축문 常享祝文〉

표연말, 『남계집』 권3, 「부록」

사간 최계옹[2)]

학문 연원은 실로 밝은 스승에서 시작되었는데, 배운 바를 제대로 펴지도 못하고 참소하는 자가 있어 심한 화를 당하시니, 생애도 제대로 펴지 못하셨습니다. 죽어서 사모함을 받으시니 시냇물이 흐르고 흐르듯 만고에 처량하고 슬픈 마음입니다.

司諫 崔啓翁

淵源有本 寔自明師 未展所學 禍烈河麋 生何不辰 沒猶見思 溪水泱泱 萬古凄悲

2) 최계옹(崔啓翁[1654~1720]) : 본관은 삭녕(朔寧). 자는 내심(乃心), 호는 동량(疃梁)이다. 1681년(숙종 7) 문과에 급제하고 사간원사간, 사헌부집의 등을 지냈다. 1993년 추향된 양홍주(梁弘澍)의 외증손이자 「상향축문」을 지은 최시옹의 동생이다.

3) 〈구천서원 상량문 龜川書院上樑文〉

표연말, 『남계집』 권3, 「부록」

교관 최시옹[3)]

울연蔚然하게 고을에서 인재를 배출하니 마땅히 사림에서 존경을 받았도다. 서거한 뒤 사社에서 제사를 드리려고 이에 묘향하는 성의盛儀를 올립니다. 아름다운 새집이 이루어 질 그날이 멀지 않았으니, 생각건대 이 한 구역은 천령이고 옛날부터 삼한은 영지靈地라고 하였다. 최고운崔孤雲의 혜화惠化가 크게 행해서 풍속이 추로鄒魯로 이어지고 정일두의 끼친 덕향德香이 아직 남아서 도통道統은 장주張朱[4)]로 접하였다. 대개 훈덕薰德이 남아서 선량도 하니 또한 풍화를 받아서 흥기興起한 자 많도다. 춘추로 시례를 교훈삼아 현송絃誦 소리 양양洋洋하게 들려오고 동서로 원사院祠가 바라보이니 제전祭奠을 곳곳에서 올리네.

칠현七賢의 행의行義를 돌아보면 실로 백세百世의 존앙을 받으실 도다. 박춘당朴春塘의 수학정행邃學正行은 어찌 감히 동봉東峯에 비길 것이며 양일로梁逸老의 의행풍범懿行風範은 송당松塘과 더불어 대비가 되네. 고산高山처럼 우러르는 강금재姜琴齋도 도연명陶淵明의 운치韻致였고 쳐다보니 저 남계藍溪의 학문은 필재의 연원淵源이다. 양구졸梁九拙의 절의와 정충은 왕이 그를 가장했고 청련옹靑蓮翁의 문장文章사업은 세상에서 다투어 추존했는데, 하물며 하우계河愚溪의 지효至孝는 천신天神도 감응했음이 고인古人의 얼음 속에 잉어가 튀어나온 것 같았다. 이들은 모두 간세間世의 인걸이니 비록 후세라도 그 유방遺芳은 같을 것이고 또한 고가故家의 천재天才들을 보니 손孫으로서 그 조祖의 행적을 이어 받았도다.

---

3) 최시옹(崔是翁[1646~1730]) : 본관은 삭녕(朔寧), 자는 한신(漢臣), 호는 동강(東岡)이다. 윤증(尹拯), 박세채(朴世采)의 문인이다. 1993년 추향된 양홍주(梁弘澍)의 외증손이며 문집으로 『동강유고(東岡遺稿)』·『동강가의(東岡家儀)』 등이 전한다.

4) 장주(張朱) : 장재(張載)와 주희(朱熹)를 지칭.

안으로는 유교를 진작해서 그 문물이 욱욱郁郁하고 밖으로는 왕정을 보좌하여 그 업적이 위위巍巍하였으니 어찌 다만 당시에만 모범일까. 실은 후학의 종사宗師시다. 그러나 변천되는 시기 있어 용호龍虎 감을 어찌하며 만은 흘러가니 추모할 만도 하도다. 중의衆議는 오래가도 안 변하니 어찌 보사報祀하는 도가 없을 것이며 많은 선비 합심하고 협력하여 이에 영령英靈 모실 집을 세우나이다. 착한 곳을 가려 사니 마을도 효우孝友로서 이름났고 실상대로 살아가니 풍속은 근후함을 숭상하네. 아름다운 이름 붙이오니 구계龜溪라 하고 좋은 재목 다듬어 모았도다. 삼농三農을 틈타서 경영을 비롯하니 백 리 안팎에서 향응響應하였다. 백성들이 앞 다툼을 보니 가히 인성人聲이 깊었음을 알 것이고 정성을 기울여 조심해야 하니 어찌 대사大事를 못 이룰까 걱정이 될까. 검소하지도 사치하지도 않으니 사림들의 경앙함이 족하고 완完하게 미美하게 되었으니 군자들이 한정함에 합合하도다. 전자에 논의해서 지금에 성취되니 실로 운수가 있는 것이고 도道로서 존봉尊奉하고 예로서 향사하니 하나의 큰 다행이로다. 소장少長이 눈을 닦고 높이 우러러보니 유림엔 생색나고 원근이 입을 모아 감탄하니 우리 도道는 광채光彩난다. 이는 실로 백년 만에 드문 대업이 되니 어찌 만인들이 연하宴賀 하지 않을까.

드디어 대들보를 끌어 올리니,

동쪽으로 올려라! 저 산에 푸른빛은 주렴珠簾으로 비치노라. 산의 기상 배우는데 이러함이 마땅하니 천추에 우뚝 서서 반공중에 솟았도다.

서쪽으로 올려라! 한줄기 벽계碧溪 물은 옥소리가 나도다. 도도滔滔히 흘러가서 멈추지를 아니하니 공부工夫도 이와 같이 과科가 차서 가야 한다.

남쪽으로 올려라! 지리산 천만 봉우리 푸른빛이 솟아난다. 문門 들어오면 단정하게 인자仁者의 낙이 있는데 진眞을 찾아 하필이면 해중海中에 선산仙山이라.

북쪽으로 올려라! 덕유산 푸른빛은 북극성에 통했도다. 남극옹南極翁[5] 머

5) 남극옹(南極翁) : 수명을 주관하는 별 남극노인성을 의인화한 표현.

리 굽혀 무강無疆하게 축수祝壽하니 해국海國의 그 문명은 만억년萬億年을 전하리라.

위쪽으로 올려라! 일월日月과 성진星辰들은 그 광채가 찬란하네. 그 빛을 비추어 인간 복을 지으시와 정성어린 후사厚士들의 재앙재해 안 주실거네.

아래로 들보드니 뜰에 찬 괴목槐木 그늘 학교 집에 덮혀진다. 선현들의 남긴 흔적 아직도 있사오니 아아! 그대 생도生徒들 밤낮으로 공부하라.

복원컨대 상량한 뒤에 수많은 인재들이 소심小心으로 익익翼翼하여 제기祭器들을 받들어서 향례 절차 삼가고 선현들의 덕 추모하여 성심으로 공부하라.

敎官 崔是翁

蔚然輩出于鄕 宜爲士林之矜式 沒而可祭於社 爰擧廟享之盛儀 煥矣維新 成之不日 念茲一區之天嶺 素稱三韓之地靈 孤雲之惠化大行 俗躋鄒魯 一蠹之遺芬未沫 道接關閩 蓋有薰德而善良 亦多聞風而興起 春秋詩禮之有敎 絃誦洋洋 東西院祠之相望 俎豆處處 顧惟七賢 初議幷享李靑蓮後白 之行義 實爲百世之欽崇 春塘之還學行藏 豈東峯之敢擬 逸老之懿行風範 與松堂而堪倫 仰止高山 琴樽彭澤之襟韻 瞻彼藍水 學問佔畢之淵源 拙翁之節義忠貞 帝庸嘉尙 蓮翁之文章事業 世爭推尊 況愚溪至孝之感天 類古人寒氷之躍鯉 斯皆間世之人傑 雖異代而齊芳 亦見故家之天才 有以孫而承祖 入而振作乎儒化 郁郁乎文 出而黼黻乎王猷 巍巍其蹟 豈但當時之模範 實是後學之師宗 代謝有期 柰此龍亡而虎逝 光陰易改 秖增羹慕而墻思 衆議愈久而不泯 寧無報祀之道 多士合志而同力 聿懷妥靈之方 擇必處仁 里旣稱以孝友 名固有實 俗亦尙其謹愿 揭嘉名以龜溪 伐瑰材而鳩聚 受規三農之郤 應響百里之間 見氓俗之爭先 可知仁聲之深入 瀝肝膽而恐後 何患大事之難成 匪樸匪雕 足寓章甫之景仰 苟完苟美 允合君子之芋寧 議於前而成於今 數固存矣 尊以道而享以禮 一大幸焉 少長拭目而聳觀 儒林動色 遠近嘖舌而興喟 吾道增光 茲實曠百之鴻休 可無於萬之燕賀 遂將短引 助擧脩樑 抛樑東 鉢巒蒼翠映簾櫳 學山氣像當如此 屹立千秋倚半空 抛樑西 一帶瓊瑤瀉碧溪 看取滔滔流不捨 盈科學業與之齊 抛樑南 智異千峯聳翠嵐 入戶端爲仁者樂 尋眞何必海中三 抛樑北 德裕山色通宸極 南翁稽首祝無疆 海國文明傳萬億 抛樑 上 日月星辰光朗朗 委照

人寰作福祥 淪精厚士除災障 抛樑下 滿庭槐影陰黌舍 先賢手澤尙今存 嗟爾生徒勤早夜 伏願上樑之後 髧髧冑子 翼翼小心 執爾豆 儐爾籩 無愆享禋之節 想其人 慕其德 益盡講劘之誠

4) 〈구천서원 청액소 龜川書院請額疏〉

표연말, 『남계집』 권4, 「부록」

이대연, 심휴언, 한치순 등

엎드려 아뢰오니 삼가 상고하건대 아조我朝에 사원의 규법은 반드시 선현의 영靈을 모신 곳이며 강도하는 장소로서 제향하는 것입니다. 무릇 일대의 사표로서 백대의 유종儒宗이 되는 자는 문득 액자額字를 내리시어 표창表彰하는 이것이 어찌 오도吾道를 천명闡明하고 후학에 가혜嘉惠하는 아름다운 법이 되지 않겠습니까. 영남의 70여 주는 바로 옛적에 소위 추로鄒魯의 향으로서 유현을 배출한 곳인데 함양이 으뜸입니다. 이에 구천서원이 있으니 고 양관兩館의 제학提學으로서 증이조판서인 남계藍溪 표연말表沿沫, 고 교리인 춘당春塘 박맹지朴孟智, 고 동돈녕인 일로당逸老堂 양관梁灌, 고 현감인 금재琴齋 강한姜漢, 고 이참으로 증이판인 구졸암九拙菴 양희梁喜와 고 처사인 우계愚溪 하맹보河孟寶 등을 존향하는 곳입니다. 이 육현 중에도 표연말의 행장과 실적을 대강만 아래에 진술하오니 특히 하찰下察하시기를 복망하나이다.

연말은 초야에서 일어나서 문학과 아치雅致가 있으니 유림에서 비한다면 군계群鷄에서 독학獨鶴과 같고 왕조에서 고양高揚함을 바라보면 추천秋天에서 일악一鶚과 같은 것입니다. 일찍이 사친事親하는 데는 효성을 다했고 거상하는 데는 예제禮制대로만 했던 것입니다. 그 당시 사대부 집에서는 상장하는데 모두 49재齋의 불법佛法을 썼으나 오직 연말만은 이를 쓰지 않고 성현의 예제禮制를 따르니 사류士類들이 모두 본을 보았던 것입니다. 문간공文簡公 김점필재가 함양수령으로 있을 때 연말의 효행을 감사監司에게 추천하니 연말은 편지로서 그것을 말하니 종직宗直은 더욱 착하게 여겨서 답서答書하되 "효를 옮겨서 충으로 하라."고 하였습니다. 성종조에 한림을 지나 호당湖堂에 선출되었고 양관에 제학으로서 연산군 때에 배로 용산에 내려간다는 데에 간해서 풍자하였나이다. 고헌납故獻納에 김일손이 연말의 시를 칭찬해서 능히 "대아大雅의 풍風을 진작振作했다."고 하고 문충공文忠公 류성룡은 말하되 "연말은 총명이 특출하고 문장이 세상을 울렸고 문로門路가 정대正大하고 풍절風節이 바르니 백세百世의 사표師表다."라고 하였습니다.

그는 무오년 사화를 당해서 경원慶源으로 유배를 가서 서거하였는데 중종 정묘년에 김흠조金欽祖[6], 정충량鄭忠樑[7] 등이 상소해서 설원雪冤해서 치제致祭를 하고 증직을 내리는 특전을 받았고 문정공 조광조는 경연에서 계하되 "표연말을 포양褒揚하면 가히 사문斯文을 부식扶植할 수 있다."고 말하였습니다. 문익공文翼公 정광필鄭光弼과 신용개申用漑, 김전金銓 등은 헌의獻議해서 "표연말은 학문이 순정하고 이력이 독실해서 당시에 학자들이 모두 추앙하였으니 특히 증직을 내리시고 연금年金을 주고 그 자손을 녹용錄用하심이 어떠합니까."라고 하니 왕이 말하되 "표연말의 집은 함창[함양을 잘못 기록함]에 있다고 하니 그 경내에 방榜을 부쳐서 학자로 하여금 국가에서 현인을 표창하는 뜻을 알게하라."고 하였습니다.

아아! 표연말의 행장과 실적은 허다하오나 능히 다 열거할 수는 없기에 대강만 말씀드립니다. 또한 연말은 문헌공 정여창, 문간공 정온, 문효공 노진 등과 다 같이 일향一鄕에 도덕, 문장, 충효, 절의로서 백세의 유종儒宗이 되었는데 남계서원灆溪書院, 당주서원溏洲書院[8] 같은 것은 모두다 사액의 특전을

---

6) 김흠조(金欽祖[1461~1528]) : 본관은 의성(義城), 자는 경숙(敬淑), 호는 낙금당(樂琴堂)이다. 1501년(연산군 7) 문과에 급제하고 예문관봉교·제주목사·장예원판결사 등을 지냈다.

7) 정충량(鄭忠樑[1480~1523]) : 본관은 동래(東萊), 자는 숙간(叔幹)이다. 1506년(중종 1) 문과에 급제하고 1507년(중종 2) 예문관봉교 시절 김흠조와 함께 무오사화에 연루된 피화인의 신원을 주청하였다.

8) 당주서원(溏洲書院) : 1581년(선조 14) 노진(盧禛)을 제향하기 위해 함양 유림들이 건립한 서원이다. 신계서원(新溪書院)으로 건립하였다가 1659년(효종 10) '당주(溏

받았사오나 오직 구천서원 만은 독히 궐전闕典 되었사와 묘전廟典이 황양하여 소외된 탄식을 면치 못하오니 그 여러 유현을 일체로 존봉尊奉하시는 의리에 있어서 어찌 후학의 억울한 바가 아니겠습니까. 신 등은 불원천리하고 와서 대궐 앞에 엎드려서 복원하오니 저하邸下께서는 특히 표연말의 학문과 절행節行을 살피시와 한 액자를 써서 표창하시는 문전을 베푸시옵소서. 신 등은 귀찮게 만드는 성의를 버리지 못하와 죽음을 무릅쓰고 삼가 드리나이다.

李大淵·沈休彥·韓致淳 等

伏以臣等 謹伏稽我朝祠院之規 必於先賢毓靈之地 講道之所 而俎豆之 凡爲一代之師表 百世之儒宗者 輒賜額而表章之 此豈非闡明吾道 嘉惠後學之成法美典耶 嶠南七十餘州 卽古所稱鄒魯之鄉 而儒賢之輩出 咸陽爲最 有曰龜川書院 故兩館提學 贈吏曹判書臣號藍溪表沿沫·故校理臣號春塘朴孟智·故同敦寧臣號逸老堂梁灌·故縣監臣號琴齋姜漢·故吏參贈吏判臣號九拙菴梁喜·故處士臣號愚溪河孟寶餟享之所也 此六賢之中 表沿沫之行狀實蹟 略以謹具於左 伏乞特爲垂察焉 沿沫起自草茅 有文學雅致在儒林則譬之如鷄群獨鶴 揚于王庭 則望之若秋天一鶚 嘗事親盡孝 服喪盡禮 時士大夫家喪葬 皆用七七之法 而惟沿沫不用 一從聖賢禮制 士類皆效焉 文簡公臣佔畢齋金宗直爲咸陽守 以沿沫孝行 薦于監司 沿沫以書請止 宗直尤賢之 答以移孝爲忠 成廟朝歷翰林 選湖堂 至拜兩館提學 嘗於廢朝 諫舟下龍山 以寓規諷 故獻納臣金馹孫 稱沿沫之詩 能振大雅之風 文忠公臣柳成龍曰 沿沫聰明絶人 文章鳴世 門路之正 風節之直百世之師表也 及其戊午之禍 謫卒于慶源 中廟丁卯 因金欽祖·鄭忠樑等疏論 雪其冤致其祭 蒙贈爵之典 文正公臣趙光祖筵稟曰 表沿沫褒揚 則可以扶植斯文 文翼公臣鄭光弼及申用漑·金詮獻議曰 表沿沫學術醇正 踐履篤實 一時學者 所共推服 特贈其爵歲廩其家 錄用子孫何如 上曰 表沿沫家在咸昌云 其境內村巷 掛榜知委 使學者知國家表賢之意爲教 嗚呼 沿沫之行狀實蹟 不爲不多 然未能畢具 而略擧大槩 且沿沫與文獻公臣鄭汝昌·文簡公臣鄭蘊·文孝公臣盧禛 生幷一鄉 道德文章 忠孝節義 同爲百世之

洲)'로 사액을 받았으며 흥선대원군의 서원철폐령으로 훼철되었다.

儒宗 而若灆溪院·塘洲院則皆蒙賜額之典 惟此龜川一院 獨爲聖朝之闕典 廟貌荒涼 未免有向隅之嘆 其於諸儒賢一體尊奉之義 豈非後學之所抑菀者耶 臣等不遠千里 相與伏閤 伏願 邸下 特察表沿沫之學問節行 特垂一額表章之典 臣等不避瀆擾之誠 謹冒死以聞

5) 〈함양 구천서원 제향축문 咸陽龜川書院祭享祝文〉

남원양씨南原梁氏, 『용성세고龍城世稿』, 「부록」

사간 최계옹 지음

기품이 높고 문무를 겸했다오. 몸을 신칙하고 덕에 힘쓰며 곧음을 밟고 검소함을 숭상하였소. 어전御壁에 그림[9] 그리어져 임금의 사랑을 받았다오. 영화榮華를 사양하고 맑음을 밟았으니 당시에 빛나고 후인의 모범입니다. (일로당)

충효는 천성이요. 청백은 가풍이라. 바름을 숭상하고 간사함을 배척하다. 문장과 절의는 천자의 가상嘉尙한 바라. 양세철향兩世腏享함은 천추에 빛나도다. (구졸암)

司諫崔啓翁製

氣度高邁 亦文亦武 飭躬懋德 履貞尊素 登繪御壁 乃眷天顧 謝榮淸蹈 映時勸後

右逸老堂

忠孝得天 淸白傳家 出處以道 與正排邪 文章節義 天子所嘉 兩世聯腏 千秋有姱

右九拙菴

9) 그림 : 양관이 장흥부사를 사임하고 돌아올 때 『소학』과 이태백(李太白)·두보(杜甫)의 시집, 금(琴)·적(笛)만 가지고 있었는데, 동행했던 어사가 그의 청렴한 모습을 국왕에게 보고하였다. 성종이 이를 가상히 여겨 청백리에 기록하고 돌아올 때의 모습을 그림으로 그려 수령들에게 보이게 하였다.

6) 〈여구천서원유 與龜川書院儒〉

양처제梁處濟, 『묵재집默齋集』 권3, 「서」

구천서원 유생에게 보냄.

한여름 무더운 날씨에 여러분들 체후가 편안하실 것이라 생각하니 멀리서 그리운 마음 간절합니다. 듣자하니, 서원 일은 잘 진행되어 여러 선생들을 봉안하는 날이 얼마 남지 않았다고 하시니 사림의 경사를 이루 다 말할 수 없습니다. 게다가 구졸암九拙菴 선생은 이번 5월 27일 조정에서 특별히 상국에 사신의 명을 받들면서 나라를 위해 온 힘을 다해 헌신하다 돌아가셨는데, 병이 들었어도 임금을 잊지 않고 충절을 다 바쳐 순국하여 진실로 가상하다고 이조판서에 증직하였습니다. 일시에 내린 은총과 영화에 감격하여 눈물이 흐르는 마음 더욱 어떻게 말씀드려야 할지 모르겠습니다.

29일 내외 자손들이 모두 모인 가운데 위패를 다시 쓰는 예를 거행하고, 구졸암 선생 묘위전墓位田을 의논하여 문권을 작성해 올리며 영구히 서원답書院畓으로 향사에 도움이 되고자 합니다. 여러분들께서 살펴주시기를 바랍니다. 중하重厦[10]는 뜻밖에 현산峴山 태수[11]가 되어 가을이 된 뒤에 달려가 볼 생각이었으나 또한 계획이 어긋나 버렸으니 서운하고 부끄러운 마음 가누지 못하겠습니다. 삼가 예를 갖추지 못하고 올립니다.

緬惟畏景 僉尊候康迪 瞻仰遙切 伏聞院事成緖 諸先生奉安有日 士林慶幸 不可勝言 况且九拙菴先生今五月二十七日 朝家特以奉使上國 盡悴長終 病不忘君 盡節殉國 誠爲嘉尙 贈吏曹判書 一時恩榮之下 感激涕出 尤不知所喩 二十九日行改題禮于內外

---

10) 중하(重厦) : 양중하(梁重廈[1641~1718])를 지칭한다. 1678년(숙종 4) 문과에 급제하고 사헌부지평·사간원정언·안주목사·양양부사·종성부사·호조참판 등을 역임하였다. 양희의 6세손으로 증조부 양황(梁榥)은 성혼(成渾)의 문인이며 양원[양처제 부친]의 형이다.

11) 현산(峴山) 태수 : 양양부사(襄陽府使).

子孫咸集 議以九拙先生墓位田 立券謹呈 永以爲院畓享祀之助 乞僉尊領照焉 重厦 意外作宰峴山 秋後專赴之計 又違矣 不任悵媿 謹不備

7) 〈구천서원 상향축문 龜川書院常享祝文〉

함양문화원(2020), 『함양의 서원』

춘당 박맹지

일찍 벼슬을 버리고 성리학을 깊이 공부하였고 참됨이 쌓인 힘이 오래됨에 깊은 학문과 지혜가 진실로 아름답구나. 진실하고 순수한 그 덕이요 굳센 그 뜻이로다. 높게 모든 이의 스승이 되었으니 오래도록 우러러 봅니다.

早謝榮途 潛心性理 眞積力久 造詣洵美 粹然其德 確乎其志 蔚爲師表 百世仰止

금재 강한

부름을 받고 임금 앞에 서서 아버지 원통함을 상세히 아뢰었다. 두 고을을 다스림에 정치는 맑고 풍속은 밝고 따뜻하도다. 형편을 살펴 발걸음을 하니 밝고 지혜로움이 몸을 보전케 했도다. 효도와 학문이 높았으니 뒷 사람의 스승이 되었도다.

承召登殿 父寃乃伸 出宰二縣 政淸俗淳 見橫投紱 明哲保身 孝學俱降 師式後人

남계 표연말

사물과 일에 근본이 있으니 이 밝은 스승에게 배웠도다. 배운 큰 뜻을 펴지 못했으니 뜨거운 열정 얼마나 묽어졌을꼬. 살아서 때를 만나지 못했으니 후세에 더욱 생각 하도다. 시냇물 너울너울 만고에 슬픔 머었도다.

淵源有本 寔自明師 未展所學 禍烈何麋 生何不辰 沒猶見思 溪水泱泱 萬古凄悲

우계 하맹보

온순하고 공손하며 효도하고 우애함은 천성에 근본함이요. 학문에 바탕하여 예법을 따라 행실을 닦도다. 무너진 풍속을 떨쳐 일으켰으니 솔선수범한 바름을 칭찬 받았도다. 남기신 올바른 의로움 잊지 않았으니 정려가 이에 빛나도다.

溫恭孝悌 本乎天性 資以學問 率禮修行 奮起頹俗 見許先正 不遺餘烈 綽楔斯炳

서계 양홍주

나라에 충성을 다하고 효도를 잘했으니 바름과 학문이 함께 드러났고, 간사함을 물리치고 바름을 지키니 올바른 행동이 깊고 넓고 밝아 오랜 세월 높이 받드니, 오래도록 올곧음과 착함이 빛이 되도다.

盡忠篤孝 道學幷彰 辨邪守正 造詣嚴明 百世景仰 德業逾光

8) 〈구천서원 청액통문 龜川書院請額通文〉

권호명權顥明, 『죽하유고竹下遺稿』 권2, 「잡저」

본 통문은 구천서원의 청액과 관련하여 단성에서 함양 유림에게 보낸 것이다. 주요 내용으로는 먼저 숙종 연간 원우가 건립되고 구천사龜川祠에서 일로당 양관, 구졸암 양희, 남계 표연말 세 선생을 제향하고 있음을 밝히고 있다. 이어 세 선생의 행적을 간략히 기술하고 세 현인의 고향인 함양에서 유림들이 공의를 모아 속히 청액을 시행하기를 청하고 있다. 『남계집』에 수록된「구천서원청액소」에는 표연말, 박맹지, 양관, 강한, 양희, 하맹보 6현을 수록하고 있어 본 통문과 차이를 보인다.

통문이 실린 『죽하유고』의 저자 권호명은 본관이 안동, 자는 현지見之, 호는 죽하이다. 단성에 거주했던 인물로 남명과 교유했던 안분당安分堂 권규權逵

의 후손이다. 1822년 남명을 제향하는 덕천서원의 원임을 지낸 바 있어 당시 단성 유림을 대표하여 함양 유림에게 통문을 보낸 것으로 보인다.

伏以我　聖朝丕興菁莪之化搜剔遺逕闡揚幽隱前修徽蹟大闡宏撫堂壇之增肅院宇之重光者前後相望此實吾章甫之所可蹈沐感賀而第念貴縣之龜川祠卽三先生妥靈之所也以三先生如彼之實行懿蹟寥寥數百年尙今以一鄕祠揚名者豈非吾士林之大可鬱抑者耶逸老堂梁先生卽與蠹老同時其淵源道學爲國大老爲世矜式肅淸遺像登繪御壁九拙菴又是逸老之孫承襲家庭其學也有傳其德也益章可謂有是祖有是孫豈不韙哉豈不盛哉藍溪表先生以畢門高弟道學文章一世推望而枉被儒禍終殞配所天鑑孔昭螢孤竟弛有曰表某不爲蒙雪則斯文終秘云者卽趙靜菴之申啓則其道學之見信又如何哉以三賢如是之學享百世褒贈之典誰曰不可而至今報之以鄕食者實爲慨然玆豈非責在我儒乎　伏願貴鄕旣是杖屨之所則僉君子尤當同聲齊力恢張公議亟圖請額之擧千萬善甚

2. 고문서

1) 구천서원 경임안 龜川書院經任案

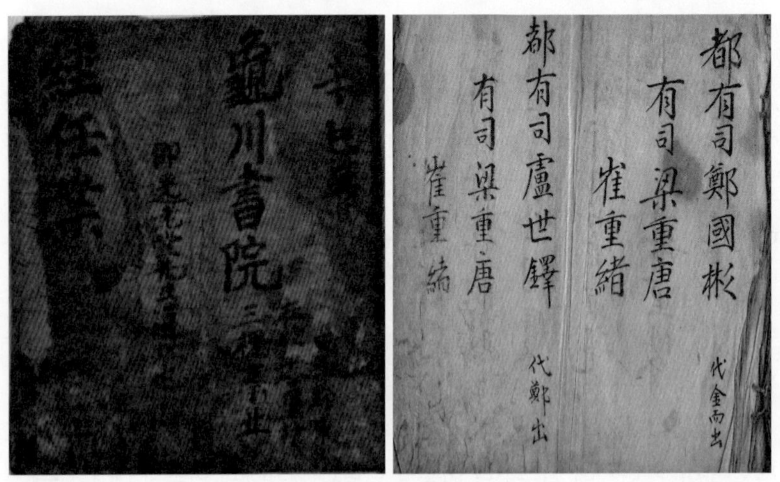

「구천서원 경임안」은 1701년(숙종 27)부터 1741년(영조 17)까지 약 41년간 구천서원 원임을 역임한 사람들의 명부이다. 구천서원의 직제는 산장山長과 유사有司 체제였으며, 유사는 유사·도유사都有司·재유사齋有司·전곡유사典穀有司 등으로 구분되어 있다. 경임안에는 산장 21명과 유사 104명의 이름이 입록되어 있으며 이들의 성씨는 원장이 7개, 유사가 16개로 확인된다. 원장의 상위 2개 성씨는 박[9회]·양[4회]이며, 유사의 상위 5개 성씨는 양[31회]·박[22회]·하[12회]·이[9회]·임[7회] 순이다. 건립한 해의 산장은 함양 군수가 맡았으며, 이 외 원임직은 성씨 비율로 보아 제향자 후손을 중심으로 운영된 것으로 보인다. 이 문서는 조선 후기 함양 지역 사족의 동향을 파악하는 데 있어 중요한 자료이다.

2) 구천서원 부보록 龜川書院裒寶錄

龜川書院裒寶錄

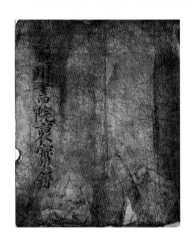

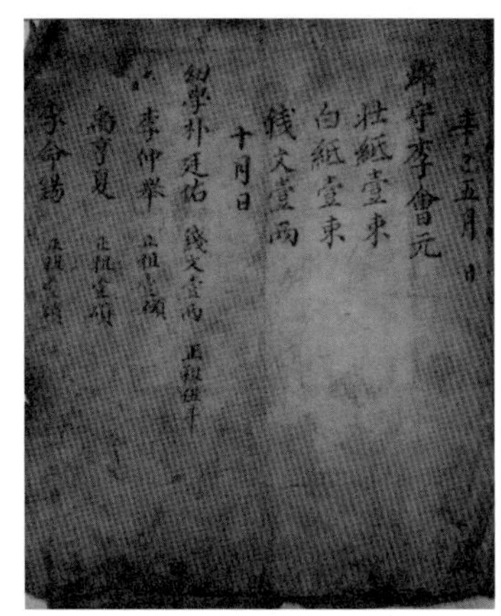
郡守李會元
壯紙壹束
白紙壹束
錢文壹兩
十月日
幼學朴廷佑 錢文壹兩
李仲擧
南亨夏
李命錫

「구천서원 부보록」은 1701년(숙종 27)부터 1734년(영조 10)까지 구천서원에 기부한 사람의 명단과 내역이다. 세부적인 시기는 1701년~1702년, 1710년, 1721년, 1734년까지 약 5년 치에 해당한다. 기부자들은 대체로 제향자의 후손이거나 지방관, 인근 지역 사족, 서원·향교 등으로 확인된다. 본 문서는 구천서원 건립과 관련된 기록이 매우 제한된 상황에서 당시 서원의 경제적 기반을 살필 수 있는 귀중한 자료이다. 아울러 조선 후기 함양 지역 사족의 동향을 파악하는 데 있어서도 의미있는 자료이다.

3) 부보록 裒寶錄

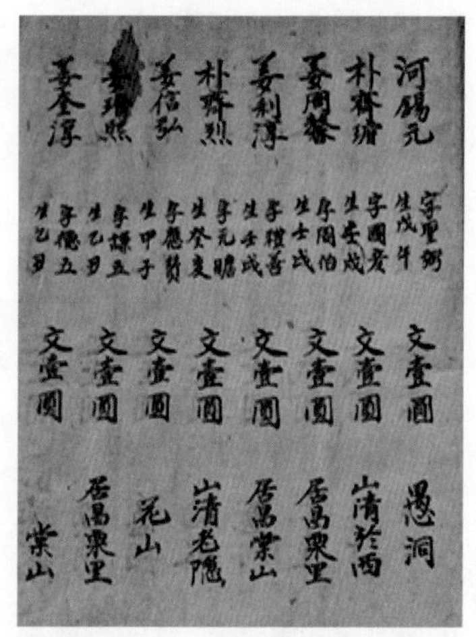
河錫元 字聖弼 生戊午 文壹圓 愚洞
朴齊璿 字國彦 生丙戌 文壹圓 山清於西
姜周馨 字周伯 生壬戌 文壹圓 居昌東里
姜利淳 字穉善 生壬戌 文壹圓 居昌棠山
朴齊烈 字元瞻 生癸亥 文壹圓 山清老隱
姜信弘 字應贊 生甲子 文壹圓 花山
姜璟熙 字謙五 生乙丑 文壹圓 居昌東里
姜奎淳 字德五 生乙丑 文壹圓 棠山

「부보록」은 입록된 인사들의 생몰년을 고려했을 때 구천재龜川齋 건립을 전후한 시기부터 해방 이후까지 기부한 사람들의 내역으로 추정된다. 총 726인이 확인되며 제향자 가문의 후손이 대부분이다. 지역적으로는 함양 관내를 포함하여 경남 거창·산청·안의·진주, 전라도 남원·임실, 경기도 안성·양주·연천·이천 등 후손들의 거주지에 따라 폭넓게 나타난다. 구천서원은 1868년(고종 5) 흥선대원군의 서원 철폐령에 의해 훼철된 후 제향자의 후손들이 불망계不忘契를 조직하여 선현에 대한 추모를 이어왔다. 이후 1919년 서원 터에 유허비를 건립하고, 1936년 구천재를 지어 작헌례를 시행하였다. 이 부보록은 서원이 훼철된 후에도 후손들이 제향을 이어가는 데 있어 그 경제적 기반을 살펴볼 수 있는 자료이다.

4) 구천재 원조록 龜川齋願助錄

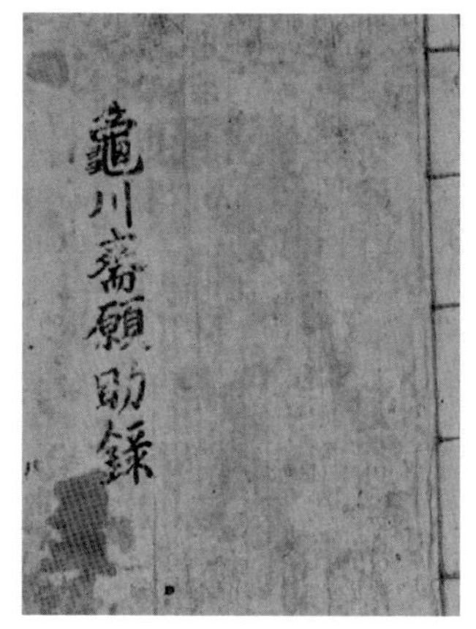

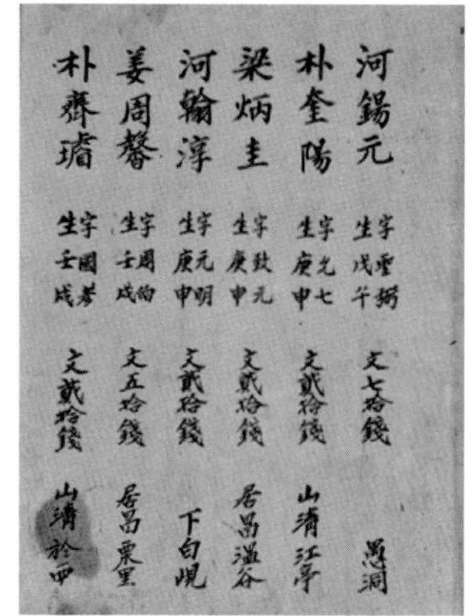

河錫元 字[illegible] 生戊午 文七拾錢 [illegible]洞

朴奎陽 字允七 生庚申 文貳拾錢 山淸江亭

梁炳圭 字致元 生庚申 文貳拾錢 居昌[illegible]谷

河輪淳 字元明 生庚申 文貳拾錢 下白峴

姜周馨 字周[illegible] 生壬戌 文五拾錢 居昌栗里

朴彛璹 字國[illegible] 生壬戌 文貳拾錢 山淸[illegible]

「구천재 원조록」은 1936년 구천재 건립시 원조해 준 사람들의 내역이다. 총 633인이 확인되며 제향자 가문의 후손들이 대부분이다. 지역적으로는 함양 관내를 포함하여 경남 거창·산청이 대부분이다. 이외 경남 사천·의령, 전라도 남원·무주·임실, 경기도 안성이 일부 확인된다. 흥선대원군에 의해 전국의 서원이 철폐되고 일제 강점기를 거치는 동안 각 지역 유림들은 제단을 세우거나, 서당·정사·재실 등을 건립하며 다양한 형태로 선현을 추모해왔다. 구천서원 역시 불망계 조직, 유허비 건립에 이어 1936년 구천재를 지어 작헌례를 시행하였다. 이 원조록은 구천재 건립 과정에서 보여준 후손들의 결속과 경제적 기반을 살펴볼 수 있는 자료이다.

3. 현판

1) 구천강당기 龜川講堂記

구천이라 한 것은 천상에 구산이 있음이니 중국 수사위에 구몽이 있으므로 구음이라 하는 것과 같은 말이다. 이 구천골은 양일로당과 양구졸암 두분 선생이 생장하시고 노닐던 곳이요, 박춘당, 표남계, 강금재, 하우계 등 여러 선생의 영령을 모신 서원이다.

하늘이 영걸을 낳으시고 땅이 아름다운 경치를 만들었으므로 서원 터가 평지에 우뚝 서고 건물이 산림 중간에 나는 듯이 아름답고, 청풍이 살살 불고 명월이 밝게 비치니 공부하는 이는 여기서 공부하고 한가한 이는 피서를 하는 곳이며 어른과 어린이와 늙고 젊은이들이 모여 거처하는 곳이다.

내가 육, 칠세로 죽마놀이 할 때부터 항상 여기서 놀았고 그 뒤 성동하여 약관을 지내며 강장하였을 때에 이르도록 춘하추동 사계절을 여기서 독서하고 공부할 때 향중 벗들과 같이 조석 왕래하면서 음영하였다. 봄에는 논밭에서 농사지으면서 농부들의 노래를 듣고 여름에는 남계수에서 물 구경으로 큰 홍수도 구경하노라면, 지리산의 아침 구름과 연화산의 밝은 밤 달이며, 국도상에 달리는 말과 물 논에 나는 백로들 이러한 모든 경계가 갖추었으니 강당으로서 산수의 경치를 겸한 곳은 오직 이 구천서원인 것이다.

정조 갑인년(1794) 봄 하동 정진승 삼가 적다.

川之謂龜者川之上有龜山盖如洙泗之上有龜蒙而謂之龜陰者也龜川一洞卽梁逸老九拙兩先生生長之村杖屨之所與朴春塘姜琴齋表藍溪河愚溪諸先生妥靈之所也天挺人英地擅名區院基鶻立於平地之上堂宇翬飛於山林之間淸風徐來矣明月先得矣學者做工於斯遊者避暑於斯長幼老少都聚會之所也余自齠齔之年篠驂之時恒遊於此以及於成童弱冠强壯之時秋冬而讀書春夏而做業每與同志六七諸友昏夜往來留連吟弄春而觀稼於西疇以聽其農歌夏而觀瀾於濫湖以玩其洪潦方丈之朝雲蓮華之夜月官道之歸馬水田之飛鷺無非翫景而探勝則以講堂而兼得山水之景者其龜院呼

正祖歲甲寅春 河東 鄭鎭昇 謹記

2) 구천서원 중건기 龜川書院重建記

함양고을의 형세는 남쪽으로 지리산이 우뚝하고, 북쪽으로 덕유산이 둘러쳤고, 남계灆溪는 고을을 세로로 흘러가고, 임천臨川은 가로로 흘러 남계에 합류한다. 그 산과 강이 정기를 모아 역대로 뛰어난 선비들이 많이 배출되었다. 또 신라 말기에 문창후文昌侯[최치원]가 이 고을의 원님으로 부임하여 교화敎化를 일으켰다. 함양의 인재와 문물의 번성함은 나라 안에서도 으뜸으로 치는 것은 그 이유가 있다.

고을의 어른들이 세상을 떠나면 후학들이 그를 존모尊慕하여 서원을 창건하여 향사를 드리니 그 문물이 대대로 이어져 끊어지지 않는 것이 어찌 마땅하지 않겠는가? 이 구천서원은 조선조 숙종 27년[1701년] 신사년에 온 고을의 선비들이 정성을 기울여 창건하였다. 춘당 박선생 휘 맹지, 일로당 양선생 휘 관灌, 금재 강선생 휘 한漢, 남계 표선생 휘 연말, 구졸암 양선생 휘 희喜, 우계 하선생 휘 맹보 등 여섯 어른의 위패를 모셨다. 학행으로 혹은 충절로 혹은 공훈과 업적으로 그 당시 세상에 교화가 행해지고 은택恩澤이 후세에 흘러 전하기 때문에 고을의 선생으로서 제사지내는 예법에 충분히 적합한지라 세상에 엇갈린 주장을 하는 사람이 아무도 없었다.

그 이후로 아무런 탈 없이 향을 피워 제사를 받든 것이 170년이란 오랜 세월이 되었다. 고종 5년[1868년] 무진년에 이르러 나라의 금령禁令으로 인하여 훼철을 면하지 못하게 되었다. 어쩔 수 없어 위패는 땅속에 묻고 유허비를 세워 표시를 하는 수밖에 없었다. 여러 선비들이나 후손들이 개탄하고 억울해함이 마땅히 어떠했겠는가? 얼마 있지 않다가 여러 선비들이 함께 도모하여 구천재龜川齋를 세우고 또 불망계不忘契를 결성하여 매년 3월 중정仲丁에 채례菜禮를 봉행奉行해 왔다.

광복 후 갑자년[1984]에 유림의 논의가 세차게 일어나 이에 구천사龜川祠를 세워 구천서원의 편액을 다시 내걸고서 향사의 의례를 두루 갖추었다. 그리고 유림의 논의를 채택하여 서계西溪 양선생梁先生 휘 홍주弘澍를 추가로 배향하였다. 서계는 곧 구졸암 선생의 훌륭한 아드님이다. 이때 선비 양기덕이 큰 금액을 희사하여 이 일을 면려勉勵하였다.

그러나 건물은 오히려 좁고 누추하며 의례儀禮는 아직도 구차하고 엉성하여 서원의 법도로는 충분하지 못했다. 여러 선비들이 안타까워하고 유감스럽게 여기는 마음 견딜 수가 없었다. 근년에 함양문화원장이 구천서원의 원래 모습과 일로당 선생이 살던 옛집을 복원해야 한다는 논의를 내놓았다. 군당국에서는 이를 기꺼이 받아들일 뿐만 아니라 인근의 남계, 청계, 화산서원 등과 연계하여 서원문화 관광사업으로 확대하여 방안을 세웠다. 먼저 구천서원의 중건을 위하여 4억 7천만원의 자금으로 5칸의 강당과 3칸의 대문을 세우는 일을 바로 시작하였다. 오래지 않아 공사를 끝마쳤다. 동재東齋 서재西齋도 뒤이어 건립하였다. 여러 선비들과 향사享祀된 제현諸賢의 후손들이 군당국의 뜻에 호응하여 기꺼이 이 일에 참여하였고, 군 당국에서도 그 정성을 인정하여 구천서원 공사를 우선적으로 착공한 것이었다. 이제 숭엄하고 장려한 모습을 볼 수 있게 되었다.

대저 서원이란 무엇 하는 곳인가? 선현들을 존경하고 받들어 그 학행을 본받고 우리 유교를 강론하여 밝혀 인재를 양성하는 곳이다. 인재가 양성된 그런 뒤에라야 나라를 다스릴 수가 있고 풍속을 유지 할 수가 있다. 그러니 책임이 무겁지 않은가?

조선 말기에 이르러 조정에서 서원을 훼철해 버리자 그로 인해 선비들의 기개가 위축되었고 결국 나라가 망하는 데까지 이르렀다. 선비를 기르지 않고서 나라가 존속 될 수 있겠는가?

광복 이후로도 서양과 일본의 풍속이 우리나라에 침입하여 우리나라의 유교의 기맥氣脈이 거의 끊어져 없어지게 되었다. 지금 각처에 남아 있는 서원에서 거행하는 일이라고는 봄, 가을로 향사지내는 일에 지나지 않을 뿐 세상의 교화에는 조금도 영향을 미치지 못하고 있다. 이에 세상 사람들 가운데 유교는 형식적인 껍데기와 번거로운 예법 뿐이라고 헐뜯고 비웃기까지 하는 사람이 있다. 그래도 유교계에서는 거기에 대응을 못했는데 이는 참되게 유교를 알고 실천하는 사람이 없기 때문이다.

지금 윤리가 극도로 무너져 뜻있는 사람들이 혀를 차면서 탄식하는 것을 금치 못한다. 만약 세상을 구제할 방법을 찾는다면 유교가 아니고서 어떻게 하겠는가? 마땅히 서원에서 유교의 윤리를 강론하여 밝혀 세상에 교화를 널리 퍼뜨린 뒤라야 세상을 구제해 낼 수 있을 것이다. 이런 관점에서 본다면 지금 이 시기 서원의 역할은 실로 없어서는 안 되는 것이다.

이런 계제階梯에 구천서원을 중건하게 되었으니 시의에 맞는 일이로다! 때에 맞는 일이로다! 구천서원의 사림士林 여러분들은 앞 다투어 나서서 세상을 구제할 책무를 짊어져야 할 것이다. 그러니 선비 여러분들은 힘쓰소서! 힘쓰소서!

이번 중건의 일에 있어서 시종 기획을 하고 일을 주도한 사람은 선비 양기원이고 널리 문적을 수집하여 재주 없는 나에게 기문을 요청한 사람은 성균관 전의 양희용이다. 재주 없는 내가 감히 담당할 수 없는 일이지만 선현들을 존숭하는 그 간절한 정성에 깊이 감동하여 그 요지를 간략하게 서술하여 준다.

무자[2008년] 단오절에 문학박사 경상대학교 교수 허권수許捲洙 삼가 지음

盖天嶺之爲郡也頭流南峙德裕北繞濫溪縱流臨川橫貫其山川儲精歷來俊英芸芸挺出且新羅之杪文昌候佩紱此郡振起風教其人材文物之盛稱拇於域中者有以也鄕之先賢遊坐而去則後學尊慕之創建書院而尸祝之其文物之世承不其宜哉此龜川書院寔朝鮮肅宗二十七年辛巳一鄕之士林溱誠而刱辦之將春塘朴先生諱孟智逸老堂梁先生諱灌琴齋姜先生諱漢藍溪表先生諱沿沫九拙菴梁先生諱喜愚溪河先生諱孟寶之靈妥享焉或以學行或以忠節或以勳績教行於當代澤流於後世故皆足爲鄕先生宜祭于社者則世無貳之者自後香火無恙迄于一百七十年之久高宗五年辛戊辰以那禁不免毁拆無奈只得埋安祀牌而樹遺墟碑以標之耳諸章甫及裔孫之慨菀當何如耶未幾相籌建龜川齋又結不忘契以每歲三月仲丁擧獻薇之禮到光復後甲子之歲儒論峻發爰建祠宇而復榜曰龜川書院周備享祀之典且採儒議以西溪梁先生諱弘澍追配焉西溪乃九拙菴先生之肖胤也是時梁斯文基

德欣捐鉅貲以勵之可嘉也雖然堂宇猶隘陋儀制尙苟簡不洽於書院之矩矱也僉章甫常不勝欲憾近年咸陽文化院長發恢復龜川書院之原貌及逸老堂故居之議郡方不但欣允並共傍隣之灆溪青溪華山書院連繫爲書院文化觀光事業之案先爲龜川書院之重建資助以四億七千萬元乃經始基講堂六楹院門四楹之工程不久工畢隨後東西兩齋建成矣諸章甫及諸賢後孫亦和郡意盡誠肯叅焉故郡方認其誠懇優先動工於龜院也及今可以瞻其崇嚴壯麗之象矣夫書院者何爲也尊崇先賢而効法其學行講明吾道以配毓人材然後國可以治風可以扶書院之任不其重乎至鮮季朝家毁撤書院因而士氣萎餒竟涉於國亡國而不養士可以存耶光復以後洋風倭習侵逼吾韓吾韓儒教之氣脈幾至滅絶今各處書院之所事者不過春秋享祀而止毫無作用於世教於是世人或以儒教爲虛文縟儀譏弄之儒林無以對應之是由世無眞知儒教而踐行者故也今綱常敗斁致其極度有志之士不禁嘆咄若覓其救之之術捨儒教而奚以哉當於書院講明儒教倫理而廣播教化然後可以救世由是觀之際此之機書院之作用實不可缺也今玆龜川書院之重建其時乎時乎龜院之士林諸公宜爭先擔夯救世之責勗旃勗旃此次重建之役始終籌劃者梁斯文基元也廣蒐文籍以屬記於不佞者成均館典儀梁斯文喜容也不佞雖不敢當而深感其尊賢之忱簡述其源委以貽之

戊子載之端陽節 文學博士 慶尙大學校教授 許捲洙 謹撰

3) 구천서원 중건상량문 龜川書院重建上樑文

述夫 前賢之精彩來泯林泉增色 後學之瞻依有所棟宇重新 豈推欽之一時 宜永慕於百世

伏惟 春塘朴先生 仕路早登 廉平奉職 歸棲林泉 潛心經籍 確乎其持 粹然其德 學邃道隆 蔚爲師式

逸老堂梁先生 穎悟之資 魁偉之志 文武兼全 百世仰止 殿壁繪登 天顧在是 清白令名 有光千禩

琴齋姜先生 承召登殿 父寃乃伸 出宰二縣 政清俗淳 見機投紱 孝學俱篤 明哲保身 師式後人

藍溪表先生 門路已正 早淂賢師 學問宏博 良友切偲 群壬用事 蘊抱未施 禍烈何酷

溪水凄悲

九拙菴梁先生 忠孝天性 淸白傳家 出處以道 履正排邪 文章節義 天子所嘉 四世同享 千秋有娉

愚溪河先生 孝悌本天 率禮修行 資以學問 見許先正 奮起頹風 百世崇敬 天褒煌煌 綽楔斯炳

西溪梁先生 盡忠篤孝 道學幷彰 辨邪守正 造詣嚴明 高標勁節 簡策煌煌 百世景仰 德業愈光

肅宗辛巳 遠邇同聲 建院孝里 諸賢聯享 幷食一祠 崇報而明 薦籩豆肅將 考德而講學儒風復興 高宗戊辰大同毁撤 於是禮儀揖讓之地 變爲狐兎相馳之場 多士相嗟 行路亦恨 光復後甲子 重建舊址 儀式依前 敬薦豆籩 報祀無斁

今年之春 主倅千士寧盡誠而推進 知事及政府承認而經營 仍舊址而定礎群工齊心力而相趍 輸新材而就繩良匠呈妙技而盡巧 結構旣精得其宜得其度 檐楹乃敞美 哉奐美哉輪 仰棟宇而相歡 瞻門墻而共賀 流水彎回是有本之混混 群山環擁見所立之巍巍 矜式而虔奉芬苾有香於兩丁 崇德而講學文風復盛於一世 物換星移雖經滄桑之累變 天慳鬼護維見靈光之獨存 暫停郢斤 爲聽巴曲

兒郎偉抛樑東 千仞蓮山瑞日紅 一境淸虛塵累遠 惺惺喚起主人翁

兒郎偉抛樑西 錧樹靑靑渭上提 怊悵儒仙何處去 伽山遙望白雲迷

兒郎偉抛樑南 一天明月照寒潭 千秋心法昭如許 道軆元來靜裡涵

兒郎偉抛樑北 尖峰黃石接天碧 當年城陷何堪說 義魄忠魂恨來極

兒郎偉抛樑上 萬里天晴星月朗 烟消雲散境全淸 胡來此中夜氣養

兒郎偉抛樑下 若非先覺應長夜 進修工夫在心存 出入無時操與捨

伏願上樑之後 吾道益旺 斯文在玆 衣鉢相傳賢類輩出於南國 絃誦不絶風敎大行於東邱

戊子端陽節 後學 礪山 宋瓊煥 謹撰

民選初代陜川郡守 晉州 姜錫廷 謹書

4. 기타

1) 구천서원 유허비 龜川書院遺墟碑

서원이 훼철된 후 제향자의 후손들이 1919년 서원 유허지에 세운 비석이다.

(앞)

구천서원유허비

(뒤)

춘당박선생휘맹지

일로당양선생희관

금재강선생휘한

남계표선생휘연말

구졸암양선생휘희

우계하선생휘맹보

(前)

龜川書院遺墟碑

(後)

春塘朴先生諱孟智

逸老堂梁先生諱灌

琴齋姜先生諱漢

藍溪表先生諱沿沫

九拙菴梁先生諱喜

愚溪河先生諱孟寶